# 修志问道　以启未来

## ——2015 年新方志论坛论文集

冀祥德　主　编
邱新立　于伟平　副主编

方志出版社
Publishing House of Local Records

**图书在版编目（CIP）数据**

修志问道　以启未来：2015年新方志论坛论文集 / 冀祥德主编．-- 北京：方志出版社，2016.12
ISBN 978-7-5144-2217-7

Ⅰ.①修…　Ⅱ.①冀…　Ⅲ.①方志学—文集　Ⅳ.①K290-53

中国版本图书馆CIP数据核字（2016）第299983号

**修志问道　以启未来**
——2015年新方志论坛论文集

**主　　编**：冀祥德
**副 主 辑**：邱新立　于伟平
**责任编辑**：刘方圆

**出 版 人**：冀祥德
**出 版 者**：方志出版社
地址　北京市朝阳区潘家园东里9号（国家方志馆4层）
邮编　100021
网址　http://www.fzph.org
**发　　行**：方志出版社发行中心
电话　（010）67110500
**经　　销**：各地新华书店
**排　　版**：北京中文天地文化艺术有限公司
**印　　刷**：廊坊市晶艺印务有限公司

**开　　本**：787×1092　1/16
**印　　张**：33.75
**字　　数**：980千字
**版　　次**：2016年12月第1版　2016年12月第1次印刷

ISBN 978-7-5144-2217-7　**定价**：158.00元

# 编　纂　委　员　会

主　　编　冀祥德

副 主 编　邱新立　于伟平

编辑人员　程方勇　詹利萍

# 目　　录

# 依法治志是地方志事业发展的重要保障和必然要求

陈 强

**内容提要**：地方志法治化是地方志事业发展的重要保障和必然要求，地方志法治化进程应与地方志事业发展水平相适应，并随着地方志事业的发展不断推进。我国地方志事业从新方志编修起步，从地方志编纂阶段发展到地方志工作阶段，再到地方志事业阶段经历了30多年的历程。地方志法治化进程也相应从依规修志发展到依法修志，目前进入依法治志阶段。推进依法治志，党委政府是关键，法制建设是前提，地方志工作机构是主体。依法治志的目标与任务是，积极推动全国人大通过《中华人民共和国地方志法》，建立健全以地方志法为核心，行政法规、地方性法规和政府规章为补充的地方志法律体系和依法治志工作机制，依照法律法规管理和发展地方志事业。

**关键词**：依法治志　地方志　地方志事业

地方志法治化是地方志事业发展的重要保障，地方志法治化进程应与地方志事业发展水平相适应，并随着地方志事业的不断发展。2015年4月，中国社会科学院院长、中国地方志指导小组组长王伟光在全国地方志机构主任工作会议的工作报告中，第一次把依法修志上升为依法治志，强调要“深入推进依法治志，为地方志事业发展提供法治保障”①。在全国地方志事业全面深入发展的今天，依法治志的提出非常及时和必要，是地方志事业发展的重要保障和必然要求，标志着地方志法治化建设进入新的阶段。

20世纪80年代初，全国县级以上行政区开始新方志编修工作。我国地方志事业从新方志编修起步，从地方志编纂阶段发展到地方志工作阶段，再到地方志事业阶段经历了30多年。地方志法治化进程也相应从依规修志发展到依法修志，目前进入依法治志阶段。依规修志指依照规定编修地方志书，主要规范地方志工作机构行为；依法修志指依照行政法规开展与管理地方志编修工作，主要规范政府及其地方志工作机构行为；依法治志指依照法律法规发展和管理地方志事业，规范全社会行为。

中国地方志指导小组自1983年4月成立以来，一直重视地方志法治化建设，并将之贯穿于地方志事业发展全过程。地方志法治化从依规修志起步到依法修志再向依法治志发展，内涵不断丰富，符合地方志事业发展实际，是地方志事业发展的必然要求。依规修

① 《全国地方志机构主任工作会议纪要》，《中国地方志》2015年第6期。

志、依法修志与依法治志是地方志法治化进程的三个重要阶段。

第一阶段：20世纪80年代初至2003年，依规修志阶段。这一阶段的主要任务与成果是探索和明确地方志书编纂规范并依照规范编纂地方志书，以中指组1985年4月颁布《新编地方志工作暂行规定》①（简称《暂行规定》）和1998年2月颁布《关于地方志编纂工作的规定》②（简称《编纂规定》）为标志。

首轮新方志编修是在修志中断多年，理论与队伍准备不足的情况下启动的。以广东省为例，首轮修志启动前最后修成的一部省志是清道光初年阮元编修的《广东通志》，间隔160多年。因此，首轮修志启动之初，对修什么样的志书和如何编修志书，全国尚无明确要求，更无统一规范遵循。各地修志机构在吸取旧志编纂经验和教训的基础上，边编纂边探索边总结，亟须制定志书编纂统一规定。1983年4月第一届中国地方志指导小组成立时，就明确“研究解决编写新志的理论问题，探讨学术问题……制定编修新志的基本体例”③ 是其主要任务。随后，着手制定并于1985年经国务院同意颁布《暂行规定》，确定了首轮修志的指导思想、志书体例和组织领导等一系列重要问题。这是首轮修志第一个具有规范性文件性质的规定。1995年7月第二届中指组成立后，在《暂行规定》的基础上，着手制定并于1998年2月经国务院同意颁布《编纂规定》，明确“党委领导、政府主持”的修志体制，规定“地方志每二十年左右续修一次”，对志书编纂有关问题做出了具体明确的规定。鉴于当时全国地方志工作只是编纂地方志书，只有少数地区编纂综合年鉴且不完全由地方志工作机构组织编纂，《暂行规定》和《编纂规定》主要规范志书编纂业务，没有涉及综合年鉴编纂的内容。其中《暂行规定》的内容全部关于地方志书编纂，《编纂规定》除第二十条提出组织和推动用志，建立方志地情资料库，逐步实现信息网络化，有条件的地区要建立方志馆，其余也都是志书编纂的内容。这些都符合当时全国新方志编修实际。《暂行规定》和《编纂规定》的颁布，为全国各地开展地方志书编纂提供了重要依据和业务指导，对规范志书编纂、确保志书质量发挥了重要作用，是地方志法治化建设的萌芽，也为国务院颁布《地方志工作条例》奠定了良好基础。

第二阶段：2003—2014年，依法修志阶段。这一阶段的主要任务与成果是探索和制定关于地方志书、综合年鉴编纂工作的行政法规并依照法规管理与开展地方志编纂工作，以2006年5月国务院公布施行《地方志工作条例》为标志。

首轮修志启动后，一方面，国务院办公厅分别于1985年4月和1996年11月印发《转发中国社会科学院关于加强全国地方志编纂工作领导报告的通知》和《关于进一步加强地方志编纂工作的通知》，有力推动了全国各地修志工作的开展。至1994年，全国除西藏自治区外的29个省、自治区、直辖市都建立省、市、县三级修志机构，基本形成了党委领导、政府主持、修志机构组织实施的格局④。同时，综合年鉴编纂自20世纪80年代中期兴起，发展势头良好，在全国各地逐步开展。据不完全统计，《地方志工作条例》颁布前全国县级以上行政区域编纂综合年鉴1000多种；广东142个市县区编纂综合年鉴74

① 中国地方志指导小组办公室编：《中国地方志文献汇编》上册，方志出版社，1999年，第274页。

② 中国地方志指导小组办公室编：《中国地方志文献汇编》上册，第280页。

③ 邱新立：《中国地方志指导小组沿革（上）》，《中国地方志》2005年第1期。

④ 参见邱新立：《中国地方志指导小组沿革（下）》，《中国地方志》2005年第2期

种，其中地方志工作机构组织编纂65种，其他单位编纂9种。另一方面，我国一直没有全国性的修志工作法律法规。“由于没有全国性的法律法规可以遵循，修志工作随意性大、主观性强，各地发展不平衡等问题日益突出，迫切需要通过立法加以规范。”① 2003年7月，《四川省地方志工作条例》颁布，开全国地方志立法先河，对全国地方志法治化推动很大，制定全国性地方志行政法规摆上了中指组的议事日程；9月，中指组成立《地方志工作条例》起草小组，正式启动地方志行政法规制定工作②，并开展立法调研，组织专家学者和地方志工作者共同研讨制定地方志书与综合年鉴编纂工作管理规范。在国务院高度重视和国务院法制办指导支持下，2006年5月，国务院公布施行《地方志工作条例》，为全国修志工作提供了法律法规依据。《地方志工作条例》作为第一部全国性地方志工作行政法规，在地方志事业发展中具有开创性意义，是地方志法治化进程中的第一个里程碑。

《地方志工作条例》对地方志编纂及其管理作出了明确规定。一是明确了地方志工作的内涵和拓展了地方志的外延，把《暂行规定》和《编纂规定》中的“地方志编纂工作”拓展为“地方志工作”。规定地方志包括地方志书、地方综合年鉴，首次把地方综合年鉴纳入地方志范畴，是对传统地方志的继承、创新与发展；把地方志工作的内涵由地方志编纂明确为地方志编纂、审查验收和地方志资源开发利用。二是确定了地方志的“官书”地位，明确了编修地方志是官职官责。三是明确了地方志机构是政府工作机构，赋予地方志工作机构主管本行政区域地方志工作的行政职能。四是规定了地方志编纂主体为地方志工作机构，“其他组织和个人不得编纂”。五是对地方志编纂要求、编纂人员、资料征集、审查验收、出版批准、著作权等问题作出了具体规定。但纵观《地方志工作条例》全文，不难看出，除了第五条提及整理旧志、方志理论研究、开发利用地方志资源和第十六条提及地方志工作应当为经济社会发展服务、加强地方志信息化建设但没有提出具体明确的规范，其余条款都是地方志编纂工作的内容而且提出了具体明确的规范。可见，《地方志工作条例》所提“地方志工作”仍主要指地方志编纂工作，《地方志工作条例》的作用主要还是规范地方志编纂工作。

《地方志工作条例》的公布施行为规范全国地方志编纂，理顺地方志编纂管理体制，加强对地方志编纂工作的领导提供了法规依据，也为全国各地制定地方性法规和政府规章提供了“上位法”。至2014年，全国有25个省、自治区、直辖市颁布地方志法规规章③，为依法修志奠定了坚实的法规基础。全国各地认真贯彻落实《地方志工作条例》，地方志编纂工作不断规范，编纂质量不断提高，综合年鉴编纂全面开展，管理体制不断理顺。2014年，全国编纂出版综合年鉴1900多种。广东省依据《地方志工作条例》规定，顺利解决了长期以来综合年鉴管理体制混乱的问题，将包括《广东年鉴》在内的由其他部门编纂的9部综合年鉴全部划归地方志工作机构。

第三阶段：2015年开始，依法治志阶段。2015年5月依法治志的提出和8月国务院办公厅印发《全国地方志事业发展规划纲要（2015—2020年）》（简称《规划纲要》）是

---

① 《国务院法制办公室负责人就〈地方志工作条例〉的有关问题答记者问》，《中国地方志》2006年第6期。

② 参见中国地方志指导小组办公室编：《中国地方志年鉴（2007）》，第48页。

③ 王伟光：《在第五次全国地方志工作会议上的工作报告》，《中国地方志》2014年第5期。

这一阶段开局的重要成果。这一阶段的主要任务是推动《中华人民共和国地方志法》的制定，建立健全以地方志法为核心，行政法规、地方性法规和政府规章为补充的地方志法律体系和依法治志工作机制，依照法律法规管理与发展地方志事业，实现《规划纲要》提出的到2020年全面完成第二轮修志任务、省市县三级综合年鉴全覆盖，形成地方志编修体系、理论研究和学科建设体系、质量保障体系、开发利用体系、工作保障体系“五位一体”综合体系的总体目标，推动地方志事业上新台阶。

依法治志的提出，体现了新一届中指组对新时期地方志事业发展形势的科学研判。《地方志工作条例》颁布施行后，全国地方志工作全面深入开展，呈现出两大特点。一是地方志工作外延不断拓展。从横向看，从编纂综合志书、综合年鉴向编纂专业志、专业年鉴拓展，从修志编鉴向旧志整理、地方志信息化建设、方志馆建设和地方志资源开发利用拓展，逐步形成了以修志编鉴为主业、各项工作协调开展的地方志事业格局；从纵向看，修志编鉴从省、市、县向镇、村延伸。二是地方志社会化趋势日趋明显。地方志资料搜集，从过去基本来源于党政机关及企事业单位发展到大量来源于社会媒体、行业协会、中介机构等非政府组织以及私营企业甚至个人；地方志成果传播方式，从过去的纸质书籍发展为光盘、互联网、微信等；地方志成果应用，从国内走向世界，从机关案头走进社会，使用人员由过去主要为专家学者、党政机关工作人员发展到广大群众。而作为主要规范管理省、市、县三级综合志书和综合年鉴编纂工作的《地方志工作条例》，无法规范管理镇志与村志、专业志与专业年鉴编纂，也未能有效规范管理旧志整理、地方志信息化建设、方志馆建设、地方志资源开发利用等工作。《地方志工作条例》主要是规范与约束县级以上地方政府及其地方志工作机构、部门、企事业单位的行为，对公民和其他社会组织没有太大约束力。因此，《地方志工作条例》和依法修志与全国地方志工作要求之间的不相适应越来越凸显。为了对历史、社会和后人负责，必须积极推进依法治志，推动制定地方志法，对地方志编纂和地方志资源开发利用予以规范管理，确保入志资料真实、全面、客观、可用。

《规划纲要》的作用与意义，可概括为“四个提升”：一是提升了地方志的社会地位。把地方志工作提升为地方志事业，是对地方志的重新定位——地方志不仅是一项政府工作而且是一项社会事业。《规划纲要》第一次对地方志事业作出“做好两项主业、统筹五项工作”的表述。如果说《地方志工作条例》把地方志编纂工作提升为地方志工作是一次重要跨越，那么《规划纲要》把地方志工作提升为地方志事业又是一次重要跨越。这一提升，不仅有利于地方各级政府深化对地方志重要性的认识和提高对地方志的重视程度，有利于提高地方志的社会地位，而且有利于推进地方志法治化建设。二是提升了对各级政府对地方志工作的要求。《规划纲要》将《地方志工作条例》中关于地方各级政府“应当加强对地方志工作的领导，地方志工作所需经费列入本级财政预算”的要求，提升为地方各级政府要坚持“一纳入、八到位”的工作机制，将地方志工作纳入各地国民经济和社会发展规划、地方各级政府工作任务，做到认识到位、领导到位、机构到位、编制到位、经费到位、设施到位、规划到位、工作到位。这一要求更高、更全面、更具体、更具可操作性，是保障地方志事业健康发展的关键。三是提升了对地方志工作的要求。《规划纲要》提出了2020年全面完成第二轮修志任务，实现省市县三级综合年鉴全覆盖，形成以“五大体系”为主体的“五位一体”的地方志事业发展综合体系的总体目标，具体部署了11项发展任务，为全面做好地方志工作和推动地方志事业深入发展提供了重要依据。《规划纲要》的印发意味着地方志工作不再是可随意拖延的软任务，而是必须按时完成且列入绩效考核的硬指标，必将促使各级政府采取有力措施，抓好各项任务特别是第二轮修志和综合年鉴编纂的落实，改变第二轮修志进展和综合年鉴编纂极不平衡的状况。四是提升了地方志法治化要求。把依法修志提升为依法治志，把“坚持依法治志”作为地方志事业发展的基本原则，为推进地方志法治化建设和制定地方志法提供了重要依据。

党委领导、政府主持、地方志工作机构组织实施、社会各界广泛参与的地方志工作体制，决定了依法治志是社会主义制度下的一项社会系统工程。推进依法治志，要在这一体制框架下进行。

首先，党委政府是推进依法治志的关键。一是党中央和地方各级党委要把依法治志作为依法治国、治省、治市、治县不可或缺的内容，加强领导，统一规划与部署。二是国务院和地方各级政府要把依法治志纳入法治化建设轨道和依法行政范畴，强化“地方志是官书，地方志工作是官职官责”的责任意识，切实履行政府对地方志事业的领导职责，全面落实“一纳入、八到位”的要求，把地方志工作纳入经济社会发展规划和政府工作考核体系，依法纠正、查处地方志工作的失职行为并追究相应责任。三是政府有关部门要依法保障地方志工作条件，按照规划参与地方志工作。机构编制部门要健全地方志工作机构，明确地方志工作机构权责清单，落实人员编制，确保机构设置和人员编制与有效履行职能、顺利开展工作的要求相适应；财政部门要把地方志工作经费列入年度财政预算，确保地方志工作所需；有关部门要依法履行地方志工作职责，按照规划参与地方志工作，接受地方志工作机构的业务指导和督促检查，确保按时完成地方志工作任务。

其次，法制建设是推进依法治志的前提。先要有法制，然后才能依法治志。一是积极推动地方志法的制定，实现从地方志行政法规到地方志法律的重大跨越。地方志法是依法治志的重要法律依据与保障。地方志法除了规范管理地方志编纂工作，还要规范管理旧志整理、地方志信息化建设、方志馆建设和地方志资源开发利用等工作；除了规范管理省市县三级综合志书和综合年鉴编纂，还要规范管理镇村志和专业志、专业年鉴编纂；除了规范管理修志，还要规范管理用志与传志；除了规范管理党政机关、企事业单位的行为，还要规范管理其他社会组织与公民的行为。与此同时，积极推动各省、自治区、直辖市以及具有立法权的地区全面制定地方志地方法规和政府规章，为依法治志提供更加有力的法律保障。近几年，随着地方志事业的深入发展，地方志立法的呼声越来越高。地方志法的制定，将是地方志法治化进程和地方志事业发展中一个更为重要的里程碑，不仅能有效保障地方志事业的健康发展，还有助于增强公民的地方志意识和历史文化意识，关心并参与地方志工作，更好地传承与发扬中华民族的优良文化传统。二是健全地方志工作制度，实现地方志工作规范化与科学化。作为全国地方志工作指导机构，中指组应加强制度建设的宏观规划和顶层设计，重点制定类似《地方志书质量规定》这种对规范与推动全国地方志工作具有全局性、根本性作用的制度。例如综合年鉴质量规定、旧志整理规范、地方史编纂规范、地方志信息化建设规范和方志馆建设规范等，制定地方志各项工作的全国标准，加强规范管理与宏观指导。各级地方志工作机构要结合实际，建立健全涵盖志书编修、年鉴编纂、旧志整理、信息化建设、方志馆建设、开发利用、理论研究的规章制度，例如综合志书与综合年鉴审查验收办法、地方志信息化建设细则、地方志资源开发利用管理办法、地方志业务培训制度、地方志理论研究制度等，使地方志各项工作不仅有法可依，而且有章可循。

最后，地方志工作机构是推进依法治志的主体。推进依法治志，地方志工作机构不能被动和消极等待，而应主动作为。要依法履行行政法规赋予的主管本行政区域地方志工作的行政管理职能，充分行使政府权责清单赋予的地方志编纂许可与出版许可和对地方志工作的规划、指导、检查、督促等行政管理职权，以规划手段、督查手段、会议手段、表彰手段推动地方志事业全面发展。

（作者单位：广东省政协）

# 着力拓展依法治志的范畴

## ——兼论应将乡镇志、村志纳入依法治志轨道

颜越虎

**内容提要：**依法治志是依法治国总方略中不可缺少的一环。依法治志包括依法修志、依法管理、依法用志等诸多方面，其中至关重要的是应拓宽依法治志的范畴，将乡镇志、村志编纂、管理和利用等方面工作纳入依法治志的轨道。《地方志工作条例》有关条款规定存在一定的局限性，《浙江省实施〈地方志工作条例〉办法》进行了有益尝试，中国地方志指导小组及其办公室作出了积极努力。在依法治志的框架内，包括乡镇志、村志编纂、管理和利用等在内的地方志事业，将会得到更加健康、快速、可持续的发展。

**关键词：**依法治志　乡镇志　村志

中共十八届四中全会通过的《中共中央关于全面推进依法治国若干重大问题的决定》，提出了“建设中国特色社会主义法治体系，建设社会主义法治国家”① 的总目标，主要包括“在中国共产党领导下，坚持中国特色社会主义制度，贯彻中国特色社会主义法治理论，形成完备的法律规范体系、高效的法治实施体系、严密的法治监督体系、有力的法治保障体系，形成完善的党内法规体系，坚持依法治国、依法执政、依法行政共同推进，坚持法治国家、法治政府、法治社会一体建设，实现科学立法、严格执法、公正司法、全民守法，促进国家治理体系和治理能力现代化。”②依法治国是总体的、宏观的，需要由各个地区、各个层面、各项事业乃至于各项工作等方方面面共同实施，而依法治志正是依法治国这一总方略中不可缺少的一环。

就依法治志而言，有依法修志、依法管理、依法用志等诸多问题值得研究，笔者认为拓宽依法治志的范畴是其中重要而紧迫的课题，简而言之，就是应将乡镇志、村志编纂、管理和利用等方面工作纳入依法治志的轨道。

### 一　《地方志工作条例》有关条款规定的局限性

地方志是全面系统地记述本行政区域自然、政治、经济、文化和社会的历史与现状的

①② 《人民日报》，2014 年 10 月 29 日第 1 版。

资料性文献，是我国独有的一种传统文化。编纂地方志，对继承弘扬中华民族的历史传统文化，对向世界介绍中国文明并推进中国融入世界文化现代化进程，对促进当代中国经济和社会各项事业的全面发展进步，都具有重大意义。

自隋唐确立史志官修制度以来，历代都把修志作为一种官职、官责，并颁布政令对修志进行统一规范。中华人民共和国成立后，国家高度重视地方志工作。特别是改革开放以来，针对社会主义市场经济条件下，地方志工作随意性大、主观性强、各地发展不平衡，单纯依靠行政命令方式已难以开展工作等新情况、新问题，党中央、国务院日益重视通过制定法律、法规的形式来加强和改进地方志工作。2006年5月18日，温家宝总理以国务院令的形式颁布了《地方志工作条例》（简称《条例》）。《条例》是我国第一部有关地方志工作的行政法规。《条例》明确了地方志的概念与范围、地方政府的职责和地方志工作机构的职责、地方志编纂应遵循的指导原则和质量要求、对地方志编纂人员的专业要求、地方志工作的长期性和常规性、地方志工作的社会关系、地方志资料的管理原则、地方志成果的著作权、地方志工作服务社会要求、有关地方志工作的法律责任等。这对明确地方志编纂工作的政府职能，更有效地促进地方志工作和事业发展，特别是确立依法修志的战略地位，起到了前所未有的积极影响和推动作用。

但不可否认，《条例》也存在一些局限性，比如它所确定的修志范畴偏窄、偏小就是一个应当正视并作出修正、完善的问题。

《条例》第三条指出：“本条例所称地方志，包括地方志书、地方综合年鉴。地方志书，是指全面系统地记述本行政区域自然、政治、经济、文化和社会的历史与现状的资料性文献。地方综合年鉴，是指系统记述本行政区域自然、政治、经济、文化、社会等方面情况的年度资料性文献。地方志分为：省（自治区、直辖市）编纂的地方志，设区的市（自治州）编纂的地方志，县（自治县、不设区的市、市辖区）编纂的地方志。”与传统的地方志概念相比，《条例》中地方志这一概念的外延和内涵都有了很大的拓展。从外延看，它不仅包括传统意义上的地方志书，也包括地方综合年鉴；从内涵看，它既包括地方志的规划、编纂、审查验收，也包括地方志的开发利用等内容。不足的是，该条款中把编纂地方志的范畴确定为省（自治区、直辖市）、设区的市（自治州）和县（自治县、不设区的市、市辖区），即通常所说的省、市、县三级，而数量更多的乡镇和村并不包括在内。对于这一点，国务院法制办负责人在答记者问中作了解释：“目前，我国部分乡镇，甚至村也组织修志。考虑到编纂地方志需要由地方政府组织人力、物力、财力，为了不给乡镇、村设定义务、增加负担，该条例仍然维持了《国务院办公厅关于进一步加强地方志编纂工作的通知》（国办发〔1996〕47号）关于地方志分为省级、设区的市级、县级三级的规定。”《条例》的这一规定，使得省、市、县三级地方志编纂从此纳入了依法修志、依法治志的范畴，而乡镇志、村志等的编纂、管理和开发利用则被排除在外。虽然，在制定《条例》的当初，这样规定有一定的经济、社会等方面原因，但从现实的状况与地方志事业发展的要求来看，这毕竟是一种缺憾。

## 二　从中国当代乡村变化的现状及乡村志编纂的需求看拓宽依法治志的范畴

改革开放以来，中国的乡村发生了巨大变化。最大的变化之一就是源于工业化和城镇化带来的乡村的快速消逝。“从1985年到2001年，在这不到20年的时间里，中国村落的个数由于城镇化和村庄兼并等原因，从940617个锐减到709257个。仅2001年一年，中国那些延续了数千年的村落，就比2000年减少了25458个，平均每天减少约70个。它们悄悄地逝去，没有挽歌、没有诔文、没有祭礼，甚至没有告别和送别，有的只是在它们的废墟上新建的文明的奠基、落成仪式和伴随的欢呼。人们似乎忘却或忽略了，在故去的老人和新生的婴儿之间存在的继替关系，以及后者的血脉和身躯里依旧流淌和生存着的祖辈的血液和基因。”① 在当今中国，工业化和城镇化正以前所未有的速度向前推进，尽管城镇化也带来各种社会问题，但毫无疑问这是不可逆转的趋势。这就是我们必须面对的现实。

很显然，面对这样的挑战，地方志工作者缺乏足够的准备，以至于我们来不及为许多乡村作一个真实准确、全面系统、富有价值的记录，即编纂一部乡村志。习近平总书记2014年2月25日在考察首都博物馆时强调：“要在展览的同时高度重视修史修志，让文物说话、把历史智慧告诉人们”②；李克强总理在为全国第五次地方志工作会议所作的重要批示中也强调：“地方志是传承中华文明、发掘历史智慧的重要载体，存史、育人、资政，做好编修工作十分重要。”③ 乡镇志、村志必须在发掘历史智慧、服务社会现实方面有所作为，这既是义不容辞的职责，也是时不我待的使命。正如黄平所说的那样：“中国传统文化源自农村，礼失而求诸野，乡土中国仍然保持着大量中国传统文化的原汁，从乡土中寻找中国现代性的智慧，是一条可能的路径。”④ 乡村志的编纂，在某种意义上就是在揭示那种“故去的老人和新生的婴儿之间存在的继替关系”，找寻那些“后者的血脉和身躯里依旧流淌和生存着的祖辈的血液和基因”，从而为觅得“行进在城镇化道路上的中国”这个“新生的婴儿”健康成长的良方，贡献地方志的独特智慧。这也是地方志工作者的良知与责任所在。

应当指出，当代乡村文化的建设特别需要乡村志编纂这样一类切实有效的文化工程。重经济建设轻文化建设、乡村文化意识淡漠、乡村精神文化积贫积弱等现象随处可见，乡村文化的现状不容乐观。有专家指出，“对于城镇化中的乡村，最难的是继承和重塑乡土文化，重新找到自身角色，搭建一个‘法情允谐’的基层治理构架，找到公共治理规则与传统礼俗的最佳平衡点。”⑤ “通过文化建设，重塑健康、适合农民需求的有主体性的农村

① 李培林：《村落进入和研究方法》，《村落的终结——羊城村的故事》，商务印书馆，2004年，第1页。
② 刘延东：《与第五次全国地方志工作会议部分会议代表座谈时的讲话》，《中国地方志》2014年第5期。
③ 李克强：《李克强总理重要批示》，《中国地方志》2014年第5期。
④ 黄平：《“乡土中国与文化自觉”开场语》，中国社会学网。
⑤ 本报评论员：《乡村治理现代化的样板》，《光明日报》2014年7月2日。

价值体系，刻不容缓!”① 在改变乡村文化现状、重塑农村价值体系的过程中，乡村志应当积极面对挑战，有所作为。文化是乡村全面发展进步的重要支撑，在新农村建设的过程中，必须“保护和发展有地方和民族特色的优秀传统文化，创新农村文化生活的载体和手段，满足农民群众多层次、多方面的精神文化需求”②，编纂乡村志当属题中应有之义。因为“一个地区的地域文化有着多种载体……而方志文化则是综合性、多层次、全方位的，地方志编纂也因此成为一个地区的标志性文化工程”③。所以，乡村志编纂不仅是对传统文化的弘扬，就现实中的乡村而言，更是一种综合性、标志性的文化建设，应当得到特别的重视。此外，在留住村民乡愁、激发精神力量、提高文化素养、净化乡村社会风气、唤起人们对乡村生活的认同感和幸福感等方面，在编纂和阅读过程中，乡村志是能够起到潜移默化、润物无声的作用的。

从中国当代乡村变化的现状及乡村志编纂的需求来看，拓宽依法治志的范畴，通过立法把乡镇志、村志等纳入依法治志的轨道是必要而紧迫的。

## 三 《浙江省实施〈地方志工作条例〉办法》的实践意义

2012年11月17日，时任浙江省省长夏宝龙签署第303号浙江省人民政府令，颁布《浙江省实施〈地方志工作条例〉办法》（简称《实施办法》）。作为下位法，《实施办法》按照地方立法的原则与要求，既严格遵循上位法作出的有关规定，又结合浙江实际，将乡镇志、村志的编纂纳入依法修志的范畴，作了一些拓展与创新。

《实施办法》第二条指出：“本省行政区域内地方志、其他志书和年鉴的组织编纂、管理、开发利用工作，适用本办法。本办法所称地方志，是指由县级以上人民政府组织编纂，以本行政区域名称冠名的地方志书和地方综合年鉴。本办法所称其他志书和年鉴，是指机关、社会团体、企业事业单位、其他组织及个人组织编纂的专业志、乡镇志、村志和专业年鉴等资料性文献。”④ 第六、七、十五、十六条又在此基础上作出了相应的规定，细化了相关的要求。这既是对《条例》有关内容的拓展，又十分切合浙江修志的历史传统与现实需求。

众所周知，浙江是著名的“方志之乡”。被尊为“方志之祖”的《越绝书》诞生于浙江绍兴。全国宋元两代古方志今存39种，其中浙江占21种，杭州的《临安三志》为方志定名、定型、续修展示了完整的体系，作出过重大贡献。清代《四库全书》采录浙江方志330种，8012卷，种数和卷数均为全国之冠；梁启超确定历代佳志115种，其中浙江占20种，数量亦名列全国前茅。浙江还诞生了方志学奠基人章学诚。需要特别指出的是，宋代海盐的《澉水志》是我国公认的第一部乡镇志。其后，全国各地乡镇志、村志编纂遍地开花，硕果累累。从历史的角度看，浙江的乡镇志、村志编纂在全国有着特

① 贺雪峰：《农村价值体系严重荒漠化》，《环球时报》2014年6月24日。

② 王伟光主编：《建设社会主义新农村的理论与实践》，中共中央党校出版社，2006年，第286页。

③ 颜越虎：《当代方志文化的构建及其意义》，《学思录——颜越虎地方志文选》，浙江人民出版社，2013年，第3～4页。

④ 《浙江省实施〈地方志工作条例〉办法》，浙江省人民政府令〔2012〕303号。

殊的贡献与地位。

再从现实的角度看，乡镇志、村志及专业志等的编纂在浙江也是极为突出的文化现象。浙江经济发达，编纂专业志、乡镇志、村志非常普遍。以20世纪80年代开始的首轮修志为例，全省编纂出版（包括内部印行）的志书数以千计，除11部市级志书，69部县级志书外，均为乡镇志、村志、各类专业志、企业志、名胜志等，在编纂出版的志书中数量占有绝对优势。这一方面是浙江源远流长的修志传统弘扬光大的结果，另一方面也与浙江改革开放以来日益发达的经济密切相关。没有方志文化的传承，不会有乡镇志、村志的兴旺；没有经济条件的保障，也不会有乡镇志、村志的大量涌现。就以2012年7月出版的江山市凤林镇《白沙村志》为例，这是一部受到习近平、赵洪祝两任省委书记关注的村志，是一部以农民为修志主体，专家指导、参与编纂而成的村志①。它的编纂出版，从一个侧面反映了当今浙江乡村志编修的状况与成就。

正是基于对浙江乡镇志、村志编纂的历史与现状的考量与分析，《实施办法》将乡镇志、村志等的编纂、管理和利用纳入依法修志、依法治志的范畴。《实施办法》对乡镇志、村志等作出的界定和规定，既是对浙江修志传统的传承，也是对成就明显的浙江修志现状的反映。这是迄今为止全国各省、市、自治区颁布的《实施办法》或《地方志工作规定》中唯一对乡镇志、村志编纂等相关内容作出明确的解释与规定的行政法规。

首先，它对包括乡镇志、村志等相关志书在内的概念作出了一个界定："本办法所称其他志书和年鉴，是指机关、社会团体、企业事业单位、其他组织及个人组织编纂的专业志、乡镇志、村志和专业年鉴等资料性文献。"《实施办法》明确提出并界定了"其他志书和年鉴"这一概念，为其他条文作出相应的规定奠定了一个坚实的法理基础。

其次，《实施办法》第六条第七款规定县级以上人民政府地方志工作机构应履行的职责时，提出了"指导其他志书和年鉴的编纂"的要求；在第七条规定编纂要求时，"其他志书和年鉴"与地方志一样，"应当做到存真求实，确保质量，全面、客观、系统地记述历史与现状"；在第十五、十六条涉及经费的相关规定中指出："使用财政性资金编纂的其他志书和年鉴，编纂单位应当事先拟定编纂方案，报县级以上人民政府地方志工作机构备案""不使用财政性资金编纂的其他志书和年鉴，县级以上人民政府地方志工作机构可以根据编纂单位或者个人的要求，给予必要的业务指导和帮助"；在第十七条报送备案的有关规定中指出："地方志、使用财政性资金编纂的其他志书和年鉴应当在出版后3个月内，向县级以上人民政府地方志工作机构报送备案，并向本级和上级国家档案馆、公共图书馆以及已经设立的方志馆无偿提供馆藏书""鼓励不使用财政性资金编纂的其他志书和年鉴按照前款规定报送备案和无偿提供馆藏书"。这些涉及"其他志书和年鉴"的具体规定，为乡镇志、村志的编纂、管理和利用提出了明确的要求，提供了必要的法治保障，而这也正是搞好乡镇志、村志编纂、管理和利用等方面工作的重要前提。几年来，浙江省在乡镇志、村志编纂、管理和利用等方面所取得的成就，从一个侧面印证了拓宽依法治志范畴，把乡镇志、村志编纂、管理和利用等纳入法治化轨道的必然性。

---

① 颜越虎：《〈白沙村志〉序》，《学思录——颜越虎地方志文选》，第248~249页。

## 四　余论

如前所述，考虑到编纂地方志需要由地方政府提供人力、物力、财力支持，为了不给乡镇、村设定义务、增加负担，《条例》没有将乡镇志、村志等的编纂、管理和利用纳入其中。在当时，这样的考虑是可以理解的。首先从经济的角度看，以《条例》制定和颁布的 2005 年和 2006 年为例。2005 年，全国国内生产总值为 184739.1 亿元；2006 年，全国国内生产总值为 211808.0 亿元。而到了 2014 年，全国国内生产总值为 636463 亿元。这些年，我国国内生产总值的增幅都高达两位数。随着中国经济的快速发展，乡镇、村的财力也同步得到较大的提高。从这个角度考虑，经济因素已经不再是乡镇志、村志编纂纳入法治化轨道的主要障碍。再从设定义务的角度看，乡镇志、村志编纂纳入法治化轨道，有助于增强乡镇、村依法行政、依法保护和传承地域文化的责任意识。正如中国地方志指导小组办公室在《转发关于印发〈中国名镇志文化工程实施方案〉的通知》中指出的那样："伴随城镇化建设步伐加快，基层政区变动频繁，一些名镇甚至是千年古镇所承载的重要历史文化信息、传统文化信息不断消亡，乡土文化和民俗文化不断流失。在探索中国特色新型城镇化建设过程中，留住乡音、乡思、乡风，保留乡土文化记忆，继承传统文化精华，挖掘历史智慧，让百姓望得见山、看得见水、记得住乡愁，成为推进中国特色新型城镇化建设的重要内容……启动中国名镇志文化工程，全面、翔实记录城镇化发展历程，适应了我国新型城镇化建设和当前地方志事业发展的需要，对展示改革开放成果；对传承名镇文脉、重塑特色，抢救和保存传统文化、乡土文化、民俗文化，满足乡镇居民文化需求；对展示乡镇个体发展脉络，摸索乡镇发展经验，提炼发展思路，梳理发展模式和发展道路；对充分发挥地方志存史、资治、教化功能，引导全国乡镇志编修科学发展，培育爱乡、爱国情怀，均具有重要意义。"而乡镇、村依法治志意识的增强，又有助于乡镇、村等基层组织依法治国意识的增强。在依法治志的过程中，通过乡镇志、村志编纂、管理和利用，既最大限度地保存了乡土文化记忆，留住了村民的乡愁，又为实施依法治国发挥了地方志的独特作用，这是把乡镇志、村志编纂、管理和利用等方面工作纳入依法治志的轨道必将带来的两全其美的结果。

"中国名镇志文化工程"和"中国名村志文化工程"的实施，不仅是全面贯彻习近平总书记、李克强总理、刘延东副总理关于地方志工作的重要讲话、批示以及第五次全国地方志工作会议精神的一个重要举措，也是中国地方志指导小组及其办公室在地方志领域落实依法治国战略、着力拓展依法治志范畴的一项必要安排。可以预见，在不久的将来，乡镇志、村志编纂、管理和利用等方面工作会正式纳入依法治志的范畴，包括乡镇志、村志编纂、管理和利用等在内的全国地方志事业，将会得到更加健康、快速、可持续的发展。

（作者单位：浙江省人民政府地方志办公室）

# 新时代修志人的理想追求

## ——对“修志问道”之浅见

陈泽泓

**内容提要：** 正确理解李克强总理“修志问道，以启未来”重要批示，必须通观批示全文，从其语境中去探寻批示旨义；应结合地方志的历史和当代修志实践，领会才有可能深入。修志人要做到修志问道，应以“执着守望”和“秉持崇高信念”的精神为前提。修志问道要有人文境界，传承中华文明；更要发掘历史智慧，学会历史地看问题，从收集、发掘、编排资料中显示历史智慧。修志问道要做到学术坚持，在新的历史条件下，修志要坚持学术规范，保持学术优长。

**关键词：** 修志问道　地方志　学习体会

第五次全国地方志工作会议召开之际，李克强总理专门作出“修志问道，以启未来”重要批示。如何准确理解这一批示的精神，是修志要问道，还是修志可问道，是学习领会这一批示必须首先明确的。笔者理解当为后者。修志凭什么可问道，怎样才能完成问道之重任，是在这一理解基础上与之俱来的。先作说文解字。“问”，有论难、探讨之意，《易·乾》：“君子学以聚之，问以辩之。”《礼记·学记》：“善问者如攻坚木，先其易者，后其节目。”孔颖达疏：“问，谓论难也。”“问”也可作“向”解，杜甫《入宅》诗之二：“相看多使者，一一问函关。”因此，“问”可理解为探讨、论难，也可理解为向、往。“道”，在中国哲学史中，是一个高深的概念，《老子》云：“道可道，非常道。”“道”有多种解释：可以是道路途径、方向方位、技艺技术、事理规律、道义道德。笔者以为，凡语言应还原到一定语境中，才能较好地解其原意，或者更接近原意。理解修志问道，必须通观李克强总理批示全文，吃透精神，从其语境中去探寻、领会其旨义。同时，又因为这是针对修志工作的批示，也应结合地方志的历史和当代修志实践，对“修志问道，以启未来”理解才有可能深入。基于以上两个前提，笔者有如下粗浅体会。

## 一　修志问道的精神意蕴

李克强总理在批示中提到，“五年来，全国广大地方志工作者执着守望、辛勤耕耘，地方志工作成绩斐然，这项事业呈现良好发展势头”，还提到希望地方志工作者“继续秉持崇高信念”去进一步做好地方志工作。“执着守望”与“秉持崇高信念”，是对地方志工作者崇高神圣精神的一种褒扬。修志问道的前提，就是坚持执着守望、秉持崇高的精神。自古以来，不管在何时何地，修志都不是轻率之举，不是急功近利的直接实施教化的行为。不执着、不秉持，绝对修不出有益当代、传之千古的良志、佳志。远的不说，20 世纪 60 年代前后那一轮修志经历即足以为鉴。执着守望、秉持信念，是由修志工作的性质所决定的。隔代修史，当代修志。修志并非一件书斋里的著述工作，而是一种发乎于世、服务于世的创作。发乎于世，是说志书取材于当世的真事、实况，接当世之地气；服务于世，是说志书并非纯理论之作，而是实用之书，其服务功能建立在志书提供的真实资料之上。志书为一地百科全书，其价值不仅停留在百科全书之面面俱到上，还在于所辑录的百科内容有特别的意义。志书内容之特别意义，一是系于国计民生，清代两广总督吴兴祚称方志所载“有土、有人、有财、有用，其系于国家掌故者，视他典籍为甚重也”①。二是系于常修不怠。明代大学士丘濬说：“世有千载不刊之书，无百年不葺之志。”② 为什么志书必须常修，就因为其与时俱进，同代存史。傅振伦将此价值总结为“志之可贵，约有四端”：载事周悉完备也，记事亲切可信也，志材多平民化也，志材甚为珍贵也③。由此观之，志书的可贵，就不单单在其“载事周悉完备”，周悉完备只不过是“四端”之一。志书的特殊价值，赋予修志者以历史的担当、崇高的职责，修志人必须具备修志问道的精神，具备以卫道为己任的使命感。修志问道，要问的是人间正道。志书能够为当代服务，为后世服务，靠的是记载接地气的实情。习近平在福建宁德工作时，在一次地方志工作会议的讲话中提到，“过去，我无论走到哪里，第一件事就是要看地方志，这样做，可以较快地了解到一个地方的山川地貌、乡情民俗、名流商贾、桑麻农事，可以从中把握很多带有规律性的东西，可谓‘开卷有益’”④。从这段话中，我们可以领会到，作为一个重视志书价值的领导干部，对志书感兴趣的是志书在资政方面能提供什么资料。通观新志凡例，冠冕堂皇之词均能套用，实际上却不可否认地存在一些不应轻视的倾向。例如，对周悉完备从一开始就能够注意，其理解却更多地落脚于部类齐全、横不缺要项上，而对事物记述的全面、客观、深刻却往往偏颇，成绩讲足而问题轻描的情况并不鲜见；选取志材，多注意领导之活动、历数各次会议之程序，而对于从民间取材，反映民生利病之情况吝于给力；一些搭花架子的总结报告材料充斥志书行间，而对原原本本记载风俗、物价则惜墨如金；不厌其烦于追述本已消逝的旧俗，却不屑采访民间自发的新俗……记述一所“名校”，动辄用数百字列举其所得各种荣誉称号，却漏记学校有什么名师，甚至连学校有多大规模、多少师生也漏记。记述其他事物，也有类似的问题，例如记述一位科学家，只记述他得过多少奖，却没有记述他有什么发明创造与实际贡献。历数一出戏剧得过多次奖，却没有记述该戏剧的内容和艺术特色。此类事情绝非疏漏那么简单，而是反映了修志的一

① 吴兴祚：康熙《〈广东舆图〉序》，广东省人民政府地方志办公室编：《广东历代方志序跋集（1）》，广东人民出版社，2014 年，第 55 页。

② 转引自傅振伦：《中国方志学通论》，燕山出版社，1987 年，第 13 页。

③ 傅振伦：《中国方志学通论》，第 13～15 页。

④ 习近平：《深刻认识修志意义，认真做好修志工作——在福建省宁德地区地方志工作会议上的讲话》，原载宁地委办〔1989〕52 号文，转引自广东省人民政府地方志办公室编：《领导同志关于地方志工作讲话批示选编》。

种指导思想。如此修出来的志书，肯定无益于问道。这类问题，恐怕不是技术和规范性要求能够解决的，须以修志问道的精神去熔铸修志者自身灵魂，否则不能从根本上解决问题。在肯定两轮修志成就的同时，此类情况应引起注意，并直陈而不讳言。

## 二　修志问道的人文境界

李克强总理在批示中指出“地方志是传承中华文明、发掘历史智慧的重要载体，存史、育人、资政，做好编修工作十分重要”。编修地方志是一种世代传承接续不断的民族传统。地方志是文化传统的一种载体，对其在文化、历史上的价值，过去提得较多的是传承中华文明，而对于发掘历史智慧鲜为提及。

传承民族文明与发掘历史智慧，两者都与“问道”有密切关系。传承文明不仅在于把一种文化载体的形式传承下来，更需要传承其内涵精髓，这其中就有历史智慧。在修志中发掘历史智慧，要靠修志工作者的自觉，这是史家所谓的“史识”，用于修志，就是“志识”。对于世界万象，心存传承文明之念，方能从中提炼出能够反映社会本质的事象入志，才能经得起历史的考验。作为一种特殊的载体，志书有其特定的取材及体例要求，发掘历史智慧，仍然不是要修志人站出来指手画脚，喊喊口号，贴贴标签，而是要仰仗志书特定的体例来体现，这也是一种智慧。如何理解“历史智慧”？黎锦熙在《方志今议》中提出“地志之历史化”的主张，认为：“方志固为‘方域之地志’，然须将境内事事物物，穷原竟委，非但考其迹象之沿革而已，必使读者能就演变之实况，推知驱引之总因。如读《城固县志》，汉江南北百里，土沃产丰，何以人民转多菜色？唐宋迄今千年，人文不竞，何以汉代盛极一时？荣瘁隆污，所关实赅全史；施政设教，鉴此可定方针：是为‘地志之历史化’。”① 发掘历史智慧，是要发掘反映历史本质和规律的东西，才能使编修出来的志书能够起到以古为鉴的作用。按黎锦熙主张，方志“非但考其（事事物物）迹象之沿革”，而且须将事事物物“穷原竟委”。穷原竟委这种作用的体现，不是要将地方志书写成策论，不是通过直接的陈述发凡，而是在于“使读者”由志书提供的实况得以“推知”原委。用今天的话来说，就是“用事实说话”，如何提供原委实况，其实就体现了智慧。修志者本身必须具有称得上历史智慧的认识，而并非直接将其认识作为论文观点发表出来，这才是地方志的魅力所在。发掘历史智慧者，自身必须具有历史的智慧，这就要求修志工作者不囿于精通修志的专业规则，不仅在于专注提高修志专业水平，还应当学会历史地看问题，从收集资料、发掘资料、编排资料中显示出历史的智慧来，有益于资政治世，有益于启发民智，才说得上以启未来。

## 三　修志问道的学术坚持

李克强总理提到地方志是重要载体时，专门点到“存史、育人、资政”。存史、育人、

① 黎锦熙：《方志今议》，《方志学两种》，岳麓书社，1983 年，第 21、22 页。

资政是地方志的功能，是地方志编修最基本的动力，也赋予地方志永恒的生命力。三大功能中，存史是第一位的。唯有存史，才能生发出育人、资政以及其他各种功能。所说存史，当然是存以真、实为标准的史料。因此，《地方志工作条例》和李克强总理的批示，都强调求真存实的重要性。李铁映在全国地方志第二次工作会议上的讲话中指出："志书一定要可信……不可信则不能为志，还可能遗患于世。"① 维护志书的存史价值，不仅是一种信念，还需要学术坚持。修志者首先要明确什么样的史实才能收进志书，什么样的情况才说得上是"史"，什么样的现象才是社会本质。成熟的地方志，必然能够自觉坚持相关的编纂原则，以此保证一定程度的"实"。例如，对坚持"述而不论"的理解，胡乔木指出："地方志不是评论历史的书，不是史论。多余的评论不但不为地方志增光，反而为地方志减色。"② 章学诚强调："仆谓讥贬原不可为志体，据事直书，善否自见，直宽隐彰之意；固不可专事浮文，以虚誉为事也。"③ 新方志为增进全书整体性，增设概述和章节中的述体，概括全貌，勾勒特点，对志体来说本是了不起的进步，然而如果修志者还意犹未尽地一定要赋予志书揭示规律、指说将来的重任，就难免说一些不得不说的套话、空话，甚至充满激情的过头话，待印出来时即成过时话。对"述"的量应有所把握，对"述"的度应严加控制，对"述"的内容宜慎之又慎。可惜的是，在一些志书中，对此注意得不够。在有的志书中，述体的"允许评述"得到一些人的特别宠爱，塞进一些经不起历史推敲的内容，使述体从本来是读志必阅部分变成无法卒读甚至一瞥而过的部分。再如数字入志，本是一种量化记述的科学手段，但是数字入志，必须考虑是否必要，对数字核实更需要有高度负责的态度和求真务实的精神。有的志书喜欢大量使用百分比反映事物变化的程度，几乎是逢数必比。其实，在许多情况下，以百分比反映变化说明不了实质问题，由于基数大小不同，增长的百分比并不能与实数成正比。事实上，志书只要能够保证把准确的数字提供给读者，使用者需要作百分比分析时自然会对比，何必让志书用有限的篇幅去做无用的代劳。再如记述人物，本已有生不立传之定规，偏偏有人对此如鲠在喉，强烈要求破例，似乎非此不足以服务社会。或者变相破例，让人物简介的篇幅比人物传长，记述比人物传详。客观地说，一个地方出了大官、大腕、大款，在一定时期内对一地的社会经济、文化乃至育人都有可能产生很大影响。问题是，影响是一回事，如何记述又是一回事。笔者以为，只需要实事求是地记述其有影响的事迹就可以，没有必要为在世人物立传，更没有必要作夸饰之辞。这方面的道理不必多讲，其中当然就有历史的智慧。所以，志书在长期编纂实践中形成的学术规范，不要轻言"创新"甚至肆意打破。新时代的修志人，对于修志编纂原则不是一成不变，而是要通过认真总结、理性分析，对现有的规范厘清原委，权衡利弊，才说得上科学改进、创新完善。在长期的演变中，地方志之所以有旺盛的生命力，是因其在修志中不断地自我完善。当代修志人在新的历史条件下，如何坚持学术规范，保持其学术优长，是一个很重要的课题。在总结两轮修志经验与编纂理论时，对此应有一个清醒的认识，要把学术坚持提到

---

① 李铁映：《求真存实、修志资治、服务当代、垂鉴后世——在全国地方志第二次工作会议上讲话》，《中国地方志》1996 年第 3、4 合期。

② 胡乔木：《在全国地方志第一次工作会议闭幕会上的讲话》，《中国地方志》1987 年第 1 期。

③ 章学诚：《答甄秀才论修志第一书》，《文史通义》卷八《外篇三》，岳麓书社，1993 年，第 294 页。

志书生命的高度来认识，让第三轮修志迈出健康扎实的步伐，更好体现修志问道的自觉。

## 四　修志问道的实践旨归

李克强总理要求地方志工作者要“以更加饱满的热情、以求真存实的作风进一步做好地方志编纂、管理和开发利用工作，为弘扬传统文化、服务经济社会发展作出新的贡献”。这段话饱含着总理对地方志工作者的殷切期望，将做好编纂、管理和开发利用，概括为一个完整的全过程；将修志工作视为一个系统工程，是新方志事业发展的时代特点。修志者只管地方志编纂，不考虑管理和用志，是造成历史上虽然修了那么多的志，存史的却只有很少一部分的重要原因；用志对象主要限于对志有认识的官员与文人，这也制约了志书的开发利用。这不是志本身的问题，而是体制的问题。还是那些旧志，在中华人民共和国成立初就能为李四光所用，由长期束之高阁变成辑集中国地震历史的一个重要资料来源。李克强总理的批示，体现了新时代的修志要求，既不是将地方志当成少数人在书斋里的工作，也不是将地方志工作局限于编纂一部志书的制作阶段。这一认识在第二轮修志中得到公认，并逐步深化。地方志要为弘扬传统文化、服务经济社会发展作出新贡献，在许多领域都大有可为，不仅修志工作者要积极努力，还要动员全社会的力量。这才是“以启未来”的方向。

李克强总理对修志工作者提出的要求，首先是要有饱满的热情。修志人的一句口头禅，是“淡泊明志”。为什么要提倡淡泊，就是因为修志是一件不容易引起重视也无法直接获利的工作。应当肯定，修志队伍中热爱修志事业，献身这一事业的大有人在。但不可否认的是，当今略显浮躁的社会风气，不同于古代视修志为至高无上之雅事，或者是朝廷将修志规定为地方长官莅任的重要职责甚至政绩。由于世俗的认识，修志队伍存在“得志不修志”的自卑感，还有将修志看成职务过渡、变相贬职的偏见。因此，对于修志工作者来说，强调饱满的热情是很有必要的。第二轮修志中，地方志服务社会的功能得以拓宽，地方志工作者的社会地位有所提高，领导重视程度也在不断提高，这都是客观情况。修志工作者的积极性有很大提高，不仅是出于对志书作用的考虑，很多时候也希望地方志工作在当地各项工作中，有更加重要的地位。不管动机如何，对这一积极性都应予肯定。但是也要看到，当前值得注意的一个新倾向，是有的地方志工作机构负责同志，不能正确理解地方志成为显学的真正意义所在，热衷于能够吸引领导注意的“开发利用”，有的开发利用甚至脱离了地方志工作实际，脱离了与地方志工作的关系。与此同时，是对修志工作不肯下功夫，对地方志理论研究不感兴趣，对第三轮修志启动需要对前两轮修志充分总结和认真准备考虑不多。地方志事业的根基在志书，任何开发利用都离不开资料丰富、内容可靠的地方志书。把志书编修好了，地方志事业才能大有作为。饱满的热情，首先在修志，然后才谈得上开发利用，拓展事业。各地的地方志编修进展不一，不同时期有不同的工作侧重点，但从根本上说，始终都应当重视地方志编修工作。例如，广东省全面完成第二轮修志工作之后，在全省启动了地方志资料年报工作制度。对这项工作，有的单位抱着对第三轮修志负责的态度，认真对待，切实做好；有的单位则采取应付了事的态度。

值得注意的是，李克强总理在批示中提到做好地方志工作的前提，还专门提到求真存实的作风，对此，应有充分的认识。“求真存实”，是作为对地方志书确保质量的唯一前提写进《地方志工作条例》第六条的。这是修志问道的一个保障，是修志问道的一种追求，也是修志问道的一个指向。人而无信，不知其可；志而不实，难以成志。即使一个小小的数字，因为某种疏忽，不能如实记载，也会使人对全志的其他数字产生不信任感。正所谓“地近易核，时近迹真”，唯其真实，志书才能“补史之缺，参史之错，详史之略，续史之无”①。实际上，求真存实的目标与修志工作实际情况还存在差距，弥补这一差距需要修志人的自觉，也需要历史智慧。在总结两轮新方志编修实践的基础上，开始第三轮修志的准备工作，如何坚持地方志求真存实质量标准，应作为一个重点回顾审视，而不能顾左右而言他。

（作者单位：广州市人民政府文史研究馆）

① 章学诚：《修湖北通志驳陈增议》，高国抗选注：《章学诚方志论文选注》，岭南美术出版社，2009 年，第 310 页。

# 学习李克强总理“修志问道，以启未来”重要批示的几点体会

王铁鹏

**内容提要**：实现“两个一百年”的奋斗目标和中华民族伟大复兴中国梦，必须借鉴历史经验和优秀的传统文化，这为地方志事业的发展提供了难得机遇。地方志记述了一地历史发展轨迹和事业盛衰起伏的全过程，能够反映所记事物的发展规律和本质面貌，可以为总结经验、探索规律服务。要按照国务院印发的《全国地方志事业发展规划纲要（2015—2020年）》的要求，把地方志编修好，这是“修志问道”的基础和保证。各级地方志工作机构应带头“修志问道”，但是“修志问道”的主体应该是包括各级领导机关、领导干部在内的社会各界，各级地方志工作机构要发挥好组织、推动作用。

**关键词**：修志问道　客观规律　开发利用

2014年4月16日，在全国第五次地方志工作会议召开前夕，李克强总理对地方志工作作出重要批示，其中“修志问道，以启未来”八个字，内涵十分深刻，成为地方志工作的指导思想，为地方志工作指明了方向。认真学习、贯彻、落实李克强总理重要批示精神，对于在新时期做好地方志工作，意义十分重大。下面，笔者谈一点不成熟的学习体会，供大家参考，欢迎批评指正。

## 一　“修志问道”提出的时代背景

自古以来，就有“治天下者以史为鉴，治郡国者以志为鉴”之说。志书拥有“存史、资治、教化”的功用。当前，我国正处于社会主义初级阶段，全面建成小康社会进入决定性阶段，改革进入攻坚期和深水区，国际形势复杂多变，我们党面对的改革发展稳定任务之重前所未有、矛盾风险挑战之多前所未有。实现“两个一百年”的奋斗目标和中华民族伟大复兴中国梦，必须要借鉴历史经验和优秀的传统文化。在这个历史大背景下，才能深刻理解李克强总理“修志问道，以启未来”批示的重大意义。

一是为推进国家治理体系和治理能力现代化提供有益借鉴。推进国家治理体系和治理能力现代化，是十八届三中全会《中共中央关于全面深化改革若干重大问题的决定》提出的全面深化改革的总目标的重要组成部分。2014年10月13日，习近平总书记在中央政治

局第十八次集体学习时强调，对古代的成功经验，我们要本着择其善者而从之、其不善者而去之的科学态度，牢记历史经验、牢记历史教训、牢记历史警示，为推进国家治理体系和治理能力现代化提供有益借鉴。志书积累了丰富的治国理政经验，其中既包括升平之世社会发展进步的成功经验，也有衰乱之世社会动荡的深刻教训。治理国家和社会，今天遇到的很多事情都可以在历史上找到影子，历史上发生过的很多事情也都可以作为今天的镜鉴。

二是为培育和弘扬社会主义核心价值观提供文化传承。习近平总书记在中共中央政治局第十三次集体学习时强调，培育和弘扬社会主义核心价值观必须立足中华优秀传统文化。抛弃传统、丢掉根本，就等于割断自己的精神命脉。博大精深的中华优秀传统文化是我们在世界文化激荡中站稳脚跟的根基。中华文化源远流长，包括地方志在内的古籍文献，积淀着中华民族最深层的精神追求，代表着中华民族独特的精神标识，为中华民族生生不息、发展壮大提供了丰厚滋养。

三是为实现"两个一百年"的奋斗目标和中华民族伟大复兴中国梦提供历史智慧。2014 年 2 月 25 日下午，习近平总书记到首都博物馆参观北京历史文化展览。他强调，搞历史博物展览，为的是见证历史、以史鉴今、启迪后人。要在展览的同时高度重视修史修志，让文物说话、把历史智慧告诉人们，激发我们的民族自豪感和自信心，坚定全体人民振兴中华、实现中国梦的信心和决心。2014 年 10 月 13 日，习近平在中共中央政治局第十八次集体学习时强调，实现"两个一百年"的奋斗目标和中华民族伟大复兴中国梦，需要充分发挥全党全国各族人民今天所具有的伟大智慧，也需要充分运用中华民族 5000 多年来积累的伟大智慧。

四是把学习党史、国史作为把党和国家各项事业继续推向前进的必修课。2013 年 3 月 1 日，习近平在中央党校建校 80 周年庆祝大会暨 2013 年春季学期开学典礼上发表重要讲话时指出，各级领导干部还要认真学习党史、国史，知史爱党，知史爱国。要了解我们党和国家事业的来龙去脉，汲取我们党和国家的历史经验，正确了解党和国家历史上的重大事件和重要人物。这对正确认识党情、国情十分必要，对开创未来也十分必要，因为历史是最好的教科书。作为在地方工作的领导干部，则应认真学习地方史、地方志。如果对一地情况不了解，那怎么会把一个地方治理好？而地方志正是了解一个地方情况最好的教材，要想了解一个地方，就要看当地的地方志。

## 二 地方志是反映事物发展客观规律的科学文献

地方志，是指全面系统地记述本行政区域自然、政治、经济、文化和社会的历史与现状的资料性文献。志书的资料是在一定思想观点统率下的资料，记述了一地历史发展轨迹和事业盛衰起伏的全过程，能够反映所记事物的发展规律和本质面貌，以及必然的因果关系。

在自然环境部类，通过对自然环境诸要素，如地质、地貌、水文、土壤、气象、自然资源以及自然灾害的记述，可以清晰地了解自然环境自身的演变过程，以及人类活动对环境要素的影响关系，从而发现人类活动与自然环境的相互作用关系的规律，对于人与自然如何和谐相处，具有重要的意义。

在政治部类，通过在不同历史时期、不同历史阶段，对一地的治理理念、方式、手段、内容以及效果的记述，从一地之兴衰，见证生产力与生产关系、经济基础和上层建筑之间的辩证关系，从而发现历史更替和发展变化的必然规律。对于提高各级党委的执政能力，更好地发挥人大的作用和政府的职能，推进民主协商，建设民主政治，具有重要的意义。

在经济部类，通过对经济发展速度、规模、结构、质量、效益的记述，可以发现产业结构升级、演进、优化过程的一般规律，从而提高科学发展的自觉性；通过对经济高速发展带来资源高消耗和环境重污染的记述，从而引起人们对发展资源节约型和环境友好型经济的重视，加快推进经济发展方式的转变；通过对经济体制改革和对外开放情况的记述，总结改革开放的经验和教训，为全面深化改革奠定基础，从而提高全面深化改革的自觉性。

在文化部类，通过对文化事业和文化产业的记述，可以从中发现文化事业和产业发展的一般规律，比如，文化事业的发展不仅与当地的经济发展程度有关，还与当地的历史传统、传承有关，更与当地领导的重视程度有关，可以从各项文化事业和各类文化产业中，发现其特殊的规律，提高发展先进文化，促进文化大发展、大繁荣的紧迫性。

在社会部类，通过对一地人口规模、结构、素质、流动和管理内容的记述，分析一地人口之变化与自然、政治、经济、社会形势的关系，来认识人口现象、特征和规律；通过对民族起源和历史变迁、民族关系的演变、民族社会结构的变化等方面的记述，深刻了解和掌握党的民族平等、民族团结、合作互助、共同发展繁荣的民族政策，为掌握民族工作的规律，进一步做好民族工作打牢基础。

地方志如何才能反映客观规律？

首先，要坚持正确的指导思想。地方志不是资料的堆砌，而是在一定思想观点指导下，开展资料的收集、筛选和利用。哪些入志，哪些不入，如何入志，都体现了作者的观点。地方志要用资料说话，把观点倾向、是非褒贬、成败得失，寓于资料之中。只有观点正确、质量合格的志书，才能体现经验教训，反映客观规律。

其次，要全面、客观地编纂地方志。全面，就是既要全面反映各项事业的历程和成绩，也要正确反映历史发展中的曲折和问题。客观，就是要真实、准确，客观记述，切忌主观臆断，坚持存真求实，确保质量。如果编修地方志违背了存真求实和述而不论的原则，那地方志是编不好的，即使编出来了，也没有多少存史和利用的价值，更经不起历史的检验。

再次，要体现事物发生变化的内在联系和因果关系。志书对事物的记述，要有重点地选择能反映事物发展过程的起点、转折点和终点，清晰勾勒出事物发展的主线，展示事物发展的连贯性和大势大略，完整地记述事物发展的各种要素、影响事物发展的内外因素，以及事物发展的逻辑关系，注意点、线、面和人、事、物的有机结合，增加记述的深度，从而增加志书的利用价值，反映事物发展的内在规律。

最后，要提高修志人员自身的素质。人品决定志品。修出一部名志、佳志，首先对修志人的知识、水平、阅历、修养是一个考验，也是一个检验。修志人要视修志为大任，秉承崇高信念，不为仕途所纠结，不为金钱所诱惑，不为权势所畏惧，敢于秉笔直书，客观记述；修志人要加强个人修养，淡泊名利，甘于奉献，恪尽职守，锲而不舍，开拓进取，有“打破砂锅问到底”的精神，踏实、严谨的工作作风，敬畏历史的态度；修志人要善于学习，不仅做“专家”，还要做“杂家”，要熟悉、了解历史，还要熟悉、了解所记述对象的情况；修志人要有开阔的视野，要时刻关心国际国内形势和本地区、本部门大事，了解本地区、本部门的中心工作，知道领导关心的热点问题、遇到的难点问题、考虑的重点问题，这样才能增强为领导决策服务的针对性。

## 三 地方志能否承担探索规律的任务

方志界有一种观点认为，地方志可以体现和反映客观规律，但地方志本身不直接承担也承担不了总结经验、探索规律的任务。那是历史学的任务。董一博也曾说过，地方志的功能作用，包括为体现经验教训、反映客观规律，提供借鉴和规诫。如何认识这种观点呢？如果仅从地方志的编纂上来看，这种观点无疑是正确的。地方志是资料性文献，述而不论是地方志编修的基本原则之一。如果地方志直接承担探索规律的任务，那志书和史书就没有多大区别了，地方志作为资料书的性质也就消失了。地方志的真正魅力在于提供全面、客观、真实的资料，反映事物发生、发展、变化的客观规律。读者看了这样的地方志，可以从中得到收获，受到启迪，从而去总结经验，探索规律，而不是把编者的观点直接告诉读者，甚至强加给读者。我们也经常看到一些志稿或已出版的志书，里边不乏编者的议论，常见的例如直接总结经验和教训，直接归纳事物发展的阶段和特点，对人、事、物直接进行评价和褒贬，等等。这些做法违背了地方志客观记述的原则，起不到反映客观规律的作用。正像胡乔木所说，客观的历史就是客观的历史，不需要在地方志里画蛇添足加以评论。地方志不是评论历史的书，不是史论。多余的评论不但不为地方志增光，反而为地方志减色。

那么，是不是就可以说，地方志不能承担总结经验、探索规律的任务呢？实际上，地方志的概念有狭义和广义之分。狭义的地方志就是指地方志书。在地方志工作开展初期，地方志工作机构的主要任务就是修志，其他工作还没有提到日程上。但随着地方志工作的深化，特别是在国务院颁布了《地方志工作条例》（简称《条例》）之后，地方志工作性质和范围发生了重大变化。《条例》第一条就明确规定，为了继承和发扬中华民族优秀文化传统，全面、客观、系统地编纂地方志，科学、合理地开发利用地方志，发挥地方志在促进经济社会发展中的作用，制定本条例。《条例》把地方志工作概括为编修地方志和开发利用地方志两个方面，因此，广义的地方志不仅指一部志书，实际上是指地方志工作、地方志事业。地方志由原来只编一部志书，向志、鉴、库、馆、网、刊、研、用扩展。这就要求我们突破原有的工作思路和框架，延伸和扩展地方志工作和事业的内涵，把开发利用地方志提到与编修地方志同等重要的位置上。

2015年8月25日，国务院办公厅印发《全国地方志事业发展规划纲要（2015—2020年）》（简称《规划纲要》），使我们对开发利用地方志的认识又上升了一步。《规划纲要》在总体目标中，提出到2020年，基本形成包括地方志资源开发利用体系在内的“五位一体”的地方志事业发展综合体系。在基本原则中，提出要坚持修志为用。发挥地方志资源优势，全面提升开发利用水平；拓宽用志领域，提升服务大局能力，为党政机关、社会各界和人民群众服务；加大宣传力度，提高全社会读志用志水平。在任务中，提出要提高地方志资源开发利用水平。由此可见，“修志问道，以启未来”是地方志工作面临的重大课题，也是各级地方志工作机构义不容辞的职责之一。

一方面，各级地方志工作机构要带头“问道”。由于比其他任何部门都了解和熟悉地方志资源，因此，各级地方志工作机构要带头开发利用地方志。当前，各级地方志工作机构在这方面都进行了各种各样的尝试，而且取得了不少的成果，有的围绕当地中心工作大局，针对领导关心的重大问题，从志书中选取有关的资料，编发领导参阅信息，直接进入领导机关的决策。有的利用手中掌握的资料，围绕当地经济社会发展中的热点、难点、重点问题开展课题研究，成为领导机关的“智库”、参谋和助手。有的定期编发地情资料、地情简报、年度资料、大事记等，为领导机关和社会各界服务。有的从地方志中选取有价值的资料，编发简本或开发成特色地情书，走向百姓，走向市场，成为地方宣传的名片。有的开发利用方志成果，为当地招商引资、发展旅游、文化建设服务，并取得较好的经济效益和社会效益。同时也要看到，在如何“问道”方面，各级地方志工作机构还存在很多不足，主要是意识不强，认识不到位，方式方法比较简单，途径还比较单一，重修轻用的问题比较突出，在地方志的开发利用方面还没有找到更好的办法，地方志的价值和作用还没有真正体现出来。因此，各级地方志工作机构要把思想认识统一到中央领导指示、批示上来，统一到《规划纲要》的要求上来，真正认识到“修志问道”的意义所在，价值所在，增强“修志问道”的自觉性和紧迫性。

另一方面，要大力组织、推动“问道”。要明确这样一个概念，“问道”的主体应该是包括各级领导机关、领导干部在内的社会各界，而不仅仅是指各级地方志工作机构。《地方志工作条例》第五条明确规定，地方志工作机构的职责是“组织开发利用地方志资源”，各级地方志工作机构在开发利用方面可以发挥组织、推动的作用。如果仅仅是地方志工作机构在开发利用地方志，那地方志的作用和影响范围就大打折扣了。因此，各级地方志工作机构在做好自身“问道”的同时，还要加大组织、推动“问道”的力度，特别是要组织、推动各级领导机关、领导干部读志用志，使各级领导机关和领导干部善于从志书中汲取智慧，总结经验，探索规律，提高执政能力和水平。为了使各级领导机关和领导干部能够成为“问道”的主力军，各级地方志工作机构要做好服务工作，要大力宣传地方志，使他们能够了解地方志，认识地方志，用好地方志；要改善和加强地方志开发利用工作，为领导机关和干部量身定做，主动提供合适的产品，满足他们的需求；要增强工作的针对性和时效性，紧密围绕工作大局，及时提供有参考价值的信息；要利用手中掌握的资料，围绕当地经济社会发展的重大问题，独立或合作开展课题研究，为领导机关提供借鉴和参考。当前，要特别注意利用好《规划纲要》发布的有利时机，做好面向包括领导机关在内的社会各界的宣传工作，而且要把地方志的功用作为重要的内容之一加以宣传，真正使全社会都认识地方志的价值，提高利用地方志“问道”的自觉性。

（作者单位：北京市地方志办公室）

# 略论修志之道

潘捷军

**内容提要**："修志问道，以启未来"是2014年李克强总理为第五次全国地方志工作会议所作的重要批示，也是全国方志系统为之努力的奋斗目标和战略发展路径。要承担这一历史重任，关键在于能否精准解读这一重大命题。"修志之道"所提之"道"既是中华民族追寻中国梦的历史之路，也是中国人民为实现全面小康奋斗目标的现实实践；中国梦之"道"是地方志事业发展的必由之路，志书则是记述中国梦之"道"的独特载体。通过"修志问道"，"以启未来"应成为当代方志人义不容辞的历史担当。

**关键词**：修志问道　中国梦　地方志

2014年4月，李克强总理在为第五次全国地方志工作会议作出的重要批示中明确指出："修志问道，以启未来。"这是新形势下，党中央、国务院向全国广大地方志工作者提出的总要求，现实意义重大，历史意义深远。需要深刻理解和把握的是：何为修志之"道"，这涉及全国地方志事业发展战略的选择和定位；为何要通过修志来问"道"，这关乎地方志工作和志书本身的价值；当代方志人如何通过修志来"问"好这条"道"，这涉及广大方志工作者在新形势下如何更好地肩负重任、担当使命的问题。本文试从这几个方面作一简要分析。

## 一　"道"既是中华民族追寻中国梦的历史之路，也是当代中国人民伟大的现实实践

要准确和深刻理解这一重大命题，前提和关键在于：何为修志之"道"？笔者认为，这个"道"就是中华民族伟大复兴中国梦的追寻之路和现实实践。

一方面，"道"是中华民族追寻中国梦的历史之路。一般认为，"'道'乃中国古代哲学的基本范畴，分天道、人道，即日用事物当行之理，也就是自然万物、人类社会之本质属性、演变轨迹、发展逻辑和运行规律"①。如果以此来探究中国历史的发展之"道"，笔者以为，这个"道"就是中华民族实现伟大复兴的追梦之道、寻梦之路。另一方面，"道"是当代中国人民追寻中国梦的伟大实践。中国梦是一个远大的宏伟目标，是一个需

① 和卫国：《修志之道贵在存史》，《中国社会科学报》2015年5月6日A6版。

要中华民族世世代代持之以恒、坚持不懈的艰辛历程，不可能一蹴而就。昨天的梦想就是今天的现实，而今天的梦想也会成为明天的现实，最后的结果实际就包含在过程中。从这个意义上说，中华民族永远在“道”上。因此，中国梦的实现既是一个艰辛的历史过程，同时也是一种不断延伸开拓的现实实践。特别要注意的是，习近平总书记明确将中国梦定位为“中华民族近代以来最伟大的梦想”，奋斗目标是“两个一百年”（在中国共产党成立一百年时全面建成小康社会，在中华人民共和国成立一百年时建成社会主义现代化国家），具有特定的时间概念和目标指向。他还强调指出，如果“不了解中国历史和文化，尤其是不了解近代以来的中国历史和文化，就很难全面把握当代中国的社会状况，很难全面把握当代中国人民的抱负和梦想，很难全面把握中国人民选择的发展道路”①。就今天而言，这个“道”就是全面深化改革的实践载体，就是依法治国的题中应有之义，就是实施“四个全面”战略的现实路径，这一点尤需我们深刻领会并切实把握。

## 二 “道”是地方志事业发展的必由之路，志书则是中国梦之“道”的独特载体

（一）修志存史历来是中国地方志事业的首要职能。从历史上看，修志存史历来是地方志事业的首要职能。如果说中国之“道”是中华民族千百年的追梦、寻梦之“道”，而修志所问之“道”又是历代方志人对中国历史发展规律的探索历程，那么中国的地方志发展史同样是一部波澜壮阔的载梦、述梦史。千百年来，中国地方志类型丰富，成果丰硕。如在《中国地方志联合目录》收录的8200多种志书中，仅按区域范围分就有通志，府志，州、厅、县志，乡土志，里镇志以及卫志、关镇志、岛屿志等类型，从而在横向结构上全面记述了千百年来中国各个区域的发展变迁。《汉书·地理志》《括地志》《元和郡县图志》《太平寰宇记》《元丰九域志》《大元大一统志》《大明一统志》《大清一统志》等各种总志，则完整记述了中华民族伟大征程的历史轨迹。千百年来，无数仁人“志士”以“修身、齐家、治国、平天下”为高尚情怀和崇高使命，殚精竭虑、呕心沥血，留下了一部部千古传诵的精品佳志。这种横排门类、纵述史实，纵横结合记述历史的独特方法，不仅概括了中国历史波澜壮阔的发展历程，而且奠定了地方志在中国文化中的重要地位，是地方志事业为中华民族中国梦追寻之“道”所作出的特殊贡献。

（二）“志以载道”同样是当代中国方志人的责任担当。从现实看，如果承认“道”是中华民族追寻中国梦的历史之路，也是伟大的现实实践，那么此“道”与当代地方志工作又是何种关系，即当代方志人如何问道，这是这一重大命题的关键所在。由于“道”的规定决定了地方志事业的目标指向和前行路径，因此，当代地方志事业选择走什么样的“道”至关重要。那么，什么才是当代方志人的所问之“道”、固守之“道”？正如习近平总书记指出的那样，中国梦不仅体现了“中华民族和中国人民的整体利益”，同时也是

① 《习近平致第二十二届国际历史科学大会的贺信》，《人民日报》2015年8月24日第1版。

"每一个中华儿女的共同期盼"，全民族都将与此同命运、共呼吸，方志人又如何能置身其外？"昨天的历史不是今天的人们书写的，但今天的人们不能脱离昨天的历史来把握今天、开创明天。"① 因此，通过修志来圆中华民族的寻梦、追梦之"道"，既是历代方志人的历史传统，更是当代方志人责无旁贷的现实使命和事业发展的必由之路，这就是当代方志事业所问之"道"。所谓"志同道合"，只有把"志"（地方志事业）融入中华民族的复兴大"道"，才能真正实现"志"同"道"合，真正做到志以载道，舍此别无他途。事实上，当代中国地方志事业成就辉煌，前景广阔，还在继续谱写民族复兴中国梦的璀璨画卷和精彩乐章。仅在 2008—2014 年短短 5 年间，全国就出版了各类志书近 3 万部，编纂出版年鉴近 3000 种，整理旧志 2000 多种，出版（发表）专著（论文）6000 多部（篇），建成各类方志馆近 300 个。这些丰硕成果和辉煌成就同样是当代方志人为中华民族中国梦追寻之"道"所作出的重大贡献。

（三）地方志书是当代中国梦之"道"的独特载体。我们之所以强调修志之"道"与中华民族伟大复兴梦之"道"的高度一致性，并不仅仅出于对地方志官书职能的政治考量，也不仅仅在于强调方志人必须具备的使命担当，还在于作为中华民族传统文化的一个重要组成部分，地方志在中华民族的追梦、寻梦之道中，还具有其他文化载体所无法取代的独特价值。例如，笔者曾以"工"字图为例，对史志关系作过系统分析，试图揭示志书编纂与方志学的特殊意义和重要地位②。在笔者看来，这个"工"字图由以下两方面内容构成：

——"⊥"形图试图揭示地方志的编纂规律。即下面"一"表示志书编纂横排门类、横不缺项的全面性特征；上面"丨"则是指志书编纂纵述史实、纵不断线的系统性特征。正是这样一个横排竖写的纵横结构，使志书编纂得以成为一个其他形式无法取代的独特系统。

——"工"字图则试图揭示史志关系，即下面"⊥"形结构为"方志编纂"，表明方志编纂是历史研究的重要基础，上面"一"则表示为"历史研究"，表明历史研究应建立在方志编纂基础之上，两者正是这样一种相辅相成的辩证关系。正如古人所言："志者史之积，史者志之成。"章学诚也强调，志书可"补史之缺，参史之错，详史之略，续史之无"，"修史，必将于方志取其裁"。因此，这个"工"字图不仅揭示了"志为史基""史从志出"的辩证关系，同时也揭示了地方志事业在中国梦追寻之"道"历程中的独特价值和重要地位。如果说"历史研究是一切社会科学的基础"，那么地方志工作及相应的志书则可视作是历史研究的重要基础，更何况方志学本身就属于史学范畴。正因为"地方志是最深厚的国家文化软实力之一"③，所以我们应当具有舍我其谁的道路和理论自信。

---

① 《习近平在纪念中国人民抗日战争暨世界反法西斯战争胜利 70 周年招待会上的讲话》，《人民日报》2015 年 9 月 4 日第 3 版。

② 参见潘捷军：《"史""志"关系辨析》，原载《福建论坛》（人文社会科学版）2012 年第 7 期（中国人民大学复印资料"历史学"2012 年第 11 期全文转载）。

③ 王伟光：《盛世修志助力中国梦》，《人民日报》2015 年 9 月 10 日第 10 版。

## 三 通过“修志问道”，“以启未来”应成为当代方志人的历史担当

2015年8月25日，国务院办公厅印发《全国地方志事业发展规划纲要（2015—2020年）》，“是否按《规划纲要》提出的目标任务办，直接影响着地方志事业的发展水平，也是衡量地方各级党委政府是否重视地方志工作的重要标准”①。因此，在笔者看来，这就是当前和今后一个时期全国方志系统的工作之“道”，事业繁荣发展之路。那么，今后的“道”如何走？如何通过“修志问道”做到“以启未来”，这是“修志问道”的最终目的所在，也只有把握住这一点，才是对这一重大命题的完整理解。

首先，要善于辨“道”、明“道”，这是“以启未来”的重要前提。例如，目前在方志系统不同程度地存在一种认识误区。有人认为，方志编纂主要面向过去的历史，不必过于关注现状，更无须关心未来，因而成天热衷于在故纸堆里筑“道场”、做文章，不太注重抬头问“道”。其实，《地方志工作条例》明确要求志书必须记述“历史与现状”，而“历史”和“现状”本身具有相对性。从地方志记述对象看，这个现状就是中华民族伟大复兴中国梦的寻梦、追梦和圆梦现实，就是改革开放以来中国特色社会主义的伟大实践，而且这个过程还在持续进行中。全国各地第二轮修志的普遍形式是“续修断代志”，即大多记载的是改革开放以来几十年的历史，从这个意义上看，我们修的就是改革开放志、科学发展志，就是亿万中国人民的圆梦之志。因此，我们既要善于在回溯历史中总结经验，在正视现实中解决问题；同时还要善于在现有事物的萌芽端倪中探求本质，从个别现象中发现普遍规律，在相对静态中把握动态趋势。如果把握不好“历史”与“现状”的辩证关系，把过去与当前、未来人为割裂开来，对立起来，胸无大“志”，那非但编不好圆梦中国和改革开放这部恢宏巨“志”，还可能迷失方向，更难以做到“以启未来”。

其次，要敢于铁肩担“道”义，善于雄心著壮“志”。如果对这一重大命题的“道”有了清晰理解，对其所蕴含的价值有了准确把握，那么当务之急就是如何做到知行合一，通过“修志问道”真正做到“以启未来”。我们不能热衷于道长论短，坐而论“道”。习近平总书记2012年在广东考察时曾“再一次强调‘空谈误国，实干兴邦’这个口号”，并谆谆告诫“我们要有钉钉子的精神”②。地方志被人戏称为“四苦全书”，其工作的特殊性和艰难程度更需要钉钉子的韧劲与毅力。

最后，还要看到，经过长期探索和两轮修志实践，目前全国方志界也普遍形成了一套约定俗成的固化模式，如纲目框架大同小异，遵循原则基本一致，文字语言风格更为统一规范；同时也会使其形式较为呆板单调，容易令人觉得枯燥乏味，无形会束缚志书的生动性和创造性。这样，传统规律反而成了一个无形框架，编纂者的创新意识被约束在这个框

① 王伟光：《盛世修志助力中国梦》，《人民日报》2015年9月10日第10版。

② 中共中央文献研究室编：《习近平关于实现中华民族伟大复兴的中国梦论述摘编》，中央文献出版社，2013年，第78~79页。

框里，最终被形式牵着鼻子走，导致编纂工作难有创新和突破。因此，如何既重视传统规律，又不能被它“框”住，真正通过创新“以启未来”，这是当前需要特别关注和解决的一个重大问题。当代方志人任重而“道”远，不能因循守旧，抱残守缺，要始终保持孜孜以求的“问道”意识、大道争锋的改革精神和力争走在前列的魄力，力求编出更多既具志书特点更具时代特征的精品佳志，让中华民族的追梦、寻梦和圆梦之道更开阔、更精彩，唯其如此，才能通过“修志问道”真正做到“以启未来”。

（作者单位：浙江省地方志办公室）

# 断代志编纂简论

李秋洪

**内容提要**：断代志是晚于通志出现的志书体裁，有着跟通志不同的特点，自第二轮志书编修以来，就广为志界所用。多部本断代志和多卷本断代志在内涵、功用、记述时限、资料选取和总纂要求等方面都有差异，而把握好二者的异同，是提高断代志编纂质量的前提。

**关键词**：断代志　多卷本　多部本　断代志编纂

无论在古代还是在当今中国，编写一部志书都不是什么稀罕事。作为中国传统文化载体之一和记录一方历史变迁的资料性文献，地方志已经形成一整套方志界公认和传承已久的原则、体例与规范。然而，志书虽然传承千年，从古至今并不是没有发生变化，有些方面还发生了重要的改变。随着广西历史上第一部省级断代志——《广西通志（1979—2005）》的编纂告成，笔者有一些心得请志界同人批评指正。

## 一　断代志的概念

断代志是晚于通志出现的志书体裁。断代志这个概念衍生于史书中的断代史，自第二轮志书编修以来，就广为方志界所用。志书都有明确的上下限，但传世的志书几乎都是所谓通志，即从事物发端开始记述，一直写到记述下限。每次重修，无论是历代旧志，还是社会主义首轮修志均是通志。第二轮修志开始出现断代志的概念，也就是只记述某个时期变化发展而不是完整记述事物变迁始末的志书。各省（自治区、直辖市）编修的第二轮志书大部分都是所谓断代志。

清乾隆以前，历代朝廷的修志政令诏书都未对续修志书的年限作出规定。乾隆六年（1741）下诏令各省府州县每60年续修一次。章学诚则认为，60年一修相隔太远，不利于及时保存文献，提出志书应30年一修，他的观点对后人修志影响很大。民国政府内政部1944年颁布的《地方志书纂修办法》，规定志书分为省志、市志和县志，省志30年一修，市志和县志15年一修，并设立修志馆，负责修志事宜①。但是，这些对续修时限的规定并未明确续修是从起源或发端重新记述，还是接上一轮志书的下限开始记述，因而彼时

① 沈松平：《地方志书纂修办法》，《方志发展史》，浙江大学出版社，2013年，第213页。

也就没有断代志这个概念。

方志界对断代志的概念存在不同看法。有人认为，断代史是以一个朝代为记述时限，第二轮志书并不以朝代更迭为划分记述时限的依据，而以社会发展的某个转折年份作为确定记述时限的依据，因而不能称为断代志，最多只能称为断限志。但是，断限志这个词也不严谨，所谓“限”在历史视野中当然是指时限，那么划分时限或时期的标准是什么？这个标准是否唯一？不同的方志编纂者可以有不同的理解和划分标准。笔者以为，不管称之为断代志还是断限志，都专指记某一特定时段内地情的资料性文献。广西、内蒙古、新疆、上海等自治区（直辖市）的第二轮省级志书尽管仍是名为“通志”的综合志书，但实际上并不是通贯古今的通志，而是断代志。这些省级志书记述的是一个特定时段而不是纵贯古今的地情资料性文献，是因为通览地情而不是因为通贯古今才被称为通志，这种意义上的通志实为断代志。

## 二 多部本与多卷本断代志

断代志跟通志一样，大体可分为多部本、多卷本、单卷本等形式。多部本断代志和多卷本断代志二者在内涵、功用、记述时限、资料选取及总纂要求等方面存在诸多差异。

第二轮市县志绝大多数属于单卷本或两三卷本断代志。第二轮省志则大体分为两种：一是由几十部或者上百部分别记述不同行业和部门的专（分）志组成的多部本，各专（分）志独立成书，专志自身的篇目框架完整，资料丰富具体，但全志的整体性较弱，各专志之间交叉重复的内容较多。比如同一次重大自然灾害可能在自然地理、农业水利、民政、扶贫、交通运输甚至军事等专志都会有详细的记述；各专志的部门志或行业志色彩较明显，每部专志都可能记述相关部门的党群组织、精神文明建设、计划生育、公益活动、扶贫救济、机关管理等内容。二是由若干卷（通常是 3 至 10 卷）组成的多卷本，每卷包括若干部类，其篇幅较小，内容基本相当于多部本的浓缩版，各篇章之间联系紧密，全志整体性较强。

多卷本断代志具有明显区别于第一、二轮多部本通志和断代志的特征。二者的功能差异主要体现在：多部本篇幅浩大、资料齐备，因而更有利于存史和研究者使用；多卷本则比较精当，有利于充分发挥志书功能。对于一般读者，包括学者和官员，几十部甚至上百部的专志不要说阅读，就连存放都有困难。因而编纂篇幅适当的多卷本断代志，对于把握整体地情、资政和普及阅读都是必要的。编纂不同结构和篇幅的省级志书，以满足对省级地情资料的不同需求，这正是第二轮《广西通志》决定编纂多部本（74 部）的同时，又编纂多卷本（6 卷）《广西通志（1979—2005）》的基本考虑和出发点。

## 三 断代志的记述时限

多部本断代志除了记述规定时限内的事业发展内容外，还承担拾遗补阙的任务，在第二轮志书中以各种方式对前志加以修订补充。但这并不是第二轮多卷本断代志要做的事情。因为第二轮多部本省志的各专志基本都有对应的前志，只有少数几部专志是第二轮才修的。像《广西通志（1979—2005）》这样的多卷本省志（通志），尽管也属第二轮修志计划中的断代志，但无前志可承续，只是对一个特定时段作记述，自然不必去追溯或下延。

如前所述，被称之为断代志的志体跟通志的最大区别，就在于它是以某个具体时期为记述范围，其最基本的特点是不从事物的发端或起源开始记述，而是以特定时期内发生、存在和演变的事物、事件与人物为记述对象，也就是有一个明确的起止点，特别是其记述上限是从历史长河的某个时点开始。因此，在断代志里，一般不应将记述内容随意上溯或下延，否则就谈不上是断代志。

在断代志编纂中，常见问题之一是部分篇章的作者出于完整记述某项事业的考虑或长期从事该项专业（职业）的感情，将有关篇章的上下限随意突破规定时限。有的上溯到民国、晚清，甚至更远。更有甚者，将对地方党政领导的文字记述内容和照片下延到出版前夕。这种做法在时政宣传中不足为奇，但是在志书编纂中，就值得斟酌。部分篇章随意突破上下限，一是改变了断代志的体例和记述范围。二是容易导致全志各篇章之间缺乏可比性，读者难以互相参照对比有关史料。比如，同一部断代志的财政篇章设计下限到2005年，而教育篇章却记到2012年，这就不便于比较地方财政对教育的支出变化。自然灾害章按照下限记至2005年，而救灾减灾章为了突出当届政府的工作记到2010年，也存在无法比照的情况。上限不一致也会出现读者难以比照有关史料的问题。民政、扶贫等篇章从民国甚至晚清开始记，而其他篇章从1979年开始记，读者就有可能产生疑问，是否该地这一事业延续得特别完整，或非常有地方特色而其他事业则不然。谢启昆嘉庆《广西通志》，被梁启超称赞为“省志楷模”，但是部分篇章如封建表、前事略、谪宦录等部分断至明代，金石略则仅及元代，全志记述时限不一致，因而也被认为有违志书统合古今的编纂原则①。

## 四　断代志的框架结构

多卷本断代志跟多部本通志和断代志相比，在篇目框架上有一个明显差异，即它的整体性更强，框架结构更为简洁明了，内容交叉重复也较少。通志或多部本断代志由几十部甚至上百部专（分）志组成，各专（分）志相对独立，因而各自篇目都要求相对完整。但是从整套志书来看，就难免存在内容交叉重复的问题。如每个行业和部门都有对外交流、行业或机构内部管理、人员教育和培训、精神文明建设、行业人物等，都有时代和环境要求必须承担的各项所谓中心工作，如社会治安、计划生育、绿化、支援农村、扶贫等。如果从记述一个行业或者部门的角度来设计篇目，就会与其他专志有交叉，从完整记述行业或部门事业发展的角度来说，这样也是允许的。但是在多卷本断代志中，由于将各

① 沈松平：《方志发展史》，第123页。

种部类的内容集中到为数不多的几卷中，因而不仅要求尽力避免交叉重复，还要求比较容易操作。例如，对自然灾害情况的记述，多部本的自然环境志、气象志、农业志、水利志、民政志、扶贫志等都会涉及，不记这些内容，有关专志是不完整的。但是在多卷本中，灾情在自然环境和气象等篇为主记述，在民政、扶贫等篇章中着重记救灾救济等内容，在水利篇中则重点记水利工程及其对减灾的作用。有关节和目的设置都要考虑各篇章分工的不同，不能都设置灾情节或目详细记述灾情，应各有侧重。

## 五 断代志的资料选取与加工

多卷本断代志与多部本通志和断代志在记述体例、记述时限、篇章框架等方面的差异，必然决定各自对资料的选取有明显差异。两种体裁的断代志在资料选取与加工方面至少有如下不同：

第一，多卷本的资料选取倾向于宏观性、整体性资料。多卷本的资料选取要求精练，体现发展脉络而不过多关注细节展示。多部本的资料则要求更为完备、系统和详细，比如多部本中的农业志对农业机械化的记述不能仅详细记述耕作机械化，植保机械化、收获机械化、灌溉机械化和加工机械化等资料也应有大体相等的篇幅，以便全面展现农业机械化各方面的发展重点、阶段性特点和地方特点等。而多卷本的农业篇则不可能如此详尽和细致，只能概括当地农业机械化的总体水平和重点情况。

第二，多卷本的资料选取需要较多的加工，行文也体现较强的著述性。资料性无疑是地方志作为资料性文献的首要特征，也是志书最大价值之所在。而著述性则是志书篇章结构逻辑性和文采的集中体现。它们是互为补充又互有消长的。一般来说，多部本的资料性更强，而多卷本的著述性更为突出。仅仅堆砌资料，甚至写成资料长编，或者逐年罗列事件，资料固然保留了，但难以体现事物变化发展的整体脉络和概貌。这样写出的志稿可读性差，还容易使读者陷入琐碎资料而难睹全貌。因此，志书编纂应适当强调行文的著述性，综合记述事物的发展变化，凸显主线；但过分强调著述性，省略太多生动鲜活的资料实例，又会损害资料性。在多卷本志书中恰如其分地把握好资料性和著述性的相互关系，是需要在长期编纂实践中探索的问题。要在保证资料性的前提下，加强志书的著述性，可以从以下几个方面着手：

简述背景。简述背景的作用是使读者了解事物的变化由来，从而帮助了解事物发展变化的走向和特征。如果缺少背景交代，对重大事项的记述就显得突兀，难以体现该事项与其他因素的关联。当然，不是凡事都要交代背景，只有重大事项才需要。

概括整体。通过点面结合的方式，在行文中既有总体情况的综述，又有具体生动的实例，不能把所有情况事无巨细地写进去，也不能只综述而无突出实例，特别是有地方特色和时代特色的实例、亮点、难点等应有必要的篇幅。比如逐年罗列刑事案件，固然保留了具体资料，但是缺乏对各类案件案发特点、频率、密度、人数、案值等的综述，整体性和可读性就会比较差，难以看出整体情况。

合理分类。随概括整体而来的一个做法是合理分类，即将记述对象按照科学标准和行业习惯进行合理分类。志书行文要横分门类，按章节目分别记述不同的事物。其分类的标准体现了编纂者对事物之间逻辑归属关系和事物变化因果关联的认识（当然，不是在正文中直接论证这种关系和因果联系）。划分门类的标准、层次是否科学合理，对于志书的著述性至关重要。若分类不合理、缺乏科学性或不符合行业惯例，会导致志书内容层次不清，逻辑关系混乱，令人难以正确理解有关内容，甚至误导读者。

运用图表。许多事物之下还有具体的分类（项），可以恰当地运用图表，直观生动地反映事物整体与部分的关系或是发展变化趋势，比单以文字逐项分述要简洁直观，且整体感更强。如以圆饼图、柱形图和曲线图等形式分别体现财政收支分类数据、各类教育在校生和毕业生数、各类刑事案件历年发生数等都有这样的效果。

## 六　断代志的总纂

多卷本断代志与多部本通志和断代志的另一个区别在于它们的总纂要求不同。多部本通志由分别记述不同行业领域的若干部专（分）志构成，各部专志相对独立，篇幅浩大，可达数千万字甚至上亿字，要总纂一个人从头到尾逐篇逐章详细修改，基本上是一项不可能完成的任务，因而需要设立若干名副总纂或副主编，分别负责各专（分）志的编纂质量。由于各自独立成书，与其他专（分）志重复的部分内容也有必要存在。由于总纂人不同，再加上出版也有先后，因而会出现不同专（分）志在记述同一事件或指标时，数据会有所出入甚至矛盾。

相比之下，多卷本篇幅较小，各篇不能独立成书，是由记述不同领域的若干篇章组成一卷，全志由较少的若干卷/册（很少超过10卷）组成，篇幅通常不过几百万字，至多1000万字，所以有的省（自治区），如新疆干脆将这种多卷本省级志书称为“简志”。既然各篇章是在同一部志书中，不同篇章理所当然不应出现累赘冗长的交叉重复，更不能出现同一指标资料互相矛盾的现象。总纂应当对全志各篇章作较为详细的修改和调整。只有真正从头至尾梳理过全志的篇目框架和文字资料，才能做到对志稿的质量心中有数，使全志的篇目结构趋于合理、符合事物发展规律，使多卷本断代志真正成为一部结构科学严谨、资料权威准确、文笔简洁流畅的志书。只有做到这些要求，志书的编纂主持者才是名副其实的总纂或主编。

（作者单位：广西壮族自治区地方志编纂委员会办公室）

# 论依法治志的三个境界

易介南

**内容提要：**依法治志是伟大时代对地方志工作的总体要求。这一总体要求以修志问道为基本前提，可分为三个境界（或称三个层级目标）的追求。依法治志的初级境界是志无缺略，问道有方，解决志的有无问题；中级境界是志以载道，有道可问，解决道的有无问题；高级境界是志为道用，资今鉴远，解决用的优劣问题。

**关键词：**依法治志　境界　修志问道

依法治志是伟大时代对地方志工作的总要求。以 2006 年 5 月国务院颁布《地方志工作条例》（简称《条例》）为标志，修志工作进入依法治志新的历史时期。以后各省（自治区、直辖市）及部分市（州、县、区）也相继出台地方志工作的地方法规，为依法治志奠定了良好的法制基础。什么是依法治志呢？笔者认为依法治志是依据法律法规治理和管理地方志工作，科学有序地推进地方志事业持续发展。修志为用，用志的好坏反映修志工作的优劣。因此，修志问道便成为依法治志的基本前提，李克强总理提出的“修志问道”是什么意思呢？笔者的理解是，编修好新方志，为用志者提供所记述的主要事物、重要事物发展规律和发展途径的有效咨询。“修志问道”所问之“道”根据其在总理重要批示中的承启关系和修志用志实际，笔者倾向于“规律、法则”和“方法、途径”两个义项的结合。虽然传统的释词都是一词一义，但这两个义项在用于地方志时是相辅相成的关系。地方志在记述事物的发展规律时，离不开分时期分阶段的纵向和横向比较。比较的内容，无非是举什么旗，走什么路，以及路要如何走的问题。而“走什么路”和“路如何走”，就是一个途径、方法的问题。

“修志问道，以启未来。”这句话前一节和后一节是原因与结果、手段与目的的关系。“以启未来”是有利于开拓未来的意思。“启”的本义是开或打开，但又引申为开拓。至于“未来”的时间范畴，既包括子孙后代，也包括读志用志的当下。既然是为了开拓未来，那么我们要咨询于地方志的自然就是地方主要和重要事物的发展规律与途径了。反映事物发展规律及其途径，一直是我国传统修志的目的所在。朱士嘉将其解释为：“这就是说，读者在明了事物怎样发生、为什么发生之后，可以从中找出事物的发展规律，掌握其规律。”① 事物发展的规律性和因果性是客观存在的。我们编修地方志，只有确定反映主要和重要事物发展的规律性和因果关系（即发展途径）的宗旨，才能在记述事物时沟通各

① 朱士嘉：《〈方志学两种〉序言》，载黎锦熙、甘鹏云：《方志学两种》，岳麓书社，1984 年。

种关系，揭示兴衰起伏，辨别功过是非，记载经验教训，成为“以启未来”的一面镜子和指南。

依法治志包含三个境界（或称三个层级目标）的追求，这三个境界分为初级、中级和高级三个层级：初级境界是基本的，中级境界是规范的，高级境界是科学的。低一级的境界是高一级境界的基础和前提，高一级境界是低一级境界的发展和升华。三者相辅相成，共同构成了依法治志的层级金字塔。

## 一 初级境界：志无缺略，问道有方

“方”即地方、处所。“方”在初级境界中指代地方志。问道有方，就是有地方可问询事物发展的规律和途径。依法治志是多层次和全方位的。就地方志的层级境界而言，层级越低，其“治”的力度就越大。在不同的修志阶段，治志的具体要求也各不相同。依法治志的初级境界，是志无缺略，问道有方。它要求在法治背景下，还没有启动修志的地方，必须依法启动修志，并在法律、政策、规划和制度规定时限内完成志书的编纂出版任务。如果说高级境界追求是应当的、最高的，那么初级境界的实现就是必须的、最基本的。因为依法治志初级境界需担负的使命是解决地方志的有无问题。“修志问道”，志都没有，“问道”也就不存在了，“以启未来”也就成了奢望。因此，依法治志的首要任务是在既定的时间范围内，实现全面修志和出版发行地方志。

《条例》第十条规定：“地方志书每 20 年左右编修一次。”第七条规定：“省、自治区、直辖市人民政府制定本行政区域地方志编纂的总体工作规划，并报国家地方志工作机构备案。”对县级以上地方人民政府负责地方志工作机构应履行的职责在第五条中作了 5 款规定，其中第一款就要求“组织、指导、督促和检查地方志工作”；第三款强调要“组织编纂地方志书、地方综合年鉴”。此后各地相继制定和完善地方性法规规章，并更加积极和具体地履行其工作职责。这些法规告诉我们，县以上各级地方人民政府必须修志，而且必须修成志。

为与《条例》和经济社会发展相适应，2015 年 8 月 25 日国务院办公厅印发《全国地方志事业发展规划纲要（2015—2020 年）》（简称《规划纲要》）。《规划纲要》要求：“全面完成第二轮修志规划任务。到 2020 年，完成第二轮地方志书规划任务，省、市、县三级地方志书全部出版。”要“大力推进地方综合年鉴工作。到 2020 年，做到地方综合年鉴由地方志工作机构组织编纂，一年一鉴，公开出版，实现省、市、县三级综合年鉴全覆盖”。在完成地方志编修任务上，二者的原则要求是一致的；二者的时间要求，《条例》是总体的，《规划纲要》是具体的。

各级地方志工作机构和修志工作者，应自觉地以《条例》《规划纲要》和地方法规、地方的地方志事业发展规划为遵循，首先完成好《规划纲要》规划的目标任务，并不断推进地方志事业的科学发展。实现了这一目标，就达到了依法治志的初级境界。

## 二　中级境界：志以载道，有道可问

志以载道，即用地方志去承载“道”，“道”即事物发展规律和途径。地方志承载了道，用志者才能问道。反之，非但问道无功，且地方志的编修也失去了意义。在启动修志之后，到志书出版之前，依法治志的追求已不仅仅是解决地方志的有无问题，它的重心已经转移到编修地方志的质量问题上。因此，《条例》第六条要求：“编纂地方志应当做到存真求实，确保质量，全面客观地记述本行政区域自然、政治、经济、文化和社会的历史和现状。”《条例》第十二条同时要求要“对地方志书进行审查和验收”。为了保证《条例》要求落到实处，中国地方志指导小组于 2008 年又下发了《地方志书质量规定》（简称《规定》）。对于地方志书的观点、体例、内容、记述、资料、行文和出版作出了明确而具体的规定。《规划纲要》将“坚持质量第一”和“深化地方志质量建设”分别作为基本原则和主要任务之一。地方志书要达到“志以载道，有道可问”的境界，必须在编纂的全过程全面落实《规定》的要求，总体上要实现“观点正确，体例严谨，内容全面，特色鲜明，记述准确，资料翔实，表达通顺，文风端正，印制规范”①。

在体例方面：第一，要重视凡例。凡例是地方志书的顶层设计，必须观点正确，要素齐全，表述清楚，针对性强。应杜绝近些年来照搬抄袭，讹错相因的不良风气。第二，要坚持志体。即坚持横排门类，纵述史实；坚持述而不论；坚持体例与记述内容相适应。第三，体裁以志为主，述、记、志、传、图（照）、表、录、索引，各体完备。第四，篇目设置符合事以类聚、类为一志的基本要求。

在内容方面，应反映各行政区域内自然、政治、经济、文化、社会的历史和现状。第一，应涵盖 7 个方面的基本内容：（1）建置、自然环境、资源、人口等；（2）城乡建设、环境保护、交通、邮电、信息、公用事业等；（3）农业、工业、建筑业、服务业、经济管理等；（4）中国共产党、人民代表大会、人民政府、政治协商会议、民主党派、群众组织、公安司法、军事等；（5）教育、科学技术、文化艺术、新闻出版、广播影视、卫生和计划生育、体育等；（6）人民生活、人事和劳动社会保障、民政、民族、宗教、风俗、方言等；（7）人物。第二，内容完整，横不缺主项，纵不断主线。

在编纂原则与记述方法方面：第一，要正确把握一般的编纂原则。这些原则包括：继承创新原则、资料翔实原则、实事求是原则、横排竖写原则、反映规律原则、述而不论原则、生不立传原则、遵守断限原则、越境不书原则、交叉互见原则、详略原则、求异原则、保密原则、民族团结原则等。第二，要掌握记述方法与要求。诸如反映事物基本特征，述体可作必要的议论，为了反映某些事物的因果联系可适当上溯，交代背景，衔接前志，制图规范，要素齐全等。

在资料方面：第一，要真实、准确。时间、地点、人物（单位）、事实、数据、图表等资料，须经过鉴别、考证或核实后才能使用；有歧义又不可或缺的资料，多说并存。第

① 中国地方志指导小组：《地方志书质量规定》第一章总则第四条。

二，要全面、系统。应当做到：自然、政治、经济、文化、社会、人物等方面的资料完整齐全；反映事物的发生、发展过程的资料连贯系统；人、事、物、时间、地点、事件经过等要素完备。第三，要有代表性和权威性。

在行文方面：第一，要使用规范的现代语体文。一方面不能流于总结报告、新闻报道、文学作品、教科书和论著；另一方面要求只能使用第三人称的笔法（引文除外）。第二，文风。要求：(1) 行文严谨、朴实、简洁、流畅；(2) 以书面语言为主，使用方言、口语、土语和俗语要恰如其分；(3) 要谨慎恰当地使用评价性词语；(4) 除引文外，不滥用时态助词，不使用模糊语言、空泛词句和夸饰词语；(5) 无知识性和常识性错误。第三，行文规范。包括汉字使用、专有名称使用、简称使用、历史纪年、地名、事件名称、人物姓名、译名、生物与矿物名称、表格设计、图照使用、统计数据、注释、数字、计量单位、标点符号等，都须执行国家的和专业的统一规范。

在出版方面，应达到如下要求：第一，编辑校对符合国家关于图书质量管理的规定，全书差错率不超过万分之一。第二，开本与设计，都应遵循《规定》的要求。第三，印制与出版。印制要符合国家关于印刷业管理和音像制品管理的规定；出版要符合国家关于出版管理的法律、法规和制度规定。

上述要求，是笔者以《条例》《规划纲要》为遵循，以《规定》为依据所作的阐述。事实上，这只是对地方志的一个规范化要求，一个对于质量的基本要求。这是依法治志追求的中级境界。达到中级境界的地方志，才可算是规范的地方志。规范的地方志书里，自然涵盖着事物发展的规律和途径，因此，也就“有道可问”了。

## 三　最高境界：志为道用，资今鉴往

依法治志的最高境界，即最高层级目标，是志为道用，资今鉴往。处于这种境界的修志主体，依法治志对于他们已不是强制性的“鞭子”，而是渴望中的“灯塔”。他们是在法治背景下主动修志，创新修志，为用志而修志。《条例》《规划纲要》和《规定》，对他们而言是起点、是弹射板。从凡例的顶层设计，到装帧印制出版，一以贯之的一个中心，就是为问道服务，为资今鉴往服务。

“修志问道，以启未来”直接、准确、深刻地回答了修纂新方志的根本问题，即为什么修志和怎样修志。第一轮和第二轮修志，为什么一些地方的党政领导不重视？除了少数领导干部素质不高的原因外，深层次的原因是修志没有服务好地方经济社会发展的大局和中心。志书出版以后，社会各界的反应为什么那么冷漠？主要原因就是我们的志书让社会各界民众觉得与他们的关系不大。

《条例》第一条开宗明义明确修志是“为了继承和发扬中华民族优秀文化传统，全面、客观、系统地编纂地方志，科学、合理地开发利用地方志，发挥地方志在促进经济社会发展中的作用，制定本条例。”第十六条又强调，“地方志工作应当为地方经济社会的全面发展服务。”志书编纂之所以传承两千年而不衰，其根本原因就在于修志为用的文化传统。我们今天编修地方志，意义有许多，但其落脚点仍然是促进经济社会发展。经济社会发展，有其客观发展规律，有其必经的发展途径，这就是“道”。地方志最大的作用，就是将这些“道”充分反映出来，为当代和子孙后代各项事业的发展提供服务。

编修地方志，应当追求志为道用、资今鉴远的境界。首先，要坚持五个原则。一是坚持正确方向。即坚持走中国特色社会主义文化发展道路，坚持为人民服务、为社会主义服务的方向，使地方志成果成为公认的、优秀的培育和践行社会主义核心价值观的精神文化产品。二是坚持依法治志。志为道用、资今鉴往依赖于依法治志“五位一体”的保障体系。追求的层级和品质越高，所需要的保障机制也就越多。诸如“坚持和健全党委领导、政府主持、地方志工作机构组织实施、社会各界广泛参与的工作体制，坚持‘一纳入、八到位’的工作机制”① 等。三是坚持改革创新。中华民族修志的优良传统，是在两千年不断的改革创新中形成和发展的。旧志适应统治阶级的需要，重在皇权、赋税、国防和风教。新志强调为人民服务，关注的是民族复兴、民主政治、人民生活和各业发展。四是坚持质量第一。要实现地方志书规范化，要克服为修志而修志的积弊，正确处理好质量与进度的关系，从过程和环节两方面严格把好质量关。五是坚持修志为用。以用志作为修志的出发点和归宿，将修志为用的原则贯穿修志的始终，其志的价值是不可估量的。

其次，要体现四个特色。一是体现时代特色。地方志要体现的时代特色是，政治方面的民主政治，经济方面的改革开放，文化方面的“双百”繁荣，社会方面的民生民风，自然方面的生态环保，人物方面的群英鼎盛。二是体现地方特色。包括优势的独特，也包括劣势的独特。既存在于自然、经济、文化、社会和人物部类，也存在于政治部类和重大事件之中。地方志可以通过篇目设计、不同体裁和不同的记述方法等途径来突出地方特色。三是要体现行业特色。需要在同一区域和同一层次间比较，也需要在不同空间和不同层次间比较。特点是客观存在的，但编修地方志去反映这些特点的工作是艰巨的。四是体现人民性。《规划纲要》“基本原则”就旗帜鲜明地提出了“坚持为人民服务”。

第三，要实现五个创新。（1）恰当上溯，彰明事物的因果。因为某些事物不上溯，则没有一个完整过程，无法得见兴衰之由。黎锦熙在《方志今议》中主张“叙事不立断限”，应当就是这个意义。（2）客观越境，反映事物的联系。当今时代，大量的事物拘于一地已不能记述完整，记述一个不完整的事物是不能反映规律的。“不越境而书”的历史陈规已不能适应社会的发展。（3）处处见人，抓住记述的根本。地方志是为人而修，人是地方志记述的核心内容。旧志对人的记述分量非常重。今天的地方志，结构更为科学合理，规范更为全面具体，却严重地忽略了人的记述。我们应当树立处处见人的观念，抓住记述的根本。（4）妥善升格，突出事物的特色。在第一轮修志中，一些地方志已突破陈法，并有许多成功的例子。如湖南《衡阳市志》设《南岳志》，《汨罗市志》设《屈原纪念地篇》，四川《内江市志》设《糖业志》，河南《洛阳市志》设《牡丹志》等。笔者认为从实际出发妥善升格，是一种适应时代，打响地方或行业名气的好方法。（5）述体可议，直陈事物的规律。《规定》明确述体功能是“概述事物发展全貌和特点等”。笔者认为述体应当改革，应让其发表议论。董一博在20世纪80年代就发表意见，认为概述可以

① 《全国地方志事业发展规划纲要（2015—2020年）》第五条。

"纵论天下"。占全志95%以上的志、记、传、图、表、录和索引各体，都在那里默默地记述事物发展的规律和途径，让述体议论不会导致体例不和谐，反而有利于社会各界读者快速地了解地情、认识地方经济社会发展的规律和途径；有利于地方志资源培育和践行社会主义核心价值观；有利于地方志文化的传播。

编修地方志，追求依法治志的最高境界，是方志人、各级地方志工作机构共同的梦想。我们的梦想实现之日，必将是各志百花斗艳之时。到那时，依法治志和地方志事业发展将步入鼎盛期，地方志的权威性将更加彰显，全社会尊重方志文化、尊重方志人的氛围也将空前浓郁。

（作者单位：湖南省地方志编纂委员会）

# 依法推进第二轮修志工作的理论与实践

马小彬 潘仁乐

**内容提要：**第二轮修志工作即将全面完成，及时总结志书编纂工作规律，意义重大。目前各省（市、区）第二轮三级志书编纂所规划的志书数量、规模、种类都超过首轮，而各级地方志工作部门也实现了“四个”重要转变。但由于各种因素的差异，全国第二轮修志工作的发展在数量和质量上都存在着明显的不平衡。我们要总结经验、把握规律，以抢抓机遇的姿态谋划发展、以法治的思维规范工作、以敢于创新的精神推进工作、以人才制胜的战略赢得未来，依法推进地方志事业良性发展。

**关键词：**依法修志　理论　实践

目前，第二轮志书编纂工作在中国地方志指导小组办公室（简称“中指办”）的指导下，在各省（市、区）地方志办公室的积极组织下，编纂工作有序推进，志书年鉴成果大量涌现。在2020年将全面完成第二轮修志工作的关键时期，及时总结第二轮三级志书编纂工作实践规律，意义重大。

## 一　第二轮三级志书编纂概况

按照中指办部署安排，自2000年以来，全国第二轮三级志书编纂工作在31个省（市、区）全面展开，中指办在全国20多个有关单位开展试点，取得了指导工作的示范引领作用。2015年，广东省率先在全国完成第二轮三级志书编纂工作任务。截至2014年年底，31个省（市、区）加新疆建设兵团，全国第二轮省、市、县三级志书规划5916部，已出版1972部，其中省志378部，市级志书150部，县级志书1444部。

总体看，各省（市、区）第二轮三级志书编纂所规划的志书数量、规模、种类都超过首轮；志书的篇目设置、记载内容围绕中心大局，突出改革发展稳定、依法治国、科技教育、信息技术应用的时代、行业、地方特色，记述更翔实、体例更丰富、语言更规范生动；志书的品种增加，除省、市、州、县志外，还编纂大量的部门志、山水寺庙志、乡镇村志等。随着修志工作的深入全面展开，各级党委政府加强了对地方志工作的领导和监督，以国务院《地方志工作条例》为核心的地方志工作的法规政策保障不断完善，党委部门、人大常委会、政府部门、政协机关、企业事业单位等参编单位加入修志编纂工作中来，地方志工作机构实现了工作职能的拓展与跨越，管理体制机制不断完善，“党委领导、政府主持、地方志部门积极组织各个参编部门参与”的依法修志格局初步形成，常态化修志工作机制形成；各级地方志部门依法加强对地方文献的抢救保护和开发利用建设，对地方文化记忆的保护传承发挥了历史文化记忆的守护神作用。

近年来，各级地方志工作部门实现了由单一的承担志书编纂任务向依法履行对本行政区域内地方志工作的组织协调、指导监督职能转变。地方志工作实现了由存史编志向传承优秀历史文化、服务中心、服务社会各界转变；实现了从主要记述自然地理、行政管理等政治、经济建设向全面记录“五位一体”和党的建设内容转变；实现由“一本书”向“五业并举”的历史性转变，地方志工作成为记录、保存、维护党和国家历史真实面貌的基础性工作。

## 二　亟待注意的问题

由于历史发展的各种因素，全国第二轮修志工作的发展不平衡，要在2020年如期全面完成三级志书编纂任务需要采取积极举措，全力推进，任重道远。从数量上看，目前已规划出版的志书不到1/3，其中省级志书规划2586部，已出版378部；市级志书规划394部，已出版150部，市级志书完成50%以上的有8个省（市、区）；县级志书规划2936部，已出版1444部，县级志书完成50%以上的有12个省（市、区）。从卷数上看，省志卷册规划差距大，有的几十卷，也有上百卷的，最多的200多卷；字数规模一般在5000万字左右，最多达上亿字。从断限上看，第二轮续修志书的断限不一，没完全按照《地方志工作条例》规定的20年来定。从质量上看，虽有一些志书曾在省市区哲学社会科学成果评奖中获奖，但各地续志存在篇目重复、部类内容记述缺失，语言不规范、文字规模过大等问题，以及修志队伍人员青黄不接等情况。

## 三　对策及举措

2020年要全面完成第二轮三级志书编纂任务，已作为国务院办公厅印发的《全国地方志事业发展规划纲要（2015—2020年）》中明确的目标任务予以强调，时间紧，任务重，我们必须坚持法治思维和法治手段，依法推进工作，采取非常举措，凝聚精气神，调动一切积极性，全力推进任务如期完成。

### 1. 以抢抓机遇的姿态谋划发展

新时代新气象，新机遇新发展。党和国家领导人历来高度重视地方志工作，特别是中共十八大以来，新一届党和国家领导人更加关注和重视地方志事业发展。2014年2月25日，习近平总书记在首都博物馆考察调研时强调，搞历史博物展览，为的是见证历史、以史鉴今、启迪后人。要在展览的同时高度重视修史修志，让文物说话、把历史智慧告诉人们，激发我们的民族自豪感和自信心，坚定全体人民振兴中华、实现中国梦的信心和决心。同年4月19日，在第五次全国地方志工作会议上，李克强总理专门作出重要批示，要求地方志工作要“修志问道，以启未来”。刘延东副总理与部分会议代表座谈时，发表重要讲话，强调“要把地方志作为重要的文化基础事业切实抓好”。党和国家领导人的重要论述与批示，精准地概括了史书、方志等文献典籍的当代功用和历史价值，明确了新时期地方志事业的发展方向，也为我们抓好地方志工作送来“尚方宝剑”。2015年，国务院办公厅印发了《全国地方志事业发展规划纲要（2015—2020年）》，为今后一段时期的地方志发展指明了努力方向，部署了任务，提出了明确要求。党和国家领导人的深情厚望，中指组的超常动作，既是巨大压力，也是难得机遇。各级地方志部门以及广大地方志工作者要牢记历史使命，以抢抓机遇的姿态谋划发展，顺势而为，借势发力，乘势而上，要增强确保如期保质完成第二轮三级志书编修任务的使命感、责任心和紧迫感。

2. 以信仰法治的思维规范工作

法治是治国理政的基本方式。中共十八届四中全会决议明确提出，全面推进依法治国。地方志工作是维护党和国家历史真实面貌的基础工作，同样需要以信仰法治的思维来保障，各级地方志部门要依据《地方志工作条例》，坚持依法修志、依法治志。

第一，要积极争取党委政府重视，主动汇报、宣传地方志工作，在党委政府的加强领导下，解决好当前地方志部门班子配备不齐不力、基础建设发展经费不足、重大部署发文规格不高、长远规划纲要不在“总盘”等问题，强化“弱势部门”，量化“弹性指标”，刚化“一纳入、八到位”。努力争取各级人大常委会、政协的支持，开展执法调研和视察，以推进二轮修志工作。2003年，四川在省人大常委会的支持下，在全国率先制定《四川省地方志工作条例》；2014年重新修订颁布实施，确保地方志工作有法可依、依法推进。2015年，四川省人大教科文卫委、省政府法制办、省地方志办联合对全省21个市（州）、3个省级部门及部分县（区、市）进行执法调研，强化了领导依法修志意识，明确了法定职责，指出了存在问题，有效促进了工作开展。

第二，各级地方志部门要自觉履行依法修志职责。地方志部门要依据《地方志工作条例》，按照法定职责，认真履职尽责，自觉把“一本书”转入“一项事业”。当前，要在2020年全面完成第二轮三级志书编纂任务，应及时认真总结前阶段的编纂经验教训，深刻剖析问题根源，针对疑难杂症，拿出有效应对措施，并上升到条例规章、规划纲要、重要文件等法治层面，规范工作操作，固化成功经验。当务之急，要根据《全国地方志事业发展规划纲要（2015—2020年）》，认真研究制订本省（市、自治区）的“十三五”长远规划，确保纲要要求落到实处；要摸清家底，有针对性地对第二轮三级志书任务作排查，加强分类指导，列出时间表，采取有效措施予以推进。

3. 以敢于创新的精神推进工作

2015年“两会”，习近平在十二届全国人大三次会议上海代表团时强调，创新是引领发展的第一动力。抓创新就是抓发展，谋创新就是谋未来。地方志工作要有所作为，同样需要具有敢于创新的精神。当前，第二轮三级志书编纂完成时限临近，四川进展大半，但要如期保质保量完成任务，亟须打破过去“四平八稳”的工作方式、“不紧不慢”的工作节奏，要创新工作方式方法，强力推进工作进展。工作中，要重调研，寻求科学的编纂方法；要重规划，明确相关部门工作任务；要重指导，确保工作运行遵循志书编纂规范；要重审查，力求工作成果高质量；要重出版，实现形式和内容相统一，加快工作进度，确保按时保质完成。

同时，应紧跟时代发展创新，在记录内容上，改变原有单一的模式，结合时代特点和群众需求，增加物价、气候、食品安全等社会关心关注的内容，实现“五位一体”及党的建设记忆全面记录；在记载体裁上，改变原来单一的文图模式，探索新的形式，利用现代信息技术来丰富志书记录载体，还原真实历史场景。当前，尤其要紧紧围绕“一带一路”、京津冀协同发展、长江经济带等重大国家战略，创造性地编修特色志书，服务经济社会发展大局。以前瞻思维，拓宽工作思路，加强旧志点校、家谱族谱、录音录像等资料的收集整理，为第三轮三级志书编修打下良好基础。加快推进方志馆建设步伐，搭建服务群众的平台窗口，为全社会读志、用志、传志服务。

4. *以人才制胜的战略赢得未来*

人才是兴业之本。地方志机构作为文化单位，承担着精神产品的搜集、整理、加工、传播等任务，对人的思维方式、知识储备、工作能力等要求更高，更需要具有强烈的人才意识，依托人才完成任务，依靠人才制胜未来。因此，需要加强地方志系统及地方志编纂人员队伍的培养和提高。要坚持注重骨干人才“四两拨千斤”的作用，采取形式多样的人才成才机制。

专题培训“强筋”。采取专题培训、定向轮训、以会代训等方式，每年定期举办编纂人员培训班、主编培训班，对市（州）志办人员进行轮训，提高修志人员业务素质。2015年，四川为提高素质和技能抓培训，在中组部及省委组织部的支持下，与中国井冈山干部学院联合举办了“四川方志系统领导干部培训班”，重点提高领导政治素质、抓建能力，确保“一把手”有能力带出“一流团队”，履职责创造“一流业绩”。通过“走出去、请进来”的方式，加强与国外、省外地方志机构的学习交流，先后赴日本、韩国及中国台湾地区、兄弟省市考察，拓宽视野，丰富知识。

交叉任职“壮骨”。坚持走“开放式培养”路子，把方志人才培养纳入四川人才培养“大盘”，在干部选任上坚持按标准、按程序，开展本单位处级干部轮岗交流；在省委、省政府领导和省委组织部、省人社厅的重视下，通过省级机关间横向交流、省市县纵向挂职锻炼等途径，提高干部队伍业务素质和管理能力。近3年来，先后抽调6名年轻干部到省直部门和基层一线挂职历练，增加基层及党务政务工作经验。同时，采取社会化招考、公务员遴选、基层选调等方式，加大地方志干部队伍选拔培养力度，一批经历丰富、年富力强的干部充实到地方志部门，人才队伍学历、专业、年龄构成不断得到优化。

实践磨砺“健脾”。围绕中心大局，按照省委省政府要求，选派干部参加“5·12”汶川特大地震抗震救灾、“4·20”芦山抗震救灾指挥部等活动，编纂大事记、整理收集资料，组织地方志队伍深入灾区一线，采集志书素材，提供用志服务。积极支持西南民族大学举办方志学方向的硕士生招生，积极组织地方志队伍参加社会化教学，运用课题制、项目制等机制，大胆给地方志队伍交任务、压担子，在实践中增长才干，以人才素质的“水涨”，推动全省地方志事业发展的“船高”。

（作者单位：四川省地方志工作办公室）

# 对志书纵向事物分类及编纂方法的思考

周 慧

**内容提要：** 为更好地记述各类事物，志书在横分门类之后，还应当对纵向记述事物进行分类。根据事物存续时间的不同特性，纵向事物可分为传统事物、新生事物和已淘汰事物三种类型。这三类事物在其存续期间，对当地社会乃至后来的发展均产生了重要作用和影响。恰当合理的分类能够针对不同特点的事物采取不同的编纂方法，使记述更符合历史实际，更能反映事物的发展规律。

**关键词：** 志书 事物分类 编纂方法

“修志问道，以启未来。”这是李克强总理提出的修志理念，也是对修志工作提出的最高要求，把志书功能提升到了一个新的境界。新方志编修30多年来，已经形成了志书“横排门类，纵述史实，述而不论”的基本原则和述、记、志、传、图、表、录的基本体裁，其运用规范也达成了基本共识。但其中的“纵述史实”多止于事物竖写方法的研究，强调记述事物的发端、演变和现状（或结果），揭示事物发展变化的规律。由于志书所要记述的事物纷繁复杂，这一要求往往不能适应所有事物，客观上在实践中造成了困惑。中华文明源远流长，各地开发早晚不一，事物众多纷繁，绝非一个简单的要求或方法就可以涵盖，需要条分缕析地对各项所要竖写的事物进行梳理分类，才能采用恰当的方法，纵述好其发展脉络及规律。

志书以横排门类为结构，以纵述史实为内容，综合成书面的地情体系。而作为志书记述对象的地情又纷繁复杂，准确认识和把握事物类型及其特性成为志书全面、系统、准确记述地情的基础。分类是人们认识事物的一种行之有效、简单易行的科学方法，根据方志横排竖写的体例特征，在横分门类之后，对竖写事物进行分类，然后根据不同类型的事物进行竖写，记述其发展变化情况才成为可能。综观志书编纂实践，纵向事物不仅能够合理分类，而且对不同类型的事物也必须采取不同的编纂方法进行记述。否则，修志问道就会大打折扣。

纵向事物究竟能够分成哪几种类型？以《海盐县志（1986—2005）》第十三篇农业第五章牧业第四节特种养殖①为例：

改革开放后，农户为追求经济效益，对养殖业进行新尝试，除传统的养蜂业外，

① 海盐县党史地方志编纂委员会编：《海盐县志（1986—2005）》（上册），浙江人民出版社，2013年，第359页。

一些农户还尝试养殖野猪、梅花鹿、野鸡、蜗牛、蝎子等。因技术和市场等因素，多未形成产业。

蜜蜂　1986 年，海塘、长川坝、澉浦等乡镇有养蜂户 20 余户，全部为意大利蜂，蜂群共 1950 箱，以本地放养为主，花源为油菜花、棉花、橘花和茶花等，年产蜂蜜 43.90 吨（供销社收购数）。1987—1989 年，全县蜂群稳定在 3800 箱左右。养蜂户主要集中在海塘乡和秦山镇，饲养量占全县 74.36%。1990 年，全县蜂群 4958 箱。因本地花源减少，从下半年起蜂农开展异地放蜂，涉足吉林、黑龙江、内蒙古等地，花源以槐树花、椴树花为主。1993 年起，全县蜂群超过 5000 箱。1995 年，蜂群 7747 箱，为历史最高纪录。2005 年，全县蜂群 4833 箱，生产蜂蜜 164.10 吨、蜂王浆 9.28 吨。

野鸭　1998 年，海塘乡泾海村周金良、罗金林等 5 户农民引进 1200 羽绿头野鸭进行饲养。2001 年 3 月，周金良创办金海湾绿色农业发展有限责任公司，形成“企业＋农户＋基地”的经营模式。2005 年 1 月，成立海盐县金海湾鸭业合作社，带动 513 农户发展野鸭养殖。

雉鸡　俗称野鸡。1997 年，海塘乡海塘村 2 农户引进 500 羽七彩山鸡，做种鸡进行试养。因销售不畅，养殖亏损，2002 年 5 月起停养。

从事物存续时间的特性角度看，以上记述非常清晰地呈现出纵向事物的类型：传统事物、新生事物（新出现的事物）和已淘汰事物三种类型。蜜蜂是海盐县的传统事物，不但首轮县志作了记述，第二轮修志也同样记述了它的发展变化情况。野鸭、野鸡养殖均为海盐县的新生事物，在当地具有首创意义，但野鸭养殖成功了，成为当地具有发展前景的新兴养殖业；而野鸡养殖失败了，成为被淘汰的新生事物。

第一类：传统事物。传统是指过去存在现在仍在发生作用的事物，是人们在千百年的生产生活实践中形成、选择和积淀下来的经验与观念，并为大多数人所沿用的文化模式，贯穿过去、现在和未来，绵延不绝，反映了人类生存发展的基本规律，具有历时性和广泛性的特点。对每一个地方、每一个人来说，传统事物已是一种历史和现实的存在，时刻影响着社会和人们的生活。作为具有一定价值和意义的传统事物，必然与时代相融合，使其价值和意义最大化，有利于人们更好地生存与发展。任何地方都有传统事物，志书也必然要记述传统事物。

传统事物是社会构成的主要内容，也是志书记述的主体内容。主要有三种类型：一是常规性传统事物。主要是指各地或部分地区长期存在并共有的同类事物，以相同或基本相同的形式重复出现，其产生、发展变化的背景、特点及内部与外部有关因素基本一致，具有普遍性特征。二是特殊性传统事物。主要是指当地或局部地区所独有的事物，因其特定的自然环境、人文历史而形成的地域特色鲜明的事物，具有地域性特征，并非各地普遍具有。三是阶段性或年度性特征显著的传统事物。主要是指在特定阶段或某一个年度发生的事物，具有间歇性特征，并非每年都会发生。

第二类：新生事物。新生事物是指以前从来没有的事物，强调的是“新生”，即新产生或新出现的事物。与传统事物相比，新生事物存续时间较短。从历史的角度看，任何一个时代都会不断产生和出现新生事物，区别只在于数量多少和存续时间长短。新生事物一旦发展并延续下来，也就成了传统事物，志书同样要予以记述，尤其是第二轮修志对新生事物的记述是前所未有的。新生事物主要有两种类型：一是从未有过的新生事物。主要是指当地从未产生的事物，尤其是改革开放以来，中国经济社会发生了巨大的变化，各个领域各个方面出现了许许多多从未有过的新生事物。二是在传统事物基础上脱胎而来产生巨大变化的新生事物。此类事物虽为同一类事物，但随着经济和技术的发展，其形态已经与传统方式有质的区别。

第三类：已淘汰事物。任何地方随着经济社会的发展和科技的进步，一些历史上曾经产生和出现并存在的新生事物，包括对历史起着积极作用、消极作用的事物都会被淘汰。这些事物与绵延不绝的传统事物相比，存续时间相对较短，有的甚至非常短暂，但都是时代发展的产物，具有历史价值和意义，是志书记述必不可少的内容。已淘汰事物主要有两种类型：一是被淘汰的传统事物，主要是指跟不上时代发展步伐而被功能更强大或更能够适应时代发展需要的新生事物所替代的传统事物；二是被淘汰的新生事物，主要是指功效有限迅速产生而又被快速替代或消失的新生事物。

需要指出的是，无论是传统事物，还是新生事物和已淘汰事物，都是一个相对的历史概念，在不同的历史时期或时段会相互转换。它们的转换轮替都有一个或长或短的历史过程。蜜蜂是传统事物，不但首轮《海盐县志》作了记述，第二轮《海盐县志》也同样记述了它的发展变化情况。野鸭、野鸡养殖在第二轮《海盐县志》中均为新生事物，野鸭养殖成功了。但到第三、四轮修志，野鸭养殖就会作为传统养殖业进入志书了。而野鸡养殖失败了，成为被淘汰的新生事物。当然，也不排除有人会再度继续尝试养殖野鸡，并且养殖成功。对于志书而言，无论其存在时间长短，成功与否，只要是在当地曾经发生或存在的事物都要予以记述。试再举两例论之：

例 1：津渡。津渡是人们为克服江河阻碍而普遍设置的便民公共设施，包括渡口、渡船和渡夫等，为居住在河流、湖泊两岸的人们生产生活带来了极大便利。早在新石器时代，我们的祖先就广泛使用了独木舟和筏，渡口由此产生，后来逐渐被桥梁所代替。21 世纪之后，全国普遍开展渡改桥工作，桥梁基本代替了渡口，渡船和渡夫等也随之消失。津渡一直是志书诞生以来重要的记述对象之一，是志书记述必不可少的重要传统事物，第二、三轮修志，津渡就会以被淘汰事物的面貌出现在志书当中。第四轮修志及以后修志就可能再也没有这一延续数千年的事物可以记述了，在志书中活跃千余年的津渡将从此消失。

例 2：玉米。玉米从明代开始传到中国。学者研究玉米在中国的引进和传播多以志书记述为基础资料进行。咸金山在对明代志书进行梳理研究后发表了《从方志记载看玉米在我国的引进和传播》① 一文，阐述了玉米在中国的传播情况。从该文论述可以看出，玉米在各省种植有早有晚，当玉米在河南已经成为传统农作物时，在湖南却还是新引进的农作物，在西藏则还没有玉米。但嘉庆以后直至民国，玉米已传遍全国，并在部分地区跃居粮食作物之首，成为当地人的主粮，特别是 20 世纪以后，玉米在全国粮食作物中名列第三

① 《古今农业》1988 年第 1 期。

位。由于志书记述晚于实际种植时间，且记述简略并未记述准确的种植时间，但也可以看出至少在16世纪中叶中国就引进玉米进行种植了。无论哪部志书首次对玉米种植的记述都属于对新生事物的记述，而当玉米成为当地粮食主要作物之后，玉米种植在当地就成为传统事物了，志书就是记述传统事物。玉米作为中国的主粮之一后，成为各地的传统农作物，各地修志必然都要记述。

从以上分析可以看出，纵向事物不仅能够分类，而且应当分类，原因在于不同类型的事物具有各自不同的特点，在其存续期间对当地的社会乃至后来的发展都产生了重要作用和影响，恰当合理的分类能够针对不同特点的事物采取不同的编纂方法，使记述更加符合历史实际，更能反映事物的发展规律。

第一，传统事物和与之相适应的详今略古编纂原则。传统事物作为一个民族理性和智慧的积淀，既是现代开拓和成长的因素，也是现代发展的一种资源，既会对现代人的生存和发展有多方面的启迪，也会随着社会的进步和科技的发展产生变化。由于传统事物传承时间长，绵延不断，具有历史性的特征，所以应当运用详今略古的原则进行记述，既要写好事物的发端、演变和现状，纵不断主线，完整、系统地记述历史，又要记清其传承脉络和规律。

由于常规性传统事物、特殊性传统事物和阶段性或年度性传统事物具有不同的特点，在记述时要加以区分。常规性传统事物是年年都会发生的事物，无论通志还是断代志都要按照其发生、演变和现状，纵述好断限内的情况；特殊性事物为当地独有，记述时必须交代其产生的背景，尤其是在断代志中应当适当上溯，交代历史背景及成因，否则就很难记述清楚；阶段性或年度性传统事物不是每年都会发生的事物，无论通志还是断代志都无须记述其发生、演变和现状，发生了就记，没有发生就不记。但应当注意的是，具体到每一次事件都应当记述其发生、演变和现状的完整情况。

第二，新生事物和与之相适应的纵贯详记编纂原则。新生事物在任何一个时代都会不断出现，对新生事物的不断探索，是人们理性和智慧的选择，也是历史发展的必然趋势，能给人以启迪，为把握未来发展趋势提供依据。新生事物由于存续时间相对较短，具有阶段性特征，应当运用纵贯详记的原则充分翔实地记述清楚断限内每一项事物产生、发展和变化的全过程。

新生事物不断产生，尤其是改革开放使中国的经济社会发生了巨大的变化，新生事物层出不穷，所以断代志要特别注意上限前内容的记述问题。但凡断限前产生的新生事物，应当适当上溯此类新生事物产生的年份以及基本情况，以便完整系统地记述该事物的产生、发展和变化情况；在传统事物基础上脱胎而来产生巨大变化的新生事物，需要上溯交代历史背景；在断限时间内产生，而且在下限时间外持续发展的新生事物，应当记述其产生、发展和变化的情况。

第三，已淘汰事物和与之相适应的纵贯详记编纂原则。已淘汰事物同样在任何一个时代都会出现，无论是在历史上起积极作用的事物，还是起消极作用的事物，都会因为社会的进步和科技发展被淘汰。不适应时代发展或不适应当地环境而被淘汰的事物，同样也是人们理性和智慧的选择，给人以启迪，给人以借鉴。在历史的长河中，淘汰事物多种多样，当时先进的后来落后了就必然被淘汰，如石油发现了，油灯就被煤油灯取代了；发电机发明了，电灯就取代了煤油灯；新型照明光源发明了，白炽灯就要被 LED 灯泡和节能灯取代；高铁发明了，传统的低速铁路就被淘汰了，等等。这是社会发展和科技进步的必然趋势。不能因为已经淘汰就不去记述或者一笔带过，毕竟这些已淘汰的事物对当时社会生活产生了积极作用和深刻的影响，应当运用纵贯详记的编纂原则记述已淘汰事物的产生、发展和淘汰消亡的过程，反映其历史面貌。

通志特别是断代志记述已淘汰事物要注意两种情况：一是在上限时间前产生又在下限时间内被淘汰的事物，应当简要地上溯事物产生、发展和变化的情况，作完整记述；二是断限时间内产生并被淘汰的事物，应当详细记述始末。也就是说，只要是已淘汰事物，不论哪一类，志书都要注意记述的完整性问题，以反映社会发展的历史全貌。

（作者单位：江西省地方志办公室）

# "修志问道"的蠡测与思考

梅 森

**内容提要**：国务院总理李克强批示："修志问道，以启未来。"这是从党和国家领导人治国理政角度向全国地方志工作者提出的修志要求。"道"，为极致的宇宙观世界观、规律规则，中华民族的最高智慧的集中体现，是五千年中华哲学、史学、文学等各种文化的共同追求，也是历代方志编修者的不懈追求。宋代方志定型后，如何通过志书"问道""载道""闻道""悟道"，有很多的论述和修志实践。社会主义新方志，要从方志内容中寻求切入点，在"问道"的基础上，立足基层，接地气、接民生和接历史文脉，站在社会的层面，"为党立言、为国存史、为民修志"，"得失褒贬，深切著明"，编纂出可资"问道"的精品良志。

**关键词**：修志问道　蠡测　思考

2014年4月19日，第五次全国地方志工作会议在京召开。中共中央政治局常委、国务院总理李克强批示："修志问道，以启未来。"这是党和国家领导人就治理国家的需要向全国地方志工作者提出的要求，也是发扬中华智慧，推进国家文明进步的需要。诚然，总理提出这样的要求，与我国当前重视对历史文化的弘扬传承，及他的家学渊源不无关系①；"修志问道，以启未来"是其家学渊源对方志的认识。"问道""载道""闻道"是五千年中华文化的优良传统。"以启未来"是修志的终极目标，"修志问道"是修志工作的目标和最高标准。总理第一次把修志工作提到了前所未有的高度。

## 一 "道"是我国传统文化追求的宇宙观和最高智慧

道，为极致的宇宙观世界观、规律规则。"道"在中国文化中为中华民族的最高智慧，是中华文化的精髓。中国传统的道家、儒家学派都对"道"有自己的阐释，但他们都以"闻道"为目的（求道的方法有所不同），提出知道、识道、悟道、得道的观点。

老子说："道可道，非常道。名可名，非常名。""道生一，一生二，二生三，三生万物。""大道泛兮，其可左右。万物恃之以生而不辞，功成而不有。""上士闻道，勤而行之；中士闻道，若存若亡；下士闻道，大笑之。不笑不足以为道。""以道佐人主者，不以兵强天下。"庄子借寓言说："南伯子葵问乎女偊曰：'子之年长矣，而色若孺子，何也?'

① 李克强总理的父亲李奉三生前担任过中共安徽省委文史办公室主任、安徽省地方志办公室副主任。

曰：‘吾闻道矣。’”

孔子说：“志于道。”“朝闻道，夕死可矣！”“参乎，吾道一以贯之”，从中可以看出孔子对“道”的重视。孟子更有“得道者多助，失道者寡助”的名言。

儒家与道家追求“道”的行为并不一致。儒家认为要通过博学来求道。道家则把“道”与“学”对立起来。老子云：“为学日益，为道日损。损之又损，以至于无为。”《庄子·外篇·知北游》更宣称“无思无虑始知道”。道家认为这“无思无虑”的“知”才是最高的智慧。

先秦以后，历朝历代的精英，包括统治者，哲学、史学、文学大家，都在前赴后继地悟道、载道、问道、闻道、传道。三国时期，政治家、文学家曹丕在《典论·论文》中提出“文以载道”。唐代大诗人杜甫诗曰：“闻道长安似弈棋，百年世事不胜悲。”韩愈《师说》言：“闻道有先后，术业有专攻。”明代杰出的思想家、泰州学派的宗师李贽称：“吾父子傥亦闻道于此，虽万里可也。”另一位泰州学派的代表人物王艮认为“百姓日用是道”，即使僮仆的视听言动，也体现有至道。饥食渴饮，夏单冬棉，孝顺父母，友爱兄弟，都是至道。这里的“道”蕴含的是民本思想——民之所想即为道。

## 二　“道”同样是传统方志文化的精髓和志家的不懈追求

地方志是中国传统文化的组成部分，历史上志书编纂者既有罗愿、顾炎武、章学诚、戴震、钱大昕、洪亮吉、李兆洛、阮元、缪荃孙、吴宗慈、黄炎培、黎锦熙等一流大家，也有普通的文化人。“悟道”“问道”“得道”是中国文人的共同追求，必然也是历代修志者的不懈追求。

历代史志追求“治天下以史为鉴，治郡国者以志为鉴”。历代修志追求资治、存史、教化。细析之，实际上“资治”者，是在修志中寻求郡国治理之道；“存史”者，在修志中传承文明之道；“育人”者，在修志中彰显树人育人之道。

南宋罗愿《新安志》注重民生物产，“其物产一门……征引尤为赅备”“提高了方志经世致用之价值”。清代，第一次鸦片战争前后，西方列强入侵，产生的经世派参与修志。林则徐编《四洲志》和道光《湖北通志》，魏源撰《海国图志》，徐继畬撰《瀛环志略》，陶澍主修道光《安徽通志》，龚自珍纂《蒙古图志》，姚莹修纂《东槎纪略》《康輶纪行》，何秋涛编《朔方备乘》，张穆编纂《蒙古游牧记》，用他们的“实言”“实行”践行“通经致用、安邦定国”的重任。光绪二十九年（1903）《癸卯学制》教育改革，乡土志成为清末小学爱国始于爱乡教育的乡土史地教材。

民国年间有见识的方志家同样关注社会、民生、实业，主张志书应增加国计民生内容，尤其是李泰棻、寿鹏飞对此有很好的论述。

1928年，历史学家、方志学家傅振伦先生刊发于《新河县志》卷首的《新志述略》说：“志者，社会之写真也”，主张《新河县志》增社会制度、农村经济、普通心理、平民文艺、语言与文字、宗教与信仰、美术诸目，并增加艺文、金石、习俗、典礼、轶文故事、村镇概述。① 1931 年，傅振伦又在《编纂北平志蠡测》② 一文中强调：编辑方志宜特加详于社会方面记载，宜加详于人文地理，侧重物质方面记述，宜广增科目门类，注重科学技术。

1929 年，国立浙江大学校长蒋梦麟向省政府提出方志新体例，分编年鉴、各门调查、省史三书，年鉴第 16 门目为民生，民生以下子目有生活程度、职业分配、物价工资、财产之调查或估计及其与人口之比例、救济等。

1931 年，古钱币研究专家陈铁卿参与河北省志编纂，撰写《重修河北省志事例之商榷》一文认为：“征文考献之专书；抑亦为利国福民之利器。”志书所载，应以适时实用为主，要“物产实业，关系民生，记载应极详备”③。

纂辑《章实斋方志论文集》的张树棻，在其《章实斋之方志学说》一文中强调志书的教化育人之道：“史志之书有裨风教者，原因传述忠孝节义，凛凛冽冽，有声有色，使百世而下，怯者勇生，贪者廉立”。④

《庐山志》主编吴宗慈认为：方志内容汇集社会休戚，“凡此所述，皆荦荦大端，有系于全国大计，而不容小视夫方志者也。”⑤

寿鹏飞认为：“读良方志，可以觇国俗，知理乱，识兴衰”，志书要能够“正人心，敦风尚，明正谊，垂治规，究兴衰之由，陈利弊之要，补救时政之缺失，研求民生之荣枯”，成为“治理之龟鉴”；“方志立言，当作平民立场，乃得痛陈疾苦。”⑥

甘鹏云 1938 年引用《尚书》言“民为邦本”，孟子曰：“民事不可缓也。”认为民国修志“应于民事加强，民主国，民为重也”，注重社会经济考察、研究，合“文献、政治、社会”为一书⑦。

以上数例，可见我国方志自宋代定型后，方志编纂的脊梁实际是追求法自然还是胜天、治国平天下、经国致用、社会昌明、民本民生的“荦荦大端”之道；方志中汇集的“利国福民”“社会休戚”“作平民立场”“陈利弊之要”“社会民生”“爱国爱乡”等，均为传统方志文化追求的正“道”。

## 三　新方志编纂者须在“问道”的基础上编纂可资“问道”的良志

“以己昏昏，使人昭昭”，用自己模模糊糊的认识，想要使别人明白是不可能的，也就是模模糊糊的编纂者是编纂不出可资问道的志书的。

---

① 黄苇主编：《中国地方志辞典》，黄山书社，1986 年，第 546 页。
② 傅振伦：《编纂北平志蠡测》，《地学杂志》1931 年第 1 ~ 2 期。
③ 陈铁卿：《重修河北省志事例之商榷》，《禹贡》半月刊第 5 卷第 10 期。
④ 张树棻：《章实斋之方志学说》，《禹贡》半月刊第 2 卷第 9 期，第 24 ~ 28 页。
⑤ 吴宗慈：1940 年 10 月文章《论今日之方志学》，引文摘自黄苇：《中国地方志辞典》，黄山书社，1986 年，第 511 页。
⑥ 寿鹏飞：1941 年铅印《方志通义》，引文摘自黄苇：《中国地方志辞典》，黄山书社，1986 年，第 511 页。
⑦ 甘鹏云：《方志学两种 · 方志商》，岳麓书社，1984 年，第 159 页。

方志编纂者应该同时是高素质的国情地情的研究者和“问道”者，不应该只是一个“文抄公”，应该在不断搜集资料的基础上，在国家大背景下研究地情，并用正确的思想、观点得出事物演变的轨迹、过程、节点、特点、原因、结果，然后用悟出的“道”去统率志书资料的选用、充实，把自己形成的思想，通过方志的体裁有机地寓入编纂的内容中。这样的内容才可以提供“问道”之需，提供治国理政之策。我们千万不要忘记，地方志的优长真真切切在于贴近基层，贴近地气，贴近人气，贴近民生。人民总理为什么向全国地方志工作者提出“修志问道”的要求，实际上是从治国理政的目的出发，需要了解基层的历史传承、真实的发展和真实的民生，从中归纳出治理国家的方略。老子《道德经》第六十章说“治大国，若烹小鲜”，讲的就是这个道理。不了解基层情况，不了解基层发展的瓶颈和民生困难，也就是不了解基层之“道”，掌握不好“治大国”的“火候”，油盐酱醋料没有恰到好处，翻来覆去，再鲜美的小鱼也会被烹饪得味道索然，翻碎了形。

以资“问道”首先要明确方志的内容主要写什么。问道主要问在志书的内容里。实际上民国时期方志学家就重视探讨和阐述过这一问题。比如黎锦熙的《方志今议》专门研究了县志内容拟目；李泰棻《方志学》第六章专门研究了方志内容。寿鹏飞在《方志通义》中提出：“不当于治道者不录”“凡不属于民生休戚地方利病者，无宁从略也”“有关民生实用，疾苦利弊，虽小必志”。他还提出：好的志书“得失褒贬，深切著明”“条兴革之所宜”“其体勿染官气，勿尚时趋，勿导游观，无贡谀佞，勿孱新奇学说，勿蹈文人习气”①。近现代学术大师梁启超在他的《清代学者整理旧学之总成绩》一文中，谈到志局时曾说过：官修资料丰富，但需要注意“位置冗员，钞撮陈案，殊不足以语于著作之林”②。

社会主义新方志从 20 世纪 80 年代开始编纂以来，已经进入第二轮，沿着前人的学术脚步，关于新方志内容、篇目研究的著作、论文“汗牛充栋”，成绩卓然。但也要看到存在的问题，恰恰就在“问道”两字上。编纂者编纂中很少问“道”，其编纂不是熔铸资料而是排纂资料。实事求是地说，编纂出的志书达到可以“问道”层面的不多。

我们编纂的志书不少看重的是机关工作、领导活动、工作管理，分类流水账式的罗列，公文的汇合，数据化的文字，看不出事物演变的规律、特点。地方特色不是突出在各类内容中，而是追求形式的变异。志书采集的多为死资料，轻视活资料，重视体制内资料，轻视体制外资料，很少作社会调查；对当地的改革创新提炼不够；对改革的进步与产生的问题记述的全面性不够；对社会、民生记述不够；对部分弱势群体的困难重视不够。站在社会的层面，站在“问道”的高度，反思、检讨我们编纂的志书内容，有以下需要进一步完善的地方：

二轮自然断限的志书不少，自然断限的志书明显缺乏历史的纵深及演进的轨迹和规律，在反映规律、彰显地域文化方面较为苍白。如果对历史文化、国计民生等重要内容作历史勾连，就可以更好地以史鉴今、启迪后人。

自然环境门类：缺少环境演变和生态环境变化的原因，与环保门类一起，只看到生态

① 寿鹏飞：《方志通义》，第 324 页。

② 梁启超：《清代学者整理旧学之总成绩》，《东方杂志》1924 年第 21 卷第 18 期。

环境的治理和环境质量的转好，看不到二次环境的记述，更看不到工业化、城市化导致的环境质量下降，看不到当地的污染源，看不到资源包括土地资源的迅速减少。缺少地名门类，无法通过地名反映时代的思想观念和民风。

人口门类：缺少外地常住人口、外来流动人口分布和变动、境外人员分布，涉外婚姻等。

公安、检察、审判门类：缺少境外人口管理、人口出入境、涉外案件、"黑车"与交通问题；贪污贿赂、腐败案件记载过少过略，遮遮掩掩，难以达到"不敢腐"，促"贪者廉立"的效果；流动人口带来发案率上升；利益冲突和民事问题的特点特征反映不够。

城乡建设门类：分裂地写市政建设（道路、桥梁、路灯、排水系统、地铁）和公用事业（水、电、煤气），没有城市化的整体发展和带来城市发展中人口膨胀、交通拥堵、城中村等问题。农村看不到空巢和传统文化渐失乡土的根脉，留守老人、儿童问题。

房地产业门类：看不到政策和利益的博弈，看不到迅速攀升的房价下，城市居民尤其是流动人口的沉重压力和无奈。看不到政策性的离婚现象成为较为常见的现象，学区房成为炒房的筹码；看不到大量的违章搭建和拆迁、二手房市场的问题。

交通邮电通信门类：缺少与人口流动、长假、旅游的因果关联；缺少对春节农民工返乡潮的记述。

经济体制改革门类：只写改革的成绩，看不到改革必然的阶段性和各时期产生的新问题。比如初期农村改革带来了集中农田水利整修问题，劳动力市场放开后带来用工质量下降和生产安全问题；乡镇工业、私营企业大发展带来环境污染问题。

综合经济管理门类：物价管理、工商行政管理、审计监督、质量技术监督、食品药品监督管理、国有资产与管理、工商行政管理、海关监管）；物价门类只写物价管理没有国计民生主要商品的价格；没有食品问题、药品问题、假冒伪劣商品的记述，看到的只是管理工作和整顿活动；审计缺乏对小金库、不合理开支的记述。

财税门类：缺少政府融资的记述和重大项目财政支出情况；税收缺少重点税源与税收大户的记述，缺少偷漏税和对外资企业减免的记述。

农业门类：一产退出，农民产业转移，农转非，农业用地的去向，农民承包土地流转中的利益保护记述不够。

工业门类：工业建设与能源消耗，与环境生态的矛盾；外企、私企中劳资矛盾记述不够。

商业、服务业、旅游业门类：商业只写商业改革、批发零售、业态选介，缺少商业的根本——商品和流通渠道，使得商业缺乏时代性。服务业缺少宰客情况的记述。旅游业只记本地的旅游，缺少本地人口到外省市、境外的旅游。缺少旅游业的零团费等问题的记述。

金融业门类：没有把银行的信贷与地方重要建设项目关联起来，与创业购房勾连起来；保险没有与地方重要赔付、灾害保险赔付结合起来；股市缺乏股民心态的记述。

教科文卫体门类：部分志书缺乏对历史文化传承的赓续。教育门类农民工子女教育、追求升学率、扩招、高学费、民办教育记述不够。卫生医疗门类中医保、医闹、医患关系、看病贵看病难记述不够。

民政门类：养老问题、救助问题、社会流动人口乞讨问题、婚姻中介问题及离婚率攀升、殡葬行业高收费、活人墓葬占用土地问题等记述不够。

人事劳动门类：记工人工资，少记干部、职员工资，或只记职务职级工资，不记绩效工资，福利津贴少见记述。劳动用工（如童工）、安全生产的问题记述不够，如矿难频发的原因记述较少。

人民生活门类：只记富裕祥和，缺少对弱势群体、困难人群生活的记述，缺少贫困线以下人口数量、分布；缺少对流动人口生活的记述。

以上所举，并非新方志全部存在，但存在的并不在少。笔者认为，大量从文书档案、工作大事中抄录“陈案”，从统计部门汇集数据，完全立足部门修志，很难成为真实全面反映地情、民情以资“问道”的良志。要想达到李克强总理提出的“修志问道，以启未来”的高度，修志者首先要“问道”，修志中应该像王伟光提出的：要“提高对地方志工作的重视程度，真正认识到地方志工作的‘三为’作用，即‘为党立言、为国存史、为民修志’。”①“三为”不是只为机关部门，为部门领导，在组织、机关工作活动的层面修志，而是要站在党、国家和人民的高度，立足社会的层面，既写出成就经验，也写出失误和教训，既写出民间的丰衣足食、欢乐祥和、蒸蒸日上，也写出民生疾苦和百姓所求。这样的“修志”才能够修出堪以“问道”“以启未来”的良志。

（作者单位：上海市地方史志学会）

① 中国社会科学院院长、中国地方志指导小组组长王伟光在江苏调研地方志工作时的讲话。

# 戴璟及《广东通志初稿》新评

田　亮

**内容提要：** 戴璟于明嘉靖十四年（1535）编修的《广东通志初稿》，是首部广东通志。关于戴璟及《广东通志初稿》的研究并不多，其在广东方志发展史上的意义与作用尚未得到充分认识。本文站在以往研究的基础上，通过对戴璟其人及《广东通志初稿》编写经过作进一步梳理，分析该志在体例、体裁、资料选用方面的特点，阐述《广东通志初稿》的文献价值。

**关键词：** 地方志　戴璟　《广东通志初稿》

成书于明嘉靖十四年的戴璟《广东通志初稿》（简称“戴志”）① 是广东首部通志。作为广东通志的开拓之作，其在广东方志发展史上的意义与学术价值不可低估。关于戴璟及戴志的研究并不多，且多是在介绍广东方志发展史或评价《广东通志》时对其作粗略记述②，有的论著在述及明代《广东通志》时甚至未提戴志。目前，对戴志的专题研究主要有：林天蔚《戴璟之〈广东通志初稿〉》③ 在介绍戴志概况的基础上，就《四库全书总目提要》对该志的批评予以分析反驳，有助于全面客观了解戴璟及戴志；颜广文《论嘉靖年间戴璟在广东进行的驿递制度改革》④ 以戴志驿传卷内容集中阐述戴璟在广东的驿递制度改革；曾新《明嘉靖戴璟〈广东通志初稿〉中广州城图部分考释》⑤，以戴志广州城图为中心研究明代广州城市有关情况，并探讨戴志地图价值；拙作《戴璟〈广东通志初稿〉附录析论》⑥ 侧重分析戴志附录并阐述其价值。这些研究为全面了解戴璟及戴志，客观审视戴志的价值，拓宽了思路。受已有成果启发，同时也鉴于某些关于戴璟及戴志论述中的不妥之处亟待订正，本文拟对戴璟其人及戴志编写经过作进一步梳理，并分析戴志在体例、体

① 国家图书馆馆藏有嘉靖刻本，广东省、上海市、湖北省图书馆有蓝图晒本和抄本（参见《岭南文化百科全书》，中国大百科全书出版社，2006 年）。2006 年，广东省地方史志办公室根据国家图书馆藏本影印成《广东历代方志集成·省部一·嘉靖〈广东通志初稿〉》，岭南美术出版社，2006 年。本文对戴志的引用文字均来自此书。

② 参见李默：《广东方志要录》，广东省地方志编纂委员会办公室，1987 年；《四库全书总目提要》，中华书局，1965 年；李默：《广东方志考略》，吉林省地方志编纂委员会、吉林省图书馆学会，1988 年；《四库大辞典》，吉林大学出版社，1996 年；曾昭旋、曾新、曾宪珊：《论阮元〈广东通志〉与各〈广东通志〉得失》，广东炎黄文化研究会、广州文化研究会编：《岭峤春秋——广府文化与阮元论文集》，中山大学出版社，2003 年；《岭南文化百科全书》，中国大百科全书出版社，2006 年。

③ 林天蔚：《地方文献研究与分论》，北京图书馆出版社，2006 年。

④ 《广东教育学院学报》2000 年第 8 期。

⑤ 《岭南文史》2005 年第 1 期。

⑥ 《广东史志》2012 年第 12 期。

裁、资料选用方面的特点，阐述戴璟文献价值，以有裨于今后研究。

## 一 戴璟并非不长于志事

学术界尚未有对戴璟的专题研究。林天蔚认为戴璟“以事功为主，志事非其所长”[①]。戴璟传未见于《明史》和嘉靖《浙江通志》。明代记载御史事迹的《兰台法鉴录》[②] 卷十五有戴璟小传，甚略，述及其为官经历。万历《粤大记》卷九宦迹类，绥抚鸿勋目[③]戴璟传，简要记述其巡按广东并编修《广东通志初稿》情况，道光《广东通志》转引该传。而雍正《宁波府志》卷二十二人物中的戴璟传，主要陈述其为官履历，并未提及其在广东修志之事，光绪《奉化县志》照录该传。以上传记均过于简单，导致目前所见有关研究中对戴璟的介绍或多或少存在不全面、错漏，甚至相互矛盾之处。同时，从现存传记看，基本是肯定戴璟“强于事功”，鲜见提其修志之事。笔者结合有关资料，通过分析比照戴志的序言、凡例及正文内容，展现戴璟从政修志经历，发现戴璟不仅强于事功，也精于志事。

戴璟，浙江奉化县人，字孟光[④]，号屏石。戴璟号屏石，这在雍正《宁波府志》戴璟小传中有记载，同时戴璟存世著作中的序、自序均自称屏石，如戴志正文中每卷开头标注“屏石戴璟采辑”，李中《〈广东通志初稿〉后序》也称其为“柱史屏石戴公”。但《四库全书总目提要》《明清进士录》等书及《戴璟之〈广东通志初稿〉》《明嘉靖戴璟〈广东通志初稿〉中广州城图部分考释》等文均误作“石屏”。

戴璟为官“政体有要”“直声大震”，还是“明代经学家，尤精经史”[⑤]。他“自幼颖卓，日记数千言，涉猎子史百家，而尤留心于五经，博洽多闻，迥出于时辈”[⑥]。他重视著文立说，强调著述“正人心、裨治教”[⑦] 的功能，在正德十六年（1521）撰写、嘉靖十七年（1538）刊刻《新编博物策会》（17 卷），“专注于彰善”[⑧]，记录“海内人物胜声扬采于今昔者”[⑨]，“地以域分，人因域纪，事因人彰，古今幅员山川锺胤有所著立，凡列重于人之品流者”[⑩]，“采摘既密，考核亦详，每一展卷而天下古今人物无遗览矣”[⑪]；在嘉靖

---

① 林天蔚：《地方文献研究与分论》，第 283 ~284 页。

② 何出光、陈登云等撰，喻思恂续：《兰台法鉴录》，“北京图书馆古籍珍本丛刊”16 史部传记类，书目文献出版社，1998 年，第 388 页。

③ 万历《粤大记》卷九《宦绩类·绥抚鸿勋·戴璟传》，广东省地方史志办公室辑：《广东历代方志集成·省部二十六·万历〈粤大记〉》，岭南美术出版社，2006 年，第 164 ~165 页。本文对《粤大记》的引用文字均来自此书，后不赘述。

④ 《戴璟之〈广东通志初稿〉》《明嘉靖戴璟〈广东通志初稿〉中广州城图部分考释》等文均误为直光。

⑤ 黄开国：《经学辞典》，四川人民出版社，1993 年，第 643 页。

⑥ 柴经：《〈广东通志初稿〉后序》，广东省地方史志办公室辑：《广东历代方志集成·省部一·嘉靖〈广东通志初稿〉》，第 675 ~676 页。

⑦ 王九思：《〈刻汉唐通鉴品藻〉序》，《新编汉唐通鉴品藻》，“四库全书存目丛书”史部第 282 册，1996 年，第 474 页。

⑧ 戴璟：《〈新编博物策会〉凡例》，《四库未收书辑刊》3 辑 30 册，北京出版社，2000 年，第 116 页。

⑨ 康海德：《〈博物策会〉序》，《新编博物策会》，第 113 ~114 页。

⑩ 段炅：《〈屏石子博物策会〉序》，《新编博物策会》，第 114 ~115 页。

⑪ 张治道：《〈博物策会〉序》，《新编博物策会》，第 112 页。

十四年（1535）修成并刊刻《广东通志初稿》；在嘉靖十四年撰写、嘉靖十七年刊刻了《新编汉唐通鉴品藻》（30卷）[①]，选取《资治通鉴》某些事例论断，“会经以史，准史以经……彰善瘅恶，崇正黜邪，发前人之未发者……佐佑名教，夹辅圣贤”[②]。另外，嘉靖十四年戴璟在《〈新编汉唐通鉴品藻〉凡例》中自述曾著有《六经会同》[③]，当时尚未脱稿，目前未见其书，可能已佚。戴璟这种通过著述“正人心、裨治教”的强烈愿望，应是他下定决心克服各种困难在代理广东巡按期间完成戴志的强大动力。

目前对戴志的批评多集中在戴璟不长于志事，仓促成书，考订不详[④]。其实，戴璟在著述研究中，博采群书，在正德年间撰写《博物策会》时，即“取《寰宇记》《舆地记》《方舆胜览》及唐宋诸子集、各郡邑碑记，作为破承式样，非敢杜撰，其中所属籍贯世系及国初人物，悉遵《一统志》，言行事实博采《左传》以来诸史百家之言。其有一人两三郡载者，亦依各郡志而兼收之，以俟明者之订正云”[⑤]。早期对志书的阅读、使用对他编修戴志产生了积极影响。戴璟强于事功，任金坛县县令时“明法听断，判决如流，以循吏称”，兼任江苏丹阳县令后，“为当道奖荐至十五次，遂擢为御史巡按广东”[⑥]。戴璟巡按广东，严守审录罪囚、吊刷案卷、直言政事得失的职责，以“正己以格物，己苟弗正，物何能格”“肃纪贞度，洁躬爱民”自戒[⑦]，“修政饰禁，除暴剔奸，视东粤尤厉，人莫敢犯”[⑧]，“其政有体要，不求赫赫之名而揽辔澄清之风于斯称最焉”“一时州县污吏，望风解印绶去。所画为条约，多切民隐，官民传诵，目为戴公出巡录”[⑨]。可见戴璟为官体察民情，整肃法纪，注重规制，制定了大量施政条约、禁约。而这些行之有效的条约、禁约，为官民所自觉遵守。戴璟将上述一些关系民生的重要施政文书收入戴志。

戴璟的学识素养、著述经历、官德人品、为官政绩等为其完成《广东通志初稿》奠定了良好基础。因此，正如该志方献夫序言所评价：“戴君雄才博学，按兹一方，大有风裁，利弊民隐，抉剔靡遗，而犹有暇力以及乎文事，卓然成一家之言，以垂百世典，其功厥伟矣。”

## 二　戴志并非“质量可想而知”[⑩]

（一）戴志并非“成书时间匆促”。现有文献对戴志编修经过的记述较为简略含糊，且大部分都认为戴志是2～3个月仓促成书。笔者通过分析戴志序、后序、凡例、秩官卷

---

① 《新编汉唐通鉴品藻》，“四库全书存目丛书”史部第282册。《明史》记为《汉唐通鉴品藻》30卷，参见《明史》（百衲本）第8册，浙江古籍出版社，1998年，第255～258页。

② 李复初：《诸史品藻序》，《新编汉唐通鉴品藻》，“四库全书存目丛书”史部第282册，第471～472页。

③ 《明清进士录》《中国历史人物辞典》记载书名为《五经会同》。

④ 参见林天蔚：《地方文献研究与分论》，第484页。

⑤ 戴璟：《〈新编博物策会〉凡例》，《四库未收书辑刊》3辑30册，第116页。

⑥ 雍正《宁波府志》卷二十二《人物·戴璟传》。

⑦ 万历《粤大记》卷九《宦绩类·绥抚鸿勋·戴璟传》。

⑧ 雍正《宁波府志》卷二十二《人物·戴璟传》。

⑨ 万历《粤大记》卷九《宦绩类·绥抚鸿勋·戴璟传》。

⑩ 李默认为戴志“因成书时间匆促，质量可想而知”，参见李默：《广东方志要录》，第3页。

有关内容，并比照《明史》、黄佐《广东通志》（简称“黄志”）等有关记述，得知戴志历经 8 个月编修，其间戴璟自发凡起例到总纂成书，均深度参与其中。

戴志纂修可谓一波三折。“先年《通志》屡纂不成”①“正德、嘉靖初年，抚、按会聘儒硕纂修，事皆中止”②。后戴璟巡按期间，见广东旧无通志，恐“将来文献不其（齐）或稽”③，便案行布政司修通志。嘉靖十四年“四月两司会议聘文士纂述，抚按俱各详允”，任兵部右侍郎兼都察院佥都御史巡抚两广的陶谐“案行各府取志”，并“礼聘文学巨公总理志事”，但只有“提举张岳、教授何元述、教谕王时中等暨学生十余员至馆”。戴璟亲自发凡举例，“订分野至杂著六十四条”，由这十余人“各按旧志纂录，但尚多抵牾疏略”④，仍未成稿。由于戴璟巡按广东将于当年七月期满，他认为 3 个月难以仓促成书，慨叹通志只能“在后人之为也”。幸运的是，戴璟收到继任者陈大用手书得知，要腊月才能交接。为了不让此次通志纂修如之前一样“虚靡数百金”，在八月至腊月代理广东巡按期间，戴璟“于政暇通宵”博采《一统志》，搜逸芟芜，增订人物，撰写叙赞，于当年十一月终于修成广东历史上首部省级通志。可见戴志并非仅两三个月修成，而是至少经历了 8 个月时间和采集资料、总纂成书两个阶段的编修才得以完成。

为厘清戴志编修经过，须特别说明戴璟与陶谐的官职与关系。其一，戴璟是作为监察御史巡按广东，并非巡抚广东⑤。明万历《粤大记》、明《兰台法鉴录》、清雍正《宁波府志》戴璟传均言明其巡按广东。其二，陶谐在嘉靖十一年（1532）至十四年，以兵部左侍郎兼都察院左佥都御史巡抚两广，总督两广军务⑥。戴志政纪卷附录《巡抚都御史陶谐题为捷音事略》，并记载“嘉靖十三年五月，琼州府沙湾等峒黎贼首从黎佛二千余徒突出打劫乡村，攻营敌杀典史李士奇，掳去千户杜盛、百户杨荣。都御史陶谐、御史戴璟会奏备行守巡督率官兵擒斩获伏诛，余党招抚平之”，随后附录了奏议；又记载“十四年三月，连州贼首莫廷举等集众作乱，都御史陶谐、御史戴璟会奏……”随后也附录了奏议。可见，陶谐与戴璟并非前后任巡抚的关系，而是在嘉靖十三年（1534）至十四年间，前者巡抚广东，后者巡按广东。因此，戴璟在《凡例》中提及嘉靖十四年四月当局主张修通志是“两司会议聘文士纂述，抚按各具详允”，在自序中称“南川陶公（即陶谐）以元老秉钺于兹土，亦案行各府取志……”可见，巡抚陶谐、巡按戴璟是在嘉靖十四年四月开始同时积极推动修通志，戴璟更是深度参与。

（二）并非“涉于潦草”。对戴志的批评始于黄志，《四库全书总目提要》也批评戴志因“（戴）璟于嘉靖乙未以临代之时，二月而成，未免涉于潦草。其门类亦多未当……”⑦

---

① 戴璟：《〈广东通志初稿〉序》，第 6 页。

② 戴璟：《〈广东通志初稿〉凡例》，第 11 页。

③④ 戴璟：《〈广东通志初稿〉序》，第 6 页。

⑤ 《四库大辞典》《经学辞典》《全明分省分县刻书考》《中国历史人物辞典》《明清进士录》《论阮元〈广东通志〉与各〈广东通志〉得失》《明嘉靖戴璟〈广东通志初稿〉中广州城图部分考释》等均误作戴璟巡抚广东。

⑥ 秩官卷中记载陶谐于嘉靖十一年以兵部左侍郎兼都察院左佥都御史总督两广，黄志“职官”记载陶谐以兵部左侍郎兼都察院左佥都御史巡抚两广，且其继任者钱如京是嘉靖十四年巡抚两广。《明史》记载陶谐是兵部右侍郎总督两广军务。

⑦ 《四库全书总目提要》，中华书局，1965 年，第 642 页。

《论阮元〈广东通志〉与各〈广东通志〉得失》也认为该志“一方文献大备，而细致不足，被称为‘草率’。这都是初编方志之弊”。这些并不完全准确的批评意见被后世研究者反复引用①，虽然林天蔚、曾新等从框架、地图等角度，对上述批评提出了不同看法，但长期以来戴志的特点、优长并未得到客观、充分的认识。

《广东通志初稿》嘉靖十四年刻本，全书40卷，卷首1卷。40卷分64门目，并附14门目。每一目下，或按广州、韶州、南雄、惠州、潮州、肇庆、高州、廉州、雷州、琼州10郡先后记述事物；或以时为序，按朝代划分记录，既横剖纵叙，又纵中有横，交错有致，颇有章法，基本达到了通志“上以通合古今，下以通合府、州、县”② 的要求。该志卷首有凡例10条及广东及10府地理图。志前有序3篇，末有后序3篇，字数计30多万。“分别在田赋、课科、差役、均平、粮饷、仓廒、驿传、盐法、屯田、珠池、铁冶、番舶、水利等门中讲述广东经济状况。外夷门有安南、占城、暹罗、爪哇等国（地）与华贸易情况。戴氏自称‘初稿’，颇具首创意义。”③

在资料使用上，戴志也大量引用之前的典籍，有明确书名的有《前汉地理志》《连州新志》《后汉地理志》《三统历》《地理志》《后汉郡国志》《文献通考》，杜佑《通典》及《番禺杂志》《南越志》《南海志》《元史》《洪武圣政纪》《晋史》《汉书》《南越录》。还有一些只注明“旧志”“新志”，根据内容所在府县，至少有广州府旧志、增城旧志、连山旧志、龙门新志、新宁旧志、香山旧志。同时，戴志已注意到甄别资料以及资料详略标准把握，并采用两说并存待考、以点代面的方式处理。该志资料“皆采之各志而以《一统志》为其主”“配皇天各府志”“有述罔作、有削靡增”。如分野卷在记述扬荆分野时，指出“各府皆为扬，而独以连为荆者，盖尝考之前汉地理志楚地翼轸之分野，唐志桂扬入轸六度，黄帝分星次云，自张十八度至轸十一度曰鹑尾，之次连州，新志云此郡天文与荆州同，星分壤别与番禺相犬牙，然则连州地虽越，而星分犹为翼轸”。另外，该卷开篇提及广东的分野次宿“古今论入次宿度互殊，今详列于左”，分列《三统历》《地理志》《后汉郡国志》，“费直说”“蔡邕月令章句”“唐天文志”“僧一行”，杜佑《通典》等古今书籍、学者关于广东分野的陈述后，戴璟作出按语：“今按古今以东广属斗牛女者五家：班固《三统历》、费直、蔡邕、晋《志》、僧一行是也；以东广专属牛女者三家，汉《地理志》、《郡国志》、杜佑《通典》。国初翰林诸臣集议作《一统志》，专以广东并属牛女，此盖斟酌诸家之说，而集其大成，真可为千古天文不决之断案云。”可见戴志此部分内容，是经过考察古今论断作出的客观记述。戴璟本人也作了一些文献比对与考证，他还保存了关于一个事物的几种不同观点，以利于后人作出判断，存史价值较高。嘉靖《广州志》卷一至卷三缺，不知是否有分野的内容，而黄志未设分野卷，只在图经卷简要记述相关内容，此方面内容不及戴志。

在杂著入志方面，戴志“止广东词翰，诸凡有关于教化民隐者书之，其或文采虽可观，而简帙亦有限，姑录三以例其余云”。在杂著卷“叙曰”中，戴璟进而明确“若夫文虽工，

---

① 如李默的《广东方志要录》引用上述批评，但李默也肯定戴志“就广东地理特点及当时政治状况在番舶、海寇，黎、瑶、壮等少数民族与当时民生最患者驿传、差役、田赋之类作了比较详细的记载”，第3页。

② 刘纬毅等：《中国方志史》，三晋出版社，2010年，第190页。

③ 《岭南文化百科全书》，第808页。

而事不关于东广；事虽核，而文已载其前人，则在所略也”。形胜卷“叙曰”提及“凡为郡十，为支郡七，为县十有几，其形胜大小轻重，视其山川，故各表其重者录之，旧图经所载有足互见者，删择其要存焉”。

在人物入志方面，由于人物撰写“亦不过即事考心，即言观行而已矣。顾各府志多出于乡士门生之口，其间以盗跖为伯夷”。戴璟非广东本地人，难以辨别，但“若欲尽疑而痛删之，则岂可尽诬天下之无人载？况吾人岂可肆然自任笔削而居之无疑也，用是将各府志曾互见于杂记野史而彰彰可信者，书之；其有的然知其为伪妄者，已削十之七八；其且信且疑者，两存之以备参考”。对于不同地区人才情况的不同，入志标准的宽严也有别，“其广潮英俊林立之地，则责之严；高雷等府人物寂寥而待之，又不容以不恕云”。戴璟在序言中提及“复取人物檄行广州三学师生暨乡士大夫，且稽首再拜语之曰：兹举为采民风持公道，某也贤，与众旌之，某也不肖，与众簸之，月旦协矣，朱墨昭矣，君子平衡而勿遐心矣。众佥曰：善哉，志文可传矣”。可见，戴志人物部分，是经广州府学及番禺、南海县学师生和乡贤士大夫核对并认可的。

科贡卷岁贡部分，在标题之后用小字标明“宋元无考，国朝府县志已详，今特撮其显者记之”，显示了资料入志的收录标准及与县志的区别处理。

除了引用一些志籍入志外，戴志编纂者还根据文献或实地考察纂辑了大量内容。如形胜卷记述各府县山川形胜，每条后均标注文献出处，有“旧志”“新志”“韩退之送窦平从事序”等，还大量标注了“本志”。如：“顺德，诸山明羽翼，河流若襟带，中之平衍可以居，外之险阻可以恃（本志）。”“从化，两峰拔秀而并奇，流溪环会而可溉（本志）。”“英德，南山峙其前，大庆枕其后，右襟洭浦而近接湖湘，左带浈流而远通海峤，盖水陆交会之区。翁源，脉原庾峤五岭交冲，翁山磅礴于其东，宝山岧嶤于其西，前有纸山之盘回，后有岑山之耸拔。乐昌，背靠九峰，面对塔冈，昌山盘旋其左，桂山环抱其右，灵溪映带，戎水迤逦，郡之地脉发源自兹。乳源，一水东流，四山环抱。仁化，白星镇南，发岭奠北，潼阳会浈二水萦回。（以上并本志）”以上标注“本志”的内容，应是戴志编修者根据文献或实地考察所得。

## 三　并非只是“草创之功”

《广东方志要录》认为戴志草创之功，应予肯定，“后人修志，有所借鉴”，并引用黄志凡例说明黄志如何避免戴志缺点①。实际上，戴志在编纂和内容选取上均有所因创，在广东方志发展历程中起到了承前启后的作用，同时，该志保存了珍贵的、未被其他志籍收载的历史资料。可以说，戴志的重要价值远非“草创之功”可以涵盖。

1. 篇目体例上，戴志有所因创，突出地域与时代特色。戴志属于平列体，“所谓平列体，是一种诸多门类并列平行而互不统摄的结构方式”②“此种体裁无纲，不分大类，直

---

① 李默：《广东方志要录》，第 3 页。

② 卫家雄：《方志史话》，社会科学文献出版社，2011 年，第 75 页。

接设目。是明代采用的体例形式之一”①。平列体是元代至明嘉靖初年的主要志书体例形式之一，如元大德《南海志》、明嘉靖《山东通志》等也都是平列体。

戴志篇目基本遵循明成祖于永乐十六年（1418）颁降的《纂修志书凡例》，但也有所调整创新以突出特色。一是增加门类充分反映地情，如结合广东“地处边迩夷寇”的特点，设置番舶、生黎、海寇、瑶壮，并“皆详书之”，这几个目被黄志加以继承。二是有所细化，突出反映民生，如“民生最患者，曰驿传、曰差役、曰田赋之类，每事必分纲别目”。三是升格单列，反映时代特点，如设行次记载南宋末皇帝在广东的大事。

2. 在体裁上，言之有物的凡例，发挥了指导编修的作用，同时运用了图、表、志、大事记、附录等体裁形式，为之后的广东通志编修打下良好基础。

第一，图。戴志对图的运用超过了同时代的许多志书，除了一般的地图，还有礼仪示意古图；位置除了卷首还有随文插图。戴志将广东全省及 10 府的地图置于卷首。永乐《纂修志书凡例》未明确志书必须有地图，因此在明朝前期仍有部分志书是无地理图的，戴志的做法确立了广东省通志必绘地图的惯例，且其广州城图等准确度甚至高于黄志，其绘制体现了明代嘉靖时期绘图的特点与水平②。戴志瑶壮卷在记述各府瑶山分布及部分地区的瑶村、山巢情况后，随文附录了一张瑶山地图，内有瑶山分布及有关卫所、营堡位置。这是其后的广东通志所未见的。戴志在礼乐卷中有《冠礼古图》《婚礼古图》《丧礼古图》《祭礼古图》《射礼古图》《鹿鸣仪设席图》《鹿鸣仪陈器图》7 幅随文插图。黄志在礼乐卷也继承此做法，随文插了《士相见受贽图》《乡射礼图》《投壶图》。黄志后的各《广东通志》均无此类礼乐插图，因此这些插图的价值弥足珍贵。

第二，大事记。戴志政纪、行次、封国、祥异卷，以事条形式按编年体记载内容，类似新志大事记。戴志记事自西汉立赵佗为南越王至嘉靖十四年九月，嘉靖《广州志》因纪事上卷缺，仅可知记至嘉靖六年（1527）九月。黄志自周至元正德十六年。明嘉靖年间的情况，以戴志较为丰富。

戴志大事记较分散，不同于其之前嘉靖《广州志》和之后黄志的集中记载。对比宋末到元朝的内容，戴志与黄志基本相同，主要是采辑嘉靖《广州志》事纪卷有关内容略作增补，但戴璟按照自己对志书与广东地情的理解，设置政纪、行次、祥异卷。其中行次卷，属于增补嘉靖《广州志》内容，清晰勾勒南宋政权在粤灭亡的经过。此部分黄志大量收录。祥异的内容，成化《广州志》单列为“叙杂志”，戴璟可能是因袭这种单列的方式，而黄佐在编修《广西通志》时把祥异归为事纪中，这应是个人分类的习惯问题。另外，戴璟把《广州志》中的赵佗世家、刘隐世家、东莞伯世家 3 卷合并为封国卷，形式上逐步淡化志书“史记”痕迹。黄志进一步将戴志封国卷也分条融入政事卷。无论是集中还是分散，戴志在广东方志逐步摆脱史体上，起到了承上启下的作用。

第三，附录。戴志共收载 93 项附录，其中大量是施政文告、议政公文，且公文、文告的作者多是戴璟本人，不仅集中体现了戴璟存史资政教化的修志意识，也保存了大量广

① 刘纬毅等：《中国方志史》，第 192 页。
② 参见曾新：《明嘉靖戴璟〈广东通志初稿〉中广州城图部分考释》，《岭南文史》2005 年第 1 期。

东明代吏治政务及广东社会等方面的原始史料①。戴璟在该志《凡例》中指出："凡关于地方利害、生民休戚、风化淑慝者，书之，使奸贪者有所畏而不敢为，庸懦者有所据守而益励其进。岂惟一年之贞肃，将以贻之久远，以修我使臣之职云。"这也恰恰反映了明代志书"收录了大量案牍文移资料、有关地方故实的时文碑记资料，记述当时弊政资料"②的特点。

第四，叙、赞。戴志在每一目之前均有"叙曰""赞曰"，集中阐述观点，发表议论。《史记》有"太史公曰"，《资治通鉴》有"臣光曰"，故明人仿其例在志中以"按""按语""论曰""叙"的形式，或阐意旨，或示大要，或言规律，或发感叹，或陈述利害，或针砭时弊。在记述之余，加以画龙点睛，使读者得到理性认识的提高，这是明代志书的特点之一，并被清代志书沿用③。但学界认为明代方志是间或有论赞，并不统一固定④，现存成书戴志之前的元大德《南海志》、成化《广州志》、嘉靖《广州志》并不都是前有叙后有赞（包括未标明叙赞的无题序言），即使有叙、赞，其字数也多寡不一⑤。戴志叙、赞有两个特点：一是每一目均是前有叙，后有赞，全志统一设置且位置固定；二是所有叙、赞的篇幅基本平衡，叙一般500字左右，赞一般200字左右，尤其难得的是戴志的叙，言之有物，一般为概括这一目类的基本情况，如差役的产生缘由、实施原则、主要做法、特征、现实执行情况、弊病等，也有阐明其入志或单独为目的缘由，或者点明该目记述的侧重点，起到了诸如新方志中的章下概述或节目下无题序言的作用。对比黄志放在每一目最后的"论曰""赞曰"，戴志保存了更多史料信息。刘志伟在《在国家与社会之间——明清广东里甲赋役制度研究》中大量引用戴志中的叙、赞内容。如戴志卷25差役"叙曰"提及"轮年，在官者曰现年，空歇者曰排年，十年一周，改造版图，以丁粮消长代换无常，此正役也。外有均平，十年一次。轮当里甲者，论丁田科派……"概述了明代差役的情况，特别一个"外"字点明了均平与正役的关系。政纪卷的"叙曰"提及"予读史见弃珠厓，有遗憾焉。诸侯之宝三：土地、人民、政事也。地可弃也，民吾赤子，其忍弃乎？古之统一东广者……"阐述了政纪对于广东这一偏远但又十分重要地区的特殊意义，因此"于分野山川之后即次之以政纪，而迄我大明，盖所以昭吾皇有功于天地，有功于生民万万也。其间事略有关于广东者，虽南北朝无统，亦备书之。于此可以观气运之兴隆，可以验政事之臧否……若夫赵刘传授列之封国，非尊之也，所以著蛮夷僭窃之由；季宋南狩列于行次，非外之也，又以述宋人所以式微之迹。而要之皆以示劝惩也"。阐明将政纪位置前移的理由，且将"封

---

① 参见田亮：《〈广东通志初稿〉附录析论》，《广东史志》2012年第6期。

② 卫家雄：《方志史话》，第103~104页。

③ 参见广东省地方史志办公室辑：《广东历代方志集成·广州府部二·大德〈南海志〉》，岭南美术出版社，2007年。大德《南海志》现存内容中，无按、叙、赞等形式，但每一目下有无题序言。现存广东明清志书中，清光绪《广州府志》开始无按、叙、赞等形式。文中对大德《南海志》引用均来自于此，后不赘述。

④ 参见刘纬毅等：《中国方志史》，第192页。

⑤ 经笔者详检，大德《南海志》现存各卷末均无"论"的内容，社稷坛壝卷开篇无序言，现存户口、土贡、税赋、盐课、酒课、物产、舶货、学校、兵防、郡圃的无题序，字数80~780字不等。成化《广州志》现存各卷末均无"论"的内容，现存宦绩、寺观、叙杂、诸番的无题序40~120字不等。嘉靖《广州志》现存各卷中，沟洫、贡赋、学校、宫室、台榭、关津、祠庙、陵墓、古迹、礼乐、艺文、选举、流寓13卷开篇有"史佐曰"分别2120字、560字到60字不等，卷末无序言；赵佗世家卷、刘隐世家卷、东莞伯世家、名宦等卷，卷首无序言，卷末有"史佐曰"130~240字不等，职官表卷首尾均无"史佐曰"或序言。

国”与“行次”单列于政纪之外的原因。

叙赞作为一本志书的点睛之笔，是非常难写的部分，一般由总纂执笔。黄志自序中提及在完成七十卷分纂后，“惟留陈黎二生讨论修饰，然题辞论赞，犹谦让未遑，予则总之，顾所纪录悉确有据，惟润色而已”。即使是黄佐亲自动笔，其叙也是详略不一，有的开头称“史佐曰”，有的无标示，有的卷没有论。戴志之后的黄志“论曰”“赞曰”均集中在每一门目的最后，字数比较平衡，但议论为主，存史价值不及戴志，因此也鲜被后世研究者引用。

3. 在处理府志、县志资料上，体现一定的省志纂辑思想，即省志层次高于府县志，所录内容更为精到，更突出地方特色。以人物内容为例，戴志设1130名人物传略。戴志人物传就可比较的广州府部分而言，并非对其全盘照录。成书戴志之前的元大德《南海志》未存人物部分。成化《广州志》宦迹卷以朝代为序，明朝廖永忠等12人后，按广东行中书省、布政司等官职来记述人物；人物卷以府为单位记述，因残缺不全，无法确知记载人数及传记具体内容。嘉靖《广州志》名宦卷记载220人，流寓卷记载17人，共计237人，因流寓卷后的内容无存，不知是否还有列女卷。这237人，戴志分别记在循吏卷，名宦卷及其二级目将略、忠义，宦绩卷及其二级目名臣，流寓卷。其中流寓卷记载的140位人物，内容与《广州志》基本相同，如吴恢、钟离牧、袁宏、方大琮等人物，也有部分人物保留字号、经历、主要宦绩等核心信息，删节了《广州志》传记的最末内容。如任嚣传，戴志略去最后一句“湞水、湟水上至今犹传有任将军城焉”，传闻内容未收入志；又如吴廷举传，戴志删节了《广州志》附的《廷举禁瑶祠条约》。

嘉靖《广州志》中未被戴志收录的名宦类97人传略，其传主多为外省来粤任官、事迹相对平淡、记录较简略，且在戴志秩官中已记录职位及任职时间的，如景泰六年（1455）任左布政使的浙江人陈金[①]。另外，较之现存嘉靖《广州志》，戴志还在宦绩卷之广州府人物卷之将略、儒林、文苑、卓行、附孝友、附忠义部分增补了广州府人物120多人。同时，戴志因考虑到“张九龄而下五人皆一时名臣，宦绩中功业之最著者，故特表之”，在人物卷创置名臣；另，“广人善教子孙者固多，各志有漏，故聊举一二所闻，以为为人父劝，余俟拾遗括载”，而创设义方。可见，戴志的人物入志，是在府县志记录基础上，进行筛选、核对，并重新分类排序，突出了重点，反映了编纂意图。

4. 收载了其后的黄志未收之资料，具有重要的文献价值。由于戴璟熟读经史，为官勤政，深入了解地情民情，加之他以存史资政教化的修志意识广搜资料，认真勘误，同时也寄望后人进一步完善的总纂思想，使戴志在反映明代广东历史方面具有独特的文献价值。

嘉靖朝广东有两部通志，即戴志与黄志。客观而言，黄志体例更显完善，内容也极大丰富，但在目前有关明代广东的研究中，学者仍然须查阅引用戴志中的有关资料。其一，关于政纪、职官，戴志记至嘉靖十四年，而黄志事纪止于正德朝。其二，戴志有嘉靖十一年广东布政司总户口数及各府县数据，黄志则无。其三，戴志田赋“取嘉靖十一年版赋载

① 参见广东省地方史志办公室辑：《广东历代方志集成·广州府部二·嘉靖〈广州志〉》，岭南美术出版社，2007年，第542页。

之，以概其余”①，有广东全省及各府、县数据。黄志在记载明初数据之后，只记载嘉靖三十一年（1552）的有关情况，且无各县数据②。其四，瑶役差役部分，戴志有嘉靖十四年戴璟更定刊行的《通省均瑶银力差役因革数目》③，黄志未录，且对之有批评之议，记述了嘉靖三十八年（1559）潘季驯的刊定数目④。其五，戴志山川卷记述了越秀山，黄志未记；关于白云山，戴志记载了白云山位置、得名缘由，山间的九龙泉位置及得名缘由，以及周边的形胜，黄志仅提及名山白云山，未作具体记述。

5. 篇目及内容方面为黄志提供借鉴与资料，对广东省志编纂影响深远。戴志设置了番舶卷、外夷卷、瑶壮卷、生黎卷，专门记载广东对外交往、海外贸易、防御海寇、少数民族等情况。元大德《南海志》在物产卷专设舶货目，介绍外贸物品，同时附录“诸番国”，但只记录了番国名称，无其他信息；成化《广州志》设诸番卷，记载广东外贸情况及各番国情况，但因页面残缺，信息不全；嘉靖《广州志》未见外贸、少数民族内容。戴志应是在原有府县志基础上，增益番舶、外夷内容，其中番舶卷记述番舶发展情况和佛朗机事件，并分记占城国等 9 个国家，主要记述 9 个国家与中国的距离、朝贡开始时间、贡物情况，并附录林富奏疏。外夷卷分列 31 个国家，虽有 8 个与番舶卷相同，但侧重点在于位置、历史沿革、与中国关系发展史。同时戴志创设瑶壮卷、生黎卷，记述各府瑶山情况，并认为不应遇到瑶变即大剿匪，而是分情况，或加强平时兵防，或强化官府对之管理，最重要的是加强教化，还介绍了生黎习性、人口、分布等情况。《四库大辞典》载：“此志纪载虽简略，然颇有参考价值。如外事纪安南、占城、暹罗、真腊、爪哇、满剌加、三佛齐、浡门、苏门答剌、古麻剌、彭亨、西洋、榜葛剌、天方、古里等国，明时海上交通往来。又如海寇纪，自宋绍兴初之黎盛，嘉靖时之黄秀山等，数十万雄俊之士，大抵史传所未述。”⑤ 黄志在《凡例》言明：“分蕃夷、海寇、瑶壮、俚户、杂蛮为三卷者，则因旧通志，各从其类也。”黄志外志部分设蕃夷、海寇、瑶壮、俚户、杂蛮卷，不仅篇目上加以继承发展，内容上也大量吸取戴志资料，并进一步丰富细化。

戴志也存在一些错漏不足。如黄志凡例批评其“有黄朝奉、李朝请之类，乃散阶尔，皆误以为名”，以及东莞的“莞”字写“筦”等。而人物入志中也有重复记述的情况，如周敦颐，在循吏卷的韶州府和名宦卷的广州府都有记载；韩愈在循吏卷广州府和韶州府都有记载，虽内容上略有不同，各有侧重，但也说明总纂力度尚不够。诚然，尽善尽美是古今志书编纂者都追求的目标，但在实践中难以完全实现。俗话说，瑕不掩瑜，在承认戴志存在这样或那样不足时，我们更应挖掘其特点优长，以利于客观认识广东方志的发展历程，也为新方志的编修寻找经验与启示。

（作者单位：广东省地方志办公室）

---

① 戴璟：《广东通志初稿》，第 425 页。
② 参见黄佐：《广东通志》，第 566 页。
③ 戴璟：《广东通志初稿》，第 401 页。
④ 黄佐：《广东通志》，第 581 页。
⑤ 《四库大辞典》，吉林大学出版社，1996 年，第 1357 页。

# 机构　人才　机制

## ——地方志事业的困境与革新

杨宝昌　李诗咏

**内容提要：**编修地方志是中华民族优良的文化传统。中华人民共和国成立后特别是改革开放以来，地方志事业取得了巨大成就，为五大文明建设作出了贡献。目前，地方志事业在体制、机制、人才队伍建设诸方面还存在不够完善之处，主要是管理体制不健全，机构设置不合理；法律刚性约束不够，依法修志尚未真正落实；人才整体素质不高，队伍建设滞后等。需要各级党委、政府及地方志机构共同努力，从制度建设、法律保障、人才培养、机制革新等方面，加大力度革故鼎新，突破困局，重铸地方志事业的辉煌。

**关键词：**地方志　体制　机制　人才

编修地方志是中华民族优良的文化传统，历代相沿不绝编史修志是中国独特的文化现象。中华人民共和国成立后特别是改革开放以来，党和政府重视地方志工作，建立了覆盖全国的三级地方志机构，颁布了指导地方志工作的全国性法规，建立并不断完善地方志工作体制、机制，开创了地方志工作健康发展的大好局面，促进了方志事业不断取得巨大成就。作为地方志工作从业者，我们躬逢盛事，备觉幸运也乐观其成。同时，数年浸润期间，亲历、亲见、亲闻，对方志事业的历史与现状感触良多，现就地方志事业目前存在的问题和解决的思路略陈一己之见。

## 一　方志事业存在的困境

### （一）管理体制有待改善

体制建设是一个宏观课题，属于顶层设计，限于身份与学养，我们难以妄言。现仅就领导体制不到位问题和地方志机构设置问题，谈点粗浅看法。

1. “党委领导、政府主持”的地方志工作体制尚需完善

领导真心重视和倾力支持，是做好一切工作的最重要的前提。这个结论也一样适合当今中国发展地方志事业。中国历代编修地方志都由政府主持进行。这种格局有其客观合理性——各级政府直接掌控人、物、财，只有由各级政府主持修志，才能自主、及时、有效

地投入财力、物力，动员方方面面进行协作，确保修志工作的高效率和高质量。20 世纪 80 年代全国开始大规模编修社会主义新方志以后，各级地方志工作逐步建立起“党委领导，政府主持”的领导体制。30 多年来，这种体制保证了地方志工作不断克难奋进，取得成就。毋庸讳言，地方志工作的管理体制已然建立，但还存在不尽完善之处，与地方志事业发展的要求、与时代对地方志事业的要求尚有差距。主要表现在有些地方党政领导对方志事业的认识不到位，认为该项工作无关紧要，可有可无。或者在实际工作中重视不够，口惠而实不至，将“重视”“支持”仅仅停留在口头上，未能将“一纳入、八到位”的工作要求真正落到实处。致使许多地方地方志工作形成“保温瓶子里头热”——地方志系统内部积极，政府及社会各界相对冷淡的局面。有些地方，不仅地方志工作长年进不了党委、政府领导办公会议的议事日程，甚至地方志（史志）部门的领导一年一次面见党委、政府主职领导汇报工作也做不到。

2. 地方志机构设置尚不完善，具体表现有以下几个方面

机构隶属关系不合理。中国地方志指导小组是“统筹规划、组织协调、督促指导全国地方志工作”（《地方志工作条例》规定）的最高机构，历史上曾经隶属于国务院科学规划委员会、中国科学院国家档案局等机构，目前由中国社会科学院领导。这种体制安排突出了地方志事业的社会科学研究属性，也彰显了地方志产品的社会科学属性，但未能凸显机构的行政权威性，与直接隶属于国务院相比，其行政职能未免弱化，运行过程难免有所阻碍，给其高效有力地组织领导全国地方志工作造成困难。

机构层级不够。囿于所处职位和调研不够，笔者对全国的情况了解不多。仅就笔者所在湖北省而言，省级地方志机构的行政级别只是副厅级，低于同等的党史、档案机构。这种体制既与地方志事业的本质属性和内在要求不相符，也与湖北作为文化大省的地位不匹配。

机构设置不统一。地方各级地方志机构设置很不统一。就笔者所在的湖北省而言，有的地市地方志机构单设，有的与党史、档案机构合并形成“三合一模式”，有的分别与党史、档案机构合并，形成“二合一模式”。笔者所在的十堰市，市地方志办公室单设，县一级则有两种情况：多数是党史、地方志机构合并，个别县地方志机构独立。

机构设置未能实现全覆盖。主要是有些特殊行政区域未设机构。笔者所在的十堰市下设有国家级十堰高新技术开发区，其地域从市辖区中析出。开发区管委会具有独立的行政职能，但该区未设立地方志机构，导致地方志工作在该地域内没有机构管理，给全市地方志工作整体推进造成不利影响。这类情况在全省、全国应当不是个例。

机构虚设，职能虚化。省、市、县各级大多设有地方志编纂委员会，名义上由地方党委或政府领导人“挂帅”，有同级人大、政协、纪委、军事机构领导参与领导工作，有关职能机构负责人作为委员会成员，但其组织松散，职能不明确，运行机制不健全。有的编委会长年不换届，多年未召开一次会议。甚至编委会成员只是在地方志机构出版的书刊上署有名字，本人并不不知道自己有地方志编委会委员的身份。

## （二）运行机制需要完善

一是地方志法规对地方政府的刚性约束不够。国务院于 2006 年颁布了《地方志工作

条例》，各省级人民政府也陆续颁发《地方志工作规定》等地方性法规，明确地方政府对于地方志事业应负的责任。但这些法规的部分条文或失之于“软”，或失之于“泛”，对地方政府行政行为的刚性约束不够，给地方政府留下了“灵活变通”的空间，使他们对地方志事业的领导和支持力度往往因主要领导的个人倾向而轻重不同或不时变化，不能做到持之以恒、绵绵不绝地重视支持地方志工作。

二是地方志系统上级机构对下级机构的指导、调控能力有限，上下协调联动的机制不顺畅，形成“剃头挑子一头热”——上面“热”、下面“冷”的局面。地方志工作实行“党委领导，政府主持”的体制，本级政府负责本级修志工作，各级地方志事业的人、财、物权掌握在本级政府手中，地方志系统内各个层级之间实行的是上对下指导、督促体制，上级机构对下级机构缺乏必要的支持手段，更缺乏有效的调控手段，指导难到位、督促不得力，导致地方志工作政令不畅和上级意图贯彻不力。以修志而言，不仅全国难统一，即使是同一个省、同一个市也往往难以统一：修与不修、何时修、何时完成、记事时限等各行其是、参差不齐。

三是“部门参与，志办组织”的修志工作机制难以落实。地方志工作是系统工程，需要社会方方面面的参与，但地方志系统本身职能有限、手段有限，难以动员社会力量投入以修志编鉴为主的地方志工作。如修志主要依靠部门（单位）供稿，但修志非地方志部门以外的其他部门的本职工作，更非其核心业务。这些部门对修志工作往往不大热心，或拖着不办，或敷衍塞责，导致修志效率低、周期长、质量差。年鉴征稿情况类似——各部门虽按年供稿，但延宕拖沓供稿时间成为常态，且多以部门年度工作总结充数，或华而不实，或极度平面化和脸谱化，使出自地方志部门的地方综合年鉴往往成为徒具形式而没有多少存史价值，更无多大实际作用的具文。

四是地方志系统基层单位压力大。目前，全国省、市、县设有地方志机构，就工作而言，普遍的情况是下级地方志机构工作难度更大、压力更大。其主要原因是：基层机构人力紧张，经费拮据，任务繁重。以笔者所在的十堰市为例，县级地方志机构多由党史、地方志机构合并而成，在编人员最多的 10 人，最少的 5 人。而市级党史、地方志机构分设，在编人员合计 19 人。地方志事业基层单位的经费也相对拮据。县级史志机构人员少，事情却更多，任务也更重。既有党史方面的又有地方志方面的，加上上级史志机构布置的临时性任务，诸如为省市两级史志机构出版书籍供稿等。地方党委、政府中心任务或突击性工作，几无例外地将史志部门纳入其中。诸如本市近年进行大规模库区移民和“五城联创”（创建全国文明城市和国家卫生城市、森林城市、环保模范城市、生态城市）等突击性中心工作，县级史志部门都被安排包点包干，限时限量完成任务。2015 年，笔者所在的湖北全省安排启动乡（镇、街道）、村（社区）志编修，该项工作的协调、督导任务主要由县一级史志部门承担。但县级史志部门手中掌握的行政资源微乎其微，偌大一项文化建设工程和一定意义上牵动全局的社会事业，没有成为政府意志，仅仅由史志部门自我加压、向内使劲，实在难以成功。

### （三）人才队伍建设需要加强

1. 地方志工作者应具备的素养

地方志工作专业性较强，无论是编纂组织还是具体编纂业务，对工作人员的要求均较高。笔者认为，修志贵在得人，地方志从业人员因当具备以下基本素质：

一是良好的个人修养。除一般意义上的政治品质、个人道德外，地方志工作者还应具备特殊的职业操守。主要包括：

秉笔直书的优良史德。不虚美，不隐恶，不以自己的好恶删削史实、褒贬人物，更不可“索米立传”“求贿曲笔”。

淡泊名利的思想品质。方志、年鉴皆众手成书，修志编鉴需要很多人通力合作，每个人不可能专美，也不应该独擅其美。而是应该“和亲康乐”——主持事务者要做到不没人功、不掩人善，不妄自尊大；参与协作者应做到心平气和、谦逊让人，不刻意突出自己。

甘于奉献的价值追求。地方志工作被业内外人士称为“三苦”工作——艰苦、辛苦、清苦，从业者如不能乐于清贫，甘于奉献，就很难在这样的岗位坚持下来，更难以在本职工作中干出成绩。

十年磨剑的意志品质。地方志书的编纂工期较长，动辄数年，甚至数十年，真正“板凳要坐十年冷”。地方志工作者如果没有心无旁骛的定力，不具备沉潜心志孜孜以求的毅力，断然做不好本职工作。

严谨务实的工作作风。文章千古事，地方志书是传世之作，质量是其生命。无论是综合性志书还是年鉴，包括方志系统编纂的其他地情资料，都要求资料全面、准确，编纂体例完备、结构合理，表述精确，文字雅驯。这些都要求从业者严谨务实，精益求精。

二是较强的业务能力。唐人刘知几有“史才三长”论。修志与著史有相通之处。修志者除前面已阐述的应有志德外，还应具备志才和志能。主要有：

广博的知识积累和合理的知识结构。地方志是记载之书，横及百科，包罗万象，是关于一个地方、一个行业、一个部门的百科全书，举凡政治、经济、军事、文化、社会、自然，各类知识兼容并包。编纂者只有广泛涉猎，具备渊博的知识，才能对纷繁的记述对象进行准确认知，既能对记述对象作量的界定，又能对记述对象作质的解析，进而对其加以全面准确地描摹和展示。

较高的理论素养和娴熟的业务技能。地方志有特定的体例，编纂地方志有特定的章法。地方志业务工作者必须掌握这些理论和方法，才能在理念上晓畅觉悟，技术上驾轻就熟。首先，地方志是资料性文献，地方志工作者必须掌握搜集资料的方法，进而具备甄别资料真伪的能力、判断资料价值的能力和科学编排资料的能力；其次是具备科学运用体裁的能力，通过各类体裁编排资料、铺叙内容，使志书体裁完备、结构合理，资料性与科学性有机统一；再次是具备熟练驾驭语言的能力，使语言简洁、准确、典雅，让读者不仅能通过读志获得知识，受到激励与启迪，还能在阅读过程中获得轻松愉悦的享受。

以上仅是针对地方志业务人员而言。地方志部门的领导除了应当在业务上成为内行外，还应当具备领导素养与能力，这里姑且不论。

2. 地方志队伍现状

现实情况是，无论是系统内的同志，还是系统外熟悉地方志部门情况的同志，普遍有一种感受：地方志从业人员整体素质不高。有识之士还认为，地方志事业与从业者之间存在悖论：一项需要高素质人才从事的工作，从业者的待遇普遍较差。各级地方志机构多半被定性为参照公务员管理的事业单位，职工待遇要与行政级别挂钩。这种体制决定了地方志机构的干部要想改善待遇，只能通过职务晋升。但现实情况并不乐观。笔者所在的市，自20世纪80年代初开始社会主义新方志编纂，至今已逾30年，市、县两级方志机构主职领导前后50余人，唯有一个县的志办主任是在本部门一步步晋升起来的，其他均是从其他部门调配进地方志机构的。编纂地方志是一项专业性较强的工作，长期从事地方志编纂业务的专业人员工作艰辛，待遇微薄，如果通过职务晋升改善待遇难度非常大，理应有其他途径。但尴尬的是，人事管理机构没有地方志编纂专业职称设置，也不支持地方志专业人员获得职称，进而加以聘任提高其工资待遇，致使方志专业人员希望通过职称评聘改善待遇成为泡影。由于缺乏鼓励专业人员不断学习提高并改善个人地位、待遇的机制，加上工作辛苦、社会美誉度不高等因素，造成地方志人才队伍建设有很多阻碍：

首先是进不来。地方志机构缺人，特别是缺乏素质较高的专业人才。与此相对应的是，有些高素质人才却不能被地方志机构招致麾下。原因有三：一是有些高素质人才认为从事地方志工作政治前途是“春风难度玉门关”，工作上“艰苦、辛苦、清苦”，于是视修志编鉴为畏途，不愿到地方志机构里来。已有较好工作岗位者不愿意“从米箩跳进糠箩”自不必说，即使那些急于就业的大学毕业生也多半如此。近两年，笔者所在的十堰市各市直部门招公务员，有些单位一个科员岗位报考者多达300余名，而地方志办同等岗位报名者只有区区10余名。二是限于人事管理体制，有些有志于从事修志工作的同志（这些同志多在工作环境较差的地方和部门工作）被人事制度拒之门外。笔者所在市，有的县级地方志机构仅有3个编制名额，已长达8年空缺1人，虽多次申请在乡镇物色中小学教师补缺却一直未能实现。

其次是出不去。地方志机构人员流动不易，是一个普遍现象。笔者所在市地方志办，有的副主任在现岗位上履职18年未“挪窝”，下面的县（市、区）市志办有的干部干了近30年，职务未变，单位未变。如果说少数优秀人才出不去对本地方志事业是“幸事”的话，有些不适合地方志工作的同志出不去则是本地方志事业的“麻烦事”——这些同志往往既干不了更干不好组织领导工作，也干不了、干不好具体业务工作，于是有些人回避具体业务工作，无所事事“混吃钱粮”。更有一些心理失衡者整天抱怨、发牢骚、闹脾气、谋私利，传递负能量，给单位正常工作和部门形象带来消极影响。

第三是留不住。有些同志进了地方志机构，或因为单位“弱势”“冷门”，自己晋升无望，感觉没地位，或因为工作辛苦，待遇较差，觉得付出与所得不对称，于是想方设法寻求出路“改换门庭”。笔者所在市志办曾在2008—2012年间离开了4任人秘科长，其中有两位是通过公开招考新进的大学生，有一位只待了4个月。

第四是干不了。与优秀人才进不来、留不住和一些不适合做地方志工作的同志出不去呈正相关的事实是，很多在地方志机构“沉淀下来”的同志干不了本职工作。在地方志部门从业的同志绝大多数属“半路出家”。这些同志由于缺乏专业背景，业务知识与技能先天不足。如果后天再不努力学习，往往长期对地方志工作一知半解，甚至干了多年还是“门外汉”。地方志部门的领导多半从外单位调入，许多同志对地方志工作缺乏认知，没有兴趣，有些更是同级党委组织部门处于对其过往功劳慰勉的考虑，将地方志机构领导岗位作为“赏赐”给予这些同志，形成事实上的“乱点鸳鸯谱”和“拉郎配”。这些同志有的认为自己被打入“冷宫”，工作没有动力，缺乏激情，不思进取，得过且过，乐于优哉游哉“休养生息”；也有的同志志趣就是做“领导”，游离于具体业务工作之外，不学习，不钻研，安于当“甩手掌柜”，既不会也不愿做业务工作，还不勤于和不善于做组织协调工作，或者违背规律瞎指挥。许多地方志基层工作人员通过各种途径进入地方志部门，完全不具备从事地方志工作的基本要求。前些年有企业下岗工人、职业中专技校毕业生、为解决某些领导亲属就业而特招的工勤人员都进入了地方志机关。这些人占着编制，拿工资却不能干事（起码是不能承担主要业务工作）。这样的人员构成使得地方志部门往往有“少数人干事，多数人赋闲”和“个别人干正事，部分人‘敲边鼓’”的现象，形成部分人多劳不能多得、部分人少劳反而多得的“内部剥削”机制。近年来，地方志部门进人情况有较大改观，但队伍整体素质不高的情况并未根本改变。

## 二 解决地方志事业困境的思路

地方志事业的健康发展，离不开内因和外因两个条件的改善。内因改善在于地方志系统内部机制改善和人力资源潜力的极大激活与释放，外因改善的关键则在于各级党委政府的实心重视与倾力支持。本文就此谈几点建议。

### （一）增强地方志事业的法律刚性约束

进一步完善国家《地方志工作条例》，对条例的某些条款，如政府责任、地方志机构地位与权力、地方志从业人员待遇等，进一步明确化、具体化，降低柔性，增加刚性，使其约束力更强，操作性更强，能够更好地发挥效力，促进地方志事业在法律保障下又快又好地发展。同时，中央地方志指导机构应协调争取国务院支持，督促各省秉持同样的理念，及时制定或修订《地方志工作规定》，使各地的地方志法规与中央政府的《地方志工作条例》高度契合、配套，同时又切合实际，推进本地地方志事业发展壮大。

### （二）建立对地方政府的强力监督机制

对政府的监督是一个严肃的政治命题，除党委监督、人大监督、社会监督、舆论监督等外，政府层级间的监督也是有效和必需的手段。地方志事业的性质决定了其发展更需要上级政府对下级政府的监督。因此，必须建立并强化中央到地方不同层级政府间上级对下级监督、下级对上级负责的工作责任机制，首要的是上级政府对下级政府的监督机制。上级政府应当监督下级政府制定本级《地方志工作规定》，制定辖域内地方志事业发展中长期规划、五年计划和年度工作计划，更要将计划的执行纳入阶段（长期、短期、年度）工作目标考核监督体系，及时考核、通报，表彰先进，鞭策后进，促进本辖域地方志事业全面、均衡发展。

### （三）建立相对统一的机构体系

为了形成上下联动便捷、运转有序高效的机制，全国地方志系统机构设置应当基本统一。就目前情况看，地方志机构隶属于政府系列并单列是最理想的模式。如果出于精简机构的需要，可以考虑与党史、档案机构合并，但务必一省之内基本统一，以克服机构设置五花八门，工作安排政出多门，上下难以协调，运行效率低下的弊端。

### （四）加大人才队伍建设力度

延揽人才加入地方志队伍是地方志工作取得成就的基本条件。必须突破目前修志人才队伍“青黄不接”、现有人员整体素质不高的困境。一是建立地方志专门人才职业技能评价体系和职务（职级）晋升体系。在地方志机构内采取灵活政策，领导干部可以按行政级别获取待遇，同时要允许业务人员获得技术职称并取得相应待遇。改变目前地方志机构与人员参照公务员管理后，机构泛行政化，人员不能评聘技术职称、职务晋升空间狭窄，地方志工作缺乏吸引力、留不住人的局面。二是加大地方志系统人才培训力度。中央和地方各级政府需要加大投入，探索地方志人才培训新机制。中央政府可以责成并支持部属高校建立方志学系，或支持中国地方志指导小组建立稳定的地方志专门人才培训基地、机构，通过长效机制使地方志队伍有稳定的“兵源”，使从业者具备基本的从业素养。省、市、县一级财政也应安排专项经费，支持地方志机构对现有人员进行经常性轮训。

### （五）探索完善地方志工作运行机制

探索建立上下级地方志机构之间乃至跨地域之间修志人才流动机制；建立不同层级地方志机构之间，以及地方志机构与其他部门（组织、团体）之间协作编书制度；建立政府向社会购买地方志编纂劳务制度；建立地方志机构内部专业人员领办项目制度；探索建立地方志工作争取同级党委、人大、政协的支持，获得辖域内军事机构、上级直属机关、事业企业单位乃至各类社会人士支持和参与的机制等。

（作者单位：湖北省十堰市地方志办公室）

# 问道，乃修志之道

李云鹤

**内容提要：**2014 年，国务院总理李克强对地方志工作做出重要批示，提出了“修志问道，以启未来”的精辟论述。修志问道，就地方志工作来说，是在修志的过程中对于安身立命之道、经世济民之道、治国安邦之道追寻、叙述、记载、弘扬的过程。地方志工作者要完成修志问道的光荣使命，一要培养问道的人文情怀，二要坚持问道的职业操守，三要做出问道的使命担当。

**关键词：**修志问道　人文情怀　职业操守　使命担当

2014 年，国务院总理李克强对地方志工作做出重要批示，提出了“修志问道，以启未来”的精辟论述。“修志问道，以启未来”短短一句话，体现了总理对地方志工作价值使命的精练概括，寄托着总理对地方志工作者的殷切期许，蕴含着总理对地方志工作未来的深刻洞悉。认真学习李克强总理的重要批示，愈发强烈地意识到“修志问道”有着极其深刻、非常丰富的思想内涵，高屋建瓴地回答了为什么修志、什么人修志、怎样修志等一系列基本问题，为地方志工作指明了方向，对地方志工作者提出了要求。笔者在此将自己的学习体会和领悟思考加以梳理，与方志同人分享，就教诸位方家。

“修志问道”的核心，在于“道”字。在中国传统文化当中，“道”之一字，涵盖万千。但是就“修志问道”的具体语言环境来说，其内涵应该与《易经》当中“形而上者谓之道，形而下者谓之器”的“道”字相同，是哲学层面的“应然”之谓。与《道德经》当中所阐述的“道”，与《大学》当中论述的“大学之道”的“道”，意义是一样的。问题是，这个形而上的“应然”的“道”，用现代语言来进行表述，是一件困难的事情。笼统说，道是真理，包含着抽象的客观规律、价值取向、行为准则等诸方面的意涵，意蕴幽深，难于言表。为免曲解“修志问道”之“道”的含义，我们不妨从老百姓安身立命之道、理政者经世济民之道、柄国者治国安邦之道来意会。就地方志工作本身而言，通过对历史资料进行一番去粗取精、去伪存真、由此及彼、由表及里的系统梳理和总结，找出道之所存、道之所言，是为“寻道”；按照志书的体例规范，将“存道”“言道”的历史资料加以编纂，用方志语言阐释“道”的内涵，是为“述道”；通过志书的记载，将道之发生、道之起用、道之伟力加以忠实呈现，“把历史智慧告诉人们”，是为“载道”；通过读志用志传志和地方志资源开发，将志书所载之“道”为更多的人知悉并遵循，充分发挥资治、教化作用，是为“弘道”。而这寻道、述道、载道、弘道的整个过程，就是修志问道。从这个意义上说，修志的目的在于问道。对于地方志工作者来说，通过自己的辛勤工作，将蕴含在历史资料中的安身立命之道、经世济民之道、治国安邦之道挖掘整理出来，以绳当代、垂鉴后人，这是光荣的历史使命。编修地方志自隋唐以降，代代相继、绵延不绝，是世界文明史上绝无仅有的文化现象。方志与国史、家谱在不同层面发挥着传承历史文化、承载历史智慧的重要作用，先哲将其功用概括为“存史、资治、教化”。那么所存之史是否为信史，志书所载是否有资治价值、能否发挥教化功能，关键就在于修志者是否做到了“修志问道”。王伟光在2015年全国地方志机构主任工作会议上的报告中，提出了“为谁修志、修什么志、怎样修志”三问，其答案就要在“修志问道”的内涵中寻找。然而，能完成修志问道使命的人，则必非泛泛之辈。

一是要有问道的人文情怀。中国传统士大夫“兼济天下”的情怀中，以立德、立功、立言为“三不朽”。当今社会环境下，地方志工作是“不容易受到重视”的工作，而且素有艰苦、辛苦、清苦“三苦”之谓，如果没有“兼济天下”的人文情怀，是无法承担起包括寻道、述道、载道、弘道整个过程的光荣使命的。司马迁在《史记·孔子世家》中记载：“子曰：‘弗乎弗乎，君子病没世而名不称焉。吾道不行矣，吾何以自见于后世哉?’乃因史记作《春秋》，上至隐公，下讫哀公十四年，十二公。”身处春秋乱世，孔子看到自己治世立功的理想和抱负没有实现的可能，但是家国天下的情怀始终不曾消减。著《春秋》以“绳当世”，而使“天下乱臣贼子惧”，可谓用心良苦。司马迁学识渊博、游历广泛，之所以忍受被处以极刑的人生至痛，为的是完成《史记》，“藏之名山，副在京师，俟后世圣人君子”。从中我们领略到，在中国古圣先贤那里，无论个人的境遇多么艰难困苦，内心多么痛苦纠结，“兼济天下”的人文情怀从来没有改变。如果说求利，求的是天下利；如果说留名，留的是万古名。一言以蔽之，其汲汲所求者，无非一个“道”字。这就是他们的情怀，他们的问道情怀。这种“兼济天下”的人文情怀，如果要更为具体地表述出来，笔者以为，以张载所言最为妥切：为天地立心、为生民立命、为往圣继绝学、为万世开太平。今天从事地方志工作的同志，大都有着“坐冷板凳”“看冷面孔”的不平之气，心里总是翻腾着“边缘”“弱势”“三苦”的无奈。这是对客观现实的正常反应。在这样的现实面前，要完成修志问道的使命，则非有这样的“问道”情怀不可。孔子以《春秋》立言，司马迁以《史记》立言，地方志工作者则要以志书立言。若无“兼济天下”的问道情怀，终日耿耿介怀于个人的际遇得失，怎么可以问道？言何以得立？何得不朽？所以，要“修志问道”，不能“修志问名”，不能“修志问官”，也不能“修志问利”。只有如孟子善养浩然之气，培育兼济天下的人文情怀，汲汲于修志问道，才能平静地接受一切不平，才能安然地忍耐一切不公，才能坦荡地面对一切非难，才能修得流传后世的佳志良品。

二是要有问道的职业操守。方志作为一方之全史，发挥存史、资治、教化的功用，兼有补史之缺、参史之错、详史之略、续史之无的重要功能，唯其“信”之一字为最难。我们经常自我宣称地方志为信史，然而要编纂出经得起历史检验的信史，绝非轻而易举。信史必当存真求实，但是何为“真”？眼见为真吗？《左传》记载，晋灵公聚敛民财，残害臣民，执政大臣赵盾多次劝谏，灵公不但不改，反而想加害于他，赵盾只好逃亡。其族弟赵穿带兵杀死灵公，他又返回继续执政。太史董狐记载：“赵盾弑其君。”赵盾辩解，说是赵穿所杀，不是他的罪。董狐说：“子为正卿，亡不越境，反不讨贼，非子而谁?”这个故事就是“董狐直笔”的由来。表面看，灵公确为赵穿所杀，董狐如果记载“赵穿弑其君”似亦符合事实。然而，当时的晋国已在赵氏家族的把持之下，赵盾作为正卿，逃亡了却没有到他国避难，而是留在边境静观其变，事实上是给悍然作乱者以暗示；国君被杀，归来复位以后，又没有对弑君凶手进行追究惩处，事实上是默认了赵穿的犯上行为。究其实质，赵盾就是灵公被害的幕后黑手。董狐之所以如此记载，是秉持太史的职业操守，揭示出事件的本质，也是在问正卿之道。这是史官的操守，是史官们看得比生命还重要的东西。所以，董狐直笔的故事流传下来，成为美誉。修志问道，就必须有如董狐那样问道的职业操守。在当今是社会环境下，修志工作中不会再有如董狐那样直接面对权势者的危险，但是我们所面对的事物远比古时要复杂得多。志书所记载的事实，是表面现象的“实”，还是揭示事物本质的“实”？这关系到志书能否成为信史。在修志的实践中，如果没有“问道”的职业操守，那志书所记载的，就只能是事物的表面现象，是“赵穿弑其君”，看不到“赵穿弑其君”背后赵盾的纵容和默许，更看不到当时礼崩乐坏、君臣失道的社会现实。如此编修出来的志书，当然难以承担起应有的价值。很多情况下，地方志工作者面对的只是反映表面现象的历史资料，而隐藏在表面现象背后的真正事实，则需要以问道的执着去抽丝剥茧、考证稽核。如果不能将表面现象背后的真实挖掘出来，志书就不能述道、载道，也就实现不了修志问道。“取法乎上，仅得其中；取法乎中，仅得其下。”因此，地方志工作者唯有坚持问道的职业操守，才能完成修志问道的光荣使命。

三是要有问道的使命担当。修志问道，绝非易事。章学诚曾经以“清晰天度难，考衷古界难，调剂众议难，广征藏书难，预杜是非难”的“五难”来概括。当今的地方志工作者所面对现实更为复杂，已经不是“五难”所能概括的了。在困难和压力面前，能否坚持问道的职业操守，关键看有没有问道的使命担当。春秋时期，齐国的大臣崔杼与齐庄公发生矛盾，纵容他人杀了齐庄公，立景公并自任国相。齐国太史记曰：“崔杼弑其君。”崔杼不愿意在历史上留下弑君的恶名，下令把这个太史杀了。继任的太史还是这样写，又被杀了。第三个太史仍然这样写，也被杀了。第四个太史照样直书其事，崔杼感到正直的史官是杀不绝的，只好作罢。这时，齐国另一位史官南史氏，听说接连有三位太史因实录国事被杀，唯恐没有人再敢直书其事，便带上写有“崔杼弑其君”的竹简向宫廷走去，中途得知第四位太史照实记录没有被杀，就回去了。南史不畏强暴，秉笔直书，充分体现了史官问道的使命担当，几千年来被誉为中国古代史官的典范。董狐也好，齐国太史也好，特别是南史的所为，表面上看，只是秉笔直书，而在这样的具体条件下，秉笔直书就是将生死置之度外来“问道”。他们明明知道自己坚持秉笔直书将会面对什么结果，但是仍然义无反顾、勇于担当。为什么崔杼杀到手软，感到“正直的史官是杀不完的”？就在于史官将秉笔直书的职业操守看得比生命还重要，而且面对危险勇于担当者总有其人。就像刘知几所说，他们或“身膏斧钺”，或“取笑当时”，或“书填坑窖”，或遭秘密杀害而“无闻后代”。然而尽管如此，直书其事的史官仍然不绝如缕，中华民族的历史也就这样绵延不绝地流传下来。在法治条件下，如历史上的残酷杀戮不会再有，但是修志工作中还会经常面对各种困难、困扰甚至煎熬，特别需要地方志工作者的使命担当。这种担当，不是简单的为完成任务而担当，而是有着问道的人文情怀、职业操守的担当，是为追求真理而问道的使命担当。

综上，修志问道，就地方志工作来说，是在修志的过程中对于安身立命之道、经世济民之道、治国安邦之道追寻、叙述、记载、弘扬的过程。就地方志工作者来说，是光荣的历史使命。为完成这个使命，需要培养问道的人文情怀，坚持问道的职业操守，做出问道的使命担当。这是笔者对于修志问道内涵的理解。在笔者看来，问道，乃修志之道。地方志工作的价值所在，就在“修志问道”；地方志工作的追求目标，就是“修志问道”。我们要进一步理解和把握修志问道的深刻内涵，从历史发展、民族兴衰的高度，深刻认识自己承担的历史使命，增强方志工作的历史责任感，牢固树立职业自信心和自豪感，不断强化使命感、责任感，升华情怀、提升境界，将修志问道作为地方志工作的价值追求和行为准则，更好地完成“修志问道”的伟大使命，不辱“以启未来”的殷切期许，成为当代的问道者！

（作者单位：吉林省地方志编纂委员会）

# 方志存史、明道及其现代启示

和卫国

**内容提要：**存史是方志的首要功能，是方志的立身之基；明道是方志功能的最高统领。“修志问道”是对方志存史、明道功能及其价值的最佳概括。新编地方志工作要坚持存史、明道理念，记录历史，传承文明。

**关键词：**方志 存史 明道 启示

历代修志，绵延不绝，成果蔚为壮观。方志功能如何定位？修志之“道”何在？达官显宦、博学鸿儒通过所撰志书序、跋等已有所阐发。人们由此归纳出了方志的三大功能，即存史、资治和教化。值得注意的是，前人对三者的地位并未明确加以区别，今人则多从方志作为官书服务政府决策的角度，认为资治是方志的首要功能，这种看法不无偏颇之处。

## 一 存史系方志立身之基

《周官·春官》曰：“外史掌书外令，掌四方之志。”汉代郑玄注曰：“志，记也，谓若鲁之《春秋》、晋之《乘》、楚之《梼杌》。”梁启超据此论定，“最古之史，实为方志”，从方志源头上确认了志与史的天然联系。“郡之有志，犹国之有史”，逐渐成为世人公认的方志定位基本原则。可见，存史是修志的本义所在，否则方志就失去存在的意义。

历史地理学家邹逸麟指出，在方志的三种功能中，存史是核心，也是方志的第一要义。诚然，存史不仅仅是对方志功能的提炼，更是对方志编修的基本要求。它强调的是，方志必须以鲜明的地域性、资料性、著述性特点，客观、系统、真实地记述历史；方志资料必须具备应有的信息含量、史料价值和历史意义；方志所存之史并非无据的、随意的，而是可靠的、传世的、任何人都无法抹去的历史记忆。因此，只有秉笔直书，确保方志的存史价值，以经得起历史检验的权威资料说话，方志才能得到社会的认可，更好地发挥资治、教化等功能。否则，后两者只能是空中楼阁。

然而仅此而论，尚未臻修志之至理。强调方志存史，仍局限于对其具体功能的探讨。那么，编修方志作为我国绵延不断的优秀文化传统，人们对其功能有没有更高层次的认知呢？答案是肯定的。不过，对此问题的解答仅停留在志与史的关系层面远远不够，必须递进一步，从志与经的关系中寻找线索。

## 二 存史明道乃方志编修之道

清代前期，一些人已经注意到志与经的关系。康熙年间，湖北驿传盐法道宫梦仁在《湖广通志》序中称："夫志近于史，而原于经。"乾隆年间，山东驿传道张体仁在《山东通志》序中也指出："六经垂世尚矣。国有史，省郡邑有志，史根于经，志根于史。"现代方志学家傅振伦在大型方志丛书《中国地方志集成》序言中，更明确提出"历史与方志，异流而同源"，"经书既是史学的起源，也是方志的起源"。方志已不再被简单地视为资料的汇集，而是与史，乃至于与经都有着密切关联。不过，以上所论多是对方志起源的简单追溯，并未对其功能和价值予以深入阐发。

清代史学家章学诚在此问题上做出了超迈越前人的贡献。他提出"志乃史体"的重要命题，将方志分为"志""掌故""文征"，从理论和实践上实现了志与经的成功对接。他指出："古无私门之著述，六经皆史也。后世袭用而莫之或废者，唯《春秋》《诗》《礼》三家之流别耳。纪传正史，《春秋》之流别也；掌故典要，官《礼》之流别也；文征诸选，风《诗》之流别也。获麟绝笔以还，后学鲜能全识古人之大体，必至积久然后渐推以著也。"也就是说，方志所分之三书，实际上是对经的统绪的延续和传承，这就是他对所谓"古人之大体"做出的体悟和实践。

回到章氏的理论体系中，如果将"志乃史体"之说再与其"六经皆史"之论并视，则志、史、经之关系就更加明晰。加上他对经的功能定位，即"道寓于器"，"道不离器，犹影不离形。后世服夫子之教者自六经，以谓六经载道之书也，而不知六经皆器也"，可以说，通过"志为史体""六经皆史""六经皆器"三种理念的表达，方志在理论意义上被赋予了与史、经一样的载道、明道之"器"的地位，方志编修的现实意义由此被大幅抬升。这也成为章学诚毕生倾心于编修方志的重要理论依据和精神支撑。

梁启超对章学诚的思想倍加推崇，称"方志学之成立，实自实斋（章学诚字实斋）始也。实斋关于斯学之贡献，首在改造方志之概念"。但是，他只看到了章学诚将志纳入"史体"对方志编修的影响和贡献，并没有意识到，章学诚已经从理论和实践上建构起了志、史、经的学术系谱。据此而论，方志属史，在存史功能之上，"明道"又为方志功能的最高统领，存史、明道则是对方志编修之道的最佳概括。

## 三 "修志问道，以启未来"

2014 年 4 月 16 日，李克强总理为第五次全国地方志工作会议作出重要批示："地方志是传承中华文明、发掘历史智慧的重要载体，存史、育人、资政，做好编修工作十分重要"，"修志问道，以启未来。希望你们继续秉持崇高信念，以更加饱满的热情、以求真存实的作风进一步做好地方志编纂、管理和开发利用工作，为弘扬优秀传统文化、服务经济社会发展作出新的贡献。"批示在深刻总结、准确把握修志传统的演进历史和前人认知的基础上，站在时代发展的高度，对方志存史、明道的历史使命做出了精确的概括。

批示中最为关键者，当属“修志问道，以启未来”一句，而“修志问道”四字尤当详解。首先，需明修志所问何“道”。道乃中国古代哲学的基本范畴，分天道、人道，即日用事物当行之理，也就是自然万物、人类社会之本质属性、演变轨迹、发展逻辑和运行规律。“问道”是对这些属性、轨迹、逻辑、规律的追求与探寻，而其所获所得即是中华文明的进步和成果。因此，“修志问道”可以总体解释为，修志应讲求格物致知，探索求真，以方志存史的方式将天、人之道承载下来，进而发明之，弘扬之，告诉世人，传之久远。换言之，“修志问道”属于精神层面的要求，强调的是修志对历史的责任和担当，即修志应“以求真存实的作风”，秉持存史、明道的“崇高信念”，传承中华文明，延绵中华文化。而“以启未来”四字，则显然属于实践层面的要求，强调的是修志传统的延续、修志的现实价值和意义，即更好地弘扬修志传统，发掘方志中蕴藏的历史智慧，做好开发利用，发挥育人、资治功能，服务经济社会发展。

总之，“修志问道，以启未来”更加明确地告诉我们：方志保存的是历史，存史是方志编修的基本要求；方志传承的是文明，明道是方志编修的最高境界。存史、明道不仅是对方志功能的具体表述和修志理念的充分表达，也是方志作为资料性著述的最本质反映，更是“文以明道”“文以载道”传统在方志编修维度的延伸，同时也是方志编修这一优秀文化传统历久弥新的真谛所在。

## 四　记录历史传承文明

当前，我国大规模开展的新编地方志工作取得丰硕成果。2013 年年底已经全面完成的首轮修志，共计出版规划内省、市、县三级地方志书 5800 多部；截至 2014 年年底，第二轮修志累计出版规划内三级志书 1900 多部。方志与国史一起，承担了记录历史、传承文明的重大作用。

同时也应看到，新编地方志在实现传统与现代、历史与现实、守护与弘扬、编修与服务有机交融的进程中仍有不惬人意之处。究其主要原因，不外乎对方志存史、明道的领悟和把握还存在一定差距和不足。探讨方志存史、明道，可为新编地方志工作提供三点启示：

一是必须深刻理解实事求是、秉笔直书的意义，注重以文存史，客观反映历史发展变迁，切实提高方志的史料价值和可信度，坚守方志编修的价值底线。

二是以存史为前提，注重以志明道，进一步深入分析、系统记述自然和社会发展演变的逻辑、规律等根本性内容，承载时代的认知水平、思维高度和价值取向，切实提高方志的传承功能，提升其思想内涵和理论高度，努力实现方志由存史向明道的飞跃。

三是以方志存史、明道为基础，讲求修志致用，注重开发方志信息资源，挖掘历史智慧，服务今人和后世。

要之，方志编修只有秉承存史、明道理念，记录历史，展示规律，服务社会，传承文明，才能使修志传统在中华文明发展前进的道路上走得更远。

（本文曾于 2015 年 5 月 6 日发表于《中国社会科学报》历史学版，发表稿与此略有不同）

（作者单位：中国地方志指导小组办公室）

# 浅谈“修志问道，以启未来”的丰富内涵

李荣喜

**内容提要：**“治天下者以史为鉴，治郡国者以志为鉴。”实现全面建成小康社会的目标，必须借鉴历史，从历史文化中汲取智慧。李克强总理在批示中强调“修志问道，以启未来”，其内涵丰富，对地方志事业和工作具有重要的指导意义。编修地方志是一项认识过去开创未来，有长远社会效益的伟大事业，是中华民族的优良传统，是一项重要的思想文化建设，对进一步加强思想文化建设，记载历史，传承优秀文化，服务地方经济社会建设，实现中国梦有重要作用。

**关键词：**修志问道　以启未来　地方志

“治天下者以史为鉴，治郡国者以志为鉴”，编修地方志是一项认识过去开创未来，有长远社会效益、意义重大的事业。实现全面建成小康社会的目标，必须借鉴历史，从历史文化中汲取智慧。国务院总理李克强强调“修志问道，以启未来”，内涵丰富，意义重大。

## 一　编修地方志是中华民族的优良传统

“志乃一方全史”，编修地方志是中华民族的优良传统。中国编修地方志从奴隶社会向封建社会过度的周代就已经开始了，而且修志用志已经明确到了相当于今天的市州一级。《周礼·春官》中记载：“小吏掌邦国之志，外吏掌四方之志，诵顺掌道方之志。”在春秋战国交界的时代，《孟子·离娄下》有句言：“晋之《乘》、楚之《梼杌》、鲁之《春秋》，一也。”虽然那时史志合一的体例不如当今科学，在记述内容上存着一定的糟粕，而且修于官、用于官、藏于官等方面和今天的方志不可同日而语，但它的存史与资政功能，与今天的方志是相通的。

党中央、国务院对地方志工作十分关心，高度重视。2006 年 5 月 18 日，国务院颁布了《地方志工作条例》，对什么是地方志、为什么要修志、怎样修志和如何为地方经济社会的全面发展服务作出了明确规定，是我国第一部关于地方志工作的行政法规，开创了依法修志的历史进程，极大地推动了全社会的修志工作。国务院总理李克强为第五次全国地方志工作会议作出重要批示，指出，“地方志是传承中华文明、发掘历史智慧的重要载体，存史、育人、资政，做好编修工作十分重要”，强调“修志问道，以启未来”。

“修志问道，以启未来”，李克强总理这句话内涵丰富，深刻阐述了做好地方志工作的重要意义，对新形势下方志工作提出了希望和要求。修志的目的在于“资治、教化、存史”。这三者之间是相辅相成的，存史是资治、教化的基础，资治、教化是存史的目的。从资治、教化的含义来看，修志的目的完全是属政治性的，即是说修志是为了达到一定的政治目的。修志不是现在才干的事，历代封建王朝直至北洋军阀政府、蒋家王朝都在修志，而且各有各的政治目的。历朝历代修志，出于统治者统治的需要，主要是为帝王将相、才子佳人们歌功颂德、树碑立传，即是为维护和传承他们的统治服务的。我国现在是中国共产党领导的社会主义国家，修志是修社会主义的新方志，我们必须有明确的政治目的，那就是为社会主义物质文明、精神文明、政治文明、生态文明建设和和谐社会建设服务。这种政治目的，决定了修志决不能去为某个人歌功颂德，树碑立传，而必须是要浓墨重彩地讴歌中国共产党领导各族人民为建设美好的新生活所进行的波澜壮阔的伟大实践和伟大创造，必须真实、全面、科学地记述和反映这种伟大实践和伟大创造所产生的显著成果和辉煌成就。即使是记述自然地理环境，也应该有意识地为这种伟大实践和伟大创造的艰苦复杂程度作铺垫。

修志不仅具有“补史之缺、参史之错、详史之略、续史之无”的存史价值，更可起到以志为鉴、启迪后人的巨大作用。修志的过程，客观上是对一个地区地情的一次系统、全面、深入的大调查，可以记录发展成就、梳理发展轨迹、总结发展经验、分析发展得失，为科学决策提供翔实、真实和可靠的依据、借鉴与启发；其积累的巨量文字、数据和图照文献同样是一笔不可多得的宝贵财富，是不可替代的地情数据库、信息库和资料库。

## 二　编修地方志是一项重要的思想文化建设

社会主义精神文明的建设，包括文化建设和思想建设两个方面。地方志不仅反映经济建设、文化建设的成就，尤其要宣传共产主义的理想、信念、道德和爱国主义。地方志凝聚着中华民族的优秀文化，记载了前人创造的文明成果，是继承和借鉴人类优秀文化的有效载体，是社会主义文化事业的组成部分，也是满足人民群众精神文化需求的重要途径。从鸦片战争、太平天国、辛亥革命、土地革命、抗日战争、解放战争直到今天，一百多年间，中华大地上涌现出许多爱国志士、民族精英。有的为了抵御帝国主义的侵略，英勇奋战，壮烈牺牲；有的为了民族的解放和共产主义的崇高理想而献出了生命。特别是不能忘记中国人民在抗日战争和解放战争中，送子参军，救护伤员，全力支援前线，平凡中见伟大，创造了许多可歌可泣的历史业绩。地方志就是要充分反映革命前辈和革命人民高度的爱国主义、革命英雄主义的献身精神，记录新时代的新道德、新风貌，以激发民众特别是青年一代，更加热爱中国共产党，热爱祖国，热爱社会主义。

地方志是精神文明建设的重要组成部分。恩格斯说过：“爱国主义是以爱家乡为基础的。”志书记一方地、人、事，反映了当地河山胜迹，富饶资源，以及政治、经济、文化，特别是英雄模范、革命先烈和科技工作者无私奉献的感人事迹，可激千秋爱与憎，使人去恶从善，改邪归正，弘扬正气，传播正能量，激励思乡爱土之情。对于广大干部群众以及青少年学生而言，志书又是一部具体生动的爱国主义教材和地情读本，是加强精神文明建设不可缺少的重要内容。

## 三 编修地方志是一项记载历史，传承优秀文化的重要工程

修志是一项连接历史、现实和未来的系统工程，是对历史负责、为现实服务、替子孙探路的光荣而艰巨的事业。但不能单纯地为修志而修志。习近平总书记 2014 年 2 月 25 日考察首都博物馆时强调，“要在展览的同时高度重视修史修志，让文物说话、把历史智慧告诉我们，激发我们民族自豪感和自信心，坚定全体人民振兴中华、实现中国梦的信心和决心。”

修志是中国特色社会主义文化的组成部分，是体现文化软实力的重要力量。首先，方志文化本身是社会主义先进文化的重要组成部分，是中华民族繁衍生息、文明进步的结晶。随着史志网站、史志资料中心、史志简报和史志专栏的创办和发展，成为方志服务文化的有效传导载体。其次，方志是中华民族的文化瑰宝和历史精华，是推动中华民族前进的精神动力，也是中华民族伟大复兴不可或缺的文化工具。历史上的地方志都是时代精神的体现，更是那个时代文化精华的体现，因此，具有“地方百科全书”之盛誉的地方志，以其资料性的真实性、实用性和区域性，理应担当起记载和传播先进文化的时代责任和历史重任。志书是地域性资料书，是一个地方权威性的百科全书，是先进文化的传媒工具。通过全面记述一个地方自然、政治、经济、文化和社会的历史与现状，补史之漏，详史之略，纠史之错，使历史与文化得以延续和传承，成为彰显一个地方历史厚重和文化张力的宝贵精神财富。修志是一项政治性、政策性、学术性和专业性都很强的工作，是“一项不容易引起重视的重要工作”。在建设中国特色社会主义伟大实践中，各系统、各部门、各地区都应当把修志作为一项重要的基础性事业来抓；不是所有人都有幸参与修志，也不是所有人都能修志，编纂人员应树立崇高的荣誉意识和奉献精神，“板凳干坐十年冷，文章不写一句空”，应以耐得住寂寞的勇气和承受艰苦的心理准备，打造志书的精品佳作，努力成为一个优秀的修志人；地方志工作机构要积极统筹规划、组织协调、创新方式和督促指导，动员和组织全社会力量共同参与修志工作，营造积极向上的修志氛围；各级干部应当自觉增强读志、传志和用志的认识，把读志、传志和用志作为提高自身修养和提升工作素质的重要方式。

## 四 编修地方志是一项服务地方经济社会建设的重要工作

地方志所载事物，上至起源，下至成志之日，来龙去脉，记载详细，为各地提供了比较全面、系统的历史和现实状况的资料，这些资料对各地的领导干部进行科学决策有很重要的价值。有的领导干部说：“志书有利于我们把握从昨天通向今天的历史走向，选择从今天迈向明天的最佳道路。”志书有微型档案库之便，一册在手有省时致用之功，可为发

展经济建设服务。

一个有远见卓识的领导者，不能光凭习惯的、简单的经验去指导工作，作出决策，要有政治远见和专业知识；要对本地区、本部门的历史和现状有比较系统的深刻认识；要有历史的比较；要善于运用智力机构和智力工具。地方志就是可以借助的一种智力工具。如果编写出一部能反映本地区、本行业历史和现状的新志书，那么新领导上任就可以用最短的时间，最少的精力，迅速掌握全面的情况。用现代科学的话来说，就是用最经济的时间和精力，获取最多的信息量。

地方志是一方信史，范围广泛，资料翔实，科学具体，内容丰富，是研究中国国情和地方经济、政治、军事、文化的重要资料，是制定正确路线、方针、政策不可缺少的依据，是资政辅政的好参谋，是振兴地方经济的信息源，对促进经济建设，保持社会稳定，发展社会事业有着不可替代的作用。《地方志工作条例》第十六条明确指出："地方志工作应当为地方经济社会的全面发展服务。"修志不同于上项目、抓产业、建企业，能立竿见影，产生直接经济效益，但却对资政、经济社会发展、文化和精神文明建设产生间接的、潜在的深远影响，具有重要的政治、社会效益，这是无法用数字来衡量的。现在，领导到一个地方任职或工作，都要看一看当地的志书，一个地方的基本情况以及历史和现状便了然于胸，从而为制定施政方略、科学决策提供借鉴。

我国从古到今，帝王将相，都很重视方志的利用，大小官吏，每到一处就任，总是先找当地志书了解情况，决定施政方针，以治理郡国。历代兵家研究战局，行军布阵都离不开志书，我们的党和政府更是如此。毛泽东主席就是一个研究方志，利用方志的典型。他把读志用志看成了解国情的主要途径。战争年代，他利用志书资料分析地情、研究军事，曾为中国人民的解放事业作出了巨大的贡献。1958 年 3 月他到成都召开中央工作会议，刚到成都，就要阅读《四川通志》《蜀本纪》《华阳国志》，并在会议期间选了一些书籍发给与会人员，其中一本就是《华阳国志》。周恩来总理也曾指示，要把地方志中的经济建设科学技术资料整理出来，做到古为今用。李铁映在全国地方志颁奖大会上指出："修志的目的在于用，不仅为当代人用，也为后代人用。"

习近平身边不离"志"，他从政的历程中常常调动工作，每次面对新的工作地区，他要做的一件事就是阅读该地方的地方志，从中获取许多感性的第一认识。习近平在福建工作期间曾说："我来宁德的第一件事，就是要看府志、县志。要马上了解一个地方的重要情况，就要了解它的历史。了解历史的可靠的方法就是看志，这是我的一个习惯。过去，我无论走到哪里，第一件事就是要看地方志，这样做，可以较快地了解到一个地方的山川地貌、乡情民俗、名流商贸、桑麻农事，可以从中把握很多带有规律性的东西。可谓'开卷有益。'"他强调，"修志是一项很有意义的工作。其意义说通俗一点，就是使我们做一个明白人，'以古为鉴，可知兴替'，对于我们，只有加深对历史的掌握和理解，才能'以古为鉴，鉴古知今'，不重复历史上的错误，才能使人们从一种混沌的状态转为一种清楚明白的状态，才能知道过去人类社会种种事情的发生、发展和消亡的过程。"通过地方志，习近平了解了一个地方的过去，明白了文化血脉，他就能做到具体问题具体分析，用这种贯通古今的思维指导一个地方的未来的经济发展。

志书还是一个地方的综合信息资料库和地方百科全书，是外界了解当地的重要窗口，是扩大对外宣传、促进招商引资、服务经济发展的基础平台。修志无法预测未来，但可以在了解历史中总结经验、汲取教训，在联系实际中把握规律、认真借鉴，对当下和未来做出科学预判，开启和探索未来发展前进的道路。

修志“功在当代，利在千秋”。作为修志工作者，更应深入领会“修志问道，以启未来”的深刻内涵，发扬“坚守使命、淡泊名利、秉笔直书、甘于奉献”的方志人精神，不断提升业务素质和能力，编纂经得起历史和人民检验的精品佳志，充分发挥存史、资政、育人的重要作用，为弘扬优秀传统文化、服务经济社会发展，为实现中国梦作出应有的贡献。

（作者单位：湖南省永州市江华瑶族自治县史志办）

# 以“规范”之法　治地方之志

## ——大数据时代背景下关于年鉴规范化的思考

黄真龙　向紫微

**内容提要：** 年鉴规范化是地方志理论研究的重要内容，大数据时代的到来对整个人类社会产生了重要的影响，大数据时代背景下的年鉴规范化问题也成为新的课题。笔者尝试对年鉴规范化和大数据时代的概念、关系进行简单的阐述，就如何推动大数据时代背景下的年鉴规范化工作提出建议，并对大数据时代背景下的年鉴规范化的作用和意义进行了探讨。解读了“规范”“法”的概念，填补了相关的学术空白，具有一定的理论意义和社会价值，对于促进地方志工作和依法治志提供了新的思路和方法。

**关键词：** 大数据时代　年鉴规范化　依法治志

## 一　大数据时代与年鉴规范化

《大数据时代》一书的引言中写道：“大数据开启了一次重大的时代转型。就像望远镜让我们能够感受宇宙，显微镜让我们能够观测微生物一样，大数据正在改变我们的生活以及理解世界的方式，成为新发明和新服务的源泉，而更多的改变正蓄势待发。”① 大数据这一概念引入中国是近两年的事情，随着计算机技术的发展和互联网的普及、物联网的逐步建立，大数据时代的到来深刻地影响了社会的方方面面。大数据时代本义指“巨量资料”，是IT行业术语。伴随着互联网和信息技术的发展，大数据这一概念不断扩大内涵，我们身边的一切信息，包括实物，都可以以一定的数据形态融入日益庞大和发展的大数据之中去，通过云计算和大数据分析，人类的生活正发生着剧烈的改变。

年鉴是系统汇集上一年度重要文献信息，逐年编纂连续出版的资料性工具书。年鉴自从20世纪初引入我国以来，在资政、存史方面发挥了巨大的作用。年鉴作为资料性的工具书，对于服务地方经济发展和中心工作具有极强的借鉴作用。在1990年哈尔滨会议上就提出了年鉴编纂规范化的课题。鉴于时代特点和社会主义现代化需要，当时对年鉴规范化的要求仅仅停留在直接的“规范化”层面，主要目的是为了实现年鉴的现代化。20世

① 维克托迈尔·舍恩伯格：《大数据时代》，浙江人民出版社，2013年，第3页。

纪90年代，计算机没有普及，互联网更没有如今的辐射作用，大数据时代也尚处于萌芽阶段。因此，笔者讨论的大数据时代背景下关于年鉴规范化思考的内容当时还没有涉及。进入21世纪以来，年鉴的理论研究与社会发展存在一定的滞后，部分地区的年鉴存在一定的问题，未能发挥好年鉴资料性工具书的作用。中国知网目前还未收录大数据与年鉴规范化的相关论文，该领域尚处空白，具有相当大的研究意义。

规范，是一种法式、典范、规格，是约定俗成的规矩或明文规定的标准。年鉴，是现代社会的信息产业和信息产品，当然有其规范化的要求和编纂规范化的规定。① 不同时代对于年鉴规范化有不一样的要求，在《中国年鉴编纂规范化》中就有数据显示：“全国700余家年鉴中，装备计算机的已达90家，占1/8左右。”② 而现在的数据显示，如今几乎所有的年鉴编纂都配备了计算机，即便是编纂过程中没有配备计算机的，在排版和印刷的过程中也由印刷厂完成了由纸质版向电子版的转化。几乎所有的年鉴都自觉或者不自觉地被纳入了互联网组成的大数据之中。例如，近几年的《湖南年鉴》可以自由在湖南省地方志的网站上下载，标准的PDF格式，可以被直接应用于各种计算机软件之中，更大范围和更深层次地发挥了年鉴的作用。而这一切，都建立在年鉴规范化和大数据时代背景的基础之上。

同时，笔者认为要根据不同的时代，对年鉴规范化提出不同的要求。在20世纪90年代，年鉴的规范化是指“年鉴系列、群体在编纂中能体现其特点的主要规定、范例的大体一致”，显然这里的规范化只是相对粗略的规范化。而在以“二进制”为基础的计算机语言中，传统的“字”的概念将被“字符”所取代，对于年鉴规范化的要求将在原有的基础上提出更多更细更严格的规范。这样做的原因在于适应计算机语言，去除年鉴文字的差异化，以统一标准来规范字符信息，从而达到年鉴内容最大范围内匹配更多软件的需要和格式要求，更大限度地实现年鉴的利用和价值。同理，20世纪对于年鉴的规范化目的在于实现年鉴自身的现代化，而大数据时代则要求不仅仅要现代化，还需要信息化、数字化，从而实现年鉴顺利融入大数据之中，实现大数据分析和云计算。

## 二　规范化的必要性

要认识年鉴规范化的必要性，就必须对年鉴的特点和作用进行了解。年鉴的作用从本质上来说是“资料性工具书”，李晓平在《方志漫谈》中将其特点归纳为：综合性、资料性、权威性、科学性、连续性。③ 年鉴的作用具体化为以下几个方面：认识作用、教育作用、宣传作用、实证作用、交融作用、资政借鉴作用、信息作用、存史作用。④ 由此我们可以推导出两个结论：一是作为具有权威性的官方资料书，地方年度综合性资料的集合，年鉴本身具备了极大的学术价值和社会价值，规范化是发挥其作用的必经之路，也是必然

① 李今山、范作义：《中国年鉴编纂规范化》，中国书籍出版社，1994年，第1页。
② 李今山、范作义：《中国年鉴编纂规范化》，第9页。
③ 李晓平：《方志漫谈》，湖南人民出版社，2015年，第280页。
④ 李晓平：《方志漫谈》，第281页。

要求；二是对于年鉴自身而言，规范化是实现年鉴自身发展的正确道路，也是年鉴内生性的自我完善和发展的要求，这种自我完善和发展与社会现实所相连，作为上层建筑层面的年鉴和经济基础有着天然的联系，规范化不过是地方志工作者顺势而为，促进历史发展的表现形式之一。

综上，笔者认为可以从以下两个层面阐述大数据时代背景下年鉴规范化的必要性。

### （一）自身要求

年鉴自身的特点决定了年鉴必须要为地方经济发展和中心工作服务。年鉴的综合性意味着年鉴可能被科研机构、政府部门、社会人士等各种人群加以利用，如果没有统一规范的标准，则势必导致资源利用率低下。年鉴资料性意味着年鉴具有极高的学术价值和研究价值，如果不能够遵循一定的规范，不能统一范式，则其资料性作用将会大打折扣。年鉴的权威性意味着年鉴作为官方的资料性工具书，不仅要符合常规资料书的要求，更要对其中的数据、事实进行更为严谨的核查，只有规范化的内容才与官方性的背景所匹配。试想，官方行为和官方力量编纂出来的年鉴如果杂乱无章，与地摊小报无异，那又如何体现年鉴的权威性呢？科学性则要求年鉴的内容必须符合科学的规范，否则就难以匹配可续性这一基本属性的要求。连续性作为年鉴编纂规范化的重要内容，只有规范化的年鉴才能够一以贯之，实现板式、内容、框架等从一而终，从而将年度性的年鉴发展成为具有历史作用的史书。“年鉴编年记事，又不间断地出版，随着岁月的推移，就构成了某一地域，或某一学科领域，或某一行业发展的历史。”① 因此，年鉴必须走规范化之路，否则将失去年鉴应有之特色，年鉴也将不成为年鉴。

年鉴的认识、教育、宣传、实证、交融、资政借鉴、信息、存史作用要想发挥到最大效能，除了年鉴自身的规范化，还需要按照一定的社会范式融入不同的社会圈层和语境之中去。在传统社会，要想发挥不同的功能还需要按照不同的社会和文化语境进行单独的规范化，例如统计年鉴与综合年鉴的分野，国内外年鉴文字的差异，这都是突出的表现。如年鉴要想发挥认识作用，则必须按照科学性的、资料性的要求进行规范。而如果年鉴要想发挥宣传的作用，则必须按照传播学的理论，以人民群众所喜闻乐见的形式进行传播。凡此种种，都是需要以不同的形式来满足年鉴规范化作出不同的具体要求。而在大数据时代背景下，所有的范式都需要按照计算机和互联网的语境，这样一元化的高度统一，破除了传统环境中的不同规范，有利于年鉴在各种不同的环境中将其特定功能突出放大。由此来看，推进年鉴规范化是十分必要的。

当然，也有其他学者认为“年鉴规范化来自年鉴编纂特征之一的年鉴的规范化。”② 又如“规范化是一切事物的共性、是工具书的灵魂、是年鉴功能的要求，不规范是影响年鉴质量的主要因素”③。在这里与上文所谈到的资料性、科学性有重复交叉的内容，大体上还是符合笔者所谈到的自身要求这一范畴。

---

① 李晓平：《方志漫谈》，第281页。
② 李今山、范作义：《中国年鉴编纂规范化》，第5页。
③ 刘延军：《方志编纂工作规范化实用手册》（二），银声音像出版社版，第394页。

### （二）外部环境

大数据时代是笔者谈论年鉴规范化问题的前提和条件，在大数据时代背景下的范畴内，所谓的外部环境对年鉴规范化的要求，具体表现为年鉴的规范化需要符合大数据时代的范式，年鉴的规范化不仅仅是传统意义上的年鉴自身的“规范化”，而是要按照大数据统计和云计算的要求进行大数据时代背景下的“规范化”。这种规范化不是出于年鉴自身的要求，而是时代发展，外部环境已经相对先进于现有的年鉴理论和实践，问题倒逼改革，社会反作用于年鉴规范化。

当下年鉴编纂和年鉴作用的发挥，自觉不自觉地都需要在大数据时代背景下运营。从撰稿、发稿、审稿、编辑到排版、印刷、出版、应用各个方面，都需要互联网和计算机的支持。这种由出生到成熟的全过程都覆盖于大数据时代背景下的年鉴，它本身也携带了大数据的标志，被大数据所影响。这种强大的外部环境是其他各行各业和全社会的规范和进步所形成的，一旦这样的外部环境形成之后，又会按照新的规范化的要求去对受其影响的事物进行反方向“规范”。显然，年鉴的规范化就在大数据的反“规范”目标之中，因此这种外部环境对年鉴的规范也提出了硬性的要求。

综上，这种内部和外部的双重要求，年鉴的规范化是必要的。

## 三　规范化的途径

传统的年鉴规范化要求，对于其实现途径是有明确表述的。《方志编纂工作规范化实用手册》中就有明确的阐述：“我国年鉴实现群体的各方面的规范化，是一项长期的、艰巨的任务。一、加强规范化研究；二、建立以编者为主体的编写工作体制；三、不断丰富和发展规范化的内涵；四、提出年鉴《规范体例》初稿试行。”① 这里可以看出传统的年鉴规范化要求是相对比较全面和科学的，不仅仅对年鉴规范化的理论进行要求，对体制、内涵以及全国性的规范体例都有提及。事实证明，传统的年鉴规范化的要求对于推进年鉴规范化以及促进年鉴融入大数据时代都起到了基础性的作用，也在相当大的程度上促进了年鉴规范化工作的发展。在一定程度上来说，年鉴的规范化对于促进大数据时代到来也起到了一定的正面作用，至少是作为推进大数据时代到来的动力的组成部分。传统的年鉴规范化工作值得肯定。

而在大数据时代背景下，传统年鉴规范化已经滞后于大数据时代下其他文化产业的发展，一切以时间条件地点为转移，年鉴规范化在大数据时代背景下的途径发生了变化。笔者尝试着提出了实现年鉴规范化的三条途径：一是继续加强年鉴自身的规范，这种规范既包括编纂的规范，又包括年鉴工作的规范。二是主动融入大数据时代，依托互联网和信息技术与物联网技术，顺势而为推进年鉴规范化。三是利用大数据时代特点，充分发挥良好的外部环境优势，烘托氛围，引导社会对于开展年鉴编纂工作和发挥年鉴作用的全新认识。

加强年鉴自身的规范，这与传统年鉴规范化要求并无本质上的差异，这里不再赘述。

---

① 刘延军：《方志编纂工作规范化实用手册》（二），第403页。

笔者重点讨论如何主动融入大数据时代，如何发挥好大数据时代的外部环境优势。

按照马克思主义政治经济学理论，年鉴规范化与大数据同属于上层建筑的范畴，二者在性质上虽然归属统一，但其具体内涵有根本性的差别，其外延也有所不同。笔者认为二者关系大致如下：年鉴规范化一方面作为自身发展的必经之路，也是自身发展的现实形态，另一方面年鉴规范化是顺应时代发展的产物，是当代经济社会发展的附属产品，大数据也是由内而外的双重动力催生的产物，从这个层面来看，二者是相互交织的，在整个社会环境中相互促进、相互影响；年鉴规范化对于促进大数据时代的到来具有一定的积极作用，自 20 世纪 90 年代以来，年鉴规范化的理论和实践就已经开展，这无疑对如今才日趋成熟的大数据时代具有重要意义，在形式上和本质上，年鉴规范化都有着大数据时代的显著特征和统一范式；大数据时代的到来可以反作用于年鉴规范化，年鉴规范化的初衷只是为了自身的发展并且适应当时的社会发展，也就是现代化、信息化。而大数据时代作为信息化和现代化的更高一级的阶段和形式，将极大地反作用于年鉴规范化，使得年鉴规范化的进程加快、程度加深、成果突出。由此而言，二者是具有正相关作用的。

要想实现年鉴规范化和大数据时代的融合，鉴于大数据时代内涵之丰富、包囊之广阔，年鉴规范化对于大数据时代的促进作用较之 20 世纪 90 年代，效果削弱。因此，笔者重点讨论的是大数据时代背景下年鉴规范化的融合与适应问题。具体来说可以从以下几个途径实现：一是改善人员构成，尤其是要树立大数据时代的互联网思维，从人的层面确保年鉴规范化工作的推进与大数据时代的发展相适应；二是根据大数据时代特征和范式，对年鉴规范化的具体内容进行更为细化和全面的规范，将原来的人工输入转变为智能输入，让规范化的年鉴可以快速接入大数据的数据库中，提高利用率；三是推广年鉴规范化的基本方法，尤其是要形成大数据时代下利用年鉴和规范年鉴的良好氛围，形成整个社会和大舆论场的助力，从而促进年鉴规范化工作的推进。

## 四　规范化的作用和意义

### （一）年鉴自身发展

年鉴规范化，尤其是在大数据时代背景下改进和推进年鉴规范化的工作，对于年鉴自身的发展有巨大的促进作用。笔者不止一次强调过规范化对于年鉴的重大意义，自从年鉴从西方引入中国以来，中国年鉴的规范化之路，尤其是 20 世纪 90 年代以来的面向信息化和现代化的规范之路，是年鉴自身发展的要求。“规范化是年鉴功能的要求”① 无论是否会有大数据时代的来临，年鉴的规范化都是必不可挡的趋势，规范化是衡量年鉴质量的标尺，是年鉴实现自身功能的内在要求。而大数据时代下，年鉴必须适应时代的发展，以更加精细和规范的要求来进行自身的规范化。因此，大数据时代的来临，对于促进年鉴自身的发展具有重要的作用。

① 李今山、范作义：《中国年鉴编纂规范化》，第 10 页。

### （二）推动地方志工作融入大数据时代

大数据时代背景下的年鉴规范化，有利于地方志工作融入大数据时代。除了传统地方志的编纂任务之外，年鉴也是地方志工作的重要内容，年鉴规范化如果能够先于其他工作顺利融入大数据时代，那其他各项工作也必将受其影响，逐步融入大数据时代。笔者所言，要想实现年鉴的规范化，尤其是主动融入大数据时代，顺势而为，必然要求有一支具备互联网思维的队伍。而这样一支队伍的改造和建设，必然导致包括年鉴在内的其他各项地方志工作的协调推进。由此，笔者可以断言，大数据时代背景下的年鉴规范化必将推动地方志工作融入大数据时代。这样的一个融入过程将是由点到线再到面，从年鉴到地方志再到全部工作。

### （三）发挥年鉴更大的社会效益

年鉴的作用在上面已经提及，这里不再赘述。年鉴的年度性和纵向可比性让其自诞生之日起，就起到了重要作用。随着大数据时代的来临，大数据时代背景下的年鉴规范化带来的社会效益较之传统而言，具有了更大、更广、更深的应用价值。

首先，年鉴并非中国一家所独有，几乎全世界的发达国家和发展中国家都有着自己数量可观的年鉴。大数据时代的来临，正如经济全球化一般，大数据本身是社会经济发展的必然趋势、历史发展的必然，势不可挡。年鉴搭乘大数据时代的浪潮，按照大数据时代的基本要求进行规范之后，就能最大限度地实现价值。在大数据的语境之中，不仅本国本地区可用，异国他乡的数据都可以使用，这就是大数据时代整合资源的重要表现。

其次，年鉴利用的行业范围也将扩大。年鉴的利用是多方面的，除了传统的科研院所可以利用外，在大数据时代背景下，其范围将大大增加。从国家层面而言，可以对其他国家的政治、经济、文化、社会、军事进行低成本的全方位监控和监视；对于个人而言，规范化的年鉴可以作为个人外出旅游制作攻略的重要依据。而在传统社会，这些范围是无法覆盖的。

最后，年鉴新的功能也会被开发和利用。年鉴规范化是一个可以预知方向，但不可以预知结果的过程。随着大数据时代背景下的年鉴规范化相关工作的开展，历史进程的加快，年鉴新的功能必然会出现、开发和利用，至于具体会有什么样的新功能，笔者未能预见。但从理论层面进行逻辑推演，年鉴自身的发展、利用范围的扩大、与大数据中其他数据的融合与交互，新功能的自动衍生和发展可以预期。

年鉴规范化既是一个历史话题，又是一个极具时代特色的话题，随着时代的发展，年鉴规范化具有不同的意义。思考大数据时代背景下的年鉴规范化，不仅需要勇气，更需要创新，至于大数据时代背景下的年鉴规范化究竟会有多大的能量，目前的研究成果不够，笔者的能力不足。修志问道，以启未来，当下正值推进“依法治国”的开局时期，“依法治志”也成为地方志事业的重要发展方向。用大数据时代背景下的年鉴规范之法，治地方之志，希望笔者的拙见能够为地方志事业的发展贡献绵薄之力。

（作者单位：张家界市地方志编纂委员会）

# 全面推进依法治志<br>保障地方志事业科学持续发展

高　岩

**内容提要：**自 2006 年《地方志工作条例》颁布以来，新编地方志工作进入了依法修志的新阶段，出现了前所未有的好形势，引起了广大方志工作者热烈讨论。中共十八届四中全会提出全面依法治国的重大任务，面对新形势、新任务，各级地方志机构要落实四中全会精神，就必须全面推进依法治志。本文就笔者对依法治志的一些思考，简述依法治志的前提、内容、保障和核心。

**关键词：**依法治志　地方志　发展

中共十八届四中全会提出全面推进依法治国，总目标是建设中国特色社会主义法治体系，建设社会主义法治国家。地方志工作作为各级党和政府的一项重要文化工作，各级地方志机构如何在新形势下，落实十八届四中全会的精神，全面推进依法治志，成为目前摆在我们面前的首要任务。

## 一　不断推进完善方志立法工作是依法治志的前提

2006 年《地方志工作条例》（简称《条例》）的颁布实施，是全国新方志发展史上具有里程碑意义的一件大事，对于实现依法治志，建立方志工作长效机制，保证方志事业科学、持续发展，具有重要的现实意义和深远的历史意义。正如中共中央政治局委员、国务委员刘延东在第四次全国地方志工作会议讲话中指出：“《地方志工作条例》确立了地方志在经济社会发展中的法律地位，是新编地方志工作开展以来，第一部地方志工作的全国性法规。”此外，“全国已有 22 个省、市、自治区和 20 多个有立法权的市及民族自治地区的立法机关，制定了《条例》的实施办法或本地区的地方志工作条例、管理办法。”[①]《条例》和这些地方性法规、规章，构成了“依法治志”中的“法”，使得地方志工作有法可依。但是，地方志的立法工作不是一蹴而就的，还需因地制宜、与时俱进，不断适应新形

① 朱佳木：《不断增强依法修志的能力推动地方志事业大发展大繁荣》，2012 年 4 月 19 日在全国省级地方志工作机构主任会议上的讲话。

势、新环境以及地方志工作的发展需要。所以说，方志立法工作是一项动态工作，需要我们不断地对“法”进行修改、完善。

首先，要推动《条例》提高法律位阶。“根据立法法的规定，法律是由全国人大及常委会制定的规范性文件，而《地方志工作条例》是由国务院制定的行政法规，由于制定机关的不同，所以《条例》本身的法律效力有限，没有上升为国家的最基本法律问题层面。”① 现行《条例》法律位阶低、权威性不够，导致《条例》在实际工作中的制约性不足，影响了各级政府对《条例》的重视程度和落实力度，不利于保障地方志工作的“一纳入、八到位”。推动《条例》的位阶提升，实现条例到法律的转变，是进一步落实党中央关于“加强文化法制建设”和“要重视哲学社会科学领域立法工作”精神的体现，也是全面推进依法治国的题中应有之义。

其次，要制定出台《条例》的实施细则。《条例》颁布实施的10年来，随着《条例》的大力宣传、贯彻落实，促进了方志事业的大发展，加大了各级政府对方志工作的重视和投入，提高了社会各界对方志工作的认同度。但在具体工作中，《条例》的规定多为宏观的、原则性规定，实施起来缺乏具体的可操作性，而地方性的法规规章虽然规定相对具体了一些，但其位阶较低，认同度和受重视程度不够。所以，下一步有必要在提升《条例》法律位阶的同时，着手制定实施细则，争取由国务院颁布实施。

最后，全国各省、市、自治区和有立法权的市及民族自治地区的立法机关，所制定《条例》的实施办法或本地区的地方志工作条例、管理办法，也需根据本地实际情况的变化，适时开展地方性法规规章的修订、完善，提高其制约力、可操作性和指导性。

## 二　全面实现依法编志、依法管志和依法用志是依法治志的内容

根据《条例》第二条：“中华人民共和国境内地方志的组织编纂、管理、开发利用工作，适用本条例。”从中可以归纳出，依法治志的主要内容是对地方志的组织编纂、管理和开发利用，即依法编志、依法管志和依法用志。换句话说，就是要让“法”贯穿于方志事业的各个环节，增强我们依法编志、依法管志和依法用志的能力。从《条例》的具体内容来看，其依法编志、依法管志和依法用志的规定主要体现在以下几方面：

首先，在依法编志方面。《条例》的第十条规定：地方志书每20年左右编修一次。每一轮地方志书编修工作完成后，负责地方志工作的机构在编纂地方综合年鉴、搜集资料以及向社会提供咨询服务的同时，启动新一轮地方志书的续修工作。这一条规定了编志工作是一项长期的、永久性的工作，并规定了每轮编志的志书上下限为20年左右。《条例》的第十一条赋予了地方志机构依法征集资料的权利：县级以上地方人民政府负责地方志工作的机构可以向机关、社会团体、企业事业单位、其他组织以及个人征集有关地方志资料，有关单位和个人应当提供支持。负责地方志工作的机构可以对有关资料进行查阅、摘抄、

① 张旭：《依法修志的法律解释》，《黑龙江史志》2010年第8期。

复制，但涉及国家秘密、商业秘密和个人隐私以及不符合档案开放条件的除外。地方志资料所有人或者持有人提供有关资料，可以获得适当报酬。地方志资料所有人或者持有人不得故意提供虚假资料。《条例》的第六条规定了志书的质量要求：编纂地方志应当做到存真求实，确保质量，全面、客观地记述本行政区域自然、政治、经济、文化和社会的历史与现状。《条例》的第十二条规定了对地方志书要进行审查验收的要求：对地方志书进行审查验收，应当组织有关保密、档案、历史、法律、经济、军事等方面的专家参加，重点审查地方志书的内容是否符合宪法和保密、档案等法律、法规的规定，是否全面、客观地反映本行政区域自然、政治、经济、文化和社会的历史与现状。这就要求我们在编志的过程中，要依法保证志书质量、严格审查验收。

其次，在依法管志方面。《条例》第四条为地方志工作的开展给予了保障：县级以上地方人民政府应当加强对本行政区域地方志工作的领导。地方志工作所需经费列入本级财政预算。这就要求我们要依法敦促地方政府和有关部门履行修志职责，设立地方志机构，保障工作经费。《条例》的第五条规定了地方志工作机构要履行的职责：（一）组织、指导、督促和检查地方志工作；（二）拟定地方志工作规划和编纂方案；（三）组织编纂地方志书、地方综合年鉴；（四）搜集、保存地方志文献和资料，组织整理旧志，推动方志理论研究；（五）组织开发利用地方志资源。《条例》的第七条规定了修志工作由“政府主持”，方志属于官书的属性：省、自治区、直辖市人民政府制定本行政区域地方志编纂的总体工作规划（简称“规划”），并报国家地方志工作指导机构备案。《条例》的第九条规定了修志人员要求：编纂地方志应当吸收有关方面的专家、学者参加。地方志编纂人员专兼职相结合，专职编纂人员应当具备相应的专业知识。第十四条规定了地方志机构要对出版的志书、编纂过程中收集到的资料及形成的文稿进行保存、管理。第十七条规定了依法表彰先进的要求：县级以上地方人民政府对在地方志工作中作出突出成绩和贡献的单位、个人，给予表彰和奖励。此外，《条例》的第十八、十九和二十条，还规定了依法治志的法律责任。

最后，在依法用志方面。《条例》除了赋予地方志机构有“组织开发利用地方志资源”的职责外，还在第十六条规定：地方志工作应当为地方经济社会的全面发展服务。县级以上地方人民政府负责地方志工作的机构应当积极开拓社会用志途径，可以通过建设资料库、网站等方式，加强地方志工作的信息化建设。公民、法人和其他组织可以利用上述资料库、网站查阅、摘抄地方志。这就要求我们要加快地情网站和方志馆的建设，增强依法开发利用地方志资源的能力。

## 三 运用法治思维和法治方式推进方志事业发展是依法治志的保障

多年以来，两轮新方志的编修实践表明，虽然修志是“政府主持”，在实际工作中，方志工作是完全依靠行政命令来开展，志书编纂的进展和质量与相关领导的重视程度休戚相关。可以说，领导重视程度的高低，决定了修志的进度和志书的质量。由于领导不重视，某专业志在二轮修志启动十多年后，一直没有取得明显进展；由于领导不重视，某部门发函给方志机构，要求不参与二轮修志；由于某领导的干涉，使已通过终审的志书又延长了下限。正是一些领导对方志工作的不重视，导使方志工作的经费、人员、办公条件等问题得不到妥善解决，制约了方志工作的有效开展。而面对这些问题，我们往往寻求更高级别领导的帮助，以期通过“大领导”的一句话，提高某些领导对方志工作的重视程度，来解决我们遇到的这些问题。总体来说，就是方志工作一直处于“人治”状态。方志承编单位领导的“人治”，决定了所承编志书的命运；方志机构的工作人员，就以“人治”思维对抗某些领导的“人治”管理。这些观念和做法，与依法治志是完全背道而驰的。其实，只要认真分析一下就会发现，在工作中时常困扰我们的许多问题，《条例》中几乎都有相应的条文给予了规定，问题在于我们没有深入学习、真正领会、充分运用。中共十八大报告提出“提高领导干部运用法治思维和法治方式深化改革，推动发展，化解矛盾，维护稳定的能力”。这也是历次党代会报告中首次要求各级干部要用“法治思维”和“法治方式”来执政。同样，各级地方志机构的领导干部，也要掌握运用法治思维和法治方式来依法编志、依法管志、依法用志，增强依法治志的能力，实现地方志工作从人治到法治的转变。举例来讲，全国普遍存在二轮省志进度较慢的问题，要加快进度，单靠行政命令是不行的，我们要运用法治思维和法治方式来解决问题，就要进一步宣传、贯彻落实《条例》，创新依法行治的方式方法，对于进度较慢的承编部门，不能单纯依靠上级领导的人为施压。《条例》对地方志工作机构的法定职责，第一条就是“组织、指导、督促和检查地方志工作”，我们可以协调政府督察部门，对承编单位进行修志工作的督察。也可以争取“人大监督和政协参与，就是人大要把贯彻落实《条例》……纳入执法检查范围。政协要采取多种形式、不定期地听取地方志工作汇报，组织委员进行视察。人大、政协要把检查和视察形成的意见和建议，向同级和下级党委、政府通报，全面依法推进地方志工作平衡发展。”① 此外，我们地方志机构也要增强依法督促、检查的能力，有条件的机构，可以增设督察部门，或者在现有综合部门的基础上，加挂督察室的牌子，组建执法机构，制定执法制度，组织执法人员经常性地开展检查。

## 四　方志法规规章的贯彻实施是依法治志的核心

习近平总书记就《中共中央关于全面推进依法治国若干重大问题的决定》起草情况，向十八届四中全会作说明时强调：法律的生命力在于实施，法律的权威也在于实施。“天下之事，不难于立法，而难于法之必行。”如果有了法律而不实施、束之高阁，或者实施不力、做表面文章，那制定再多法律也无济于事。全面推进依法治志的核心就是要保证一系列方志法规规章的贯彻实施。

### （一）准确把握方志法规规章的基本要求

《条例》是推动地方志事业发展的纲领性文件，也是我们做好地方志工作的重要法律

① 龙祥云：《依法修志的思考》，《巴蜀史志》2010 年第 5 期。

依据。各地结合实际，相继出台了地方性法规规章，逐步形成了以《地方志工作条例》为龙头，以地方性法规规章为细化和补充的方志法规体系，使地方志工作走向了依法发展的轨道。作为方志法律法规的执行者，要深刻领会方志法律精神，充分认识方志法规体系对方志工作产生的影响，准确把握法规规章对方志工作提出的任务和要求，提高方志工作者对各项规定的理解能力和掌握水平。

### （二）切实履行方志法规规章赋予我们的职责

《地方志工作条例》对地方志工作的地位、性质、领导、职责、要求，以及志书编纂的间隔年限、审查验收等都作了明确的规定，我们应严格履行法规赋予的统筹规划、组织协调、督促指导等职责，进一步落实地方志书承编单位工作目标和责任。同时，应加强对法规规章贯彻实施情况的监督检查，逐步解决方志工作中随意性大、主观性强、刚性约束差等实际问题，必要时通过修订法规规章，固化工作成果。通过全面、正确实施方志法规规章，使各项规定从纸面走入工作，各项职责从文件走向现实。

### （三）进一步加强方志队伍建设

方志法规规章的颁布，既为我们开展工作创造了更好的条件，也对我们提出了更高、更加严格的要求。贯彻实施好方志法规规章，关键还要靠方志工作者，培养一支业务过硬，甘于奉献的方志专业队伍，更是当前一项重要的任务。方志工作涉猎面广，专业性强，地方志工作机构要加强专业人才的岗位培训和继续教育，完善培养、教育和奖励人才工作制度，建立一支既具有一定专业和理论功底，又具有实践能力的地方志工作队伍。

方志工作往往不是站在舞台的中央，但每一本志鉴的背后都有方志工作者默默的付出和无私的奉献。有时我们可能感到身处边缘，但要时刻提醒自己的责任和使命，切实履行好法律赋予我们的职责，运用法治思维和法治方式来思考工作、处理工作，努力做到依法编志、依法管志、依法用志，全面推进依法治志，保障方志事业科学持续发展。

（作者单位：吉林省地方志编纂委员会）

# 第二轮市县志自然环境部类存在问题及解决办法

杨胜旗

**内容提要**：由于种种原因，第二轮市县志自然环境部类的记述出现问题较多，或是篇目结构不合理，或是内容不全面，甚至出现不应有的错误。本文简要分析了这些问题出现的原因和解决办法，并拟定了自认为较为科学全面的篇目结构，以期对志书中该部分内容的编修质量提高有些许帮助。

**关键词**：二轮市县志　自然环境部类　问题　原因　解决办法

21世纪初，第二轮市县志续修工作在全国普遍展开。当初，有部分人认为第二轮志书是续志，从时间上要接续第一轮志书，而自然环境部类在第一轮志书中已经记述，在第二轮断限时期内变化甚微，因此无需再记述，即使记述也要简单。通过一段时间的讨论，大家的思想基本得到了统一，认为该部分内容在第二轮志书中应该记细记实。其理由一是自然部类是志书自然、政治、经济、文化、社会五大构成要素之一，不可或缺。二是自然环境要素的变化往往是渐变的，不要因其变化小而不记，小的变化会引起大的后果，例如全球平均气温每升高1℃就会引起世界自然环境很大的变化。应该说，这种认识是客观的，符合实际的。但是受“简记或不记”思想的影响，或是专业知识的缺乏，笔者在终审、评审70多部第二轮河北省市县志稿时，发现这部分内容存在诸多问题，现撰文与方志同人商榷。

## 一　篇目设置中存在的问题及其解决办法

### （一）存在问题的主要原因

毋庸讳言，大部分修志人员对政治、经济、文化、社会部类的内容接触较多，也很熟悉，编写起来可谓得心应手，但是对自然环境方面的知识便不是很熟悉，认识也就不深刻，包括其组成要素到底应该包括哪些，其相互之间的作用关系如何，需要记述哪些内容才能在资政、存史、教化基本功用中充分发挥作用。这部分内容只是由各个专业部门提供资料，修志人员只做简单编辑权作“交差”，因此该部分内容显得不充实不全面，详略失当，不尽人意者重。

### （二）存在的主要问题

从篇目设置上看表现形式多种多样，有的市县志将本应该独立成章的几项要素放在一个记述单元，没有按照“横排竖写”的体例要求精细分类，有的将气候和水文合为一章，有的将土壤和植被合在一起，还有的缺少植被内容。这样的安排不能如实全面地记述该行政区域内自然环境的整体情况，自然要素不全，会影响后人从志书中需找有使用价值的资料来分析研究环境动态变迁，不能找出其发展变化与人类活动之间的规律性，从而影响志书功能的发挥。

### （三）解决问题的办法

结合地理学科特点和人类社会对自然环境部分内容需求的实际，笔者认为自然环境编篇目如下设置较为科学全面。

**第一章　地质地貌**

第一节　地质

一、地质运动

二、地质构造

三、地层

第二节　地貌

一、地貌大势（包括境内最高最低点，坡降）

二、地貌类型分区（山地，平原，高原、丘陵，盆地）

**第二章　气候**

第一节　四季特征

第二节　日照及太阳辐射（包括日照时数、日照百分率，太阳辐射值）

第三节　气温

第四节　降水（包括20年以上平均年降水量，季节分配，年际变化，逐年各月降水量，暴雨日数、干湿季节变化，大气湿度、积雪情况）

第五节　气压和风（包括大气压的四季变化，多年平均风速，大风日数，风力、风向玫瑰图）

第六节　物候（包括野生及种植植物物候期，野生动物物候期）

**第三章　水文**

第一节　地表水（包括河流数量、长度、水文特征，地表径流量）

第二节　地下水（包括地下水埋深，分层，水质，出水量）

**第四章　土壤**

第一节　成土母质

第二节　土体结构

第三节　土壤类型（分布）

第四节　土种（分布）

第五节　土质（区域差异）

**第五章　生物**

第一节　野生植物

第二节　野生动物

第三节　种植植物

第四节　养殖动物

**第六章　自然灾害**

第一节　气象灾害（包括旱涝、冰雹、大风等发生的频率、范围，成灾实例）

第二节　地质灾害（包括地震，泥石流，地面塌陷）

第三节　生物灾害（人畜瘟疫，植物病虫害）

如果这些自然要素中的某个要素在当地具有典型意义，可采取升格的做法进行重点记述。如第二轮《冀州市志》中对衡水湖的处理就是在自然环境编之后，又单列衡水湖编对其重点记述。如果是沿海地区，也可以采取类似的方法，对海洋进行记述，内容包括海洋水文、海洋资源、海岸带、港口等。

也有些志书在自然环境部分分设了自然资源的内容，值得注意的是，对于所记述的自然资源选取一定要慎重，因为组成自然环境的各个要素大都具有资源性，如气温、日照、降水、风、动植物，等等，只要详细记述便可体现其利用价值。所以，选取记述的资源一定要具有典型性，对人们的生活、生产具有特殊意义，如成规模的矿产、地热，有地域特色且利用价值较高的动植物资源等。否则，在各个自然要素中记述即可。

## 二　记述内容上存在的问题

### （一）记述内容不全面

尽管有的志稿自然环境部分篇目设置较全面，但内容的记述不全面、不完整。

气候部分日照及太阳辐射内容不全，常见缺少日照百分率或太阳辐射值。气温部分缺少资料的统计时限，一般确定一地的气候特征需要20年以上的统计资料作为分析数据，因此要记述清楚资料的来源和统计时限。缺少气温≥0℃、气温≥5℃、气温≥10℃、气温≥15℃、气温≥20℃各个界限温度积温，此数据直接影响农作物的生长，对于植物来说，只有满足某一界限温度的积温才能完成各个阶段的生长，不同的植物有不同的需求，该数据对农业引进新品种具有很大的指导意义，因此应该记述充分。初、终霜冻日和地温同样如此。降水部分常见缺少资料的统计年限，一地的大气降水量是动态变化的，不同的时段数值不同，故注明时段很重要。逐年各月降水量、暴雨日数对水资源的利用和防止洪涝灾害意义重大，志书中亦应该记载。还有部分志书对气压和风的记述重视不够，气压变化是一地天气变化的重要原因，不同的季节气压不同。对风的记述重视不够，风向图多有错误或者要素不全。物候部分常见只记载农作物的物候期，内容不全面，真正反映季节对生物生长及其活动的影响，应该记述野生生物，而农作物受人工栽培技术的影响，反映的不是自然物候。

### （二）记述内容错误

由于自然环境部类专业性很强，有些修志人员又缺少这方面的知识，对志稿中的错误难以发现，甚至将正确的改为错误的。如将“冲积平原”误改或误打为“冲击平原”，“白垩纪”误记为“白恶纪”，“鲕状灰岩”误记为“鸸状灰岩”，“基岩”误记为“其岩”，等等。

有的编修人员缺乏地质知识，志稿中出现错误不能及时发现。如有一部县志稿记载“晚太古代五台期距今2500亿年”，显然是错误的，因为地球的年龄才46亿年左右，不会有2500亿年的时期，应该是2500百万年，即25亿年。还有一部县志终审稿记述该县的地理坐标为北纬38°30′~38°46′、东经115°38′~115°39′，经度差仅有1′，如此推算最西部与最东部仅差1.4公里，而文中记述该县东西长30公里，经度坐标显然是错误的，经查其第一轮县志及网上有关内容也是此数，令人不可思议。这样的错误虽然看起来不算大，但是出现几次后就会严重影响志书的可信度，官书信史的地位会大打折扣。

一部市县志中，自然环境部分内容所占分量虽然不大，但却是重要的部分，是志书五大部类之一，并且专业性很强，也同时具有资政、存史、育人及为科学研究提供基础资料的功用，因此希望编修人员认真对待这部分内容的撰写，一定要请专业人员对志稿认真把关，将其记实、记准确，以提高志书的整体质量。

（作者单位：河北省地方志办公室）

# 修志问道　道在何方

徐秋明

**内容提要：** 李克强总理对地方志工作作出重要批示，其中“修志问道，以启未来”，是80年代新方志编修以来对地方志功能的新提法、新表述、新发展、新方向、新要求，与过去方志资政、存史、教化的功能定位以及资料性文献的定性存在着很大的差异性。要实现“问道”式的编纂思维改变，需要将述而不作的浅层表象记述向深层的分析性记述转变；改变国家思维和既定的宣传口径组织资料的模式，从地方实际出发揭示地方发展之道；将方志研究的重心从地方志编纂形式的记述转到地方本体的研究上来，在编纂中体现修志者对历史洞察认知的史识能力。

**关键词：** 地方　地方志　功能　编纂思维

1978年以来，经过第一轮和第二轮新方志编修的推进，新方志的理论和志书的编纂规范逐步定型，如体例和记述方面明确横排门类、纵述史实，事以类聚、类为一志，横不缺要项、纵不断主线，述而不论，越境不书，生不立传、以事系人，等等，这些规范的原则集中地体现在2008年中国地方志指导小组印发的《地方志书质量规定》中。但是，在上述规范下所形成的志书更多的是按照所谓的科学分类标准进行分门别类，机械刻板有余，个性和灵动不足，很多的志书只是在形式上像志书，而在内容上并没有体现出足够的独到价值。志书贯彻了述而不作的资料性文献要求，表象事实罗列有余，深度历史分析缺乏，只看到表象性的“是什么”，看不到历史发生的“为什么”，无法给人以真正的思想启迪。

正因如此，李克强总理在全国第五次地方志工作会议期间对地方志作出重要批示——“修志问道，以启未来”，对地方志工作提出了新的更高要求，这是对以往地方志工作方向的校正。基于此，方志界需要对方志编纂思维作一次重大改变。修志过程中贯穿和体现“问道”的意识。人们对历史的认识和书写方式并不是单一的，有什么样的编纂思维就会有什么样的志书，也就会有体现不同的志书价值。述而不作是志书的一种编纂模式，“问道”式的地方志同样也会是一种新的编纂思维形式。这一切取决于我们对地方志书的功用定位，新的范式就有可能变为行动性的现实。

## 一　从述而不作到分析性记述

要发挥志书“问道”的功用，就必须要改变述而不作的历史编纂书写方式，加强深层分析性记述方法的运用。所谓分析性记述，并不是空发议论，而是基于历史事实、历史数据，对事实发生的源头起因、动因做客观的记述，对社会现象作结构性的分析，并将产生的后续影响作关联性的记述。对历史记述要赋予历史的洞察力、思辨力及客观合理的分析。这样书写的历史才是可理解的历史。

从首轮新方志编修开始，述而不作就是地方志编修的一条基本原则。述而不作出自孔子“述而不作，信而好古”的言说，其本义是遵循圣人之道而不改创，这种著述理念源于古人原道、征圣、宗经思想①。清代章学诚对述而不作思想进行阐发时曾经说道：“文士撰文，唯恐不自己出，史家之文，唯恐出之于己，其大本先不同也。史体述而不造，史文而出于己，是为言之无征，无征且不信于后也。”② 联系到章学诚的“志乃信史”“文人不可与修志”的言论，可以看出，章学诚对述而不作的理解主要表现在学术撰著与文学创作的区别上，史志撰著中的“述”必须应该有历史依据而不能凭空改创。与撰史相反，文学创作则不能守旧僵化，蹈袭前人，而应提倡创新。作为方志学的鼻祖，章学诚的这种理论并没有错，但是述而不作的学术原则到了新方志编撰过程中则被广泛解释为志书只需要客观记述而不加以分析评论。这种对述而不作的阐释相当程度上已经背离了这句话的本初意义。

历史事实是不可以凭空杜撰的，不论是中国和还是西方，一直都有以叙述事实为主的史书范式和风格。从文化观念史的角度考察，“述而不作”的传统在中国社会有着特定的背景。中国的传统政治生态环境是一种中央高度集权的政治专制制度，它所生成的是维护统治者的专制文化思想，专制思想对社会个体独立精神的扼杀，使整个社会的思想精神出现委顿状态。因此独立精神人格的史家在记载历史真相时是要冒着生命风险的。早期的史家出现了司马迁受宫刑及史官被杀的情形，后来进而演化出大多数文人的精神自宫，这种状况在清代文字狱发生后尤为明显。由于志书记述内容的当代性，而社会言论不自由，加上修志是一项政府行为，需要体现政府的意志，保持与统治者的思想精神的一致性，这些局限性导致了志书对当代的隐讳，社会的潜规则很多时候是可以做而不可以说，或者是需要婉转、隐晦地说而不能直截了当、开门见山地说，因此，凡是“当代”性质的史书只写事实不作分析评论的比比皆是，所以“述而不作”其实并不只是修志的一个准则或文化现象，而是整个传统史学的一个共同的文化现象。

与中国的考据史学传统相近，西方近代史上也曾经存在德国兰克学派，兰克学派的史学基本思想是追求纯粹客观的历史，认为史学写作的目的在于复原历史，要达此目的，最重要的是找到原始资料，用史料说话，不偏不倚、如实客观地再现历史的真实性，因此这个学派极其重视原始资料的利用和考辨。但是这种史学思想由于过分注重对事实的描述，排斥了概括、解释和理论，忽视历史学家主体意识的作用，因此后来受到以法国年鉴学派为代表的现代史学的批判和抛弃，新的史学不再是纯粹的客观叙述，而是出现了分析性的史学范式。

而在中国，史书也从来就只是“述而不作”的客观事实叙述，同时也存在着对历史的

① 郭明浩、万兹：《“述而不作”与中国阐述学建构》，《云南社会科学》2012 年第 6 期。
② 章学诚：《文史通义新编新注》，浙江古籍出版社，2005 年。

认知。翻检中国历史上的旧方志，也从来就不是只有记“是什么”和“不作”的单一记述模式，同样也有分析评论的志书，很多方志学着司马迁《史记》“太史公曰”的笔法书写对历史的见解。随着西方近代科学的传入，独立精神人格的学术分析成为新的科学研究的基本规则，史书突破了过去描述性的叙事性的范式，出现了大批分析性的史学著作。虽然在新中国的历史上，知识分子经过了不止一次的思想改造和洗脑，但在改革开放后，尤其是在与国际学术研究的对接中，那种从学术层面所体现的独立精神愈加明显。在台湾，以学术精神编纂的地方志也已经突破了“述而不作”的单纯叙述性纪事甚至“生不入传”的传统限制。以学者身份进行修志的王良行提出志书具有一方全史的学术论著性质。像《史记》一样“究天人之际，通古今之变，成一家之言”。他甚至提出志书除了分析当地历史趋势并解释其变迁原因，及讨论传统文化的优劣之外，应对未来发展的方向提出展望和建议。因此，志书应采“论述并重”的“撰修”，而非“述而不作”的“编纂”模式。①

但是，地方志由于其官修及其行政色彩，其风格与学术研究著作的范式表现出了较大的反差，在很多人眼里，新方志虽然要比很多宣传性的东西实在很多，但是同样避免不了当代官修的局限性，写的是冠冕堂皇的东西，而一些真实的东西得不到反映。在一些人看来，志书就是为过去及在任的地方当政者树碑立传，志书对一个地方发展的记载，很大程度上被看作是当政者政绩的反映，而政治的潜规则恰恰是只能报喜不能报忧，只写成就不写问题和失误。地方志编修的当代性在使志书“时近易核”的同时，也导致了为了维护地方及其当政者正面形象而曲意回避的现象，这就是志书述而不作现象的本质所在。这种记载与社会民众的当代精神体验同样有很大的反差。述而不作与其说是修志的专业规范，不如说是一种隐性的政治化规范。

回过头来看首轮修志的实践，我们可以观察到，由于“述而不作”编纂思想所赋予的秉性，志书呈现了两种特征，一个特征是“述”的浅层化、表象化，只写了“是什么”，根本看不出“为什么”，人们所看到的志书几乎是没有思想生气的，只有“冷冰冰”的板着面孔书写的机械的事实，而看不到地方志丰富“正史”所应该具有的丰富表情和值得回味的历史细节，以及编纂者在记载地方发展时所应具有的思考和价值判断，无法给人以直接的启迪。有人指称“述而不作”至少有“是非不明”“因果不彰”“规律不见”“真假难辨”四大弊病②。地方志要赢得社会关注和共鸣，迫切需要解决这一记事原则的禁锢。另外一个特征是对“述”和“作”的片面理解，认为志书要加强著述性，但只可以在概述和无题序中作分析议论，在这种思想片面理解下，志书强调整体性的概述风格，只见森林，不见树木，在这种风格下编纂的方志渐渐失去了更加实在具体的资料存史意义。

针对志书“述而不作”的弊端，一些志人提出了“述而有作”“述而精作”“述而略作、作必合道”等理论，并基于方志是资料性著述的理解，提出了“如果说真实性、资料性是新方志的生命，那么著述性则是方志力量和价值、是新方志活化的生命”的见解。但是真正将这些理论付诸志书编修实践的极少，如2006年方志出版社出版的福建省《龙岩

① 王良行:《乡镇志撰修的新取径》,《海峡两岸地方史志、地方博物馆学术研讨会论文集》, 第244页。
② 诸葛计著:《新方志五十年史》(稿), 第十二节在方志思想和理论方面的若干探讨。

市志（1988—2002）》就出现了分析性的记述。

《龙岩市志（1988—2002）》对“述而有作”的运用不只是表现在该属性内容的撰写中，同时也出现在主体篇章正文中的分析性记述方面。以“分税制财政管理体制的运行”① 为例：

1994 年实行分税制财政体制改革后，龙岩地区新旧财政体制实现平稳过渡势头，财政收入连年大幅度增长，财政支出管理得到有效加强，财源建设工作蓬勃开展，财政职能得以强化，改革取得预期效果。但在各种因素的综合影响下，分税制财政管理体制运行中也存在一些有待克服和解决的问题。

分税制财政管理体制改革是对各级政府利益的一次调整，直接影响政府宏观调控的能力。龙岩市各级党政领导理财思路和观念发生了很大转变，更加注重提高经济运行的质量与效益。以财源建设来引导、监督、规范经济运行，成为全市各级党政领导的自觉行动，以上项目、增产值来增加财政收入的粗放型经营方式得到一定转变。

由于分税制财政管理体制改革在保证地方既得利益的前提下，重新规定并缩小地方财政收入的范围，给地方财政实现收支平衡增加压力，也带来动力。龙岩市各级党政抓住财税改革的机遇，科学合理地确定财政体制，适时转变理财观念，拓宽理财思路，强化税收征管。1996—2002 年，龙岩市财政总收入增幅逐年分别为 17.8%、14.3%、11.8%、16.5%、23.2%、16.4%、11.3%，实现了财政收入与国民经济同步增长。2002 年，全市财政总收入、地方财政收入分别达到 379 亿元、13.4 亿元。财政收入的迅速增加，增强了财政供给能力，保证了 1997—1999 年的工资改革使工资性支出大幅度增长的资金需要，保证了重点事业发展的资金需要，并通过加强预算管理，精心运筹，集中财力办了一些各级党委、政府十分关心、社会各界反映强烈、多年想办因财力有限而办不了的大事、实事。

分税制财政体制主要按税种来划分各级财政收入，取消地方政府的税收减免权，淡化企业与政府之间的依赖关系，打破传统体制下“条块分割”地控制企业的框架，有利于市场竞争秩序的形成。同时，将流转税的大头划归中央，有利于克服盲目建设、重复建设和单纯追求速度、产值的问题；将增值税作为共享税，有利于调动中央与地方共同发展经济的积极性；将地方企业所得税划为地方收入，有利于地方政府关心企业的技术改造，走内涵扩大再生产的路子；将营业税划为地方收入，有利于调动地方发展第三产业的积极性；将农业税留给地方，有利于地方政府增加对农业的投入和提高农业效益。

实行分税制财政管理体制后，龙岩市各级财政始终坚持量入为出、量财办事的原则，从严控制一般性支出，集中财力办大事，既保持支出总量的合理增长，又实现支出结构的优化调整。1996—2002 年，全市财政支出增幅逐年分别为 17.9%、10%、4.69%、13.5%、9.8%、16%、6.2%，财政支出过快增长的势头得到有效抑制。从支出结构看，生产建设性支出不断增加，科技、政法等重点支出得到较好保证。

① 《龙岩市志》第二十编财政税务第一章财政第二节财政体制，第 871 ~ 872 页。

龙岩财政属典型的“烟财政”。卷烟“两税”（消费税、增值税）占全市财政收入的比重大，幅度呈提高趋势。1994—2002年，上划中央卷烟“两税”（消费税100%，增值税75%）累计78.7亿元，占同期全市累计财政收入的38.3%。全市上划中央级收入占全市财政总收入的比重2000年为59.7%，比全省平均水平高近24个百分点；2002年占64.5%，比全省平均水平高21.4个百分点，从而导致地方级财政收入占财政总收入的比重居全省最低，2002年，地方级收入占全市财政总收入的35.5%，比全省平均水平低21.4个百分点。从增量财力看，分税制前，全区享有的增量财力占整个增量的70%；分税制后，1994—2001年，全区（市）享有的增量财力下降到整个增量的39.8%，下降30.2个百分点；2002年中央实行所得税改革，省对市财政体制亦作相应调整。调整后，全市享有的增量财力仅占整个增量的29%，比分税制下降41个百分点。1994—2002年，龙岩市财政收入累计比1993年增收121.8亿元。按体制算账，中央得到54.7亿元，占44.9%；省得到23.2亿元，占19%；龙岩市只得43.9亿元，占36.1%。地方可用财力比重大幅下降。

这一段记述不是停留在过去的只写“是什么”的事实表象层面，而是既写了事实，也对新的体制运行出现的正反两个方面的结果效应及其社会运行中的矛盾、困难、问题作分析，其中所蕴含的为龙岩的困境鼓与呼的政策忧患色彩表露无遗。从方志编纂的角度而言，《龙岩市志》中的这一段分析性记述就是触及本质的“修志问道”之作。这种分析性记述的意义在于，展示了深度的历史，触及了地情与历史中本质性的内核。地方志总的来说是一种记述性文体，不提倡空发议论，但采用记述体，并不表明只能写“是什么”，而不能写“为什么”。恰恰是那些写“为什么式”的分析性记述，可以帮助我们理解历史发展的动因和历史的走向，为什么是这样而不是那样，让历史变得可以被理解。地方志要发挥更大的人文意义，写出“为什么”是非常必要的，尤其是第二轮修志记述的时段是中国社会结构发生大转型的时代，社会运行中的矛盾以及社会价值观念非常复杂，准确地把握这个时代就要求方志编纂者必须要有基本的分析判断。分析性记述的志书写作，其意义不单是单纯宏观层面的资政作用，而是对每个社会个体都具有普遍的启迪意义。①

## 二　方志问道的重心是揭示地方发展之道

地方志不是国志、国史，而是地方的历史记录。地方志，地方文献记载也。方志是地方之志，地方是相对于国家和中央而言。而从改革开放的实践来看，很多探索是从地方发起的，地方志要把从本地实际出发所进行的新发展、新创造、新探索、新路径重点进行记述，尤其是地方发展战略的制定和实施，更是与地方发展之道息息相关。这样编纂的志书，才真正对国家和其他地区的发展有启发借鉴意义。

---

① 吉祥：《突破“述而不作”的禁锢：分析性记述范式的运用——〈龙岩市志〉文本分析及二轮修志理论创新的思索》，《江苏地方志》2008年第1期。

改革开放最初往往并不是自上而下式的，而恰恰是呈现为从体制外部冲击体制内部（或是以对外开放拉动对内改革）、体制内部地方和民间底层的“以下犯上”和“自下而上”的制度突破。以昆山经济技术开发区为例，这就是一个改革开放“自下而上”成功突破的典型案例。[①] 1984 年，邓小平视察南方三个特区，国务院增设特区办公室，全国出现第一批国家级经济技术开发区。中央扩大对外开放的重大战略决策，为昆山的决策者们打开了思路。于是昆山人大着胆子仿照沿海开放城市创办经济技术开发区的做法，自费开发建立工业新区（1988 年 6 月更名为昆山经济技术开发区）。在自费开发过程中，突破开发区一没上级批准，二没资金来源，三没有任何优惠政策，白手起家的重重困难，发扬率先创业、率先开放、率先改革、率先发展的精神，大胆闯、大胆试、大胆干，勇于实践、敢为人先，在全国、全省创造了众多第一，昆山开发区的综合经济实力位居国家级经济技术开发区前列。昆山建设自费开发区是改革开放中一个比较突出的自下而上实现制度突破的案例，成为向全国推广建立开发区的一个重要模式，为全国的外向型经济发展之路提供了一个样本。

再以中国名镇志文化工程《周庄镇志》为例，我们反复思索周庄镇在全国历史文化名镇和世界文化遗产保护方面的意义，为此在《周庄镇志》中设置了周庄古镇保护模式、周庄旅游开发模式，把周庄放在与江南水乡的地域背景下横向考察，揭示周庄模式的发生路径、特点特征以及所产生的全国性、全球性的示范推广意义及其价值所在。这种对地方发展之道路径的探索，就是典型的“修志问道”。如果我们不能跳出“大一统”的国家思维，不能用地方思维和区域发展的思维审视地方的特殊性和因地制宜的发展道路，那么方志的意义何在？

## 三　“修志问道”要求强化地情研究

过去的地方志工作把编修一部省、市、县三级志书作为主体。2015 年 9 月 3 日国务院办公厅颁发的《全国地方志事业发展规划纲要（2015—2020 年）》中最新提出了 6 个基本原则（坚持正确方向、坚持依法治志、坚持全面发展、坚持改革创新、坚持质量第一、坚持修志为用）和 11 项主要任务，首次提出地方志工作要修用并举，并在“提高地方志资源开发利用水平”中还专门提出要“培育地方历史记忆”，进行地域研究（或地情研究、地方发展研究）的内容。过去一直只是把地方志看作为资政决策、社科研究、新闻写作、文学影视创作等提供基本资料素材，而没有意识到地方志工作者自身所直接进行的“问道”式的地方发展研究或地情研究。

从各地的编修实践尤其是二轮修志实践来看，由于地方志编修走的是通过行政手段政府修志的方式，资料征集和初稿工作基本是在承编志书的基层和各职能部门进行，地方志部门并不直接参与第一手资料的征集，所以方志部门所掌握的基本是经过基层承编单位非

---

① 吉祥、徐秋明：《书写可理解的历史：历史发生与指数编纂的理念——以昆山经济开发区及指数为样本的案例分析》，第二届中国地方志学术年会会议材料。

专业处理后的二手资料，地方志专业工作部门担负的是编辑的角色，而没有承担第一手资料征集和研究的职能，这导致了专业方志工作者对地情研究的弱化。其实地方志是什么，不过只是对地方发展的文本记录和投射，地方志要强化问道功能，就必须从“地方志”研究回到“地方”研究的本体上去。地方志应该是建立在地方如何发展的地情研究基础上的自然产物，而不是相反。恰恰是由于目前地方志系统把重心停留在编辑上的定位问题，导致了地方志部门对问道地方发展的功能较差。所以，地方志要加强对地方发展决策咨询作用，必须要把工作重心从基于他人二手资料基础上的编辑，向前延伸到对地方发展基础资料的把握和地方发展路径的研究上来，应当要把志书看作是整个地方志工作的中端产品而不是终端成果。

目前，地方志部门强调的地方志理论研究，更多的是方志界业内关于编纂记述的技术研究，而不是社会层面对地方志所期待的地方研究。相对于地方研究，地方志编纂研究在社会看来实在是微不足道和缺乏意义的。

## 四　地方之道就是“细节之道”

以往方志编纂中存在着一种概念性书写的倾向，尤其是改革问题，很多地方照本宣科，把改革开放设计的文件政策规定作为记述的主体，而不是实际实施的历史。概念化的写作掩盖了真实发生的历史。刘延东副总理在全国地方志会议的讲话中指出，志书“还要精益求精，不放过每一件小事，不放过任何一个细节。细节里可能蕴含有一些重大的突破。当然我们还要重点突出整个历史脉络，但历史发展过程中一些细节的东西，看起来是小的东西，也不要把他遗漏。”

我们仍然以昆山开发区为例，昆山开发区的历史见证人宣炳龙曾对采访他的研究者这样说过：“目前研究改革开放30年的东西蛮多的，但是缺少对于艰辛历程的展示。开发区的几次重要的决策，无论是决策者、操作者、建设者，都面临不同的困境和抉择。研究中国的开发区，不研究昆山开发区肯定是个缺憾，研究昆山开发区不写出昆山开发区的特殊性也是一个缺憾。有些记者、专家来昆山采访、调查后写文章，成绩和原则好写，但缺少可资借鉴与操作的过程和细节。……今天成绩的取得，不是那么容易的，也不是总结解放思想、改革开放几条经验，几个原则就能说清楚的。解放思想、改革开放，大家都做，为什么昆山行？因为昆山市经过千辛万苦的过程和千头万绪的细节做出来的。这些不讲清楚，人家当然无法学。”①

从大历史的角度看，历史发展有必然性规律，但是就历史的具体发生而言，则是由很多小事件和历史细节触发的。在某种意义上，细节决定了历史最初发生的走向，引爆了大历史。同时也正是那些历史的瞬间、故事、细节，使历史变得生动起来，触发我们的情绪，产生历史的情绪共鸣。由于缺少对历史细节的记载，以往的志书显得枯燥乏味。《昆

① 钟永一、张树成编著：《见证中国第一个自费开发区——宣炳龙印象》，江苏人民出版社，2009年，第104～105页。

山经济技术开发区志》的编纂特色之一是在主体章节后附了不少历史细节特写的资料链接，如第二章自费开发中链接“一碗面做活三篇文章”“费老的关怀”“宣炳龙的三个小故事”，第五章亲商服务中链接了“亲商更要富商　富商引来万商”“优惠政策不如优质服务”“亲商实录”，第六章招商引资中链接“第一家台资企业的来历”，第十一章党群工作一体化中链接“陈慧芬和她的‘融和工作法’”。此外，在若干正文中也重视细节的记载，如1987年赵紫阳视察昆山创办全国第一个自费建设开发区过程的细节以及1992年李鹏总理在长江三角洲及长江沿江地区经济发展规划座谈会上讲话细节，江苏县级兴办第一家中外合资企业——昆山中国苏旺你有限公司的艰辛过程，江苏省第一家外商独资企业成立的真实背景，全国第一个出口加工区是如何从概念的提出到花了三年跑国家8个部委突破重重困难把不可能办的事办成的艰辛过程。在这些细节中最为突出的就是昆山人在发展中踏遍千山万水、吃尽千辛万苦、说尽千言万语、历经千难万险谋发展的“四千四万精神”。正是这些历史细节告诉我们：昆山开发区何以能够成功。与这些细节的历史书写相关，该志还有一点值得称道的是重视口述史资料的运用，其中不少资料来自于主持开发区实际工作二十余年的开发区负责人宣炳龙的口述史资料。①

我们以《昆山经济技术开发区志》为例，这部志书书写了昆山开发区从自费开发到创新发展的历史发展路径、发展理念以及实践的细节，是一部可感的、可学的、可以引发思考的历史文本。

“道”不是抽象的，地方之道就是细节之道。这种历史的细节可能恰恰是地方发展之道的独到之处。李克强总理批示中提到的历史智慧，很多也是以人物个体的面貌而出现，一些人在特定的历史时刻所展现的历史智慧。

## 结　语

国务院《地方志工作条例》将志书的本质界定为“资料性文献”，这种界定固然有助于保存历史资料，但志书的功能不能仅仅停留在分门别类地保存地方资料文献的存史作用上，还应该有更高的追求，追寻历史发生的时代精神和思想理念，历史并不是政治概念化的资料性铺衍，而应当要揭示历史发生的路径和引领历史发生的精神理念与实践，让地方志书写和承载的历史变得可以理解。

《地方志工作条例》从法律法规上保障了地方志事业的发展，但是我们也要看到地方志工作体制中由于行政化导致了地方志文化学术品质的削弱，行政手段并不能解决志书品质的一切。需要清醒地看到，目前修志队伍所需要的专业基本素养存在严重欠缺，不少地方用机关人员的要求来代替史志工作者应该具备的“史家四长”（史德、史才、史学、史识）。生在中国，所有的文化产品都必须要符合国家有关新闻出版的规定和政治大方向，但是对于地方志，要像几乎所有志书凡例的第一条那样，将放之四海而皆准的大路货的政

① 钟永一、张树成编著：《见证中国第一个自费开发区——宣炳龙印象》，第二编宣炳龙的口述史，江苏人民出版社，2009年。

治通则作为之道思想写上去的吗？这种所有文化出版物的通则不能代替地方志契合特定地方发展之道的主旨编纂思想，一旦用既定的通则来切割取舍，地方志也就失去了“问道”的空间，失去了地方修志的意义所在。修志者不是资料的奴仆，不应该只是机械地梳理整理资料，而应积极体现出史志者的历史认知，这些认知体现的就是对历史的洞察力，考量的就是对时代和地方发展的“史识”。从某种意义上，时代的精神灵魂就是志书的编纂思想灵魂。对时代和地方发展的认知体现就是“问道”。笛卡尔曾说“我思故我在”，将这种哲学思维投射到修志过程中，同样也是修志者思考所在、问道所在，及志书价值所在。

（作者单位：江苏省昆山市地方志办公室）

# 新阶段、新常态下发展方志事业的纲领性文献

## ——《规划纲要》学习体会

杨洪进

**内容提要：**本文通过介绍《规划纲要》出台的特殊条件和背景，论述《规划纲要》具有跨越性、顶层设计、统筹整合等特征，意义非常重大，是修志新的动员令，是解决问题的妙计良方，是依法治志的行动指南，是治国理政的助推器，是建立修志长效机制的导向标。

**关键词：**《规划纲要》 出台背景 重大意义

2015 年 8 月 25 日，国务院办公厅印发《全国地方志事业发展规划纲要（2015—2020 年）》（简称《规划纲要》）。这是国家层面、交叉领域进行“顶层设计”的又一成功实践，是新阶段、新常态下发展方志事业的又一纲领性文献。《规划纲要》公开发布与纪念中国人民抗日战争暨世界反法西斯战争胜利 70 周年同步，更令国人特别是全国地方志工作者备感振奋，倍受鼓舞，倍增信心！

## 一 《规划纲要》的出台有着特殊的条件和背景

### 1. 伟大的修志实践为《规划纲要》的出台积累了雄厚的基础条件

中华人民共和国成立后特别是改革开放以来，在党中央、国务院正确领导下，经过各方不懈努力，地方志工作取得巨大成就。一是工作体制机制基本建立。党委领导、政府主持、地方志工作机构组织实施、社会各界广泛参与的工作体制基本形成，将地方志工作纳入各地国民经济和社会发展规划、各级政府工作任务，“认识、领导、机构、编制、经费、设施、规划、工作”到位的工作机制基本确立。二是法治建设取得新进展。2006 年国务院公布实施《地方志工作条例》，各地相继制定和完善地方志地方性法规规章，地方志工作由制度化进入法治化轨道。三是编修成果不断丰富。首轮修志结束，二轮修志再结硕果，地方综合年鉴覆盖面进一步扩大，与现存旧志及其整理成果，共同构成了一座以国情地情为主要内容并不断丰富的地方志资源宝库。四是理论研究不断深化，紧密结合修志编鉴实践，各种志鉴理论著作等理论研究取得显著成果，有力地指导了地方志工作开展，推

动了方志学、年鉴学学科建设。五是基础设施建设逐步推进。国家级、省级、市级、县级方志馆和网站工作快速推进，方志工作公共基础设施建设迈上新台阶。六是存史育人资政作用日益彰显。通过修志编鉴、开发利用地方志资源，地方志编修已发展成为为国存史的一项重要工作，在存史、资政、教化等方面，成绩日益突出、作用日益显著。已有的条件，为新的发展奠定了可靠的基础。

2.《规划纲要》的颁布体现了党和国家领导人对地方志工作的高度重视

中共十八大以来，习近平总书记就传承弘扬中华传统文化发表了一系列重要讲话，其中2014年2月在北京首都博物馆考察时强调，要“高度重视修史修志”“把历史智慧告诉人们，激发我们的民族自豪感和自信心，坚定全体人民振兴中华、实现中国梦的信心和决心”，为传承弘扬修志优秀文化传统提供了根本遵循。李克强总理2014年4月就第五次全国地方志工作会议召开作出“修志问道，以启未来”的重要批示，对地方志工作提出了殷切期望。刘延东副总理2014年4月在与第五次全国地方志工作会议部分代表座谈时发表讲话，强调要切实做到“一纳入、八到位”，对做好地方志工作提出具体要求；2015年1月还专门就编制《规划纲要》作出重要批示，对做好这项工作提出明确要求。在国务院严格规范发文的情况下，《规划纲要》的出台，再次充分证明党中央、国务院对地方志工作的亲切关怀和高度重视。这为当前全国地方志事业的发展创造了难得的战略机遇。

3.《规划纲要》倾注了中国地方志指导小组领导的大量心血

中国社会科学院院长、中国地方志指导小组组长王伟光，中国社会科学院副院长、中国地方志指导小组常务副组长李培林，全身心地投入新阶段、新常态下的地方志工作中，对编制《规划纲要》进行精心安排。他们从2013年12月中国地方志指导小组换届起，在一年多的时间里，连续走访20多个省（区、市），从省到市再到县，深入基层开展调查研究，了解基层地方志工作的具体情况，问需、问计于一线，在调研的基础上反复修改《规划纲要》文本，使《规划纲要》具有坚实的调研基础。为推动《规划纲要》顺利出台，王伟光专门致信刘延东副总理，李培林与包括国家发改委在内的国务院有关部门领导反复协调，不遗余力地亲自推动报批工作。指导小组的其他领导也通过各种方式提供了支持。指导小组领导这种抢抓机遇、谋划长远的工作方法，以身作则、亲力亲为的敬业精神，非常值得我们在工作中学习。

4.《规划纲要》凝聚着全国地方志系统最大的共识

在起草阶段，认真参考借鉴了各省（区、市）地方志工作（事业）发展规划（纲要）以及国务院有关部门出台的行业发展规划。在修改完善阶段，不断开展专题调研、召开专题研讨会议，广泛听取意见和建议。2014年4月，《规划纲要》以草案形式在第五次全国地方志工作会议上征求意见。可以说，《规划纲要》的起草、修改完善，顺时势、应需要、合人愿，因此得到了全国地方志工作者的强烈支持和热烈回应。《规划纲要》提出的每项目标任务，都是从全国地方志事业发展现实需要中总结提炼出来的，是经过反复讨论、锤炼，有着非常丰富的意涵。可以说，《规划纲要》是集全国地方志系统之力研究形成的，凝聚了最大限度的共识。这是《规划纲要》得以完善和颁布实施的群众基础，是贯彻落实的内在动力，是繁荣发展方志事业的希望所在。

## 二 《规划纲要》具有鲜明的个性特征

《规划纲要》鲜明的个性特征，主要体现在三个方面，即跨越性特征、顶层设计特征、统筹整合特征。因此，其具有“承前启后、开创未来”的重要历史地位和作用。

1. 跨越性特征

近 30 年来，国务院及其办公厅共出台了三个关于地方志工作的重要文件。这三个文件也可以说是“三级跳”。“一级跳”是 1996 年国务院办公厅发布的《关于进一步加强地方志编纂工作的通知》。其背景是在省、自治区、直辖市已建立地方志工作机构，具备稳定的修志队伍基础上，为适应社会主义市场经济体制的新形势，侧重在地方志编纂方面，对“地方志书分级、编纂质量、队伍建设、政府支持”等范畴提出了明确要求。其中“地方志每 20 年左右续修一次”，是第一次成为国务院行政性的统一要求。这标志着从国家层面对地方志长久发展确立了类项。“二级跳”是 2006 年 5 月 18 日颁布实施的《地方志工作条例》。这是中华人民共和国成立以来第一部关于地方志工作的全国性行政法规，对地方志的地位作用、任务要求、组织保障、审查验收、编纂出版、管理使用以及违法处罚等都作出了具体的规定，为进一步做好地方志编纂工作指明了方向，使地方志工作从此进入了“有法可依、违法必究”的重要阶段。“三级跳”是这次发布的《全国地方志事业发展规划纲要（2015—2020 年）》。这是国办直接印发的全国地方志方面的第一个规划性文件。前两个文件，侧重在如何推动编纂和在什么条件下编纂，其在当时的地方志工作中产生了积极而深远的影响，发挥了巨大的作用。而这一次的规划性文件，是在以往继承、发展、实践的基础上，从国家地方志事业的高度立项和谋划的，具有高站位、前瞻性、跨越式的特征，堪称中华人民共和国新方志发展史上的纲领性文献。其明确了当前地方志事业发展的基础与机遇、指导思想与基本原则、总体目标与主要任务、保障措施与组织领导，具有纵横完整的覆盖面和很强的指导意义，为当前全国地方志事业的发展创造了难得的战略机遇。

2. 顶层设计特征

社会主义新方志编修工作开展 30 多年，其内涵和外延发生了巨大的变化。从“一本书”的编纂到“地方志工作”，再到现在的“一项事业”，必然对地方志的工作思维、工作模式、工作体制、工作机制等提出新的要求。地方志工作已经成为整个文化建设的基础性系统工程，涉及面越来越广。特别是随着经济社会发展提速、社会组织结构日趋多元化，工作难度也不断加大，对地方志的工作组织、工作方法、工作流程、保障措施等各个方面也提出了很多新的挑战。《规划纲要》起草班子，根据中央领导关于史志问题的重要讲话和批示精神，广泛征集意见、密集调查研究、充分凝聚共识，对地方志事业发展进行顶层设计、长远规划，描绘了事业发展的宏伟蓝图。特别是《规划纲要》以落实“一纳入、八到位”为主线，提出到 2020 年，要全面完成第二轮修志规划任务，实现省、市、县三级综合年鉴全覆盖，加快信息化和方志馆建设，做好第三轮修志工作准备，加强对社会修志的指导和管理，基本形成地方志编修体系、理论研究和学科建设体系、质量保障体系、资源开发利用体系、工作保障体系“五位一体”的地方志事业发展综合体系，努力开创地方志事业发展的新局面。由过去的“工作”到现在的“事业”，由“短期”到“五年”，由“单一”到“复合”，由“软任务”到“硬指标”，由“零打碎敲”到“综合体系”，无不体现着顶层设计的要旨和精髓。如此对于规范事业运作、纠正“无所作为”之弊、切实繁荣传统文化，大力加强国家软实力，必将起到前所未有的引领和推动作用。

3. 统筹整合特征

首轮修志，是在各项准备工作尚不充分情况下进行的，因此面临重重困难。地方志工作者在开创局面的工作中克服困难、积极探索、力求发展，取得了一定的成绩。但是由于当时没有一个权威性的官方规定，没有统一的标准和要求，各地在推动工作时，尤其是在完成首轮修志任务中，存在严重的不均衡问题，整体处于“信天游”状态。如修志时间要求不明确，造成有的省（市）修志时间过长，工作拖拉，有的省（市、县）甚至首轮就没有修志；修志断限规定不具体，使志书下限随意延长，使第二轮修志无法启动；地方综合年鉴编修，由于缺乏刚性规定，造成想编则编，不想编则罢，已有年鉴有一年一鉴的，两年一鉴的，多年一鉴的，年鉴出版有公开出版的，也有内部发行的，可以说是五花八门；旧志整理、地方志资料报送、部门志鉴、乡村志编纂等，由于缺乏相应的工作标准和依据，造成工作推动困难，质量和作用均受影响；方志馆建设，全国发展也很不平衡，有的省份大部分市（县）都建起了方志馆，但有的省份还是“空白点”，等等。《规划纲要》对地方志事业各项工作提出了统一要求，规定了具体的保障措施和完成时限，并对军事、武警及其他各类专业志鉴、民族地区地方志、乡镇村志和地方史编纂、旧志整理、理论研究和学科建设、资料建设、地方志信息化建设、地方志资源开发利用等，提出了很有针对性的指导意见，将原来的“信天游”转变为“齐步走”，这对过去的“信马由缰”“观望攀比”“畸形发展”“随性而作”“指导无着”“效率低下”是个果断的纠正，对现在的加强工作指导、形成合力、浓化氛围、鞭策激励、提质增效、服务现实等，是一绝好的良策妙方。

## 三 《规划纲要》新意迭出，亮点纷呈

如前所述，从国家行政层面所发的三个文件，在重视传统文化、规定编纂任务、建立完善队伍、提供相应保障、确保编纂质量、注重服务现实等方面，是一以贯之、一脉相承的，具有政策的连续性、继承性、稳定性。同时，随着时势的变化，任务、问题的更替，要求与需要的不同，三个文件又都贯穿着与时俱进的精神，有着各自的背景、重点和要旨。《规划纲要》时近势新，更是传承发展，新意迭出，亮点纷呈，可以说是“青出于蓝而胜于蓝”。基本宗旨上，明确提出“为培育和践行社会主义核心价值观提供丰富、优秀的精神文化产品”。这是立业之基石，修志之根本，聚力之源泉。《规划纲要》突出了地方志的育人功能，通过发掘历史智慧，借以进行优秀传统教育，培育文明风尚，增强民族自豪感和凝聚力，推动以爱国主义为核心的民族精神更加自强不息，以改革创新为核心的时代精神愈以发扬光大，成为实现中国梦的精神动力。在总体目标和任务方面，明确划出

了“全覆盖”任务完成或起讫时限和程度；系统提出了“五位一体”综合体系的内涵和形成节点；特别是强调了要加强对社会修志的指导和管理，做好中国名镇志文化工程、中国名村志文化工程的组织编纂工作，把依法治志延展到了行业、部门和单位，范围扩展到了社会的最基层；同时还首次提出，开展编修一统志的可行性研究，具备条件的地方可将地方史编写纳入地方志工作范畴，任务更重、要求更高了。组织管理上，将过去的“依法修志”重新界定为“依法治志”。这是依法治国、依法治“业”的延伸和体现，有着丰富的内涵和外延。在统筹兼顾上，表述更为明确清晰，要求志鉴编纂、理论研究、开发利用、信息化建设、方志馆建设、旧志整理等工作，实现全面协调可持续发展。在根本驱动上，强调要推动理论创新、制度创新、管理创新、方法创新，从创新中寻求活力、动力和繁荣发展。人才与队伍建设上，首次提出弘扬修志问道、直笔著史的方志人精神，以及建立国家级、省级地方志专家库的人才储备制度。在信息化建设方面，将加快建设步伐，推动标准化工作，实现国家、省、市、县四级地方志资源共享，提上了重要议事日程。在开发利用上，开创性地提出了《中国地情报告》《中国方志发展报告》《中国年鉴发展报告》的编纂工作，以及推动方志文化进机关、进农村、进社区、进校园、进企业、进军营的问题。在交流合作上，首次从服务国家文化“走出去”战略高度，指出要推介一批高质量的地方志成果，充分展示地方志的当代价值和永恒魅力，推动方志文化走向世界，增强中华文化凝聚力、影响力和国际竞争力。为此，《规划纲要》还提出了要加强国际传播能力建设的目标。

## 四 《规划纲要》发布及时，意义重大

《规划纲要》纵显体系，横呈网络，全面规划，内容完善，出台及时，意义重大，影响深远，是我们有序推进地方志事业持续健康发展的有力武器。

1. 修志过渡阶段新的动员令

目前，全国二轮修志进入关键时期，少数省份已全部完成，多数省份也进入中后期。河北二轮修志，市、县（市、区）志 2001 年 5 月启动，至今已 14 个年头。规划编纂出版市、县（市、区）志 155 部，到 2015 年 6 月底出版 68 部，在印和待印 31 部，两项合计 99 部，占规划总数的 63.8%，可见河北此项工作也到了中后期。在这种情况下，由于过去“一本书主义”的影响，也就是把修志仅仅看成是“一本志书”的编纂，因此一些地方领导和参与人员，便萌生“船到码头、车到站”的思想，停一停，歇歇脚，松口气，收收尾，然后“马放南山、刀枪入库”，人弃“战袍”，解甲归田。此种倾向任其蔓延，修志几十年形成的庞大队伍将一朝不保，损失巨大，后患无穷。中央领导和中指组领导察觉动向，见微知著，防微杜渐，出台规划，引导规范，实为深谋远虑、高明远见之举。事前的疏解远胜于事后的阻堵。学习《规划纲要》，可以使各级领导和各界人士清醒头脑，统一认识，自我总结和提高，自觉纠正错误的认识和行为，把前面的胜利作为新的起点，做到认识不滑坡，人员不遣散，工作不脱节，势头不衰减。

2. 解决修志面临问题的妙计良方

目前，尽管地方志事业呈现出良好发展态势和前所未有的大好局面，但也存在着制约

事业发展的问题，事业发展不平衡现象比较突出；少数地区和部门对地方志工作重要性认识不够；相关法规规章落实不到位；机构不健全，编制、人员和经费不足；志书质量有待进一步提高；人才队伍青黄不接，人员素质亟待提升；信息化与方志馆建设比较滞后；方志文化的作用有待彰显，等等。这些问题长期困扰一些地区和部门。《规划纲要》的形成，是在对上述问题调查研究的基础上确定的，因此其有着很强的针对性和指导性。学习《规划纲要》，并将其落实在实际行动中，必将使阻碍方志事业发展的种种问题得到有效解决，使之形成健康发展、良性循环的局面。

3. 依法治志实践的行动指南

“依法治志”得以提出，是思想解放的产物，是理论突破的结果。那么依法治志，依据什么，治理什么，所指何物?《规划纲要》作为纲领性文献，对这些问题都作了明确的回答。学习、贯彻好《规划纲要》，深刻理解其内含，必将使我们在依法治志的实践中，认识更加到位，视野更为开阔，谋事更为周全，行动更为自觉，成效更为显著。

4. 治国理政的助推器

“治天下者以史为鉴，治郡国者以志为鉴。”地方志可以为治国理政提供智慧经验。为此，《规划纲要》从量和质的高度融合上，对地方志事业作了全面系统的界定和规范。因此，有助于推进地方志事业的全面发展，更好地发挥地方志的功能作用，提高各级领导干部治国理政水平，为推动“四个全面”重大战略部署的实施提供历史借鉴和智力支持。各级领导应善于利用地方志中所记载的历史智慧和经验，善于从前人留下的思想宝库中汲取珍贵滋养，不断提高治国理政、科学执政的水平和能力。

5. 建立修志长效机制的导向标

《规划纲要》断限5年（2015—2020年），看似简单，但饱含深意。国家有国家的规划，事业有事业的规划，有年度的、5年的、10年的，有短期的、长期的，有总的、分的，长计划，短安排，着眼大局目标，积小胜为大胜。这就是中国特色的国家施政方略。方志事业有第一个5年规划，5年后自然会有第二个5年规划，长此以往，绵延不断，方志繁荣一定可期。

综上所述，《规划纲要》的确是新阶段、新常态下发展方志事业的纲领性文献，是各级领导履职方志的“方向盘”，是社会了解方志的“指南针”，是方志之人胜利的“进军号”。摆在我们面前的首要任务就是学习好、领会好、落实好《规划纲要》，让其在地方志事业的发展中显现出前所未有的推动力、指导力。

（作者单位：河北省地方志办公室）

# “三个体系”推进省志编修

方未艾

**内容提要：**江苏省自2005年全面启动第二轮修志工作以来，采用政府主持、社会参与、市场运作三个体系推进省志编修工作，并且取得良好效果。文章从这三个体系出发，详细论述该体系的成因、运转模式和效果。

**关键词：**省志　编修　政府　社会　市场

根据《地方志工作条例》的要求，组织编纂省级地方志书是省级地方志工作机构的一项重要职责和主要工作任务。自2005年江苏全面启动第二轮修志工作以来，江苏省地方志办公室围绕“政府主持”做文章，抓住“社会参与”谋思路，借用“市场运作”出实招，形成了“政府主推、社会助力、市场调节”的组织推进方式，建立了政府、社会、市场相互作用、良性互动的运行体系。

## 一　政府主持

2013年5月，习近平主席在新进中央委员会委员、候补委员学习贯彻中共十八大精神研讨班上提到了清代龚自珍《定庵续集》里的一句话：“欲知大道，必先为史。灭人之国，必先去其史。”所以编修社会主义新方志是各级政府管理和发展文化的重要职责。依据《地方志工作条例》，在“法制保障、党委领导、政府主持、各级编委会和地方志部门组织实施”的体制中，明确“政府主持”的地位，依靠政府的组织、指导、督促和检查，建立有力的组织推动体系。主要体现为制定规划方案、动员部署任务、协调解决困难、提供支持保障等方面。为此，江苏省志办根据省志编纂工作的进展情况，及时向政府建言献策，提供资讯，便于政府决策，发挥“主持”作用。

1. 制定颁发规划方案，强化政府修志行为

编纂地方志是一项文化工程，涉及面广，工作量大，持续时间长，所以适时制定下发规划方案，明确修志任务要求，就是“政府主持”的体现。第二轮修志工作启动后，省政府办公厅不仅印发《江苏省续修地方志工作规划》，对续修省志及其组织领导提出明确要求，而且下发《关于进一步做好新一轮地方志编纂工作的通知》，要求“2015年前基本完成省级志书编纂出版任务”。2008年9月，省政府办公厅转发《第二轮〈江苏省志〉编纂工作方案》。2009年3月，省政府在南京召开第二轮《江苏省志》编纂启动会议，分管副

省长到会作重要讲话，全面部署第二轮省志编纂工作。2010年8月，根据机构改革后出现的新情况，省政府及时调整编纂工作方案，下发《第二轮〈江苏省志〉编纂工作方案调整意见》。与此同时，还将“加强地方志编纂工作，高质量完成第二轮志书编纂”列入省“十二五”规划建议、纲要。

2. 建立健全组织机构，提高政府主持修志的强度

涉及多部门合作，各行业参与的省志编纂工作更需要统一的组织领导和坚强的组织指挥。通过建立各种机构来强化部门（单位）的职责，推进省志编纂工作的开展。

一是建立由省主要领导担任主任的地方志编纂委员会。以省长为主任，副省长、省政府秘书长、省地方志办公室主任为副主任，各省直单位主要负责领导、省辖市政府主要领导为委员的省地方志编纂委员会，既领导全省地方志工作，又领导省志的编纂。根据领导变动情况，每年省政府都要对编委会进行调整。2009年以来，省地方志编纂委会主任、副主任及成员到江苏省志办指导工作有十多批次。

二是建立总纂班子，对省志编纂工作进行宏观指导和整体质量把关。总纂班子由总纂、常务副总纂、执行副总纂、责任副总纂组成。总纂由省长担任，常务副总纂由分管副省长、秘书长担任，执行副总纂由省委、省人大、省政府、省政协各一名副秘书长和省地方志办公室主任担任，责任副总纂由省有关部门负责同志、专家学者担任。2009年2月，省政府聘请省人大原秘书长顾介康等8位同志为责任副总纂。他们发挥曾主抓各行业的经历、对分管行业比较熟悉、掌握行业发展脉络的优势，对省志编纂工作进行指导和质量把关。2015年，根据省志编纂和副总纂的个人情况，又商请省政府调整了责任副总纂人员，增至12人。各位责任副总纂深入各分（专）志承编，为各分（专）志编纂出谋划策，了解编纂工作中存在的困难问题，具体指导篇目大纲的编制和资料的搜集，督促检查分管志书编纂的进度、质量。

三是建立各分（专）志编纂委员会，强化部门（单位）领导对修志工作的领导责任，促使修志工作由被动变为主动，从软任务变为硬指标，真正摆上部门（单位）的议事日程。根据二轮省志综合性强、多部门（单位）共修一本志书的情况，特别注重各分（专）志编纂委员会的建立。目前，120多家承编单位都成立了编纂委员会，单位主要领导担任主任，主要副职领导任副主任。特别是一些涉及多部门合作的综合类志书，还成立了以总纂单位为主，承编单位参与的综合编委会。如《资源志》《环境志》的牵头单位省国土资源厅、省环境保护厅，切实履行职责，一把手厅长担任编委会主任，并主动与参编的八九个单位联系，成立《资源志》《环境志》编纂委员会，组织开展修志工作。在各分（专）志编委会的直接领导下，各部门（单位）先后组建编辑室，制定修志工作方案。有的编委会还实行例会制度，将任务细化到周，形成周报、月报、季报制度，提高工作效率，确保工作扎实推进。

四是建立主编班子，将省志编纂工作落到实处。方案规定，各分（专）志实行编委会领导下的主编负责制。主编具体负责志稿的编写工作。为了便于各部门（单位）确定主编人选，江苏省志办还专门制定了主编的任职条件及工作职责，从理论素养、政策水平、专业（行业）知识、文字编写能力、组织协调能力、年龄等方面提出明确要求。从运作的情况看，凡是主编确定早、选得好的部门（单位），志书编纂工作的推进力度就大、成效就

显著。如《发展改革志》《纪检监察志》《审判检察志》在首批出版均得益于主编的能力。

五是成立第二轮《江苏省志》总编室，加快推进省志编纂工作。省志总编室在省地方志编纂委员会及办公室的领导下开展工作。整合力量、集中优势资源，强化统筹协调。组建 5 个联络组，由办公室领导和有关处室负责人作为牵头责任人，负责联络省志各承编部门，协调推进各分（专）志编纂工作。

3. 实行修志经费分级预算制，加大政府主持修志的力度

经费的及时到位保障了志书编纂的顺利进行。江苏省志办对省志工作经费做了全面测算，并向省政府提出“列入省财政预算”的建议。《第二轮江苏省志编纂工作方案》明确规定：第二轮《江苏省志》编纂工作经费、出版经费采取分级预算的办法。分（专）志的编写经费由各承编单位列入本部门年度财政预算，报省财政厅核拨。出版所需经费由省地方志办公室编制预算，报省政府批准后列入省级财政预算，逐年核拨。由省地方志办公室通过招投标组织有关单位或专家编写的志书，所需经费列入省级财政预算，由省地方志办公室逐年向省财政厅提出申请。从而保证了省志编纂工作的资金来源，为工作的开展提供了有利条件。针对一些没有财政支持的行业学会、协会及中央在苏单位的编纂工作经费问题，《第二轮江苏省志编纂工作方案调整意见》又作了明确规定，由省地方志办公室按年度统一编制部属单位、行业协会和学会编纂工作所需经费预算，报省财政厅核拨。

## 二　社会参与

第二轮《江苏省志》记述的时间区间是改革开放 30 年（1978—2008 年）。这一时期，社会环境发生了很大变化，计划经济体制向市场经济体制转变，政府职能由管理型向服务型转变，社会分工愈加细化。因此，无论从记述的内容，还是从组织的形式以及修志人员队伍来看，都与首轮修志有所“不同”。从承修部门和单位看，由于几次政府机构改革，一些厅局被撤并，还有一些部门通过改革已不具有行政管理职能。有行政主管部门或行业主管部门的分志由主管部门承编，对于一些找不到行政或行业主管部门承编的，如商业、化工、钢铁、有色等，可以由行业协会或由会长单位牵头承编。从内容看，随着改革开放的不断深化，各专业越来越趋向多元化、多形式化。这种趋势决定了志书涵盖的内容广泛，结构复杂，很难有人对日新月异发展的各行业能全面、系统地了解和掌握。《地方志工作条例》第九条规定：编纂地方志应当吸收有关方面的专家、学者参加。地方志编纂人员实行专兼职相结合，专职编纂人员应当具备相应的专业知识。江苏省志办打破首轮志书编纂“一对一”（一个部门编一本志书）的运作方式，借助社会力量，开辟社会团体及专家学者参与省志编修的渠道，建立精干多元的修志参与体系。

承担第二轮《江苏省志》编写任务的有 120 多个部门及单位。其主体是省直机关，特别是政府的组成部门，但也有中央在苏的单位、行业协会、学会。参与编写的人员，既有在职人员，也有离退休同志；既有公务员，也有专家学者。省志办也通过公开招聘的方式，不囿于历史专业，引进一些经过专业训练，有志于地方志事业的高校毕业生来省志办工作，充实省志指导力量。各承编单位在成立编委会的同时，根据编写分量，分别成立了

几人至几十人不等的专兼职相结合的编辑室。从拟定篇目开始，就在全省系统内反复征求意见，反复打磨，确保篇目科学合理。篇目拟定后，根据各自职责，将资料搜集任务横向分配至各个处室，纵向下达至系统内各个层次，实现了系统内整体参与的良好局面。江苏省志办还与省广播电视台、江苏手机报合作，通过制作专题片、编发《历史上的今天》等形式，拉近了志书与社会的距离；通过广泛邀请各部门领导、社会名流参观省方志馆这一形式，推介地方志工作及第二轮省志的编纂，提高社会对第二轮省志编纂的关注度，为实现社会参与创造了有利条件。在省志办内部，则举全办之力，组建省志总编室，办领导负总责，由分管领导及处级干部牵头，组成5个联络组，包干60本分（专）志，形成责任副总纂—办领导—中层干部—组员—承编部门（单位）的省志编纂工作网络。

广泛吸纳人才，建立覆盖省志各专业的专家库。根据第二轮省志编修工作时间紧、任务重，组织协调和业务指导工作艰巨的现实，借力社会，广泛吸纳人才，组建智囊团、专家库。一是借力专家、学者直接参与修志，如《建置志》《吴文化志》《著述志》等一些专业较强的志书分别聘请了南京大学和南京师范大学的教授、省社会科学院的专家负责编纂。二是借力专家、学者、部门老领导，对志书篇日及志稿质量进行审查把关。三是建立广泛精干的智囊团、专家库，为省志编纂工作出谋划策、审查把关。几年来，汇集省内外各行业专家、学者、精英名录，不断充实更新专家库。比如，在篇目审核时，就从专家库抽调有关专家，组成相应的审核小组，为志书篇目大纲把脉，在志稿终审验收时，也从专家库里调集，以保证志书审稿的质量。

充分利用网络技术，搭建省志编纂资料资源共享的平台。虽然省志是以各行业、各部门为主体记述自身发展的历史与现状，但彼此的沟通和交流不仅可以相互借鉴，而且可以扩大省志编纂的参与度和知晓面。省志启动之后，省志办及时建立省志资料库，编发《省志工作简报》。定期通报各单位进度，推广好的经验做法，有针对性地进行指导。信息处成立后，立即建立信息报送制度，并以《江苏地方志》《江苏方志信息》为平台，开设省志编纂专题栏目。省地方志网页上增设了二轮省志栏目，从文件、动态、理论研讨到编纂答疑，为承编单位及社会提供资源共享平台。

## 三　市场运作

几年来，针对用人、经费使用、志书质量把关等方面出现的新情况，江苏省志办大胆借鉴市场运作机制，以聘任、合同（协议）等方式，对省志编纂工作进行组织管理，弥补了行政推动、人情管理等方面的不足，形成了规范有效的运行监控体系。

### 1. 推行聘任制，强化修志人员的责任意识

在充分挖掘人才资源，努力拓宽人才进入渠道的同时，强化修志人员的责任意识。一方面充分发挥老同志的余热，返聘一些经验丰富的老同志参与第二轮省志编修工作。并与他们签订合同，明确工作任务与岗位职责。

### 2. 采用项目招标方式，加快修志工作进度

对于一些学术性、专业性很强的志书，采用项目招标方式，委托研究机构和高校承

编。《建置志》《吴文化志》《人物志》等，都是以合同形式组织编纂的，省志办与委托单位签订约稿合同，明确质量和时间要求，并制定相应的奖惩措施。为体现江苏深厚的文化底蕴与时代特点，形成省、市、县（市、区）三级志书封面统一风格，采用招投标的方式选择设计人员。在初步选定设计人员及设计方案的基础上，经过律师把关，与设计方签署《关于二轮志书封面设计协议》，明确双方的责、权、利。按照协议检查验收工作进度、设计方案与服务质量。对第二轮省志出版合作伙伴通过招标来选定。以先行招标出版《江苏省志简编》《建置志》《吴文化志》的形式，对省内出版社的资质情况进行调查摸底。在相关出版社提交标书之后，召开议标会。按照《地方志书质量规定》对出版的要求，从“具有一流的编辑、一流的印刷厂、一流的装帧设计”的角度，选定江苏省内 3 家出版社作为第二轮省志出版合作伙伴。视志书编纂进度及专业特点，再与相应的出版社洽谈签订出版协议，杜绝人情关系，规范出版行为。

3. 推进合同协议制，规范约束修志行为

对于部属单位、行业协会、学会编纂工作经费的申报及使用，以协议方式进行管理和约束。省政府将部属单位、行业协会、学会的省志编纂工作经费交由省志办“按年度统一编制预算，报省财政厅核拨”。为此，省志办分别与 12 家承编单位就“所需工作经费、使用管理、志稿完成时间、志稿质量”进行协商洽谈、签署协议，将省志编纂工作的推动从行政手段转为合同约束。

（作者单位：江苏省地方志办公室）

# 快要盼到早晨了，快要看到光明了

## ——第二轮《安徽省志》编纂工作初步总结

朱文根

2015年6月，安徽省地方志办公室召开了一次第二轮《安徽省志》编纂工作经验交流会，十几家承编单位的同志们发了言，收获很大。同志们的发言谈的都是经验、认知、体会、甘苦。8年积累，万语千言，说不完，意未尽，理还乱。好在我们有一个想法，把每一家承编单位在交流会上的发言，包括书面发言，都汇编成册，为大家辛辛苦苦做的这项工作，留个纪念。

我对第二轮《安徽省志》编纂工作也想做点总结、谈点看法。

## 一　八年工作简要回顾

第二轮《安徽省志》工作开展已有8年。一是省委、省政府非常重视，领导非常支持。在《安徽省志》编纂工作启动大会上，时任省长王金山亲自出席大会并作动员讲话。在全省第八次地方志工作会议上，省委书记张宝顺对全省地方志工作作出重要批示，时任省长李斌接见会议代表并讲话，副省长谢广祥作了工作报告。2015年4月，在安徽省地方志成果展暨首发仪式上，省长王学军作出重要批示，副省长谢广祥也作出重要批示；省委书记张宝顺、省长王学军会见中国地方志指导小组组长王伟光、常务副组长李培林一行。8年来，省委、省政府的领导，尤其是主要领导一直在鼓励我们做好地方志工作。

二是各承编单位与全体编撰工作者迎难而上、勇于担当。谈到修志，无人不说难。第一，进入角色难。有的单位一开始干脆就不想编、不想承担。第二，编纂单位虽然承担了，但分管领导和具体编纂工作者不想承担。各承编单位迟迟定不下来分管领导，定不下来编纂工作者。这是为什么？因为难。所有人都看到了修志难，都不愿意参加。第三，心神不定上轨道。这项工作开始是干干停停、犹豫观望、迟疑不进，两年后才逐渐进了轨道，上了高速，下决心干到底了。第四，干起来一路难到底。主要是收集资料难、选人用人难。收集资料是全部工作的基础，光这一条就已十分艰难。省志编纂工作从一开始到现在，一直感到人才不足、力量不足。第五，坚持到底难。编修省志能坚持到最后的虽然有一大批，但临时换将换兵甚至多次换将换兵的都有。第六，这件事情还难在时间太长。我们已经搞了 8 年，还得搞下去，可能需要实实在在的 10 年时间。人一辈子的工作时间最多 40 多年，但花在这件事情上就是 10 年。花的时间越长，耗费的精力越大，这样做出来的事情毫无疑问就越有价值。把这些感受和思考汇集到一起，我在 2015 年 6 月的交流会上写了一副对联和同志们交流，上联是：困难重重，苦海无边，人间困苦，莫过修志；下联是：岁月悠悠，汗水有价，十年一剑，夫复何求？同志们说付出了青春、健康、汗水，甚至尊严。为修志不顾尊严，厚着脸皮去要资料，人家不欢迎也要找，连朋友都不欢迎，最后连朋友都没有了，都是为了修志。十年磨一剑，这一剑可是有价的，是了不起的，是留在历史上的。一生能磨一剑足矣！夫复何求？

三是全面启动、整体推进，分工跟进，一天吃一个鸡蛋。《安徽省志》在编纂工作启动之初，有的同志提出先搞试点，搞成试点再全面展开。我没有听取他们的意见，而是采取政府惯用的办法，全面发动。所以，首先解决第一难，进入角色难。《安徽省志》后来总是在整体推进，与全面启动很有关系。启动后有的动作快，有的动作慢，有的还不动，我们采取开会、通报、调研、督察，还有其他方法加以推进。我们曾在池州开了一个后进承编单位编纂工作会议，当时是以省政府名义召开的，有的承编单位分管负责人去了，火气很大，尽管他不舒服，回去后还是动起来了。还有分工跟进，始终盯着。《安徽省志》设总编室，有十几位责任编辑，每位编辑都联系多家承编单位，这么多年来联系了多少次，可能都记不清楚了。最后一个办法是一天吃一个鸡蛋。考虑《安徽省志》90 部分卷如果老是全面地抓也不行，一筐泥鳅抓不住。我们采取了一个办法，一天吃一个鸡蛋，一部一部地搞。首先搞出了一部标准稿，从体例设计、篇章结构、语言文字、行文格式到封面设计都制定了标准，以后各卷定稿都向标准稿看齐。按照国务院《地方志工作条例》规定，《安徽省志》应该由省政府检查验收。我们捧着稿子到省政府，省政府说你们地方志就代表省政府检查验收吧，最后又弄到我们自己头上来了。所以，我们下决心打造一部标准稿。同时，还想出了一个办法：会审。志稿付印前，省地方志办公室和承编单位在一起通审全稿，审改完毕，双方负责同志签字，这就是成果共享，风险共担。这个办法效果很好，比我们独家审好。第一部标准稿是《安徽省志·交通志》，这一卷问世后每卷都经过会审。对于总编室来说是一天吃一个鸡蛋，对于责任编辑来说也是一天吃一个鸡蛋，搞一卷成熟一卷出一卷。回想 8 年工作，这三个方面是要点：领导支持，同志们拼命，方法正确。

## 二　下一步工作要抓好几个要点

第一，任务在我，责任在我，工作在我。现在看来，《安徽省志》全体承编单位和全体编纂工作者如果没有特殊情况，是要干到底的。像过去那样，有些同志干一阵子，别的同志再接着干，这种情况今后一般不会再有了，就是有也是个别的。你的任务不会再转移到别人身上，你的责任也不会再转移到别人肩上，你的工作不会再由别人来干，你就干到底了。这就是说，要完成最后的任务，除了领导支持你，不要指望别人干，你拖不下去了，如果工作不快，将在《安徽省志》这个群体中落伍。落伍就会变得孤独、寂寞、难看。领导会对你冷眼，同志们也对你不认可。人家都完成任务了，你怎么还没完成？下一步各承编单位将面临一种新状态：要么你功成名就，要么你处境尴尬，别无选择。

第二，2015 年年底是《安徽省志》90 卷完成任务的最后期限。完成的标志就是各承编单位必须把最后能出版的稿子送到出版社，就达到了这个时限要求；如果年底前没完成出版前的各项工作，就没有达到要求。这个时限是 8 年来《安徽省志》编纂工作一个最重要的时限，也是最后一个时限。

第三，质量要求要自始至终一以贯之。每一个章节、每一幅图片、每一个标点符号都要讲究质量，每一个工作环节都要讲究质量，每一个参与工作的同志都要讲究质量。安徽地方志精神四句话最后一句是“刻在石上”，这就是我们的质量要求。只有“刻在石上”，才能传之后世。

第四，要顺利完成任务，务必讲究方法。我在工作中有一个明确的意识，就是做好一项工作必须讲究方法，方法要正确、要得当、要有力度。现在最重要的方法还是一天吃一个鸡蛋。这个方法有几层意思：第一，每天总得要有收获，每天总得要有成效，每天总得要向前推进，不能拖，不能停，要一锤接着一锤敲。第二，吃鸡蛋总得要有吃鸡蛋的人，人人出力、人人得力、人人担当，否则你这个鸡蛋怎么吃？你得把任务分解下去，把责任分解下去，把担当分解下去，众人拾柴火焰高，这样才能达到一天吃一个鸡蛋的目标。第三，一天吃一个鸡蛋，就是说要一个环节一个环节地干好，每一个环节必须迅速地向前推进，才能顺利完成任务。第四，对于一部志稿来说，不要说责任编辑天天要看，总编也要看。但老是从头看到尾也不行，必须集中力量，一部分一部分地搞，一篇一篇地搞，一章一章地搞，一节一节地搞，搞一块，成一块，这才叫一天吃一个鸡蛋。现在就用这个方法，最管用。

最后一点意见，整体开始、整体完成。8 年前《安徽省志》全面启动、统一起步，现在我们要求限时完成、整体完成。对承编单位来说，到时间把稿子送到出版社，就完成工作了。总要求是务必家家完成、全面完成。要完成这项任务，第一，要继续明确一个责任，要修好省志，我们肩负着责任。要对安徽人民负责，修好我们的省志；要对省委、省政府负责，修好我们的省志。第二，要继续发扬一种精神，就是愚公移山精神，天天挖山不止。再苦再累、再想休息、再想睡觉都不行，还得天天挖山不止。第三，要保持一股干劲，马拉松跑到底。我过去晨练打太极拳，后来看到朋友们都跑步，跑得状态良好、信心十足。我现在练拳前后也跑步，开始跑不远就气短了，现在越跑越长，气不短了，适应了，就是说要不断地突破自我。运动是这样，干工作也是这样，修志更是这样，尤其是在最后阶段，我们必须跑到终点。我是一直提倡：自己的事情自己干，自己的桃子自己摘。现在即使有别人来接替我们的工作，也不需要了。我们的桃子已经快要成熟了，不要别人摘了，我栽种的桃子自己摘，摘下来是我的奉献、我的光荣。对于《安徽省志》编纂者来说，现在看到有三种情况：一种情况是成果出版了，早成大业；一种情况是干完就退休了，终成大业；还有一种情况是手头志稿没完成，就到了退休年龄，留下了终生遗憾，我想我们不会出现这种情况。

在《安徽省志》编纂工作的最后时刻，安徽省地方志办公室的同志干什么呢？除了正常的服务、联系、释疑解惑之外，要做一个牧羊人。在我们的面前，是一片羊群，其中有几只羊走在最后面，我们的责任就是挥挥鞭子，催催它们；或者把小羊抱起来，也要赶上去。这项工作干到什么时候呢？一直干到羊群归来，没有一只掉队的，才算完成任务。今后要开一些小会，凡是走在羊群最后的那些弟兄们，今后将常开这样的会，请后进的、孤独的、寂寞的、处境艰难的同志们来开会。希望各承编单位尽量赶到前面，或者最起码跑在中间，如果落在后面，就请你来开会。总编室会议是一个月开一次，月初开会，请他们参加，我们已经请他们来开过一次会。他们来开会，心理上、面子上都不好过，但我们也是不得已而为之，这样的会议我们硬着头皮、硬着心肠也得开下去。

从总体上来讲，我们快要盼到早晨了，快要看到光明了，太阳要出来了。全体同志再努一把力，我想也不会花费很大的力气，只要重视、只要抓紧就行。只要后面的赶上来，中间的继续往前走，年底前后就能完成任务。

（作者单位：安徽省地方志办公室）

# 解放思想　改革创新
# 主动适应和引领史志事业发展新常态

刘爱军

**内容提要：** 党和国家对史志工作提出新任务、新要求，史志事业逐渐形成新的科学发展常态，以传承弘扬优秀传统文化、服务经济社会发展为目标，以落实“一纳入、八到位”为突出主线，以解放思想、改革创新为动力，以全面推进依法治志为保障。山东史志系统以第五次全国地方志工作会议精神和《全国地方志事业发展规划纲要（2015—2020年）》为指导，主动认识新常态，适应新常态，引领新常态，转变思想认识，创新方式方法，加大工作力度，不断开创史志事业科学发展的新局面。

**关键词：** 山东　史志事业　科学发展　新常态

在以习近平为总书记的党中央坚强领导下，我国经济社会发展进入新常态。国务院办公厅印发《全国地方志事业发展规划纲要（2015—2020年）》（简称《规划纲要》），党和国家对史志工作提出新任务、新要求，史志事业迎来了重要的发展机遇，呈现新的特点，形成新的常态，体现了史志事业发展的主要趋势，反映了史志事业发展的客观规律。史志事业发展的新常态，归根到底是史志事业不断实现科学发展的新状态，这种新状态以落实“一纳入、八到位”为突出主线，以传承弘扬优秀传统文化、服务经济社会发展为目标，以解放思想、改革创新为动力，以全面推进依法治志为保障。

新常态既有新挑战，也有新机遇，要有新认识、新思维，更要有新作为、新动力、新成绩。山东史志系统认真学习中共十八大和十八届三中、四中全会精神，深入贯彻习近平总书记系列重要讲话精神，特别是对史志工作的重要指示，以第五次全国地方志工作会议精神和《规划纲要》为指导，主动认识新常态，适应新常态，引领新常态，提高运用科学理论和辩证思维研究解决实际问题的能力，转变思想认识，创新方式方法，加大工作力度，不断开创史志事业科学发展的新局面。

## 一　认真落实全面推进依法治志的各项要求

中共十八届四中全会做出全面推进依法治国的重大战略部署，《规划纲要》明确了走依法治志的道路。依法治志不但成为依法行政的重要方面，而且是推进多层次多领域依法治理的重要内容。有了法律法规的刚性约束，史志工作不再是阶段性、临时性“软任务”，而是各级政府工作必要组成部分。2014 年，山东省委副书记、省长郭树清在对史志工作的批示中特别强调：“修志是国家行政管理的必要组成部分，各级政府要把发展史志事业作为重要职责，纳入经济社会发展规划，确保各项工作落实到位，不断推进全省史志工作跨上新的台阶。”这就要求用法治思维和法治方式完善改进史志工作，从理论和实践上加强依法修志、依法管志、依法用志等各项工作，认真谋划中长期发展，注重工作成效和实绩，自觉接受法律和人民群众监督，依靠法治手段破解发展难题，理顺体制机制，服务史志事业又好又快发展。

保障史志事业可持续发展，必须以健全完善的法律法规体系为依据。《规划纲要》要求：“推动《地方志工作条例》的贯彻落实，逐步建立健全地方性法规规章。”史志工作只有依托坚实的法治保障，依法修志、管志、用志，地方志工作者腰板才能更硬，说话才能更有底气，做事才会更有力度。山东特别注重下好先手棋、打好主动仗，加快构建配套完备的法规规章体系。截至 2015 年年底，全省 17 个市、137 个县（市、区）全部颁布实施史志工作法规、规章或规范性文件，在全国率先完成省、市、县三级史志工作法规规章体系全覆盖，为依法治志创造了条件。

山东省史志办还积极探索深入推进史志工作法治化建设的有效途径。与省编办等部门积极沟通，依据国务院《地方志工作条例》和《山东省地方史志工作条例》，将“自行组织编纂有关志书、年鉴或地情文献的备案”的行政权力纳入“山东省省级行政权力清单”，将“负责山东省史志资料的编纂和指导工作”等责任纳入“省级政府部门责任清单”，并编制行政权力信息表、流程图，明确事中事后监管、公共服务事项、责任追究机制等事项，通过网络等媒体加以公开，做到权力和责任运行依法有据、公开透明，切实承担起法律法规赋予史志机构的权力和责任。

## 二　深入贯彻紧抓主业全面发展的工作理念

《规划纲要》提出“以修志编鉴为主业，统筹兼顾理论研究、开发利用、信息化建设、方志馆建设、旧志整理等工作，实现地方志事业全面协调可持续发展”的工作理念。刘延东副总理在与第五次全国地方志工作会议部分代表座谈时指出：“连绵不断地编修地方志是中华民族特有的文化基因，为中华文明代代相继、血脉相承，发挥了至关重要的作用，意义十分重大。”传承地方志“文化基因”，一方面要全力做好修志编鉴主业，保证志书的延续性，另一方面要不断注入新的生机和活力，使之更好适应新的社会生态。

史志工作本质上是文化传承，志书是载体，文化是灵魂。传统的编史修志是梳理总结既有文化成果，通过汇编成书加以传承弘扬。随着经济社会的发展，不但积累的文化成果日益丰富，传承传播的手段也有新的飞跃。尤其是各类数字化、互联网等新生事物和技术，契合了志书的文化传播属性，相继加入史志事业行列，成为传承弘扬地方志文化的重要载体和手段。而且随着社会的发展进步，还会有更多的形式和更丰富的内容被纳入史志事业，但无论史志事业多么枝繁叶茂，都统一在李克强总理重要批示中“弘扬优秀传统文化、服务经济社会发展”这一根本要求。从目前史志事业自身需要和经济社会发展需求来看，应在做好修志主业的基础上，形成志书、年鉴、地情资料库、方志馆、地情网站、开发利用、方志刊物、方志学会、方志理论研究全面发展的工作格局。

山东在全面谋划和整体推进史志事业发展的过程中，始终将修志编鉴作为主业抓紧抓牢。制定了《全省第二轮修志倒排工期计划表》，通过倒排工期，加强督促检查，加快工作进度。目前，已出版省志分志 29 部，完成计划的 39%；市级志书出版 4 部 3 册 5 卷，完成 38%；县级志书出版 83 部，完成 61%。同时，注重运用信息化等先进手段助推工作开展。在全国率先建成省、市、县三级地情网站，并实现互联互通、资源共享。在此基础上，2015 年又全面完成市县地情网站大规模改版升级，筑牢了史志工作信息化基础。各项史志事业也深度融合、互相推进、共同发展。新出版的志书和年鉴等史志成果及时录入省情资料库，形成 20 亿字的信息资料，方便社会各界查询利用，省情网因其内容丰富、更新快捷、开放度高、使用方便，得到省内外史志同行的高度评价。《山东年鉴》从 2014 卷开始，每年都使用二维码技术，2015 卷又通过二维码链接了视频资料，丰富了年鉴表现形式，节省版面的同时给便智能手机用户新的体验。山东省情网还开通了虚拟方志馆功能，山东省方志馆部分展区可通过网络浏览，提高了省方志馆的影响力，也丰富了省情网内容。

## 三 全力提升干好事业管好系统的综合能力

《规划纲要》提出：“到 2020 年，基本形成地方志编修体系、理论研究和学科建设体系、质量保障体系、资源开发利用体系、工作保障体系‘五位一体’的地方志事业发展综合体系。”完成这一宏伟目标，是对史志工作的能力和素养提出新的要求。

一方面是干好事业的业务能力。史志工作纵贯古今、横陈百科，具有较强的专业性，有着较为成熟理论体系、研究方法和工作模式。从事史志工作，必须努力学习各项专业知识，努力掌握新知识、新本领，丰富知识，开阔视野，提高综合素质和理论水平，努力适应新形势，新变化。山东省史志办制定了人才培训五年规划，省财政每年拨付 60 万元经费支持举办培训班，涉及第二轮修志、年鉴编纂、乡镇村志编修、信息化和方志馆建设等多方面内容，已经培训上千名业务骨干。2015 年的培训班则首次邀请新疆、西藏、青海、云南、内蒙古 5 个省区的 55 名地方志工作者参加，有力促进了兄弟省区间的学习交流。每年召开方志理论研讨会和方志期刊座谈会，充分发挥《山东史志》等理论平台作用，提高全省修志人员业务水平。良好的素质和过硬的作风，使得山东史志系统在围绕中心、服务大局的过程中不断发挥更大的作用、创造新的工作成绩。2015 年是中国人民抗日战争暨世界反法西斯战争胜利 70 周年。山东省史志办主动提出编纂山东纪念抗战胜利 70 周年丛书，得到省委、省政府的高度重视和大力支持。丛书共 5 本、200 万字、3000 余幅图片，包括《山东抗战将士记忆》《山东抗战将士传略》《山东抗日根据地图志》《山东抗战战事史料汇编》《山东抗战纪念设施和遗址名录》，全省史志机构上下联动、众手成志，仅用 7 个月时间就完成编纂任务。山东省委副书记、省长郭树清省长先后 5 次作出批示，指出

“编撰这本书很有意义”。中国地方志指导小组组长王伟光、常务副组长李培林也先后作出批示，给予充分肯定和高度赞誉。

另一方面是管好系统的管理能力。深化改革带来权力和责任的规范明晰，史志机构更多地由单纯承担修志编鉴任务的业务部门向依法组织、指导、督促和检查各项史志工作的管理机构转变，全面贯彻落实“一纳入、八到位”的总要求，必须在提升业务能力的同时，全方位提升管理能力。事业单位分类改革是史志系统生死攸关的大事，经过积极争取，山东省史志办机关暂不参与事业单位分类改革，省方志馆定为公益一类，为省史志办增设 1 个副巡视员职位。各市史志办也都参照省里的做法，达到了预期目的，为史志事业发展打下良好基础。山东 2014 年召开了全省史志工作电视会议，传达贯彻第五次全国地方志工作会议精神，表彰史志工作先进集体、先进个人和优秀成果。第一次采取电视会议的形式部署工作。《山东省志》承编单位分管负责人、史志办主任，先进集体和先进个人代表在主会场参加会议，各市、县（市、区）政府分管负责人、史志办主任及有关部门、单位负责人在分会场参加了会议，总人数近 5000 人，仅用一个半小时就完成全部 7 项议程，引起了各级政府和省直各部门的重视，在全省形成了关心支持史志工作的良好氛围，有力推动了史志工作特别是第二轮修志工作的开展。近两年来，史志工作逐渐由边缘走向中心，得到省委、省政府的高度重视，2014 年以来，山东省委副书记、省长郭树清 14 次对史志工作作出批示，这在山东省社会主义新方志编修 30 多年来前所未有，有力促进了地方志事业大繁荣、大发展。

## 四　积极实现注重质量提高效益的内涵增长

《规划纲要》明确了“坚持质量第一”和“坚持修志为用”的基本原则。在当今多元化社会环境下，史志成果既有公共文化资源的公益属性，也有文化产品的市场属性。无论从财政资金使用效率，还是满足群众需求角度，都对史志工作的质量和效益提出更高要求。必须从重视数量、低端低效的粗放发展模式，向高质量和高效益转变。

志书是史志机构最核心的“产品”，是区别其他公共文化机构的特色所在，也是最鲜明靓丽的“名片”。山东省史志办始终以编纂精品佳志的目标加强质量管理。2014 年，山东省史志办进一步完善了《山东省志书质量管理规定》等 13 项志书质量管理制度，加强志书评议、审查验收和出版各环节工作，对志书编纂全过程进行质量管理和控制。同时注重典型引路，每年向全省推介 3 ~ 4 部优秀二轮志书，通过刊物、简报等形式刊发先进经验，组织专家进行评介，形成浓厚的志书质量研究氛围。从目前已出版的二轮志书来看，质量较首轮有了明显提高。

史志机构掌握的资料是历史文化资源“富矿”，经过充分利用，可以开发出很多衍生产品，实现史志资料价值最大化。山东省史志办在编纂完成山东纪念抗战胜利 70 周年丛书的基础上，充分利用掌握的资料，正着手组织拍摄人物传记纪录片《山东抗战口述史》、专题故事片《山东抗战将士传略》、文献片《山东抗战纪念设施和遗址》。以《齐鲁诸子名家志》为蓝本的史志成果动漫也在加紧制作，首部动漫《辛弃疾》将于年底前完成。

烟台市史志办参与拍摄的12集纪录片《胶东烽火》在中央电视台播出，莱芜史志办与电视台联合制作播出25集《村庄影像志》，菏泽史志办工作人员做客菏泽电视台《百姓讲坛》栏目讲述民俗历史，产生良好效果。临沂史志办编纂的《沂蒙革命根据地志》在建党93周年之际出版，填补了沂蒙革命根据地没有专门志书的空白，作为党的群众路线教育实践活动学习资料在全市发放，体现了优秀史志成果的巨大影响力。

好酒也怕巷子深，《规划纲要》明确要求："大力宣传地方志工作机构贯彻落实党和国家大政方针的新举措、地方志工作服务经济社会发展的新成绩、地方志工作者投身现代化建设的新贡献。"史志工作只有加强与新闻媒体的互动，运用报刊、电台、电视台等新闻媒体多方宣传，才能最大限度扩大影响。山东纪念抗战胜利70周年丛书出版后，省委办公厅、省政府办公厅为丛书举办新闻发布会暨赠书仪式，中国地方志指导小组常务副组长李培林、山东省副省长王随莲亲自出席会议，省内外20家新闻单位参会，人民网全程直播新闻发布会并进行了专题采访，引起社会各界强烈反响。山东省史志办编纂的《第十届中国艺术节志》，共202万字、1072张图片，是1987年中国艺术节举办以来首次修志，仅用一年时间高质量完成，在全国同类志书中十分罕见。出版后联合省文化厅、档案局、新闻办等单位举行了新闻发布会暨赠书仪式，30多家新闻单位作了报道，有力地推介了优秀史志成果。此外，还加强自身媒体建设，发出自己的时代强音，尤其是利用网站、社交软件等群众喜闻乐见的形式扩大影响。开通了"山东史志""沂蒙史志"官方微信，威海和菏泽市史志办开通了官方微博，乳山史志办创建了英文市情网，都产生积极的社会效益。

史志文化活动有着独特的社会吸引力和影响力。《规划纲要》明确要求："设计宣传主题，创新宣传形式，推出一批人民群众喜闻乐见、有较大社会影响力的地方志宣传精品。"除方志理论研讨会等学术研讨活动外，山东省史志办还重视视组织策划体现史志特点、发挥史志优势的公益性、群众性文化活动，产生叠加效应。2013年，山东省史志办聘请著名学者欧阳中石先生担任山东省方志馆的名誉馆长，以此为契机开展了多种形式的文化活动。先后举办"文化齐鲁大讲堂""欧阳中石书中华美德古训展"等活动，邀请欧阳中石先生在省方志馆举办"中华文化与逻辑""中华文化与书法"讲座，产生热烈的社会反响，对传承弘扬优秀传统文化，培育践行社会主义核心价值观等方面都产生积极的推动作用。

## 五　推动形成资源整合开放协作的工作力量

中共十八届三中全会提出："推动政府部门由办文化向管文化转变。"传统编史修志的组织结构较为封闭，已经不能适应史志工作新的要求，很多工作仅靠史志工作机构内部难以完成。经济社会迅速发展也在倒逼史志机构打破传统封闭的工作模式，变"闭门造车"为"开门修志"，整合社会资源，统筹各方力量，建立由内而外、全方位、开放型的史志工作队伍。

首先，要加强自身队伍建设。转变人才培养模式，完善选用、培养、教育和奖励机制，建立一支既有专业和理论功底，又有实践和行政决断能力的常备力量。山东省史志办将队伍能力素质摆在机关建设的重要方面。2014 年，全面修订完善规章制度，出台 32 项机关管理制度和 28 项业务规范，以完善的工作体系流程推动整体作风的转变和能力素养的重塑。同时，在工作实践中通过传帮带、老带新等方式，开展岗位练兵，给年轻人压担子，促进人才快速成长。

其次，要指导督促各级、各部门建立专兼职史志工作队伍，通过业务培训、成果展览、经验交流等多种形式，提高整个史志队伍的战斗力和凝聚力。山东省史志办，通过政务督查等手段，明确要求承担修志任务的部门健全完善机构、保障必要的条件。建立“《山东省志》续修工作协作组”，定期组织交流活动，促进修志工作开展。还形成了健全完善的激励机制，从 2007 年起在全省史志系统开展“优秀史志成果”评选活动，以省政府办公厅名义表彰获奖单位和成果。省政府办公厅、省人力资源社会保障厅每四年开展一次全省史志工作表彰活动，调动起全省修志战线的积极性。

再次，要推进更广泛意义上的史志人才队伍建设。包括各类科研院所、高等院校、文化机构、新闻单位、社会团体和社会各界研究者和热心人，都是史志工作的重要力量。山东省史志办一方面搭建载体平台，打破专业和区域界限，鼓励和吸纳社会各界学有专长的人员以多种方式和渠道参与史志工作。组建修志业务专家组，吸收社会各界力量为志书质量评审把关。另一方面通过项目带动的方式，为史志事业聚集力量。在编纂《山东历史地图集》，整理出版《山东省历代方志集成》的过程中，吸收省内历史文化、文献出版方面的专家作为顾问，参与论证、编辑、把关等工作。在编纂《齐鲁历史名人传略》的过程中，采取学术主编负责制，以课题外包的形式，从社会各界聘请专家学者担任学术主编，保证项目顺利进行，使各类优秀人才发挥特长、为我所用。

## 六　努力满足公共文化服务各个层面的需求

中共十八届三中全会提出：“建立公共文化服务体系建设协调机制，统筹服务设施网络建设。”《规划纲要》明确要求：“发挥地方志资源在地方公共文化服务中的重要作用，利用各类媒体广泛宣传地方志成果，推动方志文化进机关、进农村、进社区、进校园、进企业、进军营。”

方志馆是史志工作向社会提供公共文化服务的基础设施和重要平台，具有其他公共文化服务机构不可替代的独特作用。按照把方志馆建成“地方志和地情资料收藏展示中心、地情研究咨询中心、地方文化对外交流中心，建成爱国主义宣传教育基地”的要求，山东史志系统全方位加强了方志馆建设，要求各市将方志馆纳入地方公共文化服务体系，加快推进省、市、县三级方志馆的建设。目前，市级方志馆建成 14 家，县级方志馆建成 80 家。山东省方志馆建成后不断充实丰富馆藏，现存志书资料 10 万余册。建立“全省志类成果交换平台”在省情网上线运行，汇集全省方志馆馆藏信息，拓宽全省志类成果流通渠道，互通有无、调剂余缺，在全国史志系统尚属首例。形成与各级公共文化服务机构共享史志成果的机制。2014 年，山东省史志办影印出版宣统版《山东通志》，共计 12 函、218

卷、635 万字，重现山东历史上规模最大、内容最翔实、体例最完备的通志，极具文化价值，无偿赠送给国家图书馆，山东省档案馆、图书馆、博物馆，首都师范大学、山东大学、山东师范大学图书馆等公共文化机构，受到社会各界的高度评价。

史志机构归根到底是地情记载、研究、开发和管理机构，应该掌握最全面、系统、权威的信息，成为地域信息的收集者、整合者、发布者、利用者。山东省史志办加大地情研究和资源开发利用力度，为经济社会发展提供强大的地情资料保障、精神支撑和智力支持。一方面，积极主动贴近中心、融入大局，找准史志工作位置，发挥史志工作功用，实现有思路、有作为、有地位。年鉴是与现实工作贴合紧密的地情资料书，山东省史志办紧抓年鉴的时效性，开展提速增效活动。《山东年鉴》2014 卷在 2013 卷提前 2 个月出版的基础上再提前 2 个月，2014 年 7 月底出版，是全国出版最早的省级综合年鉴。2015 卷于 2015 年 6 月出版发行，继续保持全国第一，在 2014 卷荣获全国年鉴质量评比最高奖“特等奖”的基础上又进行了 30 项改革创新，同步推出袖珍版的《山东省情概览》，服务现实的功能大大增强。另一方面，树立“为民”“惠民”理念，体现公共文化服务机构的普惠性，从人民群众的实际需求出发，注重增强志书编纂等各项工作的公众性和社会性，开辟更多服务窗口和渠道，为不同层次的对象提供独具特色和魅力的地方史志文化服务。习近平总书记多次强调新农村建设要“留得住青山绿水，记得住乡愁”，2014 年山东省组织实施了“乡村记忆工程”。山东省史志办专门制定《关于做好乡镇村志编修工作的意见》，推动全省有条件的乡镇、村居开展修志工作，留存“乡村记忆”，目前已出版乡镇村志 800 余部，临朐县《冶源镇志》入选中国名镇志文化工程四部样板志书。一些县（市、区）开展了“村村修志”工程，出版了“村镇大观”“村庄大典”“村镇志略”等各种类型的乡镇村志，对于传承保护乡村文化、丰富改善农民文化生活起到积极的推动作用。

山东省史志办将以更加饱满的热情，深入学习贯彻《规划纲要》，积极主动地适应和引领史志事业发展新常态，继续加强改革创新，深入推进依法治志，全面提升能力水平，团结奋进，扎实工作，传承弘扬优秀文化，服务经济社会发展，努力开创史志工作新局面。

（作者单位：山东省地方史志办公室）

# 让历史说话　用史实发言
# 提升拓展修志之道

史天社

**内容提要：** 修志之道，就是修志的规律、理念、方法、途径及规范。让历史说话，用史实发言，是增强地方志工作主动性，开拓地方志工作领域，发挥地方志作用的高标准和新要求。新编地方志取得巨大成就，奠定良好基础，具有向历史、社科、人文等研究、传媒领域开拓进取的能力和品质。抓住历史机遇，总结借鉴修志经验，提升开拓修志之道，地方志必将增强活力，发挥更大的作用。

**关键词：** 修志之道　修志编鉴　经世致用　修志问道　以启未来

习近平总书记在中共中央政治局第二十五次集体学习时强调，“深入开展中国人民抗日战争研究，必须坚持正确历史观、加强规划和力量整合、加强史料收集和整理、加强舆论宣传工作，让历史说话，用史实发言。”要求协调各地党史、军史、档案、政协文史资料、地方志、社科院、高校等部门和机构的力量，扶持民间研究，从军事、政治、经济、文化、社会、外交、国际等领域对抗战进行系统研究，推出高水准的权威专著和通俗读物。总书记讲话部署抗战研究工作，上升到了国家的战略层面。讲话体现了地方志的价值及地位，为地方志开拓研究历史、服务现实的领域，指明了方向和途径。“让历史说话，用史实发言”，启迪我们把握修志规律，完善修志理论，提升修志境界，指导修志实践，开拓修志领域，以治史治学的精神修志问道，用经世致用的智慧以启未来。

## 一　以客观存真，实现方志的基本价值

### （一）把握方志性质，完善方志理论

方志是对客观存在的意识反映，源于社会生活、社会实践，是对当地地情百科知识的汇聚凝练。地方志的基本价值，在于其客观真实性。志书是全面、系统的客观性著述，如实记载文明成果，具有求真存实的重要功能。理论具有指导性、前瞻性、规范性等作用。新编地方志的理论研究成果极其丰硕，方志学科建设取得进展，必将发挥着日益重要的作用。

### （二）注重修志实践，把握修志规律

一个社会有一个社会的性质，各个时代对方志的定性和要求各不相同。新编社会主义志书注重实践，继承创新，修志工作主要从保证志书的资料性着眼，讲究体例的完备和行文的规范，同时也在强调志书的有用性和可读性。

地方志工作开创了党委领导，政府主持，各级地方志机构组织实施，社会各级广泛参与的修志机制；积累修志工作经验和理论，建立了比较系统的法规制度体系；稳定地方志工作机构，培养了一批优秀的方志学人和一支专兼职结合的修志队伍。特别是实施《地方志工作条例》以来，逐步推行依法修志、依法治志，地方志作为社会主义文化建设的重要部分，修志之道更加清晰坚实。

各地走自己特色的修志之道，保证了修志规划任务的完成。新方志产生的大量精品佳作，具备了志书求真存实、存史资政教化的基本价值。

### （三）坚持正确指导思想，严把质量关

新编志书以马克思主义理论为指导，坚持走中国特色社会主义文化发展道路，客观记述历史与现实，为人民服务，为社会主义服务，体现思想性、时代性、科学性、资料性、综合性、地方性等特征。

实践证明，积累资料客观记述地方历史及现状，是地方志的基本功能；探索完善方志体例规范，是地方志的专业要求；编研编纂编审结合，是志书编修的基本方法；培训规范提高整体素质，是高质量志书的内在成因；依法治志政府审核把关，是志书生命的制度保证。

## 二　让历史说话，增强志书的内在价值

### （一）保持存史品质，增强文化价值

人类的历史，说到底就是一部文明进化的历史。文化的魅力是无穷无尽的。历史上一个个经典故事之所以传之后世、咏叹不衰，不仅在于其情节的真实，更是在于其精神价值的真实。

志书的根本价值就在于它的文化属性上。修志是一个社会文化现象，形成浩瀚的系列方志产品，构成涵盖自然、经济、政治、文化、社会、军事等各个领域的知识总库。一部志书是一个知识体系，一轮志书依然构成知识体系，地方志应该有这样的目标和追求。

“千年的文字会说话。”方志让历史活起来，不仅要将历史的真相告诉后人，更要将蕴含在其中的精神文化传播下去。志书不仅要保持述而不作、述而不论如实记载的质朴品质，也要回答历史和现实中的“有什么?”“是什么?”“为什么?”问题，透过历史的表象，呈现给读者本真的客观事实及灵魂精神。

### （二）深化提炼研究，增强志书著述性

志书是中华文化的厚重根脉，需要不断地汲取营养，也需要不断地输送营养，才能保持旺盛的生命活力。信息社会的文化消费具有多样性的特点。志书需要创新变形，提供丰富多样的精神文化产品。

习近平强调："抗战研究要深入，就要更多通过档案、资料、事实、当事人证词等各种人证、物证来说话。"志书让历史说话，首先要让事实及其蕴含之中的智慧说话。

这对新编地方志的思想性、资料性、客观性、生动性等提出了极高的要求。如此一来，修志就有了研究著述性的本能，志书的生产方式、产品性质也会随之相应变化。

### （三）全面提高素质，增强说话能力

根本的目标是增强志书的说话能力。志书用事实资料说话，要求编者具有正确的世界观、方法论，懂业务、有知识、有品德、有能力，会收集整理、研究认识、把握运用好入志资料。

一部《史记》"究天人之际，通古今之变，成一家之言"何等的壮观，影响何等的深远。我们修志人是当代的司马迁，从事着的是一项重要的社会主义精神文化建设事业。提高素质，担当使命，历史选择我们，社会众望我们，能力训练是一个基本功课。同时，提高社会化修志程度，聚集社会人才和智慧力量，是一个必要的保障途径。

如此之道，修志人既是编纂者，也是组织者、管理者、审定者、服务者，需要综合能力的修养提高。

## 三　用史实发言，发掘方志的使用价值

### （一）牢记职责使命，站到历史前台

地方志是一项自觉的文化认知及文化体系构建工作，是一项基本的智力建设，是一项重要的社会文化基础工程。为国修志，传承文明，是地方志工作的宗旨和使命。

"一切对历史的解释，必然与时代息息相关。"地方志用史实发言，修志就必须站到历史的前排，运用辩证唯物主义和历史唯物主义的观点和方法，看待研究历史和现实关系，将过去、现在和未来紧密地联系起来，赋予志书以鲜活的生命力。如果将历史与现实割裂开来，埋头在故纸堆里当学究，只会是在做如同收齐满山遍野的"枯草"般的劳作，不会生产出有生命力的文化产品。

站在历史的前台，地方志要做先进文化建设的生力军，将手中的志书及文化资源转化成社会发展的营养大餐和正量能源。

### （二）应对机遇挑战，发展方志生产力

过去，地方志站在历史的背后记录"过去"；现在，要站在历史的中间和前沿，反映

客观存在的状况和趋势。通过研究掌握翔实的史实、史料来发声、发言，这种权威、角色，对方志人的能力和素质是个严峻的挑战和考验。

方志有巨大的使用价值，编纂地方志也是发展生产力。历史是最好的教科书，历史还是最好的清醒剂。有用性是地方志的生命线，也是地方志的战斗力和生产力。

地方志的任务，是记述本地区自然地理状况和人们在相应环境中从事各项社会活动的历史过程。新编志书对记述对象的认识和描述不断向着宏观和微观新层次拓展延伸，加深反映本地情况的深度广度，通过系统地、分门别类地整理资料，依据一定的体例编纂记述出来，给人们一个明晰的认识，为政治、社会发展提供历史经验，为经济、文化建设提供信息和咨询，为科学研究和生产生活提供线索借鉴，为社会主义核心价值观提供沃土。

编修地方志是社会自身发展的需要和主流观念的表达。这是地方志价值的动力源泉，是发展方志生产力的至因真谛。

### （三）整合各方力量，开辟用志新领域

修志、用志都是地方志的主业。地方志是当地风土人情的写照，是精神财富的宝藏，更是方志人的情怀依托。志书一旦修成，就要面向社会，接受社会的检验并为社会服务。修志涉及社会的各行各业、各条战线，几乎所有的部门、单位都成为志书资料的来源，修志的过程全社会都在参与。新编志书得到社会各界的协作襄助，修志成为开放性的社会文化工程。修志的群体和用志的群体大体相同，地方系统熟悉地情，掌握志书宝库钥匙，要利用这些天然优势，积极倡导“众手修志”“众人用志”，并像修志一样组织动员、服务社会用志，带动用志、帮助用志。

修志之道越走越宽。地方志修志编鉴，也在整理旧志。在现有规划的省、市、县三级志书以外，支持部门、乡镇、村志编纂，支持家谱、企业志编纂，形成百花齐放的方志苑地。以此为基础向历史、社科、人文等研究、传媒领域开拓进取。各地在研究历史、研究地情、研究文化中，制定实施各种丛书编纂规划，带动组织起当地专家学者积极参加的“学术军团”，发出了自觉的先声绝响。

用志范围十分广泛。用好已有志书，服务经济社会发展，开发生产系列适用产品，满足社会需要和大众实际需要。当领导、做工作、搞调研、做规划、上项目、写文章、求知识、去旅游，等等，都可以从志书中得到智慧和启示。各地兴建地方志馆、开办地情网站、出版发行杂志，有了促进修志用志的载体平台。积极应用“互联网+”等新技术和各种新媒体，面向社会大力开展志书知识普及宣传活动，扩大服务领域、服务层次、服务范围，提高志书效益，让志书走进社会各界，走进千家万户，走向全国，走向世界，地方志的作用及其影响力日益扩大，地方志事业会更加灿烂辉煌。

（作者单位：陕西省地方志办公室）

# 认真贯彻《规划纲要》精神，推动民族地区地方志工作上新台阶

廖运建

《全国地方志事业发展规划纲要（2015—2020 年）》（简称《规划纲要》）的颁布，是我国地方志事业和地方志工作的一件大事。特别是《规划纲要》中明确提出了要重视“民族地方志”的编纂工作和“支持民族地区做好地方志编纂工作”“各地要加大对民族地区地方志工作的经费保障等要求”，这充分体现了党中央、国务院和中国地方志指导小组对民族地区地方志工作的关心和支持，也必将对民族地区的地方志事业起到积极的推动作用。

## 一

编修地方志是中华民族优秀文化传统，地方志编修对边疆少数民族地区的社会稳定和长治久安有着独特的文化作用。边疆少数民族地区历来是敌对势力在意识形态领域争夺的主要阵地。他们经常通过歪曲历史、利用民族和宗教问题来蛊惑人心、蒙蔽群众、散播民族仇视、破坏祖国统一、民族团结和社会稳定，而民族地区编修地方志书，坚持以马列主义、毛泽东思想和中国特色社会主义理论体系、习近平总书记系列重要讲话为指导，运用辩证唯物主义和历史唯物主义的方法，坚持实事求是的原则，客观、全面系统地记述了民族地区自然、政治、经济、文化和社会的历史与现状的资料性文献，具有存史、资政、育人的作用。

民族地区地方志书作为国家文化软实力的重要内容，对于民族地区各族人民群众树立正确的国家观、民族观、宗教观、文化观和历史观具有十分重要的作用。习近平总书记在考察新疆工作时指出，“新疆社会稳定和长治久安关系全国改革发展稳定大局、关系祖国统一、民族团结、国家安全、关系中华民族伟大复兴”，他还强调：“要用社会主义核心价值体系引领构筑新疆各民族共有文化和精神家园，不断增强各民族对伟大祖国的认同、对中华民族的认同、对中华文化的认同、对中国特色社会主义道路的认同。”习近平总书记的重要讲话精神是指导民族地区做好地方志工作的重要指针。因此，我们在新疆的修志工作者，在修志编纂的过程中，必须要坚持正确的政治观点，要有强烈的政治意识。必须懂

得新疆历史，新疆的民族发展和宗教演变史，在编修地方志书的过程中牢固树立新疆自古以来就是伟大祖国不可分割的一部分；新疆的历史是各族人民共同创造的历史；新疆自古以来就是多宗教活动的地方；新疆的发展从来都离不开中央政府和内地的支持；新疆解放以来在中国共产党的正确领导和党的民族政策的光辉照耀下，发生了翻天覆地的变化等重要意识。

新疆的地方志工作者是新疆现代文化引领、促进新疆文化建设大发展大繁荣的生力军，同样也是促进新疆社会稳定和长治久安的生力军，使命光荣、责任重大。新时期、新阶段，天山南北发生着深刻的变化和变革，新疆的干部群众坚持“以现代文化为引领”，坚持“科学发展、科学跨越、后发赶超”资源开发可持续，生态环境可持续；坚持“变化、变革、创新”，弘扬“新疆精神”创造“新疆效率”；坚持“依法治疆、团结稳疆、长期建疆”。这些闪烁着科学光芒的发展理念，已经成为推动新疆跨越式发展和长治久安的动力和源泉，今天的新疆，就像鼓满风帆的巨轮，在建设丝绸之路经济带的伟大征程上盛大启航。作为地方志工作者，有责任、有义务把盛世新疆记载下来。

## 二

新疆开展新编地方志工作以来，在自治区党委、人民政府的正确领导下，在中国地方志指导小组的有力指导下，经过全疆地方志工作者的不懈努力，取得了巨大的成就，已形成党委领导、政府主持、地方志工作机构组织实施、社会各界广泛参与的工作体制；基本形成将地方志工作纳入各地国民经济和社会发展规划、各级政府工作任务，认识、领导、机构、编制、经费、设施、规划、工作到位的工作机制。从1983年自治区地方志编纂委员会成立至今，每届都由自治区人民政府主席担任编委会主任，各地州、市（县）也由政府主要领导担任。依法修志工作取得新进展。2006年国务院颁布施行《地方志工作条例》后，自治区在立法调研的基础上，于2009年颁布了自治区人民政府令《新疆维吾尔自治区实施〈地方志工作条例〉办法》。同时，还制定了一系列地方规章、制度，进一步明确了各级政府对地方志工作的领导责任，加强了地方志工作机构履行、组织、领导、督促和检查地方志工作的职责，确保了地方志工作的依法开展。每隔两年都要由自治区领导带队，对全疆地方志工作开展情况进行督察。编修成果不断丰富。出版首轮《新疆通志》和地县两级志书196部。第二轮修志稳步推进，确保2020年全面完成编修任务，地方年鉴覆盖率近90%。《新疆年鉴》获全国出版行业特等奖，多次获自治区哲学社会科学二等奖。出版了大量反映新疆经济社会发展的地情书。同时，翻译出版了一批少数民族文字的志书和年鉴。突出抓好质量建设，牢牢把握质量是志书的生命线这个关键，严格落实把好志书政治关、史料关、篇目结构关、文体文风关、保密关等质量要求，特别是针对民族地区志书编纂的特殊性，对把好政治关提出了更严格的要求，使志书、年鉴编纂质量大幅提高。大力开发地方志资源，读志用志意识普遍增强。同时，还加强了地方志信息化建设，不断完善新疆地情网站，积极开展信息化新疆方志库建设，积极开展志书、年鉴“进机关、进学校、进企业、进社区、进军营、进乡村”活动，通过向图书馆、学校、基层文化站、军营赠书等方式，积极扩大地方志书在社会上的影响力。强化队伍建设，通过不同方式提高修志队伍的素质。

总之，新疆地方志工作，在各级党委、政府的高度重视下，经过地方志工作者的不懈努力，取得了巨大的成就，形成了以修志编鉴为主业，各项工作协调发展的地方志事业格局，在记录当代、保存历史、传承文明、发展文化、激发民族自豪感和自信心，为新疆经济社会发展提供历史借鉴，为新疆社会稳定和长治久安提供智力支持等方面发挥着地方志的独特作用。

## 三

《规划纲要》对民族地区做好地方志工作提出了明确的要求，我们要认真学习贯彻落实。

一是在全区迅速形成学习贯彻《规划纲要》的热潮，充分认识《规划纲要》颁布的重要性、紧迫性和必要性。地方志工作是社会主义文化建设的重要组成部分，是承上启下、继往开来、服务当代、有益后世的重要事业。编制规划纲要，有计划、有重点地推动地方志工作和事业科学发展，具有十分重要的意义。尤其是针对民族地区的地方志工作提出的特殊要求，对于做好民族地区地方志工作具有很强的指导意义。民族地区经济相对滞后，先进文化引领的任务十分繁重，人才队伍相对匮乏，“一纳入、八到位”还存在诸多问题。通过《规划纲要》的实施，可以促成民族地区各级领导进一步提高对编修地方志和地方年鉴的认识，着力解决地方志工作中存在的突出问题。以推动民族地区地方志工作又好又快发展。

二是根据《规划纲要》对民族地区地方志工作提出的要求，结合新疆维吾尔自治区地方志工作实际，制定贯彻落实《规划纲要》的具体实施意见。按照规划纲要提出的总体目标和主要任务，对《新疆维吾尔自治区地方志事业中长期发展规划纲要（2011—2020）》进行修订报自治区人民政府批准执行。同时，要利用各级各类新闻媒体，大力宣传《规划纲要》和地方志工作法规。坚持依法治志，不断加强法治建设，依法开展地方志工作。全面落实“一纳入、八到位”的工作机制。

三是强化精品意识。地方志不同于一般的研究论述，志书的质量是地方志事业发展的根基所在、活力所在和价值所在。二轮修志过程中要坚持高起点、高标准，把精品意识贯穿于修志工作的全过程和各个环节。民族地区在编修地方志和地方年鉴过程中涉及许多敏感问题，一定要用马克思主义的世界观和方法论，用辩证唯物主义和历史唯物主义的思想来指导民族地区的地方志编修工作。

四是积极开展地方志成果利用，把地方志工作落实到维护社会稳定和长治久安上来。地方志是座巨大的文化宝库，是各级领导和人民群众熟悉地情，了解地方发展历史、探索历史规律、提炼历史智慧，承接民族传统文化和现代文明的重要载体。各级领导干部要读志、用志、传志、用历史的智慧和现实的经验来推进民族地区治理体系和治理能力的现代化。

五是进一步加强民族地区地方志人才队伍建设，不断增强推动地方志事业可持续发展的内在动力。积极探索少数民族地区地方志人才培养、引进等政策和措施，完善培养培训制度，创新培养培训方式，特别是要加强少数民族修志人才的培养。

《规划纲要》为民族地区的地方志工作指明了方向。新疆天山南北正在发生着深刻的变化和变革，书写新疆科学发展和长治久安的历史，记载新疆历史上前所未有的盛世，我们身肩重任、责无旁贷。我们要编修精品佳志，为新疆社会稳定和长治久安提供强有力的智力支持。

（作者单位：新疆维吾尔自治区地方志编纂委员会）

# 志体因创与“新三宝体”的纂修实践

## ——以《涉县志（1991—2011）》为例

牛润珍　樊春楼

**内容提要**：孟子所言“诸侯三宝”——土地、人民、政事，即其邦国学说，又是地方志书“三宝体”创设的理论依据。南宋以来特别是明朝以后，志书求简尚简，“三宝体”志书不断问世，所记地、人、事三纲类目随时地变化续有调整，“三宝体”因革演变而渐趋完善，直至中华人民共和国改革开放新时期，形成“新三宝体”。其代表作《涉县志（1991—2011）》按地、人、事分六块，记地并不完全局限于地，将事平分为四块，贯串以改革主线，记事完整，各门类依逻辑编排，又显紧凑。其纂修实践，将“新三宝体”发挥至一新境界，值得总结与借鉴。

**关键词**：孟子　“三宝体”　“新三宝体”　《涉县志（1991—2011）》

## 一　孟子的邦国学说与“三宝体”的理论依据

《孟子·正义》卷十四《尽心章句下》云：“孟子曰：诸侯之宝三，土地、人民、政事。宝珠玉者，殃必及身。”注曰：“诸侯正其封疆，不侵邻国，邻国不犯，宝土地也；使民以时，民不离散，宝人民也；修其德教，布其惠政，宝政事也。若宝珠玉，求索和氏之璧、隋侯之珠，与强国争之，强国加害，殃及身也。”① 诸侯治理邦国，要识大体，顾大局，真正懂得并能正确把握治政的根本要务。孟子将古代邦国之治归纳为三项，即“三宝”：宝土地、宝人民、宝政事。土地包括疆域面积、政区建置、山川、物产等，人民含有户口、官吏、人物等，政事则有户口名籍管理、赋役征派、诉讼纠纷等。三者既是诸侯国政治基础，又是构成邦国的三大基本要素。这三个基本要素相互依存，不可分割，缺少任何一种都不可能形成一个邦国。土地、人民构成邦国社会，依据既定的礼仪制度规制管理社会，由此构成邦国政事，事源于物，物决定事，有什么样的物就有什么样的事。孟子论诸侯治政，当以国为重，不能以个人的喜好为重。诸侯若以个人喜好为重，不但会“殃必及身”，而且还有亡国的危险。

① 〔清〕焦循著：《孟子正义》，《诸子集成》第一册，中华书局，1986 年，第 588 ~ 589 页。

由事观物，自然也能触及物之结构与本质。孟子论诸侯“三宝”，从形式上看是关于诸侯治理邦国要务的论断，是他提出的一种古代诸侯政治学说。由此也能看出他对古代邦国构成及其基本要素的归纳与总结，又是一种关于古代邦国的学说。春秋战国有国有家，然其“国”“家”与现代国家概念不同，它所指称的是古代国家。孟子“三宝”说虽然是指关于古代国家的学说，但与现代国家学说在主要基本点上相契合，从古代国家到现代国家，土地、人民、政事都是最基本的要素。君主治国，守土、富民、理事，必须熟悉并掌握国情、地情、民情，而这三种情况又须借助“邦国之志”得以全面、系统地记述与反映。“邦国之志”记述国情、地情、民情自然也要遵循土地、人民、政事的结构与顺序。因此，孟子的“三宝”说便成了后世方志纂修思想宗旨与内容体例的一般规制。地方志书正是依据孟子的“三宝说”创设了“三宝体”。

志书纂修宜采用何种体例？历代学者各有不同的主张。主地理者重舆地沿革，欲将志书写成地理书；主史者以志书为郡国史，主张用史之纪传体撰写地方志。清代学者章学诚提出“四体”“三书”，即“皇恩庆典宜作纪，官师科甲宜作谱，典籍法制宜作考，名宦人物宜作传。”① 立纪、谱、考、传四体旨在将志书撰成史书。然“四体”不能涵盖舆地，他又提出：“仿纪传正史之体而作志；仿律令典例之体而作掌故；仿《文选》《文苑》之体而作文征。”② 志、掌故、文征“三书”，偏重文献，边远穷僻之乡文献不丰，难以照搬“三书”，所以“三书”志体也未能普及。志书体例或仿纪传；或列编年，如汪中《广陵通典》；或平列门目，如范成大《吴郡志》；或为纲目体，如张铉《至正金陵新志》；或为章节体、条目体等。凡此皆为编纂形式之不同，而内容仍不出土地、人民、政事之范围。也有志书多记人物，也有志书重在地理，如张其昀主编《遵义新志》，用现代地理学思想改编地方志，撰成一部区域地理学著述。这些志书虽然内容有偏重，亦仍在地、人、事上各有强调，偏重其一，而不废其他。无论志书体例如何变化，所记载的内容大多为地、人、事三者，因此，“三宝体”才是地方志纂修体例的大宗。

## 二 “三宝体”的沿革与演变

周灭商，疆土广大，于是分封诸侯，治理地方。《荀子·儒效篇》说：周公治天下，“立七十一国，姬姓独居五十三人。”《左传·昭公二十八年》记曰：“武王克商，光有天下，其兄弟之国者十有五人，姬姓之国者四十人。”诸侯对周天子负有守土卫王、贡物、朝觐述职等责任与义务。为掌握诸侯国情况，周王责令诸侯编纂“邦国之志”，上报王室，由王室官吏小史收掌。“邦国之志”虽未传世至今，然求证《周官》记载及先秦史籍相关背景资料，西周“邦国之志”编纂制度是存在的，“邦国之志”撰写内容亦当在土地、人民、政事诸方面。这些方面的内容是必须写的，无法绕开。但类目名称是有变化的。“邦国之志”开启了传统志书纂修的先河。周平王东迁洛邑之后，“邦国之志”纂修制度废止

① 〔清〕章学诚：《文史通义》卷十五《修志十议》，《章氏遗书》，文物出版社，1985年，第140页。
② 〔清〕章学诚：《文史通义》卷十四《方志立三书议》，《章氏遗书》，第123页。

了。战国时期撰成的《禹贡》以山川为界，划分天下为九州，依次记述各州地理、物产、贡赋等，假名大禹，托古记地，真实地反映了战国学人的地理认知。秦行郡县，分天下为 46 郡，郡置计吏，掌撰计书，记述本郡当年土地、物产、贡赋、人口、官吏政绩等，于岁终上报朝廷，朝廷依据计书考核郡县官吏优劣。东汉史家班固撰《汉书·地理志》，多据汉代计书资料。每记一郡，先列郡名，继述其建置沿革、户口多少、所辖县数，再记各县建置由来、山川、古迹等。其所记述当是计书所记土地部分的内容。东汉后期，秦汉以来的上计制度废弛。魏晋南北朝时期，随中央集权制度强弱变化，上计制度时断时续，用计书记述地方事物的文献形式逐渐消失了。世家、豪族、高门节制一方，地域势力竞起，各以其地相夸耀，于是大量地记问世，或记山川、道里，或记风土人物，或记坊市琐言，等等，各种著述杂出，其内容大多不出土地、人民、政事之范围。有些地记有图有文字，被称作“图经”。图经到了隋唐，便成为州县定期编撰的地方文献。北宋沿袭唐代，仍编图经，然内容、体例已演变成地方志书。如朱长文《吴郡图经续记》，名曰“图经”，实为志书。至南宋，地方志书体例基本固定下来。南宋绍兴三年（1133）曹叔远纂《永嘉谱》，设年谱、地谱、名谱、人谱 4 门。清代学者孙诒让撰《温州经籍志》，著录此书。曰：“曹文肃（曹叔远谥文肃）《永嘉谱》，区分四门，在古地志中，实为创例。其所谓年谱者，盖以志建置沿革诸大事，并编年记之；其所谓地谱者，盖以山川、疆域、名胜、古迹；其所谓人谱者，盖以志官师除罢，选举人物；惟名谱不得其义。”① 孙氏著录此书时，原书早已失传，故不得名谱之义。所谓名谱，或为名物制度，与政事相类。永嘉四谱多半契合孟子“三宝”。从宋到元，志书编纂愈益重视分类，讲究类例清晰，化繁为简。这样的纂修理念受到明人重视，明代志书在宋元基础上形成尚简风格。尚简求简的修志意识凸显于明代“三宝体”志书。嘉靖《醴泉县志》设土地、人民、政事、文章四类；万历《曲阜县志》分土地、人民、政事、文献四志；万历《广平县志》列土地、人民、政事、文献四纲。

尤其是万历《湖州府志》，可谓是典型的“三宝体”志书。全书 14 卷，分土地、人民、政事 3 类。土地类 4 卷：卷一郡建（坊巷附）、疆域，卷二山川，卷三乡镇、区亩、形胜、津梁、物产，卷四古迹、陵庙；人民类 4 卷：卷五户口、功贵、风俗，卷六辟召、甲科，卷七贡荫，卷八逸遗、列女、流寓、方艺；政事类 6 卷：卷九郡守，卷十县令，卷十一赋役，卷十二学校，卷十三修筑、卹录、刑禁、兵屯，卷十四廨署、邮递、坛祠。

“麻雀虽小，五脏俱全。”府县一地，涉事万端，“三宝体”的优点是能将纷杂事物统括为地、人、事三类，然类下门目划分与归属较为困难，如文献、天文现象、气象灾害等，这些内容涉及地、人、事，究竟归入何类为宜，颇费思量。如果处理不当，则有害志体，志书内容也显零乱。故《四库全书总目》评论万历《湖州府志》曰：“是书分土地、人民、政事三门。每门各缀以子目，与他志小异。然如沿革之中，参述祥异，体例亦未能精当。”②《四库全书总目》所指出的问题实为门下分类问题。

清代、民国志书沿用“三宝体”，于类目多有调整，试图弥补其缺陷，以求完善。康

① 王晓岩：《方志体例古今谈》，巴蜀书社，1989 年，第 78 页。

② 〔清〕纪昀等：《钦定四库全书总目》卷七十四史部三十地理类存目三，中华书局，1997 年，第 994 页。

熙《密云县志》分天文、地理、人事三门。康熙《怀柔县志》虽分23目，然其内容排列循序土地、人民、政事三纲。乾隆《河间府志》列舆地、宦政、人物、典文四志。光绪《武缘县图经》分地略、政略、人略、献略四略。光绪《保安州志》分天、地、人、物四部。光绪《浔州府志》为记地、记人、记事三纲。民国《霸县志》设土地志、人民志、政事志：土地志篇目包括位置、面积、气候、性质、源流、物产、河渠、建筑、城、镇、乡、古迹；人民志有户口、职业、财产、宗教、风俗、习惯、名人；政事志有官吏、学校、武备、警察、司法、监狱、自治、财赋、邮电、差徭。虽为“三宝体”，其篇目随时代变化较大，与明万历《湖州府志》已不可同日而语。民国14年（1925）余绍宋撰成《龙游县志》，民国31年（1942）又主持纂修《重修浙江通志稿》，其卷目一依地理、民族、政事排序，试图改进“三宝体”。

中华人民共和国成立后，新志纂修试图打破旧志体例，创设新体例。由于继承传统不够，新志体例也未能建立起来。改革开放新时期，新编地方志书在编纂体例上沿循继承与创新的道路，改进“三宝体”，根据时代与地方社会的现实，按地理环境、居民、社会顺序谋篇布局，方志学界将此称之为“新三宝体”。采用这一体例的志书有河北《冀县志》，浙江《文成县志》，黑龙江《黑河地区志》，还有新疆生产建设兵团《农七师志》，河南巩义市《白沙志》等。尤其是浙江《东阳市志》，除志首与志末外，其主体为四大部类：环境（政区、自然环境、灾异），居民（居民生活、方言、民俗、人物），基础设施（土地、水利、交通、邮电、能源、城乡建设），社会（经济、政治、文化）。基础设施以地理环境为基础，各门类逻辑顺序宜为地理、基础实施、居民、社会等。河北《井陉县志（1985—2004）》分置48篇，其排列遵循地、人、事之序。吕志毅教授评论这部志书说：“各篇及其序列既有相对独立的特点，又有内在的逻辑统属关系……在‘人’的方面，单设‘居民’篇，使之同‘人物’并列，体现人在自然界中的主导地位和价值。‘人’之前是‘地’的部分，‘人’之后是‘事’的部分，因为‘地’先于‘人’存在，‘事’是由‘人’而为的。”① 这些志书的编纂为“新三宝体”应用实践积累了经验，后来者可在此基础上将“新三宝体”不断完善。特别是2012年12月由中华书局出版的河北《涉县志（1991—2011）》，可谓是较为完善的“新三宝体”志书的典范。

## 三 “新三宝体”志书典范——《涉县志（1991—2011）》

《涉县志（1991—2011）》（简称《涉县志》）首有序、凡例、总述、大事记、专记，末有附录、编后记。志书主体六大块，依地、人、事前后排列，分别为山河揽胜、人本扫描、改革逐浪、经济纵横、政治述要和文化写真。方志为地情之书，记一地之万象，当以述地为先，地为万物之根基，万物以地为依托。因此，该志于山河揽胜之下设6篇，分别为建置、自然环境与环境保护、名胜、娲皇古迹、红色圣地、基础设施。在记述志书必记的内容中，突出涉县的特点。

① 吕志毅：《〈井陉县志（1985—2004）〉序》，新华出版社，2006年，第1页。

涉县地处冀、晋、豫三省交界，逶迤群山，层峦叠嶂，清漳、浊漳交汇，地貌雄奇，多元文化荟萃，自然景观、人文景观、时令景观独奇，古文化遗址、古长城遗址、娲皇古迹、古山寨遗址、古墓葬、古桥、寺观庙庵、刘家寨、江家大院等，还有遍布全境的近现代革命遗址、遗迹，整个涉县犹如一座宏大的"露天博物馆"。特别是娲皇古迹、红色圣地是涉县最具特点的两张名片，故将其升格为篇，集中记述。

《涉县志》记地并不刻板固守舆地建置沿革，而是根据涉县的特点，由内容变通方式。涉县是革命老区，因而志书专设"红色圣地"，记述晋冀鲁豫边区政府旧址和八路军一二九师司令部旧址。这里曾经是许多老一辈革命家生活和战斗过的地方，其后代也多出生在这个地方。由于战争环境，这些幼童生于革命家庭，而养育于百姓之家，于是涉县就出现了许多"奶娘"。《涉县志》采取以地带人带事的写法，于红色圣地篇设八路军的母亲李才清故居和涉县奶娘二节。八路军的母亲李才清故居一节，由"故居"记述带出李才清在日本侵略军"铁壁合围"大"扫荡"中，掩护、救治50多位八路军伤病员和干部，并为边区政府及八路军隐藏大批冀南银行钞票、银器、军用服装及药品等事迹。日本侵略军撤退后，李才清又将伤病员及干部从山洞中接出，将大批物资如数交还八路军总部。中华人民共和国成立后，李才清一家默默无闻地耕耘在大山深处，从未向人讲述其当年对革命作出的杰出贡献。直到20世纪80年代，被她保护过的老八路回来探望她，人们才知道她的功绩。1986年3月16日《人民日报》以《太行女杰——郭二嫂》为题报道了她的事迹。涉县奶娘一节，记王改云在战争最艰苦的岁月，抚养刘伯承的女儿。民国31年（1942）华北大旱，她含泪狠心断了自己儿女的口粮，两个儿女不幸夭折，而刘伯承的女儿活了下来。黄镇夫妇离开涉县转战豫西，将刚出生的儿子托付樊果的、张进财夫妇养育。樊果的为养活革命后代，把自己的孩子送人。涉县人民在抗战中，不仅出人、出力、出钱、出粮，还有许多母亲用乳汁哺育革命后代，为保护革命后代的安全，甚至牺牲自己的子女，默默地为革命做出特殊贡献。这些奶娘从不图什么回报，用自己伟大、善良、无私的母爱呵护了共和国新一代。涉县奶娘很少提及这些往事，究竟有多少奶娘，人们已记不清楚了。志书"事以类聚，依时叙事"，把相关的内容集中写，避免散碎。《涉县志》红色圣地篇记地且又以地带人带事，这样的处理或有学者会认为是"志中有志"，不太赞成。然就涉县奶娘一节讲，若将有关事迹置于人物传，而活着的奶娘事迹则难以记述。于红色圣地篇之下设专节，既便于全面集中叙述，又使相关内容完整，同时又突出了涉县地方特点。记地却并不为地所限，联类附带记述，不失为一妙招。

人是方志记述的主体。《涉县志》以人为本，为民立言，注重人民性，使志书不仅成为各级领导的案头卷，更要成为寻常百姓的家藏书，将涉及人的内容集中写，而且加大分量。人本扫描设7篇，先写人口与计划生育，再写居民生活以关注民生，继之再写人性保护、人文关怀、人权保障、人情关爱的民政篇、人力资源和社会保障篇，民俗·宗教·语言篇，专设涉县精神篇，总结涉县人的精神与品质特征。最后为人物篇，全方位记述各方面典型人物。如抗日英雄姚相在1942年春季反"扫荡"中侦察敌情，被日本侵略军抓住，他趁敌人不注意时逃脱，拖着遍体鳞伤的躯体爬回，将日本侵略军行动情况及时报告，使晋冀鲁豫边区政府立即转移，避免了一场不测之灾。姚相因此立功受到边区政府嘉奖。1996年，他将边区政府颁发的奖状（现为一级文物，存于一二九师纪念馆展厅）捐献给县文物保管所，他的事迹才被世人所知。2002年老人逝世，其事迹被记入人物传。人物传还记述了太行区劳动英雄张喜贵及抗日战争时期送第一个丈夫参军牺牲、解放战争时期又送第二个丈夫参军牺牲后，为烈士抚养遗孤，为烈士尽孝，侍养公婆，为婆母送终的妇女干部张东娥的事迹。他们的事迹都是时隔半个世纪之后重新被人们提起，在这些事主离世后才被记入志书。记人物，生不立传，所传人物均为已故党政军领导、英雄模范、优秀专家等。生人之模范事迹、突出贡献等则采取以事系人或列名表的形式分别记述在相关章节中，所记均为全国劳动模范、全国爱国拥军模范、全国人大代表、全国优秀教育工作者、全国五一劳动奖章获得者以及优秀科技工作者、优秀农民工等。

毛泽东说：“人是要有一点精神的。”《涉县志》记人，专设涉县精神篇。县域地处山区，民风淳朴，为人处事厚道实在，坚持原则，诚信守纪。志书通过舍己救人、拾金不昧、孝老爱亲、夜不闭户文明村等大量人和事诠释涉县精神内涵：诚实、勤奋、团结、奉献。不但写人，还要从古今传统道德中总结本地人的精神，记人记事记精神，《涉县志》之纂修，在写人方面已升华到一种新境界。

有地有人而后有事，事物万端，大小轻重各异且相互联系。《涉县志》化繁为简，将繁杂事物综括四类，且循事物之理及其逻辑关系，先后排列，即改革逐浪、经济纵横、政治述要、文化写真。1991—2011年改革开放是涉县经济社会各项事业发展变化的巨大引擎，也是二轮志书的主旋律、主线索。《涉县志》将改革开放列为一大板块，集中记述经济体制改革、政治体制改革、文化体制改革、社会保障体制改革、开放开发等项重大举措，不仅记其背景、过程、成绩，还要记其所受阻力、磨难、曲折、反复及教训，全方位展现改革开放的历史全貌，客观反映改革开放给古老涉县带来的翻天覆地的变化，以及人民群众参与改革并受益于改革的情况。改革红线贯穿政治、经济、社会、文化，正是由于改革开放，才使涉县摆脱贫困，历时30余年发展成为河北省十三强之一的经济强县，并获得“中国特色魅力百强县”“中国绿色名县”“全国文化先进县”“全国科技工作先进县”等称号。

“修志首务，在使材料充实。”① 志书“是一部朴实的、严谨的、科学的资料汇编”②。“志书之丑莫过于失实，犹人之失节一样可鄙，且事事皆须真实，一处失实，往往引起整部志书权威性的动摇；真实性确实是地方志光芒四射的华彩，不容有任何一点玷污。”③为保障材料充实、可靠，《涉县志》在编纂前广开渠道搜集材料，除向有关单位征集外，还利用现代媒体手段，通过广播、电视、报刊、电话、网络以及信函、家访、调查问卷、实地采拍、抄录等方式，广泛网罗县内外公私所藏文字资料及非文字资料，待材料大体齐备，再进行分类、整理、复制、归档、逐条甄别、鉴定、考证。有关单位提供的资料，必经编辑组、领导组、专家顾问组会审，由单位第一领导人作为责任人签字，加盖公章，才能作为志书依据的资料。志书初稿写成后，再次返回有关单位审核，修改成稿后还须三审。复经修改，形成清稿，征求国内专家审查，再修改成定稿，报送上级部门审批通过。

① 黎锦熙：《方志今议》，中国展望出版社，1982年，第103页。
② 胡乔木：《在全国地方志第一次工作会议闭幕式上的讲话》，《中国地方志》1987年第1期。
③ 李明：《新方志编纂实践》，上海人民出版社，1988年，第193页。

反反复复，层层把关，避免失实，确保了志书的真实性与权威性。

地方志记一地事物，其纂修当以一地事物为依归，有什么样的事物设什么样的篇目。《涉县志》采用“三宝体”，既照顾类目层次，还要照顾各类内容的重要程度，若某类内容重要则将其适当升格，单列一类集中记述。对于那些无法归类而又不得不写的内容，可附于相关的类目，这就要求志书分类不能“一刀切”。以主类附带有关小类，事类内容多且重要，则将其平分数门按其内在逻辑关系逐类记述。如“改革逐浪”“经济纵横”“政治述要”和“文化写真”四大板块，均属事类，与“山河揽胜”“人本扫描”并列。以地、人、事为纲，纲下类目有合有分，暗合明分，合分皆顺其自然。用地、人、事统领全书，地是地方志的基础、根本，犹如一棵参天大树之根植沃土；人是志书的主干、主体，亦即大树之躯干；事为志书之内容系统，即大树繁茂之枝叶。《涉县志》的编纂实践，把“三宝体”发展至一新阶段，不仅完善了“新三宝体”，还使“新三宝体”纂修运用趋于成熟，其纂修体例可为第二轮修志所借鉴。

（作者单位：中国人民大学历史系、河北省涉县地方志办公室）

# 中国地方志发展规律述略*

巴兆祥　何沛东

**内容提要**：中国地方志源远流长，代代编修，并随着时代的发展而日益显示出强大的生命力。本文在宏观审视历代方志事业发展的基础上，从方志编修连绵不断，成为中华民族的文化基因；修志逐步向边地、基层拓展，方志的空间分布越来越密集；修志制度的健全和强化，为开展修志工作和提高志书质量提供了保证；方志品种越来越丰富，体系化日益强烈；地方话语与国家话语的互动贯穿整个方志史；方志的编纂继承创新并举，需要知识的"跨界"日益明显；方志的成书形式紧密追踪科技发展；方志的地位由附庸渐成"著述大业"八个方面论述了方志发展规律。我们在修志工作中要充分自觉地遵循和利用这些规律，避免不必要的失误，提高修志工作的效率，共同推动方志事业的进一步繁荣。

**关键词**：地方志　方志学　规律

地方志承载着传承中华文明、弘扬历史传统的重任。它历史悠久，绵延不绝，种类繁多，卷帙浩繁，在世界文化典籍中独树一帜，堪称世界地方文献之翘楚。本文试就其发展规律进行初步梳理，以求教于各位方家。

## 一　持续纂修地方志，修志成了中华民族的文化基因

我国的地方志编修有着悠久的历史。"方志"之名最早见于《周礼》，秦汉魏晋南北朝时期地方志的雏形——郡书、地记、都邑簿、图经等开始被大量编纂，隋唐图经一枝独秀，宋元方志体例定型并完善，明以后方志编修进入兴盛时代，如火如荼的修志事业一直延续至今。

综观中国历史上的修志，基本上有四种形态：1. 中央政府诏谕修志。中央政府令行修志的历史可以追溯至汉代，东汉光武帝曾命令他的家乡南阳编纂郡书风俗传。到隋大业年间，隋炀帝"普诏天下诸郡，条其风俗、物产、地图，上于尚书"①。可以说这是历史上首次由中央下令要求各地方进行修志活动，开官修方志之先河。宋代继承并完善了隋唐

* 本文系教育部人文社会科学重点研究基地项目"20 世纪以来方志学的现代转型"（项目编号：15JJDZONGHE006）的阶段性成果。

① 《隋书》卷三十三《经籍二》，中华书局，1973 年，第 988 页。

的修志制度，有学者认为，宋徽宗时期中央政府成立了我国最早的官方修志机构——九域图志局，它主要负责指导全国图志的修纂和掌管各地进呈的图志①。明清时期方志大盛，中央政府数十次颁布修志诏令和志书编修凡例，以倡导和规范各地方志编修事业。民国和中华人民共和国政府也多次颁布与修志相关的条例与规定，促进各地修志事业蓬勃发展。2. 地方政府下令修志。如康熙二十九年（1690）河南巡抚阎兴邦应上谕而通令全省各府县修志。“我国家声教覃敷，车书一统，圣天子稽古右文，加意文献，敕天下纂辑通志，以广声名文物之盛，行且告成。大中丞阎公，开府天中，百废厘举，亦以志书为未备，檄行各属续修。”② 同治年间，“海内军事大定，各直省大吏惧方志之放失，饬府厅州县各辑其志”③。地方政府修志多为遵循中央政令或配合《一统志》等的编修，或因施政之需要，察民风，验土俗，鉴往知来，或为考察吏治。“吏治之得失，资夫志乘之考鉴。历久不修，益无所考。”④ 亦是推动地方政府积极修志的重要原因。3. 地方人士自发要求政府修志。方志中多有士绅在地方官莅任之后以志事请的记载。如同治元年（1861），韩佩金初任奉贤知县，“邑人士来见者咸谓，奉邑于雍正四年分县，乾隆二十年初纂志书，迄今已逾百载，不即搜罗散佚，阙佚弥多。予心韪之，而经费维艰，未遑兴办，心滋歉焉。阅四年戊辰，予复承乏此间，言者逾众。……因择绅士之熟事故、勤搜讨者，授以旧志门类，俾各就闻见，据事直书。”⑤ 4. 地方人士自行修志。一些热爱桑梓或为官一方的文人学者，出于对家乡或某地的热爱及其他原因，他们会自发地搜集当地资料，编辑成志。元代于钦生长于齐地，早有记述齐地之意，借晚年任职于山东之机，“周览原隰，询诸乡老，考之《水经》、地记，历代沿革，门分类别，为书凡六卷，名之曰《齐乘》。藏于家。”⑥ 于钦编纂《齐乘》，未奉官府之命，也未受师友之托，完全是自发的修志行为。类似自发编修的志书还有明代谈迁纂《海昌外志》等。即便是乾隆后统治者下令严禁私修方志，仍有一些地方士人自发编修的方志问世，如师范《滇系》等。

自古以来多有“盛世修志”的说法。中国历史上汉唐时期、宋代“咸平之治”、明清“洪武之治”“永宣之治”“嘉万中兴”“康乾盛世”及中华人民共和国时期，地方志编修事业皆欣欣向荣。即便是战乱纷争、动荡不安的魏晋南北朝、五代十国及民国时期，修志事业也并没有中断，甚至数量也不算少。明末天启、崇祯朝无疑是个乱世，编成的志书却分别有68种、198种⑦。太平天国运动后，江苏、安徽、浙江、湖北、湖南等地就兴起了编修地方志的潮流。金吴澜在《昆新两县续修合志》序中言：“余以丙子岁来宰斯邑，甫下车即搜访邑志，知板已毁于劫火，慨故府之无存，伤遗文之将佚，愀然者久之。窃以为是书之在今日有不可不修者，昆新故声名文物之邦，自粤匪蔓延三吴，城亦为所踞，坐是典籍销灰，老成凋谢，

① 姜自力编著：《中国史志之最》，宁夏人民出版社，1996年，第202页；吴荣政主编：《中国档案事业发展的社会文化探源》，中国档案出版社，2008年，第45页。

② 王泽长修，姬之篡纂：康熙《偃师县志·王泽长序》，清康熙三十七年（1698）刻本。

③ 李瀚章等修，曾国荃等纂：光绪《湖南通志·裕禄序》，民国23年（1934）影印本。

④ 倪昌燮修，冯庆杨纂：光绪《吴桥县志·倪昌燮序》，清光绪元年（1875）刻本。

⑤ 韩佩金修，张文虎等纂：光绪《重修奉贤县志·韩佩金序》，清光绪四年（1878）刻本。

⑥ 于钦撰：《齐乘·于潜跋》，“宋元方志丛刊本”，中华书局，1990年。

⑦ 巴兆祥：《方志学新论》，学林出版社，2004年，第73页。

若不及今旁搜远绍，后将文献无征。”①

可见不论是盛世还是乱世，也不论是政府主导还是个人行为，修志在历史上代代相传，持续编纂。这一绵延不绝的修志传统，已成为中华民族文化基因的重要组成部分。也正由于有了这样的文化基因，地方志的编纂才连绵不断，一个地方的修志条件一旦大致具备便开始修志。

## 二 修志逐步向边地、向基层拓展，方志的空间分布越来越密集

方志编修与各地政治、经济、文化等的发展关系密切。地方志最早出现在经济、文化较为发达的区域，随着中央政权对边疆地区控制力的加强，以及当地各项事业的发展，方志的编修活动在这些地方也随之展开。黄苇等著《方志学》在总结清代方志特点时论及清代修志蔚然成风，向西南、西北、东北地区普及②。王广荣的分析也验证了这种说法。他认为我国历代方志空间分布的脉络先由中原地区向东、南部地区拓展，后发展到我国东北、西北、西南等边疆地区，最后形成了全国修志的局面③。明清时期今西藏、青海、东北三省均处于中央政府的直接管辖之下，仅从这些地区明清两代地方志的发展我们也能窥见一斑：据不完全统计，明代纂修地方志数量西藏为0、青海2种、东北三省8种，比之天津、河北、陕西、山西、山东、江苏、浙江、安徽、河南、江西、湖北、湖南等内地省份一二百种的数量，明显不足为道④；清代纂修地方志数量西藏30种左右⑤，青海近20种⑥，东北三省100余种⑦，在数量上已经远远超过明代。再以《中国地方志联合目录》《中国地方志综览（1949—1987）》著录30个省（区、市）统计，清代现存各种志书5685种、民国1571种，平均每省年出志书量民国1.38种，多于清代的0.71种。中华人民共和国成立后，修志的地域更是遍布各处，经过改革开放后第一轮修志工作的开展，过去没有修过志书的地区也都修了志书，特别是边远地区、少数民族地区多由于这次修志，该地区历史上首次有了系统完整的记述。如新疆的《克拉玛依市志》《白碱滩区志》《乌尔禾区志》《石河子市志》《泽普县志》《麦盖提县志》《岳普湖县志》《伊吾县志》《巴里坤哈萨克自治县志》《伊宁市志》《奎屯市志》等均是该地首部志书。

地方志是以政区或地域为记载对象的书籍。秦汉实行郡、县二级制，修成的志书如《巴郡图经》《南阳风俗传》等基本为第一层级政区的志书。魏晋南北朝是州、郡、县三级制，修成的《荆州记》《会稽记》等基本属于第一、二级政区的志书。隋唐实行州

① 金吴澜、李福沂修，汪堃、朱成熙纂：《昆新两县续修合志·金吴澜序》，清光绪七年（1881）刻本。
② 黄苇等：《方志学》，复旦大学出版社，1993年，第228页。
③ 王广荣：《历代方志地域分布规律初探》，《新疆地方志》1997年第1期。
④ 巴兆祥：《方志学新论》，学林出版社，2004年，第73页；吴浩军：《青海古旧方志存佚及研究整理考述》，《青海师范大学学报》（哲学社会科学版）2012年第5期。
⑤ 赵心愚：《〈中国地方志联合目录〉西藏地区清代方志的著录问题》，《西南民族大学学报》（人文社会科学版）2013年第4期。
⑥ 吴浩军：《青海古旧方志存佚及研究整理考述》，《青海师范大学学报》（哲学社会科学版）2012年第5期。
⑦ 中国科学院北京天文台主编：《中国地方志联合目录》，中华书局，1985年，第127~160页。

（郡、府）、县二级制，除《润州图经》等外，增加了少量如《湘阴图经》等县级志书。此后随着社会经济的发展与政治需要，宋增设监察区路，元设行省，分别新修《河东路图经》《辽阳图志》等路志、省志，县级政区不断增多，县级志书也随之逐渐广泛编纂。而且作为区域经济中心的市镇在宋代也开始形成，明清时期更是迅速发展，涌现出了一大批如朱仙镇、汉口镇、佛山镇、景德镇等名镇。尤其是江南、珠三角等发达地区的市镇，其经济实力堪比内地一个县或府。经济的发展必然带来文化的繁荣，经济、文化的发达也为地方志编修创造了良好的条件，因此这些地区的方志编修已经不仅仅局限于省、府、县三级政区，更进一步往基层的市镇、乡、里、村发展。据现有史料，乡镇志最早出现在宋代，如梅尧臣《青龙杂志》、常棠《澉水志》、沈平《乌青记》、张即之《桃源志》，主要集中于江南一带。明代共编纂乡镇志 50 余种，地域分布在今江苏、浙江、福建、江西、山东、广州；清代进入乡镇志编纂的繁盛时期，共编成乡镇志 300 余种，地域分布于今江苏、浙江、广东、福建、安徽、山东、台湾、江西、湖北、湖南、陕西等地①。可以看得出，修志工作发展到县下的基层后，也在横向扩展。中华人民共和国成立后，省、市、县志编修的同时，基层的乡镇志、街道志、社区志、村志、里弄志等的编纂更加普遍，如苏州市已经修成乡镇志百余部，几乎覆盖了苏州市所属全部乡镇，另外还编纂了若干村志、社区志等。2013 年《苏州市实施〈地方志工作条例〉办法》还把镇志列为法定编修方志种类。

从古至今，修志工作的总趋势是，由中原向边疆地区横向发展，从高等级政区向基层地区纵向发展，纵横交错，方志在地域空间上日益密集。

## 三　修志制度不断健全与强化

修志是项复杂的系统工程，涉及的面广，牵扯的人多，没有一定的制度规范不行。隋朝以前基本上以私修为主，隋朝以后我国方志逐步走上官修的轨道，修志的相关制度逐步建立与完善起来。

1. 定期修志制度。定期修志制度始于唐代。唐德宗建中元年（780），令诸州郡每 3 年（后改为 5 年）编送图经至尚书省兵部职方。五代沿袭如前。宋初也同，咸平四年（1001）改 10 年一造送。元代沿袭唐五代的定例。清雍正七年（1729），世宗谕旨省、府、州、县志每 60 年重修一次。1944 年国民政府内政部颁布《地方志书纂修办法》，规定省志 30 年纂修一次，市志及县志 15 年纂修一次。新中国对此也有规定，1996 年 11 月 9 日，国务院办公厅印发《关于进一步加强地方志编纂工作的通知》，规定志书每 20 年左右编修一次。2006 年 5 月 18 日国务院颁布《地方志工作条例》，首次以国家行政法规的形式确定方志 20 年一修的制度。

2. 修志申请呈报制度。在官修志书的体制下，除了朝廷或上级地方官府下令或发布檄文实施修志外，如地方官员到任后根据情况需要修志的话，要向上级报告，得到批准后

① 褚赣生：《明清乡镇志发展的历史地理考察》，《历史地理》1990 年第 8 辑；黄苇等：《方志学》，第 220 页。

才能开局修志，志书纂修完成要送缴。这个制度从目前材料看始于明代，例如崇祯《嘉兴县志》中所附的《修志申文》及上级批文等即是此种制度的反映①。此后这一制度得到了继承，如清乾隆三十八年（1773）、四十六年山西大同府两次向巡抚呈报《重辑大同府志详》《重纂大同府志禀》，并得到批准②。

3. 审查制度。官修的方志一般多由主修来审查定稿，如府县志，通常是由知府、知县进行审核定稿，到清代形成了严格意义上的审查制度。清代通志一般由朝廷甚至皇帝审定，钦定后才可印行。“各省通志，俱经奏定。”如李绂修《广西通志》将在广西为官的江西人无论优劣好坏全入志，雍正皇帝看后，严加斥责，命令各省督抚将本省通志重新编纂。府州县志一般由总督巡抚、学政审定。如乾隆四十四年（1779）下诏各督抚，将省志及府县志书“悉心查核，其中如有应禁诗文，而志内尚复采录并及其人事实书目者，均详悉查明，概从芟节，不得草率从事，致有疏漏”③。由于审查严格，出现不少文字狱④。民国前期实行备案制。1929年5月29日，国民政府内政部以民字第596号咨令通行各省政府，将编纂省、县志书凡例送部审核⑤；12月25日颁布《修志事例概要》，将审核改为省转内政部备案。1931年4月15日，再改“送请党部审查”⑥。1944年的《地方志书纂修办法》特别将修志之初的“凡例、分类纲目”送部备案，与志稿完成“送请内政部核定，俟核定后始能付印”，重新予以明文规定。新方志也遵循历史惯例，1998年2月10日中国地方志指导小组《关于地方志编纂工作的规定》第十七条规定：“各级地方志应严格执行审查验收制度。省、自治区、直辖市编纂的地方志由省级地方志编纂委员会组织专家审查验收，报同级党委或政府批准出版；设区的市、地区、自治州、盟编纂的地方志报省级地方志编纂委员会审查验收，由同级党委或政府批准出版；县、自治县、旗，不设区的市、市辖区编纂的地方志报市级地方志编纂委员会审查验收，经省级地方志编纂委员会审核后，由同级党委或政府批准出版。”《地方志工作条例》第十二条再次规定：“以县级以上行政区域名称冠名、列入规划的地方志书经审查验收，方可以公开出版。……对地方志书进行审查验收的主体、程序等由省、自治区、直辖市人民政府规定。”至此，方志的审查范围与方式日益明确。

4. 机构的组织行为制度。宋代修志机构人员配置较少，以景定《建康志》为例，设志局于钟山阁，知府马光祖修，明道书院山长周应合纂，周天骥、吴畴协修。元以后修志机构也越来越健全，人员较以前为多，分工也越细，如光绪《庐州府志》志局：总裁2人，协裁3人，倡修1人，总修1人，同修17人，总理1人，协理1人，提调1人，总纂3人，代办总纂兼分修1人，协纂5人，分修20人，删定1人，总校3人，分校33人，采访65人，收捐1人，监缮2人，收掌2人，校刊1人，司局1人，绘图1人，承刊人1

① 巴兆祥：《论明代方志的数量与修志制度——兼答张升〈明代地方志质疑〉》，《中国地方志》2004年第4期。

② 刘益龄：《山西地方志史》，三晋出版社，2015年，第187页。

③ 中国第一历史档案馆编：《清代档案史料·纂修四库全书档案（上册）》，上海古籍出版社，1997年，第1129页。

④ 刘光禄：《清代编修方志概述》，《文献》第11辑，书目文献出版社，1982年；王晓岩：《方志演变概论》，辽沈书社，1992年，第199~200页。

⑤ 辽宁省档案馆：《编修地方志档案选编》，辽沈书社，1983年，第65页。

⑥ 辽宁省档案馆：《编修地方志档案选编》，第11页。

人，总计 167 人①。民国除重视人员分工协作外，还建立有修志机构的组织制度，如《江苏省川沙县修志筹备处简章》等，对修志局、志书编修委员会的宗旨、任务、组成进行规定，修志机构须按照规章组建，行使职责；办事制度，如《复县县志编修委员会办事细则》，规范修志人员办事行为；财务制度，如《赤峰县呈报修志局六个月经费预算》等实施经费预算，上海通志馆每年接受上海审计处“经常支出预算”审计。新方志形成了“党委领导，政府主持，地方志编纂委员会及其办公室组织实施，社会参与”的工作机制，新增岗位考核、办公设施管理、信息公开、工作督察、委托编纂管理、方志资料管理等一系列的规章制度，并逐渐成为方志管理学的主要研究对象。

方志的制度化建设是伴随着方志事业的发展而逐步建立的，并以官修为起点，不断地全面化、系统化。修志制度的健全与强化，既是方志事业发达的标志，又是推动修志工作开展、提高志书质量的保证。

## 四　地方志品种越来越丰富，体系化日益强烈

按照记载内容的全面性，地方志可分为两类：一为全志或综合志，二为专志。秦汉以来地方志采用郡书、地记、都邑簿、图经等多种名目，以各自所载而传承，到宋代趋于定型。古代定型的方志，除了省志、路志、府志、州志、厅志、军志、县志、卫所志、乡镇志等全志或综合志外，还有其他种类的方志如《黄山志》《少林寺志》等山水寺观志，《西湖游览志》《金陵胜迹志》等游览志，《长芦盐场志》等盐场志，《黑盐井志》等盐井志，《山海关志》等边关志，《龙江船厂志》等船厂志，《桐城耆旧传》等人物志，《两浙海塘通志》等水利志，《岳麓书院志》等学校志，《温州经籍志》等经籍志等。到了晚清、民国还出现了如李应珏《浙志便览》《皖志便览》、尹世煜《宣化县汇览》、刘文辉《西康概况》等简志、准志书，以及地方志的新形式——乡土志。

中华人民共和国成立后，五六十年代主要编纂了一批属于简志性质的省、县志。中共十一届三中全会后，修志事业开始快速发展，按最初的工作部署，主要编纂的是省（自治区、直辖市）志、市（州、盟）志、县（县级市、区、旗）三级志书，由于各地修志热情普遍高涨，修志者创造性地编纂了许多新类型的志书，从而大大丰富了新志的品种。如地区是省（自治区）政府的派出机构，有行署、有分管的企事业单位，尽管中国地方史志协会《关于新编地方史志工作条例的建议》（1982）、中国地方志指导小组《新编地方志工作暂行规定》（1985）均认为地区一级是否修志，不作统一规定，由各省、自治区自行决定，但各地创编了地区志，如《徽州地区简志》《龙岩地区志》《宁德地区志》《抚州地区志》等。街道属于区政府或不设区的市政府派出机构，有特定管辖地域、人口与事业，街道志也多见编纂，如北京市东城区《和平里街道志》、昆明市西山区《金碧街道志（1956—2008）》等。为向主体志书提供资料或保存本部门、单位或本行业（专业）的历史，而编纂有如《丰都县审计局志（1983—2005）》《义乌市建设局志》等部门志，《奉贤

① 张安东：《清代安徽方志研究》，黄山书社，2012 年，第 202～203 页。

县工业志》《上海汽车工业志》《河南黄河志》等专业（行业）志，《复旦大学志》《宝钢志》《安徽省农资公司志》等企事业单位志也是新方志工作的新景象。近年我国在地方治理中引入西方社会的社区概念，社区可大可小，尽管它不是基层区划，但也有地域概念，一些地方尝试编纂社区志，如苏州市《黄潦社区志》、青岛市《东流亭社区志》等。乡镇是县下基层政权，村属于乡镇的构成细胞，乡镇志、村庄志的编纂较历史上任何时期都普遍。以江苏、浙江为例，改革开放20年来，江苏出版乡镇志520部，浙江出版镇志68部、村志46种①。除此以外，各地还编了许多准地方志性质的地方概况、概览，如《湖北县市概况》《江西省情汇览》《银川市情》《景谷傣族彝族自治县概况》等。

从近二三十年的志书编纂情况看，地方志编纂大体按照如下几个态势发展：标准型的综合志（从省到村），标准型的专业（行业）志，标准型的部门志，标准型的企事业单位志，标准型的山水名胜古迹志，缩减型的简志，如《东乡县简志》《六盘水市简志》《上海通志干部读本》，地方志体系化也愈加明显。

## 五　地方话语与国家话语的互动贯穿整个方志史

地方志是地方历史文化的记忆，从事实际编纂与资料调查的人多为地方乡绅，他们的态度、认知必然会被带到方志书写中去。自方志诞生之时起就存在着国家话语与地方话语的博弈和平衡问题。隋朝以前，方志以私修为主，地方话语自然较为突出，东汉的郡书"矜其乡贤，美其邦族"，南北朝的地记对地方豪族与景物多有记载。隋朝之后地方志编纂逐渐纳入官修体系中，朝廷强化修志中话语的体现。到明代，朝廷借修《一统志》之机，进一步垄断了全国的修志话语权：其一，朝廷下令修志，"分遣礼部职员，遍行诸司，搜访寰宇文献，缮写进呈，爰备述作"②。通过行政体系展现中央权力话语的畅通。其二，《大明一统志》御制序："惟我太祖高皇帝，受天明命，混一天下，薄海内外，悉入版图。盖自唐虞三代下及汉唐以来，一统之盛，蔑以加矣。……我太宗文皇帝……特命儒臣大加修纂，必欲成书，贻谋子孙，以嘉惠天下后世。惜乎书未就绪，而龙驭上宾。朕念祖宗之志有未成者，谨当记述……继成文祖之志，用昭我朝一统之盛。……是书之传也，不独使我子孙世世相承者，知祖宗开创之功广大如是，思所以保守之惟谨。而凡天下之士，亦因得以考求古今故实，增其闻见，广其知识，有所感发兴起，出为世用，以辅成雍熙泰和之治，相与维持我国家一统之盛于无穷。"③《大明一统志》及各地方志的编纂动机就是宣扬大一统的盛况，支配维护朱明统治的舆论话语。其三，为编纂《一统志》，永乐年间曾两次颁布《修志凡例》，规定志书设置的类目应当包括建置沿革、分野、疆域、城池、里至、山川、坊郭、乡镇、土产、贡赋、风俗形势、户口、学校、军卫、廨舍、寺观、祠庙、桥梁、古迹、宦绩、人物、仙释、杂志、诗文等，并对各类目的编纂方法与注意事项进行规

① 邱新立：《中国新编地方志二十年成就（二）》，《中国地方志》2000年第3期。
② 高廷榆：嘉靖《普安州志》卷首《普安州志·沈勖序》，《天一阁藏明代地方志选刊》本。
③ 李贤等：《大明一统志·明英宗御制序》，天顺五年（1461）内府刻本。

定。“敕内臣分行天下，颁降《凡例》，监督郡邑纂修志书，要在详悉，以成一代之令典”①，从而把修志的“学术话语”统一在朝廷的轨道上来。只要对比一下就可以得出这样的结论：《永乐修志凡例》大致上就是事先草拟的《一统志》编纂细则。正由于朝廷修志话语权的把握，保证了各地为《一统志》提供素材的志书类目与叙事的一致。清代基本效法明代②。

地方对于国家话语基本都是主动认同，积极响应，但同时也在不违背中央意志的前提下，夸耀其地山清水秀、人杰地灵、虎踞龙盘等，在志书书写中努力地表现地方性。如明代贵州开始独立为省，随之其修志事业也迅速展开。在明代大一统和贵州建省的历史背景下，修志者努力构建当地的“边地知识系统”，试图改变贵州长期被边缘化、被轻视的文化偏见，认为贵州也是“中华文化共同体不可分割的重要组成部分”，是“总体而全程的中华文化系统结构中的子系统之一”③。当然，地方士绅在编纂方志过程中，为表现地方性或个人意志，与国家主旨相悖的情况也时有发生。清朝严格审查地方志，其实就是国家话语与部分地方话语冲突的一个表现。民国初期的志书大多表现出对民主共和新国家以及民本思想、进化史观的认同，然修志者中不乏前清的遗老遗少，他们对于清朝有着或多或少的眷恋，仍站在清朝而不是民国的立场上去追溯清代历史。如对太平天国运动中死亡人员的记录，尽管 1929 年国民政府已颁布《禁止污蔑太平天国案》，但 1935 年刊印的《萧山县志稿》中仍设置《洪杨之役殉难绅民表》《洪杨之役殉难妇女表》，文字间充斥着对太平天国运动的诋毁之词。“来其鉴，举人，候选教谕。贼至投河而死。”“陈履中，郡庠生。杀贼阵亡。恤云骑尉世袭，入忠义祠。”④ 新方志既坚持以马列主义、毛泽东思想、邓小平理论、“三个代表”重要思想和科学发展观为指导，坚持实事求是的思想路线，贯彻党和国家的方针政策，又全面着力体现地方特色和时代特色，妥善地处理了国家话语与地方话语的互动关系。所以，通观整个方志发展史，从某种意义说，志书的编纂确为国家话语与地方话语互动的产物。

## 六 在继承的基础上创新，编纂方志所需要知识的“跨界”日益明显

方志是一方总览，是大、小传统交融互动酝酿催生的产物，也是同一知识型著述系谱不断累积发展的结果。秦汉以来郡书、都邑簿、地记、图经、图志等，或专记人物，或重古迹，或记历史，或主地理，或为兼有地理与人物，或主历史兼记风土，并随着时代的发展，相互吸收与融合，至宋代逐渐形成了地方志的特有形式：分门别类，横排门类，纵贯时间；记、志、图、传、表诸体裁并用；特定地域的人事物无所不载；严守时空界限；述而不作。此后，历代方志编纂均遵守这些传统，在继承中创新。如明代新增“三宝体”

① 林大春：隆庆《潮阳县志》卷首《潮阳县志·郑义序》，《天一阁藏明代地方志选刊》本。

② 巴兆祥：《试论〈大明一统志〉的刊本及其历史贡献》，《中国地方志》2015 年第 1 期。

③ 张新民：《大一统冲动与地方文化意识的觉醒——明代贵州方志成就探析》，《中国文化研究》2002 年冬之卷。

④ 杨士龙等纂修：民国《萧山县志稿》卷二十《人物·洪杨之乱殉节绅民表》，民国 24 年（1935）铅印本。

“政书体”等体式与军政、匠班、帝运、幽怪、兵氛、文教、海道、破荒启土、狱囚、词讼、赦宥等门类，至清末又有章节体及学务、学堂、农政、工政、商政、商务、实业、厘税、矿务、警务、巡警、宗教等新门类产生。新编地方志综合运用了述、记、图、表、志、传、录、略等体裁，或分编、章、节、目，或有分志、章、节、目，或设纲、目、小目，设置政法、城市建设、经济管理、工业、交通邮电、粮油购销、饮食服务业、旅游业、对外经济贸易、财政、税收、审计、金融、新闻出版、卫生体育、文物胜迹、社会等众多符合时代特点的新门类。“创新……是以继承为前提，在继承的基础上根据时代的需要加以发展。若是离开这个前提，把千百年来方志发展过程中所形成的一些优良传统，有别于其他著作的所独具的特色全部抛开，另起炉灶地独创，那只会失去编纂方志的宗旨。……对于每个修志工作者来说，要做好继承和创新工作，不仅要懂得旧方志的编修理论问题，而且应当尽可能多看几部旧时代所修的方志。”①

宋以后的方志，其基本书写任务就是把一地的历史、地理、人物等情况如实地记录下来，所需最主要的是历史学、地理学、文学的知识与方法。至民国时期，随着近现代科技文化的发展和传入，国体的改变，地方政治、经济、教育、社会生活都发生了很大变化，地方志对地质、气候、实业、交通、金融、物价、卫生、教育、方言、宗教、外交、警政、自治、司法等的记载，已经不仅仅局限于历史学、地理学和文学了，已经涉及地图学、经济学、政治学等更多的现代科学。如民国《鄞县通志》地图运用了新式测绘技术，物产运用了植物学，气温、降水运用了气候学。

地方志发展到今天，内容包括当今社会生活的各个方面。面对着不同以往的大量繁杂的信息资料，以及多单位、多系统、众多参与修志人员，如何统筹利用资源，合理分工，我们还必须借助于现代管理学的理论和方法，如控制论、信息论、系统论等；我们要用辩证唯物主义和历史唯物主义等哲学方法去处理修志过程中遇到的矛盾和志书的内容；要用历史学的知识梳理历史发展脉络，展现一地的发展状况；要用地理学的知识编辑地理志，书写一地的自然、人文地理风貌……我们在编辑政治、科技、文化、军事、教育、社会、城市、工业、农业、方言等志（编）的时候还必须借助于考古学、文学、语言学、经济学、社会学、政治学、教育学、哲学、法学、民俗学、军事学、农学等学科的知识。如“现行志书经济部类的总体布局大都按生产、交换、分配、消费四个环节来设置，即是经济学理论在方志编纂研究中的运用成果”②。在修志材料的收集和整理的阶段，我们还需要借助档案学、史料学、统计学等学科的知识；绘制志书地图的时候，地图学的知识是必须要掌握的；对于志书体例、编目、语言、装帧等方面，我们要参考美学的理论和方法，以便提高方志的质量和美感③。可以说，现代修志面对的不仅仅是更多的信息和内容，还有更加细化的部门、人员分工等。编修一部方志，需运用到当今大部分人文社会科学和一部分自然科学的知识，编纂方志所需要知识的“跨界”日益广阔。这对修志人员的知识储备提出了更高的要求，仅仅学习历史学和地理学等传统基础学科已经远远不能满足修志的需

① 仓修良：《方志学通论》（增订本），华东师范大学出版社，2013年，第427页。

② 巴兆祥：《方志学新论》，第31页。

③ 上述方志利用现代科学的论述主要参考杨静琦、于希贤编著：《地方志与现代科学》，河南大学出版社，1989年。

求，还要对编纂方志所涉及各种学科知识有所了解，以使地方志书除姓“志”外，更具科学性。

## 七　地方志的成书形式紧密追踪科技发展

造纸术和印刷术是我国古代科技发展的重要标志，它们为文化知识的传播作出了不可磨灭的贡献。随着 21 世纪的到来，知识传播的载体和途径也变得愈发广泛，光盘、硬盘等电子产品和网络也在丰富着我们获取信息的渠道。地方志作为地方知识的重要载体，也紧密追踪甚至引领各时期的科技发展。

在纸发明之前，我们的祖先尝试着在陶器、甲骨、青铜器上刻画简单的图形和文字，后又有了竹木简、缣帛等。由于缣帛较为贵重，它的使用范围不广，先秦秦汉时期竹木简成为当时主要的书写载体，秦汉的郡书、地记、都邑簿等大约主要是书写于简牍之上的。西汉我国出现了早期的纸，东汉蔡伦改良了造纸术，但是纸的普及和大规模使用大约是在隋唐，《沙州图经》和《西州图经》就是纸质写本。直至今天，纸依然是方志的重要载体。

我国古代的印刷术主要分为两种，一种是雕版印刷，一种是活字印刷。汉代就有使用雕版印刷的说法，保守估计其最早应用于唐代，经过宋代的兴盛、明清的发展，至清末开始萎缩。可以说雕版印刷是中国古代最重要、应用最为广泛的印刷技术，宋代以后的地方志也大部分应用了此种技术，如宋代的淳熙《严州图经》《吴郡图经续记》等，明清时期使用雕版印刷出版的地方志更是不可胜数。北宋毕昇发明了活字印刷术，可惜在宋代并未得到推广，后又出现了木活字、锡活字、铜活字、铅活字、磁活字等改良形式。元代农学家王祯于大德二年（1298）制作了 3 万多枚木活字，并成功试印了自己纂修的《旌德县志》，这是中国第一部木活字本方志，也是中国第一部木活字印本书籍，木活字印本方志在元明清时期多有出现，如康熙《淞南志》［嘉庆十八年（1813）木活字本］、咸丰《靖江县志稿》［咸丰七年（1857）木活字本］、光绪《长宁县志》［光绪二十七年（1901）木活字本］等。当然除了木活字本也有许多其他活字印刷的方志，如正德《东光县志》就是以铜活字印刷的。

19 世纪中叶前后，西方平版石印、凸版铅印、油印等新的印刷技术传入我国①，随后这些新技术被运用到地方志的出版中。石印本如康熙《金华府志》［宣统元年（1909）石印本］、民国《夏邑县志》［民国 9 年（1920）石印本］、道光《东阳县志》（民国 3 年石印本）、光绪《通海县续志》（民国 9 年石印本）、民国《内江县志》（民国 34 年石印本）等。铅印本如民国《平湖通览》《德清县新志》《镇海县志》《象山县志》《南天县志》《定海县志》。油印本如民国《新丰镇志略初稿》《长宁县志》《宣城县志略》《曹娥乡土志》《连县志》《电白县新志稿》。1960 年中央民族文化宫图书馆还将刘赞廷编纂的多种《西康图志》油印出版。有些方志的出版灵活运用多种技术，如民国《华阳县志》整体采

① 张绍勋：《中国印刷史话》，商务印书馆，1997 年，第 72 页。

用雕版印刷技术，县境全图1册则是用笔画清晰、色彩精美的石印技术。

进入21世纪，电子计算机和网络技术的发展又促使地方志电子化、信息化的程度加速，在出版铅印纸质本的同时，相当多志书如《上海通志》和上海市所属所有区县志、专业志以及《合肥市志（1986—2005）》《苏州市志（1986—2005）》《镇江市志（1983—2005）》《黄山市屯溪区志》《开弦弓村志》等还出版光盘、网络版。尤其是网络数据库技术的进步，方志以数字化形态成书将会越来越普遍。铅印、光盘、硬盘、云盘、网络等多种成书形态的并存，地方志的生存和发展的空间将更加广阔，方志散佚或将成为历史。

## 八　方志的地位由地理之附庸渐成“著述大业”

方志尽管历史很悠久，但长期以来学术地位并不高，多被视为一般的乡土文献，在学术思想上多归入地理书的范畴，《隋书·经籍志》等历代正史艺文志及传统目录著作将方志归入史部地理类。到明代由于朝廷颁布修志凡例、统一体例，大部分人把方志当作史书看待，方志的地位有所提升。体现在官府层面就是万历年间孙能传编《内阁藏书目录》，于经、史、子、集外，别立志乘一类，说明时人对方志重要性、独立性认识的提高。到清代，朝廷更重视方志，特别是《大清一统志》这样的国家级文化工程，朝廷在人力、物力、财力方面均给予高度支持，自然引得学者关注。能否参加《一统志》的编纂工作，不仅是学者学识、学术名望的反映，而且是其学术地位、社会影响在朝廷、官府层面上的体现。著名学者徐乾学任副总裁官，“管理修书总裁事务”，在被康熙称赞“学博才优，参订考据确实”后，感到无比的荣幸、荣耀，上奏谢恩，表示愿像司马光著《资治通鉴》一样，勤勉从事，不负圣恩，就是这种心态的反映。《一统志》的编修岗位毕竟有限，不能普遍满足学者们要求参加这一重大文化项目一显身手的愿望。为笼络更多的知识分子，发挥他们的学术特长，清廷将《一统志》编纂工作加以延伸，把为《一统志》逐级提供资料的省、府、州、县志纳入《一统志》编纂系统中，康熙十一年（1672）谕令各省督抚“聘集宿儒名贤”，组建修志班子编辑通志，然后“汇为《大清一统志》”。自此以后，知识分子多把修志当作“著述大业”，积极投身到各地的编志活动中去。诸如袁枚、全祖望、齐召南、戴震、章学诚等著名学者均参与了修志活动。这些学者在史学、地理学、经学、谱牒学、文学、文献学上，各有建树，他们以严谨的学术态度，将学术研究与修志实践相结合起来，进一步促进了方志地位的提高。民国时，随着诸如余绍宋、蒋梦麟、柳亚子等大批著名学者投入修志中，积极探讨方志学，出版了《方志学》《中国方志学通论》等著作，方志学已入近代学科之林。

中华人民共和国成立后，随着两轮方志编修工作的开展，形成了一支庞大的方志编修队伍。据统计，全国专、兼职方志工作者的有11万之众[①]，若加上专业志、乡镇街道社区志等的编修人员，则全国参与修志的工作者则远远超过11万。首轮和第二轮修志的成果卓著，截至2014年，“已出版7000多部省、市、县三级地方志书，2万多部行业志、部门

① 刘延东：《与第五次全国地方志工作会议部分代表座谈时的讲话》，《中国地方志》2014年第5期。

志、军事志、武警志、专题志、乡镇（街道）志、村（社区）志等，1900 多种、1.5 万多部地方综合年鉴，1000 多种、7000 多部专业年鉴”①。在编修地方志实践的同时，方志工作者、大学科研机构的研究人员及其他热心于方志工作的人员对地方志理论也展开了积极探讨，现“已出版各种志鉴理论著作 1000 多部，发表论文 6 万多篇”②。与此同时，社会各界对于方志的关注和利用也在加强。各地兴建的方志馆、方志网站方便了人们对于方志的了解与利用。党和国家领导人也对方志事业给予了高度重视，如 2014 年 2 月 25 日，中共中央总书记、国家主席习近平参观首都博物馆时指示要“高度重视修史修志”；4 月 19 日国务院总理李克强给第五次全国地方志工作会议批示“做好编修工作十分重要”。“加强修史修志”已被列入国家“十三五”规划。近些年除了传统的地理、历史、文学等学科，农学、天文学、地质学、民俗学、旅游学、医学、经济学等学科也加大对地方志的关注，利用方志资料推动学科的深入研究，学术界对于方志的研究方兴未艾。

总之，地方志编修在我国历史悠久，绵延不断，在历代修志者和热心人士的努力下，方志编修成果巨大。这些方志不仅保存了地方文献，更是民族精神的寄托，除了发挥传统的“存史、资政、教化”功用外，还拓展了中国文化的内涵，为提升国家文化软实力发挥了重要作用，风一国且型四海。在方志发展过程中，也存在着一些如上文所述的显著规律，我们在修志工作中要充分自觉地遵循和利用这些规律，避免不必要的失误，提高修志工作的效率。

（作者单位：复旦大学历史系）

①② 《全国地方志事业发展规划纲要（2015—2020 年）》。

# 修志问道，以启未来

## ——从苏州的修志实践谈地方志工作机构的履职问题

陈其弟

**内容提要：**编修地方志离不开人，志书是人修的，也是供人利用的，志书的质量取决于编修者的业务素养，如果能够很好地解决地方志工作机构的履职问题，在工作和实践中锻炼队伍、培养人才，就能确保地方志事业长盛不衰。笔者从苏州的修志实践中提出地方志工作机构要树立学习意识、研究意识、成果意识、品牌意识、服务意识五大意识，履好职，问好道，才能无愧于时代、无愧于历史。

**关键词：**学习意识　研究意识　成果意识　品牌意识　服务意识

2014 年 4 月 19 日，第五次全国地方志工作会议在京召开。中共中央政治局常委、国务院总理李克强作出重要批示，批示指出："地方志是传承中华文明、发掘历史智慧的重要载体，存史、育人、资政，做好编修工作十分重要。五年来，全国广大地方志工作者执着守望、辛勤耕耘，地方志工作成绩斐然，这项事业呈现良好发展势头。谨向同志们致以诚挚问候！修志问道，以启未来。希望你们继续秉持崇高信念，以更加饱满的热情、以求真存实的作风进一步做好地方志编纂、管理和开发利用工作，为弘扬优秀传统文化、服务经济社会发展作出新的贡献。"中共中央政治局委员、国务院副总理刘延东与部分会议代表座谈。她强调，各地区各部门要认真贯彻落实李克强总理重要批示精神，进一步推动地方志事业的发展和繁荣，为全面建成小康社会和全面深化改革提供历史借鉴和智力支持。刘延东强调，要把地方志工作纳入公共文化服务体系建设当中，加快方志馆、地情网站、数据库等基础设施建设，用人们喜闻乐见的方式利用地方志、传播地方志，鼓励和倡导全社会"读志""传志""用志"，用历史的智慧推进治理体系和治理能力的现代化，为实现中华民族伟大复兴的中国梦作出新的贡献。

李克强总理批示中"修志问道"的"道"到底是指什么？笔者以为可以从两个方面理解：如果就修志工作而言，那就是地方志书编纂的方式方法；如果就地方志书的开发利用而言，应该就是指刘延东副总理所说的"历史借鉴和智力支持"。前者是讲如何"存史"，后者是讲如何发挥好地方志书"育人、资政"的作用，即"读志""传志""用志"，涵盖的正是地方志的三大功用。

中共十八届四中全会提出全面推进依法治国，最后落实到两句话："法无授权不可为""法定授权必须为"。除了党纪国法，与我们密切相关的《地方志工作条例》以及江苏省、苏州市两个“实施办法”，明确了法律授权给我们“可为”，并且“必须为”的事项。《地方志工作条例》规定，县级以上地方人民政府负责地方志工作的机构要履行五大职责：（一）组织、指导、督促和检查地方志工作；（二）拟定地方志工作规划和编纂方案；（三）组织编纂地方志书、地方综合年鉴；（四）搜集、保存地方志文献和资料，组织整理旧志，推动方志理论研究；（五）组织开发利用地方志资源。

地方志工作的机构要履行好上述五大职责，其关键是人才和队伍。多年来，在与兄弟单位的交流和到基层单位的调研中，经常会听到“没有人”的感叹。如果深究该办有多少编制和实际人数时，往往会听到十几、二十几乃至三十几的人数，其实按人头是有人的，只是确实能干事、能干成事的人少之又少而已。还听说，修志工作也可“服务外包”，志办的人只要当好“甩手掌柜”即可，这方法到底行不行，还要以实践作为检验标准，在此不作评判和讨论。本人想就近年来苏州市的修志实践探讨地方志工作机构如何履行职责。

## 一　树立学习意识，创建学问型机关

一位哲人说过，了解过去的一千年，是为了更好地建设今后的五百年。苏州的人类文明可追溯到1万年前的新石器时代（三山岛遗址）。悠悠岁月，苏州的先人为我们创造出了灿烂的文化，留下了诸多历史记忆，也奠定了苏州作为历史文化名城的文化底蕴。

地方志尽管是中国特有的历史文化载体，但是在其2000多年的历史长河中，也并非一成不变。从秦汉的雏形，到宋元的定型、明清的繁盛，再到20世纪80年代的社会主义新方志，地方志这种资料性著述，在不断地发展和变化着，也在与时俱进。哪怕是有了上轮修志实践，本轮修志时也不能完全因循照搬，毕竟时代不同了，经济社会形势也有了较大的变化和发展。特别是上轮修志是在计划经济大背景下进行的，而本轮修志已经是社会主义市场经济相对发展了的时代。社会经济形态的变化，必然导致修志模式的变化。

任何事业、任何工作都需要人去做的，编修地方志同样也离不开人，要以人为本。以人为本在修志工作上的体现，主要在两个方面：其一，志书是人修的；其二，志书是给人看的。修志者需要什么样的素质？古代先贤有范成大、王鏊、冯桂芬，是他们留下了《吴郡志》《姑苏志》《苏州府志》等一大批名乘佳志，苏州的历史就是凭借这些地方志，得以传之后世。地方志书的质量，说到底关键是两个字“精”和“准”，就是文字是否精炼，史实是否准确。而影响志书质量的关键是人——真正具有文字驾驭能力和核准史实能力的修志者。修志人员的素质直接影响到志书的质量和志书的可信度。

现在，许多地方都在搞创建学习型机关活动，也有人提出搞读书月或阅读节。学习确实是提升个人素质的主要途径，作为修志者，文字功底更是必不可少的。但是光会写字，是远远不够的。修志者需要具备的是把握全局、拿捏准确的功夫。有人说，地方志是做学问的，笔者非常认同。历史是以淘汰绝大多数为代价的，我们面对的是浩如烟海的文字资料，其中鱼龙混杂，错综复杂，事无巨细，点点滴滴，应有尽有……选择和取舍是一门大学问，需要我们大事不漏、要事不缺，取粗存精、去伪存真。处理这些资料的过程就是修志、就是做学问，志书是我们做学问的成果，它体现了修志者的文字功底、学识水平，也是作为一名合格修志人所必须具备的。孔子曰：“学而不思则罔，思而不学则殆。”地方志事业的可持续发展，不但需要善于学习的人，更需要善于思考的人。

我们常常说要读志用志，这句话既是对社会上说的，更是对修志战线上的人说的。如果修的志书连我们自己都不去读或者不想读，那只能说明我们的志书修得失败了。前文述及以人为本的两类人中，读者（读志者）其实也应该包括我们修志人。只有我们站在读者的角度，换位思考，才能编出可看、可用，有价值的志书。有句话叫，书读多了品自高。编史修志要讲史德，耐得寂寞，甘愿把修志当作学问来做，这是最起码的史德。

## 二 确立研究意识，培养学者型队伍

高质量的志书肯定出自高水平的主编和一支高素质的修志队伍。高水平的主编、高素质的修志队伍哪里来？世界上没有天生的方志专家，全国各大高校设立地方志专业的也为数不多。参与上届修志者，大多数人都是“半路出家”，可同样编修出了一大批优秀志书。本轮修志经过了上轮修志的洗礼，既有各级各类志书的成品可资借鉴，又有一批专家学者编辑出版了大量的修志理论专著可资学习利用。平心而论，较之上届“摸着石头过河”，不知要好上多少倍了。

当然，由于修志周期较长，一般县志要七八年才能完成，省辖市往往要10多年（上届《苏州市志》前后花了14年、二轮修志9年）。一般而言，在下轮修志启动之时，大多数参加前轮修志者都已经离开修志岗位。更何况，第二轮修志启动时，计划经济时代那一套做法和分类方法，已经不能适应市场经济条件下的修志工作。面临新形势，面对新问题，我们怎么办？《地方志工作条例》规定“地方志书每20年左右编修一次”，从法律上界定了地方志是一项事业，具有时间上的连续性。作为一项文化事业，第一要义也应该是可持续发展。可持续发展的事业，需要可持续的人才储备。参与这项工作的人，不能混同于一般的行政人员，这是显而易见的。上轮志书出版后，许多地方撤并机构、解散人员的做法，现在看来是有违科学发展观的。

就目前情形而论，修志队伍建设是直接影响地方志事业沿着健康、可持续发展道路前进的最大、最突出的问题。培养和造就一支学者型的修志队伍，已经成为我们的当务之急。从2010年起，苏州市志办就以以评代训的方式，不断锤炼修志业务人员。现在苏州的第二轮修志工作已经接近尾声，通过5年多时间的不间断评审实战训练，在完成本轮修志任务（出书）的同时，各县（市）区志办的地方志科科长、副科长等一批堪当大任者已经脱颖而出（出人），成为下轮修志的骨干力量，真正成为地方志事业可持续发展的人才储备和智力支撑。

## 三 强化成果意识，营造共赢型团队

地方志办公室的最大工作成效，也是最看得见摸得着的成效，莫过于出成果。《地方志工作条例》第五条规定地方志成果应该包括地方志书、地方综合年鉴、旧志整理、修志理论、地情书等几个方面。实践证明，新编地方志书是长线产品，周期一般在 5 年以上（年鉴一般每年一鉴）。还有在两轮修志的间隙（上轮修志完成，下轮没有启动之前），地方志办公室往往除了年鉴外，没有主体工程，给人的错觉是地方志办公室没事可干，是个“闲职”。这样的认识，如果成为许多人的共识，将会直接影响到地方志机构乃至事业的兴衰存亡。因此，成果意识就显得尤为重要，我们必须清醒地认识“有为才能有位”的道理。

地方志书是个众手成志的集体成果，地方志同人应该具有较强的协同作战能力。俗话说“家和万事兴”“人心齐，泰山移”，大家能够共事是个缘分。既然大家来到同一条战壕，就要齐心协力，各展所能，发挥各自的聪明才智，努力打造共同的成果，实现共赢。有句话说“不想当将军的士兵，不是好士兵”，我们应该有“不想出成果者，不是称职的修志人”的意识，积极营造奋发有为的氛围，强化成果意识，在搞好长线产品的同时，想方设法开拓修志工作新领域，为弘扬中华文明，挖掘地方文化尽到我们的职责。苏州市志办从 1984 年起，就与苏州市政协文史委联合推出《苏州史志资料选辑》，每年出版，供全市政协委员参政议政之用，扩大社会影响。2010 年，市地方志办公室利用掌握的历史文化资源，协助市纪委编辑出版了《廉石千秋》，既体现了自身的价值，又实现了成果的双赢。

## 四 增强品牌意识，形成集聚效应

苏州从来不乏开拓创新精神，在地方志事业上也不例外。在这两轮修志的间隙，我们从来没有停歇过。1995 年出版首轮《苏州市志》后，即着手筹建了苏州市方志馆，这在省内是首家地级市方志馆；1998 年起，推动全市乡镇志、部门志的编修，出版了 200 多种第四级志书；直接参与指导并完成了 4 部区志（郊区、沧浪区、金阊区、平江区）以及高新区、工业园区、相城区所辖乡镇志的编纂出版。形成了《苏州史志资料选辑》（迄今已经出版 40 辑 600 多万字），《老苏州》画册（已出版《百年旧影》等 5 种 6 册，上千张老照片），苏州地方历史文化读物(《再读苏州》《苏州名门望族》《苏州士绅》《苏州古城街巷梳辨录》等 8 种 200 多万字)，2010 年开始出版的专志系列（《苏州山水志》《苏州老街志》《苏州老桥志》），以及方志理论类（《苏州地方志综录》《感悟修志》《品味修志》等 4 种）5 个系列 70 多册出版物，这些书籍的地情信息是《苏州市志》的有效补充，也是补史之缺的重要组成部分。这是拓展地方志工作的新领域，也是苏州地方志办公室多年来形成的品牌，我们要用心去呵护。珍惜和爱护的最有效办法，就是不要让这些好不容易打拼出来的牌子变质。不变质就得保鲜，食品的短期保鲜可以放在冰箱里，当然也可使用防腐剂，这一般是食品制成品的常规做法。而对于地方历史文化丛书的保鲜，笔者认为最好是“常出常新”，不断推出更多的同一系列的产品。书分为两种，一种是畅销书，另一种是长销书，地方志编纂的书属于后者。现在，我们搞社会主义市场经济，什么都让市场说了算，连出书也把注意力放到赚钱上，没有把目光投向读者，到头来，会让我们的图书市场鱼龙混杂，产生大量的“图书垃圾”，不符合建设节约型社会的要求，需要警惕。因此，对于以地方志办公室名义出版的书，要宁缺毋滥，不但不能因某本书籍的质量而砸地方志的牌子，而且要以为此品牌增光添彩为追求目标，为苏州的地方志事业加分，为苏州的经济社会文化建设提供权威性的历史文化支撑。

## 五　提升服务意识，激活地情资源

古人云“欲灭其国者，必先灭其史”，没有历史的集体记忆，就难有现实的广泛认同。现实是历史的延续，现实与历史不能截然分开。要实现中华民族的伟大复兴，离开了炎黄子孙对于中国古代历史的认同是难以想象的。地方志书作为地方历史的文化载体，同样需要得到本地父老乡亲的认同，而认同的前提是熟悉和了解。一个国家自身的历史越深入人心，就越有凝聚力。可见，整理和激活深藏闺阁的地方史志资料，对于一个国家或一个地区来说，是何等重要！因此，国家的兴旺、民族的复兴，需要我们文史工作者做好“历史的传播者”这样的角色。

旧志整理是传播地方历史文化的一项非常重要的工作，《地方志工作条例》第五条明确将“组织整理旧志”列为县级以上地方人民政府负责地方志工作的机构所要履行的职责之一。苏州市在20世纪80年代就组织整理出版了《吴郡志》等9种地方文献，之后又陆续整理出版了康熙《昆山县志》和《重修常昭合志》《虎阜志》《吴中小志丛刊》《吴邑志·长洲县志》，还利用《苏州史志资料选辑》这个阵地，刊出《石湖志略》《虎丘山志》《灵岩山志》《五亩园小志》等。近年来，各市（县）也整理出版了《常熟乡镇旧志集成》《张家港旧志汇编》《分湖三志》《道光吴江县志汇编》《昆山宋元三志》《弘治昆山志》《嘉靖昆山县志》《万历昆山县志》《弘治太仓州志》《嘉靖吴江县志》《垂虹识小录》《震泽编》等，共计130多种旧志，为普及和研究吴文化，作出了重要的基础性贡献。

一本本地方志书真实地记载着苏州的历史，安静地躺在苏州市方志馆里，等待着人们的查询阅读……从中，我们可以惊奇地发现，苏州的山并不高，却有着无数先人留下的足迹和墨宝：灵岩山上的馆娃宫遗址、玩月池和玩花池，承载着春秋时期吴王与西施的浪漫与悲情；虎丘山的生公讲台，诉说着佛教文化在苏州的传播；小小寒山，却留下了乾隆皇帝六下江南的六次大驾光临；还有那穹窿山上都穆写的“朱买臣读书台”、大石山上王铎留下的“仙坪”大字、小王山上的“露天书法”等，无不透露着苏州这些小山的人文与灵气。苏州的大街小巷虽不奇特，却走出了无数的状元进士；苏州的地名看似平淡，却不仅仅代表一个具体地点的符号，还蕴含着一段或长或短的历史，记述着一个个活灵活现的故事。还有那悠扬的苏州评弹，以苏州话特有的软糯，说唱着人间的喜怒哀乐；松鹤楼（饭店）、黄天源（糕团店）、朱鸿兴（面店）、陆稿荐（熟肉店）等百年老店，尽管在市场经济的浪潮下，惨淡经营，但尚具活力，仍能保持老字号的荣耀；轧神仙、石湖串月、天平红枫节、寒山寺听钟声等颇具地方特色的岁时习俗，都是那样的独特和耐人寻味。

习近平在全国宣传思想工作会议上曾要求对外宣传工作“讲好中国故事，传播好中国声音”。中国的故事来源史志，地方志书上的故事更具有乡土气息，会让人“望得见山、看得见水、记得住乡愁”。历史是地方的根，文化是城市的魂！编史修志的文化传统在我们手里延续和传承着，20 世纪 80 年代以来，苏州市以及各市（县）区新编的各类志书已经超过 200 种。为开发和利用好这些资源，更好地服务社会，1998 年 9 月起，苏州市方志馆向社会免费开放。2010 年起，苏州市实施了志书“四进工程”（进军营、进社区、进图书馆、进高校），常熟、张家港等市实施了“六进工程”（进军营、进社区、进图书馆、进高校、进企业、进机关）。同时，为了充分发挥苏州市方志馆地情资料库的优势，将馆藏的苏州市 12 部新编市、县、区志以及 100 多部新编乡镇志、部门志，共计 7500 万字的志书进行了电子化，通过一个崭新的平台——苏州地方志网站，让传统的历史文化资料插上信息化的翅膀。除了文字资料，还实现数千张馆藏的苏州老照片的全社会共享。

总之，修志工作与其他工作一样，要从大处（大社会）着眼，小处着手，不能眼高手低。要听其言而观其行，不能仅仅停留在嘴上说说，要落实到具体的行动中，否则要实现地方志事业的可持续发展就会成为一句空话。地方志事业离不开人才支撑。各级地方志工作机构要把培养修志人才、建设修志队伍作为履行职责的首要任务。作为修志者个人要成为人才，离不开学习。学习的途径有二：一是向前人学习，通过阅读先贤留下的志书或修志理论著作，传承留住历史记忆的体式；二是在实践中学习，不拘泥于固有的条条框框，与时俱进，不断创新。只有这样，才能编出读者认可的高质量的志书。

（作者单位：苏州市地方志办公室）

# 首轮新方志编修实践创新回顾*

沈松平

**内容提要**：首轮新方志编修期，习惯上指始于20世纪80年代初的全国普修方志，至2001年12月全国地方志第三次工作会议之前，这一时期地方志的发展速度是之前任何一个朝代都望尘莫及的。但同时这一时期的修志又是在缺乏理论指导和新志编修实践经验的背景下进行的，"摸着石头过河"，走了不少弯路，也积累了很多经验，并在实践中有不少创新。本文旨在回顾和总结首轮新方志编修经验，以期对第二轮修志有所帮助。

**关键词**：新方志编修　创新　回顾

新中国首轮修志普遍是在既缺乏理论指导，又没有新方志编修实践经验的背景下进行的，只能借鉴旧志的编修特点，边学边编，"摸着石头过河"，走了不少弯路，付出了代价，但同时也积累了经验，在实践中产生出不少创新。无论是失败的教训还是成功的经验，都是一笔宝贵的精神财富。目前在全国开展的第二轮修志，除了要继续借鉴旧志的编写经验外，最主要的是学习和借鉴首轮修志的编修经验。首轮新方志编修经验包括两方面：一是修志工作经验，如完善领导体制，优化工作机制，健全修志机构，加强队伍建设，搞好事业管理，处理好各个工作环节的衔接转换等；二是编写业务经验，如修志指导思想、编纂原则、体裁、篇目结构、内容写法、文体文风、行文规则、图表照片等方面的经验。本文就后者作一点回顾，以期对第二、三轮修志有所帮助。

## 一　体裁上的创新

中国地方志指导小组2008年9月颁布的《地方志书质量规定》① 规定了新方志的8种体裁，即述、记、志、传、图、照、表、录、索引，其中记包括大事记、专记、编后记，专记设置因事制宜，选题严格，数量适度。这是对首轮新志体裁上的一个集中归纳，实际上它有一个发展演变的过程。早在1981年中国地方史志协会成立前后，无论是同年7月25日至8月1日在太原召开的中国地方史志协会成立大会暨首届地方史志学术讨论会上出

* 本文系浙江省社会科学界联合会2016年研究课题"新中国方志编纂实践创新研究（1949—2015）"（项目编号：2016N21Y）成果。

① 《地方志工作文献选编》，方志出版社，2009年，第107～108页。

台的《关于新省志编修方案的建议》《关于新市志编修方案的建议》《关于新县志编修方案的建议》3 个文件草案，会议筹备期间出台的《关于编纂新县志的初步方案（讨论稿）》，还是 1982 年 7 月 25—31 日在太原召开的中国地方史志协会第一届常务理事会第二次（扩大）会议讨论通过的《关于新编地方志工作条例的建议（征求意见稿）》［简称《条例（征求意见稿）》］，都只规定了志书的体裁有记、志、传、图、表、录，概述、索引和专记没有列入文件草案规定的基本体裁。但在《关于编纂新县志的初步方案（讨论稿）》中有这样一段话："一般在卷首立《总论》一编，其他为便于编写可按问题分为几个方面，如自然、经济、政治、文化、军事等""新县志卷首是否应有序、凡例和总论等，由编者具体研究决定"①。总论虽无概述之名，却有概述之实，这为后来新编方志设置概述开启了一扇窗户。会后，以中国地方史志协会名义公布了一个新县志的基本篇目，由概述编、自然编、经济编、政治编、军事编、文化编、社会编、人物编、图表编、附录编组成，其中，概述编包括历史大事记、建置沿革、区域区划、县城乡镇、人口民族。②《条件（征求意见稿）》又附了一个《新编县志基本篇目》，与前一个县志基本篇目相比，只是将"历史大事记述"从概述编中析出前移，作为第一编，且将图表穿插于各编之中，改变了图表单立成编与志文相脱节的弊病，概述编的内容大体上没有变化。从以上两个县志基本篇目来看，当时修志界似乎对概述的理解有误，概述是提纲挈领综述一地的地情，以此总摄全志，使读者"不及读全文，也能大致了了"；而上述所拟县志篇目中所谓概述，实际上只是人文地理的内容，包括地理位置、行政区划、建置沿革、人口、县城、乡镇等，应与自然编合并为地理编，以此命名概述编，显然名不副实。新中国首轮修志中最先出版的《呼玛县志》《台安县志》《万年县志》《如东县志》《本溪县志》，虽都有概述、概况或概貌等专篇，但究其内容不过是建置沿革、疆域区划、自然地理、社会风俗、人口姓氏等，而经济、文化等内容则从略，显然是受了新县志基本篇目的影响，充其量只是地理志的内容，有的甚至连地理志的内容都不全，这自然也就不能称其为概述编了。最早提倡在新志中设置概述编的是董一博。1983 年以后，他连续发表了《关于县志设置"概述编"之商榷》《再论县志"概述编"的设置问题》《三论"概述编"的设置问题》3 篇文章，全面、系统地论述了为什么要设概述编及其功能、写法以及在这个问题讨论中赞同与否定的主要观点，他指出："'概述编'应作为特殊的一编概述全书，这样专志横剖，大事记纵贯，概述则摄取全书各分志平列内容之精华综要而述之，便构成全志的立体画面。如果不设置全志的'概述编'，有关情况势必分散在各编章节之中，因而也就无法在短时间内摄取其全貌，因果之效不彰。"③ 在董一博的影响下，1984 年 6 月在北京召开的新编五县县志学术讨论会、7 月的全国北片十三省市县志稿评议会和 10 月的全国南片十省区县志稿评议会上，不少与会同志都赞成在志书中增设概述编，"概述编的内容，应记述本县的发展简史及现状，站在全局的角度鸟瞰本县，反映总貌、大势、规律及特点"④。自此从 20 世纪 80 年代中期到 90 年代初，方志界对概述的讨论，已从原先的"设不设概述，

① 《关于编纂新县志的初步方案（讨论稿）》，《中国地方史志通讯》1981 年第 1 期。

② 《关于新县志编修方案的建议（草案）》，《中国地方史志通讯》1981 年第 5 ~ 6 合期。

③ 邵文杰等编：《董一博方志论文集》，河南大学出版社，1989 年，第 223 ~ 224 页。

④ 《全国北片县志稿评议会纪略》，《中国地方志通讯》1985 年第 1 期。

要不要概述”转向进一步研究概述的不同类型和如何写好概述。不过鉴于当时对志书设置概述编尚有争议，故1985年7月由中国地方志指导小组颁布的《新编地方志工作暂行规定》并没有把述列为新编志书的基本体裁，“新方志的体裁，一般应有记、志、传、图、表、录等。以专志为志书的主体，图表可分别附在各类之中”①。直到1998年2月，中国地方志指导小组颁布的《关于地方志编纂工作的规定》第十三条规定：“地方志的体裁，一般应包含述、记、志、传、图、表、录等，以志为主体”②，才明确把述列为新编志书的一种基本体裁，有关是否设置概述的争议才基本平息下来。从此，概述作为首轮修志的一大创新被普遍采用，一般都在志前单独设立概述编或总述编，使方志又增加了一个新的体裁，成为述、记、志、传、图、表、录，稍有别于旧志的体裁。不仅如此，首轮修志实践中还创造性地在各大部类设置综合记述篇，以克服各专业分志横分门类以致门类之间互不联系的缺陷，增强志书的整体性。《地方志书质量规定》中对“述”的解释是：“述，根据志种和内容层次的不同，合理设置，概述事物发展全貌和特点等”③，因此新志中门类（部类）综述篇的设置当视为志书述体发展之一种。黄勋拔、饶展雄等是设置门类（部类）综述篇的积极支持者，他们指出：“新志书增设概述综述之类的纵向宏观记述是加强志书整体性的一项重要措施，……由总述、综述、概述、小序四个层次的纵向宏观记述，形成了一个纵向系统，进一步加强了志书的系统性与整体性。”④ 经济部类分量重但比较分散，为记述宏观、共性问题，如经济结构、计划管理等内容而在志书中增设经济综述篇，在首轮修志中已为大部分新编县志所接受，其他如政治综述篇、人文综述篇在首轮新志中也出现过，特别是新编《番禺县志》增设经济综述、政治综述、人文综述3个综述篇，分别置于各所属内容之前，为首轮新志鲜见。

索引引进方志领域可上溯到20世纪30年代，但基本上都是后人为前志补编的索引，与修志同步编制索引，除了陈训正主编的民国《鄞县通志》，似无闻见。新中国首轮修志之初，对索引这种体裁也没有要求。到90年代初，著名历史地理学家陈桥驿先生有感于志书使用的不便，首先提出新编地方志要编制索引的主张。陈桥驿当时应邀担任浙江省地方志学会和省内不少市、县志及《黄河志》学术顾问，他利用志书评审会、首发式和写志评等机会，反复强调志书索引的重要性，希望方志工作者把编制志书索引看成是自己的“应尽义务”和“社会责任”，“因为利用方志做学问，索引实在太重要了”“在没有索引的方志书海中搜寻资料，如同在没有灯塔的海洋中航行，往往劳碌终日，久无所获。时间和精力的浪费，实在无法计算”。1992年，他在《中国地方志》发表了《地方志与索引》⑤ 一文，呼吁今后的方志都能附编索引，已经出版而未编索引的方志，则应设法补编，“把一个市、县的新志，和这个市、县比较流行的旧志合起来，编纂一种该市、县几种志书的《索引》。另外也可以考虑以省辖市或地区为中心，把市、区新志和市、区所属各市县新志联合编纂索引，并且也可以把市、区内比较流行的旧志编纂在内”，为我国方

① 《新编地方志工作暂行规定》，《地方志工作文献选编》，第70页。
② 《关于地方志编纂工作的规定》，《地方志工作文献选编》，第80页。
③ 《地方志书质量规定》，《地方志工作文献选编》，第107页。
④ 饶展雄：《试论新方志的整体性问题》，《中国地方志》1994年第3期。
⑤ 陈桥驿：《地方志与索引》，《中国地方志》1992年第5期。

志界吹来了一股新鲜空气，引起了方志界的重视。90 年代中期以后的志书对编制索引作了有益的探索，如新编《龙游县志》《绍兴市志》《宁波市志》《慈溪县志》《临安县志》《桐乡县志》《富阳县志》《新昌县志》《淮阴县志》《呼兰县志》等，其中尤以《绍兴市志》的索引最为详细和规范。《绍兴市志》共分 6 册，其中索引 1 册，独立成册，包括 6 种索引：主题索引 1 种，即目与子目索引；分类索引 3 种，即人名索引、地名索引、艺文志著录书目索引；形式索引 2 种，即图照索引、表格索引，是以前志书中未曾见到的。至 1998 年 2 月，中国地方志指导小组颁布的《关于地方志编纂工作的规定》第十六条规定“全书要附有索引”，才明确新编志书须设置索引，但没有把索引与述、记、志、传、图、表、录并列为新编志书的一种基本体裁，因此在新中国首轮编修的地方志中，编制索引的寥寥无几。

专记，或称专题记述，是对大事记、各专业分志因受体裁、篇幅或篇目限制而无法展开充分记述的重要事件和事物作完整、全面记述的一种辅助性志书体裁，用于弥补志体之缺，在内容上是对志书大事记、专业分志的一种补充，处于大事记、专业分志的从属地位。它并非产生于新中国首轮修志期间，旧志中就有这种体裁的使用，只是那时没有专记或专题记述的名称，而用了别的称呼，譬如故实志，或者在旧志的杂记、杂志、杂录、杂识、杂缀、志余、卷末等名目下存有一些重要事物、事件的记载，但在旧志中很少使用。新中国首轮修志的官方文件中都没有提到专记，但专记这一体裁在首轮修志后期却得到一定程度的运用。90 年代以后出版的新编志书，有以专记来记述分志不宜记述的重要事物。黄勋拔是设置专记的倡导派，他先后在《中国地方志》发表了《广东新编志书的整体评估和改进意见》《大视野、新观点、多专题、深层次——对今后修志的几点设想》《关于志书体例创新的初步研究》《续志七题》等文章，提倡在专业分志中增加专题调查、专题文章、重大事件纪实等专记，“有了这些材料比较系统、详细、较有深度的‘专记’，应是可行的。这样可以避免割裂联系，解决广度和深度的矛盾、全和特的矛盾，便于突出重点，提高志书的记述深度和学术品位，提高志书的可读性和吸引力”①。而官方直至第二轮修志开始之际，才肯定了专记这种志书体裁。2000 年 3 月，由中国地方志指导小组下发的《关于续修地方志的几项规定（讨论稿）》指出续修志书的内容大致为 5 个方面，其中第三个方面是“专题记述”，其解释是“对正文未能充分记述的一些重要问题所作的专题调查和专题报告”②。

大事记和附录虽是旧志固有的体裁，但在新中国首轮修志中有一些新的变化。新中国首轮修志一开始，大事记、附录即被规定为志书的基本体裁之一。大事记，顾名思义，即按时间顺序记载一地的大事，是一种被志体吸收的史体，在新中国首轮修志中得到广泛的运用。但在具体实践中，由于方志界对大事记在志书中的地位和作用认识并不统一，产生了 3 种观点。多数同志认为大事记是“一志之经”，它在志书中起着提纲挈领的作用，理应置于一志之首。一部分同志认为大事记支离破碎、烦琐错杂，看不出一地历史发展的概貌，在志书中仅能起检索和查考的作用，不应放在全志之首，只可置于全志之末。《龙游

① 黄勋拔：《关于志书体例创新的初步研究》，《中国地方志》1999 年第 5 期。

② 《关于续修地方志的几项规定（讨论稿）》，《中国地方志》2000 年第 2 期。

县志》《台州地区志》以“大事索引”代替“大事记”，即为一例，如《龙游县志·编纂本末》中说：“新编地方志不设大事记，可以避免不必要的重复，以减少志书的篇幅。此外，以大事记为纲，或以之‘为全志之经，用以揭示本地区历史发展规律’，从新编地方志的实践看，都是难以实现的。鉴于以上的思考，决定不设大事记，而以‘大事索引’附于志末。”① 还有一些人认为大事记与各专业分志处于同等地位，主张把它置于卷中，与各专业分志并列。此外，还有同志认为大事记未能很好地呈现一个地方的“历史总体进程”，提出以史纲、县史述略、县史述要、县史纲要来代替大事记。如齐景山提出史纲代替大事记的设想②。严寒、殷忠军提出：“用‘史纲’代替大事记，写一简练的一地历史纲要，分阶段分时期，抓住主线，写出各时期的特征，统帅全志。”③ 徐文彬、李致平提议采用县貌加县史述略的形式来代替通行的图片、大事记加概述的志首体例④。梁滨久也说：“县志应以史为纲，改变志首设概述和大事记的格局，置一《县史述要》《县史纲要》或《县史述略》，把一县社会整体发展的时期、阶段与兴衰起伏的脉络理清，并把各项事业和各个方面发展的概述，置于这个总背景和大趋势下，指明发展规律、特征与经验教训。至于编年体的大事记，可改为简洁明了的大事年表，附于志末，以起备查和检索作用。这样，既可以奏史纲贯串之效，又不废编年大事记之用，还可免去两纲并立之嫌。”⑤

附录，顾名思义就是附在正文之后的，非其他篇目可包含而又值得留传后世的资料的集辑。新中国首轮修志以来，各地志书虽说是普设附录，但附录包括哪些内容，却有一个演进的过程。《关于新县志编修方案的建议（草案）》规定：附录编由县志编修始末、重要文献辑存、优秀诗文选录、地方文献要目组成。但 1982 年颁布的《新编县志基本篇目》，附录编则由县志编修始末、重要文献辑存、地方文献要目构成，同时颁布的《新编省志基本篇目》和《新编市志基本篇目》虽未设附录，也都设了杂记和修志始末⑥。从上述志书基本篇目来看，首轮修志初期对附录应包括哪些内容认识并不清楚，随意性较大，县志篇目中附录该有的民间传说、奇闻逸事等杂记的内容未记载入内，而本该记入正文篇章或作为编后记的地方文献要目、优秀诗文选录、县志编修始末却赫然在列，尤其是地方文献要目、优秀诗文选录，理应是艺文志的内容，“旧志书中的‘艺文志’，所记述的内容，主要包括两个方面的内容，一是各类书目；一是记载本地人或有关本地方的各种文章、诗词等”⑦，却偏偏放入附录中。这一情况在首轮修志后期才逐步得到了改善，新编志书的附录基本包含了它该有的内容，即对正文起补充、佐证作用的非文艺性文存和杂记，但受《新县志基本篇目》的影响，首轮新志中，将本属艺文志的内容纳入附录的现象并没有得到根本扭转，诚如仓修良批评说：“遗憾的是，我们社会主义时代所修新方志，竟将这样重要内容大多砍了。笔者查阅了 230 部新编县志，保留这个内容仅 74 部，占

① 浙江省龙游县志编纂委员会：《龙游县志》，中华书局，1991 年，第 738 页。
② 齐景山：《纪传体与新志体》，《史志文萃》1988 年第 1 期。
③ 严寒、殷忠军：《试论新志之新》，《陕西地方志》1988 年第 3 期。
④ 徐文彬、李致平：《尝试·探索·思考——〈安吉县志〉编纂中的几个问题》，《中国地方志》1995 年第 1 期。
⑤ 梁滨久：《新县志现行总体结构的弊端与革新》，《中国地方志》1990 年第 5 期。
⑥ 《关于〈新编地方志工作条例（征求意见稿）〉的建议》，《中国地方史志》1982 年第 5 期。
⑦ 刘光禄：《关于批判继承方志学历史遗产的几个问题》，《中国地方志通讯》1983 年第 6 期。

32%，而独立成篇真正称艺文的几乎没有，大多为一节或一目，能在文化篇中设置一章已经很不错了，有的还是放在最后的附录之中”①。

## 二　框架结构上的优化

地方志惯用的体例是横排竖写，以类系事，其门类划分的标准是按行业或事业分类，虽然在首轮修志之初也有人提出过按机构设置或学科分类设立专业分志，但诚如梁寒冰所说：“修志开始的时候，不少地区适应各部门的要求，采用按部门分类或设置篇目的方法，以后逐渐感到此种分类法的不合理。我们也提出过按行业、按学科分类的方法，但是把行业和学科两个不同性质的概念相提并论，是容易造成工作上的混乱的。如果按学科的科学体系分类，不仅不容易实现，也与地方志的体例不尽相合。”② 所以后来流行的分类法，都是按行业和事业分类。1985 年 7 月由中国地方志指导小组颁布的《新编地方志工作暂行规定》明确规定“志书篇目的确定和取舍，应从现代化社会分工和科学分类的实际出发”。按行业或事业分类，依篇目结构可分为纲目体（又称大编体）和平列体（又称中编体和小编体），这是旧志固有的体例，也是首轮新志编修中比较常用的两种体例，区别仅在于志书的第一层次门类是在较宽的范围内划分还是细分，但不论是哪一种体例，都可以从中国地方史志协会最初的筹备文件中找到端倪，“也可不用分志的大部类，而直接用编或章的二级类，如直接分立地理、建制沿革、农林水利、政治、财政金融、文教卫生、名胜古迹、科技发明、风俗、人物，等等”③，自然也为后来形成的《新编地方志工作暂行规定》所推崇。就县（市）志而言，初期采用纲目体的志书较多，1983 年 9 月，《如东县志》由江苏人民出版社出版，该志即是以《新编县志基本篇目》为框架设计，以纲目体的形式出现的，除志首的概述、大事记外，全志分地理、经济、政治、军事、文化、社会、人物 7 编，下设 39 章、111 节，在 1984 年 6 月北京香山召开的新编五县县志学术讨论会上得到了与会专家的好评。1986 年 5 月出版的《建德县志》也是大编体形式，全志除大事记、概述、附录外，分为建置、地理、经济、政治、文化、社会、人物 7 编 58 章、208 节，与《如东县志》不同的是，建置单独成编，军事则并入政治编。纲目体志书纲举目张，层次清楚，结构严谨，脉络清晰，深得社科界推崇，但不足之处也显而易见，志书的各编内容含量不一，有的编如经济编，分量重，内容多，有的编如军事编，材料少，篇幅小，畸轻畸重现象相当严重，造成“头小脚轻肚子大”，于是平列体（中编体和小编体）应运而生。1983 年 10 月在山东泰安召开的中国地方史志协会第二次年会上，在对原有《新编县志基本篇目》修改的基础上形成了讨论稿，分为概述、大事记、建置志、自然志、农业志、工业志、交通邮电志、商业志、财政金融志、城乡建设志、党派群团志、政权志、政法志、民政劳动志、军事志、教育科技志、文化志、体育卫生志、社会志、人物

① 仓修良：《对当前方志学界若干问题的看法》，《中国地方志》1994 年第 1 期。

② 梁寒冰：《关于地方志书的整体性问题——在省志篇目讨论会上的讲话》，《中国地方志》1988 年第 1 期。

③ 《关于编纂新县志的初步方案（讨论稿）》，《中国地方史志通讯》1981 年第 1 期。

志、附录21编[①]，一改原有的大编体模式为各分志平列的模式，克服了纲目体志书各编之间篇幅上不平衡的弊病。受此鼓励，全国很多地方在编修新志时采用了平列体模式，遂使平列体后来居上，很快超过纲目体成为首轮新方志编修中使用最多的体例，如《萧山县志》《玉山县志》《奉贤县志》《无锡市志》均为平列体志书。有的县（市）志稿原来为纲目体，后来经过一次评稿会，则大为改观，变成了平列体。而省（市）志则从一开始平列体就占了上风，采用纲目体的只是个别地方。这不能不说是首轮新方志编修的一个发展趋势。

虽然纲目体（大编体）和平列体（中编体和小编体）是首轮修志中比较流行的体例，但作为全国修志指导机构，也不排斥其他体例的出现。1985年7月由中国地方志指导小组颁布的《新编地方志工作暂行规定》规定："篇目的排列，应体现结构合理，层次分明。层次名称可采用编（篇）、章、节、目，也可采用其他形式，不必强求一律。"因此，在新中国首轮修志后期，还是出现了一些体例上的创新，只是使用较少。一个是新三宝体的出现。三宝体志书始于明代，三宝，语出《孟子》"诸侯之宝三：土地、人民、政事"一语，这类志书第一层次设土地、人民、政事三门，或加上文献成为四门，每门下各系以细目。新三宝体，即仿三宝体而作，但与三宝体把志书分成土地、人民、政事三部分不同，新三宝体把志书内容分为自然、人（或居民）、社会三部分。鉴于在首轮修志中，基本上分为自然与社会两个部分，人和人的活动被包括在社会之中，人的主体地位不明确，故有学者提出，记人部类应与自然、社会部类并列，使之成为新三宝体。在新中国首轮修志中，席星加首先撰文提出，志书的主体即专业分志应分为自然、人、社会三大类，[②] 刘柏修则将"人"确定为"居民"的概念，认为志书应由居民、自然、社会三大部类构成，还提出了方志记人"三部曲"，即居民部类应包括人口志、方言志、风俗志、生活志、人才志、人物志等，其中人口、人才、人物并列为居民部类的核心。[③] 而正式提出"新三宝体"这个概念的是韩章训。[④] 王庸华主编的《东阳市志》和朱礼主编的《文成县志》是这一体例的实践者。

条目体也是新中国首轮修志中产生的志书体例之一。较早提出条目体的是汪耕汉[⑤]。苏长春、黄勋拔、陈泽泓等学者均主张今后编修新志应以条目体取代原有的纲目体和平列体，由于上述倡议大多是在首轮修志尾声提出，所以在新中国首轮志书中采用条目体的极少。《郑州市志》是河南省首轮新志中唯一采用条目体的志书，《潞西县志》和《玉溪地区志》是云南省首轮新志中仅有的两部条目体志书，其他如《齐齐哈尔市志》《辰溪县志》《安庆市志》《上海县志》《青浦县志》《文成县志》也属于条目体志书。值得注意的是，从上述赞成在新志中采用条目体的专家对条目体的表述来看，他们口中的条目体似乎已不是原本意义上的条目体，"志书条目体通过借鉴辞书、年鉴条目体特点，

---

① 周文俊：《县志拟目拾穗》，《中国地方志通讯》1984年第2期。

② 席星加：《关于编纂省志的几个问题》，《中国地方志通讯》1985年第2期。

③ 刘柏修：《方志记述主体论》，《中国地方志》1994年第1期。

④ 韩章训：《新"三宝体"方志的构想》，《方志研究》1989年第5期。

⑤ 汪耕汉：《条目式是新方志编纂的理想形式》，《安徽史志通讯》1985年第2期。

同时吸取篇章节目体的优长，完全可以形成自己独有的特性”[①]，“在志书结构方面仍然可以保持‘事以类聚’，每类一卷，但卷下不再分章节，直接用条目布局，各条目之前仅有一层领属关系，减少了结构层次”[②]，“在可能的情况下，不妨尝试在一些分志保留章、节、目标题之下，直接由条目记述内容，辅以图、表、录。如果组合得当，是可以使志书呈现出一种更便于检索、形式更为活泼、内容更为丰富的面貌的”[③]，也许说它是“章节与条目结合体”或许更为合适。正如黄俊军所说：“条目体出现较早，18 世纪产生于德国的百科全书即以条目为框架，其他辞书亦然。它的所有条目之间多数不存在逻辑隶属关系，而是以拼音字母或以偏旁部首、笔画编排为序，然而首届新编县志中的条目体，多以科学分类和行业分类分工为原则，按照事物层次结构，依次排列，呈现出有机的层次隶属关系。显然，这种条目体，已不是原来意义上的条目体，而是一种地方志所特别具有的‘志书条目体’”[④]。

## 三　体例其他方面的变化

志书体例除了体裁、篇目结构以外，广义上还包括了诸如断限、横排竖写、生不列传、述而不作等问题，有的在首轮修志中也有新的变化。比如断限，每一部志书都有一个上限、下限，一旦确定，整部志书从总体上来说就要严格遵守，除非有特殊需要，否则断限以外的事物一律不作记载。在志书断限问题上，首轮修志是走了弯路的。从历史上看，采取通纪和断代这两种体裁形式的志书都有，也都是被允许的。问题是《关于新省志编修方案的建议》《关于新市志编修方案的建议》《关于新县志编修方案的建议》对志书断限的提法不一。《关于新省志编修方案的建议（草案）》[⑤] 中说：“上限，原则上一般可断于 1840 年，因为鸦片战争标志着我国进入半殖民地半封建社会，是古代与近代的分期点。……下限，不搞一刀切，一般可限于 1981 年。考虑到近几年情况不断变化，尤其是经济方面的调整，可按叙事不受限的原则，一般限至初稿搁笔时止。”《关于新县志编修方案的建议（草案）》中又说：“新县志的一般篇目的上限，原则上定在公元 1911 年的辛亥革命，各地可视具体情况上下浮动。……新县志的下限一般定在 1979 年。”而《关于新市志编修方案的建议（草案）》中则说：“考虑到修志工作将来的发展，一般下限可断至一九八〇年。至于上限，可以根据各个城市本身的历史情况和要求，自行确定。”这样 3 个不同的关于志书断限的提法自然引起了方志界的广泛质疑，进而提出能不能规定一个统一的上限与下限。1982 年 5 月，由中国地方史志协会组织的中国地方志整理、编纂工作座谈会在武汉举行，应同期在武汉举办的中南、西南九省（区）地方志研究班学员的要求，会议对 3 个草案的一些问题进行了讨论。会议最后对志书断限问题形成的倾向性意见是：上

---

① 张平：《志书条目体刍议》，《中国地方志》2002 年第 3 期。

② 宁瑞雪：《对新志书若干问题的反思》，《中国地方志》1999 年第 4 期。

③ 陈泽泓：《控制篇幅与续志创新的思考》，《中国地方志》2001 年第 5 期。

④ 黄俊军：《续修县志篇目初探》，《福建史志》2000 年第 6 期。

⑤ 《关于新省志编修方案的建议（草案）》，《中国地方史志通讯》1981 年第 5 ~6 合期。

限一般定在1911年；上限已经定为1840年的，可以不改动；有条件的地方能够编修统合古今的新方志，是件好事，应予支持①。同年7月颁布的《关于新编地方志工作条例的建议（征求意见稿）》正式提出："第一批新编方志的上限，不宜硬性规定，各地可从实际出发，自由浮动。下限一般断至1981年《关于建国以来党的若干历史问题的决议》通过时止，以便下一届续修新志时能求得统一的上限。"1983年梁寒冰在城市志编纂座谈会上发言说："新编地方志的上限，不应从1840年或1911年断限。全国省、市、县的建置时间长短不一，如古老城市和新建城市的建置相距很远，不可能也不应该用同一时间划定统一的上限。……志书的下限年代，原拟暂定为1981年《关于建国以来党的若干历史问题的决议》公布时为止。鉴于十一届三中全会以后，实现了历史性的转变，而且部分志书的完成期限有所推迟，因此下限年代可以推至1985年第六个五年计划完成为止。"② 会议对志书断限问题形成了新的意见，"上限，不勉强划界。下限，一般可以断至1985年。如果差不了几年就不一定修改了。还未开展工作的地方，下限可以推迟"③。因此，1985年7月由中国地方志指导小组颁布的《新编地方志工作暂行规定》又规定："新方志的年代断限，上限不作硬性的统一规定，下限一般情况下可暂定断至1985年即第六个五年计划结束之时，也可断至该志书脱稿之日。"志书断限几经变化，使得90年代前所修的首轮志书时间断限随意性很大，有的上溯至新石器时代，有的从1840年开始，有的从1911年开始；下限早的断于1985年，最迟的断于1991年，甚至在同一部志书中，上下限也不统一。这种情况直到新中国首轮修志后期才得到根本的改变。总的来说，首轮修志还是以修通志为主，但志书的下限始终没有统一，以至于1998年2月由中国地方志指导小组颁布的《关于地方志编纂工作的规定》不得不规定"首届志书的断限，各地可根据实际情况自行确定；续修志书时，每届志书的下限，力求统一"。

再比如横排竖写，在首轮修志中也走过弯路。1981年7月中国地方史志协会成立大会上出台的《关于新县志编修方案的建议（草案）》中说："我们这一次所要编写的新县志，从1911年写到1979年，其间跨越了民主革命和社会主义革命两个历史阶段，每个县在新旧社会制度下有着截然不同的面貌。因此在编写上可以采取横写和竖写两种不同的编纂方法。横写就是把一部县志分为上下两篇，以1949年为界线，上篇写解放前，下篇写解放后，每篇中的基本类目大体相同。竖写就是先不横切为上下两篇，按照基本类目竖向来写，在每一卷的专志中分上下两篇。新修县志，以采取竖写的办法为宜。"而同时出台的《关于新省志编修方案的建议（草案）》又说："以时代或以事类系篇，因志而异。……一些前后时期具有本质区别，辑录内容差异又大的专志，也可以时代或朝代分篇，如分晚清、民国、建国以来三篇，或分建国以前和建国以来两篇，然后再以事类分章节。"正因为如此，当时修成的一部分志书不符合志体的要求，大致有三种情况：第一种是"三大块"，即先分期，再分类，把一部志书分为古代、民国时期、建国之后三大部分，每部分或纵或横；第二种是"三小块"，即在每项专志中分古代、民国时期、建国之后三个历史

---

① 朱文尧：《新志编纂工作十二议》，《中国地方史志》1982年第5期。

② 梁寒冰：《关于编修城市志的几个问题》，《中国地方志通讯》1983年第5期。

③ 《城市志座谈会纪要》，《中国地方志通讯》1983年第6期。

时期进行撰写，事实是横剖未尽，形志实史；第三种是“腰斩一刀”，全书以中华人民共和国成立为分界线，分为截然有别的上下两大篇。还有的搞什么“几说并存”，各项专志，综述横排，听任方便。由于先分期后分类，篇目中重复出现“古代”“民国”“建国”等字眼。在最先出版的 5 部新志中，《呼玛县志》明显地采取了先分期后分类的方法，除第一编呼玛县概貌、第七编附录外，中间依次分为清朝、民国、伪满洲国、“九·三”光复后至建国前、建国后 5 编，按照 5 个历史时期进行记述，是典型的以时系事的史体写法。《台安县志》《本溪县志》虽说总的设计是横排门类，但相当一部分专业分志却采用了以时系事的编纂方法，实际上是横剖未尽，形志实史。只有《万年县志》和《如东县志》基本上坚持了志体，做到了以类系事，横排竖写。1984 年，梁寒冰发表了《关于编修新方志的几点意见》[①] 一文，指出：“志体不同于史体，不宜采用历史分期方法，无论是按社会性质分期，还是按古代、近代、现代分期，均不宜采用。地方志应按专业或学科性质分类。一般说，历史是‘以时系事’的，地方志则是‘以类系事’的。任何一种事物，均有其历史的源渊。地方志书的各种专志，可以适当追溯其历史源渊，但不能写成各种专史，成为专史的汇编。”同年 11 月 21—30 日在湖南岳阳召开的全国省志稿评议会上，对横排竖写问题达成了共识。多数同志认为：“横分竖写乃志书特点。横分门类，可使入志诸事归属得当，纲举目张；纵向记述，可使所载诸事连贯古今，具见始末。故志书篇目应先横后纵，纵横交错。按设志原则设立的各个专志的第一个层次都是可以横分门类的，至于横分到哪一个层次则应因志因事而异，宜横则横，宜纵则纵。但不宜把一部专志划分三大段、两大段，纵分时期，也不宜套用各种历史分期方法，应按事物特有的发展阶段作分期连贯记述。”[②] 少数同志原则上也赞成横分竖写，但又提出“多数专志可以横分竖写，但像党群、政法、教育、金融等，因前后时期的业务范围不同、工作内容不同、事物性质不同，宜按政权性质、社会制度作分期类述”[③]，对此，赵庚奇撰文指出：“不同社会制度下的政权具有不同的阶级本质，但是它们在实现政治统治的原则、方式，政权的组织形式和管理形式等方面也具有共同性和继承性”“志书的篇目，不论是经济部类、文化部类，还是政治部类，同样需要也能够坚持以类系事、类为一志、横排竖写、贯通古今的体例”[④]。至此，关于横排竖写的争论告一段落。新中国首轮新志绝大部分做到了以类系事，先横后纵，横排竖写。在修志具体实践中，即使碰到有些专业分志，中华人民共和国成立前的材料极少，而中华人民共和国成立后的材料很多，往往是建国前的十几倍甚至几十倍。为尊重志体，这些分志也往往把建国前的材料集中在一章，而建国后则分门别类设若干章，与建国前的一章并列，并采取隐时显事、寓时于事的手法，把建国前的一章命名为历代概况，后面各章则按当代诸事分门别类展开记述。

至于生不立传、述而不作等问题，虽然新中国首轮修志之初，方志界也有人提出过不同意见，但方志界对此都有较为明确一致的意见，即生不列传，对于有贡献的在世人，可根据传事不传人的原则，记入有关篇章；新编方志的文体一律用语体文，记述体，不发空

---

① 梁寒冰：《关于编修新方志的几点意见》，《中国地方志通讯》1984 年第 6 期。

②③ 《全国省志稿评议会议纪要》，《中国地方志通讯》1985 年第 2 期。

④ 赵庚奇：《志书政治部类也应横分门类》，《中国地方志》2002 年第 4 期。

论。故在编修中没有像志书断限、横排竖写问题那样走了弯路，在此不再赘述。

综上所述，新中国首轮修志在缺乏理论指导和新志编修实践经验的条件下开始起步，确实走了不少弯路，但也积累了不少经验，并在修志实践中有不少创新，如概述和门类综述篇的创设，专记的大量运用，索引的编制，条目体、新三宝体志书的问世，等等，都是新中国首轮修志的创举，是对我国传统地方志体例的一个重大突破。所谓“磨刀不误砍柴工”，回顾和总结首轮新方志的业务编修经验，可以使第二、三轮修志中少走弯路，站在巨人的肩上推进新方志的不断创新和进步，从而编修出无愧于时代的精品佳志。

（作者单位：宁波大学人文与传媒学院）

# 浅谈城市区志的文化记述与文化部类

常京锁

**内容提要**：近年来，随着城市的快速发展，文化基础设施建设和文化建设也在不断推进，如何对这些变化进行记述，也成了方志工作者值得研究的课题。本文试图通过对城市区志文化的内涵、《条例》的相关规定以及一些已经出版志书中好的记述模式，探讨如何结合本区域的实际，在修志工作中做好文化记述。

**关键词**：城市区志　文化记述　文化部类

地方志的一个主要特征是全面系统性，即地方志书是一个行政区域内自然和社会百科万象历史与现状的总体反映，要求按照《地方志工作条例》（简称《条例》）关于"全面、客观、系统地编纂地方志"的规定来编写，作为方志的一个主要志种的城市区志，必须全面、客观、系统地记述区情，包括自然、经济、政治、文化、社会、人物、文献等各个方面的情况。而地方文化是区情记述的一个非常重要的方面。因为文化是民族的血脉，人民的精神家园。特别是在党中央要求加强社会主义文化强国建设的情况下，记述好城区文化，尤显重要。

## （一）城市区志所记文化概念的内涵

在论述城市区志文化记述之前，我们必须首先明确城市区志所记文化概念的内涵。"文化"一词，《辞海》（2010 年版）释为："广义指人类在社会实践过程中所获得的物质、精神的生产能力和创造的物质、精神财富的总和。狭义指精神生产能力和精神产品，包括一切社会意识形态：自然科学、技术科学、社会意识形态。有时又专指教育、科学、文学、艺术、卫生、体育等方面的知识与设施。"《现代汉语词典》（第 6 版）释为："人类在社会历史发展过程中所创造的物质财富和精神财富的总和，特指精神财富，如文学、艺术、教育、科学等。"显然，城市区志是不可能取广义文化概念的，只能是狭义概念的文化，主要是专指或特指的教育、科学、文学、艺术、卫生、体育等事业。

## （二）对《条例》中文化的理解

《条例》关于地方志书的定义："地方志书，是指全面、系统地记述本行政区域自然、政治、经济、文化和社会的历史与现状的资料性文献。"此处的"文化"又是从哪个角度所说的文化呢？方志界一种意见认为，文化是指文化部类，与自然是指自然部类、政治是指政治部类、经济是指经济部类、社会是指社会部类一样。笔者认为，《条例》所说"文化”不仅是指“文化部类”，涵盖应更广一些，应和中共十八大论述的中国特色社会主义事业总体布局的“五大建设”，即经济建设、政治建设、文化建设、社会建设、生态文明建设中的文化建设相对应。因而，城市区志不仅要有文化部类，而且要全面、系统地反映城区整个的文化建设面貌，体现其文化蕴涵。张乃格先生指出：“加强志书的文化蕴涵，不仅仅是指加强教育、卫生、体育、文学、艺术、文化设施等‘硬文化’的记述，更重要的是指应当加强‘软文化’的记述，即要把对文化的记述自觉地贯穿于整部志书中，渗透到所有可能的篇章、融化进所有可能的事物中去。诸如产品样式、颜色的特定含义，各种商标图案的人文内涵，传统手工艺流程中的一些生产习俗等。”这就是超出了文化部类记述的问题了。

### （三）城市区志文化部类的设置与记述

在城市区志中设置文化部类，其范围界定问题，在方志界基本有一个统一意见，大体上包括科、教、文、卫、体。其涵盖的内容有教科文卫体各自的体制机制改革，各类教育、师生、教育经费设施、勤工俭学、社会力量办学、教育教学管理，科研机构队伍、科普宣传、科技培训、科技推广、科研成果、科技管理，文化设施、民间文艺、文艺创作、群众文化活动、文化事业管理、文物、史志、档案、传媒，医卫机构队伍、医疗设备与水平、疾病预防与控制、妇幼保健、爱国卫生运动、医疗卫生管理，体育机构队伍、各类群众体育、全民健身活动、体育竞赛、体育人才输送、体育设施与管理等。但也有不同意见。比如，有人认为宗教是一种文化现象，应该纳入文化部类；有人认为，语言是文化的承载工具，其方言应该纳入文化部类；范洪涛先生总结《普陀区志（1991—2003）》等在文化部类设精神文明篇的经验，建议城市区志新增社会主义思想建设和精神文明建设编；中国地方志指导小组《地方志书质量规定》第四章第十三条之（五）规定文化部类的记述内容为“教育、科学技术、文化艺术、新闻出版、广播影视、卫生和计划生育”，将计划生育也纳入；有的城市区志把地方志工作纳入政府篇章里，有的把党史工作纳入中共地方组织篇章里，也有把史志纳入文化篇章的；有的城社区志设艺文，有的不设艺文，等等，都反映出对文化部类涵盖内容的不同理解。当然，不同的意见可以继续研讨，个别不同的处理办法也并不影响文化部类编写的大局，因为一些内容只是分类归属不同的问题，不是内容的缺如。然而有一个问题是，是否把文化部类写好就能反映一地的整个文化面貌？笔者认为，应该跳出记述文化就是编写文化部类的观念，树立在整部志书中都要加强文化蕴涵的理念。

具体在实践中，一些城市区志的做法值得我们借鉴。如《天津经济技术开发区志》在经济部类的外资及港澳台企业篇里设专章记述企业文化，将企业文化分为欧美型、日韩型和港台型，既有综合性记述，也有典型企业文化介绍。如记述欧美型企业文化的共同特点：一是把产品质量视为企业的生命，重视先进技术的采用；二是企业经营者有强烈的市场观念和顾客意识，重视维护消费者的利益；三是企业员工对企业有一定的归属意识和责任意识，企业员工参与企业管理活动，给公司提工作建议的愿望较强，劳动积极性较高；四是企业重视对员工的培训。典型企业文化则介绍合资企业天津万力建筑体系有限公司、中法合资梅兰日兰公司、丹麦诺维信生物公司、德资企业上海大众（天津）有限公司等的企业文化。如天津万力建筑体系有限公司企业文化具有欧洲色彩，主要体现在采用一种宽松式的管理：公司内部在着装、整体环境，办事程序、身份标志等方面没有严格的统一规定，在对外宣传上不讲究浩大的声势、强大的公众视觉形象和普遍的知名度。企业内是一个效率很高、灵活性很强、表面形象松散的集合体。在这样的氛围中，个人的积极性和创造力被充分重视并发挥出来，从而形成一种高度紧张、精力充沛、协调一致的生动局面，创造出惊人的经济效益。公司自上而下实行一种宽松的管理，在确定了总体发展方向、经营目标之后，集团下属公司、分公司以及部门在管理、生产、经营、销售等各环节具有充分的灵活自主权。部门经理对业务人员也会做到充分放权。有的业务员外出谈生意，几百万元、上千万元的项目，只要他认为可行，都可自己做主去达成协议而不必层层请示。这种宽松的管理方式对个人能力是最大的信任，同时也是最大的考验。有不少初入公司的业务人员就是在这种无形却相当有力的竞争中遭到淘汰，留下来的，自然是精兵强将。

《长春市宽城区志（1989—2000）》在文化类目下专门设节并分类记述了区内的旧址遗址。如革命旧址，记述了二道沟邮局旧址——中国共产党在长春的第一个通信站、“还我山河”爱国壁画等；古代遗址，记述了小城子遗址、小城子砖厂遗址、老茂生食品厂遗址等，这些都是辽金时代所建；沙俄中乃铁路附属地旧址，记述了宽城子沙俄火车站俱乐部旧址、沙俄兵营旧址、俄国铁路员工子女学校旧址；日本满铁附属地、伪满洲国时期旧址，记述了长春神社旧址、日本关东军司令部旧址、日本关东军怀念司令官官邸旧址、宝山洋行旧址，等等。另外，还记述了民族企业的一些旧址、宗教旧址遗址等。这些旧址遗址现在大多已经成了国家级、省级、市级文物保护单位。

《秦皇岛经济技术开发区志（1984—2003）》在基础设施类目里记述了城市雕塑，记述有《海螺女》《七彩门》《科技之星》《海韵》《翔》《同心结》等雕塑。

还有城市区志在工青妇和残联等人民团体中记述开展文体活动的情况，在经济部类中记述文化创意、影视制作、出版发行、会展业等文化产业，在建筑业里记述建筑艺术，在旅游志里记述旅游工艺品，在工商业产品中记述其文化印记，在居民生活中记述居民的精神文化生活等，这些都体现了文化意蕴的渗透，是文化部类内容的重要补充，是值得我们借鉴的。

总之，我们不能仅仅就文化部类来研讨城市区志的文化记述问题，应开阔视野，更新观念，在主要编写好文化部类的同时，考虑整部志书都要体现文化蕴涵的问题。

（作者单位：吉林省地方志编纂委员会）

# 修志问道，依法治志

## ——探索新方志编修之路

方 厦

**内容提要**：当前，我国正背负着全面深化改革的重要历史使命，地方志作为中华民族传统文化的重要组成部分，是弘扬社会主义核心价值的重要载体，其存史、育人、资政的功能在新形势背景下变得更加重要。编修出高质量的精品地方志书，是每一个地方志工作者的责任和义务。本文结合当前地方志工作背景，响应李克强总理“修志问道，以启未来”的重要批示精神，对地方志书的编修工作理论进行探讨，从志书编修的内容、修志理念、创新科技、依法治志几方面，探索新形势下新方志的编修之路。

**关键词**：修志问道 “大方志”理念 互联网+ 依法治志

2014年4月19日，李克强总理在全国第五次地方志工作会议上对地方志工作作出重要批示，提出了“修志问道，以启未来”的具体要求，进一步推动了地方志事业的发展。地方志存史、育人、资政的功能在全面深化改革，建设社会主义文化强国，建设社会主义法治社会的背景下变得更加重要。修志问道、依法治志成了方志人的新课题，依法编修精品地方志书，是每个方志人在新时期背景下肩负的历史使命。

### 一 新时期背景下方志编修意义重大

方志编修在我国有着悠久的历史积淀，旧志遗产十分丰富。《四库全书总目》有云：“古之地志，载方域、山川、风俗、物产而已，其书今不可见。然《禹贡》《周礼·职方氏》，其大较矣。《元和郡县志》颇涉古迹，盖用《山海经》例。《太平寰宇记》增以人物，又偶及艺文，于是为州县志书之滥觞。”我国的地方志书，早在先秦时期便已经出现，距今已有2000年的历史。地方志经过漫长的历史发展，由最初地理总志的规制出发，内容逐渐丰富，体制日臻完整；到南宋时期，方志体例基本定型，地方志书大量增加；元明清三代，方志达到鼎盛时期。宋元以来，保存至今的方志有8000余种10万多卷，约占全国现有古籍的1/10，是中华民族，甚至全人类的宝贵历史文化遗产。

从古至今，朝代更替，方志的编修都有着非常重要的现实意义。四大文明古国中，唯有中国保留着一脉相承的文化，这与先贤们修编方志的传统密不可分。“方志”一词最早见于战国时期《周礼·地官》："诵训，掌道方志，以诏观事"，这里的"方志"即外史所掌的"四方之志"，也便是记录四方所发生之事。《中国地方志协会一九八九年学术年会纪要》关于方志性质的定义是：方志是记述地方古今各个方面或某一方面情况的科学文献，它既是概括一地自然和社会发展过程的地方史书，也是汇集一方基本知识和系统资料的地方百科全书。① 自宋以来，志家普遍认为方志具有资鉴、教化的功用，董弅《严州图经·序》云："（方志）使为政者究知风俗利病，师范先贤懿绩；而承学晚生，览之可以辑睦而还旧俗；宦达名流，玩之可以全高风而励名节。"马光祖景定《建康志·序》具体阐述方志的作用为："忠孝节义，表人材也；版籍登耗，考民力也；甲兵坚瑕，讨军实也；政教修废，察吏治也；古今是非得失之迹，重劝鉴也。夫如是然后有补于世。"到了元代，志家提出志书应该与史书同样，具备资鉴作用。明代杨一清在嘉靖《九江府志·序》中写道："国有史，郡有志，志以述事，事以藏往，藏往以知来，故文献足征焉，劝诫不惑焉。"存史、育人、资政、以启未来，方志的编修现实意义自此明确。

中华人民共和国成立以后，为了弘扬中华民族传统文化，继续发扬中华文明，20 世纪 50 年代中期，中华人民共和国便组织编纂社会主义新方志工作。至 1960 年 6 月，250 个县编写了志书初稿。1982 年，社会主义新方志编修开启了新一轮的高潮，首轮修志任务在全国火热开展。经过了 20 多年的努力，2001 年底，全国已编纂出版新编省、地、县三级志书 4789 部，基本完成了第一轮修志工作所提出的任务，丰富了具有中国特色的、将中国历史文化传统和现代相结合的志书体例，积累了比较丰富的经验，使方志成为一门学问、一个学科，成就了一项事业，为第二轮修志工作奠定了良好的基础。② 2001 年全国第三次地方志工作会议召开并传达了党中央、国务院关于"新世纪要继续加强编修地方志工作"的重要指示，第二轮修志任务正式拉开序幕。为了规范地方志编纂工作，2006 年 5 月 18 日，温家宝发布中华人民共和国国务院令公布《地方志工作条例》（简称《条例》）并即日起施行，中国地方志指导小组根据国务院《条例》要求，作出了《关于建立地方志书编纂规划备案制度的规定》，方志编修的体例得到了规范。因为有了近 20 年的修志经验，在全国地方志人的共同努力下，2014 年，首轮修志全面完成，第二轮新方志编修也得到了深入发展，部分地区已经完成相应任务，全国地方志事业获得了喜人的成绩。五年来，全国出版规划内三级地方志书 1000 多部，累计出版 1400 多部；部门志、行业志、专题志编修成果丰硕，累计出版 2 万多部；乡镇志、村志编修方兴未艾，累计出版 4000 多部。水利、海关、铁路、民航、气象、煤炭、石油、烟草、文物等系统的修志工作稳步推进。③

30 年修志路，全国地方志工作者兢兢业业，力求让方志事业真正发挥"国史取材""经世致用"④ 的功能，地方志书编修的意义在新中国发展的道路上，显得更加重要。早在 1978 年十一届三中全会后，经过拨乱反正，党的第二代和第三代领导人便把社会主义新方志的编修工作提到重要的议事日程上来。改革开放之初，邓小平就明确表示："编辑

① 《中国地方志协会一九八九年学术年会纪要》，《中国地方志》1990 年第 2 期。

② 马献忠：《我国第二轮修志背景下地方史志管理研究》，山东师范大学，2013 年。

③ 王光伟：《发扬成绩 谋划长远 奋力书写地方志事业发展新篇章》，《中国地方志》2014 年第 5 期。

④ 杨念群：《章学诚的"经世"观与清初"大一统"意识形态的建构》，《社会学研究》2008 年第 5 期。

出版年鉴，很有必要，这是国家的需要，四化建设的需要。”邓小平认为，要进行社会主义现代化建设，就必须“摸清、摸准我们的国情”。1983年，江泽民任中共上海市委书记时便说过：“编纂社会主义新方志是两个文明建设的组成部分，是社会主义文化建设的系统工程，是承上启下，继往开来，服务当代，有益后世的千秋大业。”这也是地方志编修工作的重要意义。

2014年4月19—20日，第五次全国地方志工作会议在北京召开，会议认真总结了第四次全国地方志工作会议以来的工作经验，安排部署今后一个时期全国地方志工作。中共中央政治局常委，国务院总理李克强对第五次全国地方志工作会议的召开作出重要批示，批示指出：“地方志是传承中华文明、发掘历史智慧的重要载体，存史、育人、资政，做好编修工作十分重要。”中共中央政治局委员、国务院副总理刘延东与部分会议代表座谈时强调，各地区各部门要认真贯彻落实李克强总理重要批示精神，进一步推动地方志事业的发展和繁荣，为全面建成小康社会和深化改革提供历史借鉴和智力支持。

常言道：“读史使人明智，读史可以知兴替。”地方志被称为“一方之全史、一地之百科全书”，具有独特的存史、育人、资政的社会作用。当前，我国正背负着全面深化改革这一重要历史使命，中共十八大报告指出：我国发展仍处于可以大有作为的重要战略机遇期。能否牢牢把握机遇，沉着应对挑战，关键取决于我们的思想认识。因此，在新形势的战略目标下，做好地方志编修工作尤为重要。编修好志，开发利用好地方志资源，能够为国家和各地的经济、政治、文化、社会、生态文明“五位一体”的科学发展、全面建设小康社会、建设文化强国、实现中华民族伟大复兴的中国梦起到积极的促进作用。

## 二 修志问道，用心编修精品方志

新形势背景下，地方志事业作为中国特色社会主义文化事业的重要内容，推进社会主义文化大发展大繁荣，地方志工作迎来了千载难逢的发展机遇：一是文化需求日益扩大，文化投入不断增加；二是地方志工作由制度化进入了法治化轨道，赋予地方志工作明确的法定职能，为推进地方志工作科学发展提供了法律保障；三是地方志工作队伍不断壮大，为地方志工作输送后备力量；四是中华文明五千年的文化遗产，为地方志资源开发利用提供了丰厚的历史文化资源。在这样的机遇面前，编修高质量的地方志书，成了地方志事业要解决并做好的首要任务。

### （一）学习会议精神，贯彻落实总理批示

全国第五次地方志工作会议的召开，为地方志工作开拓了一个全新的局面，各级地方志工作机构要认真学习领会第五次会议精神，贯彻落实李克强总理对地方志工作的重要批示，站在历史的宏观角度，切实将地方志工作纳入党和国家中心工作中区思考，放在促进文化大发展大繁荣的战略高度去思考，从而明确任务，整合资源，为发展繁荣中华文化作贡献。

长期以来，地方志工作一直是一项很难引起重视的“冷板凳”工作，因为社会重视度不足，地方志工作机构的编制、经费等很多实际问题得不到解决，人才得不到很好的发

展，不利于培养“专家型”地方志工作人员，严重影响了地方志队伍建设和地方志公共服务工作的有效开展。加上许多地方志承报单位并未对地方志工作实行问责制，地方志资料的报送变成“可有可无”的边缘化工作，甚至部分承办单位将地方志稿件的撰写、提供当作负担，视法定职责和政府公文为无物，对地方志资料的报送应付了事，有些负责地方志资料编纂的工作人员，因为对志书存史意义不熟悉，未能选择最佳的历史材料，稿件言之无物，质量得不到保证，为志书的编修造成了很大的困难。

当前，全国地方志系统都在认真学习第五次地方志工作会议精神，领会李克强总理重要批示，按照刘延东讲话精神认真做好学习宣传贯彻落实，“学习贯彻领会中国社会科学院院长、中国地方志指导小组组长王伟光2014年3月6日在北京调研工作讲话中提出的地方志下一阶段工作的八个方面要求，即第一是坚持好方向，第二是履行好服务，第三是总结好经验，第四是安排好规划，第五是完成好任务，第六是培养好人才，第七是搞好科学建设，第八是研究好理论。”① 要充分认识地方志存史鉴今、资政育人的重要作用，进一步阐明地方志工作者的重要使命。并以此为契机，通过开展地方志专业培训和相关的地方志活动，改变人们对地方志的看法，提高地方志工作在政府中心工作中的地位，进一步完善“一纳入、八到位”的地方志工作制度，从而在根本上优化地方志编修资源。

### （二）贴近基层，编修“公民书”

对地方志功用的认识是随着时代变化而变化的。封建时期的地方志编修，更多是为了迎合当时统治者的需要，其功能在于“辅政”，也就是相当于我们现在说的“资政”，随着时代的变化，地方志实践与理论发展逐渐成熟，十一届三中全会之后，人们对地方志功能认识趋于统一，普遍解释为“存史、资治、育人”。存史，成了地方志的主要功能之一。

为了更好地起到存史作用，全国省、市、县三级地方志书的编纂发动各行各业力量，搜集了大量资料，从区域建制、环境人口、经济、基础设施、城乡建设、农业、工业、商贸旅游、财税金融、经济管理、口岸、科技、地方党组织、地方政府、民族党派、人民团体、公安司法、军事、教育、文化体育卫生、民政人事劳动社保、外事侨务港澳事务、宗教习俗和人物等方面开展志书编修工作，各市、县地方志书都能全面反映该行政区域的主要发展情况。其编修方式基本都采取行业报送——志办编修的形式，即由各县级以上地方志工作机构向机关、社会团体、企事业单位、其他组织及个人征集有关地方志资料，再加以编纂整修，最终形成该地区的地方志书。但由于地方志资料大多由政府机关、企事业单位报送，其内容更偏向于机关事业发展概况，未能更好贴近民众生活，使得普通百姓对志书的阅读兴趣不高。

要保证地方志书既宏观表现本行政区域的总体概况，又微观描绘当地人民日常，新方志的编修除了详细记录该行政区域自然、政治、经济、文化的历史与现状之外，还应关注该行政区域的基层民众生活，记录该区域的风俗、方言、古迹、特产以及与民众息息相关的典型事件、该区域的典型人物，等等。加大原有地方志书社会板块的比重，在准确把握

---

① 陆奇：《修志问道，以启未来——学习与研究李克强总理对地方志工作的重要批示》，《新疆地方志》2014年第3期。

国情、省情、市情、区情、乡情、村情的基础上，敏锐捕捉修志时限内该行政区域发生的新奇、特别的事件，记录该时期出现的新鲜事物，“旧时王谢堂前燕，飞入寻常百姓家”，要改变“官书官看”的旧观念，为地方志书注入新鲜的血液，把地方志书由“领导的案头书”转变为“百姓的家藏书”，让地方志书真正成为属于全民的“公民书”。例如，2015 年 6 月 11 日中午 12 时许，广州一名 76 岁的老妇人在麓景路被卷入一辆 190 路公交车的车底，情况危急。在场上百名民众纷纷上前，合力将公交车抬起，用了 10 多分钟，成功救出老人。这样的事情不过是发生在普通民众生活中的一件细微小事，但却可以反映一个城市的精神和公民素质，值得载入地方志书，作为一个城市在某个时期城市面貌的侧面反映，让人们可以通过地方志书的记载，更好地了解该城市的情况。再如，2015 年 8 月 6 日晚上，在汕头唯一一家 24 小时书店“壹茑书巢”，60 多位潮汕年轻人观看了由潮籍青年蔡延青独立拍摄的环球纪录片《创变者》，并针对汕头目前存在的包括出租车运营不规范、“事实孤儿”问题、老城区指标不明确、年票制争议、美食街占道经营现象、汕潮揭同城化、本地旅游资源开发、练江污染等问题分组进行头脑风暴式讨论，提出可行性建议。这次讨论由汕头社会团体主办，代表了潮汕青年为家乡发声的心愿和热情，是一个时期汕头青年为了建设家乡不懈努力的侧表现，值得为地方志书所记录。

贴近基层生活，补正史之不足，除了可以丰富地方志书的类别和内容，让地方志书可以更好地反应该行政区域的社会生活情况，真正发挥地方志书的存史作用，还能增加地方志书的可读性，引起读者对地方志书的阅读兴趣，激发更多人读志用志的热情。

### （三）树立“大方志”理念，充分利用修志资源

“传统的地方志工作组织结构，是一种典型的封闭式组织结构。为了某部志书的编纂，当事者就组织一个编纂班子，这个班子一旦组建完毕，就独自承担起编纂的职责，等到这本书编纂完成班子也就自然解散。”① 这种结构已经不足以满足今天的地方志工作，要让地方志编修工作在新时期的文化建设中大放异彩，应该树立全新的“大方志”理念，无论是地方志编修工作者的结构组成，或是地方志工作的形式和内容，都要全面创新，充分利用一切修志资源，编修出高质量的地方志书。

首先，树立“大方志”理念，要优化地方志工作者的资源配置，即优化修志人员的组成模式。传统的修志工作，都是由政府负责地方志编纂的工作机构向机关、社会团体、企事业单位、其他组织及个人征集有关地方志资料，再由地方志工作人员对这些原始的历史资料进行挑选、整合、编修、审核，这种方式可以保证地方志书原始材料的专业性和真实性，但随着依法修志、开放式管理、服务功能强化，地方志工作机构要代表地方政府履行地方志工作职责，开展多方面的工作，对地方志工作者的要求大大提高，传统的人才工作模式已经不能够适应时代发展要求。这个时候，除了转变传统的人才选拔模式为人才培养模式，加强地方志工作队伍建设，依据学习型、研究型、创新型、服务型的标准，对现有的地方志工作人员进行业务培训，创建一支专业和理论功底扎实，实践能力过硬的地方志常备队伍之外，还要联合社会各界力量，从更广泛的角度加强地方志队伍建设。新的“地

① 朱克雄：《推动地方志事业转型升级之管见》，《新疆地方志》2015 年第 1 期。

方志人”，既包括从事地方志编纂的各专门机构的组织者、领导者、行政管理者、编纂人员和地方志学家，也包括各种科研院所、高等院校、文化机构、新闻单位及其专家学者和社会各界的热心者、爱好者、研究者。① 引导更多的社会力量投入地方志编修工作中，齐心协力，编出高质量的精品地方志书。

其次，树立“大方志”理念，要强化地方志工作机构建设，这是地方志工作的客观新需求。强化地方志机构建设，是地方志工作环境和工作条件的重要基础，是做好地方志书编修的强大后盾，也是保证地方志工作得以全面扎实推行的必要保障。强化地方志机构建设，一要明确地方志机构性质。《关于地方志编纂工作的规定》第七条指出：地方志编纂委员会办公室应是当地政府直属的具有行政职能的一级单位，《条例》颁布后，地方志系统工作人员纷纷实现参照公务员法管理，为开展地方志工作提供了有利的条件。二要加强地方志队伍建设，切实保证修志队伍的数量需求、知识结构、专业水平和年龄梯次搭配。中共中央总书记、国家主席习近平强调要高度重视修史修志，李克强总理在第五次地方志工作会议上作重要批示，这都大大提高了地方志工作者的积极性，这对吸引人才，培养专业型、全能型、研究型的地方志人才起到很大的促进作用。三要加强各级地方志部门的基础设施建设，为地方志工作提供与社会发展、科学进步和工作需要相适应的工作设备和手段。

再次，树立“大方志”理念，还要创新地方志工作内容。现今的地方志工作，主要分为志书编修、地方志年鉴编纂、地方志理论研究、地方志资源开发、地方志信息化建设五大部分，这在很大程度上弥补了传统地方志工作只编修志书的不足。我国地方志资源丰富，因此要搭建和培育更多形式多样的载体和平台，例如全国各地都逐渐设立的方志馆（方志室）、地方志学会、地方志研究会等，通过编写志书、年鉴和其他地情书籍以及举办地方志资源展览和地方志活动，通过多形式的地方志研究，做到生活处处都是“书”，处处都有“地方志书”。

### （四）创新科技，适应“互联网+”时代

科学技术是第一生产力，较之其他行业，地方志事业对现代信息技术的利用还是相对薄弱，加大地方志事业科技改革创新力度，使科学技术真正成为地方志事业快速发展的新动力、新力量，在“互联网+”时代尤为重要。很长一段时间，地方志工作对科学技术的运用更多地体现在修志完成后读志用志方面，而修志过程对先进技术的使用相对欠缺。地方志行政管理部门应该将“科学技术是第一生产力”这一科学发展观真正落实在具体的地方志编修工作中，积极利用先进的科学技术，发挥信息技术的作用，针对地方志书编修过程中出现的具体问题，组织力量用心解决。

创新科技、开展地方志信息化建设并不仅仅体现在地情网站建设和地方志书信息化上，更应该通过信息科技，为地方志书的编修提供更丰富的资源和全方位的服务。一是配备先进的科学硬件设施，利用电脑、扫描仪、相机、录音笔等科技工具，结合统计、绘图等技术，在信息大爆炸的时代，快速准确地鉴别海量信息，将过去需要花费大量人力物力

---

① 朱克雄：《推动地方志事业转型升级之管见》，《新疆地方志》2015年第1期。

精力去整理归纳的地方志编修资源进行录入保存，更好地节约修志的人力物力资源，缩短了修志前期工作的时间，提高了效率；二是利用网络云技术、微信公众号等流行元素，举办网络沙龙、开展网络地方志论坛，通过互联网实现全国各地零距离，方便地方志书编修过程中的交流，更直观、更系统、更快速、更动态化地实现地方志资源共享；三是开办网络培训课程，突破过去脱产学习的时间局限，学习工作两不误，提高基层地方志工作人员的业务水平和理论研究水平，培养全面发展的全能型地方志编修人才；四是利用信息技术，建立地方志资料库，逐年整理地方志书编修所需要的史料，通过先进的网络水平和软件支持，将大量的原始资料根据事件发生时间、事件所属类别、资料来源等交叉线条，分门别类地进行梳理、录目、简概，最终形成线条完整、系统全面的信息平台。针对20年修一志存在时间跨度大、史料欠缺、修志人员变动等问题，更稳妥地保存相关材料，减少资料因年代久远而丢失的可能，弱化因工作人员变动而产生的接应难的问题，同时方便修志过程中资料的查找，让科学技术更好地服务于志书编修工作。

## 三　依法治志，让地方志事业健康发展

2006年，国务院颁布《地方志工作条例》，在依法治志的道路上，充分体现了其里程碑的意义，全国各地纷纷制定相关地方志工作规定，严格按照国家要求，编修地方志书、编纂地方年鉴，编写出版相关地情书籍，为我国地方志事业的健康发展提供了坚实的基础和法律保障。当前，我国正在加快建设社会主义法治国家，中共十八届四中全会作出《关于全面推进依法治国若干重大问题的决定》，在这样一个重要的历史时刻，将依法开展地方志工作汇入全面建设社会主义法治国家的洪流中，对推进我国地方志事业的法治化、制度化、规范化建设，实现地方志事业全面、科学、可持续健康发展具有重要意义。

### （一）宣传贯彻《条例》，坚持依法修志

各级政府及其工作人员，特别是领导干部，应当增强贯彻《条例》的责任感、使命感，增强遵循法律、执行法律的意识，对国家、民族和历史负责，从提高国家文化软实力的角度，自觉加强对地方志工作的领导和支持。① 省、市、县三级地方志工作机构也应该坚决树立执法用法的修志观念，从根本上实现地方志工作由单纯依靠政府指导向自觉依法修志转变，并严格对自身执行《条例》的情况进行自监自查，使之成为常例，循序渐进，让地方志工作完全步入法治化、制度化、规范化。

### （二）建立地方志工作质量保障机制

《条例》明确规定，省市县三级地方志工作机构要主管本行政区域的地方志工作，履行组织、指导、监督、检查地方志工作的指责。依法治志，编修出高质量的精品地方志

---

① 宋洪军：《依法治志是地方志工作科学发展的根本保证——〈地方志工作条例〉颁布五周年回瞻》，《黑龙江史志》2011年第10期。

书，要逐步建立地方志质量保障机制，强化工作职能，构建修志监督检查制度。制定严格、详细、符合地方工作特点的地方志工作规定，让志书编修的每一个阶段和每一个环节都有法可依、有据可循。为了能保证这种督导检查有效，可结合专项责任目标管理的实施，建立具有具体内容、科学程序和考核标准的地方志质量监督体系，形成常态化和制度化的工作机制，如广东省地方志办公室 2015 年 2 月 13 日颁布《广东省人民政府地方志办公室权责清单》，明确列出行政许可 2 项、行政处罚 1 项、行政检查 1 项、行政指导 2 项以及其他权责共 12 项，为实行地方志监督管理提供了有效依据；各级地方志工作机构和地方志承包单位可实行工作承编责任制度，责任到人，将工作落到实处。

我们从事地方志工作，肩负对国家负责、对历史负责、对民族文化的传承负责的重任，省、市、县三级地方志工作机构要认真把好地方志书编修的每一关，在资料收集阶段，要完善地方志资料征集的渠道机制，确保筛选的核心志稿资料准确，内容全面完整，记述科学。在地方志编修阶段，要严格按照《地方志工作条例》和当地地方志工作规定的质量标准，规范志书的行文、类目、体例、内容等。在志书的审核阶段，要依据宪法和相关法律法规，依法审查志书。无论是承编单位还是指导部门，都应该牢固树立质量第一的理念，进一步完善工作承编责任制度，建立适合自身的科学编纂和审核机制，切实做好志稿审核把关工作，真正做到传世之作具有足可传世的质量。

### （三）“一纳入、八到位”，积极推进依法治志

2015 年 4 月，全国地方志机构主任会议在安徽省合肥市召开，中国社会科学院院长、中国地方志指导小组组长王伟光作了题为《认真落实“一纳入、八到位”大力推动地方志事业发展再上新台阶》的工作报告。报告指出，要贯彻落实全国第五次地方志工作会议精神，主要是做到“一纳入、八到位”，即把地方志工作纳入国民经济和社会发展规划、各级政府工作任务之中，做到认识到位、领导到位、机构到位、编制到位、经费到位、设施到位、规划到位、工作到位。准确把握“一纳入、八到位”的精神实质，努力提升“一纳入、八到位”的影响力。大力弘扬方志人精神，积极推进依法治志，切实干出成效。时任中国地方志指导小组副秘书长兼办公室副主任、方志出版社社长兼总编辑冀祥德在 2015 年 8 月 5 日出席第二届西北地区地方志工作协作会时指出，依法治志是依法修志的升级版，当前要在全面推进依法治国的大形势下，着手实施依法治志，要以全面推进依法治志为中心，坚持依法修志、依法用志、依法传志、依法管志，进一步推动地方志事业的科学发展与繁荣发展。

（作者单位：广东省汕头市地方志办公室）

# 何以“启未来”

## ——对第二轮省志编修中质量管理的思考

冯占文

**内容提要**：质量是志书的生命。第二轮省志对志书编纂过程的质量管理，各个环节所采取的措施和取得的效果不尽相同，总体上，第一个环节承编单位缺乏统一的质量管理制度和措施，重在人的因素发挥，实际效果各单位各不相同；第二个环节省方志委责任总纂和集体指导环节，第三个环节三审环节总体制度比较健全，措施得力。如何解决第一个环节质量管理薄弱问题，首先要从制度建设入手，其次要从体制机制上不断创新，此外要从工作法上创新。

**关键词**：质量管理　制度　创新

质量是志书的生命，一部志书价值如何，能否传之后世，关键在于其质量如何。回顾三十余年社会主义新方志编纂实践我们不难发现，一部方志编纂就是一项系统工程，在这项系统工程实施过程中，哪一个环节出现问题都会对志书的质量产生影响。那么，社会主义新方志编纂，我们所采取的质量管理措施有哪些？最终效果到底如何？得失在什么地方？下面我们仅以第二轮《吉林省志》编纂实践，来做简单分析。

## 一

第二轮《吉林省志》编纂工作始于2004年。2004年6月，吉林省委办公厅、省政府办公厅印发《关于转发〈吉林省志（1986—2000）〉编纂方案的通知》，转发了续修《吉林省志》编纂方案。2004年8月，第六次全省地方志工作会议召开，标志第二轮《吉林省志》编纂工作开始启动。第二轮《吉林省志》总体设计60部分志，时间断限从1986年1月1日起至2000年12月31日止。在续修省志工作中，吉林省地方志编纂委员会（简称省方志委）出台了有关规定和方案，加强对修志队伍的培训，全力推进省志编纂工作。截至2015年6月，第二轮《吉林省志》已出版《政协志》等13部分志，终审《科技志》等8部分志，复审《财政志》等5部分志，完成初稿的有12部，其余各分志尚在编修中。

那么，在第二轮省志十余年的编修工作实践中，我们对志书质量管理的措施有哪些，其效果如何？

盘点这十余年省志具体编纂实践，志书编修过程中质量管理措施主要体现在以下几个环节：第一个环节，书稿编写前、编写中的质量管理（由承编单位负责）；第二个环节，成稿后总纂环节的质量管理（由省方志委责任总纂负责）；第三个环节，审稿环节的质量管理（由承编单位、省方志委负责）；第四个环节，审稿中到出版前修改环节的质量管理（主要由承编单位负责、省方志委参与）。那么，首先我们看一看作为省志编纂组织者，省方志委采取的质量管理措施有哪些，其效果如何？

为了确保志书编纂质量，省方志委在第二轮省志编修中对于志书的质量管理，从制度和人两个方面一齐着手，具体主要采取以下措施，加强对志书质量管理（主要是以上所述质量管理环节的第二个环节、第三个环节）：

1. 建立完善总纂责任制，由责任总纂进行全程业务指导

多年的修志实践证明，如果没有总纂过程，承编单位拿出初稿就直接进入审稿环节，要提高志稿质量是很难的。这是关乎省志质量的一个极其重要的问题。鉴于此，省方志委从 2009 年开始在第二轮省志的部分分志中试行总纂责任制，到 2011 年为全部分志选聘了责任总纂。对《吉林省志》每一部分志都实现专人、专志、专责。这些责任总纂在全委选聘，既有在职人员，也有退休老同志。

每部分志的责任总纂对该分志从编写到成书负全责，对编写实施全程业务指导，指导省志承编单位拟定篇目，在确定篇目的基础上指导其进行资料收集和编写资料长编，并要对所负责的单位进行一对一的业务培训，对报送的试写稿进行把关，责任总纂认为其质量达到标准方可同意承编单位进入全面撰写。在撰写过程中，责任总纂根据进度对志稿进行审读修改和全面总纂，完成全部初稿的总纂后指导承编单位进行初审，在落实初审意见的基础上方可报送省方志委进行复审。通过复审后，责任总纂负责向承编单位反馈复审意见，承编单位根据复审意见对志稿进行全面修改后，送责任总纂进行把关验收，责任总纂对复审意见落实不到位的地方，要指导承编单位再进行修改，直至达到报送终审的要求后方可报送终审。同复审一样，通过终审后也要由责任总纂负责指导承编单位落实终审意见，经过责任总纂对终审后修改稿进行把关验收，确认志稿已将终审意见落实到位才能定稿。定稿后，责任总纂还要根据省志出版印刷规范，对志稿进行通读校改，直到交付印刷。责任总纂制度的实施，切实提高了省志编纂质量，《吉林省志》初稿质量得以逐步提高。

2. 确定集体指导原则，以集体智慧提高业务指导水平

在实施总纂责任制的基础上，省志编纂工作逐步探索并建立责任总纂个人指导和集体指导相结合的工作思路，对关键环节、疑难之处省方志委集体指导，通过集体指导弥补总纂责任制在编纂指导中的不足，用集体指导的办法规范省志业务指导工作，为志稿通过三审奠定基础。具体来讲，责任总纂对所负责分志进行全过程跟踪指导，但一些重要环节必须经过省直指导处的集体审议。一是篇目设计，经责任总纂指导完成的分志篇目要经过省直指导处的集体审阅，并由责任总纂负责向承编单位反馈修改意见，指导其完成修改。二是试写稿阶段，责任总纂要对试写稿进行把关，对试写稿存在的问题，要经过省直指导处集体讨论确定修改意见，再由责任总纂反馈意见，直至认定试写稿合格后，才能进入全部编写阶段。三是责任总纂对志稿总纂、三审过程中遇到的难点问题，要及时报省直指导处进行集体研究决定。对以上三个方面集体指导的内容，以及集体指导的原则、方法等都有

明确规定。省直指导处还专门建立例会制度，每周都召开一次全处人员参加的工作例会，共同研究编纂指导过程中遇到的难点问题。

3. 对志稿实行三审验收制度，把住关口，提高质量

省志每一部分志从初稿完成到印刷出版前都严格实行初审、复审、终审三审制度。这样就避免了前期指导过程中存在因指导不到位致使政治观点存在问题、篇目结构不科学、资料缺失、不符合志书体例等影响志书质量的关键问题出现。初审由承编单位负责，各承编单位进行初审时，都要成立初审领导小组或委员会，指定单位内熟悉情况的在职或离退休人员来审稿，审稿的内容以政治观点、史实为主，可以说初审将把好史实关放在首位。复审由省方志委来组织，审核除把好政治关、史实关外，还重点把好体例关、资料关、行文规范关等各个方面。终审由省方志委代表省政府来组织进行，参加的人员除省方志委领导、有经验的专家外，还吸收社会相关部门的领导和专家，并且要有保密、档案等相关部门来审核把关。实践证明，三审中每一审都对发现问题、把住关口、提高志书质量，起到了重要作用。

4. 不断加强培训和日常工作中指导，提高修志队伍业务水平

第二轮《吉林省志》由中、省直近100个部门、单位承担，每个部门、单位的撰稿队伍，除极少数单位由一人承担外，绝大多数单位少则两三人，多的十几人。修志队伍的业务水平直接影响志稿质量，为提高修志队伍业务水平，省方志委建立业务培训制度，从2004年启动第二轮省志编修工作开始，每年搞一两次大中型培训班，同时不定期召开中小型专题研讨会、相近单位片会和“一对一”业务培训。针对修志的不同进度召开篇目研讨会、试写稿研讨会；针对修志的不同人员，召开主编培训会和主笔培训会。据统计，2004—2014年，举办百人以上的大型培训班8次，召开50人左右的中型培训会6次，召开十几人参加的小型研讨会近20次，单独为一个承编单位进行的“一对一”业务培训近百次。从第二轮省志续修工作启动到现在，累计培训修志人员超过2500人次。

5. 大力加强业务制度建设，涉及志书质量的方方面面都有明确规定

第二轮省志编修工作启动以来，省方志委省直指导处先后围绕续志工作的各个环节和方面，制定一系列规范性文件，强化质量管理和业务指导，相继出台吉林省志的行文规范、质量标准、审稿验收制度、凡例、审查验收工作细则、校对办法（试行）、署名规定、出版印刷规范、聘任本卷责任总纂实施办法、编纂跟踪指导工作规则、编纂工作联系走访办法、入志图照规范等。可以说，这些制度几乎覆盖了省志编修过程中省方志委所负责的志书编纂几个环节的所有方面。

以上各项措施，既包含人的因素，也包含制度的方面，以及人与制度的结合。可以说，省方志委对于省志编纂质量的管理控制的各个方面都比较完善，因对于提高志书质量起到了非常重要的作用，使已出版和完成终审的各分志质量都得到一定程度提高。

## 二

那么，作为省志编纂的主体即各承编单位，他们的质量管理又做得如何呢？

省志各承编单位对志书质量管理，从制度上，没有统一的质量管理制度。对于从篇目

拟订到资料搜集，再到初稿编写，除了省方志委在一些制度中有原则性规定外，再没有统一的规定。比如，搜集资料，对于一部分志在编写前应搜集多少资料才能满足编写需要；所需的资料，文字资料缺乏，是否必须通过其他方式（如口碑、音像等资料）来弥补；必不可少的上下限资料缺失如何解决；正反两方面资料是否都应具备，比例是否应该有规定；背景资料应搜集和使用哪些范围和方面，等等，类似这样很细致，可操作性很强的规定并没有。修志人员在具体工作时，只能是根据自己掌握的（包括从省方志委培训中学习的相关规定和知识）情况来开展，这无疑在起步阶段就影响了志书编纂的质量。

由于没有非常具体的、可操作性很强的规定，各承编单位对志书编修质量的管理，只能是完全依靠人。人的因素成为最重要的因素。再加上，各单位实际情况不同，领导对修志工作重视的程度不同，具体参与修志的人数不同，人员素质高低不同，采取的工作方法不尽相同，等等，导致各单位质量管理的效果也不尽相同，最后体现在成果上，志书的质量也不尽相同。

从具体参与编写的人数来看，各个单位都不完全一样。有 1 人独自编写的，这种情况比较少，如《出入境检验检疫志》《水利志》等，此类单位不到总数的 1/10。有 2 人或 2 人以上编写的，这样的单位占绝大多数。当然，参与编写的人数多少并不是志书质量高低的决定因素。

从工作方法来看，多人编写的单位，有各自为战的，一个人负责编写一部分，大家分别完成初稿后，并无人来统稿，最后交由省方志委责任总纂来合成。而更多数是大家进行分工，从资料搜集到志稿编写，各自完成一部分，成稿后再由一位主笔统稿，之后再交由省方志委责任总纂。很明显，多人编写时，由一位主笔统稿，在质量管理和控制上多一个环节，有利于提高志稿质量，无论是文字风格的统一、对交叉重复内容的处理还是对同一内容在不同章节出现时详略的处理等多个方面，往往都更为得当，也能够更好地保证志稿的质量。

此外，如果单位领导重视，工作条件就会较好，待遇就会较高，安排的编写人员素质也会比较高，工作会比较得力，编写出的志稿往往质量较高。如果单位领导不重视，情况则恰恰相反，有的甚至编纂工作尚未全面启动，就更谈不上其他了。这也成为影响志稿质量的一个非常重要的因素。

由于上述存在人的因素各不相同的情况，使得对志稿编写质量管理取得的效果也就各不相同。由此，在志书编修的第一个环节就产生很多问题。仅从已成书的《政协志》等 13 部分志及完成终审的 8 部分志来看，我们会发现主要存在以下几方面问题。

首先，从各分志所记述的内容上看，绝大多数未能做到正反两个方面都记述，做到了“扬善”，但未做到“不隐恶”。对于所记述的工作基本上只记述成绩，记述好的方面，对于工作中的失误和工作中出现的问题所记甚少，或者基本不记。之所以出现这种局面，原因很简单：其一，没有哪一项制度规定必须正反两方面都要记述。其二，也是更主要的，一个部门或单位的编修人员不管其在职还是已退休，都要考虑“不隐恶”是否会对单位造成负面影响；对那些还健在的当事人会有什么影响；会不会给自身带来很多想象不到的麻烦，等等。这样做造成的后果就是让后人在读志时只看到事物好的方面，看到成绩，而看不到所犯的错误，看不到工作失误。由于反映的只是事物的一个方面，而非事物的全貌，这样就无法达到给后人以启迪的作用。以省志中刚刚完成终审的《公安志》记述严打斗争为例。20世纪八九十年代公安部门开展了“严打”（严厉打击刑事犯罪）斗争，《公安志》在对严打斗争进行记述时，只是记述其所取得的成绩即好的方面。如破了多少案子，处理多少犯罪分子，但并未记述“严打”斗争中有些案件认定犯罪事实不清楚，对一些案件和犯罪嫌疑人的处理未依法办案，以致造成一些冤、假、错案，甚至有些人因此枉死。这样记述根本不能还历史本来面目，后人读志书记述的这部分内容时，便无法从中了解到当时“严打”的全貌，特别是其中存在的问题，也就无从吸取其中的教训，那么我们的志书又怎么能发挥“以启未来”的作用呢？

其次，在资料的搜集、使用上一些分志存在这样那样的问题。地方志书，是全面系统地记述本行政区域自然、政治、经济、文化和社会的历史与现状的资料性文献。资料是否真实准确；资料全面、系统与否；事物发生、发展过程的资料是否连贯、系统；人、事、物，时间、地点、事件经过等要素是否齐备，等等，这些都决定了志书的质量，而志书的质量是志书的生命。就已出版和已完成终审的各分志来看，资料都或多或少存在问题。主要表现在：一些分志，记述中不是直书史实，而是大量堆砌法规、文件，以文件代替具体事实记述，且记述会议只记述开会布置工作，却无实际落实情况以及结果，导致资料价值不高。所使用的资料不够系统，一些地方不能够连贯记述，便以笼统的概括记述来代替。此外，每部分志如果以节、目作为基本单元来看，缺少上下限，中间断线的情况都存在。以《工会志》为例，在资料的全面系统上是比较好的，但仍有个别节、目缺少下限资料。此外，对于一些复杂事物的记述，记述事实只有大概，起因、后果语焉不详，其中的不同意见争议与交锋更是付之阙如。特别是对于背景资料的记述，很多分志都做得不好，为解决这方面问题，《政府志》的主笔苑广才老先生勇于尝试，对于一些复杂的工作，如政府的“七五”“八五”“九五”计划（规划）的出台、落实等情况，用了很大篇幅记述背景资料。记述事物产生的原因、经过、结果都力求全面。这样的做法是值得肯定的。

最后，由于各个分志的承编单位各自有自己的实际情况，因此修志的人员也不尽相同，人员素质千差万别，专家修志更是无从谈起，直接导致志书起始环节质量不高。从我们对省志近百家承编单位了解的情况看，各单位修志人员大多或是返聘的退休同志，或是承编单位边缘人员，文字水平参差不齐，对志书体例、规范陌生，秉笔直书、述而不论往往变成论议丛生、妙笔生花的总结报告体、新闻报道体；行文中口语体与书面语并存，逻辑错误、语法错误、病句屡屡出现，重复记述、啰唆大有所在。以上现象普遍、大量存在，后期责任总纂即使是下很大功夫反复修改，反复打磨，但其中存在的一些问题难免遗漏。

由此可以看出，志稿编写的第一个环节中质量管理问题较多，这是今后需要下大力量解决的。

## 三

在志书编纂的起步阶段，如何解决资料搜集、志稿编写中质量管理等方面存在的问题？个人认为，从志书编修的起步阶段就要做好质量管理工作，不是单单在工作中对承编单位提要求、开会搞培训等所能解决的，必须从工作体制机制上、质量管理制度上进行不断探索和创新。有些新做法或许本轮修志无法实施，那么在第三轮修志时或许有借鉴作用。

制定和完善资料搜集整理使用的相关规范，制定志书试写稿、初稿编写的相关规定和规范，使承编单位人员在开始工作时就有所遵循，这样在修志的初始环节就对质量进行严格管理，能够保证初稿的质量。

从资料搜集上改变做法，做好资料搜集工作，夯实志书编修的基础。从第一、二轮省志编修的实践看，都是编修工作启动后才开始资料搜集，但由于单位变化、人员变动、办公地址变迁等多方面原因，造成资料散失严重，资料难以搜集，个别内容资料比较单薄，甚至有很大欠缺等一系列问题。为解决这一问题，可在启动编纂前就采取类似年鉴的做法，让省直各单位每年都上报地方志资料，这样如果能够总体上坚持做好这项工作，新一轮志书编修启动时，就有了资料的基础。

在编写人员上，要实现专家修志，这样才能解决前述质量管理存在的问题。由专家来修志，他们无论是对资料的使用、对志书体例的熟悉，还是对行文规范的把握等方面都会使志书编写在起步阶段有一个大的飞跃，这样也可以让各部志书在质量水平上总体能够达到平衡，能够有效应避免前述问题的出现。

此外，对于志书质量管理工作，省方志委要将其作为一个课题加强研究，从制度建设进行积极探索，在完善制度、充分发挥人的因素两方面不断创新，使志书质量管理工作能上一个新台阶，从而让这项复杂的精神产品的生产，像大工厂生产整齐划一的工业品那样质量可控。

2014 年 4 月，第五次全国地方志工作会议召开，中共中央政治局常委、国务院总理李克强对修志工作作出重要批示，对广大方志工作者提出殷切希望，其中有“修志问道，以启未来”八个字。笔者认为，“修志问道，以启未来”，是对方志存史、资治、教化三大功能的高度概括、凝练和升华，使广大方志工作者对编修社会主义新方志的目的、意义有了更为深刻的认识，也是总理对方志工作者提出的更高目标，这让广大方志工作者更深刻地认识到了我们工作的现实和深远意义所在。今后，广大方志工作者一定要肩负起这一历史使命，下大力气，多措并举，各环节齐努力，加强志书质量管理，力争修出让党和政府满意、读者满意，经得起历史检验，让今人和子孙后代觉得有用的精品佳志，真正为子孙后代留下宝贵的精神财富。

（作者单位：吉林省地方志编纂委员会）

# 汉文志书规范记述少数民族语名词术语的问题

## ——以蒙古语名词术语为例

芙　蓉

**内容提要：** 汉文志书规范记述少数民族语名词术语是地方志编纂实践中的重要问题之一，也是方志学理论研究的重要课题之一。少数民族语名词术语在汉文志书的建置沿革、民俗、宗教、文化、卫生、方言、地名和人名等部分经常涉及。为规范记述少数民族语名词术语，可用本民族文字、国际音标或汉字标音，并注明汉语意思。

**关键词：** 汉文志书　少数民族语名词术语　规范记述

中国是由56个民族组成的大一统国家，民族多元一体，文化多样和谐。已出版的部分第一、二轮汉文志书中，记述了一些少数民族语名词术语。汉文志书规范记述少数民族语名词术语问题是地方志名词术语研究的重要内容之一，也是方志学理论研究的重要课题之一。本文以蒙古语名词术语为例，以点带面，探讨汉文志书记述少数民族语名词术语的相关问题，旨在对正在或将要编修民族地区汉文志书的相关人员有所借鉴。

在各级行政区划志和民俗志、方言志、民族志等专业志及个别部门志中涉及民族地区历史文化的部分，少数民族语名词术语常常出现。具体如下：

1. 建置沿革部分。历史上，很多民族地区的建置有它的特点。编修地方志时，在建置沿革部分涉猎很多历史内容，涉及很多少数民族语名词术语，如建置名称、部族名称。清代在内蒙古地区设置盟旗，旗的世袭统治者为札萨克，有些资料将其写成扎萨克。札萨克为蒙古语，汉语意为“政”。在编修内蒙古地区志书时常常遇到它。清代，内蒙古只有一个喇嘛旗，俗称席埒图库伦旗，席埒图源自囊苏喇嘛的席埒图达尔汗绰尔济称号，汉语意为“有席位”，有些资料中写成锡勒图。汉文志书记述它们时，音译所使用的汉字全书必须统一。

2. 民俗部分。民俗大体可分为生产民俗、生活民俗、社会与人生礼仪民俗、信仰民俗、游艺娱乐民俗。编修志书时，必须或多或少记述它，也涉及少数民族语名词术语。《内蒙古自治区志·民俗志》记述了蒙古、汉、满、回、达斡尔、鄂温克、鄂伦春7个民族的民俗。该志用汉文编修，但记述的少数民族语名词术语特别多。在编修盟市旗县志、苏木乡嘎查村志时，会涉及民俗内容，自然回避不了少数民族语名词术语。

3. 宗教、文化部分。因多种原因，不同民族的宗教信仰有所区别。就蒙古族而言，博教（萨满教）是它的传统宗教信仰，佛教是后来传入的。到目前为止，在科尔沁民间博教还在活动。博教的很多名词术语很难用汉语翻译。用汉文编修有些地方志时，博教相关的名词术语只能记述汉文音译，如“翁古特”“希图根”等。

这里所说的文化指的是狭义的文化。编修民族地区文化部分时，常常遇到少数民族语名词术语汉语音译问题，如作品的名称、文化活动的名称等。“索龙嘎”奖是内蒙古自治区政府设置的内蒙古地区文学最高荣誉奖，设立于 1984 年，每 3 年评选一次。“索龙嘎”为蒙古语，汉语意为“彩虹”。内蒙古对蒙古国办的刊物也叫“索龙嘎”，蒙古国对内蒙古办的电视节目也叫“索龙嘎”。编修内蒙古部分志书时，或多或少要记述到。

民族地区汉文志书的宗教、文化部分是记述少数民族语名词术语较多的部分，也是志书地方特色、民族特点较突出的部分。

4. 卫生部分。不同民族的医学有其独特性。蒙医历史悠久，蒙医正骨等非常神奇。在蒙古语中把正骨大夫称为“雅苏 · 巴日雅其”或“巴日雅其”。蒙医蒙药的有些名词术语如希日乌苏等无汉语翻译，只能进行音译。汉文编修内蒙古地区地方志记述蒙医蒙药时，常常会遇到蒙古语名词术语音译问题。

5. 方言部分。方言是民族语言的瑰宝。地方综合志书记述方言时一般按语音、语法、词汇等方面记述。编修方言志时，还记述方言话语材料、方言研究等。内蒙古地区的汉语受到了蒙古语的一些影响。包头汉语方言中有“倒喇”一词，普通话意为“说”。“倒喇”一词来源于蒙古语“哆拉”（汉语意为“唱”）。汉文编修民族地区地方志时，在方言部分常常遇到记述少数民族语名词术语问题。

6. 地名、人名部分。编修地方志很难避开地名、人名问题。地名包括古称和今称。地名是一个地区历史文化的载体。2013 年内蒙古自治区成立内蒙古蒙古语地名研究会。用汉文编修内蒙古地区地方志时，规范记述蒙古语地名更显重要。人名是民族文化的表现之一。就蒙古族人名而言，受时代、社会影响很大。在蒙古人名中，非蒙古语的名称不少，但是，用蒙古语取名的还是占多数。特别是现在，不论是城市还是农村牧区，给孩子取蒙古语名字的蒙古人很多。用汉文编修内蒙古地区地方志时，必须注意规范记述蒙古语人名音译问题。

用汉文编修的民族地区地方志书的诸多内容中，少数民族语名词术语常常出现，以上所举的是其中典型。就蒙古族体育而言，与“搏克”相关的“召都格”（“搏克”手穿着的上衣）、“江嘎”（“搏克”手脖子上戴的彩带）等名词术语很多。用汉文编修志书记述少数民族语名词术语涉及的方面很多，一定要准确、规范。

已出版的汉文志书中，记述的少数民族语名词术语不少，但规范的不多。那么，怎样记述比较规范，笔者在此提几点浅见：

1. 用本民族文字或国际音标、汉语拼音标音。目前，中国境内少数民族使用的文字有几十种。汉文志书记述少数民族语名词术语，应用该民族文字标音。用本民族的文字记述本民族语名词术语，能够做到准确无误。如果该民族没有文字或同时使用几种文字时，可用国际音标标注。这样有利于少数民族语名词术语正确的记述、典藏及使用。因为有些民族语发音很难用汉语准确音译，上述两种记述可弥补这一不足。

2. 用汉字标音。汉文志书记述少数民族语名词术语时，应有汉文音译，要有汉字标音。音译时需注意以下几点：第一，按少数民族语标准音记述。每个民族语都有方言和标准语之分，二者在发音、词汇等方面存在一些区别。汉文志书记述少数民族语名词术语时，要采用少数民族语标准音（方言部分除外）。笔者在审读一个旗县汉文志稿时，发现该志所记述的蒙古语名词术语存在发音不准的问题，在评审会上就明确指出：该旗是有关部门认定的蒙古语标准音代表地区之一，在记述除方言之外的内容中出现上述情况是不应该的。当然，一些少数民族语名词术语的语音在汉语中很难找到对应的语音，用汉文记述时，应尽量使用发音最接近的汉字。第二，遵循习惯写法。“苏鲁克”，蒙古语，汉语意为“畜群”。清代在蒙古地区实行了租放牧群制度——“苏鲁克”制度。在察哈尔有 8 个旗和 4 个“苏鲁克”。中华人民共和国成立初期，内蒙古有些牧区有“苏鲁克”组织。内蒙古首轮修志常常遇到记述它的问题。其实“苏鲁克”的正确发音是“苏如格”，但是把它写成“苏鲁克”已成惯例，所以汉文志书记述成“苏鲁克”。第三，尊重有关部门规定的写法。内蒙古官方规定把蒙古式摔跤汉语音译为“搏克”。其实，“搏克”的准确发音是“搏和”，但是，志书必须把它记述成“搏克”。特别是记述少数民族语地名时，更要遵循有关部门规定。第四，记述人名遵照个人写法或习惯写法。少数民族语名词术语中，人名是很特殊的成员。意思同样的少数民族语人名，汉语音译时，所采用的汉字因个体会有所区别。如名字叫蒙古语“呼春”的人很多，汉语音译时，有的人写成“呼群”，也有的人写成其他字。蒙古语中“呼春”一词，汉语意为“力量”。不论采用哪个汉字，在蒙古语的意思必须一样，写法也应相同。汉文志书在记述少数民族语历史人物名字的汉语音译时，要遵循习惯写法。上述情况，在志书人物部分及以事系人、人随事出时常常遇到，要根据实际情况进行贴切记述。在没有特殊情况下，一个人的少数民族语名字在志书中所用汉字前后一定要统一，以免造成混乱。第五，不属于上述几种情况的少数民族语名词术语，在志书中怎么记述？首先，不能用带歧视的字。如有些历史文献中出现“蠕蠕”这个称呼，这个用词就带有侮辱性。编修志书，如果需要引用，必须加引号。汉文志书记述少数民族语名词术语要特别注意这类问题。其次，汉字音译的少数民族语名词术语一定要通顺，不能用奇字、怪字、别字。再次，记述少数民族语名词术语所用汉字全书必须统一，不能出现前后不一致情况。地方志部门应和语委等相关部门联合起来，做好相关工作。

3. 注明汉语意思。汉文志书第一次记述少数民族语名词术语（除记述人名外）时，要注明汉语的意思。记述汉语意思有几种的少数民族语名词术语时，应把不同意思、观点同时记述。阿拉善盟是内蒙古自治区西部的一个盟。“阿拉善”一词的意思解释有“彩色斑斓”“贺兰山”“野马”等几种说法。前些年，官方规定，“阿拉善”一词汉语译为“彩色斑斓”。汉文编修志书记述少数民族语名词术语遇到类似情况时，几种观点一并记述是较为客观的。

汉字标音少数民族语由来已久。众所周知，《蒙古秘史》是 13 世纪用畏兀儿体蒙古文编纂的重要历史文献，但是已散佚，世人现在能够看到的是明朝人的汉文音译本。巴雅尔等学者根据它撰写了蒙古文《蒙古秘史》，该音译本起到了“原著”的作用。近几年，内蒙古电视台推出了学蒙古语节目，同时出版其文字版和电子版，其中的蒙古语都是用汉字标音的。

总之，语音、词汇等方面的输出或输入是每个民族语言都会遇到的问题。外来语真正融入一个民族文化需要条件、时间和过程。志书作为官书，具有导向作用。汉文志书规范记述少数民族语名词术语问题是社会各界特别是方志界应该重视的问题。记述好少数民族语名词术语，有利于突出志书地方特点和民族特色；有助于方志学学科建设；有益于民族团结、社会和谐发展；有利于汉语词汇的丰富；有益于民族文化的交流、融合。我们要本着对历史负责、对人民负责、对社会负责的精神，对其进行规范记述，依法管理。

（作者单位：内蒙古自治区地方志办公室）

# 域外方志翻译与考证

高永生

**内容提要：** 本文介绍了地方志开展对外合作中必然遇到的对国外地方志资料翻译介绍中的地理名称的考证问题以及考证的方法，多用实际事例对翻译过程中的考证方法进行陈述说明。

**关键词：** 域外　地方志　翻译　考证

## 一　域外方志资料翻译

2006 年是中国的“俄罗斯年”，笔者与俄罗斯阿穆尔州国立大学职业继续教育学院通过互联网开始接触，后经过反复探讨协商，达成意向，计划合作编写《黑龙江省—阿穆尔州地情志》，采用汉俄两种文字排版印刷，在两国公开出版。内容包括黑龙江省与阿穆尔州两地的历史沿革、自然地理、经济状况、社会事业等几个方面。2007 年 3 月，在布拉戈维申斯克（海兰泡）拟定了合作协议文本。明确了合作双方的专业部门，合理调整了印刷数量，根据实际需要简化了体例格式。当年 8 月，合作协议正式在布拉戈维申斯克市签订。在开展合作的交往中，笔者每次带回来的不是采购的俄罗斯纪念品、食品等，而是海关许可重量内的书籍，有的是对方赠送的，更多是买的。

原设想将《黑龙江省—阿穆尔州地情志》编写成两地、两国招商引资、各领域开展合作的指导手册，双方学习对方语言的通俗教科书，作为中俄两国互办“国家年”活动的一项重要成果，不仅开拓地方志工作的一个新领域，也为俄罗斯读者了解黑龙江省、中国读者了解阿穆尔州打开了一个窗口。这个消息在 2007 年的黑龙江省《方志信息》和《中国地方志》以及国内其他省份的地方志都有报道。虽然这个项目遗憾地受到主客观方面的因素只运行了一年就无疾而终了，却成为笔者深入进行域外地方史志资料翻译的开端。

自力更生翻译资料，是笔者最初的出发点。2008 年，去布拉戈维申斯克，国内要途经爱辉区，顺便参观了几次瑷珲历史陈列馆，结识了当地的有识之士。那时想知道除了有波亚尔科夫、哈巴罗夫这类的哥萨克探险队之外，在瑷珲条约签订之前，沙皇俄国是采用什么方式对中国领土进行蚕食鲸吞的。问到其中一位类学者，得到的回答让人啼笑皆非，“那我不能告诉你，这个知道的可不多……”在自己搜集到的书籍里面，关于这方面的内容极其翔实，并且配有详尽的地图，只是没有翻译成中文。

翻译书籍与编写地方志具有极为相似的情形：能人不愿意做，这些能人外语好、表达能力强，几乎都去当翻译挣大钱去了，没有人愿意坐下来，青灯冷灶，甘于钻故纸堆。无能的人，要么缺少慎终如始的意志力，要么没有相关的水平能力。只有那些介于两者之间的“多余人”，甘于寂寞，铜臭不重，主要是有兴趣、有爱好的人。

翻译的原则表达最充实、简捷、明了的是清末新兴资产阶级启蒙思想家严复在《天演论》中的“译例言”里提出的：“译事三难：信、达、雅。求其信已大难矣，顾信矣不达，虽译犹不译也，则达尚焉。”[①] “信”指意义不背原文，即译文要准确，不歪曲，不遗漏，也不要随意增减意思；“达”指不拘泥于原文形式，译文通顺明白；“雅”则指译文时选用的词语要得体，追求文章本身的简明优雅。在遇到有争议问题、敏感问题时，需要在译著的适当位置加注释，甚至撰写导读文章，对读者阅读、引用、研究起到一定的指导作用。

## 二　翻译与考证

语言的转换是一个系统的工程，大到全书的外观、整体，小到每一个标点符号。为了完整地传达原著的内容，翻译必然遇到许许多多的难题，其中地名也可以算作其一了，个别地名还需要曲折地进行考证。

在译介回忆苏联出兵中国东北的《在满洲群山里》时，就遇到了几个音译的中国地名。比如，苏军渡过黑龙江作战的第一个中国地名 Хамаленцзы，按照俄文语音习惯，这个词可以译作“蛤蟆岭子”。按照俄文描述的地理位置，就应该是在黑龙江沿江一带，但与俄隔江相对的沿江一带的孙吴县境内没有这个地名，这就要借助于相关地图了。百度地图上很多地名仍然保留着一定年代时的旧称。可是在查阅之中，并没有 Хамаленцзы 这个名称，却在该地域看到了一个似曾相识的地名——嘎巴亮子，再一次仔细核对原文的描写以及后文的表述，可以确定就是“嘎巴亮子”，原来俄国人在音译这个地名时，没有用经常虚读的“Г”做首音，而是用“Х”代替的，而且后面的音节差距也不小……类似的情况还有许多。难怪无数隔江而居的中国同胞，常常苦于音信断绝，语言的差异也算是一个重要因素。不论是在外满洲沦为失地后居留的，还是频发的战争期间流亡到江北的，曾经与中国故乡的亲人保持过联系，后来有多少同胞寻亲却蜀道难于上青天了。记得逊克县一位老领导说过，他的哥哥在东北沦陷时流亡到了江北，有人曾经在一个叫作“陷马沟”的地方还遇见过他，还打招呼聊过几句。可是家人在中苏交好的中华人民共和国成立初期就开始通过官方查找，几十年过去了，却没有收到苏俄那片土地上亲人的一点回音。除去当局对华人“莫须有”的经常性大清洗、大迁移等政治原因外，亲人的姓名转译成俄文，对于无数同音字的汉语而言，那姓名早已是面目全非了。

类似的地名语音翻译的词汇，在收集到的俄文资料中比比皆是，好在多数与当今的读音十分近似，不需要考证。只有个别的语汇，需要像前面一样，通过文字表述分析，而且需要辅以相关的地图，自然可以在比对中得以查证。比如前述资料中，有一张苏军在

---

① 赫胥黎著、严复译：《天演论》，中国画报出版社，2010 年，第 12 页。

Сяохаоцзы（小蒿子）的合影，这个地名在作战地图上也有标注，就在齐齐哈尔附近的铁路线上。但在当今的地图上查不到，几经比对，那个位置是杜尔伯特县，该县治的驻地是泰康镇，查阅泰康镇的百度百科，没有找到泰康镇与小蒿子有关联的资料。但在黑龙江省龙志网站里，查阅到大庆市的《杜尔伯特自治县县志》的建置沿革一节时，有这样的记载："民国 16 年 5 月，泰康设治局成立，暂驻小蒿子（今泰康镇），隶属黑龙江省龙江道。"由此可以确定，"小蒿子"就是现今的杜尔伯特自治县的驻地泰康镇。因此，不能翻译成"小耗子"或"小貉子"。

有趣的是，流经孙吴县境的重要河流逊毕拉河，《在满洲群山里》记述为苏尔布拉哈（Сулблаха），依据前后文的描述，这条孙吴县城北附近的河流应该就是逊毕拉河，而"苏尔布拉哈"就是逊毕拉河的不准确的直接音译。

当然，并不是全都那么充满惊喜和意外所得的。在翻译布拉戈维申斯克简编的《ПРАВОСЛАВИЕ В КИТАЕ》（《东正教在中国》）书后的附表《东正教教堂在中国的建设和分布统计表》时，有多个地名的翻译是颇费周折的，以至于该表未能与正文一起在 2013 年的《逊克年鉴》上刊出。那里面的地名多是 20 世纪或者更早一些时候的，使用的也多是清朝时的音译名称，其中也有把中国地名直接用俄国的名称标注的。比如新疆的塔城，在《天津条约》里已经明确记述为它的全称"塔尔巴哈台"，证明俄国人是知道该地名称的。可是，在前文述及的"统计表"中，却写作 Чугучак（丘古恰克），后面也没有相应的注解性标注。为了找到这个词，查阅中文搜索网站无功而返，后来查俄罗斯搜索网站 mail. ru，输入 Чугучак 后，马上有数条信息。其中，知识性的网站如维基百科标注着汉字"塔城"。

中国文字在称布拉戈维申斯克、哈巴罗夫斯克、符拉迪沃斯托克等旧地时，都是以俄文音译在前，后面括号里加注中文的旧称，俄国人对此是有异议的。但俄国人把中国的地名标写成另外的名称，而且不加注中国官方的相应名称的，却未见中国人提出异议。

在《东正教教堂在中国的建设和分布统计表》中的地名译述最后攻克的堡垒是 Эрцендяньцзы，如果按音直译是"二城尖子"，起初幻想是双城堡的别称，由两个"城尖子"得名，但双城的全部资料中，没有这个名称。

在 mail. ru 搜索，只有三个结果，两个是讲述东正教在中国的，一个是介绍在中国的俄罗斯人生活状况的，把 Эрцендяньцзы 仅仅作为一个地名使用，是中东铁路上的一个车站，没有别的介绍。既然与中东铁路有关，搜索中东铁路的中文、俄文网站，都没有查到这个地名，只能再一次"曲线救国"，在 mail. ru 搜索输入 Карта КВЖД（中东铁路地图），下载了两三张清晰详尽的地图，在哈尔滨通往绥芬河的铁路线上，找到了 Эрцендяньцзы，有一张图上标注的是 Эрцендянцзы（少一个字母"ь"），再向东依次是小岭、帽儿山、乌吉密……按照这个顺序，依次在百度地图上排查，在标注 Эрцендяньцзы 的位置是玉泉镇，随后直接百度"黑龙江省玉泉镇"，在历史沿革一栏里记载道："玉泉，原名二层甸子。中东铁路通车后……"这里是中东铁路当局的度假村，当年俄国人在这里修建了一座教堂，取名为喀山圣母教堂。

（作者单位：黑龙江省逊克县地方志办公室）

# 地方志资源开发利用刍议

高永生

**内容提要：**本文试图探究地方志资源开发利用的主观意愿、智力保障及方法论方面的因素制约情况以及如何调动各方面的积极因素，进而阐释思想境界、人力资源和科学的方法对于地方志资源开发利用的重要作用及辩证关系。文中多用事例对地方志资源的开发利用表述个人看法。

**关键词：**地方志　资源　开发　利用

21 世纪是知识经济的时代，方志事业的发展，必须紧紧围绕为发展地方经济服务这个中心，地方志资源的开发利用工作也必须围绕地方政府的中心工作展开，才能实现地方志工作的现实意义和经济意义，才能改变地方志在边缘上挣扎、在夹缝中生存的窘迫处境。地方志资源广义上讲可以包括一切人文资源（如历史资源、经济资源、文化资源）和自然资源，即一定区域自然和社会各方面情况的总和，内容涉及政治、经济、科技、文化、教育、社会生活、自然地理，等等；狭义则专指类属于方志学的正史、野史、掌故、方志典论，等等。面对如此浩繁丰富的地方志资源，我们的开发利用是相对滞后的。正如我国现存的清以前文献典籍一样，估计在 3000 万册左右，而实际开发整理出来的仅仅有千分之二。地方志资源相对更具有活力和时代感，远比文献典籍更具有吸引力，更具有现实性。但开发利用方面存在着各种不足和局限，主要表现为：一是缺少崇高的思想境界，二是缺少强大的智力保障，三是缺少科学的研究方法。要做好地方志资源的开发利用工作，应该以这三个方面为切入点：

## 一　崇高的思想境界是开发利用地方志资源的主观保证

概括地说就是要切实以马克思主义理论武装头脑。马克思主义的精髓是什么？1992 年初的南方谈话，邓小平在讲到“学马列要精”时说：“实事求是是马克思主义的精髓。要提倡这个，不要提倡本本。我们改革开放的成功，不是靠本本，而是靠实践，靠实事求是。”“过去我们打仗靠这个，现在搞建设、搞改革也靠这个。”按照中共十六大精神，可以阐述为：解放思想，实事求是，与时俱进。在开发利用地方志资源上，我们应该解放思想，高屋建瓴，要有大方志观念，要有开阔的视野，胸怀志办，放眼全国和全世界。实事求是就要求我们做到眼高不能手低，一切从实际出发，探索地方志资源开发利用的客观规律，去其糟粕，取其精华，去粗取精，推陈出新，这也基本做到与时俱进了。这是形而上的隐性主观造诣。

同时，还要有显性的精神境界、道德修养。地方志资源的开发利用与地方志工作本身一样，是一个长期的过程、一项漫长的工作，需要一种无私的奉献精神，更需要一种科学的态度。当年黑龙江省志办资深学者柳成栋先生举过一个例子，说办里派出的一位同事，7 年专门负责查阅档案，除了把需要的资料定时送回办里外，很少回办公室，最后工作结束回到单位，由于人事调动，竟然有一半人不认识这位同事。如果没有一种甘于寂寞、任劳任怨的精神，是绝对做不到的。开发利用地方志资源，是项意义深远的工作，我们也可以通过它来实现自身的人生价值，这是可以理解的，但只能算是人生三境界中最低的“有我之境”；而淡泊名利，甘于寂寞，勤于奉献，就像柳成栋先生介绍的那位同人可以算达到了“忘我之境”；超越这两种的，把方志学作为一种需要融于自身的才能算是最高的“无我之境”。第三种显然难以企及，第二种似乎难度很大，特别是当前浮躁功利“笼盖四野”，平静地选择最低的境界，守住地方志千百年来的职业节操，“其言直，其事核，不虚美，不隐恶”，能够本着对世人负责、对历史负责的态度做好基本的工作，或许已经在铸就着为人赞誉的丰碑了。

## 二　强大的智力支持是开发利用地方志资源的内在动力

地方志资源无比浩繁，人所共知。于丹的几句话，很是发人深省：满桌佳肴，你得有好牙；腰缠万贯，你得有命花；赏一路风光，你得走得动；拣一座金山，你得能够拿……法国雕塑家罗丹说得更明确：美是无处不在的，对于我们来说，不是缺少美，而是缺少发现的眼睛。面对丰富的地方志资源，怎样开发利用，就需要强大的智力保障。

一是更新观念，高度重视，解决认识问题。这里有两方面的含义，第一是作为地方志工作者，不论领导，还是一般干部，都要更新观念、高度重视，不能坐井观天，本位主义，要有历史责任感、使命感，不能把自己从事的事业当作可有可无的、无关紧要的普通工作，也不应该封闭保守，当一天和尚撞一天钟，应该挖掘潜能，开拓创新，坚决克服无所作为甚至不作为的思想和做法。第二是要通过地方志部门的争取和努力，使地方党政领导更新观念、高度重视地方志事业，为地方志事业包括地方志资源的开发利用创造出广阔的政策空间、经济空间、物质空间，“有厅有堂，才能置床”，应该把领导的重视看作地方志事业的福音，也是地方志事业得到发展的重要前提。当然还可以更进一步扩大到全社会的认识上，很多资料表明，在没有开展续志工作或编辑年鉴之前，社会上不知道有地方志办公室这样一个单位，也不知道是干什么的，这是地方志的“杯具”，是社会的“杯具”，也是民族传统文化的“杯具”。目前这种现象渐渐改变了，但仍然存在着“局部地区”。这就要求我们加大宣传力度，不仅要超越自己都不重视自己的“坎”，还要让别人、整个社会真正重视起来。

二是内强素质、外树形象，解决队伍问题。20 世纪 90 年代初提出的“内强素质、外树形象”口号，对于地方志工作者甚至所有单位部门仍然适用，但关键问题在于实施，不能仅仅是说在嘴上、写在纸上、挂在墙上，主要是能落实到行动上。有过一段时间，地方志部门是流放地，第二轮修志启动后，渐渐得到改善，但整体素质仍需要全面提高。上级举办的培训每年都有，可以说用心良苦，把地点选在景区、名胜，甚至世界屋脊，目的就是要缓解培训疲劳，使受到培训的同人回去起到星星之火可以燎原的作用，实现以点带面。这么好的外部条件，是可遇不可求的，但要起作用还需要良好的内因。这个内因就是需要每一个方志人从思想上自尊、自爱，从行动上自强、自立。当然，一个十分实际的问题是不容忽视的，目前我们都面临着一个共同的困难就是闹人荒、缺人才，实质上是在数量上人员过剩，在质量上人才短缺，正常工作的运转不平衡，压力集中在少数人身上。目前提倡的地方志资源开发利用是一项高瞻远瞩的、具有战略意义的深层次的工作，需要有洞察力、思维敏捷、有开拓精神的人去承担，有进取心、有创新意识、有饱满的工作热情、有对地方志事业的执着和热爱，就已经具备了做好这项事业的内在的、心理的、必要条件。同样，不能囿于专业限制，或有求异思维，只要勤于钻研，不断提升自身各方面素质和涵养，地方志还是大有用武之地的！那种因不受重视而愁眉不展的人，是还没有解决好心理转轨问题。这项工作，还需要打造一个团结协作的团队，为每一个人发挥主观能动性、个体积极性提供充足的阳光。要树立强烈的一荣俱荣、一损俱损的群体观念，尽快在社会上树立起方志人应有的光辉形象。

## 三　科学的研究方法是开发利用地方志资源的根本出路

必须以历史唯物主义为基础方法论、出发点和着眼点，在实事求是的框架内，因地制宜，量力而行。必须从本单位、本部门、本地区的实际出发，脚踏实地，创造性地开展工作，不能犯教条主义错误，一个地方的成功经验未必适合其他地方，前年的经验未必适合今天，人云亦云，既不会收获富有创新的成果，也没有品位和前途可言。同样，好高骛远、人心不足等不切实际的做法，也根本挖掘不出资源最闪亮、最本质的精华，结果只能流于粗制滥造，最终湮没在故纸堆中，是对资源最大的玷污和践踏。

古人对待一块玉石，如切如磋、如琢如磨。对待方志资源开发利用这项意义重大的美好事业，应该通过不懈的努力、深入的研究、精心的提炼、科学的推理，以期为广大读者和方志资源使用人提供营养丰富、精准的资料。投之以李，报之以桃，广大读者和使用者回馈过来的必将是对方志人崇高的敬意和由衷的谢忱！

（作者单位：黑龙江省逊克县地方志办公室）

# 试论地方志的著作权保护

郭 城

**内容提要：**在全面依法治国的战略布局下，法治思维与法治方式越来越成为各级地方志工作机构的基本遵循，“依法修志”不再停留口头。志书编纂具有涉及部门多、人员杂、耗时久的特点，易导致编纂工作权责划分不清晰，出版权利义务不明确现象，形成著作权属争议和著作权纠纷。因此，有必要研究、探讨地方志著作权保护问题，明确著作权主体，并区分保护不同情形下著作权权利享有者的利益，真正将依法修志精神落实于工作实践。

**关键词：**著作权 主体 区分保护

国务院2006年5月18日颁发《地方志工作条例》（简称《条例》）第一条明确指出：“为了继承和发扬中华民族优秀文化传统，全面、客观、系统地编撰地方志，科学、合理地开发利用地方志，发挥地方志在促进经济社会发展中的作用，制定本条例。”地方志记载面十分广博，晚清学者缪荃孙讲“志也者，志地、志人、志事、志物，上之自古迄今，下之由近及远”①，虽不为正史，但大多能反映地域真实情况，具有鲜明的时代特点，对正史编著有重大的借鉴、查考作用。由于历史原因，地方志工作机构定位尚处完善阶段，地方志书编纂工作划分不清晰，甚至出版权利义务不明确，容易形成著作权属争议和著作权纠纷。因此，有必要对地方志法律属性进行界定并提出相应的建议和保护措施。《中国地方志大辞典》“方志”词条下写道，方志“是以地域为单位，按一定体例，综合记载一定时间的政治、经济、文化及自然各方面的书籍”，编纂新方志是党委、政府领导下全国范围的系统工程，除各级地方志机构外，党政机关、群众团体、企事业单位、组织以及个人都可能通过承担撰写任务或提供相关资料等方式，参与修志工作，因此，具有以法人名义享有职务作品的法律属性。法人作为名义上的著作权享有者，又涉及与其内部工作人员、与提供材料人员、与委托撰写地方志的机构和人员间的法律关系。

## 一 当前地方志著作权存在的权属问题

《条例》第五条规定，县级以上地方人民政府负责地方志工作的机构主管本行政区域

① 仓修良：《方志学通论（增订本）》，华东师范大学出版社，2014年，第5页。

的地方志工作，负责组织、指导、督促和检查地方志工作，为地方志的编纂提供条件并承担责任。地方志的编纂是一项极为专业的系统工程，要求编纂委员会的成员皆具有一定专业素养和学识背景，并能够在编纂委员会的统筹、协调下贯彻党委、政府的指导思想，将记载自然、社会各方面历史变化内容的资料进行搜集、归纳整理，创作统一成为给地方研究历史史实，能够为地方经济和社会发展提供历史借鉴和现实服务的文献汇编。地方志资料主要来源于文献档案资料的查阅（这是编写地方志的重要资料来源），对统计部门或企事业部门汇编的统计数字和统计报表的收集，对地方、自然和社会不同程度记述的旧志书、史书、年鉴、私人撰著、族谱、各种报纸杂志以及书信、日记、讲演稿、同乡同学录、账簿、票据、合同、契约、厂（店）规、章程、广告、启事、声明等资料的整理，乃至从当事人或知情人那里搜集的口述资料、回忆录，实地调查获取的记录材料，还包括古文化遗址、遗迹、古建筑、化石、碑刻、地图、书画、照片等反映历史真实面貌的资料。由此可以看出，地方志既有原创性的创作特点，也有对资料的搜集整理，以及建立在二者基础上的汇编。因此，除了地方志编纂委员会指导下地方志办公室的创作与整理，还包括社会各阶层不同人员的贡献。《条例》第十一条规定，县级以上地方人民政府负责地方志工作的机构可以向机关、社会团体、企业事业单位、其他组织以及个人征集有关地方志资料，有关单位和个人应当提供支持。他们或是提供资料，或是参与创作，都是事实上的地方志作品的作者。

那么应当如何判定地方志的著作权主体性质呢？地方志编纂委员会就是地方志的整体著作权的享有者享有作为著作权人的一切权利，还是地方政府作为独立法人承担著作权人的权利和职责呢？应该是具体执行地方志任务的地方志办公室，还是凡是参与了地方志编纂工作的其他部门和人员，也应享有作为创作者或资料提供者的权利呢？

## 二　地方志作品类型划分问题

依照《中华人民共和国著作权法》（简称《著作权法》），地方志作品是由地方志办公室作为独立法人主持，代表地方人民政府意志创作，并由地方志办公室实际承担责任的作品，因此地方志办公室应当视为作者。[①] 所以，地方志办公室为独立法人作为民事主体可以成为《著作权法》中规定的“作者”，并能够对作品享有完整的著作权。地方志应为法人作品。依上所述，地方志是由地方人民政府机构——地方志办公室执行地方志的编纂工作，最终形成的地方志作品也是由地方志办公室承担责任的作品。因此符合《著作权法》所规定的法人作品的条件，地方志应属于法人作品。

按《著作权法》，地方志作品相当一部分是由地方志办公室工作人员因职务所需完成的作品，应当视为职务作品。[②] 职务作品作者创作的目的是为了完成法人或者其他组织的

---

① 《中华人民共和国著作权法》第十一条第三款中规定：“由法人或者其他组织主持，代表法人或者其他组织意志创作，并由法人或者其他组织承担责任的作品，法人或者其他组织视为作者”。

② 《中华人民共和国著作权法》第十六条规定：“公民为完成法人或者其他组织工作任务所创作的作品是职务作品。”

工作任务[①]，有下列情形之一的职务作品（有的称为特殊职务作品），作者享有署名权，著作权的其他权利由法人或者其他组织享有，法人或者其他组织可以给予作者奖励：1. 主要是利用法人或者其他组织的物质技术条件创作，即该法人或者该组织为公民完成创作专门提供的资金、设备或者资料。2. 法律、行政法规规定或者合同约定著作权由法人或者该组织享有的职务作品。[②] 地方志办公室人员为完成工作任务，进行地方志的撰写、资料搜集与汇编整理工作，最终工作结果和目的都由地方志办公室承担。那么，就此看来地方志也符合《著作权法》第十六条的规定，属于职务作品。此种情形下，地方志作品的著作权应由作者享有，但地方志办公室有权在业务范围内优先使用。因此，地方志也可划归职务作品。

如前所述，地方志还有相当一部分来源于聘请相关专家进行咨询，甚至执笔创作；邀请社会人员进行座谈和访问，甚至包括对他们所掌握资料的收集和汇编。《著作权法》规定，地方志办公室聘请相关单位或者个人共同完成地方志作品，他们系接受地方志办公室的委托。此种情形下，地方志作品的著作权一般依照合同约定，委托合同没有明确约定或者没有订立委托合同，著作权应归受托人，即所聘请的相关单位或个人。[③] 聘请专家或邀请相关单位和个人参与地方志的编纂修订工作，应当以合同方式进行委托，他们的著作权益通过合同予以确认。对于这种类型下形成的地方志作品，结合《著作权法》的相应规定，也应予以确认为委托作品。

此外，地方志作品也是由多人共同创作完成的，对此，《著作权法》第十四条规定："汇编若干作品、作品的片段或者不构成作品的数据或者其他材料，对其内容的选择或者编排体现独创性的作品，为汇编作品，其著作权由汇编人享有，但形式著作权是，不得侵犯原作品的著作权。"地方志作品是对地方志素材的取舍、选定素材的整理、全新汇编作品的结构安排以及表达方式等。地方志作品显然具有《著作权法》中确立的汇编作品的特征。

综上所述，地方志具有综合法人作品、职务作品、委托作品以及汇编作品的特征，在不同方面和角度上属于具有综合属性的作品，这显然带来在法律定性与权利界定上的混乱，势必成为地方志著作权权利争议的根源。表现在实际工作中，恰恰是法律地位模糊，无法作为著作权人承担权利与义务的地方志编纂委员会，往往被印刷在地方志书封面。因此，应当区分不同条件下的地方志作品属性，确定具体的著作权权利主体与权利范围，才能切实实现依法修志的初衷并消除潜在的权利纠纷。

## 三　地方志作品的著作权区分保护

现实中，很多地方将地方志作品的整体著作权笼统地归属于地方志编纂委员会，且不

---

① 《中华人民共和国著作权法实施条例》第十一条规定，"工作任务"是指公民在该法人或该组织中应当履行的职责。

② 《中华人民共和国著作权法》第十六条。

③ 《中华人民共和国著作权法》第十七条规定："受委托创作的作品，著作权的归属由委托人和受托人通过合同约定。合同未作明确约定或者没有订立合同的，著作权属于受托人。"

论地方志编纂委员会既不属于享有独立法律地位的法人，又无法真正具体执行地方志的编纂工作，这一笼统划归权利归属的方式显然缺乏现代法治意义上的个体权利关怀，忽视甚至漠视参与地方志编纂工作的个人利益，是有违依法修志精神的。贯彻依法修志，必须是在宪法、法律之下，尤其是在具体的《著作权法》之下，明确地方志作品的属性与权利归属，区分保护著作权人的合法权益。比如，参与地方志作品创作的所有人员，有的人甚至为地方志成书作出了主要的、他人无可替代的贡献，但却不能享有整体著作权或著作权中的某一项权利，这也是对创作者付出劳动的不尊重。因此，凡为地方志编纂付出劳动的人，其劳动都应得到社会的尊重和地方志编纂委员会的承认，都应当依法享有著作权，并按劳动的数量和质量得到相应的报酬。

从大多数国家的著作权立法来看，著作权法律关系中的权利主体普遍首先规定为付出了创造性智力劳动的自然人，反映了民商事立法中的私权本位的思想；其次才是承认某些情况下法人和其他组织成为著作权人。尽管，各国政治、经济、文化等制度存在差异，各国的著作权法根据不同作品创作时的不同情况，对于著作权主体的规定不尽相同，对于符合特定条件的作品也未能详细规定。但究其在特定法律关系中，作品的著作权保护，无一不是建立在对创作者智力成果肯定的基础上，尽可能保护创作者对于作品著作权的享有，使作者成为著作权法律关系产生、变更和消灭的主要决定者，才能最大限度保障对于创作者创造热情的持续。此外，各国著作权法作为制度文明的智慧成果，要求对作者权利给予极大程度保护的同时，也要求作品作为智慧成果能更大范围为全社会所分享，因此如何平衡创作者利益与公共利益成为考量各国著作权立法直接面对的难题。各国著作权立法一般规定，其他人也可以依法或者以法律行为成为著作权主体。在此种情形下，法人或者其他组织可以成为著作权主体。一般来说，各国著作权立法对于著作权主体身份予以确认的公认的方法是，如无相反证明，在作品上署名的人应当被视为作者。这一将署名权作为著作权第一位的权利，使得大多数教科书都将著作权界定为集人身权利和财产权利于一体的权利，进而将署名权界定为作者的不可转让、不可剥夺、不可放弃的精神权利，却忽略了各国著作权立法中大都承认可以以法律行为方式成为著作权主体的规定。创作者事实上可以单方面放弃自己的著作权，也可以以合同方式将著作权转让给他人。这一点也是法人作品与职务作品得以存在的前提和基础。因此，传统的将著作权视为人身权利和财产权利为二元一体权利的说法有待商榷，不承认法人或者其他组织可以作为著作权主体的说法也是不符合现实的，但不尊重法人或其他组织中实际做出创造性劳动成果的个人著作权的做法也是不可取的。

地方志作品应当区分不同情形对著作权保护做区分对待，具体分析如下：

第一，对于地方志办公室，应当确立其承担著作权主体职责，地方志办公室是地方政府设立的具有一定独立法律地位的法人，地方志编纂工作也是由地方志办公室直接具体承担与执行，地方志完全是按照地方人民政府的意志进行创作，最终也是由地方志办公室承担责任，因此地方志办公室应当被视为地方志作品的作者。由地方志办公室，而不是地方志编纂委员会，作为该法人作品的著作权主体在法律上是适当的。

第二，对于地方志办公室承担具体地方志编纂任务的工作人员，其是为了完成本职工作，即完成本单位所布置的工作任务，贯彻本单位的创作意志，并完全是利用本单位物质技术条件来进行地方志的编纂工作，最终的作品也要经过本单位的最终认可与确认，方可采纳为地方志作品。因此在该情形下，构成职务作品，地方志办公室作为单位应被确认为作品著作权主体，来承担著作权权利。但对于具体创作的工作人员，应当确认其创作者的法律地位，保障其对作品的署名权，在相应处应当明确标示其作者身份。

第三，对于接受承编单位邀请（聘请），参与地方志编纂的其他部门（科研学术机构）或专家、个人，应按照《著作权法》关于委托作品的规定予以处理。需要说明的是，在我国学界，通常将著作权界定为既包含人身权也包含财产权的二元权利，因而在面临署名权的问题上争议颇多。尤其是当前存在的各类“代笔”事件，往往将当事人推上道德舆论谴责的风口浪尖。我们研究著作权法发现，作者对于署名权是可以抛弃的，这强烈不同于人身权不能抛弃的根本属性。事实上，现实中大量存在作者放弃本人署名权，造成许可他人在自己作品上署名的大量事实（诸如各类广告用语、商标、碑帖等）。即使是“代笔”或许存在道德上的瑕疵，但在法律上恰恰是双方当事人贯彻“意思自治”这一私法精神的结果，一般也以法律行为予以实现。但对于地方志这一体现地方意志的作品，应当在具体实施细则里，明确提出地方志办公室与受邀参与地方志编纂的其他部门或个人应当签订书面委托合同，明确将委托作品的著作权转移给地方志办公室享有，地方志办公室支付相应报酬。

第四，地方志作为汇编作品，其主要特征是：构成汇编作品的单个原创作品的作者，对单个原创作品享有著作权，这些独立的单个著作权主体，并不对整体的汇编作品享有著作权，整体汇编作品的著作权归汇编作者享有。因此，汇编作品其中的单个作品作者，不享有整体汇编作品的著作权，除非某作者将自己的单个作品汇入整体汇编作品中，其本人又是汇编作品的汇编作者。[①]

（作者单位：海南省地方志办公室）

① 《中华人民共和国著作权法》第十四条。

# 修志问道：修志原则在历史传承与发展中的创新思考

郭勤华

**内容提要**：方志是著述地域综合历史与保存文献典籍的主要载体之一，也是中国优良文化传统。中国修志历史的传承和发展，说明地方志书编纂的重要性。新时期中国共产党的几代领导人在领导中国各族人民争取国家独立解放、建设发展、改革开放的不同历史时期的修志思想，更加明确了新时期修志工作者要对修志工作理论、方法、途径、经验进行深入探索和实践，不断创新修志之道，实现地方志“补史之缺、参史之措、详史之略、续史之无”的存史价值，发挥以志为鉴、启迪后人的巨大作用。2006 年颁布的《地方志工作条例》和 2015 年李克强总理在第五次全国地方志工作会议上“修志问道，以启未来”的重要批示，要求修志工作者要用“新的观点、新的方法、新的材料”，把不同地域丰富多彩的历史文化资源以独特的文化方式记录下来，来指导地域内社会经济发展。本文通过梳理中国修志历史的传承与发展，新时期中国共产党的几代领导人在中国革命和不同历史时期的修志思想，对当地修志原则进行了新的探索和思考。

**关键词**：修志问道　修志原则　认识　思考

国务院 2006 年 5 月 18 日颁布《地方志工作条例》，对什么是地方志、为什么要修志、怎样修志和如何为地方经济社会的全面发展服务作出了明确规定，是我国第一部关于地方志工作的行政法规，开创了依法修志的历史进程，极大地推动了全社会的修志工作。第五次全国地方志工作会议上李克强总理“修志问道，以启未来”的指示，总结梳理中国修志历史，新时期中国共产党的几代领导人在领导各族人民争取国家独立解放、建设发展、改革开放的不同历史时期，依据地方志书进行调查研究地域情况、科学决策，探寻修志工作者秉承历史传统，坚持修志之道，把不同地域丰富多彩的历史文化资源以独特的文化方式记录下来，对于地域内社会经济发展具有重要的指导作用。因此，坚持实事求是，保持中国优良的文化传统，以“新的观点、新的方法、新的材料”著述地域综合历史与保存文献典籍，对于支持和延续中国史志基础文化工程有极其重要的现实意义。

## 一　中国修志历史的传承与发展

秦汉时期，我国就有颇具雏形的方志《汉书 · 地理志》《南阳风俗传》《三秦记》等著述，这些志书没有固定的体例和统一的名目，但具备方志的基本要素，并且屡有编纂，有三国时期的《三吴郡国志》、晋朝的《畿服经》、南北朝时期的《舆地志》《三晋记》等。从总体上看，数量不多且编纂时间和编纂范围尚处在一种自发、零星、无序状态，不具世代相传的特点，但已经初步向社会显示出其地域性、综合性、当代性等文化载体，有别于其他载体的某些优越功能及特点，对后世方志的定型及修志传统起到奠基作用。这一时期方志尚处在初级阶段，其功用不够明显，价值尚未被人们尤其是统治者认同，缺乏号召力和有力的组织措施及制度保障等，普遍修志和定期续修自然不能实现。

隋唐两代王朝的修志诏令，使中国修志传统制度化。《隋书·经籍志》载："隋大业中，普诏天下诸郡条其风俗物产地图，上于尚书。"这是我国历史上首次由中央政府发布的修志诏令，由中央政府直接组织实施的大规模修志活动在全国展开，并由此形成了历史上第一次修志高潮，最终编纂完成我国方志史上第一部官修的全国区域志——《区域图志》。隋朝的修志在我国方志发展史上具有里程碑的意义，它彻底改变了以往的修志格局，变私修为官修，变个人行为为政府行为，从而为修志事业提供了最强大的动力源和组织措施保障。由隋首创的官书官修的修志模式，为以后的历代所效仿，成为官修方志的滥觞。唐德宗建中元年，"请州图每三年一送职方，旋改至五年一造送。如州县有创造及山河改移，即不在五年之限，后复故。"① 唐代的这一规定，是中国方志发展史上的又一个重要里程碑，更明确规定了修纂的时间和周期，成为定期普修方志的起源。

宋、元、明、清时期，我国修志事业逐渐完善、成熟，并在发展演进过程中形成了较为固定的官方督修、定期修纂的修志模式，最终演化成独具特色的优良民族文化传统。这一优良传统为人类创造了蔚为大观的方志遗产，使中国的地方志事业得以代代相传，经久不衰。

宋代沿袭了唐代三年一造图经的制度，规定："凡土地所产，风俗所尚，具古今兴废之因，州县之籍，遇闰岁造图以进。"② 在这一制度下，全国各地都曾数次编修图经，南宋在不到一百年的时间内三修《临安志》。元代，中央政府组织编纂了我国第一部以"大一统"命名的全国总志《大一统志》。元朝政府在修志上的创新，充分体现了官修志书的威力，也得益于官修志书的传统。因为修一统志需要全国各地的资料，这就必然要求地方先修方志。因此，一统志的修纂，在客观上推动了地方志书的编纂。明代，太祖洪武三年（1370），借鉴元朝模式下令编修一统志。永乐十六年（1418）诏修天下郡、县、卫、所志书，并颁布了《纂修志书凡例》，对志书体例的规范化起到了重要作用。在中央政府号召组织下，明朝后期全国出现了"天下自国史以外，郡邑莫不有志"③ 的局面。清朝统治者更加重视方志的编修。康熙年间，3 次下令编修一统志、省通志和府、州、县志。雍正年间，规定各省、府、州、县志书，每 60 年编修一次。嘉庆、光绪年间又数次谕令各地修志。在中央政府的一再督令下，清朝数次出现大规模的修志高潮，修志范围广，持续时间长，应该说将中国古代的修志活动推向极致。一些地方的志书一修再修，最具代表性的

① 《唐会要》卷五九。
② 《宋史·职官志》。
③ 张邦政：《〈满城县志〉序》。

当属清代《常熟县志》，达 13 种之多，平均每 20 年修一次。清代修志风气之盛，于此可见一斑。《中国地方志联合目录》统计显示，宋代方志有 28 种，明代有 942 种，清代已达 4889 种。这种简单的数字组合，从一个侧面勾勒出方志在我国古代日趋兴盛的发展脉络。

中国古代编修方志的一个主要原因封建社会统治阶级资治的需要，这与政府的高度重视和大力督办有直接关系。封建王朝进行有效决策，制定方略，必须随时掌握一地的基本情况，而地方志恰恰能够使统治者“不下堂而知王土，不出户而观万邦”①。这便是兴修方志的动因所在。除了满足统治者阶级的需要，维系中国地方志修志事业历久弥新、绵延不断的修志传统应是一个主要原因。世界上任何一种文化事物在其发展演进过程中，一旦形成了历史的传统，其自身就会凝聚起一种内在的同时又强大的潜能，这种源于传统自身的能量，就如同一枚大推力运载火箭内装填的燃料，经过燃烧，释放出巨大的推力，从而推动这一事物沿着固有的轨道运行、发展，历史愈久，这种驱动力便愈强。中国生生不息的传统文化莫不如是，地方志也不例外。修志工作是祖宗传下来的民族文化瑰宝，是一笔代代相传的无价财富，只可续添，不可断失。正是基于这种观念，才有了“郡国之本末，舆地之因革，牧守政教之贤否，土产风俗之醇璃，山泽利益之隐显，人物古今之盛衰，藐然不知”，那么“责将谁归”② 这样方志史上流传的美谈。清代方志学家李兆洛把一县志书比作一家之谱牒，指出：“为子孙而不知先代谱牒世系，无不羞之。为邑中人士之望，而于一邑文献不能数述，独非耻乎？”③ 20 世纪 80 年代初，更有一批有识之士为方志的年久失修而忧心忡忡，为继承传统，续修方志而大声疾呼：“这样下去，上对不起祖宗，下对不起子孙，实在有负于时代对我们的要求。因此，对这一益国利民、裨今世而惠后代的民族优良传统，我们必须励志继承。”④ 从这些事例中我们不难看出历史传统的深远影响。悠久的修志传统正是历代统治者重视方志编修的结果。

## 二　新时期党和国家领导人的修志观念一脉相承

中国共产党的几代领导人在领导中国各族人民争取国家战争胜利、建设发展、改革开放取得成功的各个历史时期，都非常重视利用和发挥地方志的重要作用，都将地方志作为调查研究摸清情况、科学决策的一个锐利武器与法宝，修志传统不断地继承和发扬光大。

党的第一代领导集体重视地方志的重要作用。无论是革命战争年代，还是社会主义建设时期，毛泽东主席十分爱读地方志，也十分重视编修地方志，以掌握当地的自然环境、物产资源、民风民俗。毛主席多次外出巡视，每到一地，总要请工作人员帮他索借当地志书，了解掌握各地的风土民情、名胜古迹和人物掌故。毛主席不仅爱读地方志书，而且还曾提倡修地方志。1958 年 3 月在成都会议上，毛泽东主席就倡议全国各地都要编修地方志。此事得到党中央的支持和各地的响应。1958 年，周恩来总理指示：“要系统整理县

① 乐史：《进太平寰宇记表》。

② 王恽：《汲郡图志引》。

③ 李兆洛：《养一斋集》。

④ 邵文杰等编：《董一博方志论文集》，河南大学出版社，1989 年。

志，把关于各地地方志中的经济建设，科学技术资料整理出来，做到古为今用。”并指定当时的中共中央办公厅副主任、中央档案馆馆长曾三主持，起草《新修地方志体例（草案)》和《县志编纂条例草案（讨论稿)》，发到各地征求意见，推动了全国各地的修志工作，形成了全国首次编修地方志的热潮。

党的第二、三代领导集体重视发展地方志工作。为支持年鉴事业的开展，早在改革开放之初，邓小平指出：“编辑出版年鉴，很有必要，这是国家的需要，四化建设的需要。”他要求进行社会主义现代化建设，必须“摸清、摸准我们的国情”。1980年4月，中共中央书记处书记胡乔木在中国史学会上首次提出：“地方志的编纂，也是迫切需要的工作……要用新的观点、新的方法、新的材料，继续编写地方志。不要让将来的历史学家责备我们这一代历史家，说我们把中国历史这样一个好传统割断了。……过去，一个县有县志，一个府有府志，一个省有省志。我们国家有这个修地方志的历史传统，今天我们要继承这个传统。”当时的《红旗杂志》《光明日报》也都发表了重视地方志编写的文章。1983年5月，江泽民任中共上海市委书记时，在上海市地方志编纂委员会成立大会上的讲话中指出：“编纂社会主义新方志是两个文明建设的组成部分，是社会主义文化建设的系统工程，是承上启下，继往开来，服务当代，有益后世的千秋大业。”1996年5月，中共中央政治局委员、国务委员兼国家经济体制改革委员会主任李铁映在第二次全国地方志工作会议上讲话指出：“修志工作决不是可有可无的事，而是各级政府的职责，主要是省、市、县政府主要同志的职责，是两个文明的重要组成部分。因此，要坚持‘一纳入’，即把修志工作纳入各地经济社会发展计划和各级政府任务之中。要坚持‘五到位’，即领导到位、机构到位、经费到位、队伍到位（特别是职称)、条件到位。要坚持党委领导，政府主持，专家修志，三级定稿制度。”2006年5月，国务院总理温家宝签发了国务院《地方志工作条例》，并在全国颁布实施。

以习近平为总书记的党中央重视编史修志的重要作用。十八大以来，习近平发表了一系列重要讲话，围绕党的建设、经济建设、军队建设、法制建设、外交方略、改革开放、反腐倡廉和国家安全等方方面面，围绕改革发展稳定、内政外交国防、治党治国治军等重大问题，围绕实现中华民族伟大复兴的中国梦（中国道路、中国精神、中国力量)，提出了许多治国理政的新思想、新观点、新论断、新要求，讲话广征博引、引经据典、格言警句、名言典故，思想深邃、内容丰富，显示了对世情、国情、党情的深刻把握，蕴含着深刻的理论逻辑、实践逻辑、历史逻辑，讲话具有鲜明的政治性、指导性、学术性和艺术性。2014年2月，习近平总书记到北京考察工作时强调，搞历史博物展览，为的是见证历史、以史鉴今、启迪后人。要在展览的同时高度重视修史修志，让文物说话，把历史智慧告诉人们，激发我们的民族自豪感和自信心，坚定全体人民振兴中华、实现中国梦的信念和决心。李克强总理在第五次全国地方志工作会议上指出：“地方志是传承中华文明、发掘历史智慧的重要载体，存史、育人、资政……修志问道，以启未来。”阐明地方志文化以史为鉴，资政育人的重要作用，明确方志是“官修”的地情书、国情书，还阐明了地方志工作者的重要使命就是要“继续秉持崇高信念，以更加饱满的热情、以求真务实的作风进一步做好地方志编纂、管理和开发利用工作，为弘扬优秀传统文化、服务经济社会发展作出新的贡献”。刘延东副总理指出，地方志工作是建设文化强国的有机组成部分。连绵不断地编修地方志是中华民族特有的文化基因，为传承文明与进步发挥了重要作用。广大地方志工作者承担着传承文明、记录历史、弘扬文化、服务社会、借史鉴今、启迪后人的光荣使命。因此，作为修志工作者，要运用历史唯物主义观点，正确认识和把握修志规律和特点，坚持传统理论和方法创新相结合修志原则，才能打造出无愧于时代、无愧于人民的精品佳志。

## 三　坚持传统理论和方法创新相结合的修志原则

第一，熟悉地情，考究掌故，实现新修志书在学术上、实践中的新突破。

地方社会生活的方方面面是编修地方志书的唯一资料源泉。一切从实际出发，坚持实事求是，是贯穿整个方志编纂工作的唯一正确的思想路线。全面熟悉地情是修志工作者修好志书的基础所在和逻辑前提。根据物质决定意识这一马克思主义哲学基本原理去考察地情与方志的关系，其结论只能是：地方情况是第一位的，志书文本是第二位的。早期的志书《周礼·地官·遂人》这样记载古人的耕种模式："凡治野，夫间有遂，遂上有径；十夫有沟，沟上有畛；百夫有洫，洫上有涂；千夫有浍，浍上有道；万夫有川，川上有路，以达于畿。"这里有农田、沟洫两个系统。农田以"夫"为基本单位，一夫受田百亩。夫田与夫田之间有称为"遂"的水渠，遂上有称为"径"的道路。每十夫之田之间，有称为"沟"的水渠，沟上有称为"畛"的道路。每百夫之田之间，有称为"洫"的水渠，洫上有称为"涂"的道路。每千夫之田之间，有称为"浍"的水渠，浍上有称为"道"的道路。每万夫之田之间，有称为"川"的水渠，川上有称为"路"的道路。如此通达于王畿。古人早有理想的整齐划一的九畿制度、居民组织、沟洫道路系统的地情记载。清代的陈德懿在《铁岭县志·弁言》中说：修志者"必须洞晓一县事情，熟黯一县之掌故，贯彻晓畅，远绍旁搜，再参之以采访，能了然于心胸，方发之于笔墨，然后取体有法，出言有章。否则事既空疏，文成苟且，不为杜撰，亦属陈言"。当代方志专家张一雷在谈及修志工作中区情与区志的关系时说："研究区情即调查、分析、认识区情，特别是从宏观上和重点上把握区情，这是研究区志编纂原则、方法、功能等问题的基础。"① 由此可见，从古到今，修志者必须尊重客观事实，在对待地情资料问题上不能带有主观随意性，也就是要按照地方志书质量规定，"存真求实，述而不论"。《地方志工作条例》第六条明确规定："编纂地方志应当做到存真求实，确保质量，全面、客观地记述本行政区域自然、政治、经济、文化和社会的历史与现状。"深入调查研究，全面了解地情信息，避免只知其一不知其二的片面性。通过述、记、志、传、图、表、录诸种体裁，客观的、全面的、系统的收录各行各业的主体业务内容及其发展变化情况，并且覆盖下属各个层级。详细考证自己知道的事情或某一阶段发生的事情，避免造成重要缺漏失真现象，透过现象看本质，分清主流和支流，进而提炼出区域的地方特色和时代特点。修志工作者要在继承基础上创新体例和篇目，摒弃过时的传统经验，对体制的新变化、结构的新调整、产业的新发展、

① 张一雷、杨杏芝：《城市区志编纂概论》，中国文史出版社，1999年，第45页。

科技的新突破有足够的认识，对新的经济增长点或社会发展的鲜亮点设立专门的篇、章、节，实现新修志书在学术上、实践中的新突破。

第二，占有资料，考订全面，突出新修志书的地方特色和时代特点。

资料是志书的基础。李铁映指出：新编地方志“是一种有特殊体力的著述，是汇集我国各地区自然、人文、社会、经济的历史和现状的全面、系统、科学的国情资料。”① 因此，资料搜集工作是修志中的基础工作。修志工作者只有首先充分占有资料，才能编修高质量的志书。马克思在论及资料搜集工作与科学研究关系问题时指出：“研究必须收集丰富的材料，分析它的不同的发展形态，并探寻各种形态的内部联系，只有在完成这种工作之后，实际的运动才能够是当地叙述出来。”② 马克思的观点对于修志中搜集资料工作的重要性无疑是有指导意义的。充分占有资料，主要有两个方面的含义，一是资料要有广度。从资料内容的构成看，必须包括从自然到社会或从历史到现状的各个主要方面的材料。从资料的形态看，必须包括文字资料（含档案、图书、报刊、家谱等）、实物资料、口碑资料、音响资料等。二是资料要有深度。搜集方志资料不仅应该本着广询博彩和宁多勿漏的工作态度，而且还应当善于顺藤摸瓜，对其中能体现地方特色的资料和有关重点资料进行大力挖掘。修志工作者在搜集和整理资料中要注意比较鉴别，甚至对收集到的片面资料也要做认真考订加以排出。

地方特色是一个地区所具有的独特优势，是区位优势的鲜亮元素。各地都有各自的地方特色，自然的、人文的、历史的、现实的、政治的、经济的，修志工作者都应该浓笔重墨，注重反映地方特色，这是历代修志的基本要求之一，也是当代修志人追求的一个基本共识。20 世纪 80 年代以来，社会主义新时期首轮方志编修中《关于新省志编修方案的建议（草案）》《关于新市志编修方案的建议（草案）》《关于新县志编修方案的建议（草案）》《关于旧志整理研究计划》《关于新编地方志工作条例的建议》《1983—1990 年中国地方志事业发展规划及设想（草案）》《中国旧方志整理规划实施方案》等一系列文件指出：“编修城市志不能强求一律，应根据不同城市的不同情况，突出不同点，体现各自历史与现状的面貌。”“我国幅员辽阔，地区差异性大，经过深入调查研究，综合分析，抓住地方特点，努力反映本地区各种事物发展的特殊规律，防止一般化。”③ 当代修志工作者对于反映地方特色的问题，不仅在思想上要十分重视，而且在实践中也要不断地积极探索。2015 年 7 月召开的中国名镇志丛书编纂业务培训班会上明确要求，各镇志篇目设置要有突出本镇文化气息的标题，体例体裁上要进行适当创新，重点突出“名”与“特”，等等。如江苏的《周庄镇志》就着意突出了具有典型的江南水乡风貌、独特的人文景观，即把地质地貌、山脉水系、矿藏资源、自然风景资源等内容放到相对突出的地位予以记述，很好地展示了神州水乡的历史和文化，更好地宣传中国水乡文化和吴地汉文化，显示了周庄古镇对当地社会发展大局影响的重要地方特色。

时代特点是历史演变主旋律的突出反映，是社会发展灵魂的真实显现。所谓时代特色

---

① 李铁映：《在全国地方志第二次工作会议上的讲话》。
② 马克思：《资本论》第一卷第二版跋。
③ 张伯龄：《志稿修改与总纂》，第 29 页。

就是前代所没有的，当代各地区所普遍存在的事物。地方志作为一种社会意识形态，是历史的产物，必然随着历史的变化而变化。古人说的“时运交移，质文代变”“歌谣文理，与世推移”① 就是这个道理。修志要做到与时俱进，就必须努力体现本时代的特点，否则就不能适应时代要求。阮元在论及宋、元《镇江志》的差异时说：“大约宋志主于征文，此志（指元志）侧重于考献，宋志劳稽典籍，务核异同，此则备录故事，多详兴废。镇江在宋为边防之地，故其志攻守形势，网罗古今；在元为财赋之区，故此书物产上贡，胪列名状。其用意各有所在，不得而同也。”② 在阮氏看来，问世于不同时代的志书理应反映不同时代的特点。镇江在宋、元两代形势截然不同，故其志书记述的侧重面也当然有所变化。我国旧方志基本上反映了封建社会的历史风貌。

在改革开放的新常态下，修志的基本任务是反映改革开放的历史进程，新时期的时代特色，根本上源于党在新时期的各种政策理论，表现在各行各业的方方面面。当代新方志编修中应该着力反映社会主义核心价值观，从人们对社会主义价值的性质、构成、标准和评价的根本看法和态度，从主体的需要和客体能否满足主体的需要以及如何满足主体需要的角度，考察和评价各种物质的、精神的现象对个人、社会的意义，达到坚持以马克思主义为指导思想，坚持以爱国主义为核心的民族精神和以改革创新为核心的时代精神，坚持社会主义荣辱观。因此，从编纂指导思想的确立、基本纲目的设定到资料的搜集、文字的表述都必须体现时代风貌，采用新观点、新材料和新方法来编写新方志，突出时代特点。在志书内容上应当突出中国共产党和人民政府的领导，突出社会主义革命和建设的伟大成就，突出改革开放，突出经济建设，突出精神文明建设等。在表现形式上，摒弃旧的过时的类目，增加一些能体现当代社会风貌的新类目，如“巾帼英雄”“道德模范”等。

第三，志体规范，求真善美，体现修志写作的学术追求。

李铁映指出：志书“是一种有特殊体例的著述”③。因此，修志必须符合志体规范，这是志书本身固有的特性所决定的。志书体例历来为世人所重视。清代章学诚一方面主张编纂志书必须严格遵循志书体例，说：“志为史裁，全书自有体例。志中文字俱关史法，则全书中之命辞措字，亦必有规矩准绳，不可忽也。”④ 另一方面，他对于那些违背志书体例的现象也曾提出严肃批评：“今之所谓方志，非方志也。其古雅者，文人游戏、小说短书、清言丛说而已耳；其鄙俚者，文移案牍、江湖游乞、随俗应酬而已耳。”⑤当然，志书体例本身也是随着时代变化而发展的。对于某一时期而言，尽管人们对志书体例的认识不尽一致，但其中总是有一种模式作为体例主潮在流传着。对于当代新编地方志来说，《地方志工作条例》规定了新编地方志的基本体例。其中，包括志书的类型、名称、编纂宗旨、指导思想、内容范围、断限称谓、篇目结构、层次布局、排列分类、规则格式以及文字体裁构成等。“修志问道”中的“道”强调修志要合乎体例规范，目的就是要使所编文本是志而不是通俗读物等。所以有人说：编修志书首先“应该明确要编的是一部什么样的书，这是前提。没有这个前提，也就无法坚持马列主义。如果没有这个前提，即使坚持

---

① 刘勰：《〈文心雕龙〉时序》。
② 《四库全书总目》附录《至顺镇江志提要》。
③ 李铁映：《在全国地方志第二次工作会议上的讲话》。
④⑤ 章学诚：《与石首王明府论志例》，《方志立三书议》。

了马列主义，修出来的不是志书，而是其他什么书，这也不能算是完成了修志任务”[①]。

同时，人类文化活动的终极价值就是真、善、美，人类文化探索的价值取向就是求真、求善、求美。修志作为人类文化探索的一个组成部分，其学术追求及价值取向也是求真、求善、求美。

修志工作的所谓真，就是“秉笔直书”，这是由志书本身特性所决定的。民国吴学毓在《兴京增修县志·序》中说：“史以信为本，志以实为宗。”[②] 李铁映在全国地方志第二次工作会议上的讲话指出：“修志应当秉公、为公、客观、真实。”“志书以真实、准确为本，这是志书的基本特征。”志书“不真、不准，不能为明鉴。”《新编地方志工作暂行规定》指出：“新方志应当批判继承我国历代修志的优良传统，贯彻‘存真求实’的方针。”有学者曾这样阐述修志中坚持的“存真求实”：“方志编纂实际上是一种地情认识的活动，认识的对象是一地之历史事实，并非仅仅是资料。资料不能等同于事实。事实本身有彼此辩证地统一在一起的三个层次：一是客观的历史过程中的事件；二是被记录在资料中的客观事实；三是修志者通过分析资料中的事实而获得的对客观事件的科学认识。志书中所反映的历史事实，是第三层次的，具有科学意义的历史真实。”[③]

所谓善，就是马克思所说的人的“内在尺度”，与恶相对。恩格斯指出：人“使自己成为衡量一切社会生活关系的尺度，按照自己的本质去估价这些关系，真正依照人的方式，根据自己本性的需要，来安排世界。”[④] 方志写作也和其他人的活动一样，都是一种有目的的活动。任何一种善的活动都包含两个因素，一是人的要求，人的目的；二是真实反映客观事物。其中，真实反映客观事物是真的范畴，善属于道德范畴，包含着真。修志工作者要符合善的要求，首先要有一个良好的职业道德。鲁迅先生在论及作家道德修养与写作关系时说道：“从喷泉里出来的都是水，从血管里出来的都是血。”[⑤] 董一博先生也撰文说：“编修地方志，既要立言，又要立德，但首先要立德，一个人如果没有高尚的道德，根本不可能写出好志书。”[⑥] 其次还要有辨别真善美与假丑恶的能力。这也就是对修志工作者才、学、识方面的修养要求。

关于方志编修的美，随着人类社会文明程度的不断提高，人们对美德的向往和追求已经越来越强烈。“志书编著者在着手纂修志书时，也是依照一定的审美观念，对来自本地自然和社会生活各方面的大量资料，进行选择、概括、消化、吸收，‘重铸新辞’，使之成为一部内容和形式完美结合、具有一定艺术美的地方科学文献。当人们阅读志书时，不但能了解和掌握该地方的历史和现状，获得认识自然、改造自然的知识和力量，也能为书中记载的内容所打动，在精神上得到愉悦和满足，志书的审美作用主要体现在这里。”[⑦]“新方志的美，要从形式和内容两个方面去考察。只有充实的内容和完美的表现形式相结合，

---

① 魏桥：《志苑十二年》，浙江人民出版社，1995 年，第 208 页。

② 转引自辽宁省地方志办公室：《辽宁地方志序跋选》，第 259 页。

③ 禹舜、洪期钧：《方志编纂学》，中国文史出版社，1991 年，第 18 页。

④ 《马克思恩格斯论艺术》第四卷，人民文学出版社，1960 年，第 212 页。

⑤ 鲁迅：《革命文学》，《而已集》，人民文学出版社，1927 年。

⑥ 邵文杰等编：《董一博方志论文集》，第 367 页。

⑦ 李德生：《当方与美学》，载杨静奇、于希贤：《地方志与现代科学》。

才能称之为美，外在的形式给予读者的第一印象，能引导读者去探究内容的意蕴和特性，形成第二印象。形式不美，不堪入目，吸引力差，失去许多读者；内容不美，粗鄙不堪，维系力差，读者也会辄然离去。”① 尤其是在目前市场经济条件下，如果一个方志文本只有内在美而没有形式美，那么就不可能顺利进入市场和赢得众多读者，自然以启未来的目的就大打折扣。因此，“具有读者意识的人，在写文章过程中都会竭力猜度并且按照读者的文章审美标准来美化自己的文本”②。从这个引语中可以得到的启示是：当代修志工作者应该强化读者意识，努力按照当代读者的审美标准去美化方志文本，从而使自己所生产的方志文本成为广大读者喜闻乐见的东西。在志书形式美的创造方面，中国名镇志文化工程对写作要求提出了大胆的探索，各地名镇（村）志文面设计不仅新颖，而且富有艺术性，以自然资源的特点来展示各自的显著特色和优势。

德国哲学家文德尔班说：“人是有历史的动物，人的文化生活是一种世代相承愈积愈厚的历史联系：谁要是想参加到这个联系中去通力协作，就必须对它的发展有所了解……就是由于这些道理，人类必须背起巨大的历史书包。”经济发展越来越快，人们对地方历史文化的需要越来越迫切，修志工作者应牢固树立“干一行、爱一行、钻一行、专一行”的敬业精神，坚持传统理论和方法创新相结合的修志原则，随时记录下地方历史，把它放在书包里，让后人从地方历史文化中汲取智慧和力量，使其完成推动地方社会经济发展的文化使命。史志是记载不同地域内厚重而独特的历史，是传承和彰显地方历史，提升地域精神品质，塑造风貌形象的宝贵财富，是社会之魂、地域之根，是可以物化的一种生产力、竞争力，是不可随意复制或迁移的文化软实力。地方志作为涵养精神理念的重要载体，能够凝聚成当代建设最伟大的资源，可以产生文化效应，激发人们的内在动力，提高人们的文化自觉和文化自信。这正是“修志问道，以启未来”在新时期给予修志工作者的历史使命和深刻启示。

（作者单位：宁夏社科院自治区地方志办公室）

① 李明：《新方志编纂实践》，上海人民出版社，1988年，第190页。

② 张会恩、曾祥芹：《文章学教程》，上海教育出版社，1995年，第220页。

# 从志稿评议中发现问题解决问题

韩 铁

**内容提要：**第二轮新方志编纂过程是一个学习提高解决编纂实际问题的过程，唯有通过实践才能检验编纂成果的优劣。一是要正确全面学习和理解方志编纂的基本要求，不犯基础性错误。二是不能为特色而特色，为升格而升格设置篇目。三是正确设置编、章、节、目，使之既有统一性又有独立性，既有联系性又有规律性，解决好它们之间的规律变化和概念范畴的包含关系。四是提高记述内容的全面性，正确处理好篇目设置的交叉关系。

**关键词：**二轮方志　遵循要求　解决问题　提高质量

1997年前后江苏省、黑龙江省先后启动第二轮续志工作以及中国地方志指导小组2011年全面启动第二轮续志以来，历经19年，全国续志工作取得可喜成绩，现已出版了大量第二轮志书。在续修社会主义新方志的不断探索中，积累不少有益经验，方志理论研究进一步深入也为今后的续志工作奠定了坚实基础。从第二轮方志的续修实践中，我们体会到，在新局势、新环境、新条件、新发展的阶段，续修社会主义新方志不仅要在编目设计、记述方式、印刷装等帧诸多方法打破“陈规旧律”，还要在整体上开拓创新，有突破，尤其在突出“地方特色”的记述上更要注重其在志书上发挥的作用，直观体现志书的地方属性。但在地方志编纂的基本要求上，一些地方在编纂过程中没有得到很好的贯彻，以致编纂出来的志书仍然犯一些低级错误，也给志书带来硬伤。这就要求我们不仅在挖掘地方特色上下功夫，更重要的是要编纂一部基本符合地方志基本要求的合格志书。下面陈述一些评议工作中发现的问题，以解决实际问题，提高志书质量。

## 一　志书时限的确立问题

第二轮续志时期正是我国改革开放和经济建设发展的重要时期，一些地方的行政区划根据经济和社会发展的需求也发生了很大变化，这也为方志工作者在编纂第二轮方志时增加辨识难度。如：《唐山市丰润区志（1978—2005）（评审稿）》，从丰润区的设置来看，时间短，2002年2月起建立；从初审稿凡例及第一编政区的历史沿革来看，2002年2月前属丰润县、唐市新区，并且单独设置建制；从修志情况来看，前有《丰润县志》（1985年为下限）和《唐山市新区志（1980—1990）》；从现《唐山市丰润区志（1978—2005）（评审稿）》来看，断限间包括了《丰润县志》《唐山市新区志（1980—1990）》。因而这部《唐山市丰润区志（1978—2005）》是一部多部县级志书的组合志书。按照方志记述的时限和区域限制，《唐山市丰润区志》只应该记述2002年2月之后的情况，笔者认为记述时限超越方志的要求，在一定程度上看，是一部重复志。因此，确定一部志的时限是编纂工作者的首要工作，是收集志书所需资料的首要时限要求。

## 二 对篇目设置的几点看法

1. 单以篇目设置来看，大多数志稿基本上遵从人类发生发展历史足迹开篇

近几年，全国各地在编纂志书时都对本地具有代表性、突出性、品位高的地方特色进行了升格记述和处理。如：《唐山市丰润区志（1978—2005）（评审稿）》，基本上既遵从人类发生发展历史足迹开篇，也突出丰润县的特色特点，尤其是将中国奶业之乡，曹雪芹祖籍研究和警示教育基地潘家峪作升格处理，更加突出丰润区的地方特色，有助于提高《唐山市丰润区志（1978—2005）（评审稿）》的品位。《张家口市宣化区志（1994—2003）》在第一产业中把“宣化牛奶葡萄”作为重要部分突出记述。就目前来说，浙江大学CARD中国农业品牌研究中心发布了2014年中国农产品区域公用品牌价值评估结果，“宣化牛奶葡萄”品牌评估价值为19.10亿元，蝉联全国葡萄类品牌价值之首。这是中国重要农业文化遗产——“河北宣化传统葡萄园”魅力所在。这样的记述方式也得到了大多数方志者的认可。如：《唐山市丰润区志（1978—2005）（评审稿）》，第十二编宏观经济管理与第十五编地方人民政府中第五章行政事务管理落差太大，等于第十二编在编目设计时作升格处理，升格处理没有特色、没有特点，升格处理带有随意性。因此，在篇目设计上不能为特色而特色，也不应该为升格而升格。

2. 相当多数新编志书按小编体排列，但在编名确定上存在“父子同辈”问题，没有解决归属问题

如：《唐山市丰润区志（1978—2005）（评审稿）》，全志按小编体排列共设29编。从中较好地解决了三个县志的融合问题。但从编名确定上存在“父子同辈”问题，没有解决好归属问题。如工业与建筑业一编的设定。工业与建筑业是包含与被包含的关系，工业与建筑业并列不妥，关系混乱。还存在编名确立不准确的问题。如第十九编公安司法，从编名来看只能包括公安和司法行政两章内容，而不包括检察、审判等内容，但在这一编中还记述了检察、审判等内容。

3. 从编目的内容设置上来看存在片面性，没有解决好编与编、编与章节之间内容记述包含与被包含等的问题

如：《唐山市丰润区志（1978—2005）（评审稿）》，第五编改革开放中，改革是一个广义性的词意词语，不仅包括编目间设置的内容，而且还包括第十三编中国共产党地方组织第六章党务工作第一节组织工作中的干部制度改革的内容。干部人事制度改革是中国共产党改革工作中重要的组成部分，如果在这编中不记述这部分内容，就使这编内容失去完整性。已出版的《张北县志（1989—2006）》改革开放编同样存在上述问题，同样值得方志工作者研究的探索。

再如：《唐山市丰润区志（1978—2005）（评审稿）》，第十二编宏观经济管理编名不确切，与编内内容有冲突。第八章质量技术监督内容涉及一些维观管理问题，不如编名就确定为“经济管理”。第十一编流通服务业中的第六章房地产业不属于这一编目的范畴，应与第十编工业与建筑业中的第二章建筑业同属范畴。这里应区分二产与三产的概念。从现行出版的不少志书中我们发现了不少类似二产三产概念不清等问题。第十三编中国共产党地方组织中第六章党务工作没有党史研究工作这部分内容，研究工作应与编修工作有区别的。党史研究工作应是党务工作中的一部分。从编目设计中区委的重要决策在政府的施政中不对应，都定位为战略，政府施政中还有一部分没有体现区委战略决策，决策与施政不衔接。第二十三编文化的文化概念使用缩小了，给读者的印象是文化内容只限于本编所列内容的错误认识，这也是传统概念使用错误造成的。在修志中一定要弄清文化概念属性。文化即人类在社会历史发展过程中所制造的物质财富和精神财富的总和，特指精神财富，如文学、艺术、教育、科学等。无论是从概念中讲，还是从中央确定的五个文明建设中的精神文明建设来讲，文化是一个广义概念。所以，此编目名的确定应在文化之前加一定语以概括本编内容为妥。因此，也要克服现行发行志书中的局部的、阶段的、小范围的记述内容冠以大概念的篇目问题。编后没有设立索引这一重要内容的志书稿仍然存在。

## 三　关于改革开放编内容的记述问题

改革开放30年来取得了前所未有、举世瞩目的伟大成就，这是中国乃至全世界都给予了这项中国共产党所领导的具有历史意义的伟大创举的肯定。例如《唐山市丰润区志（1978—2005）（评审稿）》，从第五编改革开放来看，改革内容涉及面小，一些重要领域的内容都没记述。从所记述的内容来看，也存在或多或少令其他编目内容交叉重复的现象。现已出版发行的《张北县志（1989—2006）》等一些县区志有关改革开放的记述大多数存在这样的问题。

从我们所掌握的情况来看，这编内容不仅要记述《唐山市丰润区志（1978—2005）（评审稿）》所列的经济体制改革、政治体制改革、社会事业体制改革等内容，还要记述其他改革的重要内容，如前面所说的干部人事制度改革，以及工资制度改革，城市管理体制改革，邮政、电信、移动体制改革，土地使用制度改革，粮油购销体制改革等。本志稿第五编改革开放设了这么大个题目，而又不能对地区间的所有改革内容进行陈述，不能体现这个编目。

再如，在这编记述中，没有哪一部分所记述的内容与其他编目不相关系，大多数内容相关、相联、相融，又怎能分清呢？所以，自从第二轮续志开始，我们就认为县区志内单独设一编或一章改革开放内容都是不妥的，到目前也没有一家出版的县区志单设一编或一章的改革开放内容记述了改革的全部内容。为此，我们还是建议要把改革开放内容融入各个章节里，这样就不至于立了改革开放编，而又在其他编的章节里出现改革开放内容，给人以改革开放内容编排混乱的感觉和印象，也不符合续志设编目的要求，我们一定要做到事以类聚。为此，提供下面内容以助修志者理清改革内容：

要把改革内容较完整地体现在志书中，我们就必须要搞清楚它都涉及哪些内容，只有这样才能有的放矢地把改革内容融入志书中。改革是全方位的，农村经济体制改革包括农村经营体制、林业体制、水利体制、畜牧业体制、渔业体制、乡镇企业等方面的改革。国有企业改革涉及生产经营管理体制、股份制、建立现代企业制度以及放开放活国有小企业、企业用工制度等的改革。流通体制体现在国有商业体制、供销合作社、粮棉流通体制、物资流通体制方面的改革和市场体系的建设。改革中所有制结构的调整和不断完善取得了历史性进展，是经济体制改革的重大任务，涉及公有制经济、非公有制经济和乡镇企业产权制度改革等内容。价格改革分别是以调为主、以放为主、调放控相结合的价格改革。计划投资体制改革从引入市场机制、发挥市场调节作用到全面深入改革，这一改革涉及计划的宏观性和战略性。财税体制改革主要包括财政体制改革的分税制、预算、支出、监督等方面，国家税收体制改革和地方税收体制改革。从计划体制改革、财务体制改革、经营体制改革、贸易外汇管理体制改革、外资企业经营机制改革、外贸管理机构与企业产权改革、对外经济技术合作体制改革以及出口政策上来对外贸易体制改革进行记述。金融体制改革方面主要涉及人民银行、农业发展银行、工商银行、农业银行、中国银行、建设银行和交通银行等行的改革。交通运输体制改革主要记述公路建设及管理、国家和地方铁道建设及其运输、经营的体制改革，以及运输企业改革和运输行业管理，重点城市还涉及民航的记述。电力工业重点记好电源建设和电网建设，以及行政管理体制和基建管理体制改革。邮政电信体制改革分别记述邮政体制、电信体制改革和记好一个电子信息产业。国土资源管理体制涉及土地资源管理和地质矿产资源管理两大方面的改革。土地资源是国家生存的命脉，其管理是国家工作的重中之重，尤其是农村耕地的保护关系国家各项事业的成败。建筑业改革、小城镇建设、房地产企业改革关系着建设体制改革，工程建设监督是建设法规的重要举措，同时勘察设计实行技术经济责任制和建立注册建筑师制度，把国家、集体、个体三者利益结合起来，调动了行业职工的积极性，对保证建筑工程质量、提高文化品位和实用功能起到了推动作用和保证作用。关于开放着重记述对外开放的发展过程、经济技术的发展和利用外资情况，对内开放的经济技术协作、区域经济联合与协作、招商引资、引进技术和省级合作以及对口支援。记述分配制度主要从机关事业单位工资制度、企业工资制度改革和城镇住房分配制度改革入手来记述。社会保障制度改革涉及9个方面：一是企业养老保险制度，二是机关单位养老保险制度，三是农村社会保险制度，四是城市最低生活保障制度，五是失业保险制度，六是医疗保险制度，七是工伤保险制度，八是生产保险制度，九是国有企业下岗职工基本生活保障制度与失业保险制度的并轨。就业培训制度改革从城镇、农村就业制度及培训体制改革来记述。政治体制改革是改革的重中之重，也是地方志编纂工作的重点，政治是统帅，是一切工作的行动指南，为此记述这一改革内容，要从坚持和完善人民代表大会制度、完善中国共产党领导的多党合作和政治协商制度、政府法制建设、机构改革、干部人事制度改革、农村基层民主政治建设等进行全面记述。司法体制改革涉及审判、检察、公安、司法行政及监狱管理5个大方面，在方式、机制、体制、职能、重点对象、突出措施、宣传教育、群防群治等内容上发生了根本性转变。科技体制改革重在科技机构的改革和科技开发，重在建立和发展高新技术产业开发区、农业科技园区，重在科技成果管理和计划与机构人员管理的改革，加强科技外事工作。教育体制改革是系统性的，从基础到高等的发展过程主要记述基础教育体制、职业教育体制、高等教育体制、成人教育体制的改革。卫生药品管理体制改革从城市医院、农村卫生及全方位城镇医疗卫生体制的改革来记述卫生管理体制改革；从管理机构及药品流通体制的改革来记述药品管理体制改革。文化体育体制改革中文化体制改革主要记述以承包制为主要形式的专业艺术团体改革，竞争机制的引入和多种经营的兴起与发展，文化体制全方位改革的展开成效。同时，对新闻出版、广播电视、体育、旅游等方面的改革取得的经济效果和社会效益给予充分记述。当然，改革开放时期各地各区域情况不尽相同，上述所列内容主要是为修志者提供帮助，帮助编纂者理清本地本区域在改革开放时期的经历，理清思路，从而提高记述内容的全面性，处理好篇目设置的交叉问题。

（作者单位：河北省张家口市宣化区档案史志局）

# 新常态下地方志事业发展的一些思考

郝文强

**内容提要**：随着社会的发展进步，作为传统领域的地方志编纂工作，其内涵与形式也在不断地发展变化，且更趋于科学完善，这是一个探索与进步的过程，是无止境的。传统的七大体裁的格局也在发展变化中不断地完善与创新，这是事物发展的必然规律。现在，地方志编纂工作进入依法治志的阶段，且其经济职能更为突出，修而为用，其现实意义更为凸显。这与科学发展、与时俱进的时代精神是相一致的，是能够发挥社会文化底蕴正能量的。当然，地方志书的编纂、运用，是可以为实现中华民族伟大复兴的中国梦发挥民族精神凝聚力的积极作用的。

**关键词**：地方志　发展　创新　科学

社会发展到今天，随着人们文化水平的不断提高，以及我国国力的不断提升，人们对地方志书的认识也在不断深化，地方志书不再仅仅是政府主修的官书，不再仅仅是人文资源，而是不可多得的地情资源，这些资源可以说是当地最大的一个广告，为当地招商引资所发挥的作用是可想而知的，所以说，从某种意义上来讲，这些宝贵的地情资源也是重要的经济资源，只要善于加以利用，这些不可替代的地情资源是完全可以转化为当地的经济优势的。时代在进步，社会在发展，新的社会内容赋予了地方志工作新的内涵，人们不能再停留在以前的水平上去看待、指导今天已经发展变化了的地方志工作与理论。有鉴于此，业内的不少同人也都在积极地运用历史唯物主义理论探索和研究发展变化了的地方志理论，这是时代的要求，也是历史的必然。地方志工作是一门实用学科，一个“用”字涵盖了方方面面，为了用而修志，而修志的目的就是为了用，如果离开了这一点，编纂地方志就失去了实际意义，这是一个不可变更的主题。

## （一）地方志工作的开展由传统的政府职能转为具有行政执法的政府职能，这是一种质的提升，有力的法律保障，开启了依法修志、依法编纂的新时代，从此，地方志事业步入了新的纪元。

地方志编纂，自隋代以来都是政府的职能，从中央到地方，概莫能外。以前，这项工作是作为政府的一项职能来开展的，但无法可依。而现在，地方志工作具有了行政执法职能，这从性质上发生了根本性的变化。国务院颁布《地方志工作条例》已快 10 年了，各地也有相配套的法规规章。“修志问道，以启未来”做到了依法治志、依法修志。地方志事业的明天更为广阔。

在经济社会发展的新常态下，地方志书作为一个民族、一个国家的根与魂，发挥的正能量越来越大，为中华民族伟大复兴的中国梦发挥着凝神聚力的作用。从习近平主席的讲话，到李克强总理的批示，可见国家领导人对这项事业的高度重视。因而，广大地方志工作者有了一种执法的神圣感、使命感、责任感。有了法律的保障，地方志编纂工作就有了刚性约束。政府部署的志书编纂任务，各地区、各部门必须完成，这是硬性任务，是不能打折扣的。作为业务主管单位，同时就有了督查、检查的职能，上级单位就有了问责职能。这样，这项需要动员方方面面力量来勠力同心完成的文化工程，就有了更大的力度。

地方志工作是官职、官责，法治化之后，就进入了一个新的机遇期，必将迎来事业更辉煌的发展，不仅服务于现实，而且要为民族、国家、子孙后代留下丰厚的文化积淀。这是中华民族伟大复兴的中国梦的文化根基，是厚重的民族之魂。厚积而薄发，总结中的提升，会助力中华民族的伟大复兴，为中国梦的实现贡献力量。

**（二）随着时代的发展，地方志传统的“资政、存史、教育”的功能也在发生变化，其经济职能逐渐突出，而且成为地方志编纂工作不可或缺的内容，作为地情资料的地方志书成为蕴含无限商业潜力的地方百科全书。**

人们常说编修地方志是中华民族的优良传统，几千年来，代代相传，绵延不绝，历朝历代的统治者只要统治基础稍加巩固，国力稍一强盛，就以朝廷名义开始大规模的修志工作，甚至在战火不息的年代也不停止。过去一任地方官的职责主要为“识政、断案、修志”，修志工作虽然不像一些具体工作那样立竿见影，但它的效益是综合性的，意义是深远的。因此，有学识、有远见的官员往往会把它置于重要的地位来看待，参与修志的人也非一般人可比。过去的修志侧重于“资政、存史、教化”，且主要是为政治服务的。事实上地方志的功能不能片面地从一个角度去理解，其功能是多样性的。

中华人民共和国成立以后，中国社会经历了一个曲折的发展过程，即便是在以阶级斗争为主的年代，尽管当时国家经济还不太宽裕，毛泽东、周恩来等党和国家领导人也曾多次提倡编修社会主义新方志，并指出这些新编地方志要服务于国家，服务于人民，服务于社会。1978 年中共十一届三中全会以后，党和国家的工作重点转移到了经济建设上来，社会主义新方志工作也蓬勃地开展起来，全国各地各级政府相继成立了地方志领导机构，逐步形成了党委领导、政府主持的修志格局。时至今日，编纂出版了大量地方志及地方志类书，这些志书的问世，填补了不少空白，而且服务于当地经济建设，发挥了重要的作用。新编地方志有着深深的时代烙印，记述内容中经济部类较为突出，成为这一时期地方志书的特点。可以说，这个时期的志书特点是在传统基础上的创新，是直接服务于现实的。除直接记述的经济内容外，志书中记载的一个地区的土壤、矿产、动植物资源、气候等内容，都直接或间接地服务于当地的经济建设，而且成为对外宣传、招商引资的重要手段。国家实施西部大开发战略后，西部省区开始着手建设方志馆，其目的也是明确的，那就是直接服务于西部大开发，服务于经济建设，服务于招商引资。现在，有不少外地客商，甚至外国客商往往通过查阅地方志书，来确定具体的投资项目与投资地点。地方志书作为一个地区的地情资料，正在发挥着潜在而巨大的经济活力。

**（三）地方志工作应改变习惯上的重修而不重用的做法，要明确为用而修，修而为用的目的，在发挥地方志书重要的社会、经济等功能的过程中，提升社会各界对修志工作重要性的认识，从而形成地方志编纂工作修与用的良性互动关系，推动地方志工作进一步向前发展。**

为什么历朝历代的执政者一旦条件许可，就不惜投入大量人力、物力、财力来编修地方志呢？大家知道，编修地方志是一项浩大的工程，其耗费的时间之长，所需财力之巨，需要的有学识者之多，非一般人可以想象。就拿内蒙古自治区而言，如果按以前的规划，全区 12 个盟市 101 个旗县市区，再加上直属厅局的 83 部专业志，总数就是近 200 部志书，不说人员工资、稿酬、日常办公费用等，单说印刷费，以一部志书 15 万元的保守数字计算，全自治区一轮志书的印刷出版就需要 3000 多万元，而续修志最起码也得超过这个数字，全国有 30 多个省区，不说多的，也不说少的，就按这个平均数算，加起来就是一个非常可观的数字。因此，这是一项庞大的工程，决不是一朝一夕的事情，建一座高楼大厦人们是有目共睹的，而地方志工作也等同于这种工程，是文化建设中的高楼大厦。一个国家，一届政府，投入这么巨大的力量来编纂地方志，究竟是为了什么？也就是说其目的和意义何在？修志的目的就是为了用，也就是服务于现实，离开了这一点，就不会有实在的意义。

可以说，人类的发明创造都是为了“用”而进行的，这是第一性的，如果离开了这个字，事与物就没有实际意义。传统的做法是轰轰烈烈地修志，经过多年呕心沥血的工作，修出来的志书却往往束之高阁，不能较好地服务于社会，发挥其应有的社会效益与经济效益，这是一种重修而不重用的做法。事实上，“用”才是修志的真正目的，也是其根本意义所在。过去修志之所以出现这种现象，是有其时代局限性的。而社会发展到今天，通讯技术突飞猛进，人们的联系、沟通越来越方便、快捷。现代人不像古代人那样接受信息的局限性那么大，现在人们通过电视、电台、报纸、互联网等多种途径来获取信息，其途径之多，速度之快，范围之广，是过去无法比拟的。现在新编纂而成的志书可以通过现代化的途径，向全社会，甚至全世界公开，从而便于人们有效地利用这些人类智慧的结晶，服务社会，展望更加美好的未来。现在，人们把地方志书的内容扫描到互联网上，添加到微信群里，为广大人民群众查阅、利用这些资料提供了极大的方便，同时，也大力宣传了地方志书的作用，可以说是一举多得。还可以在印刷纸质志书的同时，出版电子版图书，这样能够尽可能地以较小的投入来扩大志书的影响，把现代化的技术手段与传统的做法相结合，使二者互为补充，相得益彰。此外，还可以通过电视台、电台举办地情知识大奖赛，使广大人民群众在深入认识脚下这片土地内涵的同时，增长知识，陶冶情操，使广大青少年受到很好的爱国主义教育、乡土乡情教育，这也正是当前不少学校教育比较薄弱的环节，也是广大青少年乃至青年需要加强的地方，只有这样，中华民族的魂才会得到加强，宝贵的民族精神财富才会代代相传，成为我们民族强大的凝聚力，这些意义是深远的。如果我们改变传统的做法，注重修志为用，用而修志，在明确修志目的的前提下，提升修志工作的社会影响力，修与用紧密结合，互相促进，长此以往，在改革中去创新，在创新中求发展，地方志事业就会开拓出新的局面。

**（四）过去的观念中，地方志就是历史，而事实上，这种说法是片面的，地方志的内涵也在随着时代的发展而发生着变化，它是现实生产、生活斗争的写照，与现实有着密不可分的联系，它在内容上是这样，在意义上也是这样，鉴古而知今，继往才可以开来，总结过去，是为了更好地面对现在，从而更好地去展望未来，这是重新审视地方志工作的一个新的高度。**

在习惯上，人们往往认为地方志就是历史，其实这个观念的内涵不完全是这样。随着时代的发展，这个概念也在发生着变化，地方志不仅仅是历史，更是与现实紧密结合的宝贵的地情资料。地方志书中记载的内容包罗万象，人与自然、历史与现状、天文与地理等，该涵盖的都能涵盖，因此成为一方之百科全书，集多种功能于一体，直接服务于现实。任何人的精力都是有限的，一个人不可能在其有限的生命中对一个地区的方方面面都能有翔实而细致的了解，只有在政府的组织下，动员全社会的力量，经过艰苦的、长期的努力，才能完成这一系统工程，造福于社会，造福于人民。只有这样，后人才可以站在前人的肩膀上，充分吸取前人的宝贵经验与教训，充分利用前人的优秀成果，在有限的生命中创造出更大的价值。因此，地方志书的价值内涵已经有了新的变化，这是一个不容回避的问题。

就像修志为了用一样，总结经验教训也是为了服务现实，从而更好地开拓未来，这也是地方志工作的根本目的。这与求真务实、开拓创新、与时俱进的时代精神是相一致的。因此，我们可以在时代精神的指导下，本着贯穿历史、现实、未来这一主线，扩大地方志工作的影响力，加深人们对这项工作重要性的认识，从而做好地方志工作。中央领导集体提倡求真务实，就是反对形式主义、反对表面文章、反对华而不实，这些不良倾向的危害是巨大而且无法用经济指标来衡量的，从毛泽东反对华而不实、脆而不坚、哗众取宠，一直到21世纪中央领导倡导求真务实、“三严三实”，是一脉相承的主张，这是对虚、假、伪的深刻危害进行过认真总结之后才得出的结论，这也是经验教训的总结，我们在编纂志书中也要认真把握这一时代原则，并把它体现在具体的行动之中，比如记载有关内容时，要尽可能摒弃冗词赘句、华文缛章，而要尽可能地如实记载，取精华，弃糟粕，在志书中体现时代精神，体现时代特色，这也是时代赋予我们的神圣使命。只有这样，地方志书才能够比较好地反映现实生产、生活斗争，成为客观现实的真实写照，当然，这需要与志书编纂中一些假、大、虚、空的倾向做不懈的斗争。这样，才能把握地方志编纂工作的正确方向。只有站在为现实和未来服务的新的高度上来审视地方志工作，才能赋予这项工作以新的内涵与新的生命，这项事业才会具有更好的发展前景。

当然，要搞好地方志工作，其决定性的因素也是比较多的，比如要有机构，有了机构还需要有人，有了人还需要有办公场地和办公用品，需要有充足的经费，这些都是开展工作的必要条件，也就是“一纳入、八到位”的内容。当我们从一个全新的角度去重新审视一项传统的事业时，时代也对我们提出了新的要求，如果我们能站在一个新的高度去思考一些问题，那么地方志工作的开展就会在全社会的支持下具备更好更充分的条件，这项党和政府的事业就会有新的希望。

（作者单位：内蒙古自治区人民政府地方志办公室）

# 关于“志到用时方恨略”的思考

何鸣雷

“志到用时方恨略”，这是当今读志用过程中最普遍的感受，究其原因有二：一是上级曾要求县志控制在 30 万～50 万字，以致境域内纵有丰富的史事，也得忍痛割爱，造成记述简略，仅存线索足矣；二是时为财力所限，虽知要却无奈，致仅存痕迹而已。这样出现首轮县志编纂骨架虽全，然内质不丰的问题。相反，1997 年全国地方志书的评奖结果却引人思考。列表如下：

**1997 年获全国地方志一、二等奖的县级志书字数统计情况表**

| 志书名称 | 省　属 | 字数(万) | 奖级 |
|---|---|---|---|
| 《静海县志》 | 天　津 | 141 | 一等奖 |
| 《晋县志》 | 河　北 | 157 | |
| 《上海县志》 | 上　海 | 191 | |
| 《江都县志》 | 江　苏 | 159 | |
| 《桐城县志》 | 安　徽 | 130 | |
| 《仙游县志》 | 福　建 | 180 | |
| 《峡江县志》 | 江　西 | 135 | |
| 《湘潭县志》 | 湖　南 | 150 | |
| 《北川县志》 | 四　川 | 101. 5 | |
| 《大足县志》 | 重　庆 | 141 | |
| 《瓮安县志》 | 贵　州 | 106. 2 | |
| 《鲁甸县志》 | 云　南 | 115 | |
| 《中卫县志》 | 宁　夏 | 130 | |
| 《库车县志》 | 新　疆 | 150 | |
| 《枣强县志》 | 河　北 | 153. 9 | 二等奖 |
| 《盂县志》 | 山　西 | 142. 4 | |
| 《桓仁县志》 | 辽　宁 | 140 | |
| 《辽阳县志》 | 辽　宁 | 132 | |
| 《通榆县志》 | 吉　林 | 155 | |
| 《盐城县志》 | 江　苏 | 145 | |
| 《桐乡县志》 | 浙　江 | 251 | |
| 《歙县志》 | 安　徽 | 126 | |

续表

| 志书名称 | 省　属 | 字数(万) | 奖级 |
|---|---|---|---|
| 《泾县志》 | 安　徽 | 153.5 | 二等奖 |
| 《浦城县志》 | 福　建 | 210 | |
| 《贵溪县志》 | 江　西 | 210 | |
| 《德兴县志》 | 江　西 | 156 | |
| 《蓬莱县志》 | 山　东 | 120 | |
| 《宝丰县志》 | 河　南 | 118 | |
| 《监利县志》 | 湖　北 | 140 | |
| 《望城县志》 | 湖　南 | 130 | |
| 《长沙县志》 | 湖　南 | 147.6 | |
| 《信宜县志》 | 广　东 | 179 | |
| 《饶平县志》 | 广　东 | 168 | |
| 《北流县志》 | 广　西 | 170 | |
| 《合浦县志》 | 广　西 | 148.5 | |
| 《锦屏县志》 | 贵　州 | 170 | |
| 《建水县志》 | 云　南 | 120 | |
| 《合阳县志》 | 陕　西 | 135.6 | |
| 《民勤县志》 | 甘　肃 | 117.6 | |

当然，笔者也并不主张志书篇幅越大越好，只是表明方针要接地气，也得列负面清单，方可贯彻执行；指导要有的放矢，精准到位，方可提质增效；评定要树杆立标，舆论先导，方可相仿相效。对此，笔者认为，处理好以下三对关系，有助于破解“志到用时方恨略”的难题。

## 一　处理好修志与用志的关系

经世致用是历代修志一个基本目标。修志是基础，用志是目的。鉴此，我们在志书编纂中首先必须考虑到用志，要以辩证唯物主义和历史唯物主义观虑及大众的读志用志。如对那些重大工程的立项竣工、重大决策的贯彻执行、重要事件的起因结果、重要地区的兴衰起伏等，要按志书的体例、语体翔实记述，不能含糊其辞，更不能一笔带过，而对一些政策、规划、讲话则显其名即可，不必赘述其内容，因为此类资料皆完存于档案馆。简言之，我们编纂的内容要有人看，而且是喜欢看，不能修成后无人问津而束之高阁。

章学诚说：“是志者非示观美，求其实用也。”我们必须把“为修志而修志”的观念转变为“为用志而修志”。这样，修志体量不会增加，用志效率就会提高。如企业转制篇，后人用志，查当时上级对企业转制的指导性文件的很少，查企业转制中涉及土地性质、职工安置、企业归并，甚至资产处置等个性内容的很多，因此，我们在编纂中就要记述有影响、有代表性的企业的转制过程，对一些细节问题也可记述。不要因为触及经济敏感问题而回避，可从大处着眼，细处入手，通过对个性问题处置的记述，体现出计划经济如何向市场经济转换的历史面貌。

## 二　处理好详与略的关系

“志到用时方恨略”，并不是意味志书篇幅越大越好，而是要应详则详，该略则略，详略得当。而详略问题是修志中的老话题，一则历有详近略远、详今略古、详今明古之说，然其未足现实。二则“凡事属国典，海内共有者不书”（明嘉靖《〈耀州志〉凡例》），此说已为方志界所共识，然其仅分国史与地志之别，尚无显地方之性。对此，笔者认可“有用详述，无用略记”一说。如何框定“有用”“无用”？地域独有的、时代独有的、个体独有的即个性者为“有用”，反之普遍的即共性者为“无用”。当然“有用”“无用”是相对的，独有也是相对的，特色、特点才为精要。如绍兴江河湖泊密布、历史文化渊源有自、轻纺市场繁荣等颇具特色，因此水环境如何保护、产业市场如何联动发展、民营企业如何培育、外来人口如何管理等可要详述，至于民生改善、“三农”建设、城镇建设等共性内容可略记。但要注意的是，我们主张略记的是共性中宏观的内容，微观的、细节性的还得要记述，不能一概而论，要做到详中有略，略中有详。

另外，“有用”“无用”也可指称主与次、点与面、此与彼。我们可根据内容的主次安排记载的详略，主要内容宜详，次要的从略。如果主次不分，必然详略不当，或芜杂而不得要领，或简略而疏漏百出。还有典型记述（点）与概述（面），前者宜详，后者宜略。不过此详略，是“略则举大，详则举小”之意。详点略面，点记细节，面陈大要。此与彼是指主体与客体，即立足本地，详内略外。主次抓住，点面结合，有骨有肉，详略得当，就不会出现“志到用时方恨略”的情况了。

## 三　处理好内容与形式的关系

志书是指全面系统地记述本行政区域自然、政治、经济、文化和社会的历史与现状的资料性文献，其表现形式为述、记、志、传、表、图照、录和注。笔者认为，内容与形式处理得当与否，完全关乎“志到用时方恨略”问题的解决。根据目前志书编纂状态，加强注释、增加图照、活用表格不失为一良方。

加强注释。方志注释，由来已久。以注释者不同，可以分为他注与自注两类。自注，即编纂者在成书过程中所作注释，或标明出处，或诠释语汇，或考证史实，语言十分精要。以前注释内容，一般为历史地名、朝代年号、非统计部门数据资料。我们要大胆突破注释内容，对那些限于篇幅而简略的史事，采用注释补充，这方面新版的《萧山市志》堪称典范。对注释的形式也要大胆创新，夹注、脚注和尾注是比较传统的做法，既影响行文的流畅，又受限于篇幅容量，弊端明显。《萧山市志》采用边注，最大的好处是增加了容量，又便于读者一目了然。把那些行文中不能详述的，又十分必要的内容，通过注释记述下来，做到真正的注所当注，释所当释。

增加图照。章学诚在《和州志·舆地图序例》中言：“图不详而系之以说，说不显而实之以图，互著之义也。文省而事无所晦，形著而言有所归，述作之则也。”“图像是无言之史，谱牒为无文之书。”图照最有历史感，最能印证史实，是浓缩的语言。当前，行业内对图照运用还是重视不够。有人认为图照一多，成了图经，其实未必。图照一用，图注言简意赅，形神兼备，省去了大量的文字，增强了可读性和真实性。首轮志书大都是通志，历史照片稀少，少用也无可厚非。第二轮志书编纂的是近20年的史实，已有丰富的照片，何乐而不用呢？现在读志用志中，对图照的利用远高于对文字的研读，这已是不争的事实。

活用表格。表格可以起到统计和比较作用，可以省去一定的文字说明。把重要年份、重要时段、重要史实设计成一份表格，以数据的变化著述史实的发展。史实资料充足，有说服力。关键是编纂哪些数据，GDP、农民人均收入等常规性、政策性的基本无大用，人均耕地数、外来人口数、家庭人口数、千人拥有医生数、家庭用电用水量等数据则十分重要，一排列就说明一切。我们也可以就个体某项用纵向排列的方式来记述史实，更能方便读志用志。

综上所述，要解决“志到用时方恨略”的问题并不难，关键是要把握修志与用志的宏观关系，处理好详略关系，统筹安排，创新形式与内容的互文互注，做到志书分量不增，资料不简，史鉴不减。

（作者单位：浙江省绍兴市柯桥区史志办公室）

# 志书要反映规律

## ——“修志问道，以启未来”的启示

黄俊军

**内容提要**：“修志问道，以启未来”的“道”其实就是“规律”，志书要记述事物的客观规律。志书反映规律，能起极大的资政作用。志书反映规律最基本的方法，还是按照志书寓论于史的体例要求，记述人们遵循和违背客观规律的实践，把各种客观规律寓于事物的发展过程、成败的原因等记述之中。无外乎两个主要方面：一是理清脉络，纵述演变过程，反映发展规律；二是彰明因果关系，反映本质联系。

**关键词**：修志问道　志书　反映　规律

## 一　问题的提出

2014年4月19日，李克强总理对第五次全国地方志工作会议作了重要批示：“地方志是传承中华文明、发掘历史智慧的重要载体，存史、育人、资政，做好编修工作十分重要。五年来，全国广大地方志工作者执着守望、辛勤耕耘，地方志工作成绩斐然，这项事业呈现良好发展势头。谨向同志们致以诚挚问候！修志问道，以启未来。希望你们继续秉持崇高信念，以更加饱满的热情、以求真存实的作风进一步做好地方志编纂、管理和开发利用工作，为弘扬优秀传统文化、服务经济社会发展作出新的贡献。”对修志工作者提出了“修志问道，以启未来”的具体要求。一年多来，修志工作者从不同的角度解读“修志问道”的“道”。有人说，这个“道”就是“治国之道”；也有人说，这个“道”是“文化基因”——“志书属于历史文化范畴，是形而上的，形而上者谓之道，也就是说，志书内容本身就是道，由文字承载的道。‘道’体现在志书的精神内核里，准确地讲，也叫基因，中华民族的文化基因。这个文化基因存在于志书文字，在志书功能发挥中得到传承，具体体现在存史、育人、资政的功能里。”笔者认为“修志问道”的“道”其实就是“规律”——志书要反映规律，即志书要记述事物的客观规律。《现代汉语学生词典》对“规律”的解释是“事物之间的内在的必然联系。这种联系不断重复出现，在一定条件下经常起作用，并且决定着事物必然向着某种趋向发展。规律是客观存在的，是不以人们的意志为转移的，但人们能够通过实践认识它、利用它。也叫法则。”① 也就是说“规律”就是事物内部普遍的、稳定的、重复出现的本质联系。新编志书只有在记述自然、政治、经济、文化、社会的历史和现状中反映事物的客观规律，才能实现志书的功能，体现志书的价值。但在提法上，大家也不一致，有称“揭示规律”，有说“体现规律”，有讲“反映规律”，有提“探索规律”。“揭示”“探索”，是要经过长期研究，把获得对规律的认识，用论据加以说明，这不是地方志的任务，是其他学科的任务。“反映”，即反照，比喻把客观事物的实质表现或显示出来；“体现”，指某种性质或现象在某一事物上具体表现出来。因志书之反映规律不同于学术论文，也不同于史书，一般不是以论证的形式来实现，也不“以论代史”，而是通过对资料的选择、考据、排比来反映，寓规律于资料之中，规律是反映在资料的选择之中的。“反映”和“体现”这两个词都能概括志书记述客观规律的内容和方法，但是比较起来，“反映”更贴切一些，因此笔者用“志书要反映规律”来表述。

## 二　反映规律是志书功能的需要

地方志书是反映某一地方社会、政治、经济、文化等诸多方面的百科全书。地方志与国史、家谱构成了中华民族文化历史的三大支柱，记载了数千年中华文明，并使之不断传承。在古代，“治天下者以史为鉴，治郡国者以志为鉴”②，旧时代统治者把方志作为巩固其统治的工具，视为“辅治之书”。“非志则无以知历代之成宪，非志无以知山川之险易、田地之肥瘠、谷种之异宜，非志无以知户口之多寡、官吏之贤否。是故圣王重焉。”③ 历代志书的主修人、总纂者论述修志的主要目的，大都说“知因革之典”“考得失之本”“以资兴利除弊之鉴”“以俾长治久安之道”。那么，什么是“典”“本”“鉴”“道”呢?就是事物的客观规律，它存在于所有事物之中，是不以人们的意志为转移的。

关于地方志的功能，方志界的论述相当多，归纳得十分全面，笔者认为最基本的功能还是存史、资政、育人，其他功能都是由此衍生出来的。方志具有门类齐全，信息量大，涵盖面广的特征，所记事迹真实可信，丰富翔实，无疑为史学研究和其他学科研究提供了重要的有价值的资料。要研究国情、地情、行情，离不开地方志，尤其是人们在制定发展战略措施时，可以研究借鉴当地事物的历史沿革、兴衰变化的背景、经过和结果，是非得失，走了哪些弯路，出现了哪些失误，从而使后人接受教训，获得启迪和教育，避免重犯过去的错误。修志不仅具有“补史之缺、参史之错、详史之略、续史之无”④ 的存史价值，更可起到以志为鉴、启迪后人的巨大作用。修志的过程，客观上是对一个地区、一个部门或者一个行业情况的一次系统、全面、深入的大调查，可以记录发展成就、梳理发展轨迹、总结发展经验、分析发展得失，为科学决策提供翔实、真实和可靠的依据、借鉴与启发。新编方志资政功能主要表现在为各级政府决策提供依据，志书一定要反映规律，可

① 《现代汉语学生词典》，延边人民出版社，1996 年出，第 392 页。

② 明嘉靖《〈山西通志〉序》。

③ 清乾隆《四川通志》窦启英序。

④ 章学诚:《章学诚遗书》，文物出版社，1985 年，第 619 页。

使各级领导干部从各项事业的兴衰起伏的演变过程中，认识已经显示出来的规律，并按照客观存在的规律性去制定方针政策，根据事物发展的必然性去预见、解决前进中的困难和问题。从古至今，修志的主要目的都是“供后之从政者借鉴”，即吸取前人的经验和教训，做好本职工作。从这个层面说，志书反映规律，能起极大的“资政”作用。

## 三　志书反映规律的方法

翻阅新编第一、二轮志书，志书反映规律还做得很不够，尤其是第二轮的一些志书篇幅不小，记述工作过程十分详细，事物的发端、转折和现状资料总是不齐全，更谈不上反映规律了。造成此缺憾的原因不外乎主观和客观两种因素。主观因素：一是认为规律无法反映，将这个问题看得很神秘、很复杂，认为反映规律高深莫测；二是认为方志不应该反映规律，这是对方志的性质、功能的错误理解（前面笔者回答了志书为什么要反映规律）。客观上的原因是资料素材匮乏，很难找齐编者需要的资料。

志书反映规律的前提，是志书编纂者对规律的认识。只要编纂者按照毛泽东在《改造我们的学习》中倡导的“不凭主观想象，不凭一时的热情，不凭死的书本，而凭客观存在的事实，详细地占有材料，在马克思列宁主义一般原理指导下，从这些材料中引出正确的结论”① 这个原则去办，找出入志的各项重要事物的客观规律和遵循、违背客观规律的典型事例，就能在志书中充分反映规律。编纂者应该牢固树立志书要反映规律的观念，有了该指导思想，才会有搜集齐全资料之行动，决不能满足于本单位的档案资料或者基层的上报资料，要全面搜集资料。在此基础上，再有重点有针对性地搜集相关资料。方志编纂中的资料要反映规律，是一件艰难而复杂的工作。它要求编纂者了解全局和所记事物发展的全过程，要能对所记事物发展的因果关系有正确的认识，对其是非功过与历史的经验教训有正确的评价，为此编纂者要善于学习，并要对所记的事物作深入的调查研究，才能保证上述要求的实现。

志书反映规律的具体方法仁者见仁智者见智，最基本的方法还是按照志书寓论于史的体例要求，记述人们遵循和违背客观规律的实践，把各种客观规律寓于事物的发展过程、成败的原因等记述之中。无外乎两个主要方面：一是理清脉络，纵述演变过程，反映发展规律；二是彰明因果关系，反映本质联系。下面详细论述。

### （一）理清脉络，纵述演变过程，反映发展规律

志书按照横排竖写的体例，把复杂的事物按事以类从的原则层层横分为篇、章、节、目，然后在每个条目的纵述中，围绕一条主线，依时记述某一事物产生以及兴衰起伏等演变的全过程，事物发展的客观规律即自然反映出来。

新编首轮《湖南省志·农林水利志》记述农村生产关系时就比较成功。它依次记述了土地改革、农业合作化、人民公社、“三级所有、队为基础”时期、联产承包责任制等几

① 毛泽东：《改造我们的学习》，《毛泽东著作选读》（下册），人民出版社，1986 年，第 478 页。

次大的变革，每次变革都记述农民的生产情绪、农业收入、生活水平。[①] 读后，能认识一条规律：当生产关系适用生产力发展水平时，生产就发展，人们收入就增加；当生产关系落后或者超越生产力发展水平时，生产就下降，人们收入就减少。由此可见，志书记载的系统性、翔实性，为反映事物的客观规律提供了先天的有利条件。

当然也不能把纵述历史与反映规律等同起来，仅仅是记流水账一样罗列事件和情况的志书，是无法反映规律的。志书编纂者应独具慧眼，拥有资料，并站在资料之上的高度，善于发现规律、体现规律、反映规律。比如法治社会的逐步完善、经济发展的跌宕起伏、文化艺术的繁荣低谷、自然生态的破坏与复苏等，都有其规律可言，要充分展现。在撰稿记述时要理清脉络，分层次、分段落地呈现事物发展的客观规律，而不要“眉毛胡子一把抓”，让读者剪不断、理还乱，头绪不明，心里不清。志书记事完整，就能够反映事物的完整性。撰写志稿基本方法就是写出事物的发端、转折和结果（或现状）“三部曲”，事物记述要有头有尾有过程。注意事物过程资料与结果资料，处理好两者关系，不能用过程资料代替结果资料。任何事物都有其发端，撰稿时要抓住第一次出现的资料，才能反映事物初始的面貌。交代了“来龙”才有“去脉”，“来龙”是记述事物的铺垫。有了事物的发端就等于抓住事物的起点，竖写就有了源头。接下来要写好事物发展和转折，转折一般有若干次。因为志书是横排门类，竖写中，在一个记述基本单元中，事物发展的阶段绝大多数是暗分不是明分，分自然段落记述。写好事物的结果或写好现状（下限时期的情况）是具体记述单元竖写的最后环节。现状内容必须全面系统。写好了这个“三段式”，就是纵述演变过程，就能反映发展规律。

### （二）彰明因果关系，反映本质联系

规律是本质的联系，认识事物的本质，就能把握事物的规律，任何事物的产生、发展都是有原因的，是事物内部矛盾运动的结果，可以说事物的结果与原因的关系是现象与本质的关系。如果志书只记述“是什么”，不记述事物的本质，是不能反映事物的规律的；只有进一步记述事物的成败、优劣、兴衰的原因，彰明“为什么”，揭示事物的本质，才能反映事物的规律，使读者既“知其然”又“知其所以然”，从而吸取前人的经验教训。例如，湖南省《凤凰县志》水利篇就水库建设的情况列了两张表：其一是“凤凰县水库工程经济效益分析表”，其二是“凤凰县水库建设各个时期工程质量比较表”。第一个表格表明：中华人民共和国成立以来中型水库占该县水库建设投资的57.8%，灌溉面积占全部水库灌溉面积的37%；而小一型和小二型水库共只占建库总投资的42.2%，灌溉面积却占全部水库灌溉面积的63%。可见，小型水库投资少，分布广，效益高。第二个表格表明：第一个五年计划期间修建的水库，合格率达78%；“大跃进”时期的1958—1959年，修建水库数量最多，而合格率只有16%。[②] 这两个资料，反映了这个山区县中华人民共和国成立以来水库建设的历史经验与教训。

---

① 湖南省地方志编纂委员会编：《湖南省志·农林水利志》第8卷《农村经济综述》，湖南出版社，1991年，第14～62页。

② 凤凰县志编纂委员会编：《凤凰县志》水利篇，湖南人民出版社，1988年，第89～90页。

事物发展的因果关系往往是十分复杂的。各种事物的发展有各种不同的原因，有的一因多果，有的一果多因；同一事物的发展，由于不同的原因也可导致不同的结果，这要根据具体情况去搜集和运用资料。但以下两个方面，是普遍适用的。(1) 要从事物普遍联系中考察因果关系。地方志记载地方自然和社会两方面的资料，而这两方面是密切联系，互为因果的：一方面，人类的生存、社会的发展必须以自然界为基本条件，自然条件是影响社会发展状况的重要原因。一个地方的自然资源状况往往影响着该地方的种植业、养殖业乃至工矿贸易等事业的发展状况。另一方面，人类的活动，又是自然条件发生变化的重要原因。各地利用自然资源是否合乎规律，往往是地方生态环境变好或恶化的主要原因。因此，记载自然状况，还应注意从人们作用于自然界的结果方面去运用资料，这能向人们提供历史的经验教训，以资借鉴。在地方的社会状况中，政治、经济、文化三大类事业彼此密切联系，互为因果。经济基础决定着政治、文化状况，政治文化又反作用于经济基础。政治状况影响着经济、文化事业的兴衰起伏，而文化教育科学技术，又是经济发展的重要条件。就是在各类事业的内部，也普遍存在着因果联系：在经济领域中，生产力与生产关系，生产与流通，生产领域中的工业、农业、交通运输事业等，都互为因果。因此，要从各类事业相互关联的角度运用资料。例如，中华人民共和国成立以后某个时期强调事事大办，文化教育事业一度盲目发展，最终不得不因经济原因退下来。因此，记载文化教育事业，有时不得不采用有关经济背景的资料。再如，人才与科学技术，是社会主义建设发展的基本条件，为记述地方的政治、经济事业发展，有时又必须引用文化发展状况的资料。这里牵涉一个资料的编排问题。地方志是分门别类地依时记述的，各类事物发展的因果关系，往往要辑录在不同的篇章中。这就要求编纂者在辑录和编排资料时，注意因果关系的互相照应。(2) 从事物发展过程考察其因果联系。在事物发展的过程中，其前后发生的事件之间，往往存在着因果联系，即“前因后果”，不过有的直接，有的较为间接罢了。间接的因果联系，往往易被编纂者忽视。有的志稿，记述了地方机关的一系列工作过程，却很难找到有关工作效果的资料。可见，编纂者在记述一项事物的发展过程时，要瞻前顾后，注意照应前后发生的事件之间的因果关系：事物发展的重要原因，一般要追溯；重要的结果，要注意探寻。事物的发展顺序，都是原因在前，结果在后。只要志稿不采取先写结果、后述原因的倒叙笔法和成绩、原因、经验教训的总结式写法，而是按照事物的发展顺序，先写原因（如客观条件和指导思想、方针、政策等主观原因），后记实践结果（如经济效益或社会效益），不以人们主观意志为转移的客观规律便会体现在因果之中。

“修志问道”——志书要反映规律，这对于修志工作者来说，是一个更高的要求，同时也是修志工作者的一种责任。不是所有人都可以修志，也不是所有人都能修志，修志是一项政治性、政策性、学术性和专业性都很强的工作，方志工作者应以耐得住寂寞的勇气和承受艰苦的心理准备，来打造志书的精品佳作，为后人留下宝贵的精神财富。

（作者单位：湖南省地方志编纂委员会）

# 地方修志的“法”与“道”

蒋祖智

**内容提要：**编史修志是中华民族特有的优秀文化传统，修志工作功在当代，利在千秋，修志问道，以启未来，换言之也就是说“依法修志，才是修志之道”。依法修志中的“法”是修志工作的重中之重，依法修志，必须充分认识地方修志工作的重要性，全面把握依法修志的精神实质。地方志作为系统记述经济社会历史与现状的资料性文献，是传承中华文明的纽带，是展示当代中国风范的载体。源远流长的地方志堪称中华民族独特的文化瑰宝，它与国史、家谱一起，共同传承着中华民族丰富而宝贵的历史文化财富。

**关键词：**依法修志　修志之道　地方志

地方志与国史、家谱共同构成了中华民族文化历史的三大支柱，记载了数千年中华文明，并使之不断传承。其中的修志工作，不仅具有“补史之缺、参史之错、详史之略、续史之无”的存史价值，更可起到以志为鉴、启迪后人的巨大作用。然而，在新的形势下，当代修志工作者究竟应该如何修志呢？应该遵从什么样的“法”？开辟什么样的“道”？在这一点上，必须要有明确的思路和目标。否则，我们的修志工作无法完成得更好。在最近召开的第五次全国地方志工作会议上，李克强总理指出：地方志是传承中华文明、发掘历史智慧的重要载体，做好编修工作十分重要。同时强调“修志问道，以启未来”，换言之也就是说“依法修志，才是修志之道”。

## 一　编史修志是中华民族特有的优秀文化传统

编史修志是中华民族特有的优秀文化传统。无论是国务院《地方志工作条例》还是各地方地方志工作条例办法都明确指出：做好地方志工作是各级地方党委政府的一项重要职责，是地方志工作机构和广大专兼职地方志工作者的神圣使命。中共十八届四中全会确定了全面推进依法治国、建设社会主义法治国家的宏伟蓝图和战略举措，为全面落实依法修志职责任务，提供了重要依据和根本保障。

习近平总书记强调指出：“搞历史博物展览，为的是见证历史、以史鉴今、启迪后人。要在展览的同时重视修史修志，让文物说话、把历史智慧告诉人们，激发我们的民族自豪感和自信心，坚定全体人民振兴中华、实现中国梦的信心和决心。”中共中央政治局常委、国务院总理李克强指出：“地方志是传承中华文明、发掘历史智慧的重要载体，存史、育人、资政，做好修志工作十分重要。”中共中央政治局委员、国务院副总理刘延东指出：“地方志是传承和彰显中华文明的重要载体，是中华民族优秀文化的瑰宝。”

党和国家领导人的重要讲话、批示精神，明确了新时期修志工作的重要意义，三位领导人的讲话具有高远的战略指导意义和深切的现实针对性，是我们依法修志职责任务、全面促进地方志事业科学发展的根本指南和锐利武器。

## 二 修志工作的深远意义及存在的问题处理方法

1. 修志工作功在当代，利在千秋

修志工作不仅具有“补史之缺、参史之错、详史之略、续史之无”的存史价值，更可起到以志为鉴、启迪后人的巨大作用。修志的过程，客观上是对一个地区地情一次系统、全面、深入的大调查，可以记录发展成就、梳理发展轨迹、总结发展经验、分析发展得失，为科学决策提供翔实、真实和可靠的依据、借鉴与启发；其积累的巨量文字、数据和图照文献同样是一笔不可多得的宝贵财富，是不可替代的地情数据库、信息库和资料库。同时，修志工作也是中国特色社会主义文化的组成部分，是体现文化软实力的重要力量。国务院早在十年前就颁布了《地方志工作条例》，对什么是地方志、为什么要修志、怎样修志和如何为地方经济社会的全面发展服务作出了明确规定。

2. 依法编修地方志，“法”是重中之重

所谓依法修志就是指我国县级以上的地方志办公室按照法律、法规的规定，编修地方志书、管理地方志事业以及开发利用方志的行政行为。它主要包括两种行政行为：一是依法编纂志书。二是依法对地方志工作全程进行有效地行政管理，包括方志事业的管理和依法开发用志行为。因此，依法修志中的“法”是修志工作的重中之重。

地方志是记载一个地方（省、府、州、县）的地理、沿革、民俗、教育、物产、人物等方面情况的专著，内容包罗万象，时间跨度极大。说它是国粹，也未尝不可。清政府明文规定，地方官上任必须奉行“三十二项莅任初规”，其中第三项便是“览志书”，十分强调地方志特有的资治、教化作用。而且不论何时何地都要编修新志，必由父母官发起并亲任主修，延聘当地德高望重而又文才出众者担任总纂（主编）。民国时期，贵县籍人士、著名太平天国史专家罗尔纲，清末维新变法运动的积极参加者、桂平人程大璋，都曾担任过县志总纂，他们编修的《贵县志》和《桂平县志》，堪称地方志中的精品，至今仍为方志学界所推崇。

3. 地方修志存在的问题及处理方法

目前我国地方修志工作发展极为不平衡，有的地区修志工作进展缓慢，出书难，这是修志工作中实际存在的主要问题。按照中国历代修志的传统，地方志是官书，修志工作历来都是政府行为。但无论是中国地方志指导小组下发的《新编地方志工作暂行规定》，还是地方志编委会发出的红头文件，都因为法规含量不高，缺乏必要的监督保证措施，所以在一些地方难以实际操作。再者虽然修志机构成立了，但普遍存在投入不足等问题，致使修志工作举步维艰。因此，修志工作必须注重解决以下问题：（1）依法编修地方志，违法必究，确保法规含金量。(2) 投入足够的资金，确保修志工作水到渠成。(3) 从本地实际出发，拟定志书篇目。志书篇目要体现地方特色、行业特色、民族特色。志书设置的篇、章，既要符合社会科学分类的原则，又要充分考虑现行党政机关的管理体制，这样设计的篇目便于实际操作，落实编写任务也比较容易。(4) 以是否有利于发展社会主义社会的生产力，是否有利于增强社会主义国家的综合国力，是否有利于提高人民生活水平为标准，实事求是地记述工作成就和失误。(5) 坚决贯彻落实存真求实的方针，不允许出现一丝一毫的差错。

## 三　依法修志之道

1. 首先必须牢固树立依法修志的思想意识

地方志是全面系统记述区域内自然、政治、经济、文化、社会历史与现状的文献，在储存信息、传承文化、服务当代、垂鉴后世等方面具有独特作用。地方志作为了解地方历史、社会变迁的重要资料，是系统研究地方文明内容全貌、发展变化、区域特色的重要工具，是发掘地方文化特色、构筑对方文化体系、彰显地方文化魅力的重要载体。

经过 30 多年的改革开放实践，我国各地已建立了省、市、县三级地方志工作机构和专兼职相结合的修志工作队伍，形成了志鉴编纂、质量管理、审查验收等一系列规章制度，为地方志立法奠定了良好基础。尤其是依法修志的提出，充分体现了上级政府对地方志工作的重视和支持，对于实现依法修志、依法用志和依法管志，建立长效工作机制，保障地方志事业持续健康发展具有重要意义。因此，各级政府、地方志工作机构和广大地方志工作者要从坚持依法行政、发展社会主义先进文化的高度，进一步提高对地方志工作重要性的认识，联系工作实际，切实依法修志，推动地方志工作扎实有效开展。

2. 全面把握依法修志的精神实质

依法修志必须从地方志工作实际出发，就地方志工作的任务要求、组织保障、审查验收、编纂出版、管理使用等作出具体规定，对人员经费、资料收集等修志工作中的突出问题提出明确要求，既是地方志工作必须遵守的基本规范，也是做好地方志工作的根本保障。首先，依法修志重申了各级政府的修志职责，强调“县级以上人民政府应当将地方志工作纳入国民经济和社会发展规划，所需经费列入本级财政预算”。其次，进一步规范修志工作。可以说依法修志对地方志书、地方综合年鉴编纂的时间进度、稿件质量、出版使用等都提出了具体要求，进一步明确了修志工作规程，力保地方志的真实性、权威性和公信力，做到可信、可用、可读。第三，依法修志突出了地方志的社会服务功能。及时、完整地向社会公开地方志文献，使群众享受到多层次、广覆盖、高质量、低成本的文化服务，既是实现公众知情权、参与权的需要，也是建设服务型、法治型政府的要求。

3. 依法修志，强化各级政府的领导责任

各地、各有关部门要按照依法修志的要求，紧密结合本地、本部门实际，切实加强组织领导，强化工作措施，提供有力保障，努力推动地方志事业又好又快发展。要加强领导。坚持和完善党委领导、政府主持的工作格局，充分发挥各级地方志工作机构的作用，为做好地方志工作提供有力保障。要紧密协作。地方志工作涉及行业多、学科多，需要各地、各部门的协同配合和广大地方志工作者的团结协作。要抓好队伍。做好地方志工作，需要一支政治过硬、业务精湛、作风优良的高素质修志工作队伍，为地方志事业蓬勃发展打好坚实基础。

## 结 论

修志工作是一项政治性、政策性、学术性和专业性都很强的工作，是“一项不容易引起重视的重要工作”。在建设中国特色社会主义伟大实践中，各系统、各部门、各地区都应当把修志作为一项重要的基础性事业来抓；全体编纂人员应树立崇高的荣誉意识和奉献精神，不是所有人都有幸可以修志，也不是所有人都能修志，“板凳甘坐十年冷，文章不写一句空”，要有耐得住寂寞的勇气和承受艰苦的心理准备，才能打造志书的精品佳作，才能成为一名优秀的修志人；各级干部应当自觉增强读志、传志和用志的认识，把读志、传志和用志作为提高自身修养和提升工作素质的重要方式。

修志是一项承载历史的崇高事业，但不能单纯为修志而修志。地方志作为系统记述经济社会历史与现状的资料性文献，是传承中华文明的纽带，是展示当代中国风范的载体。源远流长的地方志堪称中华民族独特的“文化瑰宝”，它与国史、家谱一起，共同传承着中华民族丰富而宝贵的历史文化财富。中华人民共和国成立 60 多年来，地方志事业蓬勃发展，成绩显著，在各地经济建设和社会生活中发挥了重要作用。当前，我们需要加深对地方志的认识和理解，更好地传承和发扬编纂地方志这一文化传统，进一步发挥地方志在经济社会建设中的重要作用。

**参考文献：**

1. 王红英：《构建地方文献科学管理平台的探析》，《科技情报开发与经济》2014 年第 11 期。
2. 毛建军：《国内数字方志资源的开发与建设探析》，《山东图书馆季刊》2013 年第 3 期。
3. 王会丽：《高校图书馆地方文献数据库建设论析》，《图书馆学刊》2014 年第 2 期。
4. 赵长海：《从河南文献网站看知识经济时代方志工作的新趋势》，《中国地方志》2013 年第 5 期。

（作者单位：湖南省江华瑶族自治县史志办）

# "众手成志"更需"雅擅三长"的总纂

寇旭华

**内容提要：**中国古代地方志对修志总纂的选用极为重视，非"雅擅三长"者不用，从而保证了志书质量，使得一大批佳志脱颖而出。相比旧志，新方志编修存在对志书总纂地位、作用认识不足，遴选标准不高，一批志书总纂实质缺位的问题，影响了志书质量。可见打造精品志书必须选择"雅擅三长"的优秀总纂，新方志不但要强调众手成志，更需加强总纂工作。

**关键词：**总纂　雅擅三长实质缺位　众手成志

总纂作为将零散的资料和志稿有机融为一体的核心辑著者，是贯穿整部志书编纂工作的关键一环。我国古代方志佳作频出，总纂的正确选择和充分发挥作用可说是一项重要因素。唐代史学家刘知几提出的史家"三长"说可谓影响深远，后世对良史的选择多本于此。三长，即史才、史学、史识。史学，是历史知识；史识，是历史见解；史才，是研究能力和表述技巧。刘知几认为以上"三长"为上乘的修史者所必备。清代著名史志理论家章学诚对此充分认同，他认为，"才、学、识三者，得一不易，而兼三尤难，千古多文人而少良史，职是故也"①。史、志同源，编修史书如此，修志亦然。无论良史还是佳志总纂都需"雅擅三长"。

## 一

隋朝以后，史志编修事业日盛。从宋代开始，编修方式逐渐从纯粹官修（诏地方造送图经），转变为由地方官主持，请名人学士编纂，所修志书体例也非朝廷所定，而是因纂者而异，因地方而异。总纂发挥空间较大，水平高低直接决定志书优劣。

### （一）旧志总纂聘任或任命极为慎重，总志类多由皇帝直接任命才识突出、声誉不凡的重臣担任

古代修志是统治阶层了解地情、稳固统治的有效手段之一，因此从朝廷到地方都十分重视。朝廷选择总纂的条件通常不但官职显要，还要考量其人是否"雅擅三长"，是否拥有博彦四库的学识。开我国地理总志先河的《元和郡县图志》（元和年间为公元806—820

① 章学诚：《文史通义》卷三《内篇》，上海古籍出版社，2008年，第217页。

年），其总纂李吉甫是唐宪宗时学识丰富的宰相；明成祖于永乐十六年（1418）倡修《天下郡县志书》，命户部尚书夏吉、翰林学士杨荣、金幼孜总领其事，并“遣使编采天下郡邑图籍，特命儒臣大加修纂，必欲成书，贻谋子孙，以嘉惠天下后世”①，虽然未能纂修完成，但在此基础上英宗天顺二年（1458）开始编修的《大明一统志》，由吏部尚书兼翰林院学士李贤等主修，当时的政要大儒都参与其中，除总纂李贤外，内阁首辅彭时、大学士吕原等都是编纂者。

不但朝廷重视修志非拔萃者不用，地方也是不拘一格选人以能。清康熙《灵寿县志》，总纂为陆陇其、傅维枟。陆陇其是清初名儒、官至监察御史，傅维枟却并未走仕途，系一介布衣。然而傅维枟在坚持攻读经史之余，对地方历史、文化修养深厚，《灵寿县志》载其“好征记古事，每求观吾邑旧志”，在地方上很有影响。鉴于此，灵寿县的地方官府仍请傅维枟编纂地志，体现了不拘一格用人才的开放精神。《灵寿县志》也因其体例较完备、内容不隐恶而被誉为清代名志之一。康熙年间，清廷原翰林院编修陈梦雷以戴罪之身被谪戍沈阳，地方官因其学识渊厚仍启用其纂修《盛京通志》，对之优礼有嘉，使得《盛京通志》如期完成。始修于光绪十七年（1891）的《吉林通志》由清末吉林将军长顺主修，特聘请居官外省的翰林院编修、乡试主考官李桂林总纂，编撰十年乃成，是吉林省第一部官修全省通志。

### （二）旧志总纂几乎均为饱学之士，其学识涉及领域非常广泛，因而多有灵感与创见

不少纂者在哲学、文学、史学方面有重要创造，如方苞、姚鼐在诗文方面，戴震在哲学和考据学方面，均为当世国内一流大家，在修志理论和实践方面均有建树。此外，有些官员将从政、治学和修志有机结合，在政治上和学术领域均有成就，如李吉甫、罗愿等。

《元和郡县图志》总纂李吉甫是唐代宰相，此外他也是地理学家。《旧唐书·李吉甫传》说他“少好学，能属文”，“该洽多闻，尤精国朝故实，沿革折衷，时多称之”。南宋《新安志》总纂罗愿，官至鄂州知州，政绩卓著。其编纂的《新安志》是南宋定型方志的典型代表（新安为徽州古称）。罗愿对志书的编纂颇有研究，主张志书为著述之书，反对简单摘抄，认为编纂者必须学问渊博，用自己的观点对资料进行选择、考证，然后编纂。

顾炎武是明末清初的著名学者，广泛涉猎于经学、史学、音韵学和地理学，著述宏富，所著明代全国地理总志《肇域志》，以引证宏博、兼收并蓄为特色，征引史料甚至超过了《大明一统志》。明代《寿宁待志》的总纂冯梦龙同时又是明代著名通俗文学家，《寿宁待志》分28门，叙述有详有略，详者如赋税开列有万历二十年（1592）后所加之数，“使览者知寿民之艰与寿令之苦”。

方苞，清桐城文派的创始人，曾任皇帝的侍讲学士，后任《大清一统志》总纂。为使《大清一统志》志稿进一步完善，力主修志务必体例一致，避免各府、州志间“犬牙相抵”。清中叶杰出的史志学家章学诚在乾隆年间先后主编了《和州志》《永清县志》《亳州志》和《湖北通志》等。同时期与章学诚发生过学术争论的《汾州府志》和《汾阳县志》的撰著者

① 《明实录·太宗实录》110卷，台湾“中央研究院历史语言研究所”，1963年校印本，第1405页。

戴震，既是修志名家、方志地理学派的代表人物，也是清代著名语言文字学家、哲学家、思想家。其治学广博，音韵、文字、历算、地理无不精通，被梁启超称为“前清学者第一人”。

因为志书包罗万象，举凡天文、地理、政事、民生无所不有，因而对修志总纂的要求极高，而这些修志名家广博的文化底蕴，恰恰吻合了这种内在要求和标准，由此不断迸发的灵感与创见更促进了志书质量的提升和持续创新、发展。

### （三）旧志总纂修志态度严谨，不乏亲自搜集资料，考证核定史实者

南宋罗愿为撰《新安志》，遍考前代图经、地记，《新安志》序中记载其“间阅前史及国典，并杂家稗说”，还“益访故老，求遗事”。《四库全书总目》评价《新安志》“叙述简括，引据亦极典核”。明代《寿宁待志》的记述多为总纂冯梦龙亲身经历或调查得来，对于旧志材料则逐条考辨，态度极为求真，叙述史事简明概括。清代方苞总纂《大清一统志》时，每一郡志稿完成，都先让学子初校，副总纂杨次山再校，自己三校，抄出清样后，若发现错漏，又一一校正重写。其严谨程度不啻将志书视做治学之作。清末民初，《长白山江冈志略》纂著者刘建封不惜冒着生命危险四度实地踏查猛兽出没、原始荒茂的长白山，留下珍贵的图文地志资料，成为后世所推重的研究长白山文化的重要文献。

综观古代方志的诞生，众人分撰、一人总纂是修志普遍规律；一位“雅擅三长”的优秀总纂的配备，是产生传世名志的前提条件。

## 二

与旧志编修相比，新方志编修过程中，众手成志似乎更为现代志界所强调和公认。从20世纪80年代开始，首轮社会主义新方志的编修工作全面铺开。在政府主持下，一部志书往往由几个乃至几十个部门，少则几十人、多则上百人撰稿共同修纂。如第二轮某省《地税志》组织省地税局征管处、发票管理处等23个处室及九市州地税局共38个人参编。某省《科技志》甚至发动了全省各厅局700多人搜集资料提供初稿。而现在的问题是，总纂成志的作用被低估。从启动修志到成书，通常经过确定体例、拟订篇目、搜集资料、撰写志稿、总纂定稿、印刷出书等几个环节。新方志多数能遵守总纂统稿、定稿的流程，而忽视了对总纂本身的定位和遴选。造成的直接后果，就是志书质量很难达到预期要求。从第一轮修志开始，省市县三级地方志6000部加之其他各类专业志、地情书，已编撰出版达3万多种。第二轮新编地方志至2011年也已出版700余种。结果是新方志出版数量众多，但精品志书的数量却差强人意。中国地方志指导小组原常务副组长朱佳木在2013年全国省级方志机构主任会议上的讲话中谈到，“方志出版社的精品志书出版工程已实施八九年，至今没能出版一部堪称精品的志书”。

朱佳木指出，在众手成志的情况下，“如果不特别重视质量问题，对各单位提供的稿子不予以严格把关，很容易出现质量问题，甚至出现重大质量事故”①。而对稿子严格把

① 朱佳木：《2013年全国省级方志机构主任会议上的讲话》，《中国地方志》2013年第5期。

关的人，除了地方志工作机构的专职指导者，直接影响志书质量的就是各承编单位选择的总纂。

从第一、二轮修志实践看，承编单位在选择总纂的问题上，随意性很大，良莠不齐，甚至不管水平高低，能完成修志任务就行，这样就造成了表面存在而实质上的总纂缺位。

### （一）许多总纂先天不足，学识素养不足以驾驭志书

一些总纂的专业知识积累不足，知识结构单薄，眼界不宽，站位不高，甚至有的仅仅是做过办公室文字综合工作就被匆忙任命上马。由于其本身并不充分了解本系统或本地域的深层次变化、发展情况，拿出的初稿从框架设计上就存在不合理之处，不能体现本系统或本地区的重点、亮点；不清楚哪些史实可以反映整体情况和发展脉络，哪些内容可以反映成败得失，哪些重要资料需要入志；哪些内容可以增加志书特色，哪些需要简笔处理而哪些需要浓墨重彩，等等。结果编出合格的篇目框架都很难，更别说成型的志稿，最后还是要重新选择经验丰富、学识较高的老同志担任总纂重打鼓另开张，浪费了大量的时间和经费。

### （二）有些总纂具备一定的内涵与素养，却不重视后天修炼

一些单位的总纂由于轻视修志工作，或抱着应付的态度，结果没有深入研究方志理论和规律，认为自己曾经给省、厅级的大领导写过报告或讲话，是单位屈指可数的笔杆子，总纂志稿可以靠已有经验信手拈来。结果最后的成稿套话连篇，实质内容稀疏地夹杂在工作总结式的语言中，从内容取舍到体例文风都严重违背志书规范。或者写成资料汇编和流水账，资料平平，了无新意，枯燥干瘪，缺乏吸引力，与断限内的实际相差甚远。如某省《卫生志》初稿，概述是站位不高的工作总结式写法；正文内容真正反映时限内新态势、新变化的资料搜集运用得少，不是以几个典型事例代替全面记述，就是以空洞无数据的宏观概括代替具体内容竖写；十五年的业务工作用政策文件作主体内容一笔带过，结果多数初稿还要拿回去重新修改补充。而该志总纂，并不是初入志门者，而是还比较了解情况、有多年起草文稿经验的老同志。这位总纂自己也承认，并没有沉下心来深入研究修志工作的内在规律和要求，认为自己可以凭已有资料汇总一下短时间内突击过关。后来在重新撰写过程中，该志总纂认真参加培训，重新学习方志编修知识，文风体例得到纠正，资料取舍渐趋合理，初稿质量有了很大提高。

### （三）有的承编单位挑选不出合适的总纂，或为省事干脆不设总纂

部分承编单位因为领导不够重视修志工作，平时不注意选拔、培养，导致修志人员匮乏，挑选不出合适的总纂，只好请地方志机构帮助寻找和聘请不甚了解情况的外系统专家。或者不设总纂，请几位分篇、分章编纂将所写内容简单拼盘，凑成一本初稿交差了事，结果文风体例差异明显，内容也多有抵牾。一本书写成几本书，内容或是相互交叉，或是彼此矛盾，这样的书稿后期修改极为吃力，浪费了大量时间，影响了修志进度。例如某省《商务志》初稿，第二篇对外贸易中主要进口商品总额的正文由于数字较多几乎全用表格记述，第三篇利用外资与对外经济技术合作同样在数字较集中、该用表格记述的情况

下却选择文字进行主要记述，造成明显的风格差异和失误；同样的名词比如"松子仁"在不同的篇章又被写成"松籽仁"，像这样前后不一的例子比比皆是。事后该编修单位坦承，初稿分三篇就分别选用三位撰写者，完稿后却没有进一步配备统稿的总纂，造成初稿缺少内在的统一性。

当然，也不是没有总纂得力、质量较高的志书，不说精品，在至今出版的6000余部新方志中，凡由专家评选的获全国一等奖项的三级志书皆可算佳志的话，至今也不过200余部，按1/30的比例，这个数字恐怕不算乐观。

## 三

综观新旧地方志的总纂情况，我们也要承认，旧志绝非部部精品，很多也存在着明显缺陷。由于缺乏现代科学观念指导，总纂又通常是封建官吏、学者、士绅，其落后的忠孝节义、封建迷信观念不可避免地渗透书中，甚至与社会发展实际脱节。有些书的体例、资料也并不尽准确与完备。但旧志编修过程中，组织修志者对总纂定位认识较为准确，严格把握用人标准并能充分发挥其作用，这些确实值得新方志事业思考和借鉴。

### （一）"雅擅三长"至今仍然应该作为遴选总纂的基本标准

以旧志编修情况和我们面临的实际问题来看，"众手成志"应理解为"众手分撰、总纂成志"，而决不是由许多撰稿者供稿给稍具文字功底的所谓总纂凑成简单拼盘。众手撰稿没问题，但总纂成志一定要尤为重视。总纂不是随便什么人都可以承当，这个门槛一定要有相应标准。我们的新修地方志所处时代背景对总纂的考验实际上更为严格。当今社会分工越来越细致和专业，经济体制深刻变革，社会结构深刻变动，利益格局深刻调整，思想观念深刻变化，人民生活水平和文化要求极大提高。各地的地情变化之快，变化之大，为前代所难以想象。因此，反映地情的方志也要随之变化，史料记述将更为博杂和细微，而对修志人员的"才、学、识"要求标准只会是越来越高。"雅擅三长"的总纂今天更是修志必备武器。《地方志工作条例》第九条明确要求，编纂地方志应当吸收有关方面的专家、学者参加。新方志的总纂，必须具有专家素养，既可以是某一领域有代表性的专家，也可以是博古通今的全才、通才，不局限于修志领域，也不局限于某一专业领域。荣获全国地方志一等奖的《洛阳市志·文物志》在编修过程中，由当时的洛阳常务副市长刘典立和市志办负责人亲自把关，请省内著名学者，洛阳市汉魏故城文物管理所所长、中国河洛文化研究会理事徐金星进行总纂，并请30多位各界专家参与修订编纂而成这本志书，1995年出版后在学术界引起很大反响。著名方志学家傅振伦先生评价该志"取材广博而翔实，远自古代各类文物，近迄现代史迹以及当代文博事业，纲分目列，叙述详赡有法。"① 对总纂和襄助总纂者的谨慎选择无疑是这本优秀志书成功的一大利器。

① 来学斋：《学术、编纂、服务》，《中国地方志》1996年第1期。

## （二）新方志总纂应增强主动性，全程参与和把控志稿编修工作

从启动修志到成书，通常经过确定体例、拟定篇目、搜集资料、撰写志稿、总纂定稿、印刷出书等环节。总纂应从修志伊始就进行整体设计和构思，为每一本志书量身定做实际适用的体例、篇目，指导撰稿者把握编撰方向和重点，有的放矢地搜集资料，在撰写过程中可以随时纠正分撰者的错误或发现问题及时引导解决。如《大清一统志》的总纂之一大学士徐乾学为拟定类目，研究了自《禹贡》以来历代正史地理志及唐宋以来地理总志的体例，写下《凡例》21 条，详细说明每一纲目的根据和编写要求。又如前文所述，很多旧志总纂亲力亲为，或积极参与资料搜集和复核，或自行踏查地域山川，弄清史实原委，自己动手参与撰著，而不是仅靠众手成志，让撰稿者自行摸索盲目拿出初稿，等着最后统稿环节收稿后编辑合成就完事大吉。新方志总纂更应发挥全程参与的主动性，这样在统合初稿时，才能对志书的记述重点、特点和应体现的史实线索、发展规律了然于胸，将分纂志稿合理的编纂加工、整合运用，最后成为增删得当、史实准确、浑然一体的“一本书”。

## （三）修志工作相较于其他工作比较清苦，志书总纂人才在当今社会延选不易，我们要尝试各种途径打造能够吸引人才、培养人才的平台，从修志工作机制和方式方法上有所创新

比如，用招标的方式，打破通常在承编单位或地区内部选择总纂的陈规，所有志书都作为学术项目，面向社会招聘专家来总纂，在专家素质上可以提较高要求，同时也给予专家较为合理的报酬，签订合约，保证志书质量、进度同时兼顾专家利益，营造专家治学与修志事业双赢的局面。又如，可以从外地延聘经验丰富、声誉卓著的专家学者参与本地修志，朱佳木在讲话中就曾经说过，“可以考虑，修志力量较强的地方在完成本身修志任务后，以省为单位，抽出人力组成‘修志专业队’，帮助缺少修志力量的地方修志”①。这样不同地域可以互通有无进行智力支持和人才援助。再如，在方志系统和修志相关单位、部门大力培养一批合格乃至优秀的志书总纂，珍视、发挥老专家社会价值的同时，也要以老带新，加快培养一批素质高、悟性好、肯钻研的年轻人，建立后备总纂队伍，让他们多向老专家学习，多参加实际编修纂稿工作；同时格外注意培养他们对社会各门类知识的广泛吸收，尽快成长为新方志所需要的知识结构多元化的总纂。

总之，在新方志编修过程中，修志机构随时需要反思和自觉总结经验，不断以古鉴今，把握众手成志的诀窍，即坚持众手成志的同时更要选用“雅擅三长”、才识渊博的总纂。以期对方志质量严格把关，努力编修出用得上、立得住的，经得起时间检验、对得起人民的传世之志，使方志真正承担起李克强总理在第五次全国地方志工作会议上所强调的“修志问道，以启未来”的历史使命。

（作者单位：吉林省地方志编纂委员会）

---

① 朱佳木：《2013 年全国省级方志机构主任会议上的讲话》，《中国地方志》2013 年第 5 期。

# 创新修志方法　提高地方志书质量

## ——编纂《贺兰县志（1980—2005）》经验总结

李金明

**内容提要**：中共十八届三中全会提出："建设社会主义文化强国，增强国家文化软实力，必须坚持社会主义先进文化前进方向。"我国修志历史千年不辍的实事说明，地方志就是优秀传统文化之一，我们应继承和发扬光大地方志文化。朱佳木在纪念《地方志工作条例》颁布5周年和中国地方志协会成立30周年座谈会上对提高第二轮修志工作的质量提出要求，要求修志人员把握地方志工作规律，以贯彻《地方志工作条例》和《地方志书质量规定》为动力，在修志中真正坚持质量第一的原则，始终坚持高要求，做好第二轮修志工作。

**关键词**：二轮修志　质量　创新

中共十七届六中全会提出："文化工作在革命、建设、改革各个历史时期都发挥了不可替代的重大作用。""文化在综合国力竞争中的地位和作用更加凸显，维护国家文化安全任务更加艰巨，增强国家文化软实力、中华文化国际影响力要求更加紧迫。"1987年，时任中共中央委员、上海市市长的江泽民在上海地方志编委会成立大会上，全面阐述新方志编修的重要意义，指出"编纂社会主义新方志是两个文明建设的组成部分，是社会主义文化建设的系统工程，是承上启下、继往开来、服务当代、有益后世的千秋大业"。这一段话说明处在新世纪的第二轮修志工作，应该坚持鲜明的政治观点，同时又要与时俱进。第二轮修志断限正在改革开放30年之内，第二轮修志应重点记述改革开放成就，体现地域特色，做好改革开放以来社会主义文化建设的这一巨大工程，修志为用，修纂出适应时代需要、能够让群众满意、体现社会主义先进文化特性的地方志。

2011年5月18日，朱佳木在纪念《地方志工作条例》颁布5周年和中国地方志协会成立30周年座谈会上说："要运用科学发展观全面检查地方志工作，把落实依法修志和提高志书质量放在更加突出的位置，并把提高志书质量贯穿于地方志工作的全过程，始终坚持质量第一、进度服从质量的原则，切实防止为了赶进度而使质量不高的志书出版发行，以至谬种流传、贻误子孙、损害地方志的声誉。"再次对提高第二轮修志志书的质量做了要求，贺兰县第二轮修志人员也正是以贯彻《地方志工作条例》和《地方志书质量规定》为准则，抱着严肃认真的态度，把握地方志工作规律，在修志中坚持质量第一的原则，始终坚持高要求，做好第二轮修志工作。

地方志肩负存史、资政、育人的重任，让编纂地方志书变成一项纷繁复杂的工程。影响地方志书质量的因素涉及志书的资料收集、编纂方案制定、编纂人员选定、资料收集、文字编辑、志稿修改与评审、出版印刷各个方面，每一环节都对志书质量高低产生着不小的影响。贺兰县史志办扎实做好第二轮修志的每一步工作，把编修合格志书的理念贯穿于第二轮修志工作的每一段进程之中，勉励编纂人员甘心为人民做奉献，专心编撰精品佳志。鼓励编纂人员创新工作方法，高标准、高质量完成编纂工作。贺兰县史志办从编纂第二轮修志方案到资料征集、志稿编纂、出版审核校对各环节做了许多对提高志书质量的有益工作。发动编纂人员开动脑筋，集大众之长，在志书编纂、资料收集等方面总结出了一些行之有效的好办法。比如，资料征集方法、校对办法等，在保证志书编纂质量上起到了极大促进作用。

## 一　广泛征求意见，制定编纂方案

地方志书，是全面系统地记述本行政区域自然、政治、经济、文化和社会的历史与现状的资料性文献。2005 年 5 月，为使第二轮县志与第一轮县志在时限与内容上紧密衔接，能够全面、准确、客观、真实地反映全县改革开放以来各行业的变化和各领域的发展，编纂委员会成员与史志办工作人员三次开会，广泛征求社会意见，以修志存史、资政育人为核心，从与上轮县志的衔接、篇目设置、时间的安排以及各篇章的编修等方面进行了反复讨论，最终制定了《贺兰县二轮修志工作实施方案》《〈贺兰县志（1980—2005）〉编纂方案》，贺兰县第二轮修志工作启动。

“编纂地方志应当做到存真求实，确保质量，全面客观地记述本行政区域自然、政治、经济、文化和社会的历史与现状。”地方志书有特殊的体例和编纂要求，涉及自然、政治、经济、社会、历史、文化等多学科内容，涵盖社会发展的整个历程，记载一地兴衰成败得失。它要求修志者必须知晓方志理论知识，具备一定的人文与自然科学的常识、熟悉本地历史、地理、经济社会发展状况，了解本地风土人情。由此可看出地方志编纂是一项非常严谨工作，编纂出的地方志书如果不能系统、全面、客观地记述当地自然、政治、经济、文化和社会的历史与现状，那么志书就不符合要求。一个上知天文、下知地理的人太难找，退而求其次，县史志办在编纂工作启动后，抽调 11 名熟稔贺兰风土人情，熟悉贺兰政治、经济、自然各方面的人，组成《贺兰县志（1980—2005）》编辑部。把他们组合起来，在编纂工作上实现 1 +1 >2 的效果。2005 年 8 月，县史志办提请县委召开第二轮修志启动动员会议，会后对抽调人员进行志书体例、标点符号、出版法规等与编纂相关的第二轮修志知识培训，防止出现编纂资料不全、不实，篇目设置不科学、不合理，语言记述质量不高，照搬原始资料、记流水账，文过饰非，交叉重复内容处理不好，详略不当，校对粗糙等影响志书质量的问题。县史志办报请县委、县政府批准成立第二轮修志工作办公室与《贺兰县志（1980—2005）》编辑部，抽调熟悉贺兰县各方面情况 7 名老干部、聘请 4 名社会人员征集县志资料，参与部门志编纂指导、审核及县志编纂，自此贺兰县第二轮修志工作正式启动。

史志办根据《贺兰县二轮修志工作实施方案》《〈贺兰县志（1980—2005）〉编纂方案》，按照每个编纂人员的知识水平、工作能力把《贺兰县志》志稿划分成若干块，每人自资料征集至志稿总纂前的分纂稿完成，各负责一块，编纂工作成绩与年度实绩考核挂钩，奖优罚差，鞭策鼓励每个工作人员尽心完成工作。部门志分成若干部分，每人负责若干部门志的编纂指导、审核工作，工作实绩同样与年度考核挂钩，奖优罚差。

## 二　多途径、多方式征集资料

资料是编纂志书的原材料，拥有翔实的资料是编纂一部合格志书的保证。征集资料是编纂方志工作的第一步，也是一个重要的步骤，涵盖收集、整理、鉴别、管理、利用等多方面。编纂工作启动后，编辑部在县有线电视台发布修志资料征集通知，在县城各个广场、乡镇集市张贴修志资料征集通知，形成全民修志的舆论氛围。

编辑部对照编纂方案确定资料时间上下限，收集资料的种类、范围后，采取先难后易、先远后近、先外后内、先老后少的做法，一步一步地将需要的资料收集齐全。通过到各单位和档案馆查阅资料、电话约谈事件经历者、网络互动、实地寻访等方式征集资料、核实资料。

采用文字记述、测绘、拓印、摄影、录像等方式收集文字资料、图书资料。因为条件限制没有采取录像而用录音方式收集口传故事、历史见闻、回忆资料。工作场地条件差是当下全国大多地方史志办面临的最大问题。志书编纂完成后，因为受办公场所狭窄、管理不便等因素影响，发生了搜集、整理的资料大量失散的现象。

编纂期间，《贺兰县志（1980—2005）》编辑部组织编纂人员外出征集资料一百余次，与相关单位座谈召开资料征集会议 9 次。其中一名老干部在 20 世纪 80 年代初期时任县委书记，参与宁夏农业生产体制改革，贺兰县、原固原县（现为固原市原州区）为当时宁夏川区、山区改革试点县。十一届三中全会召开不久，全国对改革抱怀疑态度的人很多，宁夏全区亦是如此。当时贺兰县县委、政府领导层内部对于农业体制改革存在分歧，有很多人不支持改革试点，作为上级党委、政府政策执行者，这位老干部力排众议，在全县选取两个公社作为改革试点，给予试点公社一定程度的自由生产经营政策，一年的试点工作为宁夏农业改革提供详细参考资料。随后，宁夏以贺兰县试点经验开展川区农业改革试点。作为贺兰县改革试点的决策者，这位老干部对宁夏农业体制改革、贺兰农业发展贡献很大，县史志办探访这名老干部就达到 7 次。在写经济体制改革志中，有人提出应找到当年农业体制改革贺兰改革试点的两个公社书记、主任了解情况。县史志办派人前后 4 次采集到 4 人的工作笔记与口述资料，并将资料与档案馆的有关资料一一核实，找其他人员进行印证。对于工业体制改革，县史志办找到当时县计经委领导、干部了解情况、征集资料，并将资料与县档案馆馆藏有关资料进行核实，防止入志资料因个人自我表扬而放大实迹。

## 三　汇聚大众智慧，编纂高质量志书

整个编纂阶段，县史志办从各单位、部门征集到超过 1600 万字文字资料、超过 500

幅图片资料；征集到个人送来资料40多篇，有价值的资料12篇，珍贵图片15幅。通过互联网征集资料超过150万字。

2007年1月，组织人员第四次对《贺兰县志（1980—2005）》篇目进行较大调整，增加地方特色，突现时代特点，使续志稿更加科学、合理，为志稿的总纂做好基础工作。2008年，完成了118万字的《贺兰县志（1980—2005）》初稿编纂工作。2010年12月，组织自治区、银川市地方志专家学者与县编纂委员会成员对《贺兰县志（1980—2005）》稿进行初评，志稿通过审核。之后，根据与会专家所提意见，又对志稿进行了四次修改和部分资料的补充完善等工作，形成市级送审稿，送银川市地方志办公室审核，根据审核意见进行修改，形成区级送审稿，送自治区地方志办公室审核，又根据审核意见修改，形成正式稿件，送交出版社审核，审核通过后于2013年正式出版。

编纂过程中，编辑部一直注意接受各方的建议，在不违背志体、政治观点的前提下对志稿篇目内容进行调整、修改。有学者反映贺兰县的前身宁夏县始建于雍正二年（1724），上轮县志记载为雍正三年（1725），编辑部翻阅多部资料校对，改录为公元1724年。有一位老干部简历被记录错误，编辑部多次核实后，在《贺兰县志（1980—2005）》中予以更正。

## 四　实行一编一审一校制，用心做好志稿审核、校对工作

编纂工作启动，县史志办按照《贺兰县二轮修志工作实施方案》制定了资料征集制度、志稿编纂工作制度与验收制度。县史志除主编、一名资料征集负责人外，采取每个编纂人员按照《〈贺兰县志（1985—2005）〉编纂方案》负责一部分内容质量的编纂承包制。从征集资料审核到分纂稿编纂、审核、校对，每个编辑人员既是资料征集者、编辑，又是校对人员，全程对志稿质量负责。在志稿编纂工作制度与验收制度中编辑部把校对误差规定在万分之一以下，高于国家图书出版标准。这样做虽然在时间上有所延迟，但在质量上却得到保证。

为保证志书经得住推敲，经得起后人考证。县史志办加强编纂工作管理，在编纂中实行一编一审读一校对，志稿交总纂前，由分纂编辑对志稿进行一次通读，逐字逐句斟酌校对，分纂编辑认为无差错后，交编辑部，此为一编一审一校对。编辑部将各分纂志稿收集分发给其他分纂编辑通读、校对，在编辑部内部实行交互轮校，修改校对后交主编总纂，此为一审读一校对。通过内部互校，发现许多自己当时不易发现的问题和差错，尽可能地把志稿编校差错降到最低。主编对志稿总纂后再送编辑部，分发给各位编辑人员通读、校对，校对后再交主编修改，此为一编一审读一校对。志稿再次修改后交编辑部，由编辑部分发给总编与其他编委会成员及军事、保密、民族宗教等部门审阅，征集修改意见建议。再次修改后，再在编辑部内部进行一次通读、审核、校对，主编根据各方意见修改后，送县编委会初审评稿。

加上最后出版社的三审三校，《贺兰县志（1980—2005）》至少做了到六审六校。截至2015年6月，《贺兰县志（1980—2005）》出版已经两年，发现差错没有超过万分之一，

达到了编纂初期制定的保证志书质量的目标。

总之，提高志书的质量，无论是在志书篇目设计、资料收集、志稿编纂与评审，还是在最后志书出版印刷的每一个环节，都不可以麻痹大意。修志工作者要将创新、务实与与时俱进的精神结合起来。像画山水画一样修志，达到多一笔色彩太重，少一笔韵味失去的境界，以高质量作为编纂工作的标准，即使出不了百年名志，最起码能完成一部合格的志书，能经得起时间考验，对得起一方百姓。

（作者单位：宁夏回族自治区贺兰县史志办公室）

# 省志采用篇章节与条目结合体存在的缺失

## ——以《河南省志（1978—2000年）》为例

李 娟

**内容提要：**篇章节与条目结合体是省志采取的一种全新的篇目结构形式，是一种创新。在具体编写过程中由于对条目理解的偏差和设计上的缺陷，出现了层次不突出，逻辑不严密，内容交叉重复，主次颠倒，缺乏整体性等一些共性问题。本文分析了问题产生的原因，并针对这些问题提出了一些解决办法。

**关键词：**省志 篇章节与条目结合体 创新 共性问题

省志作为三级志书中的最高一级志书，与其他志书相比，既有广泛的共性，又有独特的个性，这些特性主要从形式和内容上表现出来。省志的地域性、综合性、系统性、多卷性等特征，要求省志在做总体设计和制定编纂方案时，对篇目结构要仔细斟酌，长远规划，慎重决定。因为这决定着志书形式是否合理规整，内容摆放是否科学有序，整部志书是否和谐统一，关系着整部志书的编写质量。

《河南省志（1978—2000）》采用了篇章节与条目结合体的结构形式，这是省志一种全新的篇目结构。篇为最高层次，总述、大事记、各专业行业归类和附录、索引均独立成篇，一级并列。篇下设章，章下设节，节下内容以条目形式展开，条目为实体，以时为序，直陈其事。节下主要设三种类型的条目：综合性条目、主体性条目和典型性条目。三种条目在功能上是面、线、点的关系，总体上构成一个社会的立体空间，体现出社会的广度、深度和闪光点。写时有内容分工，相互充实配合，体现整体功能。综合性条目反映一个面，主要概括大势大略，时间的跨度可大些，主要过程可简些。主体性条目反映某一条线或某一方面的情况，是志书的主体部分，写时要说清主要过程、主要措施、主要成果和主要问题，时间跨度要相对适中。典型性条目反映一个点，是对主体性条目中难以述及的典型事物的提取和扩展，要突出新时期的特点特色，新点亮点，要有典型意义，这类条目是反映时代特色和地方特色的重要载体，写时要注意信息量和典型性。

首轮省志大多数采用的是篇章节目体，优点是：结构严谨，内在逻辑关系紧密，具有不可拆卸性；整体性强，容纳量大，便于反映事物之间的关系。这种体式序列清楚，层次明晰，领属严密，结构规范。第二轮河南省志编写的是改革开放20多年间全省在政治、经济、文化、社会等各方面的发展变化，相对于首轮志书，内容更加丰富，出现许多新事物，需要我们采取更加合理的结构形式来完整体现。将省志篇目设计为篇章节与条目结合体的初衷是在第二轮修志中探索一种更为理想的篇目结构形式，克服篇章节目体形式呆板，缺乏灵活多样性，给人千篇一律的格式化、模式化印象的弊端。吸收条目体层次简单，标题鲜明，结构灵活，包容宽泛，能减少上下左右相互间的牵制和互相制约的复杂性，具有灵活性、独立性和可拆卸性的优点，使新编志书既符合志体的发展趋势，又具有较大的灵活性和包容性，既有较严密的整体性，又能更好突出时代特色和专业行业特色。

《河南省志（1978—2000）》从2001年启动至2014年年底，累计成稿并送审127个单元，占总数的93%。在10多年的编纂实践中，通过大量的评稿、审稿、改稿，发现省志采用篇章节与条目结合体在实际编撰过程中出现了一些共性问题，有主观上的编写问题，也有客观上的设计缺陷。如何改进完善这些问题，是我们在编纂实践中需要进一步探讨的。

## 一 条目层次不突出，结构松散，逻辑性不强

逻辑性的缺失主要表现在形式和内容两个方面。在形式上，篇章节与条目结合体同篇章节目体一样在宏观上都是以篇、章、节分类编排，不同的是，篇章节目体节下一般设有无题小序，之后按横分门类原则用一、二、三、四数字序号排列各目，目为实体，目下以时为序叙述事实，目下也可根据需要设子目、小目、细目，分别用不同的数字序号来标注，一环扣一环，联系紧密；篇章节与条目结合体节下不设无题小序，条目前不加数字序号，目下不再设子目、小目、细目，而是设综合性条目、主体性条目、典型性条目3种条目，分别反映宏观、中观、微观内容，一级排列。如果从内容的宏观、中观、微观层次划分，综合性条目、主体性条目、典型性条目也可称为一级条目、二级条目、三级条目。但在形式上，由于综合性条目与主体性条目字体字号统一，两者是区分不出来的。典型性条目用不同的字体字号与前两种条目区分，但典型性条目是独立的条目实体，虽然在层次上低于综合性条目和主体性条目，但表现形式是独立的。由于条目不加数字序号，从形式上看，三种条目层次不突出，形式不严密；尤其是从目录上看，因为目录中条目标题不用鱼尾号【】括注，也没有数字序号标注，标题文字多的条目集中在一起，看到的是一大片文字，形式模糊，条理不清。

对比一下，加上数字序号的目录从形式上看要清楚、条理许多。这个例子是节下只有综合性条目和主体性条目，如果有典型性条目，用不同字体来表示，情况也不容乐观。如：

第三十六篇　群众团体
　　第一章　工会
　　　　第一节　机构组织
　　　　　　简述
　　　　　　权力机构
　　　　　　　　河南省工会第十次代表大会

河南省工会第十一次代表大会
工作机构
市地总工会
省产业工会
直属大基层工会
基层工会
新建企业组建工会
第二节　维护职工民主权利
简述
推行平等协商和集体合同制度
推行职工代表大会制度
中华全国总工会在郑州召开民主选择企业经营者座谈会
新乡国营第七六零厂职代会罢免案
洛阳市色织一厂民主选举厂长

加上数字序号：

第一章　工会
第一节　机构组织
简述
一、权力机构
1. 河南省工会第十次代表大会
2. 河南省工会第十一次代表大会
二、工作机构
三、市地总工会
四、省产业工会
五、直属大基层工会
六、基层工会
新建企业组建工会
第二节　维护职工民主权利
简述
一、推行平等协商和集体合同制度
二、推行职工代表大会制度
1. 中华全国总工会在郑州召开民主选择企业经营者座谈会
2. 新乡国营第七六零厂职代会罢免案
3. 洛阳市色织一厂民主选举厂长

首轮《河南省志》目录只列到目一级，而第二轮《河南省志》目录是综合性条目、主体性条目、典型性条目都在目录中体现，如果 3 种条目都不加数字序号就显得凌乱，没有层次。加上数字序号效果会有所不同，但会存在这样的情况：一个主体目下如果只有一个典型目的情况下是不用加数字序号的。

在内文中，综合性条目和主体性条目字体一致，标题用实心鱼尾号【】括注，典型性条目是用不同的字体字号和空心鱼尾号〖〗与之区分。综合性条目和主体性条目在形式上没有区别，而节下的 3 种条目中，综合性条目是每节必设且只有一个；典型性条目是有则设，没有不必设；主体性条目是一节的主体，必须设，而且数量最多。所以说每节的 3 种条目中，主体性条目占据了大部分，而综合性条目和主体性条目在形式上的相同性造成了条目间没有区分，没有层次。而鱼尾号的标注更是从视觉上割裂了文字，将整节内容划分为块，削弱了整体性。

在内容方面，由于有的承编单位对资料缺乏梳理归类，往往是将手头的资料简单地罗列在一起，不区分不同类型的条目；有的将典型性条目误列为主体性条目，从而造成主次颠倒，逻辑混乱。如：

第三十六篇　群众团体
　第八章　河南省文学艺术界联合会
　　第三节　文艺创作
　　　简述
　　　创作队伍
　　　创作座谈
　　　理论研讨
　　　文学创作成果
　　　曲艺创作成果
　　　杂技创作成果
　　　音乐创作成果
　　　舞蹈创作成果
　　　电影电视创作成果
　　　美术创作成果
　　　书法创作成果
　　　摄影创作成果
　　　民间文艺创作成果

这一节共列了 13 个主体性条目，除了前 3 个是主体性条目，后 10 个条目其实分别只是创作成果中的一部分，应当合并为一个条目【创作成果】才能作为主体性条目与前 3 个条目并列，这样才能在内容上平起平坐，才符合逻辑。

另外一种情况是由于缺少资料，有的条目难以归类，节下设的主体性条目本质上是典型性条目。如：

第二十九篇　旅游服务业
　　第二章　餐饮服务业
　　　　第一节　餐饮业
　　　　　　简述
　　　　　　豫菜
　　　　　　洛阳酒家
　　　　　　开封第一楼包子馆
　　　　　　合记烩面馆

这一节共列 4 个主体性条目，如果按照现在的分类标准，后 3 个条目应该是典型性条目，都属于餐馆这一类，与【豫菜】不是一个层次的条目，应该加一个条目【餐馆】才能与上一个条目并列，这 3 个条目则作为【餐馆】之下的典型性条目。

由上面的例子可以看出，由于条目的单纯性和形式的简洁性，不加数字序号的条目形式比较适合于辞书或年鉴等内容相对单纯的书籍。用条目来承担叙述断限 20 多年，内容庞大复杂的省志在实际编写过程中困难很多，层次感不强是很难逾越的障碍，如果加数字序号又失去条目体的意义，目前只能用字体字号不同或加重字体颜色来区分。

## 二　综合性条目多重设置造成内容的交叉重复

志书的综合性和百科性决定了志书最适宜的体例形式是横分门类，纵写史实。横分门类的缺陷造成了事物的割裂，难以表现各门类事物之间的相互联系和逻辑关系，难以表现专业、行业或事业的整体面貌。为了克服这一弊端，现代志书一般采用设立总述篇，或在篇下、章下设概述的方法来加强志书的整体性。《河南省志（1978—2000）》采取的措施是设置了 3 种类型的综合性条目，分别为：篇下综述、章下概述、节下简述。综述、概述、简述都是综合性条目，分别从不同层次概括篇、章、节的内容。综合性条目要求概括、浓缩、简练，其作用：一是把节下各自独立和分散的条目联珠串玉，浓缩到一个平面上来；二是承上启下，协调章、节与条目关系，使整部志稿形成一个严密的有机整体，人们看了这些综合性条目，便能对全篇、全章、全节的基本情况有个大概了解。篇下综述要综合全篇的情况，融合各章的内容，写出一个行业的综合情况；章下概述要把各节的内容浓缩到条目中，综合共性，横陈要项，其作用是使人看了概述后能对全章的内容有个大致的了解。节下简述要概括节下各个条目的内容，把节下各自独立分散的条目串联起来，帮助读者了解全节的内容。

在评稿、改稿过程中发现，综合性条目普遍存在内容缺失、单薄空洞、形同虚设的问题，有的则存在工作总结的痕迹。内容空、虚的主要表现是整个条目没有实质内容，往往是条目开头先就篇、章或节的标题解释几句，中间就全篇、全章、全节内容抽象地概括几句，最后再笼统地总结评论几句。整个条目时间跨度大，有的直接从上限年到下限年，中间没有过渡；有的只有上限年时间，没有下限年时间，缺少时间要素；有的甚至整个条目中没有一个明确的时间概念，用的是“近年来”“这些年”“长期以来”等这些模糊的时间概念。内容中没有必要的数据和事实，没有动态变化，看不出转折发展，给人的整体感觉是空洞无物，虚话、套话、泛论较多。总结体的写法则是开头先抽象地总结几句，之后人为切块，分项罗列，最后再表明一下态度或展望一下未来。具体来说，综述的问题是概括不全面。第二轮《河南省志》采用一卷多志，篇下按照科学分类和社会分工实际共设10卷50篇，除了水利、教育、科学技术、社会科学等篇单独由一个承编单位承担外，多数篇都是由几部分内容综合而成，由对应承编单位共同完成。这些合并的篇下综述指定由一个承编单位来承担，被指定单位一般是在篇中内容占分量比较多的单位。篇下内容虽然归为一类，但隔行如隔山，一个部门对其他部门的情况并不是十分了解，如何才能高屋建瓴，统观全局，这需要相当高的概括能力和写作水平。所以由一个承编单位完成这一任务，具体实施是有困难的，协调工作难度很大。如，第四十三篇文化篇由体制改革、社会文化、公共图书馆、戏剧影视、曲艺、杂技、音乐、舞蹈、美术书法摄影、文化市场、文学、文物事业、档案事业、方志编纂等15章组成，其中除了文物事业、档案事业、方志编纂外，其他12章都由省文化厅承担编写任务，综述也由省文化厅承担，所以该篇综述成稿后发现，内容主要概括的是省文化厅主管范围的内容，也就是前12章的内容，缺少文物、档案和方志编纂的内容。再比如，第三十六篇群众团体篇，下设工会、共产主义青年团、妇女联合会、工商业联合会、残疾人联合会、归国华侨联合会、社会科学界联合会、文学艺术界联合会、科学技术学会、红十字会10章，分别对应10个承编单位，该篇综述需要完整概括20多年间河南省10个群团组织的基本情况和发展变化，编写难度很大，由哪个承编单位来承担这一任务很难确定。第二轮《河南省志》有10卷50篇，对应有50篇综述，目前还缺少12篇综述，这中间有的是承编单位表示不了解情况无法完成，有的是无法落实承编单位。所以，在制定篇目方案时，具体操作性也是要重点考虑的问题。落实承编单位，落实具体承编内容，签订承编责任书，要想尽一切办法让任务明确，不留隐患。否则，一旦进入编写阶段，再去落实承编单位是非常棘手的问题，不但影响了志书的进度，也会影响志书的质量。概述和简述普遍存在的问题是：条目中没有时间要素，内容过于简单、空泛，或者是与条目的内容在文字上完全重复，概括性不够，没有起到应有的综合作用，有的简述仅仅起到编写说明的作用。

综合性条目的写作难度大，志稿中这些条目的写作质量差有多种原因。一是编写人员本身的能力有限，没有把握写作要领，对综合性条目的理解还不够深入。在综合性条目的定义是上届志书章下或节下无题序言的扩展和充实，但并不等于无题序言。无题序言比较灵活，在内容和形式上有伸缩性。而综合性条目作为一个完整的条目，是全篇、全章或全节内容的浓缩和提炼，要求要素要全，内容要完整。综合性条目需要在掌握全盘资料的基础上将资料消化吸收，融会贯通，再按照事物发展的主线概括事物发展的过程。要求编写者站在全篇、全章或全节的高度，从宏观勾勒全篇、全章、全节的全貌，反映事物发展的兴衰起伏，揭示各事物间的内在联系，彰明因果，显示特点与规律，从而起到纲领性作用。综合性条目是实实在在的条目，要有实际内容。这个实际内容包括各个发展阶段的要项数据，要显现事物的发展变化，要概括出历史发展阶段，写出事物发展脉络和活动轨迹。综合性条目的撰写主要有以下几种手法：1. 概述始末。即抓住主线，概括出历史发展阶段，写出事物发展脉络，写明前后沿革关系。2. 综说要项。要综合各种具体事物的共性，概述其发展大的趋势，尽量避免陷入细枝末节的叙述。3. 横陈要项。对各个发展阶段的叙述，要注意横陈各要项数据，尤其是下限年的数据。4. 揭示规律。要注意用资料显示事物的内部联系；彰明其前因后果和突出特点，显现事物的转折变化和历史经验教训。要注意的是综合性条目并不是全篇、全章或全节内容的简单相加，而是全篇、全章、全节内容的概括、归纳和提炼。所以，写好综合性条目首先要理解其定义，明确写作要求；其次要充分占有和消化资料，把资料作为自己的语言灵活运用；第三还要具备相当的写作水平。由于不具备上述 3 个条件，在编写过程中，一些承编单位为了完成任务，拼凑了一个综合性条目来应付。

另外一个原因是：综合性条目的多重设置增加了编写难度。比如简述，有的节除了简述，只有两个主体性条目，本身内容就很少，还要写简述，没有内容可写，或是一两句话就可解决问题，单设一个条目来写，意义不大，有点勉为其难，牵强附会，流于形式。条目是实体，要求有完整的内容以及时间、过程、结果等条目要素，它不是引子或说明，也不是无题序，写的简单不符合条目要求，说不清内容，起不到概括作用；写的详细必然会与其他条目内容重复，不如章节体的无题序灵活易操作。

由于上述原因，综合性条目的实际编写效果不理想，质量不高，反而削弱了志书的整体性。另外还有一些特殊情况，如：市地县概况篇本身就是概况，再加上综述、概述、简述这些条目，有重复累赘之嫌。同样是篇章节与条目结合体，《安徽省志》采取了各分志均设概述，篇、章、节下可根据前后志衔接的需要，设无标题小序的办法，这样操作起来会相对容易一些。

## 三　主体性条目内容缺失，影响志书的整体性

顾名思义，主体性条目是节下内容的主体，是支撑一节内容的主干，但在一些志稿中，由于分类不合理，主体性条目被分割得零碎、散落，条目内容单薄、空泛，叙述不到位，作为省级志书站的高度不高，写作角度偏狭，不是从全省的角度来叙述某一方面的史实，往往是罗列一个个独立的事件，给人只见树木，不见森林的感觉。

3 种类型的条目中，综合性条目每节必有且只有 1 个；典型性条目设在主体性条目之下，是从主体性条目中衍生出来的，有则设，没有则不设，不作强求；只有主体性条目反映的是全节的主体内容，是全节的重点，也是 3 种条目中数量最多的条目。一般来说，每节至少要有 2 个主体性条目，少于 2 个，就支撑不起一节的内容，就要考虑与其他节合并。在实际编写过程中，有些承编单位对于主体性条目的理解不到位，往往为了便于编写，将主体性条目割裂为一个一个的典型性条目来写，对内容缺乏有效的梳理归类和概括整合，从而造成主体性条目内容空洞、单薄。有的主体性条目基本上是简单概括抽象几句，没有重要的时间段，没有必要的数据和事实，没有实际内容，有的演变为只有几句过渡性的文字或名词解释甚至成为一个空的标题，我们称之为条目空设。如第四十四篇新闻

出版中第三章出版的第五节出版物发行中的一个主体目【发行机构】，条目内容是："1978—2000 年，河南出版发行业得到持续全面的发展壮大，逐步形成了以新华书店为主体，国有、集体个体发行机构并存的多种所有制，多条发行渠道，多种发行形式的出版物发行格局。全省有国有发行单位 146 个，集体个体书店 4028 个，摆脱了计划经济的束缚，形成了开放型的市场，为货畅其流、书尽其用创造了条件。"条目下设了 6 个典型性条目，分别为〖河南省新华书店〗〖河南省外文书店〗〖河南出版对外贸易公司〗〖出版社自办发行部门〗〖企事业自办书店〗〖集体个体书店〗。从这个条目来分析，主体性条目只有 140 字左右，只有一个时间要素 1978—2000 年，只有国有发行单位 146 个和集体个体书店 4028 个两个数据，作为主体性条目内容太单薄，而大量内容放在了下列的 6 个典型性条目中。而这 6 个典型性条目并不完全典型，真正算得上典型性条目的只有〖河南省新华书店〗〖河南省外文书店〗〖河南出版对外贸易公司〗这 3 个独立的发行机构，其他 3 个典型性条目的内容具备一定的综合性，应该涵盖在主体性条目中，应将这 3 个典型性条目删除，内容补充到主体性条目中。

条目是实体日，要有实实在在的内容。尤其是主休性条目，记述的是节下某一方面的主体内容，是各节最重要的基本记述实体。其撰写方法是以时为序，纵述始末。一般都是以时间为形式主线，以事物发展为实质主线，分年与分阶段相结合记述变化和结果。写时要说清主要过程、主要措施、主要成果和主要问题。

主体性条目被写空的重要原因：一是编写者缺乏对内容合理归类，简单地将内容分解为若干个条目，把主要内容放在典型性条目中写了。如第四十四篇新闻出版中第三章出版的第三节音像电子出版中的一个主体性条目【音像电子制品】下列 5 个典型性条目，分别为〖录音带类〗〖录像带类〗〖VCD 类〗〖CD 类〗〖CD－ROM（电子产品）〗，这 5 个条目严格意义上说不是典型性条目，因为不具有典型意义，编写者在主体性条目下设置典型性条目是为了便于编写，因为如果把这 5 项内容合并在一起写，容易出现时序混乱或划块写的情况，这样是不符合条目写作要求的。二是对条目理解偏差，主体性条目与典型性条目没有区分开来。主体性条目相对于典型性条目来说有一定的综合性，它记述的是一个方面的内容；典型性条目内容相对单一些，而且一定是具有典型意义体现亮点的内容。三是条目分类过粗，操作起来有一定的困难。

修改主体性条目注意要去虚补实，开门见山，以时为序，直述其事。按照时间顺序，用事实数据说话，尽量减少教科书式的解释和抽象的议论，补充重要年份、重要活动、重要结果。也可将不必设的典型性条目删除，将内容并入主体性条目中，充实主体性条目的内容。所谓重要年份：一是本轮志书上下限的年份；二是记述事物改革前后的年份；三是断限内每个五年计划结束时的年份；四是被记事物高峰或低谷时的年份。

主体性条目中另一个问题是目中有目。按条目体要求，条目是独立的，是最后一级，条目中不能有数字序号，也不能像篇章节体那样，在目下还可设子目、细目。由于省志叙述的是 20 多年全省各行各业的发展情况，内容复杂多样，按照志书以时为序的写作要求，在实际编写过程中很难操作，所以有的编写人员就在条目中采用加数字序号或是用黑体字标注划块写，造成目中有目的情况。

## 四　典型性条目设置过滥，导致本末倒置，违背条目设置的初衷

每二轮《河南省志》中设置典型性条目的目的是为了将改革开放中的一些亮点、闪光点突出出来。典型性条目是主体性条目的补充和展开，它从属于主体性条目。典型性条目形式灵活，可以增强志书的信息含量以及可读性和实用性。但是对典型性条目的设置一定要注意精选精设，不可过细、过碎。要注意选取最有代表性、典型性的人或事，坚持当设则设，不当设一定不设。3 种类型的条目中，综合性条目和主体性条目一定要有，但典型性条目是有则设，没有则不设，千万不可因滥设典型性条目冲淡了主体性条目的地位，从而造成主次颠倒，本末倒置。典型性条目过多，典型性也就显示不出来了，它的作用也演变为承接主体性条目的分层问题，相当于篇章节目体中的子目。如：

第五篇　人口
　　第一章　人口状况
　　　　第一节　人口总量
　　　　简述
　　　　人口自然变动
　　　　　　生育率变化
　　　　　　城乡生育水平差异
　　　　　　城乡死亡率差异
　　　　省际人口迁移、流动
　　　　　　十万建筑大军出太行
　　　　省内人口迁移、流动
　　　　　　小浪底库区移民

从这一节可以看出，第一个条目【人口自然变动】下的 3 个典型性条目其实相当于篇章节体中的子目，而【省际人口迁移、流动】下的〖十万建筑大军出太行〗和【省内人口迁移流动】下的〖小浪底库区移民〗才是真正意义上的典型性条目。

由于主体性条目是一节的主体，典型性条目是补充，所以节的主要内容是通过主体性条目来实现的。但由于省志记述的是一省在某一方面 20 多年的情况，用一个条目按以时为序的原则叙述清楚是有困难的。所以有的承编单位采取的方法是在主体性条目下再设一个层次的条目，这个条目从层次和形式上看是典型性条目，但内容不是。这样设置条目以后，除了没有数字序号，实质上与篇章节目体并没有什么区别。如第三十三篇人民政府中第三章施政纪要的第二节第六届人民政府施政中的一个条目【农村经济体制改革】，这个条目的内容非常复杂，仅在一个条目中按照以时为序的方法是无法完成的，所以这个条目下就设了 7 个典型性条目，分别从 7 个方面来叙述这个条目的内容，分别是继续稳定和完

善农村经济政策、建立农村经济联合社、改革农副产品收购制度、农村信用社体制改革、发展乡镇企业、调整农村经济结构、改革农村人民公社体制。但这7个条目形式上是典型性条目，内容上不是，与其叫作典型性条目，不如说是子目。这种做法是不得已而为之，其实已失去了典型性条目设置的目的。

另外还有一种情况是主体性条目与典型性条目的区分标准不一致。有的节标题为“某某选介”，如：第十一篇城乡建设第三章村镇建设第三节村镇选介，分别介绍了27个村镇。这27个村镇都是具有代表意义的村镇，有的是繁荣的商贸中心，有的是休闲旅游地，有的是个体手工技艺基地。从内容上看，每一个村镇其实都具有单一性和典型性，应该是典型性条目而非主体性条目。类似的还有企业选介、著述等。这种情况属于特殊情况，需要做出说明，不要造成误解。

从上面所列问题可以看出，对于一部断限20多年的省级综合性志书来说，采用条目体的形式是需要多方面慎重考虑的，理论上的设计最后还要落实到具体操作上。条目体的优势对于时间跨度大，内容复杂的志书实施起来是有困难的，所以我们要对条目体进行演变，将条目体适宜的部分保留，如形式的鲜明和灵活；将不适宜的部分改进，如在条目中可加数字序号。对于加强整体性，将综合性条目的设置改为篇章节下的无题序，这并不影响概述的性质和质量。对于内容复杂的主体性条目可采取划块写的方法，但前提是：划块写的内容要以时为序，要条理清晰。

体例的创新不是脑子里的幻想，不可能只停留在理论上。自方志出现以来，志书体例的创新就没有停止过，概述篇、大事记、章节体，等等。只有不断创新，志书才能不断发展，才能不与时代脱节，才能更好地为人民服务。当然，创新往往伴随的是失败的风险，并非一蹴而就。省志采用篇章节与条目结合体的结构形式运用是否成功，还有待于实践的检验。但敢于做第一个“吃螃蟹”的人，这种勇于创新的精神是难能可贵的。在创新过程中，经验与教训、收获与缺失是并存的。揭开伤疤是为了更好地疗伤，总结经验是为了更好地前行。修志的道路是漫长而艰苦的，我们需要不断地继承、创新，不断地总结、学习。失败不可怕，只要我们始终怀着敬畏历史之心，认真踏实地做好手头的工作，为修志同行留下一些经验、教训，为后世留下一些有用的信息、资料，我们的目的也就达到了。

（作者单位：河南省地方史志办公室）

# 关于地方志编目设置规范的理解和体会

李志刚

**内容提要：** 编目的设置是地方志编纂的体例框架和撰写纲要。以记述事物横排竖写、事以类聚为基本原则，以区域发展特有历史、特色文化的地情创新，是地方志编目设计以及志书编写的两个基本要素。本文结合《张家口市桥东区志》编写的实践体会，对基本原则和创新条件规范的认识和理解，从编目结构的类型、编目设置的基础、编目创新的条件、编目设置的要素等四个方面阐述观点，供修志同人研讨商榷。

**关键词：** 编目　规范　理解　应用

地方志编目的设置是志书编纂的体例框架和纂写纲要。做好志书编目的设置，要以记述事物横排竖写、事以类聚为基本原则，以区域发展特有历史、特色文化的地情创新为条件加以规范。《关于地方志编纂工作的规定》，要求“地方志篇目设置，应合乎科学分类和社会分工实际……做到门类合理，归属得当，层次分明，排列有序”。《全国首次市县志编纂经验研讨会纪要》提出篇目升格的三个条件：“升格的事物确系本省或全国公认有重大影响的；确系本地占有重要资料、科学地位和价值，能够体现地方特色的；不会自乱体例的。”上述规定和纪要是地方志编目设置的规范性意见。

商务印书馆出版的《辞源》对“规范”词条的注解是：“法式也。【孙安国文】所以恢弘至道，示人主以规范也。”地方志记述事物的基本原则和编目设置的创新条件，就是志书编纂的规范。志书要成为精品佳作，必须遵守基本原则和创新条件的“法式”准则。结合《张家口市桥东区志》（通志）（简称《桥东区志》）编纂实践，笔者对地方志编目设置的规范有以下理解和体会。

## 一　章节中编——编目结构的类型

中编体编目结构，取大编体结构严谨、层次分明和小编体分类科学性强的优长，避大编体分类缺乏科学性和小编体结构缺乏严密和系统的缺陷，在记述事物分类上更具有科学性、合理性，是目前城市区志编纂采用的主要类型。

《桥东区志》的编目结构，采用的方式是章节体类型的中编体。记述方式为述、记、志、传、图、表、录，包括序、凡例、概述、大事记、志文、特记、附录、编后记等。一级编目总体设计按地理、政治、经济、文化四大部类划分，设 25 编（148 章 610 节 160 余万字），即第一至五编京张铁路、建置区划、环境·环境保护、人口·人口控制、城市建设；第六至十六编中国共产党地方组织、综合党务工作、地方人民代表大会、地方人民政府、综合政务管理、综合经济管理、地方政治协商会议、民主党派·工商联、人民团体、军事、审判·检察·公安·司法行政；第十七至十九编经济综情、商业·金融业、工业·建筑业；第二十至二十五编科学技术、教育、医疗卫生、文化·地方志·体育、民俗·宗教·方言、人物等。设置特记1编（4章13节）。附录文史资料8篇。特记《生态宜居城市建设》是城市建设编的增记，附录是编目内容的丰富和补充。

## 二　基本原则——编目设置的基础

志书记述事物分类的原则，是志书编目设计的基础。历代的志书对地方志记述事物的基本原则，都曾做过比较严格的规范。时代发展对志书记述事物的基本分类有所变化，但横排竖写、事以类聚的基本原则都在遵循。

1. 遵守分类原则

科学分类是编目设计的原则。《桥东区志》将记述事物基本划分为地理、政治、经济、文化四大部类。编目设计按四大部类划分和排序，编目设置：地理部类设5个编目；政治部类设11个编目；经济部类设3个编目；文化部类设6个编目（包括人物编）。

2. 符合社会分工

根据社会分工是编目设计的另一原则。《桥东区志》在第六编中国共产党地方组织，将党的纪律检查机构、党的纪律检查工作与行政监察工作并入其中，党的纪律检查委员会由党的代表大会选举产生，党的纪律检查工作实行与行政监察工作合署办公的工作体制。在编目的第四章第二节设中共桥东区纪律检查委员会；第七章设纪检监察工作。第七编标题为民主党派·工商联，将民主党派与工商联归为一编，是因工商联不属于民主党派，但也与人民团体组织有区别，中共中央民主政治协商制度，将各民主党派与工商联并行。第十六编标题为审判·检察·公安·司法行政。这个排序是因法院和检察院是审判机关和法律监督机关，对人民代表大会和人大常务委员会负责，公安机关和司法行政是政府下的行政机关，对行政负责。

3. 调整不离部类

编目调整不离部类，就是坚持志书体例严谨标准。《桥东区志》的编目设计上有多处创新，但仍然是在部类之中做调整。创新也应遵守规范。《桥东区志》第一编为京张铁路，将京张铁路提格升编前置，仍列在地理部类中。在经济部类中，倒排编目，农业经济降格，是经济部类之中的调整。将审判·检察·公安·司法行政编和科学技术编与经济部类前后连接，组成一个大概念的经济部类，但两个编目的部类归属不变。

## 三　地情特色——编目创新的条件

编目设计不拘一格体现地情特点，反映自身特色和优势所在，这就是创新。倒置而理解，创新要以地情特色为条件。

1. 提格列编前置

《桥东区志》将京张铁路提格列编，置为首编，符合桥东历史发展的演变过程。1909 年 9 月，举世瞩目的中国第一条自主修建的国有干线铁路——京张铁路全线竣工通车。张家口火车站是京张铁路的终点站，是桥东城区形成的起点，是桥东区历史文化的亮点。1905 年，张家口火车站定址在桥东，天津怡和洋行在火车站周边投资大兴土木工程，桥东始有城市雏形；铁路机车修理厂的建立、怡安商业街区的兴建，桥东始有代表张家口地区的近代工商业；1931 年，桥东区域设置镇街建制，1939 年年初，张家口设市建制，桥东为第一区。张家口火车站是京张铁路沿线 4 个一等车站之一，站舍规格最高；经历百年历史，2011 年入选第三次全国文物普查“百大新发现”。

2. 巧设并列编题

《桥东区志》编目中，设环境·环境保护编和人口·人口控制编。将环境保护和人口控制提置编目标题，为突显国策地位，环境保护和计划生育是我国的基本国策；为弘扬先进，桥东区环境保护分局和计划生育局在张家口市横向排比中，工作在全市处于领先。桥东区环境保护工作 2007 年荣获河北省委、省人民政府“环保工作目标考核优秀县（区）”称号。桥东区计划生育工作 1986 年 3 月荣获“全国计划生育工作先进集体”称号，2001 年 10 月荣获中宣部、国家计生委“全国婚育新风进万家活动先进区”称号。

设商业·金融业编和工业·建筑业编。将金融业、建筑业提置编目标题，就是在大商业、大工业的概念下，突出桥东区区境的金融业、建筑业在全市同行业中的金融中心、建筑领军的地位。中国人民银行张家口中心支行、国家外汇管理局张家口市中心支局等 6 个市级金融机构驻地区境；张家口市规模最大的建筑企业——张家口市第一建筑工程有限公司、河北广建安装工程有限公司、张家口市正东建材有限公司驻地区境。

3. 适宜调整排序

《桥东区志》经济部类中，设置经济综情编、商业·金融业编、工业·建筑业编 3 个编目。桥东区域工商业是经济的主导产业，农业比重低；城市功能调整，工业企业外迁，商业企业迅猛发展。在编目设置排序上，采用倒排编目，顺序为先商业（第三产业）后工业（第二产业），农业（第一产业）降格不列编目，内容在经济综情编中记述。

在大部类之间的排序上，审判·检察·公安·司法行政编排序在政治部类最后，将科学技术编列置文化部类最前，与经济部类前后连接，体现司法服务于经济，科学是经济发展的动力，5 个编目排序的创新设计，贯通了相互之间的内在联系，是对经济部类的拓展。

## 四 体例结构——编目设置的要素

体例结构是志书内容具体的组织形式，就是把志书所要记述的内容排列在一定的位置和空间，使志书成为一个排列有序、组织合理的有机整体。体例结构是记述事物的形式，运用得当，更能充分反映志书的内容。

《桥东区志》体例选用中编体，适合桥东区区情实际的科学编写，适合志书编章层次结构的合理设置。一级编目按地理、政治、经济、文化四大部类划分设25编，在大部类之下，设置编、章、节、目4个层次。编目横排门类规范，竖写层次清晰。在编目排列顺序上，注重四大部类之间的内在联系，选择部类之间关联编目衔接，使整个编目组成合理的有机整体。

《桥东区志》编目的设置平衡编内章目的划分，设置门类“横排有边”，划分层次“竖写有底”。在政治部类中，采用“高携低”的方法设编，即中国共产党地方组织编后，设综合党务工作编；地方人民政府编后，设综合政务管理编和综合经济管理编，编目在形式上虽然分设，但因内容相连保持着贯通。在文化部类中，采用一分为二的方法设编，即将文化内容以创作和俗成划线分为两编，即文化·地方志·体育编和民俗·宗教·方言编，分成两编，各成体系；两编相联又合为文化编的整体。采用“高携低”和一分为二的设编方式，既解决了合编设置章目过多、层次过繁的问题，又将党委、政府中部门机构同列在节目的层次上，形成部门职级的统一性，突出文化在方志中的地位。

总之，在《桥东区志》编纂的全过程中，以横排、类聚的基本原则和地情、特色的创新条件，对志书的体例进行规范。复旦大学国家与传播治理研究中心研究员沈逸，针对一些大学生对论文规范的漠视让人心惊的状况，认为论文规范不是简单地“刷格式”，包含“术”和“道”两方面，“术”作为形式，是必须遵守的准则和格式，而“道”是核心，也就是一种求真务实、探索未知的科学精神。这个观点就是我们在《桥东区志》编纂实践中，对“规范”词条的理解、体会和应用。

**主要参考资料：**

1. 邱新立：《在记述深度上下功夫，增强志书的著作性》，2010年7月28日在《汶川特大地震抗震救灾志》试写稿评读会上的讲话稿，2015年1月在《张家口桥东区志》评审会上，由河北省方志专家评审组提供。

2. 齐家璐、孙继胜：《续志记述事物基本分类研究》，河北省《第二轮志书分志撰稿培训参考资料》。

3. 王朝武、李树德、张守义：《城市区志续志编纂研究》，河北省《第二轮志书分志撰稿培训参考资料》。

4. 沈逸：《张家口市日报》2014年9月10日第三版“一周声音”栏目转登《人民日报》。

（作者单位：河北省张家口市桥东区人民法院）

# 关于第二轮修志谋篇布局的思考

蔺志茹

**内容提要**：在第二轮修志谋篇布局过程中，篇题设置应坚持的原则：一是与时俱进，二是避免内容交叉，三是合乎“自然、政治、经济、文化和社会”的顺序，四是避免拟得太小或太大，五是合乎逻辑，六是避免部门化，七是避免升格滥用。章节的设置应遵循原则：一是子项之和小于或等于母项，二是归类得当，三是与时俱进，四是名副其实，五是排序按主次、先后顺序。

**关键词**：谋篇布局　篇题　章节　原则

2010年以来，笔者开始从事第二轮修志工作，定县志篇目时，由于没有经验和知识，走了很多弯路。现将在第二轮修志谋篇布局过程中的体会与思考简要谈谈。由于知识经验不足，还请同行斧正。篇题设置应坚持的原则：

1. 与时俱进的原则

如：建置篇，首轮县志大都采用这个篇题，与“‘建置’建立设置的部分词义相吻合”（《当代志书编纂教程》，第198页），而第二轮修志都是以“1978年中共十一届三中全会”为上限，所以就不能沿用这个篇题，后将建置区划篇篇名改为政区。

2. 避免内容交叉

如：城乡建设篇，城乡是城镇与乡村的意思，可本篇的章节中没有涉及乡村建设的内容，文后又设置新农村建设篇，这样就存在了内容交叉的现象。后来将新农村建设篇去掉，章节内容分别放入政区篇和城乡建设篇中。

又如：人文景观篇中的章节内容大部分与特色篇、城乡建设篇、农业篇、工业篇等篇部分内容重复，也有县旅游局提供的章节内容，后删此篇，将章节内容调至相应篇章中。

3. 合乎自然、政治、经济、文化和社会的顺序

如：“第二轮志书应该把几个大类的顺序做一些调整，其顺序是：地理、政治、经济、文化、社会生活”（《当代志书编纂教程》，第119页），社会生活篇、风俗篇设置在第六、七篇的位置不妥当，社会生活篇、风俗篇是属于社会部类的编写内容（《当代志书编纂教程》，第457页），应编排放到文后，不应放在文前。

4. 避免拟得太小或太大

如：建筑业篇中设置房地产业管理章，建筑业是专门从事土木工程、房屋建设和设备安装以及工程勘察设计工作的生产部门。其产品是各种工厂、矿井、铁路、桥梁、港口、道路、管线、住宅以及公共设施的建筑物、构筑物和设施。而房地产业是指：以土地和建

筑物为经营对象，从事房地产开发、建设、经营、管理以及维修、装饰和服务的集多种经济活动为一体的综合性产业，是具有先导性、基础性、带动性和风险性的产业。所以建筑业与房地产业不存在包含关系，而是并列关系（2002 年版《国民经济行业分类和代码表》）。后合并一篇，篇名为“建筑业　房地产业”。

又如：“第一，概念太大。如把公安、检察、审判、司法行政归类立题为政法”（《天津市志书编修指导教程》，第 74 页），“政法应当是指‘政法委员会’权力范围之内的那些事务和相关机构，相关工作由中共中央政法委员会统一领导。即中国共产党领导的国家专政机关和专政职能。而政法机关则包括审判机关、检察机关、公安机关、司法行政、国家安全部门、反邪教机构、武警部队等相关的部门”（百度网），后将政法篇篇名改为司法及司法行政。

5. 合乎逻辑

如：财税金融保险篇篇名存在不合乎逻辑的现象，“‘金融’概念太大，它既包括银行、保险，也包括证券、投资等”（《志书年鉴编修随谈》，第 107 页），所以金融与保险不能并列在一起，后拆分成金融业篇、财政税务篇两篇。

6. 避免部门化

如：“2001 年 3 月，XX 县水务局成立”，将水务篇的篇题以部门命名不妥当，应改为“水利”。

7. 避免升格滥用

不该上升成篇的上升成篇，如：设置的国土资源管理篇、对外开放与经贸开发篇。“第二轮志书应将经济综合管理志改为经济调控和经济综合管理志，将负责或服务于经济调控的计划、统计、物价、财政、税务内容和政府的经济综合管理内容审计、监督、工商行政管理、质量技术监督、食品药品监督管理、国有资产管理、出入境检验检疫管理、海关管理、口岸管理、能源管理等纳入其内”（《当代志书编纂教程》，第 246 页），后将国土资源管理篇去掉，章节内容分别放入经济综合管理篇和民政篇中。对外开放与经贸开发不能突出地方特色，后将其章节内容调整至商贸服务业篇中。“无论是‘升格’还是‘前置’，都要注意慎用，否则什么都升格，什么都前置，也就无所谓突出了。”（《当代志书编纂教程》，第 126 页）

章节设置应遵循的原则：

1. 子项之和小于或等于母项

如：体育篇中体育管理章中设置国民体质测试、迎“奥运”活动两节内容，而“体育管理是体育组织中的管理者，对体育管理客体通过实施计划、组织、协调、控制等职能，协调他人的活动，发挥各种资源的作用，实现预定目标的活动过程。”（百度网）体育管理母项中没有体质测试和迎“奥运”活动子项的内容，国民体质测试与人口篇人口素质章中相关内容重复，迎“奥运”活动是群众体育章节中的内容。后将体育管理章设置成管理机构、体育设施、人才培养、体育队伍等节。

又如：卫生篇卫生保健章中设置食品卫生、妇幼保健、饮水卫生、初级卫生保健等节。“卫生检疫，主要记述当地卫生检疫部门在食品卫生、放射卫生、公共场所卫生、化妆品卫生、学校卫生、饮用水等方面进行的工作。”（《当代志书编纂教程》，第 423 页）食品卫生、饮水卫生不属于卫生保健章，子项之和大于母项，后将此两节归入卫生监督章。

再如：文化篇中设置历史文化遗产章，其中设有物质文化遗产和非物质文化遗产两节，这就符合子项之和等于母项的原则。

2. 归类得当

如：卫生篇中设置了卫生防疫一章，“狭义的卫生防疫是指预防、控制疾病的传播采取的一系列措施，防止传染病的传播流行。广义的卫生防疫是指卫生防疫站的卫生防疫工作，包括卫生监督和疾病控制两大部分内容。现在已逐渐由卫生防疫分成卫生监督和疾病控制这两部分独立内容。卫生防疫确切说是指疾病控制的内容。”（百度网）所以，卫生防疫章设置成急性传染病防治、慢性病防治、职业病、计划免疫、卫生监督不妥当，急性传染病防治、慢性病防治、职业病、计划免疫是疾病控制的子项，与卫生监督造成叔侄同辈的现象，后设置成疾病控制、卫生监督两章。

又如：文化篇中的诗词章、歌谣章、联语章、传说章等章。“民谣、谚语、歇后语及儿歌等，多以方言形式出现，具有浓郁的方言特色，既是人民群众在长期的生产、生活实践中创造和广泛流传的通俗语言，又是社会环境、民间意识的反映”（《当代志书编纂教程》，第 487 页），因此诗词章、歌谣章、联语章、传说章是社会部类的内容，放入文化篇归类不当，除此之外他们与群众文艺章、文学艺术章等并列不当。

文化设施章设置文化馆（站）、图书馆（室）、新华书店、剧场影院、网吧管理等节，节与节间并列不当、归类也不当，新华书店概念外延小，应改为书店；网吧管理属于文化市场管理的内容，不属于“文化设施章”的内容。

3. 与时俱进

如：食品与药品监督管理章设置在卫生篇中，“食品与药品监督管理原归卫生部门管理，2001 年前后，各地成立药品监督管理局，后改食品药品监督管理局。区县药监局实行条线管理，属上一级药监局的派出机构，在承接原卫生局药政管理职能的基础上，……食品分散记述”（《当代志书编纂教程》，第 258 页），后根据提供的内容，将食品与药品监督管理章从卫生篇撤出，放入经济综合管理篇中，这样做就是遵循与时俱进的原则。

4. 名副其实

如：对外开放与经贸开发篇中的对外友好交流一章中，其中一节题目设置的是友好区县，不合适，因为“对外经济贸易是指本国对其他国进行的经济、商业上的贸易”（百度网）。

5. 排序按主次、先后顺序

如：政法篇的公安章，节是按照组织机构、维稳工作、基础建设、打击犯罪等顺序设置的，而公安局的法定职责是“打击犯罪、维护治安、行政管理、服务社会”，根据“排列要有次序……其次，排列次序按事物之间的主次关系……”（《天津市志书编修指导教程》，第 71 页），后将打击犯罪设置成第二节。

（作者单位：天津宁河区地方志编修委员会办公室）

# 志书传承的地域文化与社会主义核心价值观之培育

## ——以浙江省海宁市为例

刘 峰

**内容提要**：培育社会主义核心价值观必然要汲取中华优秀传统文化的思想精华和道德精髓。地方志书作为中国文化的重要载体，详细记载各地域文化的传承因素及脉络。海宁为修志之乡，今存明清至民国时期旧志近20种，其记载的海宁地域文化可归纳出爱国为民、自强敬业、诚信正直、友善奉献等核心要素，与社会主义核心价值观内容一致。地方志书承担为培育社会主义核心价值观提供思想养料、提供文化底蕴和历史支撑的功能，需要进一步加大对志书的整理、开发和利用。

**关键词**：志书 地域文化 社会主义核心价值观 传承

习近平总书记指出："中国是有着悠久文明的国家。在世界几大古代文明中，中华文明是没有中断、延续发展至今的文明，已经有5000多年历史了……历史一脉相承，不可割裂。"① 中国地域广阔，中华民族历史悠久，各地域各民族形成了独具特色的地域文化传统，都是中华优秀传统文化的组成部分。作为传承地域文化的重要载体，地方志书对于培育社会主义核心价值观有重要意义。本文试以浙江省海宁市为例，论述志书与社会主义核心价值观之培育。

## 一 地方志书记述海宁地域文化发展历程

一方水土养育一方人，一方人创造一方的地域文化。地方志书有"博物之书"之美誉，忠实记录地方人类活动的历史与现状，包括某一地域的"建置、舆图、疆域、山川、名胜、物产、赋役、风俗、职官、人物、金石、艺文、学校、灾异等情况"②，既有自然环境，也有人类政治、经济、生产等方面的实践活动，是地域文化的重要载体。海宁位于

① 习近平：《在布鲁日欧洲学院的演讲》，2014年4月1日。
② 仓修良：《方志学通论》，方志出版社，2003年，第1页。

杭嘉湖平原南缘，毗邻钱塘江，以观潮胜地为众人熟知。而其实，海宁还是著名的方志之乡。海宁古称盐官，元文宗图贴睦尔天历二年（1329）为祈“海涛宁谧”改为现名。海宁最早的志书为宋代编纂的《盐官图经》（该书现已不存），今仍存明清时期的地方志书近 20 种①。通过探寻各类志书，可清晰得见海宁地域文化传承的地理区位等因素及脉络。

1. 志书记载海宁地域文化传承的地理区位因素

海宁位于江南水网地带，境内河流密布，本地区自古以来“以船为车，以楫为马”②。而此地历代开挖人工河流不止，先后有新塘河、三里港、崇长港、上塘河等。③ 还有在今盐官镇西南 20 公里开挖的百尺渎，《越绝书》记载：“百尺渎、奏江，吴以达粮。”④ 有研究称此段河流后因钱塘江改道归入南岸。⑤ 地方志书还记载海宁硖石镇之东、西二山本相连，后被秦始皇使人凿开，行成市河。⑥ 硖石市河的开挖，更是形成了以硖石镇为枢纽、通达四方的水路交通网。

隋大业六年（610），隋炀帝“敕穿江南河”⑦，其尾段沿用上塘河故道经海宁长安镇到达杭州，海宁遂成为中国南北交通线上重要一站。古代盐官也为横渡钱塘江重要渡口。故自海宁出发，舟楫可直通各大城市，为浙江商业之重要通道。明末著名史学家谈迁（海宁麻泾港人）自豪地说：“宁虽偏僻，介在杭嘉间，襟带江河，舟航马足，固五父之逵也。”⑧

清末以来，陆路交通开始发展。1909 年，沪杭铁路通车，在海宁境内设许村、长安、周王庙、斜桥和硖石五站。1932 年，浙苏公路沿钱塘江海塘自海宁经过抵上海金山正式建成通车，海宁遂成为当时浙江省 75 个县中最早实现通车的 9 个县之一。⑨ 便利的交通，使海宁文化脱离闭塞之困境，与外域优秀文化进行充分的交流和融合，故海宁文化一直秉持博采众长、开放包容的特点。

2. 志书记载海宁地域文化的传承脉络

自远古始，海宁这片土地就闪烁着人类的文明之火。据考古发掘，今在海宁境内发现

---

① 包括《海昌胜迹志》（管元耀纂，民国 12 年）、《海昌胜览》（周春著，管庭芬批订，影印清咸丰二年手钞本）、《海昌外志》（谈迁纂，清浙江巡抚采进本）、《海昌艺文志》（管庭芬撰，民国 10 年刊本）、《海宁念汛大口门二限三限石塘图说》（李辅耀，袁镇嵩，清光绪七年）、《海宁县水利要略》（民国间）、《海宁县志》（金鳌等纂修，影印清乾隆三十年刊本）、《海宁县志》（许三礼等纂，清康熙十四年）、《海宁县志略》（秦嘉系、范骧纂，清光绪八年）、《海宁州志》（战效曾、高瀛洲纂，清道光二十八年重刊本）、《宁志余闻》（周广业著，影印清乾隆五十四年钞本）、《峡石山水志》（蒋宏任修，清）、《硖川志》（潘廷章纂，王简可续纂）、《硖川续志》（王德浩修，曹宗载重订，清嘉庆十七年）、《硖川志略》（蒋宏任纂）、《重刊嘉靖海宁县志》（蔡完、董穀修，清光绪二十四年）、《海宁州志稿》（李圭修，清光绪二十二年铅印本）、《花溪志补遗》（许良谟纂）、《修川小志》（邹存淦纂）、《修川志余》（钟兆彬纂）等。

② 张仲清校注：《越绝书校注》，国家图书馆出版社，2009 年，第 200 页。

③ 《海宁市志》，汉语言大词典出版社，1995 年，第 1 页。

④ 张仲清校注：《越绝书校注》，国家图书馆出版社，2009 年，第 44 页。

⑤ 参见孙忠焕主编：《杭州运河史》，中国社会科学出版社，2011 年，第 11 页。

⑥ 参见〔明〕潘廷章：《硖川志》卷一沿革；〔清〕王德浩编，曹宗载重订：《硖川续志》卷一沿革。

⑦ 〔宋〕司马光著：《资治通鉴》卷一百八十一《隋纪》五，长城出版社，2002 年，第 2255 页。

⑧ 〔明〕谈迁著，海宁市史志办公室点校：《海昌外志》点校本，方志出版社，2009 年，第 1 页。

⑨ 参见浙江省交通厅公路交通史编审委员会编：《浙江公路史》第一册《近代公路》，人民交通出版社，1988 年，第 32 页。

马家浜文化、崧泽文化和良渚文化时期的古文化遗址、遗存共70余处，可证实至少在六千年前已有先民在此地生息。春秋战国时海宁“地界吴越间，彼此分属”[①]，故受到吴与越双重文化的哺育。继越灭吴后，楚灭越，又受楚文化之熏陶。南宋为京畿要县，元、明、清及民国时期为区域中经济最发达之区块。

杭嘉湖地区蚕桑业历史悠久，根据考古出土的绸绢残片可知，在良渚文化时期已有。三国时，陆逊为“海昌（今海宁）都尉并领县事”，上言孙权曰“农桑衣食，民之本业”[②]，大力劝导农桑。到北宋时期，海宁成为杭郡蚕业生产的重要产区。[③] 海宁硖石向以产紫薇绸著名，缫丝工艺独特，“积梅雨水以二蚕茧缥丝织绸，有自然碧色，名曰松阴色，索（享）上价。所缫之丝色特佳”，并曾经为宋皇室贡品，史载“此法本宋宁宗宫禁始为之，一时号为天水碧”[④]。而至明，海宁用所产蚕丝代替现金缴税，[⑤] 可知丝绸业更是繁盛。

历史上海宁所处的地域经历了三次北人南迁，分别是西晋灭亡后在建康（今南京）建立东晋的随迁、唐亡后五代十国的分裂导致北方人大量涌入吴越国和南宋定都临安后的随迁。其中最重要的是靖康之难后宋高宗“驻跸临安”，大批官僚士族和鸿儒学子随之南迁。时海宁称盐官县，接收了大量的人口。据《咸淳临安志》记载，乾道年间（1165—1173）盐官县拥有人口59344口，而到淳祐年间（1241—1252），已上升为140527口，增加了一倍还多。[⑥] 大量的人口输入，带来了厚重的中原文化，海宁遂先后崛起了有“中国第一豪族”美誉的琅琊江左王氏家族、“一门三阁老，六部五尚书”的陈家、被康熙誉为“江南有数人家”的查家、有“忠义之门”之称的许氏[⑦]……各家族书香传承，科甲鼎盛。据相关统计，海宁自唐至清共有进士366人，[⑧] 并衍生了灿烂的名人文化[⑨]及源远流长的藏书文化[⑩]。

海宁的皮影也盛于此时。千年以来，在海宁有皮影文化、灯彩文化、蚕桑文化、潮文化、名人文化、商业文化、藏书文化等多重文化的交汇融合，夯实了海宁文化之邦的基础，为海宁地域文化的形成提供了沃壤。

## 二　海宁地域文化中的若干核心要素

海宁地域文化底蕴深厚，其文化因子以不同的表现形态渗透当地政治、经济、文化和社会生活的各个领域，核心要素可归纳如下：

---

① 李圭修：《海宁州志稿》卷二《沿革》，《中国地方志集成·浙江府县志辑》（22辑），上海书店，1993年，第41页。

② 《嘉兴市蚕桑志》编委会：《嘉兴市蚕桑志》，内部资料，1998年，第6页。

③ 《嘉兴市蚕桑志》编委会：《嘉兴市蚕桑志》，第8页。

④ 〔清〕王德浩、王简可修，曹宗载重订：《硖川续志》卷五《物产》、卷十九《丛谈》，清嘉庆十七年影印本。

⑤ 《嘉兴市蚕桑志》编委会：《嘉兴市蚕桑志》，内部出版，1998年，第11页。

⑥ 参见林正秋：《南宋都城临安人口考索》，《杭州大学学报》1979年5月。

⑦ 海宁地域中马氏、安化王氏、苏氏、杨氏、张氏、渤海陈氏、洛塘周氏、郭沈氏、贾氏、徐氏、蒋氏、董氏、管氏等皆为随宋氏南迁而来。参见海宁市政协文教卫体与文史委员会编：《海宁世家》，人民日报出版社，2012年。

⑧ 《海宁市志》，汉语大辞典出版社，1995年，第909页。

⑨ 参见沈炳忠主编：《影响中国的海宁人》，浙江人民出版社，2008年。

⑩ 历代海宁蔚为大观的藏书文化受到各界学者的关注，参见《海宁藏书文化研究》，西泠印社出版社，2004年。

1. 爱国为民

今日之海宁人，视钱江潮为大自然的馈赠，引为骄傲。然历史上钱江潮无数次带给海宁极大的祸害。在各种史书中“海失古道”“海岸摧崩”及“临海人家千万户、漂流不见一人还”[①] 的悲惨描述比比皆是。所以历代对钱塘江海塘的修筑极为重视，从最初的土塘、柴塘到石塘，修筑的时间也有详细记载。[②] 历代有功于海塘的人士皆受百姓景仰。

在海宁盐官观潮景区今存有清雍正朝浙江总督李卫奉敕建造的海神庙，其正殿之中有三位潮神，居中为臆造之神，两侧之潮神则是真实的历史人物，分别是钱镠和伍子胥。钱镠为唐末占据苏南和两浙的吴越国王，他对外实行保境安民政策，对内则广泛兴修水利，增加田亩，促进本地区的农业生产发展，使吴越国成为五代十国中相对安定、经济繁荣的地区。尤其是钱镠大力建筑钱塘江海塘，造福两岸百姓。史料记载：“至梁开平四年八月，钱武肃王始筑捍江塘……造竹络，积巨石，堤岸既成。”[③] 其留有“钱王射潮”之传说，为后人称颂，被尊为潮神。

伍子胥为春秋末期吴国大夫，他协助吴王阖闾成就霸业。阖闾去世后，他辅佐吴王夫差，屡次规劝。但夫差听信谗言，令其自尽，并于五月初五将伍子胥的尸首抛弃于钱塘江中。有传说“子胥恚恨，驱水为涛，以溺杀人”[④]，为钱江潮的成因。后人感其忠心为国，尊为海神。

对于本土忠义之士，海宁地方志书皆详加记载。《海宁州志稿》卷三十《忠义》记载有传者 70 位，第一位就是抗击安史之乱而为国尽忠的许远，余皆为有功于国、有功于民之士。[⑤] 在志书中还记载有为纪念历代名臣、义士等修建的祠庙。如《海宁州志稿》卷七《祠祀》记载有双仁祠、安化郡王祠、张文忠公祠、许公祠、致忠祠、陈与相报功祠、白刺史祠等共 18 座，纪念抗击安史之乱的颜真卿、出资疏浚河道的南宋安化郡王王沆、刚正不阿的张九成、造福乡里的许汝霖等。[⑥] 这些都表现了海宁人民对爱国为民之士的敬仰。

2. 自强敬业

与潮比邻，潮乡儿女的勇气自是非凡。钱塘江儿女自古有弄潮的传统，宋代周密所作之《观潮》一文对此有详细描述：“吴儿善泅者数百，皆披发文身，手持十幅大彩旗，争先鼓勇，溯迎而上，出没于鲸波万仞中，腾身百变，而旗尾略不沾湿。”潮乡又有“抢潮头鱼”的习俗，即应着潮头去捞取被潮水打晕的鱼，捞鱼者奔跑速度必须超过潮水才能不被冲走。艰苦的环境锻炼了海宁人勇于挑战、善抢机遇、敢为人先的“弄潮儿”精神。数千年与海潮搏斗、保卫家园的历程也陶冶了海宁人民不屈不挠、脚踏实地的自强精神。孙中山先生为海宁题词“猛进如潮”，成为今日海宁精神的核心。

---

① 有学者统计，钱塘江每平均每 2.7 年发生一次大洪涝灾害，3.4 年发生一次旱灾，每 7.3 年发生一次大潮灾。参见曾业松等：《〈钱塘江治理与社会发展〉序言》，中央党校出版社，2004 年，第 4 页；另据《海宁市志》记载，从黄武二年（223）至清雍正年间，海宁共发生特大潮灾 18 次。

② 《海宁州志稿》记录了从唐开元元年（713）至清末宣统年间历次海宁海塘修筑及维修情况。参见李圭修：《海宁州志稿》卷五《塘工》。

③ 王国平主编：《西湖文献集成第 10 册民国史志西湖文献专辑》，杭州出版社，2004 年，第 75 页。

④ 转见赵逵夫编：《历代赋评注 5（唐五代卷）》，巴蜀书社，2001，第 594 页。

⑤ 参见李圭修：《海宁州志稿》卷三十《义士》。

⑥ 参见李圭修：《海宁州志稿》卷七《祠祀》。

自然与人文交相辉映，逐步形成了灿烂的潮文化。潮文化中最震撼人心的是“跳塘壮举”。在修筑鱼鳞石塘以前，塘堤多为柴塘、土塘。每遇江潮肆虐，则塘堤坍塌。到清朝修塘、护塘实行责任制，谁负责管辖的海塘段出了问题，由此造成重大损失，必须以身殉潮，在当时已是不成文的规定。如今在海宁塔山坝上仍然遗存着7座因修塘失败而跳塘自裁的塘官衣冠冢。在现存的海塘上，我们依然可以看到一个个修建海塘的责任人姓名、筑塘长度、筑塘时间清清楚楚地镌刻在鱼鳞塘堤的条石上。正是这有形的海塘与无形的跳塘精神相融合，构成了震撼人心的潮文化的核心价值——敬业守职。

3. *诚信正直*

诚信正直被海宁人奉为最高行为准则。志书记载明代马文烽拾得“贩客失金道旁约百余两”后“坐待客还”，酬金分文不取。[①] 还有潘衡素途中“获遗金三百余两，访失主还之”。海宁最有影响力的民间故事是《何文秀开仓赈粮》，讲述为官清正的何文秀遭严嵩陷害后弃官逃亡。故事联系海宁皇冈“轧太平”的风俗，演绎出一段老百姓利用庙会人群拥挤，巧妙掩护清官出逃的故事，表达了追求正义的价值观。

在宋以前，海宁各镇中盐官镇为县治所在，硖石、长安、黄湾、赭山、许村等都为军事重镇，后逐步转变为经济重镇。[②] 清乾隆、嘉庆时期海宁有农村集市20个，民国时期有“四大镇、八小镇”之誉，形成深厚的商业文化。明末清初，在海宁长安镇兴起米市，清末时转移到硖石镇，规模位居江南三大米市次席，远超位于杭州的湖墅米市，对于地方经济的发展起过重要作用。[③] 地处小市镇（硖石当时甚至不是海宁的县治所在）的米市能超越省城的米市，其重要原因就是交易环境公平，恪守信用。根据当时的调查资料可知，硖石米市对外帮运米来船无“苛扰”，“少见有如其他各地之恶习也。”[④] 交易协议一旦达成，“不管行情如何涨落，都恪守信用，决不后悔。”[⑤]

4. *友善奉献*

海宁地域慈善文化源远流长。据各类地方志书记载，在宋时对于无钱医治者，“备官药以治有疾者，疾故者办义冢。”后在海宁盐官城南门外、长安闸之北、硖石镇审山北皆建有义冢。对于弃婴，则广设育婴堂收容。“宋置慈幼局，收遗孩雇人乳养，元明因之。清乾隆七年知县伍鉽捐建育婴堂”[⑥]。后硖石建有留婴堂，盐官有保婴局、袁花接婴所、长安有接婴堂等多镇均有类似慈善机构。

对于无人供养的老人，“朝廷制立有养济院，随时收鳏寡孤独之辈，散薪米布絮之用，病有医，死有藏，不厌人多”[⑦]。宋时盐官城西一百步建有“安养院”。绍兴三年（1133），县令陈恕重建于光华亭的北面，称孤老院，“筑坛立门。典田三十亩，以其利属院僧为棺埋

---

① 李圭修：《海宁州志稿》卷三十一《义行》。

② 参见刘峰：《论海宁硖石镇由军事重镇向经济重镇的转变》，《中国地方志》2014年第10期。

③ 参见刘峰：《硖石米市的形成及其对市镇发展的影响》，《嘉兴学院学报》2013年3月。

④ 行政院农村复兴委员会委托研究，社会经济调查所编：《〈浙江粮食调查〉序言》，社会经济调查所印行，1935年，第21页。

⑤ 高海昌：《再谈硖石米市与米业》，《海宁同乡会讯》1983年第12期。

⑥ 李圭修：《海宁州志稿》卷六《恤政》。

⑦ 〔明〕蔡完修，董穀纂，《海宁珍惜文献资料丛书》编委会整理：嘉靖《海宁县治》，方志出版社，2011年，第66页。

葬费”。“元名安济院给钱米如宋，冬夏加布。洪武五年移于县北二百五十步。”① 清代分别于乾隆三十八年（1773）、同治七年（1868）又两次重修。各类地方慈善机构造福一方。

在生产力低下，无法抵御如此巨大灾难的年代，海宁人选择了携手互助。在海宁各种地方志书义行篇中，记载历代有周鄂、周益、董慧、徐义、王鼎、陈经、姚翼明、陆士成、徐成龙、陈钧等众多人士在逢潮灾时捐米助田，救助灾民，绵延不绝。

为地方“文教开”着想，地方志书记载的历代捐资助学者层出不穷。元至正六年（1346）贾执中出“己帑数万缗建义塾”，又“割私田八百亩以赡其费”②。此举从根本上保证了义塾的经费，“宁之有学田自此始”③。书院建成后，“俾乡里之俊秀与闾巷之童儿，莫不来学，其食饮器用，咸取给于贾氏。”④ 后书院被敕名“皇岗书院”。在贾执中兴办义塾的同时，其族弟贾用中也热心捐资助学。海宁“邑有学田以赡贫士，盖张横浦先生后裔所捐追赠田也，然未裕。有夏泰亨者，与用中语。”于至正十九年（1359），“用中欣然割私田百亩，籍之学”⑤。“先是州之人未始有与计偕者。”为表彰贾用中的行为，“州牧守上其事于朝”⑥。

明代朱鐩因“海宁学田素瘠，月廪不足，割膏腴以益之”⑦。清康熙十三年（1674），礼部尚书许汝霖归故里硖石创办东山书院。后书院被焚，同治间乡贤高宸等又复建，移名双山讲舍。嘉庆七年（1802），沈毓荪等发起重建仰山书院。同年，海宁知州黄秉哲创安澜书院，“州中巨姓若查、若陈、若朱、胡、马或捐田，或捐银，或捐桌椅”⑧。光绪十四年（1908），陈方坦出资再修仰山书院。光绪三十一年（1905），朱宝缙创立海宁州中学堂⑨……有清一代，海宁各书院办学经费多仰给于民间。

## 三　重视对地方志书的开发和利用

2014 年 2 月 24 日，习近平总书记在主持中共中央政治局集体学习时指出：“要认真汲取中华优秀传统文化的思想精华和道德精髓，大力弘扬以爱国主义为核心的民族精神和以改革创新为核心的时代精神，深入挖掘和阐发中华优秀传统文化讲仁爱、重民本、守诚信、崇正义、尚和合、求大同的时代价值，使中华优秀传统文化成为涵养社会主义核心价值观的重要源泉。”⑩ 所以，培育社会主义核心价值观必然要植根于中华民族深厚的文化

① 李圭修：《海宁州志稿》卷六《恤政》。

② 〔明〕危素：《杭州路皇冈书院记》，载《全明文》卷五十九。

③ 〔清〕许三礼等纂：《海宁县志》卷六《学校志》。

④ 〔明〕刘基著，林家骊点校：《刘基集》，浙江古籍出版社，1999 年，第 67 页。

⑤ 〔明〕赵维寰纂，《海宁珍惜史料文献丛书》编委会整理：《宁志备考》，方志出版社，2011 年，第 299 页。

⑥ 〔明〕蔡完修，董穀纂，《海宁珍惜史料文献丛书》编委会整理：嘉靖《海宁县治》，第 112 页。

⑦ 李圭修：《海宁州志稿》卷三十一《义行》。

⑧ 《重修安澜书院碑记略》，载《海宁州志稿》卷四《学校》，《中国地方志集成 · 浙江省府县志辑》（22 辑），上海书店，1993 年，第 132 页。

⑨ 《海宁市教育志》编纂委员会编：《海宁市教育志》，浙江教育出版社，1995 年，第 8 ~ 9 页。

⑩ 新华网，2014 年 2 月 28 日。http：//news. xinhuanet. com/politics/2014 - 02/28/c_ 126206419. htm。

土壤，吸收传统文化丰富的思想资源，也就势必要重视对于地方志书的开发和利用。

1. 广泛搜集和整理方志文献资料

为完整梳理和研究地域文化，志书的征集和整理就成为各级地方志工作机构和方志馆的首要任务。要重视志书的分类、整理、著录、修复、管理等工作，包括旧志孤本、珍本志书的复制，失散海外志书的搜集与回归等工作。

2. 重视旧志的点校和出版

古志都为繁体字，且多藏于公共图书馆和研究机构，少量存于爱好者之手，故一般读者无法企及。即使偶有接触，因不符合现代人的阅读习惯而摒之脑后。故组织人力对古志进行点校和印刷出版是开发利用的基础一环，也是便利研究者使用的重要工作。海宁市史志办近年来组织人力点校志书，并聘请院校及研究机构的专家把关，共出版了《海昌外志》《海宁县志》《宁志备考》《海宁县志略》《宁志余闻》《海昌胜览》《海昌胜迹志》《硖川志集成》等多本古志，对于推动志书走向社会、深入民间发挥了重要作用。

3. 加大志书的宣传与推广

长期以来，志书似“养在深闺人未识”，不为广大民众所熟悉。而今承担为培育社会主义核心价值观提供思想养料、提供文化底蕴和历史支撑的功能，宣传推广志书刻不容缓。可根据志书的记载将本域历史沿革、本地地名来由以碑、牌的形式放置于城镇广场等集聚区；雕塑乡贤名士或书写其事迹于街道、公园等公共场所；也可将历史人物事迹改写成故事出版发行，凡此种种。目的就是让群众了解故土历史，熟悉乡梓文明，继而增强文化认同，并由此而生发出无限的自豪感。

（作者单位：浙江省海宁市史志办公室）

# 论新编方志引用的运用

## ——基于《安徽省志·体育志（1986—2005）》编纂实践

刘良政

**内容提要：**引用是方志编纂的传统技法，新编方志应该继承并发展运用。新编方志引用资料的主要载体有工作报告、调研报告、新闻稿件、论文专著、诗文作品、民间言论等。志家应该依据志书记述对象适时征引，这会彰显志书官修特色，使记述对象丰富完整，有时代特征。

**关键词：**引用　工作报告　调研报告　作用

引用又叫征引或引证。从语言修辞角度说，它和比喻、排比、拟人等均为修辞手法。志书中的引用，是指引用他人的话语入志。在旧志编纂中，引用是一种编纂规定，成为旧志编纂中的一种传统。明永乐十年颁降的《大明修志凡例》有云："若其形势，如诸葛亮论金陵云：'钟山龙蟠，石城虎踞'之类。"引用史上诸葛亮的话语描述金陵（今南京）地势概貌。在修志凡例提出要引用他人语言文字，这已是一种编纂规定。事实上，征引诗文、碑记、文书等来记述编纂对象，普遍见于历朝历代旧志中。明吴道新纂辑的《浮山志》征引的御制、碑记、塔铭、赞、引、说、序、记、书、启、艺文等多达6卷（全志共10卷）。因此引用是旧志编修中的一种常用技法，只是它没有像图、表、录、志等上升为志书的一种体例。在首轮新编方志中，传统的修志技法引用，没有得到很好的运用。方志专家指出，在上一轮修志中，由于种种原因，征引中的明引方法没有很好继承（明引就是逐字逐句地引用原文，并注明出处）。在新编第二轮方志中，引用这一志家传统修志技法，应该如何继承，如何发展运用，的确是摆在新方志人面前的一个课题。如果通篇志书看不到或很少看到引用，这直接关系到志书的可信度和历史资料的可靠性。

第二轮志书修志年限大都在20年左右，是续修。因此，它不会像创修、新修、重修那样涉及大量的历史资料需要征引。相对来说，新编续志时限短，所需征引的史料范围有限，而且相对集中。同时，第二轮志书大都采用部门单位处室承编制，史料易查易找，征引起来方便。现在的问题是，在本轮修志中，史料存在的载体有哪些？为什么要征引？如何征引运用？又有何作用或意义？

### 一　新编方志征引史料的主要载体形式

综合社会发展的记录载体看，呈现为多样化、多态化，有文字、图片、影视等动态和静态记录形式。志书所需要征引的社会发展史料，主要是以文字为主。本轮志书需要征引的史料主要有以下几种载体形式：

会议文件，主要是指重要会议的主要内容，以及会议召开后所形成并发文的决定、意见等。日常事务性会议、例行会议如无重要内容、议题一般不提倡征引。

新闻稿件，电台、电视台、报纸、杂志等对某项社会事务、事业发展的宣传报道，主要是征引权威、有影响的媒体的深度新闻报道稿件。

调研、普查报告，人大政协专题调研报告或同级以上（含同级）政府部门的普查报告，权威而又真实，能够鲜明反映情况，这类报告适合在志书中广泛征引。

论文专著，征引这类资料只是代表一家一言，罗列一种对事物的认识和判断，不宜过多征引。

诗文作品，有身份有影响的人物的诗文作品、回忆录，适宜在志书中引用，增强志书文采，提升志书可读性。

民间言论，在民间广泛流传，形象、生动、活泼的民间言论，在志书中征引，反映社会的风尚和普遍认识。

## 二　如何征引不同载体形式的史料

征引史料的一个基本原则，就是依据志书内容的需要进行引用。不围绕志书内容的乱引乱用，泛引泛用，是应该摒弃的。根据笔者编纂实践，引用不同载体形式的史料，要讲究方式方法，区别对待，兹作一番阐释。

会议入志。怎么入志，全文引用照录，还是摘录转录要点。当前，大多数直接把会议中的报告、领导讲话照搬入志，此法值得商榷。征引会议报告中的观点、方针、政策决策、形成的文件等，是会议入志的一种好办法。一般来讲，征引的内容不宜过多，篇幅不宜过长，采用同类会议归并转引，重要会议一会一引。对于会议中所形成的重要决定、意见等文件，可以全文辑录，放入志书附录重要文献辑存中。1986—2005 年的 20 年间，安徽省体育局（委）每年都召开全省体育局局长（体委主任）会议，这样的会议就可归并记述。而在修志断限内以中共安徽省委、省政府名义召开的全省体育工作会议只有 3 次，而且每次会议后都形成了相关的决定或意见，这就要重点引用，甚至全文辑存。

新闻稿件入志。媒体的宣传报道，既是舆论引导，也是社会共识。新时期的媒体宣传报道，不只是停留在社会现实的镜头、文字记录，更重要的是对社会现实的深度挖掘、揭示、评论、弘扬推广等。因此志书在记录某项社会对象时，要参考相关媒体的宣传报道。志书记述的某一对象，曾在某个时段被有权威、有影响的媒体作深度报道，足见这一对象有特色、有影响，在当时处在时代前沿。报道本身代表着当时社会的认同和肯定。这要求报道要结合志书记述的对象，有选择地征引。1998 年，安徽省率先在全国开展全民健身年活动，江淮大地上全民健身活动一个接一个，红红火火。同年 9 月 2 日，《人民日报》就以《江淮大地一道风景线》为题，进行深度报道剖析。无论从媒体的地位，还是从报道的内容看，这样的史料应该进入志书。

调研普查报告入志。一般来说，这类史料篇幅较长，不宜全文入志，需要有选择地转述引用。引用重要数据、引用分析事物发展变化的特征、引用结论性断语等。在第二轮修志断限内，安徽省共经历 3 次国民体质监测，每次监测政府均对社会公布监测报告，这样的报告有数据、文字描述、现象分析、特征概括等。我们在记述时，可以直接引用，做到对这一对象的深度记述。四次全国体育场地普查所形成的普查报告也应该这样引用。

论文专著入志。很多事业，均有科研工作者在研究讨论，形成文字，见之于相关的学术刊物，有的成为专著。在志书记述时，可以引用其观点，引用其理论分析。但是一定要说明只是一家之言。

诗文作品入志。选择有声望、有地位、有影响、有代表的诗文作者的作品入志，作品内容一定要与所做的事业有关，或是对事业另一角度的再现，或是表达对所从事事业的感悟等，这样的作品入志可采用附的形式，全文引用。安徽省体委原主任汪洋，在本省运动员参加大赛时，现场督战。虽然运动员以微弱差距败下阵来但汪洋写了一篇散文《0.5 环的遗憾》，较为深刻地揭示了竞技体育事业的残酷性和不可预知性。这样的作品能够深刻揭示事业特征。

民间言论入志。民间广泛流传的言论，往往折射出一种民众的普遍共识。在我国《全民健身计划纲要》颁布之前，群众体育健身是自发、自觉的行为。颁布之后，群众体育健身活动上升为一种国家计划。其间的变化十分明显，可以用“群众健身由个人自发到国家计划的转变”来概述。但是纲要给老百姓带来的实惠、方便，由老百姓自已口中说出，更能体现老百姓的由衷感恩。“健身就在家门口，健身路上走一走”就是指围绕纲要开展的全民健身路径工程，路径铺到群众生活的小区里，群众得到实惠；“晴天一身灰，雨天一身泥”反映了一个时期体育设施的落后；“老年人运动会改变了退休后，提着菜篮子、抱着小孙子、围着灶台子的三部曲生活”，这是马钢退休职工说的，直观、形象地指出了体育的社会功能。我们的志书应该有这样的言论入志。

## 三　引用的作用和意义

前面已述，志书中的引用可以增强其可信度和可靠性。新编方志中的引用，其作用体现在两个方面：一是志书形式方面，一是志书内容方面。引用继承了传统志书编纂技法，使志书的记述手法丰富，增强志书资料的信度，同时也使志书的表达富有文采，增强志书的可读性等，这些就是引用在志书编纂形式上所起的作用，本文不作进一步阐述。其在志书编纂内容上的作用和意义体现在：

使记述对象全面完整丰富有深度。志书在记述一项重要的典型事件时，通过征引有关方面的史料，会使记述对象更加清晰完整。仍然以《人民日报》那篇关于安徽省开展全民健身年活动的报道为例，如果在志书中仅仅记述全年的主要活动、组织开展方式等，读者读后脑海中只是展现很多个不同活动形式、不同场面的健身活动具象。但是如果再将报道内容引入志书，这就是对这一事件的延伸记述，通过延伸阅读，读者不仅看到了具象，还了解了抽象，即该活动在安徽省乃至全国的影响和地位。同样，专题调研报告、诗文作品、工作报告等在志书中被引用，使记述对象背景清晰，角度多维，过程完整。

使记述对象留下时代定论。志书一直讲究述而不论，寓褒贬于记述之中。也就是说，在志书中少见对记述对象的评论。我们认为，如果当时社会有评论，而且是社会的一种较为普遍的认识，这样的评论，直接转引入志，留下时代的定论，这在以后各个历史时期的人们看来，是客观权威的，因为对任何事件的看法讨论，时人最有话语权，也最有说服力。全民健身工程是德政工程、民生工程、惠民工程。引用群众的一句话“健身就在家门口，健身路上走一走”，可以说既做到了对全民健身工程的评论，也道出了群众满意的心声。再以安徽省业余训练体系为例，安徽省体育行政部门开展过全省业余训练的专题调研，在调研中发现一个突出的问题就是学训矛盾。如果我们仅记述每一个业余训练机构，很难看到这样一个共性突出的问题。将此专题调研报告中的部分内容引入志书，给全省业余训练定下一个基本调子，科学而又客观权威。

使官修志书时代特色鲜明。官修志书是方志编纂传统，官修志书的时代观、大局观要鲜明。执政为民是新时期治政基本理念。我们前面所说的要征引会议报告、调研报告、新闻报道、论文专著、诗文作品、民间言论等，每一项都是从社会底层的实践上升为一种文字实录、经验总结、理论讨论、个人感悟的。这是底层的声音，我们记录它，就是在反观执政为民、再现执政为民。

综上所述，引用这种传统修志技法，不仅要在新编方志中传承，还要结合时代，依据编纂内容，有选择地引用史料，力求使记述的内容轮廓清晰，时代特征鲜明。

（作者单位：安徽体育职业学院）

# 浅论新方志记述改革须掌握的几个基本观点

刘先云

修志工作已进入全面深化改革的新时代。新方志反映改革，记述改革，已成为时代赋予方志人的崇高使命。怎样来完成这一历史使命，新方志如何编纂，如何记述这一特殊的改革时期，笔者认为必须通过整体观、发展观、求实观、价值观、法治观五大观点来记述反映。现就这五个观点谈点个人肤浅的理解，不成熟的看法，与同行们共同探讨，起一个抛砖引玉的作用，观点和错误之处，望得到修志界的老领导、老前辈以及同行专家、学者们的批评、指正。

## 一　整体观

地方志的基本特征在于其综合性。记述改革应服从志书的主体特性。改革看起来是单项，字面理解也简单，改掉革除一些不适应生产力发展的旧框框、旧体制。其实，改革综合了各个方面的内容。从中共十一届三中全会开始至十八届四中全会止，是在相当广泛领域和相当程度上开展的。改革涉及政治、经济、文化、教育、科研、人事等各个方面，同时贯穿建设有中国特色社会主义道路的始与终。应站在历史的高度，从整体上予以记述和反映，如单独取材，断章取义的记述，拼盘式的点缀，不得要领的罗列等现象，都不能反映改革的实质，达到志书存史的目的和服务社会的功能。志书如何从整体上记述改革史实，笔者认为应从以下几点考虑。

1. 全面记述中华人民共和国成立以来，我国各项事业取得的伟大成就，改革是中国特色社会主义制度的自我发展和完善

当前我国进行的各项改革，是在坚持社会主义基本经济制度前提下，改革生产关系和上层建筑中不适应生产力发展的一系列相互联系的环节和方面。改革必须坚持党的领导，在党和政府领导下有计划、有步骤、有秩序地进行，志书记述改革，不能脱离社会发展主线。不能背离党的路线、方针、政策。要通过大量生动具体的事例，记述我国社会主义的优越性，反映安定团结的政治局面，用物质、精神、生态文明等成果充分展示具有中国特色社会主义道路的远大光明前景。

2. 重点记述改革后的深刻变化，阐述改革是建设中国特色社会主义的必由之路

"六五"计划以来，我国经济体制改革取得了显著进展，农村改革取得了巨大成功。使社会主义充满了生机和活力，走出一条具有特色的社会主义新路子。志书就应有活生生的事例，记述改革后的新气象、新变化、新成果、新经验。把全国共性的时代特点，同本地实际情况结合起来，使新志既能充分体现地方特色，又不失时代亮点。

3. 在记述物质文明建设的同时，还应记述精神文明和生态文明建设所取得的成绩

随着经济的发展和改革的深入，人们的意识形态、道德风尚、理想情操、生活追求等方面都处于不断发展变化之中，不管怎样错综变化，以人为本是主线，志书应广泛地从社会生活中去攫取典型事例，以反映改革对社会风俗的影响，新的职业道德的形成，践行社会主义核心价值观事迹的涌现，等等。新事物、新人物，尤其对社会进步作出贡献的先进人物都是我们需载入史册的典范，这样能使新志书体现出改革的新精神，充溢着时代的气息，同步着时代前进的步伐。

4. 适当记述管理上存在的弊端，反映改革的必要性和紧迫性

我国各项事业经过一条曲折的发展道路，社会主义改造完成以后，在政治上长期强调以阶级斗争为纲，在同自然界斗争中喊出了"人定胜天"的口号，由于受"左"倾错误路线的束缚，经济上形成了一种同生产力发展不相适应的僵化模式，使社会主义优越性没有得到充分体现和发挥出来。志书可联系本地实际运用具体准确的史料，记述工作中的失误，管理体制上的种种弊端，以及我们所走过的曲折道路，反映改革的必要性和复杂性，为今后改革提供历史的借鉴。

## 二　发展观

众所周知，世界上从来就不存在任何固定不变的事物。无论是自然界还是人类社会，人的思想和对客观事物的改造，都处于不断变化和发展之中，改革也是如此，在实践中经历了一个由不成熟到比较成熟，由不完善到比较完善的发展过程。这种发展，有时比较顺利，有时则迂回曲折。新方志记述改革，应从以下几点落笔。

1. 写对比，记述改革前后变化

有比较，方有鉴别，通过对比改革前后的变化，才能看清楚改革的巨大成就，这样有助于我们正确评价改革的利弊得失。在记述时，应以正确的史料为依据，不仅要做纵向对比，还要做横向比较。不仅写量变，还要写质变。以人民生活为例，既要记述人民物质生活的改变，还要记述人民精神生活的变化。人民经济上富起来以后，已不满足简单的物质享受，而是向往着精神富有，有更高的生活追求。这种生活追求表现在富而思美，富而思康，富而思乐，富而思文，富而思荣等方面。随着改革的推进，人民生活的这种质变越来越突出。志书如果不去反映和记述这些新变化，就很可能进入志书写作的老套路，成为一副老面孔，有悖于改革时代的写志出发点和落脚点。

2. 写发展，对改革本身作动态记述

笔者是从建设战线上受聘到史志工作岗位上来的，从许多志稿看来，只注意改革项

目的静态实录，忽视了改革的发展变化；只注意写改革成果，忘记了改革中的困难记述。实际上，我国目前所进行的改革，无论从发展规模上还是影响深远上都是史无前例的。这场改革，关系人民的利益，国家的前途，世界的地位，足见其复杂性和艰巨性。志书记述改革，似应体现这种艰巨性和复杂性，不能把改革写成一帆风顺或者一蹴而就的事情。

3. 写转化，反映人们的观念更新

中共十一届三中全会决定将全党工作重点转移到经济建设上来，各项工作都在转轨变型，农业开始由自然经济向商品经济转化；工业则由单纯生产型向生产经营型转化。政府主管部门从行政性的部门管理开始转向服务性管理，其他如计划、价格、科技、人事、教育文化体制都处在改革转化之中，新方志如何记述这些改革中出现的新课题，值得我们好好探讨研究。另外，在新的形势下，人们的观念也在不断地变化和更新，新方志要准确地记述改革，就必须冲破传统守旧的思维模式和习惯，以辩证唯物主义的发展观来看待改革中的新事物，如家庭承包、企业重组、事业单位人事聘用、集体企业出让等，不能以老眼光看新事物，把正确的东西看成模糊、错误的东西。

## 三　求实观

志属信史，反映改革，记述改革，一定要实事求是，发展观是我们认识事物的方法，求实观则是记述事物的原则。志书在记载改革的成绩时不夸大，也不缩小，记述改革中的教训，也应立足于事实基础上，不无中生有，不以偏概全。改革措施步步深入，是史无前例的壮举。改革促进了生产力的发展，人民生活水平的提高，有助于解决错综复杂的国内外矛盾，如果我们看不到这些成功的方面，就不是实事求是的态度。新方志应从当地实际出发，如实记述改革后生产的发展，生产关系的变革，反映改革给人民生产、生活带来的变化以及精神文明建设的新成就等，更好地沿着有中国特色的社会主义道路前行。

新方志记述改革不能割断历史，不能为了突出改革，把中华人民共和国成立以来社会主义革命和建设事业中已取得的成功，说得一无是处，一塌糊涂，这都不是求是的做法和精神。我国改革现已进入深水区，实事求是地记述下来，与中央保持一致，对一些具体问题可按以下做法来处理：

1. 历史上曾起到过积极作用，但现在出现不适应生产力发展的现象，应客观承认它在历史上的地位和作用，不能全盘否定。

2. 改革的大方向是正确的，但某些环节上曾出现不相适应的现象，应如实记述，不要掩盖失误方面。失误适当载入史册，可作今后社会发展借鉴和研究之用。

3. 实践证明是完全错误的措施。如在改革中，法制尚未健全，体制、机制还不完善，权力过于集中等，被不守法的违法人员钻了改革的空子，出了纰漏，如经济工作中的大案要案、重大安全事故的发生等，这不是改革本身存在的弊端，而是违法分子钻了政策的空子，国家公职人员责任性不强所造成的，这就要求我们修志工作者正本清源，正确引导，不能埋怨改革，不能混淆是非。

4. 改革阻力大，志书应阐明改革阻力大的原因，并记述如何冲破阻力而取得成功的做法，这些都应记载入史册。

## 四 价值观

志书有没有生命力，决定于其所记述的事物有没有价值。写改革，应注意写改革中典型的人、物、事。以体现一个基本点，就是为建设有中国特色的社会主义服务，为改革服务。通过大量的人、事、物的记述，让人深刻认识到，要建设中国特色的社会主义，必须进行一系列改革。不改革，中国就没有出路，中国特色的社会主义道路就建设不成，走不下去。因此，在记述改革成败得失时，要考虑它的社会效果。如，记述经验教训，是为了展示改革方向；记述改革成就，是为了增强改革信念；揭示各种弊端，是为了探索改革道路；记述改革中涌现出来的新事物，是为了提供改革信息。总的说，记述改革应着眼于资治，是探索建设有中国特色社会主义的需要。要体现出志书的价值，还应注意两点：一是注意收集有价值的资料，资料的价值愈高就愈能反映事物的本质特征。二是编写时注意选材。注意思想性、科学性和资料性的统一，力避空洞无物、缺乏典型，数字堆砌、缺乏可比，千志一面、缺乏特色，事无原委、缺乏因果，真伪不辨、缺乏考证等现象。只有既做到存真求实，又符合现行的方针政策，写出来的新方志才能具备资政育人的价值和留给后人考证历史的作用。

## 五 法治观

依法治国是社会文明进步的重要标志，是国家长治久安的重要保障。中共十五大把依法治国确定为治国的基本方略。中共十六大、十七大、十八大对全面推进依法治国，加快建设社会主义法治国家作出了全面部署，十八届四中全会是中国共产党历史上又一次特别重要的会议，因为它研究部署的主题是依法治国，进一步明确了建设社会主义法治国家的性质和方向。我们修志工作者在认真记述依法治国进行的脚步时，一定要树立起依法治志的法治观念，笔者认为要在以下三个方面去努力和践行：

1. 增加普法责任意识

一部法律法规要使众人知晓，就要大力普及宣传。中华人民共和国国务院第467号令公布实施的《地方志工作条例》，就是修志工作上的大法。我们必须将条例作为开展修志工作的指南和准绳。应大力普及，广泛宣传，使条例家喻户晓、人人皆知。

2. 增强用法责任意识

我国进入依法治国的时代，随着社会的进步、科学的发展，人人都可能处在一种“人在格中走，事在网中办”的模式。现在各行各业都有法律法规制约，对编纂志书的人员来说，要增强用法责任意识。如《中华人民共和国计量法》规定了“国家采用国际单位制”；国家颁布《关于公布〈汉字简化方案〉的决议》规定了繁体字简化；1990年国家语言文字工作委员会、中华人民共和国新闻出版署修订发布《标点符号用法》的规章。这些都说明了我们在具体编纂志书过程中度量衡上不能以“两”代替“克”；在文字上，繁体字简化后，一定使用简体字，不能再使用繁体字；标点符号是书面中不可缺少的部分，必须重视标点符号的使用。试想，当一本志书拿在手上，翻看其内容，度量衡单位不一致，国务院公布了的繁体字要简化，但志书中还继续使用，标点符号使用不恰当，内行一看就知这部志书的质量如何，编纂人员的文化功底怎样。因此，新方志一定要严格按法律法规办事，这也是编纂人员一种用法意识的体现。

3. 增强守法责任意识

“一字之贬，严于斧钺。”看一次修志诉讼案给我们的启示。1989 年 8 月中旬的一天，姚安县志办收到一份控告书。县工商银行职工李某控告县农业银行《姚安农行金融志》主编张某，利用握笔之权，篡改历史，把他在“一打三反”中所受过的警告处分，写成记过处分，提高了两个处分档次。控告书称：“这种违背事实，胡编乱造的行为，是对我人格的侮辱、诽谤和陷害，严重违反《宪法》条文。”他要求县志办会同有关部门给予认真调查解决。与此同时，县委、县政府、县政协也收到相同内容的控告书，李某声称：若此事不及时解决，他将与张某“鱼死网破，决一雌雄”。修志惹上诉讼，这确实是件新闻，事关重大、非同小可。县志办立即召开会议，召集农行、工行负责人及当事人参会协调解决。农行负责人当面表态将《姚安农行金融志》征求意见稿全部收回销毁，主编张某主动向李某承认其未深入查阅资料，工作上疏忽大意，给李造成精神伤害的错误。由于调解及时，工作到位，李某当场表示将准备递送县人民法院的诉状扣下，不再上诉，使这一问题得到圆满解决。这个案例给修志人员一个深刻的教训，志书文字来不得半点含糊。同时，也告诉修志人员一个道理，在依法治国的今天，一定要增强守法责任意识，不能忽视工作上的每一个细节。对个人、对单位都应负有高度的责任感，否则就有惹诉讼官司上身的可能。因此，只有增强普法责任意识、用法责任意识、守法责任意识，即“三增强、三意识”，在法治进程中的中国新方志才会出现依法治志的新格局，才能经得起历史的检验，不负时代赋予的使命和重任。

（作者单位：湖南省邵阳市绥宁县委党史研究室）

# 乡音乡愁话方言

## ——浅论第二轮县志编修中方言篇的处理

刘尧明

**内容提要：**本文以福建《石狮市志（1998—2010）》评议稿为蓝本，通过对中国方言的深入剖析，探讨方言在现代社会中的作用、方言运用的规律、当代方言变异的原因，试图说明方言是最具中国文化特色的地方徽章，初步研究在第二轮县志编修中对方言的准确分类，为全国第二轮县志编修方言提供一份入门的辅导材料。告诫方志工作者要善待方言，传承文化遗产。

**关键词：**第二轮县志　方言　规律　分类

何为方言？方言者，地方语言也。一方水土，一方风俗，一方语言。“因人见风俗，入境闻方言。”方言是质朴的，形象的，生动的，丰富的。泱泱中华，不仅是说空间的广博和物产的丰富，还包括56个民族的特色风俗和多彩文化。而在这多彩的文化中，方言占据半壁光彩。在中国母语方言中，就有七大类。对同乡人而言，方言就是一种重要的情感寄托，自古以来“乡音无改鬓毛衰”。在第二轮县志旳编修实践中，深切地感受到方言篇是最具中国特色的文化现象，也是最具特色的地方徽章。本文尝试以福建《石狮市志（1998—2010）》为底本，剖析方言的基本要素，探讨编修方言篇的基本方法，与业内同人交流。

### 一　方言的意义

方言是历代中国人乡愁的寄托。过去交通不便，人们外出以后身不由己，回乡之路特别遥远。游子们长期背井离乡，听到乡音时感到亲切，会情不自禁地勾起对故乡、对亲人的思念，乡愁油然而生。所以，以游子思乡为主题的作品不绝如缕。方言和乡愁是相辅相成的关系。

有人说，随着时光变迁，如今方言正在“死去”，已不再重要。但我认为方言中依然蕴含着无数的财富。首先，方言是联系感情的重要纽带。比如客家方言，它跨越江西、福建、广东、广西、四川、湖南、海南、台湾等地，无论在哪里，使用客家方言的客家人之间的认同感必然高于其他人，方言成了拉近他们之间关系的纽带。其次，方言是可靠的信息保密器。比如在二战期间风语者的故事，一是美军用印第安纳瓦霍族语编制了一套无法破解的密码，为取得太平洋战争的胜利立下赫赫功勋；二是在中国，八路军专派两个温州人，进行电话或者步话机联系，让日本情报部门翻译不出这发音极其复杂的温州话，为抗战胜利起到了相当大的作用。现代社会无疑有很多机密，方言也就可以在其中发生作用。其三，方言有许多极有价值的语言事实。比如，安徽皖西南地区的黄梅戏，如果不用方言演唱，那是不可想象的。只有用地道的方音、方言词甚至方言语法，才能准确地反映地方戏的特色及其承载的地方文化，这是其他方言或共同语不可替代的。

在中国，夏禹时代就形成了原始汉语和原始汉语方言。方言概念形成于先秦，表达方言概念的词语产生于西汉。西汉末年扬雄撰写的《方言》一书是最早记录语言内部词汇差异的专著，他将中国当时的方言分为 13 类。中国古代的方言研究，可以分为周秦汉晋、南北朝至唐宋、元明、清至民初 4 个时期。到 20 世纪上半叶，罗常培的《汉语方音研究小史》，标志着汉语方言学史研究的开始。

毋庸置疑，语言用于交流，使用不同的语言或方言对交流会造成障碍，这就是当下推广普通话的重要原因。现代社会中人口流动性巨大，不同方言的人必须使用相互能懂的语言进行交流、沟通，当然最好的办法就是使用民族共同语。另一方面，任何语言都是不断变化的。分化和同化就是汉语方言的两种基本方式。旧的方言在变化过程中也会产生新的方言。常常是很多人在异地他乡说普通话，而一旦跟家人、跟老乡在一起时就会说起家乡话。因此，这些方言可能会受普通话或其他强势方言的影响而变化。

语言是文化的重要载体，中国方言作为汉语的一种地方语言，蕴藏着一方土地五彩缤纷的文化内涵，记载着汉语古老久远的历史。人们在长期的社会生活和生产的斗争实践中，积累创造了生动形象而丰富多彩的方言词语，有俚语和谚语。现代汉语的方言也就是现代汉语的地域变体，随着社会的发展和居民的扩散而分化发展。方言是语言的变体，因地域的差别而形成，是全民语言在不同地域上的分支，反映出地域上的语言发展不平衡性。

一般而言，汉语的方言大体分为北方方言和南方方言，细分为 7 块：一是北方方言，也称北方话、官话，以北京话为代表，主要分布在长江以北，还有四川、云南、贵州、湖北（东南角除外）等省，湖南西北角、广西西北部，这是通行地域最广、使用人口最多的方言。再分为 4 个次方言区，分别是华北官话、西北官话、西南官话、江淮官话。二是吴方言，也称江南话或江浙话，以上海话为代表，分布在上海、江苏和浙江、江西、安徽、福建。三是湘方言，也称湖南话，以长沙话为代表，分布在湖南、广西。四是赣方言，也称江西话，以南昌话为代表，分布在江西和湖北省、福建、安徽、湖南。五是客家方言，又称客家话，以广东梅县话为代表，分布在广东、广西、福建、江西、台湾等省和湖南、四川。六是闽方言，又称福佬话，以福州话为代表，分布在福建、广东、海南岛和雷州半岛、浙江和台湾省。再分为闽南、闽东、闽北、闽中、莆仙 5 个次方言区，闽南方言以厦门话为代表，闽东方言以福州话为代表，闽北方言以建瓯话代表，闽中方言以永安话为代表，莆仙方言以莆田话为代表。七是粤方言，也称白话，以广州话为代表，分布在广东、广西以及香港和澳门。

如今国家正在大力推广普通话，而普通话就是建立在北京话的基础之上。与此同时，各个地方推广保护方言、留住乡愁的呼声此起彼伏。可见，保护方言和推广普通话有着千丝万缕的关系。我们必须要善待方言。

# 二 方言的规律

据《石狮市志（1998—2010）》记载，石狮市常住人口63.67万人，居民以汉族为主，还有回、满、畲等少数民族，通泉州话。石狮市地处祖国边鄙，是一块相对闭塞的地方，受近现代文化的影响相对薄弱，保留着不少古代的习俗和语言。笔者粗浅地认为，石狮方言的特点鲜明，全国七大方言也都大体如此：

1. 粗犷豪放

石狮位于福建省东南沿海，为全国陆地面积最小的县级市之一。由于地域狭小，人均自然资源占有量十分有限，人类生存条件恶劣，加之天高皇帝远，贪官污吏任意盘剥百姓，老百姓为了生存，不得不起来抗争，形成粗犷豪爽的性格。这种性格在语言中充分再现出来。如：爽、安、督、消、应、稳、阔、乌、济、狭、悬、下、利、紧、清气。

2. 质朴无华

历代石狮人在与恶劣的自然环境拼搏中，在与赃官豪富的斗争中形成急公好义、坦率愚直、不事谀佞的性格。他们说话端来直道、开门见山，从不拐弯抹角，往往一针见血。如：水、凶、恶、势、肥、瘦、摊、擘、拆、扼、挽、徛、跕、伐、踏、走、逃、缉、掠、速。

3. 形象生动

来自生产生活中的语言要比学者们坐在象牙塔里造出的语言形象生动上万倍。如：拍无见（丢掉）、相骂（吵架）、相拍（打架）、落雨（下雨）。

4. 博大精深

由于使用范围广，加之经过历史长河大浪淘沙的挲澄，如火如荼生活的冶炼，千百代人的精雕细刻，方言形式多样，内容丰富，无所不包，无所不容。

其一，从字数上看，有一字句，如舐、喲、呸、搼、旋、碾，等等。二字句，如知影、相捌、呣是、著咧、冤家、敕桃、日头、月娘、乡里、巷仔、厝里、窗仔，等等。三字句，如灶君公、鸡角公、番仔豆，等等。四字句，如褈淡仔久、褈窟仔水，等等。

其二，从词意上看，有的方言一词多义，如鼻，有鼻子、鼻涕的意思，还有闻的意思。有的多词一义，如伯父，有阿伯（背称）、伯仔（面称）；伯母，有阿姆（背称）、姆仔（面称）；上面，有下晡顶、顶骹等多种说法。

其三，从语素上看，有的方言是词汇语素异位的，如表示动物性别的名词，性别放在词后，有鸡母、鸡角、猪母、猪哥。有的是同素异序词，其构成语素与普通话相同，但语序相反。例如，面线（线面）、历日（日历）、业产（产业）、狗公（公狗）、鸡母（母鸡）、利便（便利）、久长（长久）、闹热（热闹）、头前（前头）、头额（额头）。

其四，从词组上看，还有附加字模式。主要有三种形式：

一是前缀词“阿”的用法。(1) 用于名字或小名前（读［a33］），如阿平、阿芳、阿瓜、阿龙；(2) 用于排行或亲属称谓前（读［a55］），如阿［a55］大、阿二、阿三、阿爸、阿兄、阿姊。

二是前缀词“老”［lau33］的用法。常用于亲属称谓前，如老爸、老母、老兄嫂、老小弟、老小妹。

三是后缀词“仔”［a55］的用法。如窗仔（窗户）、袋仔（口袋）、鬼仔（鬼子）、查某仔（女儿）、包仔（包子）、厝仔（小房子）、桌仔（小桌子）、椅仔（小椅子）、刀仔（小刀）、册仔（小册子）。

其五，从语词上看，石狮方言保留了较多的古语词。其中不少单音节古语词至今仍是口语中常用基本词，且大部分有着很强的构词能力。例如：

历日：历书；日历。今用语有：历日图（配有图画的日历或挂历）。鸡母：母鸡。今用语有：鸡母生卵（母鸡下蛋）。鸡卵：鸡蛋。今用语有：鸡卵糕（蛋糕）、鸡卵仁（蛋黄）、鸡卵汤（蛋汤）。闹热：热闹。鼎：古代炊器，又为盛熟牲之器。今用语有：鼎灶（锅灶）、大鼎（大锅）。箸：筷子。今用语有：箸奇（筷子）、箸笼（盛筷子的器具）。卵：蛋。今用语有：鸡卵（鸡蛋）、鸭卵（鸭蛋）、卵清（蛋清）、卵仁（蛋黄）。塗：泥，泥土。今用语有：塗泥（泥土）、塗沙（沙土）、塗骹（地板）、塗豆（花生）、塗水师（泥水匠）。目：眼睛。今用语有：目珠（眼睛）、目箍（眼眶）、目屎（眼泪）、目眉（眉毛）、目镜（眼镜）、目色（眼力）。枵：指腹空，谓饥饿。今用语有：枵饿（饥饿）、枵寒（饥寒）、枵鬼（饿鬼；小气）、枵腹（饿着肚子）。细：微小。与大相对。今用语有：细汉（个子小，小时候）、细声（小声）、细姨（小老婆）、大细（大小；老小）。行：行走。今用语有：行路（走路）、慢行（慢走）、行棋（下棋）、行踏（往来）。走：疾趋，奔跑。今用语有：走路（退路；逃跑）、走骹皮（跑腿）、走味（变味；味道走失）。食：吃饭，进餐。今用语有：食饭（吃饭）、食茶（喝茶）、食薰（抽烟）、食头路（供职，就业）。汝：你。多用于称同辈或后辈。伊（他）：他，它。

## 三　方言的分类

方言是一扇反映世俗生活的窗口。通过方言，可以窥视这方水土上人们的生活、文化、习俗、历史等情况。从内容看，方言中有天文地理，人伦道德，家长里短，稼穑农事，六畜野兽，等等，苍天所覆，大地所载，无所不包。石狮方言就是如此。笔者且将石狮方言日常词汇按十大类编列词表，日常句法按十一式分列，以便域外之人掌握使用。说明：本文只收少量方言词汇。注音均采用国际音标，声调标注调值（右上方的数字，短横前为本调，短横后为变调），轻声用“0”表示。词汇条中前为石狮话，后为普通话。

第一，日常词汇表：人事称代类、生活事件类、身体类、饮食名目类、情态描状类、天象时态类、体物名称类、动植物类、数量词、俗语。

第二，日常句法：概数表示法、常用动态助词、常用结构助词、“会”“袂”句、处置句、被动句、双宾句、兼语句、比较句、祈使句、疑问句。

## 四　方言的变异

随着现代社会人口大量地双向流动，全国各地土语使用频率不断降低，方言呈现出明显的向普通话靠拢的趋势。比如为了拓展生存空间，石狮人早在宋代就已漂洋过海。鸦片战争和辛亥革命期间，石狮境域先后掀起两次大规模出国潮。改革开放后，随着石狮经济的蓬勃发展和移居海外的便利，出现以投亲靠友和劳务输出为主要特征的移民出国出境潮。2010 年，石狮拥有华侨华人 37.16 万人，超出本地户籍人口 5.5 万人，分布在世界 100 个国家和地区。自改革开放后，石狮又吸引大量人涌入，使外来人口急剧增长。2010 年，石狮常住人口 63.67 万人，其中外来人口 34.28 万人，占 53.8%，成为福建省新兴的移民性城市。而方言也产生显著的变异。

1. 有些词语的方言读音已经消失

例如："蛇［sia24］""鳖［piat5］""趁［t'in41］""早［ts55］"这样的文读音，年轻一代人已经基本不懂了；而像"籴［tia/34］（买）"这样的白读音，也因为方言口语词"籴"被普通话的词语"买"所取代而随之消失。

2. 有些方言词已经消失或正在消失

例如：军蚁（蚂蚁）、蛇蚤（跳蚤）、虱母（虱子）、日婆（蝙蝠）、美蝶（蝴蝶）、山妮［le33］或田婴（蜻蜓）、油炸鬼（油条）、番姜（辣椒）、羹勺（勺子）、霸涂或霸灰（水泥）、尿燥（尿布）、禃项（一件）、着寒热（患疟疾）、大势（非常）、计或褿［tsau24］（都）等方言口语词，90 后的青少年都已经不说，全部采用普通话的说法。有的方言词语则为另一种方言说法所替代，如"烧汤（热水）"说成"烧水"，"洗浴"说成"洗身"，等等。还有一些方言常用的口语词，如"通逵"或"逵仔"与"袋仔"（口袋）虽前后并用，但使用频率明显是后者高，随着时间的推移前者很有可能逐渐被淘汰。

3. 涌现出一大批新词语

进入改革年代，新生事物大量涌现，石狮方言增加了许多新词语。这些新词语，除了语音外，在词形和语义方面绝大部分与普通话没有明显差别，例如：雪碧、T 恤、卡拉 ok、电脑、牛市、熊市、大龄青年、单身贵族、啃老族等；还有些词语，只是换用了个别带有方言色彩的语素，例如：侬脉（人脉）、乌箱（黑箱）、拍的（打的）、拍拼（打拼）等。带有鲜明地域色彩的词语只是很小一部分，例如：醉龟或麻龟（醉鬼）、片仔（失足妇女、相对固定的女情人或女朋友）、大猴（大款）等。

随着儿童入学率的提高，普通话迅速推广，广播、电视空前普及，老一辈人常说的方言词语，现在的学生、年轻人已不再使用了，都以普通话或课本教材中的词语替代了。

## 结　语

方言是一个地区的代言和招牌，有其独特的魅力所在。发展方言是一种文化和风俗特色的传承，在传承的过程中，可能会有顾此失彼的情况发生，但那只是暂时的失利，而非停滞不前。普及普通话要注重长久的文化多元性和地域特色性，让愈是民族的特色文化愈有资本走向世界，展现自我。

方言是生活在这块土地上的人们表达意思、交流思想的工具。中国人母语方言就有七大类。中国方言博大精深，源远流长，生动活泼，形象丰富，正所谓“接天莲叶无穷碧，映日荷花别样红”，是中华民族文化宝库中的一颗璀璨明珠。我们方志人更要善待方言，传承方言，保存好一份原汁原味的文化遗产。

（作者单位：安徽省芜湖市无为县地方志办公室）

# 志书和年鉴的书名规范表述之初探

刘永华

**内容提要：** 中国编纂志书历史悠久，年鉴编撰出版工作方兴未艾，大量作品的面世，提升了地方志工作的影响力，彰显了地方志部门在推进中国特色社会主义建设中的独特作用。志书、年鉴作品记录过去，具有明显的年份印记，但在书名表述中，对年份是否标注在书名号内存在不统一现象，有损作品严肃性和地方志工作的专业性。地方志工作在连接历史与现在，在开启现在与未来的重要节点中，担负着承前启后的作用，志书和年鉴要成为经得起当代和历史检验的经典作品，规范书名势在必行。

**关键词：** 志书　年鉴　书名　年份　规范

当前，志书和年鉴的编纂、出版工作，成果丰厚，受到越来越多的关注，其“修志问道，以启未来”的作用更加突出。但在书名表述上，存在不规范现象，主要是年份置于书名号内外的格式不统一。

## 一　书名不规范的主要格式及原因分析

### （一）志书与年鉴书名的主要格式

志书、年鉴书名的不同表述，主要有4种格式：《某某志（1980—2000）》，《某某志》（1980—2000），《某某年鉴（2010）》，《某某年鉴》（2010）或《某某年鉴》（2010卷）、《某某年鉴》（2010版）。有的年鉴年份放在书名号外加“卷”或“版”后，也采取不加括号，如《山东年鉴》2015卷。总的来讲，年份放入书名号中的占多数。中国方志网“志鉴出版、志鉴编修”栏目的文章标题有：《陕西省志·政治协商会议志》（1991—2012年）出版、《太仓市志（1986—2005）》出版发行、《杭州年鉴（2014）》出版、《厦门年鉴》（2014）出版发行、《湖北年鉴》（2014卷）出版发行。中国年鉴网“理论与实践”栏目下的文章标题有：《广西年鉴》2009年卷编纂创新实践、《苏州年鉴》（2009）获奖体会、《上海年鉴（2010）》被评为零差错社科期刊。

### （二）志书与年鉴书名不规范的原因分析

之所以出现书名表述不统一的情况，一是国家标准《标点符号用法》中书名号的用法，没有针对志书和年鉴这类作品作出明确的规定。二是出版、地方志工作机构等权威部门未作出相应规定，业界未形成统一的认识。中国地方志指导小组印发的《〈地方志书质量规定〉的通知》（中指组字〔2008〕3 号）和《地方综合年鉴编纂出版规定（试行）》（2012 年 7 月 13 日通过），对志书和年鉴名称特别是年份设置没有作出确切规定，仅指出“续修志书名称标明上下限年份，如‘××县志（××××—××××）’”。在这样的情势下，各地处在探索、调整、适应中，从自己理解的角度标注年份，或沿用以往的书名表述。四川作为全国第二轮修志工作的试点省，其省志编纂工作，就有从《四川省志》（1986—2000）到《四川省志（1986—2005）》表述的转变。年鉴工作开展得较好的江苏省苏州市，也有从《苏州年鉴》（2013）到《苏州年鉴（2014）》表述的转变。行业年鉴中的《统计年鉴》，基本上是年份放在书名号内，且不加括号，用短横线隔开，如《中国统计年鉴—2014》《中国人口和就业统计年鉴—2013》。而《信托业年鉴》采用年份标注不加括号的格式，如《中国信托业年鉴 2008》、《中国信托业年鉴 2012—2013》（上下卷）。

## 二 规范书名标注的理论依据和现实借鉴

### （一）我国志书和年鉴的独特性

中国自古就有编纂志书（史书）的传统，史籍浩瀚，理论完备。现代年鉴发端于国外，中国年鉴编纂在中华人民共和国成立后方才兴起，并得到快速发展。有较大影响力的美国《世界年鉴》，其 2013 年卷“于 2012 年 11 月大选结束后一周左右时间出版，资料记载时限为 2011 年 11 月 1 日至 2012 年 10 月 31 日。数据上下限并不统一……视资料实际情况而定”①。而我国的年鉴记述时限大都是上年度的 1 月 1 日至 12 月 31 日。总体而言，国内外年鉴基本都是反映上年度内容，只是国外不使用书名号。因此，规范志书和年鉴的书名表述，只能从中国的现实层面寻找答案，也就是从志书和年鉴的特性，标点符号用法规定，及类似刊物和书名中去寻找依据、借鉴。

### （二）志书和年鉴的著作属性

从志书和年鉴的著作属性来看，国务院《地方志工作条例》指出：“地方志书，是指全面系统地记述本行政区域自然、政治、经济、文化和社会的历史与现状的资料性文献。”“地方综合年鉴，是指系统记述本行政区域自然、政治、经济、文化、社会等方面情况的年度资料性文献。”中国地方志指导小组在《地方综合年鉴编纂出版规定（试行）》中指出：“年鉴主要辑录反映本行政区域自然、政治、经济、文化、社会等方面的基本情况，以及与本行政区域密切相关的资料。”“年鉴主要辑录年度性资料，一般不上溯下延。”“年鉴应逐年编纂，做到在出版年度的上半年内出版。”以上表述没有阐明年鉴是否是记录上年

① 摘自孙祺著：《〈世界年鉴〉与〈大连年鉴〉比较》，见江苏省地方志网 http://www.jssdfz.com（方志之窗《志鉴研究》年鉴编纂）。

度内容，只是明确年鉴中的年份是“出版年度”。可以理解为，志书和年鉴标注的年份具有不一样的内涵：志书的年份直指相应年份内容；年鉴的年份指的是编辑、出版的年份。继而归纳出志书和年鉴的特性：志书是“综述性著作”，年鉴是“连续出版的年度刊物”。

### （三）标点符号书名号规定和用法

从标点符号用法规定来看，国家标准《标点符号用法》中，对书名号的定义是“标号的一种，标示语段中出现的各种作品的名称”，在补充规则中又指出“书名有时带有括注。如果括注是书名、篇名等的一部分，应放在书名号之内，反之则应放在书名号之外”，并列举了“《百科知识》（彩图本）、《人民日报》（海外版）”等例。人民教育出版社版高三选修备课资料对《标点符号用法》书名号的表述为：“书籍、报刊的版本、版别的位置。因为不是书报名称本身，只是一个注释说明，通常的做法是用括号把它们括起来，紧放在书名号之后。也可以不用括号，直接跟在书名号后面，或放在书名之前。”也列举了《现代汉语》（增订二版）、《北京大学学报》（社科版）、《咬文嚼字》（学生版）、中文版《读者文摘》等例。由此可以形成初步判断：志书年份与内容年份一致，应视为书名的一部分，放在书名号内；年鉴年份是编辑、出版的年份，应视为是“版本、版别”的注释说明，应放在书名号之外。

### （四）志书和年鉴类似书刊的书名号用法

从类似作品、书名来看，也不乏其例。由中央文献出版社出版的《毛泽东年谱（1949—1976）》、北京师范大学出版社出版的《中国当代史（1949—2007）》，其年份标注均指对应年份内容，故放置在书名号中。在一些涉及未来某个时间段的发展规划，年份表述也是放在书名号中的，如《国家新型城镇化规划（2015—2020年）》《全国地方志事业发展规划纲要（2015—2020年）》等，只不过这些规划在年份的下限均加了一个“年”字。那么，志书的年份下限要不要加“年”字呢？根据目前的实际情况来看，一般都不加“年”字，这也符合国家标准《标点符号用法》连接号的示例“沈括（1031—1095），宋朝人”。因此，志书的年份表述可以不用“年”字。年鉴如视为刊物，应遵循刊物的常用表述，求是网2015年7月14日的一则消息：“本刊讯　2015年第14期《求是》杂志将于7月16日出版。”半月谈网文章标题有：《时事资料手册》2014年第1期内容简介、《半月谈》自2014年第1期起全新改版。《求是》《时事资料手册》《半月谈》3本有较大影响力的刊物均把刊期放在书名号外。那么，年鉴是否具有刊物性质呢？答案是肯定的，如《上海年鉴》曾被评为上海零差错社科期刊。好搜百科对《中华人民共和国年鉴》的解释是：“经国务院办公厅确认、新闻出版总署批准的中国唯一综合性国家年鉴……自1981年创刊以来，已连续出版32期。”新华网2015年1月8日报道：中国唯一综合性国家年鉴《中华人民共和国年鉴》2014版出版发行。内容为：“新华网北京1月8日电……《中华人民共和国年鉴》（2014）中英文版近日出版……自1981年创刊以来，已连续出版34期……2014版中国年鉴，设有国家机构、国防、外交、经济总类等38个部类……此外，根据中国年鉴内容缩编而成的《中国国情读本》（2015版）也将于近日出版发行。”从这则消息中可以看出，《中华人民共和国年鉴》《中国国情读本》均把年份放在书名号外。

## 三 如何厘清书名规范的必要性和操作性

### （一）规范志书和年鉴书名的意义

目前，中国已经成为世界上年鉴出版数量最多、理论研究最活跃的国家之一。同样，我国志书出版也是数量宏大、理论成果丰厚。志书、年鉴的理论研究不断拓展，但是对书名的规范研究得不够，相关规定或是指导性意见，或是建议不明确，导致当前书名表述不统一的情况存在。因此，加强书名规范的研究，继而付诸实践尤其重要。编撰志书、年鉴，既是记录过去，以史鉴今，更是传之后人，存之久远。对书名作出统一的规范性表述，既是对自身工作的尊重，也是对历史、对读者的一种负责。如现在的年鉴年份置于书名号内，从专业角度可以解读为反映上年度内容，但从书名号用法的规定看未必准确，读者也未必了解。反之，如果把年鉴的年份置于书名号外，用“版”表述，就可以把编辑、出版的年份与年鉴内容年份区别开来，体现了刊物的特性，符合书名号用法的规定，也易于被读者所接受。

### （二）规范志书和年鉴书名的总体构想

一方面要统一思想认识问题。第一是要确立分别对待的原则。志书和年鉴，有著作和刊物之别，其年份内涵不一致，因此，年份标注的位置应有所区别。第二是总体把握原则。如果标注年份与内容年份相一致，置于书名号内；反之，置于书名号外。第三是统一原则。对志书年份起止时间一律用一字线“—”连接，对年鉴的年份表述，如果是编辑出版年份一律加“版”，已出版的年鉴如采用“卷”的表述，可更换为“版”，也可照顾书名的连续性继续使用“卷”。因年鉴在书名中已有“年”字，不再使用“年卷”或“年版”的提法。第四是大体统一下的细微差别的原则。志书、年鉴的书名表述有两种基本格式，即志书的年份置于书名号内，年鉴的年份置于书名号外，在这两种格式下，又可以有细微的差别或是不同的表述。因为年鉴一般是年度性资料，应“一年一著”，但在特殊情况下，个别年鉴反映的内容为多个年份或是连续两年的合编，或是编辑（出版）年度为两年。如《曲阜年鉴（2012—2013）》《博兴年鉴（2003—2005）》，书名中的年份与年份内容相一致，年份置于书名号内；《开江年鉴（2013—2014）》记述的仅是2012—2013年的内容，故年份标注应置于书名号外。年鉴是多年合著，已不再具备“一年一著”的刊物特性，类同于志书性质的综述性著作。因此，上述的《开江年鉴（2013—2014）》，年份可直接表述为相应年份内容，成为《开江年鉴（2012—2013）》，考虑到书名、版本的连续性，也可采用《开江年鉴》（2013—2014版）的表述。由世界知识出版社编的《世界知识年鉴（2013/2014）》，“主要介绍2012年的世界政治经济大事和各国（地区）基本情况”，这本年鉴标注的年份也不是指年份内容，应置于书名号外，其“2013/2014”的标注，应视为跨年编辑、出版，且主要反映上一年内容，可用斜线号“/”连接。当然，中国文字的表述具有灵活性和多变性，在引述年鉴作品时，根据表达的需要可以把出版年份放在年鉴后且不加括号，也可以采取不加括号的形式把出版年份放在年鉴前。但志书和年鉴的书名表述，作为书、刊的组成部分，其书名表述具有唯一性，应有严格的统一名称贯彻始终。

另一方面是解决执行问题，各类志书、年鉴的不同表述，由来也久。需要由权威部门提出指导性意见或建议，甚至由法定部门作出规定，才有可能得到推行，不然，各编纂单位自行其是，书名不规范的情况仍得不到改观。

### （三）规范志书和年鉴书名的具体规定

结合相关规定，志书、年鉴的书名表述规范可以这样明确：

1. 志书的书名以下限时的本行政区域名称冠名，市辖区在本行政区域名称前冠以上一级行政区域名称，标明上下限年份，用一字线“—”连接，紧随志名，如《××市志（1980—2000）》或《××市××区志（1980—2000）》。如志书有分志、分卷，用间隔号“·”与总志名连接，如《××省志·教育志（1980—2000）》或《××省志·教育卷（1980—2000）》；分志下再设卷的，紧随分志用间隔号“·”与分志名连接。

2. 年鉴的书名用本行政区域名称冠名，市辖区在本行政区域名称前冠以上一级行政区域名称，如《××省年鉴》或《××市××区年鉴》。（1）年鉴为一年一著的，编辑出版年份加“版”置于书名号外，加括号，如《××市年鉴》（2014版）。若年鉴过去采用“卷”表述的，可更换为“版”，也可照顾书名的连续性继续使用“卷”。（2）年鉴为多年合著的，上下限年份，用一字线“—”连接，年份标注可以照顾书名的连续性。若标注年份与年份内容相一致，年份置于书名号内，如《××市年鉴（2005—2009）》；若标注年份为编辑、出版年份，置于书名号外，并加“版”，如《××市年鉴》（2005—2009版）。（3）年鉴为跨两年度编辑、出版且主要反映上一年内容的，标注年份置于书名号外，相隔年用斜线“/”表示，并加“版”，如《××年鉴》（2013/2014版）。

3. 志书、年鉴有其他版别、版本需要说明的，一律放在书名号外。年份放在书名号内的，紧随书名号用括号标注，如《××市志1986—2000》（中文版）。年份放在书名号外的，年份与版别相连，紧随书名用括号标注，如《××年鉴》（2014中英文版上下卷）

规范志书、年鉴的书名表述，可能“仁者见仁、智者见智”，但不管怎样，应尽可能地从理论、实践层面找到能被多数人接受、认可的约定，只有这样定了“规矩”，才能更好地成“方圆”。

“潮平两岸阔，风正一帆悬”，历史重任落在了无数志鉴工作者身上。在“修志问道，以启未来”的进程中，编纂志书、年鉴是一项严谨的工作，应当自规范书名始。

（作者单位：四川省泸州市龙马潭区委党研室）

# 志书编修的传承与未来

## ——以第一、二轮志书为例

卢建汶

**内容提要：** 志书从汉晋起源以来，历经几千年，并发展成中国特色的文化传统。首轮修志从20世纪80年代开始，近30年才全面完成，边实践边探索，为第二轮修志提供了实践经验和理论基础。新世纪启动的第二轮志书不但有首轮修志留下的宝贵经验，还有相应的法律保障和一系列的规范性文件，进行得十分顺利。但不论是首轮还是第二轮志书，都有不少的遗憾，更为重要的是要保证方志之树常青，志书未来发展的方向，必须引起高度的重视。

**关键词：** 志书　首轮　第二轮　发展

地方志有着悠久的历史。一般认为汉晋的《越绝书》《华阳国志》是志书之始。隋唐的图经为志书体例的进一步完善和续修制度的建立，打下了坚实的基础。宋代是我国方志发展史的重要时期，志书内容和体例进一步完善并趋于定型。[①] 明清则是中国方志存世数量和种类最多的时期。大规模的编修社会主义新方志是从20世纪80年代开始，随后是21世纪初的第二轮修志，这两次修志规模之大，种类之全，超过历代。

从方志的发展来看，笔者分别对旧志、首轮志书和第二轮志书进行分析和比较。

### 一　旧志的性质和功能

旧志从诞生起，就是史书的一种，即地理书。“传状志述，一人之史也；家乘谱牒，一家之史也；部府县志，一国之史也；综纪一朝，天下之史也”[②]。即一方之史。我国现存旧志8264种、12.32万卷，占古籍总数的10%。其中，宋代志书33种，明代约1000种，清代的5600种。经过千年的积累，形成了方志的特征：地方性、资料性、真实性和连续性。

旧志的功能，在20世纪80年代，大多数方志学者归纳为资治、教化、存史。古人的资治、教化功能带有浓重的封建色彩。志书的资治功能是指志书是地情全面、系统的反

① 黄燕生：《中国历代地方志概述》。

② 〔清〕章学诚：《文史通义》。

映，为地方决策者认识地情，把握地情，借鉴历史，提供依据。历代当政者对志书的资治作用是非常重视的，不少新官到任首先是“览志书”。教化，分为两类，一是通过山川、景物的诗文赞美，展示当地人文风貌；二是通过入志人物宣扬三纲五常，表彰忠孝节义，宣传礼教。存史功能是志书与生俱来的，是指志书保存了反映地情的完整系统的历史资料，可以为后人所用。

旧志的性质和功能，奠基着志书的本质，也决定着志书的地位和作用。

## 二 首轮志书的定位和特点

中华人民共和国成立后，经过10年的经济恢复，各项事业蓬勃发展，20世纪50年代末，我国出现了一次修志之举但由于政治、经济等原因而中辍。到了70年代末80年代初，才真正意义上开始了首轮修志。

1. 首轮修志历程

1980年2月，中共中央、国务院在批转国家档案局的全国档案工作会议报告中“号召编史修志，为历史研究服务”。同年4月，胡乔木在中国史学会代表大会上讲话中提出：“地方志的编纂，也是迫切需要的工作……我们要大声疾呼，予以提倡。”自此，编修社会主义新方志在全国各地方开始启动，县志的编修最先自发的开展，至80年代初已有呼玛、如东、台安、萧山等5部县志问世，其中《如东县志》1983年出版，1985年又出版修订版，走在全国修志前列。

1985年4月，国务院办公厅转发了《中国社会科学院关于加强全国地方志编纂工作领导的报告》，在转发的通知中，要求各地要“进一步加强领导，充实人员，加强队伍建设，切实解决地方志编纂工作中的问题。”并要求地方各级政府“适当解决”有关编制、经费、出版等问题。1986年12月，经国务院批准召开了全国地方志第一次工作会议后，全国修志工作才出现了自上而下的有领导、有步骤、有规划的大一统局面。1996年5月召开了全国地方志第二次工作会议，李铁映作了重要讲话，明确指出：“修志事业是伴随着中华民族生生息息永不尽竭的光荣事业。志书是中华民族世代奋斗、兴衰荣辱的史诗画卷。伴民族、随历史，代代相济，永不断章。一届志书完成之日，就是新一届志书开修之时。为了浇灌好方志事业这棵常青树，发展这项文化、学术事业，必须保持修志机构、修志队伍的稳定，这就一定要使之制度化、规范化，也就是科学化。要在总结修志工作经验的基础上，形成制度，制定法规。”而且指出修志工作是“各级政府的职责”，是各级政府领导的官职、官责，必须坚持“一纳入”“五到位”，必须坚持“党委领导，政府主持，专家修志，三审定稿制度”。同年11月，国务院办公厅发出《关于进一步加强地方志编纂工作的通知》（简称《通知》），是编修新方志史上具有历史意义的纲领性文献。这个《通知》除了明确规定了编修新方志的指导思想、加强领导外，具有如下特点：（1）首次以国务院办公厅名义为修志工作定位。《通知》指出：“编纂地方志是社会主义文化建设事业的重要组成部分，是承上启下，继往开来，服务当代，有益后世的千秋大业。”（2）首次正式将地区志和城市区志纳入编修新志书的系列，使省、市、县三级志书构成完整体系。

(3) 首次明确“每20年左右续修一次”，使修志工作制度化，永不断章。(4) 首次提出“必须建立一支德才兼备的修志工作队伍”，“努力从高等院校和科研部门输入更多有较高专业水平的青年人才”。(5) 首次要求“制定和完善有关规章制度”。这五个“首次”标志着编修新方志工作已在国家立项，成为社会主义文化事业的一个重要组成部分，而且确定了其制度化、规范化、有序化、传承化的地位。这是首轮修志工作取得的最大成就。

首轮修志任务至2011年才全面完成，全国累计出版规划内省、市、县三级地方志书5900多部。修志硕果累累，开创了我国志书编修的崭新局面，是中国方志发展史上的壮举，也是中国文化发展史上的盛事。

2. 首轮修志的定位

首轮所修是社会主义新方志，其指导思想和目的与以前的历朝历代截然不同。首轮修志全新的指导思想集中到一点，就是胡乔木于1980年4月在全国史学会代表会上讲话中指明的：“要用新的观点、新的方法、新的材料和新体例，继续编写好地方志。”其目的概括为一句话就是要为两个文明建设服务。1996年国务院办公厅的《关于进一步加强地方志编纂工作的通知》，明确规定了编修新方志的指导思想：编纂地方志必须以马列主义、毛泽东思想和邓小平同志建设有中国特色社会主义理论为指导，坚持实事求是的思想路线，运用现代科学理论和方法，全面真实地反映当地自然和社会的历史与现状，为改革开放和社会主义现代化建设服务。

3. 首轮修志的特点

首轮修志的特点是与旧时修志相比较而言的，笔者认为主要有如下特点。(1) 建立了修志常设机构和专职修志队伍。以往历朝历代只有中央政府才建有修志机构，但州县均没有常设机构和专职人员，每逢大修之时才临时聘请人员修撰，而首轮修志，国家明确要求建立起常设的、具有行政能职的省、市、县三级修志专门机构，而且各级修志机构配备了数量相当、具有一定专业知识的专职修志队伍。(2) 修志和理论研究同步。80年代初首先出版的5部县志，为新修志书提供了样板，也带动了全国修志高潮。同时，各种研究志书理论的文章和书相应问世，这些文章不但研究历代方志理论，也对照先行出版的志书进行分析，以指导首轮修志。从首轮修志开始到结束，理论专著有27部，编纂专著有86部，还有大量的志书评论集。这些理论成果研究的领域极其广泛，从宏观到微观、从内容到形式、从通论到专论、从机构到队伍、从新志到旧志、从继承到创新、从学科理论建立到方志应用、从编纂到管理，远远超出旧时方志理论研究的范畴，极大地丰富了我国方志理论宝库。(3) 编纂方法不同以往。旧时的编修方志是靠聘请少数名士闭门修志。首轮所修是社会主义新方志，由于有了常设机构和专职人员，通过政命令，发动各部门提供资料，借助社会力量，集思广益，众手成志。(4) 志书的副产品丰富。首轮修志过程中，各省市地方志办公室在修志之余，编撰大量的地情书、专业志、乡镇志，在志书出版后又开展了丰富多彩、生动有效的用志活动。“用志是新时代方志事业的新特点、新发展。用志是服务当代，以志为鉴的重要任务。”①

① 1996年，李铁映在全国地方志第二次工作会议上讲话。

4. 首轮修志的遗憾

首轮修志始于80年代初，从上到下“左”的思潮还影响着人们的思维，对一些历史认识还不足，没有真正掌握好历史唯物主义。如厚今薄古，对中华人民共和国成立前的资料收集少，尤其是民国资料；对中华人民共和国成立后历次政治运动，尤其是“文化大革命”十年的内容采取宜粗不宜细的办法处理；对三年困难时期采取回避的态度；重视政治、经济部类的记述，轻地方文化、地方特色的记述；片面强调述而不作，在某种程度上影响了志书的著述性、可读性，学术品位也打了折扣，等等。

首轮修志是在理论准备不足、人员不足的前提下匆忙上马，边探索边实践，这些都为第二轮修志提供了宝贵的经验。

## 三　第二轮志书的定位和创新

由于有了首轮修志的实践和探索，有了常设机构和一批专职修志人员，第二轮志书的开展远比首轮来得顺利，一些地区在首轮志书出版不久，就开始谋划下一轮志书的方案，着手新一轮修志的资料准备工作。

1. 第二轮志书的启动

2000年前后，部分省开始了第二轮修志。2001年12月全国地方志第三次工作会议召开，这次会议预示着首轮新方志编纂任务基本完成，第二轮修志工作将全面启动。经过10多年的呼吁和努力，地方志工作终于迎来了里程碑的事件，2006年5月国务院公布《地方志工作条例》，以法律形式明确了各级政府修志的责任，对地方志书进行了界定，即地方志书，是指全面系统地记述本行政区域自然、政治、经济、文化和社会的历史与现状的资料性文献。这是将1996年国务院办公厅《关于进一步加强地方志编纂工作的通知》法律化。《地方志工作条例》颁布后，各省也相继出台实施《地方志工作条例》办法，为第二轮修志的启动提供了法律保障，各省市同时掀起第二轮修志的高潮。同年，中国地方志指导小组出台了《地方志书质量规定》，规范了志书的原则性问题。

2008年11月第四次全国地方志工作会议召开，刘延东强调“地方志作为为党为国为民立言的重要历史传承，体现了社会主义核心价值体系，是增强社会主义意识形态的吸引力和凝聚力的重要载体，具有时间跨度长、内容全面丰富的特点，并有严格的体例和规范要求，需要汇集各方力量和专业工作者的集体智慧共同完成，不同于一般的研究论著。”2014年4月第五次全国地方志工作会议召开，刘延东要求“把地方志工作纳入公共文化服务体系建设当中，加快方志馆、地情网站、数据库等基础设施建设，用人们喜闻乐见的方式利用地方志、传播地方志。”

2. 第二轮志书的定位

2000年左右率先编修第二轮志书，还是沿袭首轮志书的指导思想，随着《地方志工作条例》的颁布和第四次全国地方志工作会议精神的贯彻落实，“地方志作为为党为国为民立言的重要历史传承”作用突显出来，地方志系统普遍认为：第二轮志书应该是资料性文献，重点反映改革开放以来的成果。因而，不论是续修还是重修，不管是创修还是新修，都把重点放在改革开放各行各业所取得的成就上。

3. 第二轮志书的创新

第二轮修志是在首轮修志进行了 20 年的实践和探索的基础上展开的，有比首轮修志更多的理论支撑，志书进行了多方面的创新。（1）志书的形式多种多样，有承接首轮志书下限的续修，有对首轮志书不足进行的重修，有行政区划调整后的新修，有新体制实行后的创修。而志书的结构有的采用章节目体，有的采用条目体，有的采用章节目与条目结合体。（2）地方特色有创新。第二轮修志普遍认识到，体现地方特色是志书的亮点，从篇目设计到资料选取，都应着力打造“地方名片”，或升格，或前置，或大量资料堆积，或正文加附。（3）图照运用的创新。首轮志书一般将图照置于志书前，而已出版的第二轮志书，对地图、照片和绘画资料的运用都有所创新，如前有整体介绍的照片，随文也附有特色照片；前有整体照片，各分册仍有本册内容的照片；立传和简介人物配肖像照片；地图不但有行政区域图和主城区图，交通图、旅游图、水系图、农作物分布图、人口密度图、方言分布图等都能在志书上找到。（4）志书形式的创新。从最近几年出版的志书看，志书除出版纸质书外，电子书大量出版，有的还将首轮和第二轮志书同时汇集在一张光盘；部分志书出现网络版。这些形式的创新，方便了志书的阅读和使用，也提高了志书的影响。

4. 第二轮志书的遗憾

从已出版的近 2000 部第二轮志书看，志书的质量一部比一部高。但还能看出不少问题，如早期出版的第二轮志书多数因资料收集难度大，而采用条目体，内容破碎难见全貌，资料性差；在资料占比方面，自然经济政治社会部类中，经济和政治部类仍占大头，社会民生内容过少；续修的第二轮志书，与首轮志书衔接问题处理不好；重修的志书，仍简单地采取首轮志书的厚今薄古、回避一些重要历史阶段的办法，起不到重修的意义；第二轮志书没有对首轮志书进行纠错和补遗；一些志书因编撰时间过长，正文、大事记、人物、图照等下限的断限没有统一的标准，随心所欲；为了突出地方特色而创新过多；志书编纂急于求成，浮躁心态影响了志书的质量；方志的理论研究远远不如首轮。等等。

目前，第二轮志书的编修已进入攻坚阶段，已出版的第二轮志书对正在编纂和即将出版的志书都有一定的借鉴作用。

## 四　志书的发展方向

地方志从汉晋起源，历经几千年的完善，发展成中国特有的文化传统。而这一文化传统被《地方志工作条例》法律化和实施《地方志工作条例》办法制度化后，其定位和指导思想都已被规范，特征被界定，志书的质量也有各类规定和审核制度。要保持志书的生命之树常青，必须在地方特色上下功夫，地方志姓“地方”。志书虽然被界定为资料性文献，但必要的论述是缺少不了的，这种论述必须是站在历史性的高度进行的阐述。

由于首轮志书对历史文化的记述较为全面，第二轮志书又对地方特色和历史记述进行了必要的补充，特别是《地方志工作条例》第十条规定“地方志书每20年左右编修一次”，这就给志书带来了较为固定的模式。第三、四轮及以后的志书只能按照固定的程式加以编修，这种现象可以从已经出版的部分第二轮志书中看出。《地方志工作条例》同样规范地方综合年鉴也由地方志职能部门编纂，由于年鉴一年一编，志书20年一编，两种书都有较为固定的模式，并趋于同质化，因而志鉴合一，志书即为20年年鉴，等等，皆为可能。这必须引起方志工作者的高度重视。

（作者单位：江苏省南通市地方志办公室）

# 修志为用　以志为鉴

## ——浅论修志的现实意义

罗芳琼

**内容提要：**修志是地方志编写者的主要任务，国务院《地方志工作条例》为地方志工作提供了法律保障。本文简述了修志的重要意义、修志的原则、修志的方法、修志的作用以及修志时需要注意的问题，与本辖区地方志修志工作做了紧密结合，从而为日后地方志修志工作奠定了理论基础和现实基础。

**关键词：**地方志　方法　学习　贯彻

志，从字面的解释为“文字记录”，修志就是按一定的体例、体裁和独特的文字表达方式把某个地方的信息进行记录。在第五次全国地方志工作会议上，李克强总理作出重要批示，指出“地方志是传承中华文明、发掘历史智慧的重要载体，存史、育人、资政，做好编修工作十分重要”，强调“修志问道，以启未来”。李克强总理的讲话，为广大修志工作者描绘了美好未来，同时，提出了更高要求。这就要求广大修志工作者，在现阶段，要大力开发历史遗迹、名人活动遗存、传统风俗文化活动，使地域文化与当地经济结合起来，大大地推动地方经济的发展。

## 一　修志的重要意义

### 1. 修志是领导决策的重要依据

党中央四代领导核心都非常重视地方志，把搜集研究地方志当作了解研究国情的重要途径。1941 年《中共中央关于调查研究的决定》中提出：“收集县志、府志、省志、家谱、加以研究。”1958 年成都会议上毛泽东倡议编修地方志。同年 8 月 9 日，周恩来指示：要系统整理县志，把关于各地地方志中经济建设、科学技术资料整理出来，做到“古为今用”。1978 年 7 月 9 日胡耀邦对李百玉建议修志的信作了批示。特别是习近平说到的：我来宁德的第一件事，就是要看府志、县志。要马上了解一个地方的重要情况，就要了解它的历史。了解历史的可靠的方法就是看志，这是我的一个习惯。过去，我无论走到哪里，第一件事就是要看地方志，这样做，可以较快地了解到一个地方的山川地貌、乡情民俗、名流商贾、桑麻农事，可以从中把握很多带有规律性的东西。可谓“开卷有益”。

修志是一项很有意义的工作。说通俗一点，就是使我们做一个明白人，“以古为鉴，可知兴替”，只有加深对历史的掌握和理解，才能“以古为鉴，鉴古知今”，不重复历史上的错误，才能使人们从一种混沌状态，转为一种清楚明白的状态，才能知道过去人类社会种种事件的发生、发展和消亡的过程。

修志是一项十分艰巨的工作。难就难在古今资料浩如烟海，入志书的资料是否真实可靠，要订正；难就难在资料残缺、散失，收集起来很艰难；难就难在横排门类，不能缺项，不能割裂与孤立，不能失去整体性；难就难在志书要合体例，又要有时代性、科学性、思想性，完全搞散文体、公文体不行，但是片面迁就体例，局限到没有科学性、思想性、时代感也不行。

修志是一项系统工程，工作量大，要靠上下同步，左右协作，靠部门完成分志，靠地、县方志办来完成总纂工作。既要有“人自为战”的主动进攻意识，又要有“海、陆、空”各军兵种协同作战的群体意识；不要互相封锁资料，也不要互相扯皮，要确保这个浩大工程的圆满完成。这项工作确实不容易。所以各级领导务必充分重视这项工作，加强修志工作的领导，分管领导要具体抓这项工作。修志人员要刻苦学习，顽强工作，真正进入角色，钻进故纸堆，在浩瀚的档案资料中挖掘珍宝。各级领导对修志人员要督促、培养、鼓励，要关心他们的生活待遇和政治成长。

关于经费问题，修志需要一些经费。有人讲我们穷，我们就是要“地穷”志不能短，修志也不能短。虽然江华瑶族自治县财政困难，但修志这个钱还是要挤出来。地县财政要把修志经费列入预算。同时，也得多渠道筹集一些经费。按规定，各分志的经费由修志单位统筹解决。

现在存在一些不良的倾向，有的领导强调工作忙，把修志当作一个软任务，摆不上议事日程；有的是中心工作或临时任务一来，就把修志人员抽走，修志工作停停打打，这样做不利于修志工作的开展。修志工作是一项重要工作，要一气呵成，要当个事业来办，把它作为社会发展的基础工程，一定要摆在议事日程上。各级、各部门领导，在你离任之后，仍然还能够使人们想起来的一项工作，笔者认为莫过于此。

志书要注意质量，能经得起时间和历史的检验。时代发展了，科学分工越来越细，一定要在规模、质量上超过前人，现在的志书都要在国内外公开发行。因此，更需要注重质量。各部门都要把质量放在第一位，对社会负责，对事业负责，对子孙后代负责。[①]

习近平总书记在2015年2月25日考察首都博物馆时强调，搞历史博物展览，为的是见证历史、以史鉴今、启迪后人。要在展览的同时高度重视修史修志，让文物说话、把历史智慧告诉人们，激发我们的民族自豪感和自信心，坚定全体人民振兴中华、实现中国梦的信心和决心。李克强总理对第五次全国地方志会议高度重视，专门作出重要批示，他指出：“地方志是传承中华文明、发掘历史智慧的重要载体，存史、育人、资政，做好编修工作十分重要。五年来，全国广大地方志工作者执着守望、辛勤耕耘，地方志工作成绩斐然，这项事业呈现良好发展势头。谨向同志们致以诚挚问候！修志问道，以启未来。希望你们继续秉持崇高信念，以更加饱满的热情、以求真存实的作风进一步做好地方志编纂、

① 原载于福建省地方志编纂委员会：《修志简讯》2008年第17期。

管理和开发利用工作，为弘扬优秀传统文化、服务经济社会发展作出新的贡献。”①

作为一名地方领导者，不能光凭简单的经验去作出决策，而要凭借一定的工具来认识、了解这个地方，地方志就首当其冲地提供了智力支持。那么新领导上任就可以用最短的时间，最少的精力，迅速掌握全面的情况。以往要搞某项规划，习惯于临时组织班子，现去收集资料，以后再搞另一项规划又要重新收集。因为没有现成材料，不仅要花费不少功夫，甚至有时也查不清。这就要求地方志工作者在日后要全面搜集、整理、研究本区域的自然、社会等各方面的资料，编纂成书，为领导决策提供现成的依据。

2. 修志是思想文化建设

修志不但要反映经济建设、文化建设的成就，而且更要满足人民群众精神文化需求。从鸦片战争到今天，100 多年间，中华大地上涌现出许多爱国志士、民族精英。有的为了抵御帝国主义的侵略，英勇奋战，壮烈牺牲；有的为了民族的解放和共产主义的崇高理想而献出了生命，创造了许多可歌可泣的历史业绩。地方志就是要充分反映革命前辈高度的爱国主义和革命英雄主义，记录新时代的新道德、新风貌，以激发人民特别是青年一代，更加热爱祖国、热爱家乡。

3. 修志可以把握客观规律

研究历史资料，吸取经验教训，才能真正掌握客观规律。过去有些事情之所以没有办好，就是由于没有很好地总结历史经验，不吸取历史教训。如妥善平息 1989 年春夏之交发生在北京的政治风波就是很好地总结了历史经验，国家才迅速扭转局面。所以只有承认客观存在，积累历史资料，总结历史经验，从实际出发，不断地研究，才能从历史事实的记载和研究中认识和掌握客观规律，从而运用客观规律。

## 二 修志的原则

1. 坚持依法治志

依法修志的原则要求：全县各级政府及地方志系统要进一步贯彻《地方志工作条例》（简称《条例》）精神，坚持依法修志编鉴，切实推进依法修志工作。一要强化行政推动，坚持依法修志。我国在隋唐时期就确立了史志官修制度。中华人民共和国成立后，我国地方志工作的领导和管理体制不断演变。《条例》的颁布有利于地方志被纳入各级政府职责，并逐步走上依法修志的法治化轨道。江华瑶族自治县按《条例》要求，进一步强化依法修志的行政推动力度。二要按照《条例》要求，坚持质量第一。三要依据《条例》规定，加强学术研究。志书的生命在于质量，志书质量与理论研究密切相关。要继续弘扬重视学术研究和学科建设的优良传统，力争在编纂实践过程中加强理论研究，在理论研究过程中进一步提升编纂水平。

第二轮修志工作初期，我们便层层签订“责任状”，将修志任务落实到方志室负责人身上，工作进度和质量都有了全新的变化。可喜的是本县在近年来，从众多的干部和教师

① 刘延东：《与第五次全国地方志工作会议部分会议代表座谈时的讲话》，中国文明网 2014 年 4 月 19 日。

中借调了3名教师充实修志队伍，实现了队伍的年轻化、电子化。同时，不断改善考核方式，实现了由“评优”向“量优”转变，为确保地方志工作的质量发挥了积极作用。

2. 坚持制度立志

认真执行上级志书质量的规定，坚持质量第一不放松，坚持出精品、创佳志的目标不动摇，不断推进志书编纂工作。我们分门别类地加强制度建设，对志书编纂工作流程、质量标准要求、工作人员岗位职责均做了明确规定，并将其汇编成册，下发给各承办单位，确保了修志工作的各个阶段和各个环节都有基本可遵循的质量标准和规范。下发了江办发〔2013〕44号文件和江办发〔2015〕11号文件以及关于加强乡镇志、部门志编纂的通知，制定编纂乡镇志、部门志的培训方案并召开会议，于2015年7月21日对优秀的编纂单位和个人进行了表彰。

3. 坚持修志为用

修志为用，服务现实，是地方志工作神圣职责。《地方志工作条例》规定：“地方志工作应当为地方经济社会的全面发展服务，县级以上负责地方志工作的机构应当积极开展社会用志途径”，修志就是为了要用志，而且首先是要用于当代而不是后代，要为当代的经济社会全面发展服务，“修志为用是《条例》精神的最高体现”，李铁映曾深刻地指出：“修志的目的在于用志……为有用志，当代人用志，后代人用志，才能体现志书的价值，才能资政，才能利民，才能检验志书的优劣，真伪和正误”，“离开了当代人的时间和需要，后代人怎么用志?”我们必须把握住修志为用这个原则。①

几年来，本县首先开展了地方志资料的整理建档工作，以每一年度为时间节点，既弥补了编制历史丢了现实资料的不足，又为今后修志工作打下坚实的资料基础。

4. 坚持人才强志

组织开展业务培训，采取举办业务培训班、志稿评审现场交流会、志稿浅析会等形式，加强修志人员的培训。特别是坚持典型引路，请工作走在前面的一些部门和个人通过典型发言、经验介绍来推动地方志事业的有序、健康发展。特别是江华县码市镇的李公球，是乡镇志的带头人，很多乡镇的志书，无法下笔写时，他都会毫不犹豫地进行辅导。方志室负责人经常下到编纂部门和乡镇去上辅导课，开展业务知识培训，本县还设立了一个方志写作公司，召集老干部、写作爱好者加入，为没有时间和没有人手的单位代写志书，为编纂志书提供人才支持。

## 三　修志的方法

1. 修志必须党委带头

修志，就是客观地、实事求是地反映一个地方、一个部门的历史与现实的全貌。修志的指导思想、志书的基本观点、入志材料的取舍标准等，必须由党委和政府共同确定，形成统一认识，决不能以某个领导甚至执笔者个人的意志为转移。就县级和乡镇而言，对于

① 张静：《浅谈修志为用》，《湖北方志》2010年4月30日。

部门、单位，则要在县委领导班子的统一领导下，组建得力的编委会和精干的编写小组来具体负责完成。

2. 修志要有时代特色

一部志书，往往跨越相当长的历史时段，不同历史时期的同类事件会表现出不同的特点。地方志反映的是不同行政区域的自然和社会状况，不同行业和类别的发展历程，同一件事或同一类事在不同地区、不同行业、不同类别中的要求和侧重点各不相同。因此，必须充分体现地方特色、行业特色、类别特色。

3. 修志要开拓创新

随着时代的发展，科技的进步，志书从体例、体裁到语言文字表达方式都提出了更高的规范要求。如何增强志书的趣味性、可读性，对读者产生更大的吸引力，博得更多读者的青睐，这就要求修志的人必须与时俱进、开拓创新。

## 四　修志的作用

1. 服务功能

服务功能，就是使地方志为中华文明的发扬光大和广泛传播服务。在修志工作中，修志人必须确立为广大读者服务的目标。在续修新志中，切实把发挥地方志的服务功能作为选材的价值取向，加大对改革开放和社会发展有重大影响的人和事的记述，多记社会上的光点和亮点，多选取正面的典型和材料，如地方特色、环境整治、民族团结、推陈出新等方面的材料，以正确的价值取向教育人、鼓舞人、引导人。

2. 警醒功能

警醒功能，就是确保其权威性，通过对反面典型的记述给人们以警示，来正确引导党风、政风和社会风气。必须加大对反面典型，如党员领导干部违纪违法案件、重大决策失误案例等的记载力度，以充分发挥其独特的警醒功能和震慑威力，起到弘扬正气，增强信心，奋发向上的作用。

3. 交流功能

21 世纪，人类全面进入信息化社会，新编地方志也就成为地区之间、地方政府与国际间互相交流的重要媒介，起到了桥梁和纽带作用。新编地方志要承担这项义务，就必须站在传播中华优秀文化的高度，充分展现中华文化的博大精深。

## 五　修志要注意的问题

1. 内容还需进一步丰富

随着修志工作的逐步展开，组织编纂的各类县志、部门志、乡镇志等，还有修志过程中逐步形成的文物、档案、图片、稿件等，以及各部门形成的各种普查、统计、汇编、图表资料等，都将集中到修志工作者手中，这就大大丰富了修志工作的内容。修志工作者就必须考虑当前社会服务对象的口味与需求，制作出紧扣时代脉搏，大众喜闻乐见的产品，而不必等到成书后再去搞开发研究。

2. 正反观念需进一步明确

改革开放是第二轮修志浓墨重彩的一笔，成绩是显而易见的，但失误也是确定的，由于传统观念的束缚和人为设立的一些禁区，致使以往志书中对成绩的记述大写特写，而对失误的记述往往是一笔带过，“报喜不报忧”的错误做法导致志书有失偏颇，这就给利用者带来了诸多不便。在下一步修志工作中，必须注意并解决这个问题，从而起到以志为鉴、启迪后人的巨大作用。

3. 正确处理利益关系

修志就要立足社会效益、经济效益，更多地着眼于长远利益和社会效益。比如编纂志书，不能把其看作部门敛财之道。志书的读者群与普通百姓的信息需求是不一致的，因而，作为官书，应坚持背靠政府、面向市场的方针。离开了党委领导、政府主办，志书的权威性、综合性、存史性就会大打折扣，志书自身价值和使用价值也会随之降低，志书生存与发展空间将会越走越窄，举步维艰。要坚持质量第一，反对利益至上，必须要利而不惟利，惟利即惟健康、长远、发展之利，政府信誉之利，读者欢迎之利，这是志书长远发展的根本大计。

总之，我们要承担起传承文明、记录历史、弘扬文化、服务社会的光荣使命。在全面建成小康社会和全面深化改革的伟大进程中，地方志工作大有可为。让我们紧密团结在以习近平为总书记的党中央周围，以马克思列宁主义和中国特色社会主义理论体系为指导，按照党中央、国务院的部署，进一步增强责任感、使命感，锐意进取，开拓创新，扎实、持续、有效地开展有关工作，努力开创地方志事业发展的新局面，修志为用，以志为鉴。

（作者单位：湖南省永州市江华瑶族自治县史志办）

# 浅论地方志对精神文明建设的意义及其应用

骆妍宇　王洪志

**内容提要：** 地方志是中华民族优秀传统文化的组成部分，对精神文明建设有着非常重要的现实意义。在精神文明建设中，对提升社会道德水平、维系社会意识形态健康发展、继承和发展优秀的传统文化等方面，都具有非常重要的促进作用。开展精神文明建设，要充分开发、利用地方志价值，服务精神文明建设各种活动，服务文化产业和思想道德建设，切实利用好地方志促进精神文明建设的价值。

**关键词：** 地方志　精神文明　应用

地方志是地情书。编纂地方志，是中华民族的传统，也是优秀传统文化的重要组成部分。历朝历代不仅重视地方志的存史和资政作用，也非常重视地方志的教化作用。历代都将伦理道德融入地方志。20 世纪 80 年代初，随着拨乱反正和实事求是思想路线的恢复，地方志书编撰也逐步恢复，并呈现蓬勃发展的局面。2006 年，国家以行政法令规定地方志编撰的法律性地位。随着时代的进步，地方志编撰越来越被各级政府所重视，地方志不仅记述经济社会的发展进程和成果，也反映当地社会爱国主义、家庭伦理、社会主义新风尚等体现精神文明建设方面的生动事例，地方志促进精神文明建设的作用也引起各地方党委和政府的重视。地方志对精神文明建设具有非常重要的意义。

## 一　地方志对精神文明建设的现实意义

习近平在中央政治局第十三次集体学习时指出："我们要从巩固全党全国各族人民团结奋斗的共同思想基础、巩固党的执政地位的战略高度，持续加强社会主义核心价值体系建设，把培育和弘扬社会主义核心价值观作为凝魂聚气、强基固本的基础工程，作为一项根本任务，切实抓紧抓好。"十八大报告提出，"建设社会主义文化强国，必须走中国特色社会主义文化发展道路""社会主义核心价值体系是兴国之魂，决定着中国特色社会主义发展方向"。

2006 年颁布《地方志工作条例》，把地方志定位在"中华民族优秀文化传统"的高度，肯定了地方志的崇高地位和对社会发展的作用。

### （一）地方志具有提升社会道德水平的功能

国无德不兴，人无德不立。一个民族、一个人能不能把握自己，很大程度上取决于道德价值。社会主义道德，作为有中国特色社会主义的意识形态，必定服务于有中国特色社会主义的政治制度及其经济基础。中国地方志作为社会科学的一个学科门类，继承了中国传统文化优秀的要素，不仅记述了改革开放以后中国致力于建设小康社会等方面的物质成果，并且通过大量的实事与实例，记述加强社会主义思想道德体系建设的历程和与时代精神相适应的先进模范人物，对社会公德、家庭美德、职业道德以及个人品德做了成果性积累与展示，熔铸了道德实践精神。因此，地方志对培养正确的道德情感，形成正确的道德观念，掌握正确的道德评价标准做了最实际、最形象的阐释。第一，地方志体现了道德认知功能。“史志之书，有裨风教者，原因传述忠孝节义，懔懔烈烈，有声有色，使百世而下，怯者勇生，贪者廉立。”① 通过记述道德知识和各种道德实践模范事例、先进人物，能够帮助人们认识自己对国家、社会、家庭应负的责任，以及什么是对与错，掌握起码道德评价标准。第二，地方志具有道德调节功能。现代道德是中国特色社会主义社会的灵魂和思想精髓，是世界观、人生观、价值观等人的思想灵魂在社会生活实践中的行为品质。地方志记述了在社会主义市场经济条件下反映人与国家、社会、家庭及与他人关系的典型范例，通过对“应该怎样”的风向标及楷模的客观阐述，指导人们采取正确方法，修正错误的思想和行为，造就更多的道德模范，维系和谐稳定的社会关系和健康向上的社会秩序。

### （二）地方志在社会意识形态整合中具有特殊意义

习近平在全国宣传思想工作会议上强调：“讲清楚中华优秀传统文化是中华民族的突出优势，是我们最深厚的文化软实力；讲清楚中国特色社会主义植根于中华文化沃土、反映中国人民意愿、适应中国和时代发展进步要求，有着深厚历史渊源和广泛现实基础。中华民族创造了源远流长的中华文化，中华民族也一定能够创造出中华文化新的辉煌。独特的文化传统，独特的历史命运，独特的基本国情，注定了我们必然要走适合自己特点的发展道路。”

社会主义核心价值体系建设是精神文明建设的核心任务，“是为国家立心，为民族铸魂的工作”②。地方志作为优秀民族传统文化和社会主义文化的组成部分，记述了当地人民在中国共产党领导下，进行革命斗争和建设社会主义的生动事迹，实事求是反映了在社会主义革命和建设中的经验教训。教育作用在于，通过记述社会主义意识形态领域建设的变化和与时代精神相适应的鲜活事例，以及改革开放出现的新思想、新观念和新风尚，引导人们认识真善美和假恶丑，并体会到，中国特色社会主义和民族崛起决不同于西方的现代化，以及坚持共产党的领导，坚持社会主义道路，坚持改革开放的正确性，用事实说明了社会主义核心价值观是中国人民拼搏奋斗的精神动力。培养年轻一代报效祖国的民族意

---

① 〔清〕章学诚：《文史通义》。

② 刘云山在2015年8月26日十二届十二次政协会议上的讲话。

识，敢于担当的责任感，孜孜不倦、追求卓越的学习态度；培育健康的、符合时代要求的道德观和价值观。从而，改善拜金主义、自由主义、西式民主思潮和盲目追求西方生活方式倾向。因此，地方志是对人民群众，尤其是广大青少年进行爱国主义、社会主义、共产主义和革命传统教育的生动教材。从以上意义上说，地方志对社会意识形态具有非常重要的整合作用。

### （三）地方志对传统文化具有传承和发展作用

文化积累是文化发展的基础。一方面，地方志的编撰过程是对文化的积累过程，同时地方志编撰是对文化的整合过程，通过文化整合实现文化判断和文化选择，从而完成文化控制，保持文化的连续性，使得优秀文化得以延续和发展。另一方面，地方志编撰过程也是对文化的选择的过程，是特色文化得以传承的一个途径。地方志所记述的每一个地域，都有自己独特的时代精神，具有多重内涵和鲜明的个性。这使得该地域不同于其他地域，体现了这个地域的独特人文精神、历史文化沉淀和独特魅力。例如我国改革开放的排头兵——深圳，所编撰的《深圳志》就体现了挑战未知、敢为天下先的改革创新精神，对经济、科学技术、城市管理等诸多方面的先进文化成果都有记述和积累。同时，发掘和选择了独特的中英街“3·18”警示日和“文明达人”“国学大讲堂”等一系列文化活动，不仅成为深圳市文明创建活动的亮点，也使这项特色文化成为地域特色文化，并在现有基础上进一步发扬光大，使得特色文化在总结和传承过程中得到发展。

综上，地方志对精神文明建设有着非常重要的现实意义，必须以对优秀民族传统文化负历史责任的态度，按照党中央提出的文化强国战略，花大力气抓好编撰和深度开发利用。

## 二 开发地方志价值，提升精神文明建设效果

然而，地方志的开发利用总体依然处于被动局面。一方面，地方志不能直接促进经济发展，它对精神文明建设的促进作用没有被地方政府发现或充分认识，各地方政府组织地方志编撰多是存介于完成行政任务的被动心态。另一方面，由于地方志对精神文明建设的促进手段和方式没有被很好地开发利用，造成“地方志的静态存在”[①] 对于精神文明建设来说，无疑是缺憾和损失，并且有些缺憾和损失是历史性的。

基于以上方面考虑，开发并利用地方志价值，提升精神文明建设效果，除了地方志编撰机构发挥主动性外，还须注重内容和方式方法，体现优势，矢之中的，使其能量得以充分显现。

### （一）分类利用，提高服务精神文明建设广度

地方志记述精神文明建设方面内容非常丰富，不仅涵盖了爱国主义、社会主义、革命英雄主义等方面的生动故事，也记述了在思想道德修养领域事迹突出的典型，通过各类文

① 来新夏：《中国地方志史料价值及其利用》，《国家图书馆学刊》2005第1期。

明活动中具体鲜活的事例，焕发心灵美感，引导人们对“真善美、假恶丑”进行判断，促进思想道德和文明素质提升。可以说，地方志对精神文明建设各方面都具有积极作用。因此，对地方志的这些资源应该进行分类开发，丰富精神文明建设各方面内容，较好地发挥地方志的潜在价值。深圳市盐田区是1998年成立的新区，区委区政府对其地方志记述的上述资源进行过二次开发，在精神文明建设工程中，形成并固定了每年一次的“3·18”警示日、环保达人、文明市民评选等系列活动，建立东江纵队纪念馆，请东江纵队老战士对中小学生每年进行一次爱国主义和革命传统教育。以文化活动为载体的思想道德建设活动，树立了思想道德规范和楷模，辖区的社会治安情况、遵守交规指数以及文明市民数量、市民思想道德素质和社会文明状况都处于较高水平。地方志分类开发和利用，提升了社会整体的道德水平和文明水平，显现出地方志分类开发的价值和意义。每个地区党委和政府应站在利用民族优秀传统文化的高度，对地方志进行再认识，开发并加以利用，精神文明建设一定会呈现健康发展的繁荣景象。

### （二）二次开发，提高服务文化产业发展力度

国家文化强国目标已经确立，并形成了诸多文化产业。而能够为社会提供健康的、有助于培育社会主义核心价值观的、人们喜闻乐见的历史性的文化产品，在快节奏的当今社会，很多从业者难以掌握适合的素材。地方志是地情及地情文化的重要载体，有的著名作家的创作都以地方志为参考，掌握历史线索，鉴别史料真相，研究事件发展轨迹。优秀的地方志，记述着大量真实翔实的历史文化资料，是了解研究特定区域历史和社会现象的依据，也是服务文化产业的优势所在。然而，只有深度研究，对有价值的重要资料进行再开发，才能显现地方志服务文化产业的意义。地方志资料二次开发编撰，转化成文化产品，是地方志编撰工作应该纳入日程的方向性课题。《东江纵队》《闯关东》以及《康熙王朝》等一大批优秀文学作品和专业特色刊物，不失为地方志二次开发和服务文化产业的成功范例。因此，地方志应该因时而上，顺势而为，将党领导人民革命与奋斗的历史和其他优秀文化史料，进行二次开发，为文化产业提供丰富的、源源不断的素材。

### （三）把握层次，提高服务思想道德建设深度

地方志作为中华民族优秀传统文化的一部分，是爱国主义和革命传统教育的生动教材，是道德建设的有益资源和乡风民俗的可靠载体，地方党委和政府应该在意识形态整合中发挥地方志培育社会主义核心价值观的功能，遵循其传播教育的特定和规律，利用多种形式和现代传播手段，因地制宜，主动利用，坚持创新，区分对象，开展不同教育。首先，党委和政府要主动利用，发挥好主体作用。把地方志作为对青少年及企业职工爱国主义和革命传统教育以及地方乡风民俗教育的教材，发挥地方志爱岗敬业、诚实守信、尊老爱幼等方方面面的典型作用。因为地方志信息量浩繁，不可能人人通读，可通过地方志记述先进人物，撰写专记、专述，弘扬优良传统和宣传改革开放精神以及其他先进思想观念和人物事迹。有的地区对地方志的分层次使用已做出成功探索。“2004年，为配合保持共产党员先进性教育活动，张家港市史志办利用史志编撰并重新修订《中共张家港地方史》，成为全市保持共产党员先进性教育活动和市关工委对学生、青少年进行爱国主义、革命传

统教育的教材。”① 其次，地方党委和政府应该把地方志作为派入的领导干部和新公务员的岗前培训教材。地方志是一定历史时期当地社会的政治、经济、文化等方面发展状况和自然生态条件的客观实写，对政府各机构职能，出台的各项政策、规定、措施、方法，以及当地乡风民俗、自然情况都有详细可靠的记载，其资料的地域性、权威性、全面性和连续性是其他著述不能相比的。同时，地方志记述了党领导人民群众埋头苦干、锐意创新的时代精神。对于新派入的领导干部和新入职、对社会茫然无知、缺少实际工作经验与社会阅历的公务员来说，地方志能够在最短的时间内帮助他们掌握当地风俗习惯，继承优良传统和作风，使其思想政治素质尽快适应岗位需要。

### （四）发挥优势，扩大服务文化领域参与度

地方志与每一类型文化都血脉相连。发展先进的文化，不仅要具有先进的思想内涵，还需要实事求是的历史唯物主义态度。可利用地方志资料的地域性、权威性、全面性和连续性等特征，为社会科学领域的政治、经济、历史、法律、伦理、文学艺术以及自然科学领域的天文、地理、生物等方面提供基础性资料服务；可利用自身优势，参与地域文化研究，丰富地域文化内涵，标识地域文化的鲜明特征，积淀、汇聚、升华地方文明成果。苏州史志办充分利用了掌握地方志资料的优势，根据不同需求，编撰了《百年旧影》《苏州百姓》《再读苏州》以及《苏州名门望族》《苏州山水志》等系列书籍，进一步总结、宣扬和丰满了姑苏文化。广东史志办还参与配合广东电视台的《广东之最》系列片拍摄制作，把地方志优势转化为文化产品或服务行为，扩大服务文化领域的参与度，充分体现了地方志的价值和对精神文明建设不可替代的作用。

（作者单位：广东省深圳市盐田区史志办公室）

① 俞惠军：《论地方志的六大服务功能》，第 3 页。

# 地方志事业的必由之路

## ——论地方志信息化建设的发展发向

毛珏珺

**内容提要：** 地方志信息化建设对于充分开发利用地方志资源、推动地方志事业和经济社会发展都有重要意义。地方志信息化建设的内容包括地方志网站建设、数字方志馆建设和办公自动化建设，重点是地方志网站和数字方志馆建设。虽然全国地方志信息化建设已经取得一些成就，但仍存在许多不规范不科学的地方，究其原因是对地方志信息化建设的现状和未来发展缺乏明晰的认识，而建设统一、科学、开放、高效的地方志网站和数字方志馆，正是地方志信息化建设发展的方向。

**关键词：** 地方志　信息化　网站　方志馆

编修地方志，是中国特有的优秀传统文化，至今已有两千多年的历史。地方志的作用在于存史、资政、育人，传统意义上的地方志工作主要指编修地方志书。志书是地方志的主要物质载体，地方志作用的发挥，离不开对地方志书的内容的开发利用。毋庸讳言，由于地方志书大多动则上百万字，内容冗长，携带不便，加之语言过于讲究客观真实，显得平淡寡味，难以卒读，地方志编修出来后往往束之高阁，乏人问津，地方志开发利用的效率也就可想而知了。而信息技术的发展，给地方志事业发展带来新的机遇。

### 一　地方志信息化建设的意义

2006 年 5 月，国务院颁发的《地方志工作条例》（简称《条例》）规定：“地方志工作应当为地方经济社会的全面发展服务。县级以上负责地方志工作的机构应当积极开拓社会用志途径”，“修志为用是《条例》精神的最高体现”。2014 年，国家主席习近平、国务院总理李克强、副总理刘延东先后对地方志工作讲了话，作批示，他们把地方志工作的作用、意义提到激发民族自豪感和自信心，坚定全体人民振兴中华、实现中国梦的信心和决心的高度，“修志问道，以启未来”是对地方志工作作用和意义的高度概括。地方志工作重要作用的发挥，除了不断提高志书质量，编修出精品佳志外，更重要的是不断开拓社会用志的途径，让更多的人认识地方志、了解地方志，进而充分开发利用丰富的地方志资料。随着网络技术、数码存储与传输技术等电子信息技术的全面普及与发展，人们对志书信息的存储、查询、利用等方面有了更新、更高的要求，只有加强地方志工作的信息化建设，才能更有效、更快捷地读志用志，开发利用地方志资源。

地方志还是中华民族传统文化基因之一，持续不断地编修地方志是继承优秀传统文化、弘扬地方特色文化、助力经济社会发展的有效方式。但是，地方志文化在发展中也存在一些致命缺陷，如编修时间过长、时效性差、影响范围有限等。这与传统地方志的纸质载体形式和地方志编纂方法有关。克服这些缺陷的有效途径是大力开展地方志信息化建设，在志书收集资料、编纂、出版发行、开发利用的各个环节都充分利用网络技术、通信技术等信息化技术手段，提高工作效率，扩大地方志工作的影响。中共中央总书记习近平曾指出“要对传统文化进行创造性转化和创造性发展，使之与现实文化相融相通，共同服务以文化人的时代任务。”2011年在山东济南举行的全国地方志系统信息化建设经验交流会上，中国地方志指导小组办公室副主任刘玉宏指出：“现在是信息化时代，信息技术的发展日新月异。地方志系统深入开展信息化建设，是时代的召唤，也是地方志事业发展的必然要求。”大力发展地方志信息化建设，尤其是地方志网站和数字方志馆建设，是传统地方工作向现代转型的发展方向。加强以地方志网站和数字方志馆建设为首的地方志信息化工作，不仅丰富了地方志工作的内容，转变了地方志工作的形式方法，更大大增加了地方志工作的影响力和生命力。不仅在信息时代能够更好地“为地方经济社会的全面发展服务”，而且给传统文化注入新的活力，在提升中国文化软实力，实现大国崛起中贡献不可替代的传统文化力量。

## 二 地方志信息化建设的特点

21世纪是信息化时代，信息化是不可避免的时代潮流。古老的地方志工作可以借助信息化的力量焕发新的活力。信息化的概念起源于20世纪60年代的日本。进入70年代，西方社会开始普遍接受“信息社会”和“信息化”的概念。我国的信息化工作虽然起步稍晚，但很快就运用到各行各业的工作当中。在1997年召开的首届全国信息化工作会议上，对信息化概念下了定义：“信息化是指培育、发展以智能化工具为代表的新的生产力并使之造福于社会的历史过程。”根据这个定义，笔者认为，地方志信息化是指利用现代通信、网络、数据库等信息技术手段进行地方志、年鉴编修、开发和利用工作。地方志信息化建设具体内容指地方志网站建设、数字方志馆建设（包括数据库建设和移动数字平台建设）和办公自动化建设三大部分。建立统一、规范、资源共享、移动高效的全国地方志网站群和数字方志馆系统应是当前地方志信息化建设的发展方向。

相比传统地方志工作主要以纸、笔为媒介，以书本、报纸杂志为载体记录、传播、开发利用地方志资源在空间和时间上的滞后性与局限性，地方志信息化后，具有数字性、开放性、移动性、高效性的特点，可以克服时空障碍，实现地方志信息在全世界范围内快速存储、整合、交流，不仅为方志人进行地方志编纂和开发利用工作提供新的平台，也能为读者提供实时、便捷的服务。

数字性：指地方志各种文献载体被数字化，包括各种旧志、古籍、志书、年鉴、地图、缩微资源、视听资料等，变成计算机可以识别的电磁信号，以资料库的形式存储于数字方志馆中。可以建成志书、年鉴全文本数据库、影像库、专题数据库、书目库、相关文献库5种数字方志库，将文字、声音、图像等信息进行统一存储处理和输出。这些数字信息比传统纸质印刷品所占的存储空间小很多，还具有检索方便、快捷，传播迅速的优点。

开放性：利用单位的区域网络以及国际互联网，读者可在世界各地的互联网查阅任何一个开放的地方志网站和数字方志馆的信息。

移动性：能利用微博、微信等软件或移动数字平台向手机、MP3/MP4、PDA等移动终端发布面向特定读者的个性地情信息，如当地天气、当地旅游景点介绍、历史上的今天等，以盘活地方志资源，提高地方志利用效率。

高效性：实现地方志信息化，可以通过网络通讯系统进行信息传递，速度快，效率高，信息可及时交流与反馈，有利于地情信息资源的开发与利用。

## 三　地方志信息化建设现状与应对措施

当今世界不断受到以数字化和网络化为特征的信息革命的冲击，古老的地方志工作只有顺势而为，借助新兴科技的力量走“科技兴志”之路。《条例》第十六条规定：“地方志工作应当为地方经济社会的全面发展服务。县级以上地方人民政府负责地方志工作的机构应当积极开拓社会用志途径，可以通过建设数据库、网站等方式，加强地方志工作的信息化建设。公民、法人和其他组织可以利用上述数据库、网站查阅、摘抄地方志。”《条例》顺应历史潮流、适应时代需要提出加强地方志信息化建设的历史要求，并以法律的形式固定下来。从《条例》规定中可以看出，地方志网站和数据库建设是信息化建设的基础性工作。笔者认为，网站建设更是地方志信息化建设的重中之重。因为网站是各种地情数据库的集中展示平台，也是实现用户与地方志机构高效互动的主要媒介。

### （一）地方志网站建设现状及应对

全国信息化工作开展以来，地方志网站建设取得了很大的成就，据中国社会科学院院长、中国地方志指导小组组长王伟光在《发扬成绩　谋划长远　奋力书写地方志事业发展新篇章——在第五次全国地方志工作会议上的工作报告》介绍：截至2014年4月，全国已建成国家级地方志网站1个、省级网站26个（不包括港、澳、台地区）、市级网站近200个、县级网站470多个。山东、广东等省已建设省、市、县三级地情网络群，实现全省联网、资源共享。由于地方志信息化工作还在起步实践阶段，专业人才缺乏，全国地方志网站还普遍存在着各地发展不平衡、不规范、不系统的现象，难以实现全国联网、资源共享，因此一个科学实用的网站应该做到名称规范化、功能变量名称科学化、栏目简洁化、内容特色化、发展移动化。

#### 1. 名称规范化

网络存在的方式，决定网络具有开放性的特征。即使是地方志专业网站，因其面向的对象是全球互联网世界，拥有标准规范化的名称既便于网络搜索又利于体现网站的专业性。全国26家地方志网站名称多不统一，如称“××地方志”的有安徽地方志、辽宁省地方志、江苏省地方志、浙江省地方志、四川省地方志等；称“××方志网”的有中国方志网、天津市地方志网、湖北方志网等；称“××地情网”的有北京地情资料网、新疆地情网、广西地情网、陕西地情网、山东省情网、河南省情网、广东省情网、内蒙古区情网等；还有以机构名称直接作为网站名称的，如山西地方志办公室、香港地方志基金会、吉林省地方志编纂委员会、上海方志办（上海通）；其他有地方特色名称的如江西的中国赣网、黑龙江的中国龙志网。

这些名目繁多的网站名称，也许对于当地人来说耳熟能详，可以轻松作为登陆地方志网站的线索。对于全世界互联网用户来说，很难确定这些名称所属网站性质，不利于网站推广，如中国龙志网、中国赣网等；机构名称是专属名词，如吉林省地方志编纂委员会、山西地方志办公室等，也不适合作为网站名称。地方志被誉为“地方百科全书”，作为各地地方志专业网站，应该突出的是地方性和方志专业性，因此名称上以省级名称加上地方志为最佳，如江苏省地方志、浙江省地方志、四川省地方志等，清晰明了，非常便于查找和推广。

2. 域名科学化

域名是上网单位和个人在互联网上的唯一标识，起着识别作用，便于他人识别和检索某一企业、组织或个人的信息资源，从而更好地实现网络上的资源共享，其划分有严格的界限。除了识别功能外，在虚拟环境下，功能变量名称还可以起到引导、宣传、代表等作用。通俗地说，功能变量名称就相当于一个家庭的门牌号码，别人通过这个号码可以很容易地找到。

目前地方志网站功能变量名称没有统一规范，单纯从功能变量名称很难看出地方志网站性质。如有4家省级网站采用国际商业顶级功能变量名称，分别是新疆（www. xjtonglan. com）、甘肃（www. gsdfszw. com）、广西（www. gxdqw. com）、山西（www. sxdfz. com）；采用国内顶级功能变量名称4家，分别是中国地方志（www. difangzhi. cn）、陕西（www. sxsdq. cn）、山东（www. sdsqw. cn）、浙江（www. zjdfz. cn）；采用国内商业功能变量名称2家，分别是河南（www. hnsqw. com. cn）、湖北（www. hbdfz. com. cn）；采用国内非营利组织功能变量名称5家，分别是海南（www. hnszw. org. cn）、江西（www. zgganwang. org. cn）、四川（www. scdfz. org. cn）、天津（www. tjdfz. org. cn）及香港（www. hklr. org. hk）；采用国内政府二级功能变量名称1家，为湖南（www. hndfz. hunan. gov. cn）。

地方志被称为“官书”，有一般著作所没有的权威性。地方志网站作为由地方志工作机构主办的政府官方网站，应该在功能变量名称使用上体现统一性和官方性，最好采用国内政府一级功能变量名称。如北京（www. bjdfz. gov. cn）、上海（www. shtong. gov. cn）、内蒙古（www. nmqq. gov. cn）、江苏（www. jssdfz. gov. cn）、吉林（dfz. jl. gov. cn）、辽宁（www. lnsdfz. gov. cn）、黑龙江（www. zglz. gov. cn）、贵州（www. gzdaxx. gov. cn）、安徽（www. ahdfz. gov. cn）、广东（www. gd－info. gov. cn）、福建（www. fjsq. gov. cn）11个省市的11家地方志网站，均采用国内政府一级功能变量名称。使全世界用户点开网站便能对网站的性质、功能、可信度有大概的判断。

3. 栏目简洁化

地方志是“一方百科全书”，含有丰富的地情资料信息。在设计地方志网站栏目时，有些地方在网站主页排列了过多、过细的一级栏目，看起来内容丰富，实际令人眼花缭乱，难以查找所需信息。如山东省情网，有新闻中心、公告、山东史志人、俯瞰齐鲁、影像山东、数字山东、方志新成果、图说山东、政策法规、志鉴论坛、史志博物馆、省情数据库、学术专著、历史人物、历史事件、文化村镇、文化遗产、齐鲁民俗、齐鲁文化、走进齐鲁、区域研究、图片成果展共22个一级栏目，有些栏目可以合并，如俯瞰齐鲁、影像山东、图说山东等；有些属于典型政务类网站栏目，如新闻中心；真实、准确、快速播报时政新闻是地方志网站短板，此类栏目可以改成方志信息、方志工作之类，以扬长避短，突出地方志专业特色。

地方志网站作为专业性网站，其内容重点在于充分展现地方文化和地情信息，以实现地方志的价值功能。它不具备也不需要成为百科全书式的全覆盖网站，笔者认为地方网站应以方志资源开发利用为主线，大力建设数字方志馆内各种地方志数据库以存史，集中全面展示省情地情以资政，突出宣传地方优秀人物、地方特色文化以教化，在网站主页以少而精的一级栏目提纲挈领，涵盖地方志丰富的内容。如江苏省地方志网站在首页仅用江苏概况、地情文化、方志之窗、江苏省方志馆、数字媒体5个一级栏目就概括了一般地方志网站所有的地情信息、地方志工作、数字方志馆（数据库）三大模块的内容，细分的二级栏目隐藏在一级栏目之下，页面简洁大方。增加“互动交流”一级栏目，充分发挥了网站相较传统媒体的开放性、平等性、互动性优势。并在首页用2/3的页面图文并茂地滚动展示江苏地方志发展历史，极具视觉冲击力和专业特色。

4. 内容特色化

地方志网站体现地方志专业特色，是由网站的专业性质决定的。体现在网站内容上，大多数地方志网站都有方志理论研究、方志工作、省市县三级志书、年鉴等内容。地方志网站同时还是展现地方历史文化，助力当地经济、社会、文化全面发展的最权威最全面的窗口，是否具有地方特色，是地方志网站的生命力所在。全国大多数地方志网站都有极力展示、宣传地方文化的意识，几乎每个省级地方志网站都有省情概览、魅力×省、市县概况之类的栏目。建议在突出地方特色方面可以更加细化，为某一地方特色专设栏目介绍，如福建多台胞台属，网站专设闽台缘栏目；山东自古人文鼎盛，网站开设学术专著、历史人物、历史事件、文化村镇、文化遗产、齐鲁民俗、齐鲁文化、走进齐鲁、区域研究等栏目全面介绍历史文化特色；四川特设巴蜀文化、抗震专题栏目。使地方志网站专业性与地方特色性相结合，增强网站的吸引力和宣传效果。

5. 发展移动化

移动互联网，就是将移动通信和互联网二者结合起来，成为一体。是一种通过智能移动终端，采用移动无线通信方式获取业务和服务的新兴业务，包含终端、软件和应用3个层面。移动终端指手机、板计算机、MP3/MP4等手持阅读器。据工信部官方统计数据显示：至2014年1月，我国手机用户已达12.35亿人，占全国人口的90.8%。其中，使用智能手机人数超过5亿，手机保持第一大上网终端地位。我国移动互联网发展进入全民时代。PC和手提计算机作为上网终端，有价格高、体积大、携带不便的弱点，移动互联网代替传统互联网成为人们获取信息的主要工具，是不可抗拒的时代潮流。地方志信息化建设应该紧跟时代潮流，在网站建设、数字方志馆建设方面开发适合在移动终端上显示的页面格式、文本格式、软件系统。同时，利用微博、微信等软件及时推送读者关心的地方志信息，以扩大地方志工作的影响力。这方面的工作全国地方志系统刚刚起步，只有广西壮族自治区在 2014 年 8 月开通了广西地情移动平台，率先在全国探索地方志工作的移动化、智能化。北京、吉林、浙江等少数地方志机构开通了地方志微信、微博。

### （二）数字方志馆建设现状与对策

伴随地方志信息化建设不断向广度深度发展，数字方志馆的概念应运而生。数字方志馆是将志书资料信息以数字化形式，通过网络信息接受公共查询，使人们很方便地共享地方志书资源。数字方志馆也是面向对象的数字化多媒体数据库，与实体方志馆不同，数字方志馆的存储介质已不仅是印刷体，它存储的载体有光盘、录音带等各种类型的数字化、电子化装置。截至 2015 年 4 月，全国已开通地方志网站的 26 个省级行政区域中，只有北京市建立了独立的数字方志馆网络平台；上海地方志系统网站虽然名曰“上海通志馆”，实质还是一个地方志机构门户网站；黑龙江、四川、河南、江苏、浙江 5 个省网站上分别开通数字方志馆、方志馆、网上方志馆、江苏省方志馆、数字方志馆栏目，内容多是介绍本省实体方志馆机构、规模、布展等基本情况，也不是实际意义上的数字方志馆。虽然如此，全国已开通的地方志网站，大都以不同的名称建立了方志数据库，进行方志数字资源建设（数字志书制作），以不同格式上传了大量旧志、新编志书、年鉴。如山东省，早在 1996 年，就建设了国内最早的省情数据库（山东省情网），设有 88 个专题数据库，至 2001 年已数字化地情资料 3 亿多字；广西壮族自治区建有地情数据库，下建 281 个分库，分专题收藏广西三级志书、年鉴、地方志期刊、地方志论著和地情书，并支持全文阅读和检索。

全国图书馆系统由于收藏有大量旧志，并有国内外建设数字图书馆的丰富经验，也建设了一批数字方志资源。如上海图书馆建设的“上海文典库”主要收录地方文献，包括上海年鉴等，共收录 1914—1999 年有关上海各行各业发展的年鉴 114 种，部分内容可在馆内网浏览、打印和下载；国家图书馆在 2002 年正式启动了数字方志项目，其目标是要“建设一个包括全文影像库、全文文本库、书目库及各种专题库在内的大型数字方志资源库。”① 而且国家图书馆采用数字图书馆方式进行组织与整理方志资源，实现全文、书目（含卷目）、地名、人物、作品、景观、插图、事件等单项与复合检索，支持并实现与其他数字图书馆资源库的关联检索和跨库链接。一些高校图书馆也对馆藏旧志进行了数据化，以方便科学研究。如北京师范大学图书馆藏有旧志 3000 种左右，目前已开发线装方志书目数据库；武汉大学图书馆开发的地方志家谱数据库收录近千种数据；上海师范大学图书馆的上海地方志数据库收录北宋至清代的方志近 300 种。这些已建成的地方志数据库为建设统一、开放、高效的数字方志馆提供了丰富的地方志数字资源。

数字方志馆与地方志网站虽然都有地情资料信息的内容，但两者有着不同的功能定位。地方志网站以传播地方志信息、指导修志编鉴、组织地方志理论研究、增进文化交流为创建宗旨，是地方志工作机构对外宣传的窗口。建设数字方志馆，不仅仅是把纸质志书

① 刘刚：《建设“数字方志”传承华夏文明》，《中国图书馆学报》2003 年第 3 期。

从内容到形式原样做成网络版，也不仅仅是改变地方志信息的物质载体，而是依托丰富的馆藏资源数据库和馆藏数字化系统，采用多样化的展示手段通过网络达到传播地方志知识、弘扬地方文化的目的。与传统方志馆相比，它不受访问时间、空间的限制，能为读者提供实时内容查询、书目检索、全文阅读、版本校刊、网上借阅、新书推荐等多样化服务。多媒体、动画式等多种地情展示手法也会激发方志馆对公众的吸引力。

创建数字方志馆可以分为方志数字资源建设（数字志书制作）、数据存储与压缩（数字志书保存）、数据加工与挖掘（数字志书资源加工）、信息输出与表现（数字图书馆的开放）、用户服务（数字志书的阅览利用）以及版权保护等多个模块。[①] 如前所述，目前地方志系统大多只是做了方志数字资源建设、数据存储与压缩工作，对数字志书资源加工、数字图书馆的开放、用户服务及版权保护方面的工作几乎还没有开始。即使是在方志数字资源建设方面也存在各地数字方志资源格式不统一，有的采用全文本格式，有的采用PDF格式上传志书，使不同省市甚至一省之内的地方志系统都无法做到资源共享，重复劳动现象严重。这些要求中国地方志指导小组统一规划、制定全国地方志信息化建设技术标准，建立全国数字方志馆系统，各地提高对数字方志馆建设重要性的认识，加强信息化人才培养和复合型人才队伍建设，进行地情信息法治环境建设，才能使数字方志馆建设迈上新台阶。

## 结　语

自20世纪90年代地方志系统开始信息化建设以来，全国地方志信息化建设取得了很大的成就，但也存在着诸多的问题。地方志信息化建设是不可抗拒的历史潮流，只有抓住地方志信息化建设的重点——地方志网站和数字方志馆建设工作，努力建设统一、科学、开放、高效地方志网站和数字方志馆，地方志信息化才会事半功倍。

（作者单位：江西省地方志编纂委员会办公室）

① William Y. Arms 著，施伯乐、张亮等译：《数字图书馆概论》，北京电子工业出版社，2000年，第6页。

# 如何提升地方志地位

## ——“修志问道”中几个问题的思考

闵　波　陈超萍

**内容提要：**就今而言，地方志仍是弱势部门，需要加以提升。李克强总理提出“修志问道，以启未来”，就是在告诫人们要“通过修志，了解认识历史和社会的发展规律，开启未来建设和发展的正确道路”。毫无疑问，这对地方志而言，是全方位的提升。在实际工作中，如何提升地方志地位？就这一命题，笔者对地方志工作要从根基抓起、要坚持依法治志、要纠正“以史代志”、要脚踏实地为社会服务几个方面作了简要论述。因为，从其作用和地位上讲，地方志文化是推动物质文化、制度文化、精神文化发展的动力。执政者要通过地方志工作，了解认识历史和社会的发展规律，开启未来建设和发展的正确道路，把地方志文化推向文化强国的前沿，才能更好地实现中国梦。

**关键词：**文化强国　地方志地位　修志问道

编修地方志是我国优秀的文化传统，历代都由政府部门主持进行。明、清两代皇帝曾诏令全国修志，中华民国政府也沿袭了政府主持修志的传统。这种格局的形成，有其客观原因。只有由各级政府主持，修志机构才具有行政上的权威性，才能组织人力进行协作，有力地推进工作。中华人民共和国成立以来，党和政府重视修志工作，先后成立了中国地方志小组、中国地方志指导小组，以统一领导全国的修志工作。

就今而言，地方志仍是弱势部门，其地位需要加以提升。李克强总理提出的“修志问道，以启未来”，是在告诫人们要“通过修志，了解认识历史和社会的发展规律，开启未来建设和发展的正确道路”。毫无疑问，这对地方志而言，是全方位的提升。

自古来，县官开门三件事：收税、断案和修志。修志是历朝历代执政者的三大要事之一。地方志已成为我国文化遗产的一个重要宝藏，据不完全统计，保存至今的地方志有8000 多种，12 万多卷，占我国现有古籍的 1/10 以上，这些志书提供了历史的参照物，为推动社会发展起到了不可替代的作用。如“贞观之治”“康乾盛世”“四大发明”等，为中国留下了永久的辉煌，形成了一条中华民族伟大复兴的轨迹。因此，地方志文化也就成为推动中华民族文明史发展的动力。修志问道，就是要了解中国每一个历史阶段的国情，在文化强国中提升地方志的地位，这不仅关乎中国民族特色文化的传承，同样也影响到当代文化强国建设的步伐。

## 一　修志问道提升了地方志地位

社会主义新方志的内容，早已突破了古代志书的范畴，融入建设中国特色社会主义文化强国大环境，成为人们精神文化需求中的一个重要内容。人类创造历史都是在不满足现有条件下进步的。所以，刘延东副总理遵循社会发展的客观规律，明确了地方志工作是建设文化强国的有机组成部分。

13 世纪的欧洲，是历史上最黑暗的时期，自文艺复兴，法国、英国、意大利等国，一个个走上了文化强国的道路。文化不仅成为政治、社会、经济发展的基础，而且也成为直接推动社会发展的原动力。由此可见，文化强国是一个国家的人民不断创造一切物质、制度和精神，以满足人民日益增长的物质和精神需要。哪个国家，有了先进的文化，哪个国家就能发展、强大。地方志文化是中国人创造的独特文化。这种文化特征就是本土化，真实性强、可信度高，是历史的烙印，任何人、任何权势都无法更改。地方志文化的先进性在于：引领人们利用资源创造更丰富的物质世界和精神世界。

上古时期，华夏的祖先们为了记住山川河流、日月星辰，就开始编纂《禹贡》，具备雏形的地理志，为人类理治水患提供了可靠的资料。如果没有《禹贡》《元和郡县图志》《大元一统志》《大明一统志》《大清一统志》等现存 8000 多种地方志书对中国上下五千年历史的翔实记载，也就不可能有今天中国优秀传统文化的继承和发展。地方志文化的出现，为资治积累了大量的自然、政治、经济、文化、制度、道德等方面的资源，通过发挥人的聪明才智，创造了更多的物质文明和制度文明、精神文明。在漫长的历史发展过程中，没有地方志书对历史一个又一个截面全方位的记载，人们就总结不到较全、较实的历史经验和教训，在发展的过程中就会走更多的弯路。可以说，当今的地方志文化已成为中国特色先进文化的一个重要部分。如：地方志书是资料性文献，被誉为“一方之百科全书”，记载着大量的有关历史沿革、生态环境、社会经济、景物资源、风土人情、文化艺术等各方面的资料，具有极高的存史和应用价值，是一座取之不尽的文化宝藏。它不仅为治国理政者提供历史依据和借鉴，而且受到国内外学术界、科学界的普遍重视和广泛应用，在认识地情、经济建设、文化建设、科学研究、爱国主义教育等方面发挥了重要作用。所开发利用的价值包括国内外方志收藏，治国理政的借鉴，方志与国情研究，方志与气候研究，方志与农业研究，方志与蝗灾研究，方志与民俗研究，方志与农业研究，方志与科技史研究，方志与经济史研究，方志与其他学科研究，方志与城市建设，方志与区域文化建设，方志与名山开发，方志与传统产业发展，方志与勘测设计，方志与爱国主义教育，等等。因此，从这个角度上讲，地方志是在以隐形文化推动显形文化的发展。隐形文化是意识的，显形文化是物质的。地方志是通过开发和利用，不断物化研究成果，推动经济社会发展。

随着经济社会持续快速发展和人民生活水平的不断提高，我国进入文化消费快速增长时代，人民精神文化需求会更加旺盛，需求总量会越来越大，质量要求会越来越高，人民群众文化消费会呈现多层次、多方面、多样化的特征，人民求知、求乐、求美的愿望会更加强烈，实现自身全面发展的意识会更加自觉，会热切呼唤更多高品位、高质量的优秀文化产品，期盼着更加优质、满足个性化需求的文化服务。这种追求，会使人民的精神生活更加富裕、更加时尚，使人民注重“吃得健康、穿得美观、住得舒适”。因而，多出快出以精志佳鉴为主的系列地方志文化产品，彰显时代特色和地方特色，是人民对时代的要求，这种要求也越来越高。因此，我们得出一个结论：地方志文化是推进物质文化、制度文化、精神文化发展的一股内在动力。

地方志以一种独特的体例记载历史，在中国悠久的文化传承中，它纵贯古今、横涉百科，其特征为区域性、资料性、真实性、综合性、连续性和独特性，成为中国历朝历代治国理政的工具书。今天，新方志资治功能更为明显和重要，已成为党和政府决策的科学依据之一。地方志文化从地域性文化提升到了国家法规保护的国家性全民族文化，所有强盛的历史都是中华民族伟大复兴的历史参照物。

中华民族伟大复兴是中国人的梦想，地方志是实现中国梦的文化传承。当今的执政者没有理由不读懂它、读好它，更要编好它、用好它。因此，把地方志文化提升到文化强国的地位是社会发展客观规律的必然结果。

## 二　修志问道要从根基抓起

地方志是重要的文化基础事业。文化实际上主要包含器物、制度和观念三方面，具体包括语言、文字、习俗、思想、国力等，客观地说文化就是社会价值系统的总和。地方志是中华民族优秀的传统文化。习近平总书记说要“高度重视修史修志”，他还说：“培育和弘扬社会主义核心价值观必须立足中华优秀传统文化。牢固的核心价值观，都有其固有的根本。抛弃传统、丢掉根本，就等于割断了自己的精神命脉。博大精深的中华优秀传统文化是我们在世界文化激荡中站稳脚跟的根基。”“要讲清楚中华优秀传统文化的历史渊源、发展脉络、基本走向，讲清楚中华文化的独特创造、价值理念、鲜明特色，增强文化自信和价值自信。”这些论断深刻阐明了中华优秀传统文化与社会主义核心价值观的内在联系，我们要铭刻心中。

刘延东副总理强调，要把地方志作为重要的文化基础事业切实抓好。要进一步明确各级政府管理和发展地方志事业的重要职责，发挥地方志工作机构的统筹规划、组织协调、督促指导等职能，提高工作水平。要进一步加强质量管理，运用历史唯物主义观点，深化对地方志工作规律和特点的认识，打造无愧于时代、无愧于人民的精品佳志。要把地方志工作纳入公共文化服务体系建设当中，加快方志馆、地情网站、数据库等基础设施建设，用人们喜闻乐见的方式利用地方志、传播地方志，鼓励和倡导全社会读志、传志、用志，用历史的智慧推进治理体系和治理能力的现代化，为实现中华民族伟大复兴的中国梦作出新的贡献。刘副总理的指示明确地告诉我们如何抓好中华优秀传统文化的根基。

这个根基能起什么作用？我国最早的地方志书，有两千多年前的《周礼》一说：“诵训，掌道方志，以诏观事”，“外史掌四方之志”。当时的方志，只是地方文献的通称，并不等于现在的地方志，可见古代中央王朝早就知道怎样利用地方文献治国理政。因此，编纂地方志的目的还是在于经世致用。

地方志是中国文化独特的载体，它把中国各地一个时段的历史采取“事以类聚，横排门类，纵述事实和述、记、志、传、图、表、录等七种体裁”编纂，用于资治、教化、存史。在建设中国特色社会主义时期，地方志功能得到了传承和光大。古人云：“治天下者以史为鉴，治郡国者以志为鉴。”新中国的领导者们已把地方志作为了解各地情况和作出正确决策的一个依据。可见地方志第一功能就是资治。其次是教化，地方志记载的一地山川形胜、社会经济、人民奋斗、志士仁人，已成为培养人们爱国爱乡情操的乡土教材。新方志记述的各地新旧社会，抗御外侮革命斗争等资料一直激励人们爱党、爱人民、爱祖国、爱社会主义。中华人民共和国成立后，全国31个省、自治区、直辖市（香港、澳门、台湾暂未统计）新编省、市、县三级7000多部政区志，2万余部地情志，1700多种年鉴。社会主义新方志和历代方志中保存的大量珍贵资料，对于中华文化的积累和传承、经世致用有着不可估量的作用。

编纂研究和开发利用地方志这一过程，也是形成地方志文化的过程。由于这个过程经过人类的创造，形成了人类一种新的独特文化，故称为地方志文化。因此，我们得出一个结论：地方志文化是修志编鉴、收集保存资料、社会调查、方志研究、开发和利用等过程。地方志和地方志文化的关系是：地方志是地方志文化的根基，是地方志文化的源泉；地方志文化涵盖了地方志内容，是地方志的延伸和拓展。因此，地方志工作必须从根基抓起。

## 三　修志问道要依法治志

“志”，有三种解释：一是意向；二是记号；三是记载的文字。我们在此所讲的“地方志”的“志”，是指“记载的文字”。从事历史记载的官吏，也就是史官，在哪个朝代有过强势？今天，社会主义地方志工作者们，依法修志、依法治志，可谓强者也。

在古汉语中，“问”有“追究、考察”“管和干预”之解。“道”是指“路”或“规律、道理”。“路”又分为途径、方法、措施。从法律层面上讲，“修志问道”含有法律追究、干预等方面的管束之意。故此，“修志问道”依法解释：凡违反国务院《地方志工作条例》（下简称《条例》）者都必须追究责任。

《条例》是第一部地方志工作法规，是依法修志的纲领性文献，共有22条，从国家法令的角度，规定了各级政府必须承担的地方志工作的责任。不论是单位还是个人，违反了《条例》就是违法，就必承担违法责任。因此，《条例》为地方志工作提供了法律支持，这也是提升地方志工作在文化强国中地位的法律保证。

《条例》指出：所谓地方志，“包括地方志书、地方综合年鉴。地方志书，是指全面系统地记述本行政区域自然、政治、经济、文化和社会的历史与现状的资料性文献。地方综合年鉴，是指系统记述本行政区域自然、政治、经济、文化、社会等方面情况的年度资料性文献。地方志分为：省（自治区、直辖市）编纂的地方志，设区的市（自治州）编纂的地方志，县（自治县、不设区的市、市辖区）编纂的地方志。”从《条例》中不难看出，地方志是本地域内，以独特载体记述自然和人类创造的物质、制度、精神等方面的社会历史和现状。《条例》中的“自然”，是指自然生态，是大自然中一切生物与环境的关系，同时也有相互的关系。如天然物体的大山、大海、原始森林、空气、原生态的动植物等。“政治”，是指参与国家事务，给国家定方向，确定国家活动的形式、任务和内容。“经济”，是指社会物质生产、流通、交换等活动。“文化”，是特指意识形态。“社会”，是共同生活的人们通过各种各样社会关系联合起来的集合，其中形成社会最主要的社会关系包括家庭关系、共同文化以及传统习俗。宏观上，社会就是由长期合作的社会成员通过发展组织关系形成的团体，并形成了机构、国家等组织形式。

从《条例》定义中可以看出地方志有四层含意：首先，地方志的本意就是“两本书”，一本是地方志书，另一本是地方综合年鉴；其次，志书和年鉴的性质都是资料性文献；其三，志书和年鉴的本质特征都是地方性；其四，志书和年鉴的综合性内容是自然、政治、经济、文化、社会等历史和现状。

可见，地方志工作是一项浩繁的工程，为了职责分明，《条例》还规定：“县级以上地方人民政府负责地方志工作的机构主管本行政区域的地方志工作，履行下列职责：（一）组织、指导、督促和检查地方志工作；（二）拟定地方志工作规划和编纂方案；（三）组织编纂地方志书、地方综合年鉴；（四）搜集、保存地方志文献和资料，组织整理旧志，推动方志理论研究；（五）组织开发利用地方志资源。”这就把地方志工作的权力和责任明明白白地交给了地方志工作机构和地方志工作者。当我们有了“尚方宝剑”后，我们该怎么办？这是每一名地方志工作者应认真思考的问题。

## 四　修志问道要纠正以史代志

由于上古时期遗留的“史志不分”的思想，直到今天还有许多人对地方志存在模糊认识，认为地方志书就是地方史书，有史书没有必要再编地方志书。甚至有的人认为：有地方史研究机构就没必要开展地方志工作。因而出现了重史轻志、以史代志的现象，地方志文化更成了云遮雾罩。故此，有相当一部分人并不认同地方志工作的重要，也不可能把地方志工作提升到文化强国的重要地位来考虑。鉴此，我们有必要区分什么是“志”？什么是“史”？在社会分工越来越细、专业化程度越来越高的今天，地方志与地方史早已各自成为独立的学科，在科学文化的大领域各自发挥着不同的作用。地方志与地方史有相同之处，但也有很大区别。

1. 相同之处

史志都是一种社会现象，是人们长期创造形成的产物。同时又是一种历史现象，是社会历史的积淀物。确切地说，史志同属隐性文化，是一个国家或民族的历史、地理、风土人情、传统习俗、生活方式、文学艺术、行为规范、思维方式、价值观念等历史演变的真实记载。但是，史志有别、同源异流、殊途同归。在地方志发展过程中，其内容、体例方面吸收了史书的不少特点，有着基本相同的治学要求和编写原则，都有资治的作用。从内容和体例看，可谓史中有志，志中有史；先有良志，后有良史。

2. 不同之处

隔代纂史、当代修志。志是历史的截面，为史提供编纂资料；史是历史的长河，把无数轮志书用历史的长线串起来，形成一串珍珠项链。史志功能和编纂方法上的区别是：史重于借鉴，志重于致用。史书纵写，志书横排。史书有叙有议，志书述而不议。史书详古略今，志书详今略古，等等。史书借助文献资料或考古所得，可由少数人完成，如众所周知的司马迁《史记》、班固的《汉书》、司马光的《资治通鉴》及近代范文澜的《中国通史简编》都属史书，是一人或数人写成的。志书则不同，不仅靠文献、大量资料，还要靠调查、采访、搜集所得，且内容极为广泛详尽，涉及各行各业，必须有组织有领导，由各部门合作和专人负责才能完成，这就是众手成志之缘由。编纂一本志书，无论从财力还是人力上讲，都要靠官方力量来完成。因此，志书也就成了官书。

从上述分析中，不难看出，地方史的作用在于借鉴，地方志的作用在利用，重史轻志是发挥地方志文化独特作用的最大障碍。各级党政领导要从建设中国特色社会主义文化强国的高度认识地方志的作用，只有这样，才能把《条例》落到实处，把地方志文化推向文化强国的前沿。

## 五 修志问道要脚踏实地

执政者以志为鉴，无论是哪个朝代，皇帝身边总不离史志编纂官。李世民身边有魏征，乾隆身边有纪晓岚，他们都是朝廷重臣、皇帝身边的幕僚。原因是史志编纂官能够为皇帝及时提供资政资料。由此可见，古代翰林院的史志编纂官都是“活百科全书”。如何认识历史和掌握社会的发展规律、开启未来建设和发展的正确道路？笔者认为要从3个方面做好基本工作。

1. “修志问道”，需要领导者不耻下问

领导者不仅要向地方志书咨询，而且更重要的是向地方志工作者这部“活百科全书”咨询。当代志书都是当代地方志工作者编纂的，本土的一山一水、一草一木、一物一事都是地方志工作者通过调查、考证、记录、搜集、整理，编成资料长编，然后编纂成志。因此，称地方志工作者为“活百科全书”并不为过。执政者身边有了“活百科全书”，处理问题就能节省时间，提高工作效率，减少不必要的错误判断和决策失误。进入21世纪，江西省的地方志工作者走出办公室，融入大社会。有70%的市、县、区地方志办，围绕党委、政府的中心工作，专门派出专家和专业人员在党政领导身边当“参谋”，尤其在建设现代城市中，各地应用地方志文化，因地制宜建设了各具本土文化特色的现代城市，如南昌市的滕五阁、绳金塔等城市景观的重建重修，都充运用了地方志资料，采纳了地方志工作者的建议，使城市景观更为真实、生动、科学、合理。江西省地方志成果的大量应用，有效地推动了文化强省战略的实施。

2. “修志问道”，需要地方志工作发挥主动性

“居庙堂之高，则忧其民；处江湖之远，则忧其君。”① 地方志工作机构和地方志工作者不能坐等党政领导问情况，要主动出击、主动资政，再也不能“修志不闻窗外事”。

对于地方志工作机构和地方志工作者来讲，都是一个严峻的考验。地方志工作者除了

---

① 范仲淹：《岳阳楼记》。此句意为：做官就要为老百姓操劳；住民间就要为皇帝考虑国事。

要有政治的敏锐性外，还要有较高的业务素质，包括知识面，文才、口才和组织能力。知识面虽达不到上知天文、下知地理，通今博古的程度，但也须知道本地发展的历史脉络和历史重大事件。

第一，当好领导的参谋助手。要求地方志工作者贴近实际、贴近生活、贴近群众，结合经济社会发展现实状况，善于发现社会问题和矛盾，找出解决问题和矛盾的方法、措施，深入调研、思考全局，尤其有关长远发展、人民福祉的大问题，要进行专题研究。以资政参考简报之类的形式报领导参考，向党委、政府及所属部门谏言献策。名副其实充当一省一市一县领导的参谋助手，实实在在地服务于中心、服务于大局。

第二，牢牢掌握话语权。地方志能否在文化强国中占据有利位置，就得看地方志工作机构和地方志工作者在党委、政府中有无话语权。话语权是自己争取的，地方志有没有实力掌握话语权。这个实力不是财力、权力，而是体现在地方志工作的主动性，体现在对社会的贡献。用地方志工作者的一句话说，有为就有位，有为就能得到社会的信赖，就能在党和政府及其部门中有一定的知名度，在群众中有一定的威望，在领导心目中就有一定的分量，就能在领导面前说得上话，就能组织一系列的地方志文化活动，就能扩大地方志的影响力，就会形成一个良性循环。这就是话语权效果。从另一个角度讲，地方志工作掌握话语权，要求地方志工作者在汇报或介绍情况时，口齿要清楚、条理要清晰、说理要透彻，否则，将容易失去话语权。

3."修志问道"要有"板凳千坐十年冷，文章不写一句空"的实干精神

改革开放30年来，全国地方志专家学者撰写的有关理论著作、教材、论文集有700多部，在《中国地方志》等刊物上发表的理论文章和应用文章达10万多篇，这些文献为研究经济社会发展提供了极其宝贵和不可替代的基础性资料。尤其现今进入网络时代，全国各地的地方志网站如雨后春笋般涌现，把地方志推上了信息高速公路，更加方便了人民群众读志用志活动的广泛开展。2014年5月7日，在江西地方志工作座谈会上，中国地方志指导小组组长王伟光听取了与会人员的发言后，充分肯定江西地方志工作者，是"甘坐冷板凳，把冷板凳坐热"，"五朵金花修志、六朵金花编鉴"，以"挥去汗水、擦干泪水、咽下苦水"的干劲精神来把地方志工作做好……目前，江西省已建成9家地方志网站，中国赣网于2013年6月开通，编纂省、市、县三级综合志书118种196部234册，年鉴869部，各类专志3400多部，搜集各类地情资料千亿多字。这些志书、年鉴、地情信息必将为江西的全面发展提供有效服务。

因此，地方志工作只有围绕文化强国这一战略目标，贴近实际、贴近生活、贴近群众，树立地方志文化自觉和自信，推动社会主义物质文化、制度文化、精神文化发展，建立民族的科学的大众的社会主义文化，才能满足各族人民的文化需求；地方志工作只有顺应历史潮流，与社会同步发展、与社会相协调，才能起到经世致用、治国理政的效果；地方志工作只有在改革中不断创新发展，才可能在文化强国中有效提高自身地位，置于建设文化强国的前沿，实现中国梦！

修志问道，以启未来。路就在脚下！

（作者单位：江西省地方志办公室）

# 学习《全国地方志事业发展规划纲要（2015—2020年）》的几点体会与思考

綦延辉

2015年9月3日，史志界将永远铭记：恰逢共和国首次举行中国人民纪念抗日战争胜利暨世界反法西斯战争胜利70周年大阅兵之时，国务院办公厅印发《全国地方志事业发展规划纲要（2015—2020年）》（简称《纲要》）。《纲要》首次由国务院办公厅推出，明确提出了地方志工作在社会发展的目标任务，这对于新形势下地方志事业的发展具有明确的引领性、进一步完善的规范性和与时俱进的创新性。《纲要》第一次把地方志事业的发展纳入国家“全面建成小康社会、全面深化改革、全面依法治国、全面从严治党”的总体战略，与实现“两个一百年”奋斗目标和中华民族伟大复兴的中国梦紧密联系，成为国家战略在文化领域不可或缺的组成部分。这昭示着在这样一个伟大时代，地方志工作提升到国家文化大发展的层面——把地方志工作真正作为传承弘扬中华优秀传统文化，建设社会主义先进文化的重大系统工程来对待，这就把对其认识的重要性提到了前所未有的高度，同样也意味着史志工作者必将发挥更大的作用，做出更大的成绩。

回顾以往，我们倍感自豪。史志工作从最初的一本书到一项事业，从“五业并举”到“十大工程”，从政府工作报告中的几个字、几句话到《纲要》上升到国家层面由国务院办公厅颁布，出现志鉴资料成千上万成果丰硕的局面，是领导重视的结果、更凝结着志界同行的努力和心血。当然，蓝图的实现需要我们狠抓落实。当下，笔者认为做好下面几项工作非常有意义。

一是在总结前两轮修志经验准备第三轮续修之季，做好抢救性挖掘、整理地方史志文献工作，为传承优秀地域文化提供平台和载体。《纲要》进一步拓展了地方志文化的内涵，突出强调了地方志事业的体系化，把基本形成地方志事业“五位一体”的综合体系，作为近期规划实施的目标。整理利用好地方史志文献是五大体系中“资源开发利用体系”的应有之义。《纲要》还为做好第三轮修志工作准备进行了提前部署，提出了应制定全国旧志整理规划。济南史志办于2013年整理出版了180万字的道光《济南府志》，展示了济南丰厚的历史文化沉淀，重现了道光年间济南的社会生态，志书还与《济南市志（1840—1985）》及正在编修的《济南市志（1986—2010）》相衔接，使济南的文献历史更加连贯和系统，是挖掘济南市优秀传统文化遗产的一次大胆尝试和重大突破，对传承历史文化、建设现代泉城具有重要的现实意义。从这项工作的成功，我们受到启发，2014 年，编纂整理了大型资料性工具书《济南历代著述考》。该书为一部全面反映济南地区先秦至近代文献的提要式目录，约 120 万字，清晰地展现了不同历史时期的著作概况，首次全面系统梳理了济南的文化“家底”，为下一步济南文化遗产的发掘、抢救、保护、整理出版，进而把济南地区传统文化发扬光大，奠定了重要基础。2015 年，我们正在整理的《济南金石志》，是济南历史上一部部头最大、内容最全的金石类专志，在学术界和史学界具有很高的声誉。按照“借助社会专业力量，做大做精历史文献整理工作”的指导思想，下一步，我们还将陆续编纂、整理出版《济南明清游记笔记小说》《济南名士大全》和清康熙《济南府志》等有意义、有价值的地方史志文献，为传承济南优秀传统文化打造好的平台和载体。

二是借助吸收史学界研究成果，系统全面反映民国时期经济社会发展状况。民国时期是一个大动荡、大变革、大发展的时期，是思想大碰撞、大师辈出的时代，政治、经济、文化和社会都发生了质的变化、飞跃，对社会的影响十分巨大，对修地方志的影响也是巨大的。可在前轮修志中，各级志书对本地民国时期经济社会发展的记述基本上浮光掠影，资料性很弱，也不系统，更谈不上资料深度和著述性，这固然和第一轮修志的编纂指导思想有关系，更是当时认识水平的体现。目前，很多地市都在搞通志，或者简志，还有一些专志或行业志，肯定会涉及这几十年的历史，对此应用新的历史观、历史研究方法重新审视这段历史，非常有必要。我们参与编纂重修的《济南金融志》，就是一个很好的例子。金融业从古代萌生，到近代产生和发展，再到现代的勃勃生机，在这个发展过程中，民国这一段历史很重要，20 世纪 80 年代编印的济南金融志远远没有体现这一点。此次编纂，我们吸收山东大学金融学院、山东财经大学金融学院的金融史最新研究成果，应该说很系统、全面地反映了这段历史，专家评审会上一致认为这是这部志书的最大亮点。据笔者了解，青岛市也在搞《青岛简志》，是一部通志。青岛作为近代以来才发展起来的区域中心城市，民国这一段历史对这座城市的重要性不言而喻，有着非常特殊的意义。而同样，这也是第一轮《青岛市志》的薄弱环节。笔者认为，梳理反映好这段历史对于提升这部志书的质量和分量，对于以历史的眼光看待青岛的发展是很有价值的一件事情。目前，山东大学历史文化学院、山东师范大学历史文化学院都有区域史、区域现代化的研究，近二十几年来研究成果非常丰硕，这应该成为我们今后志书编纂重要的理论依据和资料来源。

三是探索新的记述区域，客观真实地记述中华人民共和国成立以来的政治运动。中华人民共和国成立后，历次政治运动在第一轮志书中都没能得到正常记述，特别是“文化大革命”。“文化大革命”时期，国民经济到了崩溃的边缘，社会政治经济文化方方面面是新编志书不可回避的。虽然《中共中央关于建国以来党的若干历史问题的决议》给中华人民共和国成立以后历次政治运动作了客观的实事求是的总结，对“文化大革命”进行了历史的公正的评判，已有定论，给新编志书记述“文化大革命”确定了正确的“宜粗不宜细”原则，但是从目前出版的第二轮志书来看，绝大部分志书也没有涉及这一部分内容，个别志书也是从补遗考订的角度以附录形式收录了部分资料。随着很多档案资料的解密和历史资料的公开及学界对中华人民共和国成立后历次政治运动研究的深入，以适宜的形式，科学地记述这段历史，条件会越来越成熟。这对全社会汲取这一惨痛教训大有益处。积极搜集相关资料和研究成果，作为一个系统课题，如能在志书中客观、较为全面和系统地记述好，以官书形式反映这段历史将是非常有必要的。《纲要》重申了全面推动地方志事业繁荣发展的指导思想（解放思想、实事求是、锐意进取、改革创新），志书编纂只要凡事坚持这一指导思想，在编纂实践中真正贯彻这一指导思想，很多实际技术问题就会迎刃而解，在某种程度上这一指导思想为解决一些难题提供了依据。

总之，当前全国地方志事业呈现出良好发展态势和前所未有的大好局面。《纲要》的推出，必将推进地方志事业进一步持续健康发展，笔者为有幸参与其中而激动。

（作者单位：山东省济南市史志办公室）

# 关于城市基础设施建设在城市区志中的定位

## ——以《唐山市路南区志（1990—2010）》为例

潘贵存 孙雅丽

**内容提要**：基础设施是指为城市直接生产部门和居民生活提供共同条件和公共服务的工程设施，是城市生存和发展，顺利进行各种经济活动和其他社会活动所必须具备的工程性基础设施和社会性基础设施的总称。在城市区志编目设置与记述时，亦应遵循城市区志的本质属性，按基础设施内涵与外延设置编目结构，力求编目设置和记述的科学性。

**关键词**：志书编纂 城市区志 编目结构 基础设施

唐山市路南区是唐山市中心区之一，始建于 1955 年 4 月。位于北纬 39°36′～39°38′，东经 118°6′～118°14′。东与开平区接壤，东南、南与丰南区相连，西至光明路，北以新华道为界与路北区相邻。全区总面积 24.63 平方公里，人口 19.13 万人。为唐山市的纯城区。1992 年 11 月，唐山市行政区划调整，开平区所辖的梁家屯、女织寨乡计 38 个村划归路南区；将路北区所辖商场街和复兴路立交桥东段、京山铁路以北、新华东道以南三角地域共 4 个居委会划归路南区；将路南区税务庄街道（晨光楼、自来水公司工房 2 个居委会除外）计 25 个居委会划归开平区。自此，路南区开始有乡的建置区划。截至 2010 年，全区总面积 67.33 平方公里，总人口 22.5 万人。下辖 1 个乡、7 个街道，计 38 个行政村、56 个社区居委会；另有 2 个街道正在筹建中。

《唐山市路南区志（1990—2010）》，上限 1990 年，下限 2010 年。在志书断限内，1990 年至 1992 年 10 月为纯城区。1992 年 11 月开平区所辖的梁家屯、女织寨乡计 38 个村划归路南区，使延续几十年的纯城区成为具有城郊色彩的城市中心区。行政区划的变动，直接关系到城市基础设施建设在《唐山市路南区志（1990—2010）》中的准确定位。

初设编目，有两种方案，一种是设置基础设施、城乡建设两编。基础设施编，设能源供应系统设施，电力供应设施，燃气与热力供应设施，供水、排水、照明系统设施，交通运输系统设施，邮电通讯系统设施，环保环卫系统设施，防空防灾安全系统设施，仓储设施。城乡建设编，设城乡建设规划，城区建筑（生产性建筑、住宅建筑、商业服务建筑、医疗卫生建筑、教育文化体育设施建筑、办公用建筑），城区改造提升工程（震后危旧房改造工程、城市居民适用安居工程、商贸服务设施改造工程、城区拓展工程、城区景观改造工程），乡村建设（环境建设、公共设施建设、住宅设施建设），城乡建设管理（建设规划管理、环境综合治理、绿化管理、市政设施管理、供水管理、供电管理、供热管理、燃气管理），环境保护（环境污染、污染治理、环保管理）。另一种方案是将基础设施、城乡建设两编融合为一，设置基础设施建设编。

两种方案比较，第一种方案可通过基础设施、城乡建设的记述，将路南区基础设施、城乡建设全面展现。但按照事以类聚的志书分类原则，把纯属于基础设施建设的内容人为划分为基础设施、城乡建设两部分，是对一个有机整体的割裂，且记述时，容易交叉重复。第二种方案将基础设施、城乡建设两编合一，设置基础设施建设编，既符合事以类聚、类为一志的分类原则，又符合城市中心区基础设施建设的实际。经过两种方案的比对，利弊分析，反复论证，将开始设置的基础设施、城乡建设两编改设为一编即基础设施建设编。其依据如下：

## （一）设置基础设施建设编，能够准确地体现基础设施的本质属性和外延

查阅相关资料和工具书，对城乡建设的概念没有科学、规范的内涵和系统的外延。首轮《唐山市路南区志》设置了城区建设编，但严格讲，城区建设编亦不尽规范、科学，其概念囊括城市基础设施建设、经济建设、政治建设、教育文化卫生建设等若干方面，故内涵无法界定，外延又过于笼统、宏观，在编目设置与记述时难以把握。

基础设施的概念有着严谨的内涵，是指为城市直接生产部门和居民生活提供共同条件和公共服务的工程设施，是城市生存和发展，顺利进行各种经济活动和其他社会活动所必须具备的工程性基础设施和社会性基础设施的总称。城市基础设施建设外延主要包括：住宅区、别墅、公寓等居住建筑项目；高档酒店、商场、写字楼，办公楼等办公商用建筑项目；石油、煤炭、天然气、电力等能源动力项目；铁路、公路、航空、水运、道桥、隧道、港口等交通运输项目；水库、大坝、污水处理、空气净化等环保水利项目；电信、通信、信息网络等邮电通讯项目。

城市基础设施按工程性基础设施归类，可分六大系统：能源供应系统，包括电力、煤气、天然气、液化石油气和暖气等。供水排水系统，包括水资源保护、自来水厂、供水管网、排水和污水处理。交通运输系统，分为对外交通设施和对内交通设施，前者包括与市区相连的航空、铁路、航运、长途汽车和高速公路；后者包括城区道路、桥梁、隧道、地铁、轻轨高架、公共交通、出租汽车、停车场、轮渡等。邮电通讯系统，如邮政、电报、固定电话、移动电话、互联网、广播电视等。环保环卫系统，如园林绿化、垃圾收集与处理、污染治理等。防卫防灾安全系统，如消防、防汛、防震、防台风、防风沙、防地面沉降、防空等。

按服务性质可分为三大类：生产基础设施，包括服务于生产部门的供水、供电、道路和交通设施、仓储设备、邮电通讯设施、排污、绿化等环境保护和灾害防治设施；社会基础设施，指服务于居民的各种机构和设施，如商业和饮食、服务业、金融保险机构、住宅和公用事业、公共交通、运输和通讯机构、教育和保健机构、文化和体育设施等；制度保障机构，如公安、政法和城市建设规划与管理部门等。

农村基础设施包括：农业生产性基础设施、农村生活基础设施、生态环境建设、农村社会发展基础设施四大类。农业生产性基础设施：主要指现代化农业基地及农田水利建设；农村生活基础设施：主要指饮水安全、农村沼气、农村道路、农村电力等基础设施建

设；生态环境建设：主要指天然林资源保护、防护林体系、种苗工程建设，自然保护区生态保护和建设、湿地保护和建设、退耕还林等农民吃饭、烧柴、增收等当前生计和长远发展问题；农村社会发展基础设施：主要指有益于农村社会事业发展的基础建设，包括农村义务教育、农村卫生、农村文化基础设施等。

依据基础设施的本质属性和基础设施建设的外在逻辑表现，在《唐山市路南区（1990—2010）》设基础设施建设编，定位准确，科学合理，符合志书分类要求。

### （二）设置基础设施建设编，能够准确地体现城市中心区的固有形态

城市是一种高度集聚的人类聚落形态。城市中的行政区域是城市各项功能集聚与扩散的核心。区志的城市性质决定了与县志分类与记述范围的不同。故多数县志分类均有基础设施、城乡建设编。城市本身是人类利用和改造自然环境而创造出来的高度人工化的环境。这种被改造出来的人工环境表现出来的是与人们生产、生活密切相关的住宅、酒店、商场以及天然气、电力等能源动力设施，铁路、公路、航空、水运、道桥、隧道、港口等交通运输设施，污水处理、空气净化等环保水利设施，电信、通信、信息网络等邮电通讯设施。

过去路南区是纯城区。1992 年 11 月，开平区所辖的梁家屯、女织寨乡计 38 个村划归路南区，开始有乡的建制。但路南区是城市中心区的地理位置与承载的城市功能并没有改变。新归属的梁家屯、女织寨乡（后两乡合并为女织寨 1 个乡）位于路南区东南部，与原来的路南城区路路相连，供电、给排水、供热、邮电等设施资源共享。随着城市化进程的加快，农村居住区的改造和城市基础设施建设向农村的延伸，城乡差距将逐步缩小，路南区位居中心区的地位和所承担的城市功能将日益凸显。

### （三）设置基础设施建设编，能全面系统的记述路南区 35 年间城市建设的历史与现状

《唐山市路南区志》的记述断限是 1990—2010 年，但记述路南区的城市基础设施建设要追溯至 1976 年的唐山大地震。1976 年 7 月 28 日，唐山发生强烈地震，路南区百年基业毁于一旦。震后，中共唐山市路南区委、区政府按照中共唐山市委、市政府的统一部署和唐山市震后恢复建设总体规划，组织全区人民开始展开大规模的自救互救和城市基础设施恢复建设热潮。截至 1986 年，经震后 10 年重建，城区基础设施逐步完备，城市建设初具规模。

1990 年起，加快老城区震后棚户区改造步伐，在城区西部适时开发建设新住宅，逐步改善人居环境；新建、扩建、维修主次干道、小区道路；建设锅炉房，解决居民集中供热问题；改造供水管网，维修排水管道；加强对南部采煤塌陷区的综合治理，城区公用基础设施日趋完善。

2001 年，实施“城建拉动”战略。2007 年，落实中共河北省委、省政府“三年大变样”战略决策，城市建设驶入跨越式发展轨道。截至 2010 年，唐津高速、205 国道、环城公路路南段相继建成，南新道、建设南路、学院南路全线贯通，启新立交桥、金匙桥、岳各庄桥地道桥建成，城乡交通网络四通八达。区属规模以上工业企业建筑面积达到 41.49 万平方米，全区（未含女织寨乡）住宅面积 302.98 万平方米，商用建筑面积 162.27 万平方米，教育建筑面积 63.24 万平方米，文化建筑面积 1.17 万平方米，医疗卫

生建筑面积 29. 38 万平方米，办公建筑 12. 61 万平方米。全区绿化覆盖面积 1081. 5 公顷，建成区绿化覆盖率 45. 63%。全区供热面积 339. 5 万平方米，供热普及率达 100%。

经过 35 年发展，路南区已由原地震废墟崛起的简易城区，逐步建成楼房鳞次栉比、道路纵横交错便捷、抗震性能良好、生产生活条件便利、人居环境整洁优美的新型城区。

城市建设的跨越式发展，客观上要求《唐山市路南区志（1990—2010）》在设置框架结构时，亦应将基础设施建设设置为编，并列于自然环境之后。通过对基础设施建设全面、系统、客观的记述，再现震后 35 年城市基础设施建设的发展与现状。

基础设施建设编的结构为：

第一章建设规划，下位类为总体规划、分期规划、分类规划。

第二章城区建筑，包括工业生产建筑、住宅设施建筑、商业服务设施建筑、医疗卫生设施建筑、教育文化体育设施建筑（教育设施建筑、文化设施建筑、体育设施建筑、办公用建筑）；附城市标志景观建筑。

第三章能源供应系统设施，包括电力供应设施（电办配置、电网改造）、燃气与热力供应设施（燃气供应设施、热力供应设施）。

第四章供水、排水、照明系统设施，包括供水管网设施（自来水管网、自备水管网）、排水与污水处理设施（排水管网、污水处理）、照明（包括美亮化工程）。

第五章交通运输系统设施，包括对外交通设施（铁路、公路、长途汽车站、桥梁）、对内交通设施（道路、桥梁、公共交通、出租汽车、停车场）。

第六章邮电通讯系统设施，包括邮政设施（网点、邮路、电报）、电信设施（传输线路、交换设备、通信基站、互联网）。

第七章环保环卫系统设施，包括绿化设施（公园、园林、广场、庭院、小区）、垃圾收集与处理设施（垃圾收集、垃圾处理、公厕）。

第八章防空防灾安全系统设施，包括消防与防汛设施（消防设施、防汛设施）、防空设施（人防工程、人防设备）。

第九章城乡建设管理，包括建设规划管理（编制管理、规划监督）、环境综合治理（清除乱搭乱建、整顿自发市场、治理交通秩序）、规范广告牌匾、绿化管理、市政设施管理、供水管理（水费收缴、管网维护、用水监督）、供电管理（电力供应、安全用电、设施维护、电费收缴、电力监察）、供热管理（暖气供应、热费收缴、设施维护）、燃气管理（燃气供应、燃气费收缴、设施维护）。

第十章环境保护，包括环境污染（水源污染：地表水污染、地下水污染；大气污染；噪声）、污染治理（水污染治理、大气污染治理、噪声污染治理）、环境监测、环保管理（节能减排、项目审批、环境监察）。

按照上述编目设置并通过翔实的记述，路南区的城市基础设施建设会在《唐山市路南区志（1990—2010）》中表现得淋漓尽致，全面、系统、客观。

（作者单位：河北省唐山市路南区地方志办公室）

# 志书的版面编排与篇幅控制

任根珠

**内容提要：** 版面编排是志书编纂中的最后环节，它要求眉目清晰、美观大方，体现志书严谨科学的学术品位和高贵典雅的文献气质，达到内容与形式的完美结合。志书的总字数是由整部书的页码来计算的，版面编排也掌控着志书篇幅的长短，志书要“瘦身”，就需要在版面编排上精打细算，尽量节约版面。

**关键词：** 志书　版面编排　篇幅控制

志书编纂是一项系统工程，从内容到形式，各个环节均需严密把关，精益求精。版面编排是志书编纂中的最后环节，要求眉目清晰、美观大方，体现志书严谨科学的学术品位和高贵典雅的文献气质，达到内容与形式的完美结合。志书的总字数是由整部书的页码来计算的，版面编排也掌控着志书篇幅的长短，志书要“瘦身”，就需要在版面编排上精打细算，尽量节约版面。编纂者只有高度重视志书编纂中的每个细节，力求尽善尽美，把科学、严谨落到实处，才能使志书质量得到显著提高。

## 一　志书的篇幅控制

志书要精编，篇幅须控制。作为通纪体志书，记述一般均要追溯事物发端，且记述时限长达数千年，志书篇幅适当拉长一些情有可原。首轮志书编纂，中国地方志指导小组（简称“中指组”）虽有限定县、市志书篇幅的一定之规，但实践证明似有偏紧之嫌。第二轮续志开启之后，中指组未对三级志书的篇幅作具体数量规定。正基于此，第二轮续志篇幅出现膨胀之势，过分强调志书的资料性价值，忽略志书的著述性本质，县级（包括县级市、区）续志动辄二三百万字，甚或四五百万字；地市级续志普遍达四五百万字，七八百万字甚或超千万字也并不鲜见；省级志书绝大多数超过五千万字，上亿字的亦不在少数，篇幅不受控制，形同脱缰的野马，无限制地拉长，使志书成为束之高阁的“艺术品”。有学者提出志书“资治、教化、存史”的三大功能，把“存史”摆在了第一位，以为这似有本末倒置之嫌。志书服务当代，惠及后世，首先是服务当代，资治、教化是主要功能，存史是附带功能。编纂思想的变异，会把方志编纂引入歧路。

第二轮续志多为断代体，记述时段亦仅 20 年左右，同首轮志书记述时段相较，相去甚远，故其篇幅理应有个合理的控制数额。篇幅的拉长，并非与质量成正比。志书要成为可读可用之书，篇幅的控制理应提上议事日程。首轮志书过简，第二轮加详亦在情理之中，但要详略有度。志书主要为当代服务，为现实服务，为大众服务，受众面越广，发挥的社会效益越大。志书过长，令人望而生畏，其结果与修志人的愿望正好相反。现在的方志界有个普遍的心态，即志书页码越多、书籍越厚越好，求大求全。这是个错误的观念。笔者以为，控制篇幅是志书编纂应有之意。如何把志书编精编好，是修志人重要的历史责任。压缩志书篇幅，在版面编排中要重视每一个细节的把握与应用，在不影响美观的前提下，尽量节约版面，是志书编纂人员应遵循的基本原则，切不可等闲视之。

笔者曾征求过国内多位方志专家学者的意见，多数人以为，县级志书控制在150万字左右较为适宜，以200万字为最高上限，即控制在一本书之内为好；地市级志书控制在350万字左右较为适宜，以500万字为最高上限，即装订成二至三册即可。志书分册越少越好，既省却读者来回翻书之累，方便查阅，又可节省书籍装帧费用。续志篇幅控制在一定数额之内，便于编纂人员操作，篇幅过少恐漏记重要资料，过多则有不精之嫌。毕竟编的是断代志，就时间跨度而言，与通纪体相比相差太远。如何把志书编精编好，才是修志人重要的历史责任。

首轮志书多为普通16开本（787×1092mm），第二轮续志开启之后，中指组2008年印发的《地方志书质量规定》对续志开本作了统一规定，即新方志“采用16开本(889×1194mm)，文字横排”。开本的扩大，使页面文字容量明显增大。以《上海市长宁区志(1993—2005)》为例，正文大五号宋，每行44字，版型高43行（包括书眉行），每页1892字，全书1402页（包括卷首目录等44页，未包括卷首集束彩图插页），全志总字数2652千字（版权页标为2221千字）。实践证明，200万字左右的县级志书装订成一册书是完全可以的。

志书增厚，其中与版面编排也有关系。书籍是以页码来计算字数的，每行的字数乘以每页的行数（包括页眉行在内）再乘以总页码数（包括卷首页码）即为总字数。作为纸质印刷出版物，国家标准只有一个，所有书籍一体遵循，志书亦不例外。改革开放以来，经济的繁荣兴旺，带来文化的繁荣发达，人们被禁锢的思想冲出牢笼，出版自由的能量得到最大限度的发挥，这体现出社会的进步。私人著书成风，其中也不乏滥竽充数之辈。少数人为了强撑门面，增加书籍厚度，在排版上大做文章：或字不够，图来凑；或加大字号，加宽行距；或一条标题占半页甚或一页，一首五言绝句也可占一个页码，等等，可谓各显神通，无所不用其极。此风蔓延开来，出版社的编辑也跟风混在一起，美其名曰“美化版面”。殊不知，每增加一个页码，出版社编辑的审稿费、书籍的工本费就会“水涨船高”。此种隐形的浪费资金、浪费资源之风也“传染”到志书之中。志书“瘦身减肥”，从版面编排上把关，也算一策。最近两个月笔者接连审阅了两部省内志书付印稿（印刷厂排版稿），感到志书版面编排存在问题较多，有必要提出来与同人一起探讨。

文字版书籍排版以紧密为好为上。珍惜版面是文字书籍应遵循的普遍原则，志书亦不应例外。笔者曾见到一部县级志书的大事记，按页码计算，全文5万余字（实际仅3万余字），排版松垮，中华人民共和国成立后的条目既加年份标题，又加月份标题，且上下均空行，可放一千八九百字的版面，文字少的页码一页仅有五六百字，让人看了极不舒服。

经计算，该志大事记若年份标题不空行、不加月份标题，可省去 19000 余字的篇幅，大事记仅 3 万字出头一点。再如卷首集束彩图，最多的彩图版达一百五六十页，占书籍厚度的 1/4，不仅宣传意味太浓，而且拉长了志书的篇幅。版面编排虽为出版社编辑的责任，但志书主编一定要把好关。

志书篇幅的控制，一定要量化，分解到各个类目，合理布局，有的放矢，唯此才能把住篇幅控制这一关。志书内容的篇幅控制须专文论述，本文仅就志书版面编排中如何控制篇幅谈点看法。

## 二　志书的版面编排

就版式而言，有文字版、图片版、文字插照片版三种。文字版首要的是确定行文字体字号，以紧密严整为佳。

### （一）卷首部分的编排次序

卷首内容的顺序编排，看似小事一桩，实则体现志书的严谨性、科学性。通观现已正式出版的第二轮续志，部分志书卷首内容无一定之规，或编纂人员名单列于志尾，或地图列于扉页（书名页）之前，或凡例列于序言之前，或凡例列于目录之后，等等，排序混乱不一而足。笔者曾对山西首轮市县志书做过统计，卷首内容排序不妥或有瑕疵的有 40 部，占 125 部的近 1/3。已出版的省内外第二轮续志排序混乱问题依然存在，觉得有必要提出来，以便引起修志同人的注意。卷首部分的排序应为：扉页（书名页）、版权页、编纂人员名单、图（各类地图及彩页图片）、序、凡例、目录（总目、详目、英文目录、图表目录）。这是国内出版界通行的排列顺序。上述各项中，只有版权页以及图、序的位置，可根据卷首铜版纸页码单双页印刷的需要适当调整，如版权页可移至志尾，图、序位置可以调换。

扉页自报家门，亮明身份；扉页的背面为版权页，标明是何时何地何家出版，亦可因卷首页码受单双页限制而调整到志尾。

编纂人员名单列前，是志书的传统，告诉读者这部志书是什么人编的，哪些人审的。在历代旧志中，编纂人员名单均放在卷首（通常为序言之后），体现著者的著作权益，同时也喻示方志是一地域最重要的乡邦文献，必网罗本地文化高人一并参与，编修志书乃千秋大业，能参与编纂是人生之幸事，故十分重视编纂人员名单的排列。首轮、第二轮新方志编纂人员名单的排列，或卷首或卷尾，随意性较大。笔者以为，编纂志书少则数年多则数十年，耗尽了修志人的心血，名单前置排列应理直气壮，决不能妄自菲薄，从中亦体现出修志人肩负的重要历史责任。

彩图的安排也有个先后顺序问题，各类地图放前，和盘托出地域的整体面貌，继而彩色照片反映地域的特色事物，显现个性。

彩图之后，接排序言，通过序言作者之笔，向读者推荐是志的可读可用及优长之处。序言的篇数应控制在 3 篇之内，依笔者之意，两篇最为恰当，一为当地领导从自身执政角度宣扬地方特色，一为专家从编纂角度勾勒是志志体特长之点，二者相辅相成，引导读者了解和认识志书，增强读者的阅读兴趣。有的志书将当地领导的序言改为“出版致辞”，进而突出专家学者序言的独立性和特殊性，不失为一种变通的新形式。

凡例与目录要紧密相连，凡例在前，目录在后，二者不能颠倒。目录是在凡例的主导下设置的，二者有主次之分。凡例体现作者的编纂思想与编纂原则，目录则是在凡例指导下编者编纂意图的具体体现。二者位置颠倒不合规范，

按常规，卷首内容排序是出版社编辑的主要责任，但因编辑水平参差不齐，常出现差误，志书主编还是要留心把关，以免贻笑大方。

## （二）目录的编排

志书的目录，是篇目的终极体现。目录编排要把握3点：一是内容要全面，不能有遗漏；二是标码要准确，包括志首和志尾部分要明确标示；三是编排要紧凑，方便读者阅览。在旧志编纂中，有先列总目、后列详目的传统。总目只列志书“卷”的第一级标题，30多年的编纂实践，使志书的目录编排逐渐走向成熟、完善。为读者阅览志书提供了方便。但也不可否认，目录编排亦多有不规范排法：或首页排通栏，其他页排双栏；或卷首及概述、大事记排通栏，其他排双栏；或编一级标题排通栏，其他排双栏；或中英文目录混合编排等。首轮志书目录排通栏居多数，占页过多，笔者见到最多的达四五十页，字号大，行距宽，既不便于读者阅览，又使版面陡增，无形中平添了志书的篇幅。第二轮续志多数吸取首轮的经验教训，目录编排体现以读者为本，双栏编排逐渐成为新常态。

实践证明，志书目录编排最好用双栏，既经济节俭，又方便读者查检。从编纂实践看，志书目录编排应把握以下几点：一是先列总目，展现志书的第一层级结构，使读者尽早了解志书的框架全貌。总目排双栏，用一个页码展示最为完满，省却读者翻检之劳；二是目录（详目）要详列卷首、卷尾内容，并标注页码；三是目录标题要延伸到目题，使志书内容得到全面展示（如《奉贤县续志》的做法）；四是加载英文目录利于新编志书在全世界的传播与利用；五是一志多册，目录编排亦有其规律可循，既要继承旧志传统，又要吸取他志的先进经验，首轮有的多册本市级志书，目录置于第一册，后两册无目录，有的分册志书，目录分置各分册，即各册录各册的目录，无全志的总详目。志书目录编排以方便读者翻检为出发点，笔者以为，无论是单册或多册志书，集中排列详目是不可或缺的一项内容，详目集中排列与一册之中，更便与读者了解全志概貌，总目只标一级层次标题[一般排志书的一级标题，也有排到编、章两级标题的，如《扬州市志（1988—2005）》，占4个页码]，仅是全志的大体轮廓，详目则是全志编、章、节的全力展示，对用志人而言则方便许多。志书编排英文目录，首轮志书较少、第二轮较多。笔者以为，志书走向世界是大趋势，但外国人要阅读中文志书，只有懂得中文才行，详目排英文目录使志书篇幅增加过多，从志书“瘦身”角度考虑，似可将总目采用中英文编排较为合理，即中文、英文各占一个页码，既美观又大方。

第二轮续志目录的编排，逐步探索出一套既节省篇幅，又便于读者尽快了解志书内容的科学编排方法，值得后续志书借鉴。

目题不宜加序号。志稿中的目题标法统一加序号“一二三……”，子目题加序号

“（一）（二）（三）……”，孙目题加序号“1. 2. 3……”，重孙目题加序号“（1）（2）（3）……”。志界有“志书类辞书”之说。无论是类目体、章节条目体，还是纯粹条目体，条目都是最基本的记述单元。条目标题的编排方法基本达成共识，一级目题一般均为另起单占行，用黑体标示；二级目题另起接文（空一字）编排，用楷体标示；极少数设三级目题的，就把二级目标题用黑体标示，三级目标题用楷体标示。传统的志书排版，目题不居中排，首轮、第二轮新方志绝大部分均依此办理，并达成共识。近几年志书目题加序号逐渐多了起来，笔者以为此种做法并非善策，有的志书目题用汉字码标到四五十个，极为累赘，有的志书一、二、三级目题均单占行，三级目题排起来，既累赘，又不美观，目题还是不加序号为上策。

### （三）图片的编排

第二轮续志紧跟时代的节拍，全彩印志书逐渐多了起来，令人欣喜。全彩印技术的应用，为插文照片提供了用武之地，随文照片普遍得到加强，即使是内文单色印刷，照片的使用率较之于首轮亦普遍大幅增长，图文并茂已不再是可望而不可及的事情。

卷首集束彩图。志书由图经演化而来，重视地图的应用是地方志书区别于其他书籍的重要标志之一。在旧志中，地图是引领正文的，或叫卷首，放于正文之前；或直接排在卷一的位置，属正志中的一部分。新方志因有了彩印，根据装订的需要而列于正志之前（或移至序、凡例、目录之前）。地图应用的数量逐渐扩大。《朔州市朔城区志（1989 — 2010）》还原志书的传统做法，卷首集束彩图只放地图，且量多面广，有朔城区行政区划图、地理位置图、卫星影像图、地势图、土地利用现状图、森林分布图、地质矿产图、水利工程现状图、森林资源分布图、矿产资源分布图、交通旅游图、城市社区分布图、城区图（1989）、城区图（2011）、老城改造前卫星影像图等，达 14 幅之多，并根据内容需要，折页单页并用，反映地情内容之广，制图之精，在笔者所见到的志书中可谓首屈一指。各地可根据地情，适当增设一些特色地图。卷首彩照现有泛滥之势，有些志书达到七八十个甚或超过一百个页码，将地方特点淹没于面面俱到的照片之中，大有压缩之必要。笔者以为，志书内文采用彩印的，卷首彩照应压缩到 1 个印张为好，以反映地情特色为要领；志书内页采用单色印刷的，卷首彩照应控制在 2 个印张之内。《秦皇岛市志（1979 — 2002）》卷首彩图仅放一幅地图，照片统一放入内文（彩印）之中，给人以耳目一新之感。卷首彩照最好不放领导人视察照片，《苏州市志（1986—2005）》的做法值得效仿。卷首彩图排列顺序为先地图、后照片比较恰当。卷首彩照过多过滥，似有喧宾夺主之嫌，同时彩版页也包含在内文总印张之内，彩页过多亦无形中增加了全志的篇幅。

卷首集束彩图的编排方法主要有以下几种：一为齐列式，即把几张照片呈纵行或横行整齐排列，每张照片所占空间的大小、形状完全相同。这种编排形式的特点是庄重大方，给人以规整的美感，缺点是稍显呆板，缺少变化。二为叠压式，即用一张大照片作为衬底，把另外一张或几张小照片压在大照片的背景部分，使几张成组的照片有机地结合在一起。这种形式新颖、美观，既可节省版面，又可使几张照片浑然一体。采用此种形式，一定要掌握好分寸，即以不影响被压大照片的艺术效果为准则。三为咬版式，即照片之间相互叠压，使其相互叠压“咬”在一起，“亲密无间”，或你中有我，或我中有你，结合紧密。咬版式变化多样，形式比较生动活泼。四为平列式，即一组照片平摆在版面上，或横或竖，或大或小，相互之间只有横竖大小的变化，但编排上比较单调，缺少变化，这种形式在成组照片的版面编排中比较常见，只是缺少特色罢了。

这四种图片的编排形式，在志书卷首集束彩图中均有应用。如齐列式，产品、文物等照片多有运用；叠压式，新建筑与旧建筑叠压，厂房与产品叠压，场面与特写叠压等；咬版式，《萧山市志》卷首集束彩图部分版面即采用此种形式；平列式在志书中应用最为广泛，由此可以看出，在卷首集束彩图的编排手法应用上还有很多需要改进之处。志书编纂人员只要充分掌握各种编排形式，在成组照片的编排中穿插运用，才能增加版面的变化，取得更好的版面宣传效果。

志书正文中随文照片，始于民国年间的志书，首轮新方志编纂继承了这一做法，但用量普遍偏少，此亦为首轮志书的不足之一。第二轮续志扭转了这一局面，随文照片的运用得到高度重视，增强了志书的可读性和存史价值，图文并茂，相得益彰。

志书选用照片，不能拿来主义，要精选，不能滥载。照片也有个编辑的过程。一是对照片进行适当加工，剪裁掉画面中多余的部分，使画面主体内容更突出、美观。二是对照片说明进行精加工，准确标示画面的主体内容。照片说明要与照片画面无缝对接。在已出版的志书中还有少数照片说明标示不确切，文字或过简或过繁，甚或出现张冠李戴的问题，均因后期工作不细所造成。

一部志书随文照片的数量多少为好，目前志界尚无定论。2001 年，笔者曾对山西省 106 部首轮市县志做过一个用图统计，[①] 具体情况为：106 部志书用图总量为 10349 幅，部均 98 幅。以卷首集束彩图印张计，1 个印张以内的 60 部，占 56.6%；2 个印张以内的 44 部，占 41.5%；2 个印张以上的 2 部，占 1.89%；最多的 56 页。以集束彩图用图幅数计，1～50 幅的 46 部，占 43.4%；51～99 幅的 45 部，占 42.5%；100 幅以上的 22 部，占 20.7%；最多的 260 幅。以文内插图用图张数计，无插图的 36 部，占 34%；1～50 幅的 47 部，占 43.4%；51～99 幅的 19 部，占 17.9%；100 幅以上的 4 部，占 3.8%；插图最多的 196 幅。

仅以山西首轮市县志为例，还不足以说明问题，下面再以两部市志前志与续志的用图对比，以及两部续修县志的用图情况作例证，即可看出两轮志书用途的巨大变化：

首轮《苏州市志》卷首集束彩图 64 页（4 个印张），照片 296 幅，页均 4.6 幅（另有 4 幅地图）。内文为单色印刷，加插示意图 41 幅，未用插文照片，每 10 万字用图 0.8 幅。第二轮《苏州市志（1986—2005）》卷首集束彩图 44 页（2.5 个印张，其中 3 页为文字版），照片 106 幅，页均 2.6 幅（另有 2 幅地图）。内文为彩色印刷，插图 429 幅，为前志的 14.1 倍。全志用图 535 幅，每 10 万字用图片 11.3 幅，是前志的 14.1 倍。

首轮《扬州市志》卷首集束彩图 48 页（3 个印张），用图 227 幅（另有地图 2 幅，8 开双页），页均 4.73 幅。内文为单色印刷，插图 135 幅。全志用图 362 幅，每 10 万字用图 6 幅。第二轮《扬州市志（1988—2005）》卷首集束彩图 56 页（4.5 个印张），153 幅图片，页均 2.73 幅。内文插图 704 幅，是首轮志书的 5 倍多。全志用图片 859 幅，每 10

① 任根珠著：《西樵志语·山西百部新志图照统计》，方志出版社，2003 年。

万字用图片14.5幅，是前志的2.2倍。

《涉县志（1991—2011）》卷首集束彩图74页，用图275幅（地图4幅、示意图12幅、照片259幅）。内文为全彩印，插图476幅，其中照片460幅、示意图16幅。全志用图751幅，每10万字用图片40.1幅。

《奉贤县续志》卷首集束彩图74页，用图275幅（地图2幅、示意图12幅、照片261幅）。内文为单色印刷，插图477幅。全志用图608幅，每10万字用图片26.4幅。

首轮志书随文照片的数量偏少，主要与编纂人员的重视程度不够有关。第二轮续志多数得到重视，随文照片激增，似有矫枉过正之嫌。随文照片也要占版面，每幅照片占篇幅少者四五百字，多者上千字，用照越多，所占篇幅越大。从志书需要“瘦身”的角度考虑，随文照片也要有所控制。笔者有个不成熟的建议，提出来供大家参考。一般情况下，按志书文字量规划随文照片的使用量，即每万字配图片1~3幅，卷首集束彩图亦包含在万字配图量之内，一些可上可不上的图片，如工程开工奠基、会议会场、人物日常活动等尽量不上，以发挥志书功能的大小来决定取舍。以150万字的县级志书为例，用图总量（以中间数2幅计）限定300幅；文字限量最高200万字，用图总量400幅，书籍厚度以一本书能够容纳得下为标准。市级志书350万字，用图总量700幅；最高限量450万字，用图总量不得突破900幅（相当于45万字的篇幅），志书字数以500万字为最高限。

文字版插排照片，除通栏照片外，凡文图合占栏的照片，一般情况下应排在版面的右部，不要夹在文中。如遇一页上有两幅或两幅以上照片，排列方法有齐列式、交错式两种，可考虑照片位置适当变化。照片所占版面篇幅大小，要根据画面内容来定，多数以占半栏宽度为宜，少数占多半栏、通栏或小于半栏。内文插照片，不用跨页照片，因为虽大却破坏了画面的完整性，影响视觉效果。

## （四）标题的编排

“标题，是版面的眼睛，它可以显示出版面的活力，从而引起读者注意。标题又是装扮版面的主角，在活跃和美化版面方面，它既可使版面条理分明，眉目清晰，又可使版面绘声绘色，丰富多彩。因此，注意标题的变化对于创造版面的美有特别重要的意义。”① 志书具有自身的特性，标题编排既不能像报纸杂志那样变化多样，又不能像普通书籍那样随意美化，志书标题要求朴素严谨、简洁明快、端庄大方，各级各类标题的字体字号一经确定之后，全志要整齐划一，不得随意更改或变动，体现多重重复的韵律美感和文献典籍的严整典雅之气。

志书标题按类目层次划分，一般分为编、章、节、目、子目5个层次，也有子目之下还领有孙目、重孙目的，层次过多致使资料记述支离破碎，减少标题层次已成为志界的普遍共识。编、章、节3个层次的标题，属于居中单占行标题，因标题上下均空行，在版面中十分醒目，与密致形的文字形成鲜明对照，同时考虑到书籍篇幅的特性，字体应端庄秀雅，以宋体字为佳。为突出编题，亦可用宋体字加粗，标题字号从大至小依次排列，编题用一号宋（加粗）、章题用小二号宋、节题用小三号宋或大四号宋为宜，三级标题统一字

① 任根珠：《实用版面编辑学》，山西高校联合出版社，1996年，140页。

体，彰显严整规范的韵律美感。编题上下均空两行，章题、节题上下均空一行，如遇章题、节题合并编排时，两题间空一行（缩减一个空行）。目题另起单占行，上下均不空行，排小四号或大五号黑体为宜（为节省版面，与正文空一字接排更佳，此种排法适宜目题之下不再有子目的志书使用），因字号较小，黑体字较宋体字要醒目许多，既与编、章、节题形成字体字号变化的美感，又突出条目在志书中的地位。子目题另起空一字接文排，与正文字号相同，字体排大五楷，既体现标题的特性，又不至于使子目题淹没在文字版中。

翻阅已出版志书。版面编排多有可改进之处。如有一部志书大事记中的“年”“月”均单立标题，标题字号显大、占行显宽，使得版面文字稀疏，不甚美观，且与其他篇章版面不甚协调，无形中增加了志书的文字量。笔者粗略统计，如将“年”标题字号改小一些，占两行高度，将“月”标题并入条目题头之中，不单占行，可使大事记的文字由18.11万字压缩至14.20万字，缩减21%的篇幅。

首轮志书编、章一体联排，第二轮续志人为加大编题页码，编题单页另起页，仅几个字，就占一个页码，二三百字的编首无题序也占一个页码，滥增版面页数。甚至有的志书章题也单页另起页，致使版面中多处出现缺苗断垅的现象。笔者以为，除平头章节体外，章题另起页不合书籍排版规则，要全力避免。章、节标题的上下空行要有限度，不能任意加宽。

第二轮续志普遍强调要减少篇目层次，逐渐得到多数志人的认可和响应，目题之下尽量不再设子目和孙目，尤其孙目要避免，子目要减少到最低限度。有一种变通的方法，即采用暗目的形式，达到减少层次的目的：子目题按正文形式（同字号同字体）编排，标题之后加句号，形成暗目题，这样可收到一举两得之效。目题如另起单占行，上下最好不要空行，因目题在志书中数量最大，上下空行使篇幅陡增。目题上下均空一行，使一个标题占三个标题的位置，实不可取。

第二轮志书中的条目题有任意加大的现象。如有的标为大四黑，上下均空行，占到正文的四行高度，版面中成了标题的天下。人物传中的传主标题、艺文志中的诗文标题均属于条目题，排法要与志书中的其他条目相一致。旧志中的诗词编排是接排的，新方志的排法多数为分行另起，亦有徒增页码之嫌，还是按传统的接排方法为好。节省标题占版面的空间，在减少篇幅上可起到事半功倍之效。

### （五）编首页的编排

编首页编名单独占页，在已出版的第二轮续志中逐渐多了起来，甚至有的志书编名页占两个页码，似有太“大气”之嫌，第二轮续志体式逐渐向小编体靠拢，少者三四十编，多者七八十编，以50编计算，仅此一项就使志书凭空增加了19万字的篇幅。新编《萧山市志》篇名页将标题、目录合占一页，篇名页背页排无题序，是对编名单独占页的一种改进，既考虑方便读者的需要，又使版面增加些许生气，不失为一种应急变通之法。

受社会浮华风气的影响，志书用豪华礼品盒包装似有成风气之势，笔者以为此风不可长。书是给人看的，看书人的书是要上书架的，礼品包装盒只为一时“美观”，花大价钱包装，似有浪费之嫌。志书印刷数量普通在3000册以上，礼品包装盒细算下来，花费也是个不小的数目，志书到了读者手中之时，礼品包装盒也便进了垃圾堆，大可不必。

书籍是供人阅读的文化产品，在装帧上既要美观大方，又要经得起反复翻检，方便读者多次阅读，便于收藏部门长期保存，为读书和藏书部门着想、服务。首轮志书在装帧上多为封面加护封，不便于保存利用。首轮志书加护封居多，以山西省三级志书为例，封面加护封占 95% 以上。护封易损，不利于长期翻阅保存，逐渐退出人们的视野。续志适应读书和藏书需要，多为硬壳精装，既美观大方，又便于长期翻阅保存，还省却了护封的包装费用，收到一举多得之效，值得大力效仿。续志紧跟时代步伐，采用硬壳精装看似小事，实乃书籍装帧上的一大进步。

## 三 志书篇目第一层级的标法

在旧志中，第一层级的标法大体分为两类：一为类目体，即对志书所记事物分门别类，构成志书篇目的基本框架，尔后再从大类中分小类，以此类推，逐级立题，直到目题。一为分卷类目体，即志书篇目的第一层级冠以“卷”（此为大门类），卷下再分门别类直至目题。如明成化《山西通志》第一层级以卷立名，全志分立 17 卷，每卷之下分列 1 门或多门，亦有多卷立为 1 门。如卷之二列有分野、疆域、风俗、形胜、山川五大门类，卷之十二至卷之十五 4 卷均为集文一大门类。该志的卷是以分订装册来计算的，一册即一卷。旧志中的卷与志书门类联系并不甚紧密，只起标示志书装订的册数而已。章节体是清末民初西学东渐、洋为中用的产物，由此而改变了志书的传统篇目结构形式。章节体的表现形式是按照逻辑关系将志书内容归类，以事物的同一性为第一大类，再以统属关系为序安排各个层次，逐级分为编、章、节、目（甚或目下又设子目、小目），从而使志书构成一个严谨、完整的多层级整体。章节体最初称编章体或编章节体，为阅读使用方便简称“章节体”。章节体应用到志书之中，因其体例结构严谨，层次分明，排列有序，19 世纪末便被志家逐渐采用。民国时期编纂的市县级志书，大多采用此体。

首轮社会主义新方志编修，大多采用了章节体。笔者对山西首轮市县级志书（笔者手头有 125 部）做了个粗略统计，采用类目体的仅有《阳高县志》《长治市城区志》《平顺县志》《阳城县志》《定襄县志》等 5 部，占首轮市县级志书的 4%，比例较小；采用章节体的有 120 部，占 96%。所不同的是，志书第一层级的标法比较混乱，以编为第一层级标法的有 57 部，以卷的有 59 部，以篇的有 2 部，平头列章的有 1 部。

新方志编纂开展以来，中指组始终把三级志书的规范化当作提高志书质量的重要着力点，一直为此进行着不懈的努力。1981 年中国地方史志协会出台《关于新县志编纂方案的建议》，提出第一个较为规范的篇目模式，即第一层级以社会分工的各大部类命名为“编”，即概述编、自然编、经济编、政治编、军事编、文化编、社会编、人物编、图表编、附录编等 10 编。1985 年中指组制定的《新编地方志工作暂行规定》第十条亦规定，篇目“层次名称可采用编（篇）、章、节、目，也可采用其他形式”。首次明确规定志书篇目框架第一层级的名称为“编”，其统属关系的名称为章、节、目。从志书编纂的规范性和科学性出发，志书第一层级的名称应为“编”，而非“卷”“篇”。除门目体（类目体）之外，凡采用章节体的志书，均应以编、章、节、目来划分层次，只有这样才是合理、规范、科学的。卷、编、篇三者相较，卷的含义最大，如一本书可称为一卷书，而不能称为一编书、一篇书；篇的含义最小，如一篇文章，不能称为一卷文章、一编文章。笔者以为，志书的规范化是必由之路，体式名称的规范应提上议事日程。志书采用章节体式的，以“编、章、节、目”称谓；采用类目体、条目体的，采用中国传统做法，即第一层级标题以“卷”称谓；减少志书标题层级，允许平头立章，以“章、节、目”称谓。这样一体遵循，便于识别志书体式，也便于各级志书形成合力，方便社会各界更好地认识、了解志书。如一个市的区、县志书断限一致，便于市志采摘资料；一个省的市、县志书断限一致，便于省志采摘资料；若全国如此，其合力更无法估量。

志书是一地域最重要的乡邦文献，在注重内容质量的同时，也要注重外在形式的设计，尤其要把好版面编排这一关，节约版面，压缩篇幅，达到内容与形式的完美结合，只有这样才能成为利于当代、惠及后世的良品佳作。

（作者单位：山西省地方志办公室）

# 第二轮志书创新中出现的问题及对策

任丽英　袁　华

**内容提要：** 创新是推动志书编纂重要的动力源泉，各省方志工作者都对此做了深入的研究和探索，并应用于第二轮修志的实践中，取得了可喜的成果。本文试从三方面对第二轮志书编纂中的创新进行剖析：一是第二轮志书在创新上成功且有益的尝试；二是第二轮志书创新存在的问题；三是解决这些问题的对策。

**关键词：** 第二轮志书创新　问题　对策

河北省第二轮市、县（区）修志工作自 2001 年正式启动以来，到 2015 年年初，出版近百部志书。从这些已出版的志书来看，河北省的第二轮志书在创新上做了许多有益且成功的尝试。具体地说，一是在篇目上力图有所创新，不论结果是否都令人满意，但编者主观意识上都希望通过篇目设置的调整来体现本地的特色，时代的痕迹，新鲜的事物，都想求新，求不同，这是一个好现象，证明修志人员都在不断思考，不断融合新观念，不断创新实践。二是在资料搜集和挖掘上比以前有所突破，很多县市志办改原来的供稿制为采编一体制。从辩证的角度讲，虽然没有各部门提供给我们现成的稿件，但我们在亲自采编的过程中，也收集和整理了上一轮仅靠部门供稿所没有的一些第一手资料，即原始资料，提高了志书的资料价值。很多志书中出现的调查报告、专记就是志书编辑们自己写出来的，很具有画龙点睛的意义。三是图片的运用更加灵活多样。行政区划图、城区图、交通区位图、城池规划图、民间工艺图、民俗活动图、文化生活图、不同时期流通的票证图、艺术创作作品图、人物图、人文景观图、历史遗迹图等成为各编文字的有效补充，河北省《冀州市志》（方志出版社 2012 年版）正是因其图片选择得当，使得冀州的地域文化全方位、立体地呈现在读者面前，受到业界和读者的好评。四是科学地运用注释，提高地方志资料的可信度和可引用性。《正定县志（1986—2005）》（新华出版社 2009 年版），在运用一系列重要历史资料和研究成果的时候，都采用了注释，既说明了资料出处，也体现了编著者的研究心得，还包括编著者的一些学术观点，体现了治学严谨和志书体例的创新。

但看到进步的同时，我们也看到新一轮修志是在上一轮修志刚刚结束的前提下进行的。第一轮修志为我们在社会主义条件下如何编修地方志积累了许多宝贵经验，也提供了不少有益启示。问题是在上一轮修志中，哪些经验值得肯定和借鉴，哪些教训应当吸取和避免，许多人还心中无数。在这样的情况下，续修志书单纯地讲创新，很难有真正的突破，也难免会出现这样和那样的问题，需要引起我们的注意。

一是盲目升格，使得各门类之间变得不平衡、不协调。许多人一说到篇目创新，就会想到“升格”。应该肯定的是，“升格”在第一轮修志中，确实为志书突出地方特色起到了很大的作用。但是不是只有把一些想突出的事物进行“升格”处理，才是突出特色呢？恰如其分地设置会为志书增光添彩，但不顾本地的地情，一窝蜂似的盲目地“升格”，只会自乱体例，笔者认为目前最突出的问题是升格太过，未能量体裁衣。篇目设计应该是允许升格但又不能过滥。有一部区志稿，在城乡建设编中把“三年大变样”单设一章，在三年大变样一章中设了两节，一节是概况，包括拆除违章建筑、旧城改造、城中村改造、既有建筑包装、市容市貌治理等目，第二节是拆迁述要，包括成片拆迁、老旧建筑拆迁等目。2007 年 12 月 10 日，经河北省委常委会、省政府常务会研究同意，省政府出台《关于加快推进城镇化进程的若干意见》，正式提出“开展城镇面貌三年大变样活动”，明确了原则意见，城镇面貌三年大变样活动正式启动，历时三年。“三年大变样”确实对河北产生了很大的影响，但把这种一时的没有经过历史沉淀的做法作为志书城乡建设一项主要内容，单独升格为章，笔者认为是欠考虑的。

二是部分志书新体裁运用不当，削弱了志体的主体地位。部分第二轮志书设有“特载”，从标题形式看，特载属于报刊性质的栏目，年鉴具有年刊性质，所以年鉴用特载较为合适，志书是传世之作，其所记述的内容必须经过历史的沉淀，有选择性地记述能经得起历史检验的事件和人物，至于那些时事分析、工作报告以及对某一活动的报道，都会因时过境迁而被淡化或淘汰。因此，特载的内容和形式并不适合志书。[①] 但一些续志“特载”满天飞，喧宾夺主，成了志书事实上的主体。

三是主编意图不突出，缺乏独创性。每部志书都有可供志人学习的亮点，可以博采众家之长，但不能把志书变成各种创新的拼盘。在学他人之石的时候，要转成自己之玉，能够融入自己的血液里，再以一个面目出现的时候，已经是本地志书的特色了。采珍、纪略、旧踪觅迹、大板块的文采性标题，在别的志书里头一次出现时可能会得到赞赏，但所有这些创新，都集中在一本志书里，却显得不伦不类，四不像了。所以我们要思考，怎么来反映本地地情，体现志书的编纂特色。

四是以论代记，弱化了志书的资料性。目前所看到的志稿中，存在一种错误的创新倾向，就是有些续志里不是记述事实，而是进行议论，大量地夹杂着编者或者街头巷尾对时事的观点和看法，如某志稿中的环境部分就有“百姓在忧虑，时代在呼唤：以牺牲环境为代价的经济效益后患无穷！要造福后代，必须强化法治，坚持综合防治，并持之以恒。就环境而言，讲‘地方保护主义’并不为过”，居民收入部分有“多数‘能人’‘好汉’之所以迅速暴富，皆钻改革空子，靠对权力的依附性；也有一部分靠‘黑色’收入”的不恰当议论。这些内容出现在志书中是不应该的，志书是官书，首先应该树立正确的指导思想，用翔实的资料、科学的调查数据去反映情况，而不是仅靠个别言论去表面化地发表不负责任的议论，这严重影响了志书的政治质量和资料性。

笔者认为志书的创新要注意从以下几个方面去把握：

---

① 王晖：《特载、专记与大事纪略》，《中国地方志》2003 年第 4 期。

## 一 篇目创新的关键在于把握地情

全面准确地认识和把握地情是科学设计和创新篇目的前提和基础。全面认识和把握地情是指对志书所记述时段内当地社会发展变化轨迹进行一个客观梳理，包括重大政策、重要举措、重大转折点、新事物、新变化等之间的因果关系和影响，分析哪些是续志需要重点记述和反映的，篇目设置要有利于反映这些重点内容，真正立足详略的实际需求，形成凸显地方特色、“接地气”的创新，而不是画蛇添足式地堆砌创新形式。这样的创新才可能是合理的、科学的，才可以经得起社会和历史的检验。

已出版的河北省《井陉县志（1985—2004）》（新华出版社 2006 版）把“井陉拉花”从音乐舞蹈中独立出来单独设篇，可以理解为编者着眼宏观，立足县情，把本县特有的、具有极高艺术价值的井陉拉花艺术定位为文眼，结合对拉花艺术的起源、风格、音乐、化妆、道具、服饰、主要流派、艺人、相关团体详尽的记述，与对井陉的地理、经济、文化大环境记述前后呼应，相得益彰。

从河北省《涉县志（1991—2011）》（中华书局 2012 年版）的篇目看，编纂者在突出地方特点上，可谓煞费苦心。正是在了解地情、吃透地情的基础上，志书篇目展现出人无我有、人有我优的自身特点。娲皇宫是中国最早奉祀上古天神女娲氏的古代建筑，为河北省十大古建奇观之一，被誉为“国之瑰宝”“华夏祖庙”，为全国重点文物保护单位；娲皇宫景区为国家 AAAA 级旅游景区。在山河揽胜板块，设置娲皇古迹篇，列娲皇宫殿、女娲传说、文化艺术、摩崖刻经、女娲祭祀、女娲文化研究 6 章（21 节），翔实记述这一特色事物，起到了极佳的名片宣传效应。

## 二 续志创新的关键在于内容而不是形式

志书要创新，也应该创新，但创新的基础和前提是在体例、体裁、文字等方面。我们编写的是志书，而不是文学作品，也不是要事纪略、调查专访。志书就是要朴实无华的文字，真实的数字，史实的大致脉络，典型的事例。河北省《涉县志（1991—2011）》设置涉县三珍篇，列核桃、花椒、柿子 3 章，认可的人比较多。为什么呢，第一，当时作为新生事物刚刚出现，觉着很有新鲜感，一翻志稿，各种特色扑面而来。第二，这部分内容记述得当，与后面内容不重复，而且是从总体特色上来总结的，而不是一小块一小块地从各部分割过来的。

河北省新出版的县市志在编纂创新方面也付出了心血，取得了不小的成绩。如 2005 年年初，井陉县统计局组织了家庭职能调查，由农调队和城调队通过问卷、走访、座谈等形式完成调查，统计局完成汇总、分析、撰写。除利用国家、石家庄市抽样调查户外，为满足调查内容又增设 10 户，共计调查 160 户，发放问卷 800 份，收回有效问卷 796 份。写成了《井陉县志（1985—2004）》第四篇居民的家庭部分，分为家庭类别、家庭规模、家庭生育、家庭教育、家庭扶养与赡养、家务劳动等6个部分。而且井陉县志办根据县情，在志书中附了“井陉县村落现状分析及规模化整合的探讨”“井陉县职业结构与社会阶层结构分析”“对井陉县城乡居民收入差距的调查”“井陉县人口老龄化现状”等社会调查，《丰宁满族自治县志（1991—2000）》（世界文艺出版社2006年版）内文中也有大量的附记和社会调查，如“槽碾沟村人口流动情况调查”“九龙社区老龄人口状况调查”“后营房村婚姻状况的调查”“坝上沙化原因探析”等。这些调查报告增加了志书的深度，这是典型资料的典型应用，深化了志书的内容。但是，也存在一些县市为了创新而创新，出现了创新太过的情况。调查报告等确实可以增加志书的深度，增强志书的可读性和利用价值，但笔者认为不一定非得用这种形式，而是要借鉴和引用社会学调查研究的方法，加强对第一手资料、典型资料的搜集，提高志书的质量，我们在志稿撰写过程中完全可以把调查报告、特载等有价值的内容作为志书的典型资料融入志文中去。实在不好归类的，可以以这种形式附在志文有关部类之后，但不能以大量的调查报告、特载取代志的体裁。

## 三　志书创新的根本是用资料和典型事例说话

资料是志书的生命，是志书的根本，是志书有别于其他文体的重要方面。要以文献资料、数据、收集整理的第一手资料、调查资料来反映现实情况，以充实的内容、典型的记述来反映特色，以多样化的形式来增强志书的可读性，使续志更具客观性，更符合历史本来面目。用资料来反映地情，这是志书胜出的根本。

第二轮志书所记时限正是改革开放的20年，是中国社会转型的关键时期，也是各种新旧体制、新旧事物交替的时期，很多事物还在曲折发展的过程中，改革开放的许多措施还正在施行中，属于探索阶段，编纂者要加强政治理论学习，分清楚哪些是社会的主流，哪些只是改革过程中暂时出现的问题。在此基础上选择典型事例来公正客观地反映这一段历史，而不是靠空泛的议论。1986年12月胡乔木代表党中央和国务院在全国地方志第一次工作会议闭幕会上所作的讲话中，特别强调：“客观的历史就是客观的历史，不需要在地方志里画蛇添足地加以评论。地方志不是评论历史的书，不是史论。多余的评论不但不为地方志增光，反而为地方志减色。”胡乔木不反对在志稿中有某些判断性的、画龙点睛式的论述，所反对的是过多的或不必要的多余的论述。

## 四　续志创新应该在加强志书整体性方面下功夫

在第一轮修志过程中，就有一些专家学者指出志书横分太过，记述的多是独立的个体，缺乏对事物之间普遍联系的研究和反映。为此，许多志书采取设概述、小序的方式，来体现事物之间的联系，这也确实为加强志书的宏观性和整体性起到了一定的作用。但续志中如果还是只限于在概述、小序中来体现事物联系，就远远不够了。如在财政部类，如果依照第一轮确立的志书框架，只限于记财政部门的体制、财政收支、财政预决算、财政管理和监督，就可以了。但在第二轮修志中，再这样写，不能说没有反映一地的财政情况及基本面貌，但缺乏深层次的内容，因为这样的记述方法反映不出财政体制、财政收支与当时当地社会、政治、经济之间的互动关系。在这方面，河北省《张家口财政志（1948—2005）》（中国财政经济出版社2006年版）做出了表率。读者通过阅读这本志书，对57年来张家口财政工作起步时的艰难与维持中的困惑，改革中的成功与发展时的喜悦感同身受，可以说，新中国张家口财政发展的历史，既是共和国财政发展的一个缩影，又是张家口政治、经济、社会发展的真实写照。透过《张家口财政志（1948—2005）》，可以从财政事件中把握张家口市政治、经济、社会的发展脉搏；可以从字里行间了解到张家口财政队伍在中国共产党领导下，同张家口人民共同走过的不寻常的道路；可以从枯燥的数据中体味出张家口市经济社会发展的坎坷历程，特别是改革开放以来取得的辉煌业绩。财政收支中财政收入是经济发展的晴雨表，是综合经济实力的集中体现，可以反映一个地区经济发展状况和经济结构变革的过程；支出是反映政府职能及意志特征的，不同的时代，不同的经济建设规划，财政支出的方向会有很大的不同，这也具有很强的时代特征。除此之外，还要放到一个区域来衡量，记述在一个地区的位次变化情况，以此来反映本地域经济发展水平的高低。续志就要在这些方面进行突破和创新。

第二轮修志涉及的创新理论和创新实践十分广博。笔者对第二轮修志创新的探讨仅是沧海一粟，如果方志同人能从本文中得到一丝启迪，进一步丰富志书编纂创新理论，提高志书编纂质量，则余愿足矣。

（作者单位：河北省地方志办公室）

# "互联网 +"时代地方志的转型

沈迪云

**内容提要**：中国拥有世界上最多的互联网用户，拥有世界上最丰富的地方志资源。传统地方志必须顺应形势，与互联网深度融合，向数字化、民本化、产业化、国际化转型发展，不断增强地方志使用率、竞争力、智造力、影响力，促进地方志走向辉煌。

**关键词**：互联网　时代　地方志　转型

"互联网 +"时代来了！"互联网 +"中的"+"之后，是指传统的各行各业。2015 年 3 月 5 日，李克强总理在政府工作报告提出"'互联网 +'行动"，至此，"互联网 +"上升至国家层面。2015 年 7 月 1 日，国务院印发《关于积极推进"互联网 +"行动的指导意见》（国发〔2015〕40 号），成为新常态下推动互联网与各行业各领域深度融合的行动纲领。

目前，"互联网 +"模式已经全面应用到第三产业，形成了诸如互联网金融、互联网交通、互联网医疗、互联网教育等新业态，而且正在向第一、第二产业渗透。在"互联网 +"过程中，互联网和传统行业联合，对传统行业不是彻底颠覆，而是换代升级。地方志是传统行业，在"互联网 +"时代转型升级，可以提升地方志资源的使用效率，制造出更多的地方志文化产品并为广大人民所共享，为世界人民所欣赏。这是地方志呈现出来的态势，也是未来发展的趋势，有无限的伸展空间。

## 一　由传统纸媒向数字化转型，提升使用率

地方志是中国文化的优秀形式，编修地方志是中华民族的优秀文化传统，自两汉至今，已产生了世界上最丰富的地方志资源。仅现存的历代旧志就有 8000 多种、10 万余卷，占现存中国古籍的 1/10。已出版的新志 35304 部，其中省市县志 7698 部，行业志部门志专业志 22802 部，乡镇村志街道社区志 4308 部，山水名胜志古迹志 496 部；年鉴 23157 部，其中省市县综合年鉴 15971 部，专业年鉴 7186 部；地情书 9868 部，教材及理论著述工具书 1065 部，旧志整理 2356 部。① 这是世界上任何一个国家所无法比拟的文化资源，

① 《中国方志通讯》2015 年第 10 期。

也是世界上绝大多数国家所没有的绵延不断的编修地方志的文化形式。

丰富的地方志资源和传统的特色文化形式，在“互联网 +”时代有广阔发展前景和无限伸展的空间，前提是必须顺势转型，与互联网深度融合。为什么要与互联网深度融合、转型升级？

其一，中国有世界上最多的互联网、移动互联网用户，地方志有广阔的应用市场。据 2015 年 7 月中国互联网络信息中心（CNNIC）《第 36 次中国互联网络发展状况统计报告》显示，截至 2015 年 6 月，我国网民规模达 6.68 亿，互联网普及率为 48.8%；手机网民达 5.94 亿，手机上网使用率为 88.9%。个人互联网应用发展快速，其中即时通信、网络新闻、搜索引擎、网络音乐、博客/个人空间、微博客的用户规模分别为 6.06 亿、5.55 亿、5.36 亿、4.8 亿、4.7 亿、2.04 亿，网民使用率分别为 90.8%、83.1%、80.3%、73.7%、72.0%、30.6%。社会民生各方面深受网络影响，从基于信息获取和沟通娱乐需求的个性化应用，发展到与医疗、教育、交通等公用服务深度融合的民生服务。

新常态下，传统地方志只有顺势而为，充分发挥我国互联网的规模优势和应用市场优势，从单一纸媒向网络媒体、移动媒体、微信微博媒体等多媒体融合发展，那么数以千亿计的文字，海量的信息，才会得到最广泛的网民用户，“互联网 + 地方志信息服务”“互联网 + 地方志资政服务”“互联网 + 地方志教化服务”，才会得到充分的彰显。

其二，中国有世界上最大的全民阅读群体和全民阅读书目需求，给读志用志提供了契机。2014 年 3 月 5 日，李克强总理在政府工作报告提出“倡导全民阅读”，《全民阅读促进条例》也正在修订中。下一步，全民阅读读什么？以什么方式读？读多少？是大家比较关心的。比较而言，中国人均读书量比外国的少。根据国际出版蓝皮书的统计，韩国大概 11 本，法国 8.4 本，日本 8.5 本，美国 7 本。① 2015 年 4 月中国新闻出版研究院《第十二次全国国民阅读调查成果》显示，2014 年我国国民人均纸质图书阅读量仅 4.56 本，报纸和期刊阅读量分别为 65.03 期（份）和 6.07 期（份），电子书阅读量为 3.22 本。成年国民图书阅读率为 58.0%，数字化阅读方式（网络在线阅读、手机阅读、电子阅读器阅读、光盘阅读、Pad 阅读等）的接触率为 58.1%，各媒介（书报刊和数字出版物）综合阅读率为 78.6%。数字化阅读首次超过了传统阅读，但纸质读物阅读仍是近六成国民倾向的阅读方式。

数字阅读方式与纸质阅读方式互博互补，说明数字地方志与纸质地方志均前景广阔，不要忽略任何一方。人均读书量比外国的少，究其原因，好书匮乏是一个不可忽视的原因。什么是好书？借布鲁姆的话来说：“一项测试经典的古老方法屡试不爽：不能让人重读的作品算不上经典。”这样说来，大部头志书与经典著作当然比快餐文化好，读了让人受益无穷，让心灵充盈人文的滋养。地方志书当成为全民阅读好书推荐书目。

其三，国家的政策支持和强力推动。继 2015 年 7 月国务院《关于积极推进“互联网 +”行动的指导意见》之后，2015 年 9 月，国务院印发《促进大数据发展行动纲要》，提出大力推进以容量大、类型多、存取速度快、应用价值高为特点的大数据发展和应用，形成跨部门数据资源共享共用，公共数据资源向社会开放。国务院办公厅印发《全国地方

① 张利英：《让建设“书香社会”落到实处》，求是网（http：//www.qstheory.cn/wp/2015 -03/07/c_ 1114558124.htm）。

志事业发展规划纲要（2015—2020年）》，提出加快地方志信息化建设，建立地方志全文数据库，实现国家、省、市、县四级地方志资源共享，面向社会提供优质服务。

我国地方志系统的数字化、信息化的状况又如何呢？至2014年年底，全国仅有国家方志馆1个、省级方志馆15个、市级方志馆60多个、县级方志馆近200个，省级网站26个、市级网站200多个、县级网站470多个。[①] 可以说不容乐观。因此，必须顺应"互联网+"发展形势，加快地方志数字化转型升级，加快地方志信息化建设，着力推进方志网站、方志手机报刊、方志微信微博、数字方志馆、方志成果展厅等工程建设，使源远流长的地方志和海量的信息资源变得触手可及，为广大网民所用，为全民阅读所用，在"互联网+"过程中，能量大释放，价值大释放，地方志的使用率、传播力、影响力大力提升。

## 二 由传统官书向民本化转型，增强竞争力

编修地方志自古以来是地方官的官职官责，地方志书自古为官书，代代相传，永不断章。除了为地方官资政以外，还有教化、存史的作用。

官书官修，发展至今没有根本的转变。2006年5月，国务院《地方志工作条例》规定每20年左右编修一次，由地方人民政府主持，其他组织和个人不得编纂，并明确开发利用地方志，发挥地方志在促进经济社会发展中的作用。如此，地方志之官书、官职、官修的性质再次定位。

官用逐渐向民用转化。《全国地方志事业发展规划纲要（2015—2020年）》提出，要修志为用，拓宽用志领域，提升服务大局能力，为党政机关、社会各界和人民群众服务。这就确定了用志领域或服务对象，不唯官，不唯党政机关，还有社会各界、人民群众与之并列。除了官用以外，还有各界专家学者用志，有广大网民、人民群众用志。当然，拓宽了用志领域或服务对象，还必须不断提升地方志的质量，提升地方志的竞争力。古志浩瀚，在传承文明上有着不可替代的特殊地位和作用。新志浩瀚，是否也在传承文明上独一无二、无可替代？否。有了网络、电视、电影、广播、电脑、手机、图书、报刊等信息传播载体，地方志作为资政、存史、育人的主渠道和主要载体的功能地位被削弱了、分化了、淡化了。

例如，网络新闻作为信息获取类的重要应用，使用率仅次于即时通信，排在第二位，用户规模达5.55亿，使用率达83.1%。从新闻的发展状况来看，主要呈现新闻入口多样化、内容推荐精准化的特点。[②] 又如，2015年9月3日，中央电视台对抗战胜利70周年纪念大会和大阅兵进行全程直播，全国有32家省级卫视频道、337家地市级主频道全程进行了转播，腾讯等多家视频网站也进行了网上直播。据统计，全国有4.89亿电视观众收看了纪念大会电视直播，超10亿网民浏览了大阅兵。[③] 大阅兵前后，电影电视、图书营销迎来"抗战"热潮。北京王府井书店策划开展的"抗战"主题书展，不仅产生了巨大的社

① 国务院办公厅：《全国地方志事业发展规划纲要（2015—2020年）》（国办发〔2015〕64号）。

② 中国互联网络信息中心（CNNIC）：《第36次中国互联网络发展状况统计报告》，2015年7月。

③ 李琳：《全球14.89亿人观看了大阅兵》，搜狐网（http://news.sohu.com/20150906/n420449547.shtml）。

会效益，还对拉动销售产生了重要影响。据悉，仅一层的抗战专架每月月销售该类图书就10 余万元，图书馆、机关团体、网店的采购量也节节攀升，两个月间，抗战主题图书销售突破 50 万码洋。① 仅大阅兵电视直播，全国就有 4. 89 亿人观看，电影、图书迎来抗战主题热潮，难道这些就没有资政、存史、教化作用吗？当然有，而且比地方志更生动、更鲜活、更及时。因为这些内容更贴近实际，更突出主题，更贴近广大人民群众需要，服务手段更多样新颖。

那么，地方志的功能地位被削弱了、分化了、淡化了，读者用户被瓜分了、抢占了、减少了，是否再继续坚守，开拓另一番新天地？当然要。最重要的是，要有危机感，有竞争意识、机遇意识、创新意识。在“互联网 +”时代下，要抢占市场，抢占读者用户，关键先提升自己的吸引力、魅力，以质量取胜，以亲民取胜，以人为本，由传统官书向民本化转型。

首先是内容亲民。确保入志的内容更全面，更贴近经济社会发展实际，更贴近广大人民群众需要。既有区域自然、政治、经济、文化、社会的历史与现状，又有广大人民群众的事迹和声音。既向有关单位部门、社会团体、其他组织和个人征集地方志资料，又采取田野调查、口述历史方法，积极主动去搜集第一手真实、生动、鲜活的资料，使地方志不仅官修，内容全面权威，而且民众参与，内容亲民典型，反映时代呼声，反映民生民情，更具资政、存史、教化作用。

历史不能没有细节。地方志的特点之一，或者说竞争力之一，是记述有广度，更要有深度，内容全面、系统，更要有深度、细节，还要增加第一手资料、原创资料的比例。如浙江省《萧山市志》编辑部鉴于以往志书记述平面化，缺乏深度，第二手资料多，第一手资料少，原创少，开展了大规模社会课题调查并将调查成果大规模入志，不少调查，见人所未见，发人所未发，具有原创性，内容涉及民生民情以及社会焦点，尤其关注企业家、农民工、老人、妇女、知识分子特殊群体，突出吃穿住用行、思想观念的时代变迁，起到了深化内容、引人入胜的效用；同时，开展大规模口述历史活动并将典型人物的口述历史汇辑入志，起到了补充印证文献资料和复活历史细节的效用。

内容亲民，有深度，有细节，原创性强，是地方志的核心竞争力所在，也是建设书香社会，可以用来深度阅读的好书目。

其次是体例创新。不拘泥于 8 种志书体裁，不拘泥于上下限一刀切的规定。在以志体为主的基础上，融入一些有利于提升志书资料性、著述性、可读性的新体裁、新形式、新内容。只要内容好，也不拘泥于篇幅字数的限制，关键在实用、有价值、有读者。

再次是载体多样。实施地方志精品工程，为建设书香社会、深度阅读提供更多的优秀作品。同时，纸质地方志、音像地方志、电子地方志，大部头地方志、易读简本，精装本、平装本，各种载体媒体化数字化，让不同阅读方式的广大民众各取所需，从而获得最广泛的读者用户，成为与其他信息载体互博互补，广受党政机关、社会各界和人民群众喜爱的信息载体。

---

① 王少波、王双双：《阅兵前后图书营销迎来“抗战”热潮》，中国出版网（http：//www. chuban. cc/cbsd/201509/t20150908_ 169937. html）。

## 三 由传统编修向产业化转型，培育智造力

地方志编修是一项文化事业，还是一项有潜力的文化产业。"互联网+"时代下，由传统编修向产业化转型发展，是地方志工作创新发展的关键所在。为什么说地方志编修是一项文化产业呢？

所谓文化产业，国家统计局《文化及相关产业分类（2012）》定义：文化及相关产业是指为社会公众提供文化产品和文化相关产品的生产活动的集合。根据这一定义，文化及相关产业包括了四个方面的内容：文化产品的生产活动、文化产品生产的辅助生产活动、文化用品的生产活动、文化专用设备的生产活动。其中，文化产品的生产活动，是文化及相关产业的主体，包括新闻出版发行服务、广播电视电影服务、文化艺术服务、文化信息传输服务、文化创意和设计服务、文化休闲娱乐服务、工艺美术品的生产；其他三个方面，是文化及相关产业的补充。

该分类以《国民经济行业分类》（GB/T4754—2011）为基础，与国际分类标准（《文化统计框架—2009》）相衔接。统计上所称的"文化及相关产业"指该分类所覆盖的全部单位。通常情况下，"文化产业"仅指经营性文化单位的集合，"文化事业"仅指公益性文化单位的集合。"文化及相关产业"，既包括了公益性单位，也包括了经营性单位。

地方志是一项文化产业，表现在文化产品的生产活动，主要有地方志书的出版发行服务、年鉴的出版发行服务、方志馆服务、志鉴理论研究及服务、地方志资源（旧志资源、新志资源、年鉴资源、志鉴理论研究成果资源、地情研究成果资源）信息传输服务等。地方志作为文化资源、信息资源的丰富性、广博性、深厚性，是其他区域文化资源、信息资源所不具有的，开发利用潜力非常大。如何使之产业化？

首先，要智造出以志鉴为主的品种繁多的地方志文化产品。除了编修省市县三级志书、综合年鉴以外，还要指导编修行业志部门志专业志、乡镇村志街道社区志、山水名胜志古迹志、专业年鉴，整理旧志资料，理论研究、学科建设，等等。一方面综合的志鉴信息资源、乡土地情信息资源，作为公共数据资源向社会免费开放，另一方面专业的理论研究成果，学术书刊，根据市场需求向社会公开发行。通过优质的文化产品和文化服务，创造出更大价值的社会效益和经济效益。

其次，要开展读志用志主题活动。紧跟形势，贴近实际，突出热点，举办系列地方志图片展和读志用志活动，使地方志成为全民阅读的推荐书目，成为中小学生了解乡土文化的知识读本，成为公务员、领导干部党校学习培训的教学教材，成为旅游开发与宣传的信息资源库。

例如，地方志载有大量可供开发的旅游资料，相关部门可根据旧志、新志记载，对早已湮灭、久圮的古迹进行恢复和重建，对有内涵、有品位的现有古迹进行重点保护和修缮，对肤浅、杂滥的仿古建筑严格整顿和治理，对已遗忘的名特产品进行开发和生产，对古城古镇的规划建设、旅游节庆活动的策划、世界遗产的申报和保护，等等，都有一定参

考作用。如清雍正《西湖志》及乾隆《南巡盛典》《西湖行宫图》，就是杭州申遗重修西湖十景的主要摹本，至 2011 年杭州西湖文化景观申遗成功，地方志功不可没。2012 年，西湖申遗成功后的第二个“十一黄金周”，西湖风景名胜区接待游客 525. 72 万人次，其中免费景点接待游客 416. 52 万人次，收费景点接待游客 109. 20 万人次，创历史新高。① 由此可见，地方志文化产品的智造和读志用志主题活动，可创造社会效益并带动经济效益，对地方经济社会发展起促进作用。

再次，要掌握网络空间话语权，建设好服务平台，开创志（地方志书）、鉴（综合年鉴）、刊（方志期刊）、研（理论研究）、会（地方志学会）、库（数据库）、馆（方志馆）、网（地情网站）、用（服务开发）九业并举工作模式，通过全媒体宣传和精准营销，不断挖掘、开发地方志文化产业，促进地方志事业走向辉煌。

## 四　由传统文化向国际化转型，拓展影响力

地方志是最具民族特征的标志性传统文化形式之一，是世界上绝大多数国家没有的文化形式，是国粹。越是民族的，越是世界的。走国际化道路，把中国地方志隆重地展示给世界，让世界人民从中国地方志中阅读到中国，了解中国的历史与文化，开展经常性地交流与合作，是对地方志价值力、影响力的国际扩张。

国家政策有力支持了地方志的国际化转型。《全国地方志事业发展规划纲要（2015—2020 年）》提出，要服务国家文化“走出去”战略，推介一批高质量地方志成果，充分展示地方志的当代价值及永恒魅力，推动方志文化走向世界，增强地方志优秀文化影响力。事实上，中国地方志的价值与魅力，从国外的收藏与研究利用可见一二。据不完全统计，国外收藏的中国旧志的数量已经接近国内收藏的总量，以日本、美国收藏的最多，分别收藏中国地方志 5000 多种，不少善本孤本，为中国国内所缺失。对新志的收藏亦热忱不减。如 2013 年出版的《萧山市志》1 ~ 5 册，被美国国会图书馆、哈佛大学哈佛燕京图书馆、哥伦比亚大学东亚图书馆、加州大学伯克利分校东亚图书馆、斯坦福大学东亚图书馆、匹兹堡大学东亚图书馆、华盛顿大学东亚图书馆、普林斯顿大学东亚图书馆、多伦多大学郑裕彤图书馆收藏。

国际及港澳台学术交流日益广泛。2006 年 6—7 月，中国地方志指导小组办公室组团赴北美、欧洲重点大学图书馆交流考察。2011 年 8 月，中国地方志指导小组办公室主办的方志文献国际学术研讨会在宁波召开，美国、澳大利亚、日本、韩国、越南以及中国香港、澳门、台湾等国家和地区的专家学者参会。2014 年 12 月，广西地方志办公室组团赴北美重点大学图书馆交流考察。2015 年 5 月，北京地方志学会组团赴台湾交流研讨。2015 年 7 月，海南省地方志学会组团赴台湾交流研讨。

2014 年 12 月 20 日，国家主席习近平向澳门大学赠送了《永乐大典》重印本和《北

① 资料来源：《黄金周杭州接待游客 1758 万人次 旅游收入超 87 亿》，中国新闻网（http：//www. chinanews. com/df/2012/10 - 08/4231351. shtml）。

京大学图书馆藏稀见方志丛刊》，并现场在赠书函上签名。《北京大学图书馆藏稀见方志丛刊》全330册，收录北京大学图书馆藏稀见方志276种，其中孤本、稿本92种，具有很高文献和研究价值。国内许多部门单位把地方志书作为礼品，赠送给国际友人、海外华人和港澳台同胞。地方志走向世界，有助于推介中华文化和地域文化，对提升中华文化凝聚力、影响力和国际竞争力均有促进作用。

中国拥有世界上最多的互联网用户，拥有世界上最丰富的地方志资源。地方志顺应形势，在“互联网 +”过程中转型升级，走数字化、民本化、产业化、国际化道路，可以更好地传承文明、资政服务，走向辉煌、走向世界，矗立于世界文化之林，散发着永恒文化魅力。

（作者单位：浙江省杭州市萧山区人民政府地方志办公室）

# 挖掘优秀传统文化 做好旧志整理工作

孙善英

**内容提要**：旧志作为地方志的重要组成部分，不仅记录了丰厚翔实的物质文化资源，也沉淀了大量的制度文化与精神文化。旧志整理工作在挖掘优秀传统文化资源与充分利用旧志之间架起衔接桥梁。然而旧志整理工作受制于历史和现实的客观因素，未能真正做到“古为今用”，因此，只有不断优化旧志整理的路径选择，拓宽旧志开发利用渠道，才能真正深入挖掘和阐发蕴含其中的优秀传统文化资源。

**关键词**：优秀传统文化 地方志 挖掘 旧志整理

## 一 优秀传统文化的界定

中华传统文化源远流长，虽历经曲折却保持独特优势，优秀的传统文化是我们的宝贵遗产。数千年来，其中所包含的历史人物、历史事件、历史发展过程、思想文化及其价值观念，已成为各时期人们总结历史经验教训，传播与弘扬民族精神的不竭源泉，激励着一代代中国人不断创造着中华文化的灿烂辉煌，是中华民族不断前进的基石。在实现中华民族伟大复兴中国梦的新时期，党和国家以及全社会对优秀历史传统文化有着真诚的需求与渴望。习近平总书记在中央宣传工作会议上指出：“要讲清楚每个国家和民族的历史传统、文化积淀，基本国情不同，其发展道路必然有着自己的特色；讲清楚中华文化积淀着中华民族最深沉的精神追求，是中华民族生生不息、发展壮大的丰厚滋养；讲清楚中华优秀传统文化是中华民族的突出优势，是我们最深厚的文化软实力；讲清楚中国特色社会主义植根于中华文化沃土、反映中国人民意愿、适应中国和时代发展进步要求，有着深厚历史渊源和广泛现实基础。”其中重要的一个讲清楚就是中华优秀传统文化是中华民族的突出优势，是我们最深厚的文化软实力，那么，中国传统文化到底是什么呢？中国社会科学院历史研究所所长、中国秦汉史研究会会长卜宪群对传统文化作出解读，他认为构成传统文化的核心有三个方面：物质文化、制度文化、精神文化。

今天的山川河流、祖先留下来的各种物质形态遗产，是物质文化。历史上的政治制度、经济制度、文化制度等，是制度文化。历史上的哲学、史学、文学、艺术、宗教等，是精神文化。物质文化需要我们全盘继承，没有什么精华、糟粕之分。制度文化和精神文化中有精华，也有糟粕。由此，优秀传统文化的界定也就一目了然，传统文化中剔除糟粕的精华的部分就是优秀传统文化，或者说优秀传统文化是指制度文化和精神文化中的精华部分与物质文化。

卜宪群认为中国传统文化有三个载体。第一个是物质载体，即形态化的文物，第二个是书籍文书，也可以看成是文物，是制度文化、精神文化的主要载体。第三个就是思维，是流淌在每一个中国人的血液里的精神。在中国，即使是不识字的老农民，他说出来的话，他的思维方式，一定是中国人的、中国风格的、中国式的。这也恰恰再次证明了中华优秀传统文化包含着中华民族最根本的精神基因，代表着中华民族独特的精神标识，是中华民族生生不息、发展壮大的精神滋养。我们应该珍视优秀传统文化遗存，注重优秀传统文化的传承与保护，加大对物质文化的保护力度，深入对制度文化和精神文化的挖掘与探讨，为优秀传统文化的延续和发展奠定良好的基础。

## 二　旧志中的优秀传统文化

地方志，是全面系统记述一定区域经济、政治、文化、社会和自然的历史与现状的资料性文献，历来被视为中华传统文化的瑰宝，是传承中华文明的重要纽带，更是展示当代中国风范的独特载体。地方志与国史、家谱一起，共同传承着中华民族丰富而宝贵的历史文化财富。

地方志源远流长，自汉代的图经算起，至今已有2000余年的历史。自隋、唐确立史志官修制度以来，历朝历代均将修志作为一种官职、官责，并颁布政令统一规范修志，至宋大体定型，至清达到极盛。千百年来，地方志编修工作代代延续，至今尚存的府志、县志、乡土志、卫所志等各类志书约8500余种，11万余卷，占我国现存古籍的1/10，作为中华民族特有的优秀文化传统，旧志对挖掘和弘扬优秀传统文化发挥了其他古籍资料所无法替代的作用。

旧志首先是一部资料性文献，汇聚一定行政区域的自然和社会各方面的历史与现状的综合性著述，内容涉及行政区划的建置、沿革，古迹、风俗、灾异、山川、水利、物产、金石、寺观、赋役、军事、人物、科举、艺文等名目，可谓“一方之全史”，包罗万象，一定行政区划不同时期的历史人物、历史事件、历史发展过程、思想文化及价值观念，均可在地方旧志中找到印迹。

从横向的范围来看，地方旧志记述了丰富的物质文化，对一定行政区域特定历史阶段的山川、河流，风物古迹、城池官署，河槽驿站，仓场寺观均做了客观翔实的记述，对当时经济的记述是很完备的，比如对耕地，小到几分几厘；粮食细到几合几勺；财政的支出，包括迎来送往、请客送礼，膳夫的工资、脚夫的脚钱，均精确到了毫厘。如清康熙《聊城县志》卷一中河槽部分的记述：“闸夫，见役本县李海闸十名，通济桥闸原编十五名，奉例添派十名，共二十五名，每名工食十两八钱，桩草一两；闰月银十二两六钱，并银四百二十五两六钱。二项俱力差。”田赋卷赋役部分的记述：“府学租地，六十三亩二分四厘，共征粮五两八钱九分一厘”“本县知县俸银，二十九两一钱五分九里。门子二名，皂隶十二名，仵作四名，马快八名，民壮三十五名，禁卒八名，轿伞扇夫七名，库子四名，斗级四名，共工食银六百八十八两四钱四分”。像这种具体到几钱几两的记述全书比比皆是，一方面向世人展示了当时的制度规范，另一方面也佐证了地方旧志记述之细微翔实，因此说地方旧志是研究物质文化、制度文化的首选资料，也是必备的资料。同时，地方旧志也记述了地方的民俗、艺术、文化教育事业等与地方文化密切相关的文化资料，碑志类、人物传、诗词歌赋等，地方旧志同时也是探究地方制度文化和精神文化的重要载体。

从纵向记述来看，旧志又具有悠久的历史传承性，历朝历代保持了修志的优良传统，不同历史时期的文化实现了接续记载，而文化正是需要这样一种沉淀和接续。经济、政治、文化制度、习俗等都不是突然显现的，均有其发展的历史过程和时间上的演变历史，而地方旧志对文化资源的记述正迎合了历史文化资源的这种特性。因此，无论是从横向的范围还是从纵向范围看，地方旧志都是挖掘和阐发优秀传统文化的重要选择，并且基于其自身的特殊性具有不可替代性，不是单一的历史、文学、社会伦理、哲学著作和文化艺术著作所能替代的。

从地方旧志的自身性质来看，“不同的地域诞生不同的文化精神和文化内涵。由于特定的地域以及历史的因素，造成不同地域文化的差异性，主要是由特定的生产方式和生活方式决定的。如草原游牧民族由于恶劣的自然环境，从事以畜牧业为主的生活方式，……既重视生态保护，重视对草原、森林、山川、河流和生灵的保护。使草原文化具有明显的独特性。”① 地方旧志的地域性更有助于深入认识和掌握一定地域范围的域情域况、人文习俗，把握一定地域的历史沉淀和历史文化资源。

综上所述，旧志作为一种历史上传承至今的优秀传统文化载体，蕴含了丰厚的传统文化资源，包括翔实的物质文化记载和不同形态的制度文化和精神文化记载，旧志毫无质疑是优秀传统文化的重要集合体。

## 三 优秀传统文化的挖掘与旧志的充分利用在旧志整理工作中得到衔接

地方志蕴含了丰富的优秀传统文化资源，亟待开发与利用，但是旧志受时代限制和古今语言的隔阂，与现代读者的阅读习惯很难协调，更谈不上达到古为今用的效果，对旧志进行系统的梳理与整理工作也就极为必要。全国古籍出版规划小组曾表示承担部分旧志的规划、整理出版，但因种种原因，大多由各地的地方志部门承担了旧方志的整理任务。在《新编地方志工作暂行规定》和《关于续修地方志工作的若干规定》中，均将旧志整理当作一项与新志编纂同等重要的史志工作提了出来，这也有力地推动了全国的旧志整理工作。

旧志整理工作在历史上早已有之，自宋元以来，官方在组织编修志书的同时，对前代志书也作整理、补刻、校勘或重印，翻刻旧志的传统延续至今。地方史志机构承担了旧志

① 杨泽荣：《地域文化的收集整理和开发利用》，《中国地方志》2015年第2期。

整理的主要工作，自然也承担起对优秀传统文化的挖掘阐发与开发利用的职责。历代旧方志因时间久远以及种种历史或现实的原因，流散遗失的情况非常普遍，许多是孤本，有的分藏在世界各地，对其进行全面整理和保护，也变得刻不容缓，因此，作为负有旧志整理与开发职责的史志机构，必须切实承担起这份职责，一方面对流散遗失的旧志进行抢救式的搜集与整理，另一方面对旧志中一脉相承的传统文化进行梳理归类，联系实际、服务当今，让旧志发挥其古为今用的作用。自此，挖掘和阐发旧志中的传统文化在旧志整理工作中得到最好的诠释。

## 四　当前旧志整理工作的现状及存在的问题

全国地方志系统的整理工作其实自20世纪80年代就已经开始了，旧志整理工作应该说取得了一定的成绩，开展了旧志普查摸家底工作，各省市编辑了一批方志目录、提要，如《山西省地方志联合目录》《江苏省旧志提要》《广西方志提要》等，也整理出版了一批数量可观的旧志成果，但也存在地区不平衡、质量参差不齐等一系列问题，导致旧志整理工作未能实现预期的效果，直接影响了对传统文化挖掘的深度和阐发的力度。

1. 旧志整理在当前阶段存在的一个重要问题是缺乏系统性，缺乏整体的规划，并因此呈现整理的不平衡性。全国地方志系统的旧志整理工作与首轮地方志的编修是同步展开的，1984年中国地方志指导小组成立了旧志整理的专门机构，即中国地方志指导小组旧志整理工作委员会，部分省份相继成立了旧志整理班子或者指定专人负责此项工程，但是相当一部分省市和地区受制于人力、财力、物力还有领导人的重视情况等因素，缺乏精细长远的旧志整理计划，缺乏相应的保障机制，使得这项工作在某些史志工作机构很大程度上被搁浅，大量的地方旧志被束之高阁。经济基础相对较好的省市，如广东省，“2003年省委省政府就在《广东省建设文化大省规划纲要》中明确提出‘系统整理、出版我省各历史时期的志书’的要求，2005年，广东省史志办就成立了编委会和编辑部，全面启动了此项工程……截至2014年底，《广东历代方志集成》11部已全部印刷完毕。”①

2. 旧志整理工作的不平衡性还体现在整理水平的不平衡。旧志整理工作是一项技术性较强的综合性工作，必须讲求科学规范。当前部分地区尤其是县区一级的旧志整理工作主要是停留在收集影印、重新出版阶段，有的开展了点校整理工作，也是水平不一，有的县区整理的旧志错误多，漏洞多，水平欠缺，质量堪忧，整理手段单一。不可否认，搜集旧志并对旧志进行影印出版是旧志整理工作的一个重要组成部分，也是基础和前提，但是旧志整理工作毕竟是一项综合性工作，影印出版只是迈开了整理工作的第一步，还有后续的点校、重组、分类研究以至开发利用，服务当今等工作。同时，点校工作是旧志深入整理的连贯性基础工作。由于旧志质量千差万别，不是每一部都值得点校，另外各地的地情不同，不是每个地方都具备旧志点校的条件。当一部旧志价值不大，或整理条件不成熟时，可不进行点校，切忌“一窝蜂一拥而上”，必须慎重从事。为旧志加注标点需要深厚

① 王丽娃：《广东旧志整理回顾与展望》，《中国地方志》2015年第2期。

的古文功底，旧志校勘则是用精密的方法、确凿的证据，校正旧志传抄、刻印（或翻刻）、装订中出现的字句篇章谬误，对校正人提出更高的要求，这些因素都直接制约着旧志整理的质量和水平。

3. 史志机构普遍存在缺乏专业人才的情况。这也是上述探讨旧志整理水平和质量存在不平衡性延伸出来的一个问题。旧志整理工作专业性较强，对工作人员有较高的专业知识要求，而方志系统缺乏这方面人才。就市县级史志机构而言，人员队伍本身比较紧张，常规性的志书编修和年鉴编纂工作已经占据了人员的主要工作精力，往往认为整理旧方志是分外事，重视修新志鉴，轻视整理旧志工作，在这个前提下，能腾出时间和精力参与旧志整理工作的人员少之又少，更谈不上对人员的专业能力要求了。

4. 旧志开发利用工作远远不够深入，欠账较多，亟待加强。旧志整理的最终目的是开发利用，也只有对旧志进行开发利用，才能充分地挖掘和阐发优秀传统文化，挖掘历史沉淀的传统文化，让传统文化发挥其古为今用的独特优势。当前少部分省份对旧志的开发利用充分重视，并大胆探索，系统整理类编旧志中的相关资料，让旧志贴近部门、服务大众。但是相当部分省市在开发利用工作上，做的工作不够深入，甚至是“零利用”，旧志中有现实价值的资料没有真正地被挖掘利用。旧志的开发利用是一项系统的文化工程，仅仅局限在史志机构的研究与开发，依当前史志机构的现有条件来看还是远远不够的，因此，史志机构亟待加强与科研机构、高校，知名学术专家等的沟通与交流，拓宽开发利用的研究渠道，让旧志走出史志机构，得到充分的研究与关注，在更大的平台获得更深入的挖掘阐发。

## 五　旧志整理过程中挖掘优秀传统文化的路径选择

旧志承载了一个地方的历史和文化，从某种意义上说，它比新志更有借鉴价值。旧志整理与开发是挖掘和传承旧志中的优秀传统文化的主要途径，也是史志工作机构和史志工作者阐发优秀传统文化的重要渠道，针对当前旧志整理工作中存在的不足，现对旧志整理过程中挖掘优秀传统文化的路径选择作如下探讨，以期充分挖掘蕴涵在旧志中的优秀传统文化，发挥好旧志传承优秀传统文化的独特优势。

1. 旧志整理工作需要制定系统的规划方案，才能确保旧志中的传统文化资源被探索、被挖掘。从宏观层面上要开展全国性的旧志保护和整理工作，从微观层面而言，一个省份、地市、县区需要制定本行政范围的旧志整理的中长期规划和方案。对本行政区划的旧志进行普查摸底，弄清楚现存旧志的整体情况，包括有哪些旧志、收藏于何处，哪些属于孤本、善本。对于书名、卷数、编修者、版本、收藏情况做一次全面的摸底工作，拉出目录，这也是旧志整理工作的必要前提。从宏观层次而言，统一领导全国修志工作的中国地方志指导小组应及时制定和下达一个全国性的历代方志整理和保护通知文件，对全国各地方志机构有计划地完成整理、复制出版本部门储存的历代方志做规范性的要求。旧方志由于时代久远，有些纸张出现不同程度的碳化、霉变、虫蛀，破损严重，为防止这些珍贵的文化遗产毁在档案柜里，方志人必须承担起这份旧志整理的历史担当。当前部分省市在旧志整理工作中做出了自身的特色，整理工作步入轨道并趋于成熟，取得的相关经验和做法值得其他省份和地市学习。其中，值得借鉴和学习的重要一条经验那就是有规划、有保障（必要的人力、财力、物力支持），规划先行，保障是基石、后盾。如此，旧志整理工作才有方向、有动力，才能克服当前的不平衡性。

2. 旧志整理需要制定整理形式规范，提高精品意识和整理水平，这是挖掘和整理其中的传统文化资源的前提和基础。“除了推介精品，从正面总结成功经验，还要从反面检讨以往古籍整理中出现的问题，从学术上分析其致误原因。古人曾有致误通例的归纳，我们也可按古籍整理的不同方式，分别梳理标点致误通例、校勘致误通例、繁简字转换致误通例等等，以吸取教训，提示来者规避错误。”① 这也是解决当前旧志整理工作中存在的“错误多，漏洞多，水平欠缺，质量堪忧”等问题的一个重要手段，立标杆，树标准，指明应该怎样做是规范的，怎样做是不科学的、不规范的，避免在整理过程中走弯路，避免标准不一、各自为营。旧志整理需要耗费不小的人力、物力和财力，出版一部经得起推敲和值得传承的整理成果是我们想要的结果，一部处处有纰漏、经不起当今和后人推敲的旧志整理也是我们不愿接受的成果，因此，制定旧志整理的形式规范和标准是非常有必要的。上海市在整理乡镇旧志的过程中，在听取古籍专家学者意见后，就对点校工作做了统一的记述规定，大至整理原则、小至错字纠正规范均作了详细的规范，具有较强的可操作性，对旧志整理工作极具针对性和指导性，非常值得借鉴学习。

旧志整理工作同时也是去粗取精、去伪存真的一个过程，旧志作为一定历史阶段的精神产品，其中蕴含着大量精华，但也有思想文化的局限。这对就旧志整理工作者的自身素质提出了极高的要求，旧志整理不仅需要编纂者精通古文，有较深厚的历史文化功底，还要具备这种敏锐的辨别力，因此加强专业人才引进和培训是非常有必要的。要加强业务培训，引进文献学、古代汉语、古典文献整理等专业人才。同时还要发挥协作精神，联合大专院校、修志机构、科研院所等专家、学者力量参与整理和评审工作。只有这个必要前提做好，后续的开发与研究才能保质保量的展开。

3. 旧志整理需要做好开发利用工作，让蕴藏其中的传统文化切实发挥应有的价值和作用。旧志整理的过程其实就是旧志中传统文化资源合理利用的过程，只是这个过程需要投入相当的人力、物力，需要较长的时间保证、部门配合才能确保这项工作的实效。当前大部分旧志整理工作仅仅停留在影印补全旧志上，对旧志中的资源缺乏有效的分类整理。也有这方面的尝试和探索工作，例如广东省史志办整理出版了《广东旧志疫情史料辑录与研究》，就是通过旧志中关于瘟疫的记载，将广东各地瘟疫发生的时间、灾害程度、民众心理反应、社会各界控制的措施以及有关控制瘟疫的医疗药方整理成册，广东省还编辑了《广州地区旧志气候史料汇编与研究》，应该说这种尝试是成功的，不仅充分挖掘了旧志资源，而且充分发挥了旧志的指导作用。当前旧志中反映当地情况的地震资料、灾害资料、经济资料、社会人文资料亟待挖掘整理，这是旧志开发利用的最直接途径，直接提供给部门行业，或为古城维修改造提供借鉴，或为领导决策提供依据。因此，旧志的开发利用需要得到足够的重视，大至国家级、省级，小至市级、县级均可以依据旧志资源，进行分类

① 周少川：《古籍整理与弘扬传统文化》，《中国社科院报》2014 年 12 月 17 日。

类编，按不同的主题类编不同的分卷，军事卷、经济卷、盐业卷、水利卷、方言卷、文化艺术卷，等等。如此，旧志中的传统文化资源才能真正凸显，才能接地气，焕发其应有的生机与活力。

4. 做好旧志中传统文化资源的挖掘与整理工作需要走开放式联合研究之路。首先，旧志影印后的一个重要去向就是被保存、研究，对旧志进行深入的地情研究，就是对旧志最好的尊重和保护。高校和科研机构同样需要研究和探索旧志中的文化历史资源，因此，适当与高校、科研机构进行旧志的交换和赠送本身就是保护和挖掘旧志的一个重要方面。其次，与高校和科研机构联手，举办各种专题研讨会，鼓励高校、科研院所对旧志进行研究，一方面扩大了旧志的影响，另一方面也弥补了方志部门科研力量薄弱的缺憾，确保了多渠道、多角度地对旧志中的传统文化资源进行挖掘和探索利用。

综上所述，优秀传统文化资源涉及物质文化、精神文化与制度文化，旧志中蕴藏了丰厚的传统文化资源，需要被挖掘、整理、保护，旧志整理工作恰恰契合了这一主题，对旧志进行系统的、规范的、高标准的搜集整理，并联合社会力量、高校和科研院所进行深入地开发和利用，方能确保旧志中的传统文化资源被挖掘、被保护进而被利用。

（作者单位：山东省聊城市史志办公室）

# 盛世修志　功在千秋

## ——浅谈方志资源的开发利用

唐小红

**内容提要：**本文从方志的功能、绥宁县修志和方志资源开发利用现状及改革开放新时期方志资源开发利用的思考三个方面，阐述方志资源开发利用服务于社会主义政治文明、物质文明、精神文明、生态文明的重要性，以推动方志资源开发利用的进一步开展。

**关键词：**方志资源　方志功能　绥宁

方志，乃一方之全史，全面记述一个地方自然、政治、经济、社会、文化、民风民俗等。古代有“治天下者以史为鉴，治郡国者以志为鉴”之名言，由此可以说明方志的重要性。随着历史的发展和社会的进步，地方志资源的开发利用也越来越被执政者所重视。改革开放后，国家颁布实施了第一部地方志工作法规《地方志工作条例》，确立了地方志在经济社会中的法律地位，要求各级政府全面系统地编纂地方志，科学合理地开发利用方志资源，为经济社会建设服务。本文试图从方志的功能、绥宁县修志和方志资源开发利用状况及改革开放新时期方志资源开发利用的思考，谈谈一些个人的观点和看法，与方志同行探讨。

## 一　怎样理解方志的功能

### （一）存史是方志的基本功能

我国有两千多年的修志历史，有很多方志遗产，据资料记载，正式统计的方志有8000多部，加上散失的或者还没有收集到的，已超过上万种，从历史传统来说，我们的志书历史长、数量多、类型全。方志能够有这样强的生命力，最根本的原因就是它具有存史的基本功能。封建社会，新官到任首先要翻看方志，一是了解地方情况，以便推行其执政措施，更重要的是为了护官，维持其地位。在当今社会，方志更加被各级政府主官所重视，成为他们了解地情，发展经济，主政一方的重要工具。由此可见，地方志是最全面、最丰富的历史文化宝库，蕴藏的内容取之不尽，用之不完。例如，20世纪80年代，绥宁县多次向省、市、中央报告，要求将绥宁定为少数民族自治县，就是从《绥宁县志》中找到绥宁的少数民族人口达到全县总人口的 60% 以上的重要历史依据。[①] 再如 1971 年，云南省峨山县发生 7.5 级强烈地震，房屋大部分倒塌，人员伤亡严重。事后发现《峨山县志》早有记载，该县每 60 年要发生一次周期性地震，1971 年距上一次地震刚好 60 年，只是当时正在“文化大革命”时期，无人研究旧志，而未能减轻灾难。[②] 又如 2001 年，绥宁县发生“6·19”特大山洪地质灾害，造成了 120 多人死亡，冲毁房屋 3000 多座，冲毁稻田 2 万多亩，直接经济损失 6 亿多元，此事件记入了第二轮《绥宁县志》，该县依据县志资料，加大了防洪抗灾工作力度，大力开展防洪抗灾宣传，并制定了各项具体措施，在 2015 年的“6·18”500 年一遇的特大山洪灾害中，由于防范措施得力，没有造成人员伤亡，经济损失降到了最低程度，被国家防汛部门作为典型在全国表彰扩广。由此可见，方志的作用不仅能重温历史，总结经验教训，还能为现代化建设提供各种信息，其存史功能越来越被各级政府所重视。

## （二）资政是方志的社会服务功能

方志的资政功能是由于方志所记述的内容纵贯古今，横陈百科，为其他任何史书所不可替，正如方志学家顾颉刚所说：“惟方志中，纪地理，则有沿革、疆域、面积；纪政治，则有建置、职官、兵备、大事记；纪经济，则有户口、田赋、产物、关税；纪社会，则有风俗、方言、寺观、祥异；纪文献，则有人物、艺文、金石、古迹。”[③] 由此可见，与其他史书相比，地方志拾遗补阙、记微记著、知兴知衰、见褒见贬，是一座取之不尽、用之不竭的资源宝库。我国自古以来就有编史修志的优良传统，由此传承了几千年的文明历史。中华人民共和国成立后，各级政府更加重视编史修志工作，特别是改革开放以来，地方志编修进入鼎盛时期。全国各地正在进行第二轮修志，很多地方志书已出版发行。还有大量的方志理论研究成果，构成一个丰富的历史、文化资源宝库，为各级政府发展经济提供了科学资政、决策的重要依据。

## （三）教化是方志的思想教育功能

方志的存史、资政、教化三大功能中，其教化功能也很重要，一部好的地方志书，就是一面旗帜，它不仅为社会主义物质文明建设服务，同时也为社会主义精神文明、政治文明、生态文明服务，方志的教化功能重点体现在思想教育和爱国主义教育中。中国历史上下数千年，纵横数万里，各地都有名人佳话，各地都有英雄斗争的篇章，从历史到现实、从自然风光到物产资源及社会生活各个领域，都蕴藏着极为丰富的爱国主义瑰宝，是我们进行思想教育和爱国主义教育取之不尽、用之不竭的源泉，通过地方志的记述，就可以汇集我国悠久的历史和灿烂的文明，讴歌祖国的大好河山，展现广大人民群众在党的领导下英雄斗争的历史，艰苦创业的历史，改革开放的历史，从而激发人们的爱国主义热情，坚定不移地沿着中国特色的社会主义道路奋勇前进。

---

① 《绥宁县志》，方志出版社，1997 年，第 647 页。

② 《新编方志十二讲》，黄山书社，1986 年，第 32 页。

③ 《新编方志十二讲》，第 90 页。

## 二　绥宁县修志及方志资源开发利用状况

### （一）修志的基本情况

绥宁县修志起于明清两代，先后7次编修《绥宁县志》明代的已失传，清代的康熙、乾隆、同治3个版本尚保存完整，唯道光版仅存1～4卷。据档案资料记载，民国时期也修过一次志书，但查无实据，尚难断定。在同治六年（1867）第七次修志中，知县方传质奉文修志，经与同僚商定在清道光版基础上续修，由方传质任总修，另组织6人协修，全书共8册40卷，30万字。其记述内容比前几部详细许多。

1986年，县人民政府决定编修中华人民共和国成立以来的首部《绥宁县志》，成立了《绥宁县志》编纂委员会，由县志办公室负责编纂工作，1994年出版发行，该县志上限为1840年，下限为1990年，全面系统地记述了绥宁县的历史和现状，全志105万字，具有鲜明的时代特色和地方特色。2004年，县人民政府启动了第二轮编修《绥宁县志》，该县志上限1978年，下限2005年，志书采用中篇结构，共设17篇80章，120万字，完整地记述了全县改革开放以来的自然、政治、经济、社会、文化发展历史，突出地域特色和民族特色，与首部《绥宁县志》上下贯通，相得益彰，具有较高的存史、资政、教化作用。随着地方志工作的不断开展，编修各部门志、乡镇志也在全县迅速开展。至2014年，全县共编修各类志书20部，史书5部，《绥宁县乡镇简志》正在编纂之中。

### （二）方志资源的开发利用

一是以编史修志工作为契机，系统地整合方志资源。自第二轮编修《绥宁县志》和党史正本工作以来，该县充分抓住编史修志工作这一契机，投入人力物力，系统地整合方志资源。首先是注重志书质量，保证方志资源的完美性。1994年，新编《绥宁县志》正式出版发行，为县域经济发展提供了一部珍贵的方志资料。2004年，第二轮编修《绥宁县志》工作全面开展，至2014年已完成总纂，现已进入出版发行阶段。与此同时，部门志也在该县各行各业展开，先后有武装、教育、卫生、财税、商业、邮电等部门编修了部门志，还有10多个民族乡编修了乡志。到目前为止，全县共编修出版各类志书20多部。

二是以方志研究成果为重点，着力开发方志资源。近几年来，绥宁县在方志工作中，突出研究成果，不断开发方志资源，挖掘其亮点，取得了很好的效果。新编《绥宁县志》具有较高的存史、资政、教化作用；第二轮《绥宁县志》是一部具有价值的改革开放史料；《红军征战在绥宁》记述了中国工农红军四次征战绥宁，并在芙蓉召开了具有重大历史意义的转兵会议，毛泽东、周恩来、刘少奇、朱德、任弼时、邓小平、彭德怀、刘伯承、贺龙、张之逸、萧克、王震等老一辈无产阶级革命家在绥宁留下了光辉的足迹，具有极高的政治价值和历史价值。在编史修志工作中，绥宁县注重理论研究，不断挖掘，着力开发方志资源，其中重要的论文在省、市获奖，受到专家学者的好评。《开发“红色产业”是全面建设小康绥宁的战略选择》入选省资政论文集，《播撒红色的种子——中国工农红军经过湘西南少数民族地区的深远影响》获湖南省纪念红军长征胜利 70 周年优秀论文奖，成为研究开发绥宁历史的重要资源。

三是以民族建设为目标，充分利用方志资源。1. 利用方志资源为政治建设服务。充分利用方志资源为县委、县政府决策提供县情资料和自然环境资料，为县里制定规划、开发资源、申报项目、招商引资、防灾减灾、治理环境等提供决策依据。利用方志资源，绥宁县于 2008 年向中央、省里争取到“比照少数民族自治县待遇”“享受省扶贫开发重点县待遇”“纳入中部崛起比照西部大开发政策实施范围”3 项待遇；利用方志资源，绥宁县不断加强民主法治建设，社会治安稳定、边界关系和谐、人民群众安居乐业，“四个文明”建设硕果累累；利用方志资源为广大人民群众了解绥宁、热爱绥宁以及对其进行爱国主义、集体主义、社会主义和革命传统教育提供重要的乡土教材，激发人们的革命热情和斗志，从而以饱满的精神投入社会主义现代化建设事业中去。2. 利用方志资源为民族经济建设服务。（1）确立发展方向。历届县委、县政府充分利用方志资源，科学决策，制定了“生态立县、工业富县、民营活县、科教兴县”和“致力建设生态经济大县”的发展战略，将林业、生态旅游定为民族经济发展的支柱产业。（2）制定发展规划。利用方志资源，该县制定了县域经济发展规划：突出现代林业，发展生态产业；突出产业转型，发展新型工业；突出民族特色，发展生态旅游；突出扩容提质，加快城镇建设，致力将绥宁打造成“山水园林之城，苗侗风情之都，宜游宜居之地”。3. 利用方志资源为民族文化建设服务。该县境居住着苗、侗、瑶、汉等 24 个民族，民族文化历史渊源流长，在历代县志中都有详细记载，县委、县政府充分利用方志资源，组织材料，多次向中央、省、市申报民族文化项目。2008 年，黄桑省级自然保护区被列为国家级自然保护区；2009 年，关峡苗族乡大园村被列为全国历史文化名村，同时，绥宁苗族“四八”姑娘节被列为国家级非物质文化遗产；2010 年，寨市古镇被列为国家级历史文化名镇；2012 年，关峡苗族乡花园阁被列为国家级湿地公园；2013 年，邓小平征战绥宁指挥所被列为全国重点文物保护单位。目前，该县利用方志资源，正在将上堡和大团两个侗寨进行侗寨申遗，已经取得突破性的进展。

## 三　改革开放新时期方志资源开发利用的思考

### （一）领导重视，着力提升方志工作位置

地方政府和主管部门领导应把方志工作作为发展本地经济的重要内容抓紧抓实，充分开发利用方志资源。一是要健全方志工作机构，强化工作职能。从目前的情况看，县级地方志工作部门基本上是党史和县志合署办公，工作头绪多，很难拿出更多精力从事方志工作，更谈不上做好方志资源的开发利用。因此，要提升方志工作的位置，就要理顺关系，建立健全方志工作机构，增强职能，增加编制，要安排专门干部从事方志资源开发利用工作。二是要落实方志法规，强化工作保障。要按照国务院颁布实施的《地方

志工作条例》开展工作，加强方志工作制度化、法治化建设，使方志工作进入法治化轨道。三是要强化管理，规划有序。要严格按照国务院《地方志工作条例》的规定，依法管理好方志资源，对本地方志资源的开发利用制定发展规划，从而形成开发有序、管理规范的工作格局。

### （二）扎实开发，着力整合方志资源

一是要因地制宜确定开发重点。方志部门要根据本地实际制定方志资源开发利用规划，按照区域资源分布和经济社会发展整体布局确定不同的开发项目，进行开发利用，对于事关全局的重点项目，也可以组织联合开发。如湘西南地区的绥宁、城步、通道等地可利用本地原生态资源的优势，联合进行旅游资源和民族文化资源开发，形成开发网络，促进民族经济的发展。二是要着力开发志书资源。第二轮修志已进入攻坚关键阶段，地方政府和主管部门应加强对修志工作的领导，支持方志部门把本轮修志工作任务完成，修出改革开放的精品佳志。三是要开发方志网络资源。地方政府和主管部门要拿出财力，支持方志部门建立信息网站网页，实现省市县三级联网，资源共享。四是大力开发方志人才资源。地方政府和主管部门要重视方志人才的开发培养，既要发挥现有人才的作用，又要站在编史修志的高度，根据方志工作的需要，采取调整、增编、公开招聘等方式，不拘一格选拔方志人才，提高方志干部队伍业务素质。

### （三）充分利用，着力提高方志资源的服务功能

一是要利用史料平台，提高方志资源的服务功能。中华人民共和国成立后，各地开发编修了很多地方志书，具有很高的参考价值和借鉴作用。这些史料一部分存放在方志部门，一部分存放在有关部门单位，还有相当多的史料流散于民间社会，方志部门要通过建立方志馆（库）广泛收集史料，统一收藏管理，建立健全史料管理系统，为各级领导和社会各界提供一个全面系统的史料查阅和咨询平台。二是要利用媒体平台，提高方志资源的传播功能。方志部门要利用报纸、广播、电视等媒体，开设读志用志专栏、专题讲座、创办刊物宣传交流，以帮助和推动社会各界读志用志，进行爱国主义教育和革命传统教育。三是要利用网络平台，提高方志资源信息功能。方志部门要努力创造条件创办方志信息网，把本地方志信息资源全面、系统地收录入网，实行省市县三级联网，形成资源共享的开放式运行机制和工作体系，为各级领导和社会各界读志用志提供快速、便捷的信息服务。

### （四）开拓创新，着力发展方志资源

一是理念创新。方志工作和方志资源开发利用，要破除传统封闭观念，确立科学发展思路，只有创新，方志资源开发利用才有生命力、才有广阔的发展前景。近几年来，绥宁县方志工作以第二轮修志工作为重点，大胆创新，聘用社会能人志士参与方志编纂和开发利用，整合方志资源，建立方志网络，并积极开展方志彩版业务，取得了很好的社会效益和经济效益，方志工作和方志资源开发进入全市先进行列。二是理论创新。方志部门要紧紧围绕党委、政府的中心工作开展一些有针对性的理论研究，实行“一年一

课题，一地一精品”研究与开发，同时，根据各地的不同情况，很有必要利用方志史料记载研究地情、拓宽视野、缩短探索距离、减少工作失误，实现有把握、有控制、有效益的方志资源开发利用。三是内容创新。方志部门和方志工作者要站在辩证唯物主义和历史唯物主义的立场上，去收集、整理、分析、研究，精心编写地方志书，把那些具有时代特色、民族特色、地方特色、民族风情特色的重大内容题材挖掘出来，使其在社会主义“四个文明”建设中发扬光大，进一步推动方志工作的开展和方志资源的开发利用。

（作者单位：湖南省邵阳市绥宁县人民政府地方志办公室）

# 在法治保障下积极探寻修志之道

滕　坤

**内容提要：**“道”究竟蕴藏了哪些丰厚的内涵？如何问“道”？我们应该遵循怎样的“道”去规划自己的方志人生，去开拓盛世的方志事业？问道就是提振精神力量，引领方志人始终保持坚定的信念自觉；问道就是探寻修志的规律和科学方法，不断开创地方志事业新思路新举措；问道就是遵循法治规范，推动修志工作的法治化、规范化。

**关键词：**修志问道　法治　依法访志

“修志问道，以启未来”，这是总理对地方志人的殷切期许。“道”究竟蕴藏了哪些丰厚的内涵？如何问“道”？我们应该遵循怎样的“道”去规划自己的方志人生，去开拓盛世的方志事业？老子在《道德经》开篇就说：“道可道，非常道。”道，作为中华哲学独有的哲学思想，对政治经济文化等各个领域影响甚巨。道的哲学含义丰富而复杂，有多少种情况就有多少种理解，可以引申为做事的途径、方法、本源、本体、规律、原理、境界、终极真理和原则，等等。笔者回顾自己几年的方志生涯，广览众多方志同人的思想火花，也有了自己粗浅的思考。道是一种精神力量，鼓舞我们坚持；道是科学的理念和方法，指引我们不断创新；道也是法治规范的轨道，保障方志事业顺利推进。

## 一　问道就是提振精神力量，引领方志人始终保持坚定的信念自觉

毛泽东曾经说过：“人是要有一点精神的。”精神是一种力量、一种支柱、一种动力。它是一种思想信仰，是一种品格修养，是一种道德理念，是一种人生态度，是一种气概情怀，同时也是一种文化传承。修志工作年限跨度长，收录范围全而广，涉猎领域浩繁博大，编纂工作更是头绪繁复，自古以来就是一项艰苦寂寞的职业，没有一点精神力量的引领，无法达到精品佳志的目的。

历练修身之道，提升职业自豪感。格物、致知、诚意、正心、修身治家平天下，其中修身一环，是连结内修和外治两方面的枢纽，因此“修志必先修身”。要修炼良好的政治素养、人文素养和道德素养。修志人首先要具备实事求是的思想品德，要用辩证唯物主义和历史唯物主义的观点，看待历史，撰写历史。可以说，修志的同时也培养了我们高尚的思想品德和道德情操。

人生难得修一志。修身有助于我们提升强烈的职业自豪感。“坐冷板凳，看卫生球”，

“弱势、边缘群体”，“看人脸色，没人待见”，“搜集资料难，协调部门难”，“清苦、辛苦、艰苦”似乎成了方志部门的“品牌”，被用来反复咀嚼和自嘲，甚至成为向各部门“示弱”，争取资金和同情的资本，无形中站稳了“弱势群体”的脚跟，成了方志部门挥之不去的“标志”。自我认知的不足，归根结底是修身不够。实际上，如果我们努力历练修身之道，始终让自己具备平和的心态，优雅的素养，丰厚的知识，以及对自己职业的强烈喜爱，不但会逐渐提升部门的社会地位，也会赢得社会的尊重。

追求奉献之道，增强历史使命感。奉献，就是“恭敬的交付，呈献”。奉献是一种爱，是对自己事业的不求回报的爱和全身心的付出。对个人而言，就是要在这份爱的召唤之下，把本职工作当成一项事业来热爱和完成，从点点滴滴中寻找乐趣。方志事业值得我们奉献。从提高整个中华民族的文化素质和可持续发展来看，我们能够参加到志书的编撰工作中来，真是“幸莫大焉”！为人民立言，为时代树碑，这份文化传承和历史延续的责任感和使命感，让方志工作者无怨无悔。方志事业需要我们奉献。古人云：“治天下者以史为鉴，治郡国者以志为鉴。”修志存史记载百代，悠悠岁月见证千秋。盛世修志，志载盛世。今日中华大地，百业生辉，城乡巨变，家邦和谐。理所当然，以志记之，以史载之。

“皓首躬身人舒畅，毕生清苦心亮堂。”司马迁“披肝沥胆著青史，留取丹心照汗青”的奉献情怀，成就了流芳百世的《史记》，被鲁迅誉为“史家之绝唱，无韵之离骚”；司马光和他的助手历时十九年编纂《资治通鉴》，“鉴于往事，有资于治道”，以历史的得失作为今世鉴诫。亦有班固、范晔、顾炎武等历代修史先贤，为了中华文脉的传承，默默演绎“衣带渐宽终不悔，为伊消得人憔悴”的奉献情怀。穿越历史，去感知他们的执着与坚守，当代方志人更应该深刻领悟奉献之道，接过传承民族文化的火炬，以坦荡无私的情操，造福子孙的胸怀，以苦为乐的奉献精神，爱岗敬业，秉笔直书，为编修社会主义新方志无私奉献。

坚守淡泊之道，强化修志责任感。老子说：“天下成物生于有，有生于无。”“道”具有“有”和“无”两种性质，一个杯子，因为中间是空的，才能产生盛物的作用；一间房子，也是因为它的“无”，才能产生居住的作用。由此可知，“有”之所以能给人便利，全依赖“无”发挥它的作用。仅有“有”，是发挥不了大用处的，唯有“有”与“无”配合才能产生大用。

无心名利之争，才有皓首穷经之执着；淡泊俗事之念，才有流芳百世之佳作。方志工作者要深刻领悟“有”和“无”的辩证关系，坚守淡泊之道，强化修志责任，把精力和才华用到实处。当一地的历史不再深埋在老人的记忆中，而是浓缩在一本本志书中，成为知古鉴今、资政育人的生动教材；当若干年后，我们的子孙后代穿越时空，触摸着那波澜壮阔、艰难曲折的社会前进脉搏，感受着那激情燃烧、豪情满怀的当今时代，方志工作者还有什么苦和累不能释怀呢？马克思说过：“我们的事业并不显赫，但将永远存在。”爱岗敬业、淡泊名利，正是方志人最可宝贵的精神财富。

## 二　问道就是探寻修志的规律和科学方法，不断开创地方志事业新思路新举措

到了春秋后期，老子最先把道看作是宇宙的本原和普遍规律，略后于老子的范蠡，把天道看成是事物发展变化的规律。可见，问道，可以理解为探寻规律。地方志人的问道，就是

要深入总结修志的规律和科学方法。修志光有热情不行，眉毛胡子一把抓，想到哪做到哪，东一耙子西一扫帚，忙个够呛，最后却四处漏风，到处补遗。要么整体谋划不够，开始修志才发现缺项断线；要么资料不少，但有价值的不多；要么不掌握事物发展规律，记述缺乏时代特色，等等。在第三轮修志过程中，我们还要注意总结经验，在科学方法指引下科学修志。

用科学理论指导修志工作。科学的理论是保证修志方向的重要保证。要学习哲学知识，用哲学思维指导方志工作。志书作为“一方之全史”，是全面系统的社会大观的综录，因此，“志书编纂必须熟练运用辩证唯物主义基本原理，联系实际，下大功夫对一地地情总貌和主要特征、优势、主要矛盾及其转化过程进行总体性概括，同时对地情发展变化的主要领域由量变到部分质变、到整体质变的阶段性特征有一个完整的概括”①。我们还要坚持历史唯物主义观点。唯物史观是观察社会与历史的锐利武器，要客观真实全面地记述一地的社会存在。要体现生产力的发展水平，体现上层建筑对经济基础的巩固和发展，体现人民群众是历史的创造者。

要学习中国特色社会主义理论体系。全省大部分地区第二轮续志皆止于2000年，只有白城市提前至1995年。1996年以来，市场经济体制改革逐步深化，改革由经济领域推进到整个社会领域，信息化发展迅猛，城乡结构、产业结构、产品结构、所有制结构和就业结构等都已发生了重大变化。而白城市也正处于大发展、大变革时期，特别是人事机构变动频繁，给资料征集工作带来相当大的困难。编纂第三轮志书要驾驭这样复杂的情况，就必须努力学习党中央最新战略思想及省、市重大战略决策，深入实际调查研究，切实掌握大量新的材料，特别是掌握好新生事物和转型事物的来龙去脉，使志书的编纂在中国特色社会主义理论的指引下，与时俱进制定志书的框架、把握内容脉络和发展规律，客观真实地记述史实。

让现代化理念引领修志。前两轮修志过程中，电脑、互联网等信息化技术应用还十分有限，近年来，我国在互联网技术、产业、应用以及跨界融合等方面取得了积极进展，已具备加快推进“互联网+”发展的坚实基础。作为地方志行业，也要紧跟时代，加快互联网技术与地方志事业的深入融合和创新发展，充分发挥互联网在搜集资料、培训人员、加强同各部门各行业的沟通与联系、志书普及应用等方面的作用，让现代化元素融入修志工作。

在资料搜集方面，随着社会发展，政府职能愈加弱化，民风民俗、时尚娱乐等社会生活方面的内容，有很多是没有主管单位可以负责提供；近些年，社会团体蓬勃发展，正成为促进社会和谐不可或缺的新生力量，据统计，白城市社会团体现已达576个，而且绝大部分十分活跃，在各个领域发挥着政府无法发挥的作用，这部分资料大部分无法通过行政力量获得；民营企业迅猛发展，经济贡献在国民经济中的比重日益增加。这部分资料可以通过网络搜集，还可以通过在微信、QQ群发布信息等方式分主题公开向网友征集，建立微信好友圈，有计划地广泛添加理发、服装、美容、娱乐、商业、健身等涉及社会生活变迁的各类协会、学会等社会组织，扩大地方志联络范围，随时随地了解和掌握社会生活的变化。在拟定资料征集提纲时可以通过互联网登录行业网站了解各行业工作特点和发展历程，方便快捷，了解全面，节省时间，提高效率。在志书应用方面，可以制作代表地域形象的存储器，如内蒙古制作马头琴形状、白城市制作白鹤形状U盘，存储当地志书，作为招商引资、宣传本地的特色礼品，非常有纪念价值。

---

① 《当代志书编纂教程》，方志出版社，2010年，166页。

探求科学修志途径。中国现代史学家金毓黻先生说："初为征集之史料，是为原料；继而整理之史料，是为长编；最后葺成之史著，是为定本，此为修史必经之序。"纂修精品佳志，这三个步骤必不可少。但在实际修志过程中，我们常常不自觉地省略第二步，忽略续志资料长编的编写。笔者在为第三轮修志启动续志资料长编工作时，遇到了很多阻力和问题。集中表现为 3 个方面：一是续志资料长编无用论，认为太麻烦，是形式主义，搞不搞用处不大，反正最后修成志书后某个部门所占篇幅也就那么几页。二是续志资料长编宽泛到什么程度，篇幅的"度"不知如何掌握。三是体例不规范，不能按照既定的要求去编写续志资料长编，没有注明资料来源等要素，必将导致后期编纂、取舍、鉴别难度加大。针对这 3 个方面的问题，我们采取了分片培训、个别攻坚、分类推进的办法。分片培训，即把参编单位分成若干小组，培训采取交流和解决问题的办法，各单位集中提出本部门、本单位经验、进展和存在的问题，各部门互相借鉴，编纂委员会集中收集问题，当场解决问题，起到互相促进、提高对续志资料长编工作重要性的认识的目的。个别攻坚，即编委会成员分组上门指导。因时间跨度大，各参编单位机构、人事、职能变化也很大，多数单位都存在个性化问题。针对这一问题，采取深入单位，结合部门实际情况，有针对性进行指导的办法，攻坚克难，各个击破。分类推进，即对同类如保险行业、地方军事部门等协调难度大的部门集中分类推进，通过联系保险协会，制定该行业更为细致的资料搜集提纲；协调军分区单独就地方军事下发推进文件等方式对同类单位整体推进，取得了很好的效果。

## 三　问道就是遵循法治规范，推动修志工作的法治化规范化

2006 年 5 月，国务院《地方志工作条例》（简称《条例》）的颁布，为修志提供了法律依据和保障。从调研情况看，白城市贯彻落实《条例》，实行依法修志总的形势是好的，但也存在依法修志喊在嘴上多，实际操作难；上面强调严，下面推不动的问题。尽管修志部门电话沟通，上门动员、指导，天天忙，但有的承修单位就是不当一回事，甚至认为修志是额外负担，无关紧要，想动就动，不想动就不予理睬；有的草草应付，影响了进度和质量，拖了后腿。为什么有了"尚方宝剑"不管用呢？问题在于承修部门依法修志意识不强，修志部门执法意识不强，执法力度不大。要解决这些问题：一要加大宣传力度，让依法修志深入人心。通过多种途径广泛宣传贯彻《条例》，提高《条例》知晓度。二要加大执法力度，让依法修志走向规范化轨道。严格按照《条例》统领修志，用法治手段管理修志，实行修志工作的法定化；把修志纳入政府年度工作目标和绩效考核内容，实行严格的责任制、考核制、问责制和奖惩制，改变过去对修志工作无量化、无考核、无奖罚的现象。三要强化执法意识，让依法修志转化为自觉行动。多年来，修志部门习惯"上门求情说好话"，总认为执行法律了，却没有了"人情味"，直接导致底气不足，要"人情稿"，法律意识淡漠，逐渐形成恶性循环。要把修志工作者纳入执法队伍，由法制部门发给方志执法证，行使合法的执法权力，强化监管、督导。这样"三管齐下"，使修志工作形成有效的法律保障。

（作者单位：吉林省白城市地方志办公室）

# 创新无穷期 改革正当时

## ——河北省第二轮市县修志改革创新成就、不足及对策研究

王广才

**内容提要：**本文从质量控制、业务指导、资料收集、编纂方法4个方面，分析总结了本省在市、县（市、区）志工作中的若干探索；同时，也指出了6个方面的问题及解决办法。

**关键词：**河北市县修志 改革创新成就 不足及其对策

“志者，一域之重典；修志，一方之盛事。”① 河北省第二轮编修市、县（市、区）志2001年5月启动，至今已14个年头。规划编纂出版市、县（市、区）志155部，至2015年6月底出版68部，在印和待印31部，两项合计99部，占规划总数的63.8%。“贵因尤贵创。”在全国各行各业改革创新、探索深化的大背景下，河北省市、县（市、区）志从启动到进入中后期这14年，是继承创新、改革发展的14年，也是成就与隐忧、机遇与挑战并存的14年。在此择要将河北第二轮市、县（市、区）修志改革创新成就、不足及对策简析之。

## 一　强化质量控制

与其他文化产品一样，志书的生命在于质量。而志书质量的具体要求是什么？刘勰说过：“故文能宗经，体有六义：一则情深而不诡，二则风清而不杂，三则事信而不诞，四则义直而不回，五则体约而不芜，六则文丽而不淫。”② 其意是说写文章应效法经书，要具备如下6项质量标准：一是情感深厚不偏私，二是风格清丽不庞杂，三是记录真实不作假，四是意义正确不邪曲，五是体式简约不芜杂，六是文美辞丽不浮夸。而地方志书首先要达到这些要求。为此，第一，制定质量标准。要提高志书质量，首先应制定志书质量标准。河北省方志办于2006—2007年，组织专家利用一年多时间，起草、论证、

① 梓潼县志编纂委员会编：《梓潼县志（1994—2005）》，中国文史出版社，2011年，第4页。

② 刘勰：《文心雕龙》，光明日报出版社，2014年，第17页。

广泛征求意见、反复修改，最后定稿形成了《河北省地方志书质量标准》[①]，并于 2008 年以省地方志编纂委员会文件形式印发试行，这是在中国地方志指导小组制定、印发《地方志书质量规定》期间，较早制定志书质量标准的省份之一。对这个标准基层反映良好，认为这样做，使修志方向和依据更加明确，可以有效减少盲目性、随意性，增强志书的实用性、科学性。第二，培养学习标杆。有了质量标准，河北省方志办还抓了 26 个重点修志单位，目的就是培养典型，树立标杆，让大家赶有目标，学有榜样。其中，安国市和衡水市桃城区为省地方志编纂委员会发文确立的创编精品志书单位。[②] 对这些重点单位，通过分管到人、当面指导、信息传递、经验交流、质量分析等方法，进行帮助提高和宣传推广。如被确定为创编精品的两个单位，经过一个时期的实践之后，让他们在设区市方志办主任会和全省方志理论研讨交流会上介绍做法和经验。再如被方志出版社评为精品志书的《冀州市志》出版后，省方志办利用一天时间，专门召开由 30 人参加的质量分析会，评点优长、总结经验，之后还将这些分析总结材料印成专刊，发至各修志单位学习。第三，建立市、县（市、区）志稿四审制度。四审即自审、市审、联审、终审。以往也有审稿制度，但不够规范、细化，新建的四审制度，在深入总结和广泛论证的基础上，更为严格、严谨和周密。比如为避免评审走过场，要求各级评审活动要建立档案，工作递进要有资料报备和审查批准。执行制度如有粗疏，坚决"停业整顿"。所谓"停业"，就是修志照常，评审暂停，整顿达标，继续进行。2012 年，省方志办针对部分单位执行四审制度有所松懈，存在擅自压缩评审时间、人员和环节（主要是疏漏保密审查）的问题，决定暂停评审工作，集中时间进行整改，补办缺漏的手续。这样做，对各级修志机构是个较大的震动，从而强化了"有规必依、守规必严"的把关意识。第四，进行志稿质量抽查讲评。对县（市、区）志稿进行抽查，是确保志书质量的一项重要措施。其目的在于提前主动介入，加强事前控制，把问题解决在初始阶段，为志书提升档次创造条件。这项工作从 2010 年 10 月 10 日开始，至 2014 年年底暂告一个段落，历时 4 年多，投入几万元经费和组织几十位抽查人员，完成对石家庄、衡水、沧州、保定、廊坊、张家口、承德、唐山、邯郸、邢台 10 个市 33 个县（市、区）志稿的质量抽查和讲评。第五，对不合格志稿推倒重来。对第二轮志书，总体要求是全部合格，部分优秀或上乘。全部合格，就是体例完备，要素齐全，内容规范，符合版本书籍出版的基本要求，无硬伤和常识性错误，差错率在规定范围之内。优秀或上乘就是体例更加完备，重点更加突出，方法更加多样，记述更加规范。14 年来，省内有 1 部设区市志稿分卷和 4 部县志稿，由于错误较多未能达标被推倒重来。这样做，需要有"化腐朽为神奇"的执着精神和冲破阻力的决心、勇气。涉及单位和人员一时不理解，随着时间的推移、效果的彰显，慢慢会转变过来。推倒重来，震动较大，修改工作下的功夫和变化的幅度也大，后来的志稿均达到合格且有亮点，其中有一部质量得到全面提升，还在全省方志会上介绍了经验。这再一次证明，掌握、运用辩证法，"坏事"是完全可以变成好事的。

---

① 冀志〔2008〕1 号文件。

② 冀志函字〔2012〕1 号、2 号文件。

## 二　狠抓业务指导

修志业务指导，方法多样，涉及范围广泛，河北也注意多措并举，统筹兼顾。在此着重汇报以下两点：

一是贯穿始终的主旨问题。方志学的集大成者章学诚指出："其志其文之外，必有义焉，史学著作之微旨也。"① 我们深信，纂志思想、纂志理念决定修志事业的成败。要坚持继承与创新结合，在继承的基础上，强调以创新为驱动力，引导走跨越式发展道路。这是建立在对修志反思之后的深刻感受上——所见志书，叫得响的作品为数不多，继承与创新，后者是矛盾的主要方面，即创新动力不足，因此需要加大创新引导的力度。为此，第一，我们反复宣传钱学森大成智慧的思想②，即不要总是走别人走过的路，要善于想别人没想过的事，说别人没说过的话，做别人没做过的事。第二，把"志书改造"的话题，接续讲、反复讲，让修志人员达到"家喻户晓、人人皆知"，润物无声、绵延渗透。20 世纪 30 年代社会学家吴景超发表的《谈县志的改造》，我们反复学习宣传。1992 年，秦皇岛市方志办编辑室主任康占忠所写的《试论方志的改造》，《河北地方志》予以刊载（之后全国多家方志刊物转载）。第二轮修志，省方志办又安排人员，以《也谈县志的改造》《再谈县志的改造》为题，系统阐述改造的背景、现实的需要、基本的路径、改造的范围，等等。第三，坚持顶层设计和谋划。我们组织人员论证研究，提出理想志书的基本模型，包括定位、特征、要求等。业务指导中，既讲修志的底线（全部合格，杜绝残次），更讲跨越、探索的必要性和可行性。第四，推荐值得学习研究的相近的地情书籍，从中吸取丰富的营养。其一为 20 世纪 30 年代著名学者李景汉组织编纂、之后多次再版的《定县社会概况调查》，当时社会学家吴景超认为这"才是我们所需要的县志"，它可以"作别种县志的模范"。因为这本书，贴近实际，贴近民生，反映了"社会中极重要的事实"，读者看完后，对于定县社会的认识，"比亲身到定县参观半个月还要深刻"。其二为 2012 年由陈业鹏、吕新生编著的《经典阜平》一书。这本书是写阜平发展历史、提取阜平精华的，其要义是"不求记录阜平全部（即避免事无巨细），但求展现阜平经典"。作者把阜平的历史和发展，纵向拉长，横向切开，归结为经典历史、经典故事、经典人物、经典文化、经典瞬间、经典风情等十几个板块，个体与总体既独立又完整，一气读完，尽知精华。第五，提出并叫亮一个口号，即"明月高照、繁星满天、荧光闪闪"，让其像流行歌曲一样易懂好记好传，入脑入心。明月喻大亮点，繁星喻中亮点，荧光喻小亮点，据此促使志书作者在修志中突出重点、特点、亮点、看点的意识逐步得到强化和深化。这是修志的着眼点和最终归宿。

二是围绕修志人员"可感知、易接受"问题，进行业务推动，力争将崇高的目标变为众人的行动。1991 年 10 月 17 日胡乔木讲："地方志这项工作必须专业化，要培养一

① 章学诚：《为张吉甫司马撰大名县志序》，《章实斋方志论文集》，第 293 页。

② 奚启新著：《钱学森传》，人民出版社出版，2011 年。

支真正具有专业水平的队伍，要提高这支专业队伍的水平，不能只讲大道理，还要多讲小道理。每一个门类究竟怎么才能写好，需要分门别类地提出来，让大家都能明白，怎么算好，怎么算坏，要用具体事例来说明，这样才能让从事地方志的人打开眼界。”① 我们对胡乔木这段话的理解是，培养提高修志人员，要从实际出发，坚持动机与效果统一，要考虑到修志人员的差异性、感悟与接受能力，要大、小道理一起讲，要结合事例谈好坏、谈优劣，让修志人员看得见，感受得到，接受得了，由感性认识开始，逐步向理性认识发展，最终实现认识的升华，再用升华了的认识指导修志实践。这实际是胡乔木为我们指出了一条切实可行、行之有效的培养修志人员的路子。若干年来，我们就是按照这条路子往前走的。也只有这样做，才符合董一博先生所倡导的“集中群众智慧”② 的工作要领。在“用具体事例来说明”好坏优劣，让大家打开眼界方面，河北做了以下一些工作。

第一，对首轮志书择优辑劣。组织人员对资料室所存省内外志书有重点地进行查阅，对所发现的优秀志文或复印或摘要，共撷取了几十万字的精粹。对这些资料，有的原文印发，如《大足县志》综览，立足县情，着眼资政，以安定则兴、宽恤则荣、唯实则成立题，总结经验，揭示规律，独具匠心，志刊即原文照登，以供参考；有的摘要登载并加点评，如《商丘地区志》人口篇人口与经济章，《三门峡市志》信访工作章（部分），《江永县志》生育章湖广界等四村劣生劣育调查，《金寨县志》卫生章 1974—1976 年死因调查分析等；有的归类综述，写成《全国部分志书选萃》，从篇目、建置区划、自然环境、人口、经济、政治、文化 7 个方面，分类介绍和点评。对省内外较为优秀的几十部志书，如首轮《广州市志·家庭志》《苏州市志》《唐山市志》《秦皇岛市志》《阜平县志》《武安县志》等，我们邀请部分专家学者进行详细评论。

在辑劣方面，我们向全省方志系统选编印发《志书志稿常见病拾零》之类的资料 10 多份。对省内的志书，一方面推介其长处，另一方面找其不足，以找不足为主，坚持自我“揭短”与相互“挑刺”相结合。三河市方志办从 5 个方面，即重经济、轻人文，某些资料一般化、简单化，漏记重要资料，某些事实有误，校对不细、出现差错，查找了《三河县志》的不足。辛集市方志办从 7 个方面，即内容存在缺漏，某些内容交叉重复，对改革记述不够，经济部类部门志痕迹明显，以事系人不均衡，某些篇章存在败笔，某些人物传写得干瘪，剖析了《辛集市志》的不足。丰南市方志办从 3 个方面挑出《丰南县志》不尽如人意的地方。其他部分市县也对各自志书列举了若干不足之处。为了把毛病挑准，我们请了一些高层次的人员，如河北省社会科学院副院长孙继民、辽宁省方志办原主任苏长春、中国地方志协会原副秘书长欧阳发、河南省地方志学会原秘书长于平天给予帮助。如约请孙继民副院长审读并撰写了《邯郸市志失误举隅》《冀县志沿革指瑕》等文章。对省内外人员查找出来的问题，我们都进行公开研讨。这样做，对正在编纂的志书起到了应有的警示作用。

第二，对续修志书集思广益。我们组织或约请人员搞了多部志书篇目和内容的汇总介

① 《上海修志向导》1992 年第 6 期。

② 《董一博方志论文集》，河南大学出版社，1989 年。

绍，如《石市8部二轮志书篇目简析及相关问题的思考》《对河北22部续志篇目分析与思考》《全国26部城市区志续修篇目解读》《13部二轮志书优劣得失综谈》《已出版续志的成功经验和主要不足》《续志记述改革开放模式与方法荟萃》《续志稿内容常见病解析》《续志统计表差错点评》等。为给修志人员多提供好的样稿，我们将志文选萃工作制度化，在《河北地方志》刊物开辟了“志文选萃”栏目，经常刊登良志佳稿，并加画龙点睛式的评述分析，使大家知其然和所以然。

第三，采取逆向思维的方法，编辑印发《就材说志话续修》① 参考资料。该书由26篇材料组成，涉及7类社会问题。从书名即可知道其由“就材”“说志”“话续修”三部分组成，涵盖了全书的内容及编辑出版的目的。“就材”是全书的基础，是主体。“说志”是“就材”而引发出的对首轮志书的评论，对比之下，找出不足之处。“话续修”是“就材说志”而要达到的目的，提出如何借鉴书中之“材”修好续志。

开展这项工作，既是学习李铁映《在全国地方志第三次工作会议上的讲话》受到的启示，又是为了更好地落实这一讲话精神所采取的一项重要措施。李铁映讲：新一轮修志就是要推出一批符合时代要求，具有很高科学水平和重要文化价值、社会价值的志书。② 落实这一要求，需要做多方面的工作，其中一项就是引导方志工作者把具有社会价值的资料纳入志书当中。何谓具有社会价值的资料？这可以从理论上作出回答，也可以举出实例来分析。实际上，许多有识之士包括社会科学工作者，早已在关注、从事这方面的工作。他们或以实际调查资料为素材著书立说，如由省社会科学工作者编纂、省人民出版社出版的社会变革时期的女性问题系列丛书，变革中的中国家庭系列丛书；或采取联合调查的方法完成专题调查并见诸报刊，如《光明日报·家庭周刊》和全国妇联儿童部、中国家庭教育学会组织的“两代人”关于生活、婚姻、教养、工作价值观念的调查，全国妇联和国家统计局关于中国妇女社会地位的调查，河北省国民体质监测中心搞的河北省国民体质监测调查，《燕赵都市报》记者搞的当代青年择业观调查，等等。这些调查所涉及的问题，就是具有重要社会价值的问题，也是志书应当记述的问题。把这些现成的调查或情况报道等归在一起，分类述议一番，指出资料的价值，缩小到一地如何进行调查，续志如何运用这些资料，以达到举一反三、触类旁通、开阔思路、深化认识、推动实践的目的。前述一些社会问题的调查分析，不少是由社会学、统计学工作者，以及大学和国家、省、市主管部门的专业工作者主持或参与进行的，因此具有很强的学术性、专业性、科学性、严谨性。我们修志人员就“材”说志加以思考，可以从中学到很多东西，包括增加学科知识，学习借鉴调查方法，等等，进而提高搞学术、做学问的能力。这本书发到市、县（市、区）方志办主任、志书主编手中后，他们爱不释手，认真阅读，并像我们所期望的那样，抛砖而得玉，一石激起千层浪，在全省方志界碰撞出一系列思想的火花和丰富的灵感。

---

① 《就材说志话续修》，冀出内准字〔2004〕第A178号。

② 《中国地方志》，2002年第1期。

## 三 拓宽资料收集途径

唐代史学家刘知几指出：“文之不可绝于天地间者，曰明道也，纪政事也，察民隐也，乐道人之善也。”[①] 要想完成这些光荣使命，首要任务就是必须全方位、多层次地开掘资料收集的途径。河南省方志专家许还平也认为“资料性是地方志的基本属性”“地方志容纳百科”“收集资料要广征博采”[②]。各地在坚持部门（单位）提供资料或撰写稿件这个主渠道的基础上，还尝试了其他一些途径和方法。一是方志办自采资料。像栾城县（现栾城区）史志办，在县调查统计专家指导下，人人动手搞调查，写出并载入志书的有纺织工业区外来务工人员情况调查，家庭幸福感调查，中小学生消费情况调查，农村居民生活调查，冀峰集团酒精厂兴衰调查，老干部生活质量调查等；永清县方志办，改变过去“守株待兔”的老习惯，自行搞了永清县城乡居民网上购物的调查；行唐县方志办搞了断限内出行工具变化和通婚圈的调查；黄骅市方志办搞了城乡居民私家车辆拥有情况调查等。在这方面突出的还有安国市、涉县、丰宁满族自治县等。二是方志办与有关单位结合采编资料。像阳原县、武强县方志办，与县卫生部门结合，搞了断限内肿瘤或其他疾病的调查；张北县方志办与水利部门结合，搞了安固里淖干涸现象的调查；衡水市桃城区方志办与有关方面结合搞了消失村庄的调查等。在这方面做得比较好的还有任丘市、肃宁县、抚宁县、北戴河区（秦皇岛市）、双滦区（承德市）等。三是组织社会力量搞调查。如安国市，利用社会力量开展农村情况调查。制定调查表格 81 种，涉及农村集体经济、农村经济体制改革、产业结构变化、农民收入支出、家庭婚姻、农村妇女地位、农民工、空巢老人、留守儿童、农村文化娱乐、农村自然环境和人工环境变化等。各乡镇由一名副镇长负责，党委宣传委员和乡镇成人学校校长为指导，各村确定 3 ~ 5 名调查员。2012 年学校暑假期间，他们利用高中二年级的学生搞了社区调查。同时，利用一些大学生、研究生在假期进行专项调查，涉及婚丧消费、学生费用等。四是委托有关单位调查撰稿。如井陉县史志办，修志中委托统计局利用一年时间，搞了井陉县婚姻家庭状况调查，委托县妇联搞了断限内妇女地位调查，委托公检法部门搞了案件特点规律调查。五是“三方”联合采编。如内丘县，县方志办、县有关部门与省社会科学院社会学所三方结合，县方志办出经费，社会学所、县有关部门结合出题目，县有关部门拿初稿，社会学所精修改，县方志办最后统筹取舍。六是利用社会人员调查撰稿。这是在修志固定人员少、经费困难而又想涉猎广泛的情况下，少花钱、多办事、办好事的一条有效途径。安国市方志办尤为自觉和突出（详见下表）。七是选录部分与志书内容相吻合的现成资料。采取此办法的单位较为普遍。对象主体主要是研究室、农调队、妇联、共青团、报社等所搞的调查或采访。选取内容主要是改革、改制、低保、扶贫、治安、维权等。断限与志书相吻合。

---

① 刘知几：《史通》。

② 许还平：《新方志续修 100 题》，中州古籍出版社，2006 年，第 10、11、14 页。

| 序号 | 稿件内容 | 序号 | 稿件内容 |
|---|---|---|---|
| 1 | 安国市暂住人口调查 | 12 | 安国市死亡人口死因调查 |
| 2 | 安国市外来媳妇调查 | 13 | 安国市农村文化活动调查 |
| 3 | 安国市河滩垦种情况调查 | 14 | 安国市磁河污染调查 |
| 4 | 一例结婚习俗和费用的调查 | 15 | 安国市第一部村志稿诞生记 |
| 5 | 一例丧葬习俗和费用的调查 | 16 | 从乱到治的门东村 |
| 6 | 一户农民一年种植情况的调查 | 17 | 全市绿化苗木发展情况调查 |
| 7 | 小学历年费用调查 | 18 | 安国老调剧团的兴衰 |
| 8 | 中学历年费用调查 | 19 | 互联网发展情况调查 |
| 9 | 不同行业人民生活(典型户)调查 | 20 | 安国药材经营形式典型调查 |
| 10 | 安国人口素质的两次大提高 | 21 | 人物传记6份 |
| 11 | 安国市中小学生校外活动情况调查 | — | — |

## 四　优化编纂方法

从记述对象上说，概而言之，一是详主略次大有进步。方志学者洪亮吉说过："一方之志，苟简不可，滥收亦不可。"① 地方志必须抓大放小。像县市或乡镇概况、"三农"与环保、居民人口、经济总情、人民生活、党政群团活动、决策与施政、文明新风、艺文与创作、史志与谱牒等，诸如此类主体性、易出彩的部分，编纂者都要给予必要的倾斜。二是详异略同较为突出。诸如赵县的"三宝"（桥、寺、梨）、涉县的"三珍"（花椒、核桃、柿子）、深州的蜜桃、清河的羊绒、阳原的泥河湾文化、安国的药业、任丘的石油产业等，尽管前志曾经涉及，但此次并不疏漏，错开角度，变换落点，常写常新。三是记新载变意识增强。刘勰说："变则其久，通则不乏。"② 其意是说变通的生命力才能经久，能够继承、创新才不致缺乏营养。第二轮志书要十分注重记载新事物，诸如社会阶层变化、收入差距、人口老龄化、空巢老人、留守妻子和儿童、农村养老、"空心村"、失地农民状况、"富贵病"、互联网、新生习俗、婚姻家庭新态，等等，关注并予以反映的逐步增多。四是注意拾遗补阙。对首轮志书遗漏又属于重要地情的内容，如管理对象（志书一般对管理主体记述较多，对管理对象近于忽视）——妇女问题、青年问题、其他社会问题，着眼进行增补。五是关注提高文化品位。清代思想家龚自珍说过："欲灭其国者，先灭其史；欲灭其族者，先灭其文化。"③ 文化直接关系到国家和民族的生死存亡和成败优劣，地方

① 洪亮吉：《天山客话》，1805年。
② 刘勰：《文心雕龙》，光明日报出版社，2014年。
③ 龚自珍：《古史钩沉论三》。

志必须全方位提高文化品位。如《正定县志》，把全县最具文化魅力的“历史文化名城”，享誉中外的佛教临济宗发祥地临济寺，声名显赫的“历史文化名人”，以及“常山战鼓”、元杂剧《墙头马上》等非物质文化遗产保护工程，冠于各专志之前，凸显了地情文化亮点。还有一些志书注重考证和注释，邀请文人写序，后记反映编纂特点等，借此增加文化气息。六是注重第一、二轮志书的衔接。民国时期方志学家李锦熙提出修志要“先明三术”，即“续”“补”“创”。[①] 纵观传统志书，后志承前志的比重颇大。第二轮志书若只写断限之内，势必会割断历史，独木不成林，一根电线杆连不成网，只囿于断限内的人和事，就不成其为史志著作了。中国地方志指导小组《关于第二轮地方志书编纂的若干意见》中指出：“要处理好与前志的衔接。”[②] 任根珠认为：“如若舍弃断限之外的资料，续志就不成其为‘一方之全书’”。[③] 除地标性、窗口性事物用通记来写外，在每一篇下序中均以一定笔墨来做历史钩沉。

从编纂方法上说，除继续坚持横排竖写、点面结合、以事系人、图文并茂外，又做了一些新的探索，包括在继承中进行的一些完善和发展。一是注重述体的运用。包括卷首的总述、各编的综述、各章的概述。运用的意识和自觉性较首轮有显著进步。卷首总述，大多改变过去注重成就、忽视因果和教训，把变化、原因、问题、展望结合阐述。编章之述，源于下类又高于统辖，总括事情、钩玄提要、沟通联系、彰明因果。《涉县志（1991—2011）》运用总述、板块序、编下序三级述体，对称协调，画龙点睛，言近旨远。二是坚持综合加表格记述。如此行事者较为普遍。这就较好地避免了逐年或高密度隔年“台账式”记述的弊端，琐碎性、凌乱感大为缓解。三是把握关键节点。一些好的志书，力避平铺直叙，注重兴衰起伏、起点终点，以及肇致原因等，以增加记述的深度。四是自觉进行照应。如《井陉县志（1985—2004）》党务与施政的照应，前记决策，后记实施，得到志界的肯定。总述、大事记与分志的照应，大多志书也较重视。五是定性定量结合记述。如《新河县志》稿，记县民的佩戴和服饰，先定性后定量，对新欣嘉园小区 18 岁以上妇女进行抽样调查，记述 18～22 岁、23～45 岁、46～60 岁、60 岁以上 4 个年龄段，佩戴饰品人数、所占比例，饰品种类、质地；又对美发馆作抽样调查，记述 1990 年、2008 年理发和焗油的人数、比例和年龄结构。抽样调查的内容，只能是此地而非彼地的情况，这样的资料使用价值更大。六是注重对比。毛泽东说过：“有比较才有鉴别。”[④] 一些志书记温度、雨量，能够按照世界气象组织的建议，[⑤] 除反映构成要素，还有断限内 20 年或 30 年与之前同等年份的对比，通过对比显示变化的幅度。还有经济发展速度的对比、经济总量的对比、生活变化的对比等。

---

① 黎锦熙：《方志今议》，商务印书馆，1940 年，第 2 页。

② 中国地方志指导小组：《关于第二轮地方志书编纂的若干意见》，2007 年。

③ 任根珠：《西樵方志论丛》，中华书局，2013 年，第 271 页。

④ 毛泽东：《毛泽东选集》。

⑤ 气候统计量通常要求有较长年代的观测记录，以使所得的统计结果比较稳定，一般取连续 30 年以上的记录。为了对全球或某个区域的气候作分析比较，必须采用相同年代的资料。为此，世界气象组织建议把 1901—1930 年和 1931—1960 年两段各 30 年的资料作为全球统一的资料统计年代。但在一些气候变化不大的地区，或年际间变化不大的一些气象要素，连续 10 年以上的资料统计结果也具有一定的代表性。

## 五　存在问题及对策

在修志改革创新方面，河北虽取得一定成绩，但毋庸讳言，不足、问题还在相当范围和程度上存在，明显妨碍修志工作向纵深发展。其表现主要有以下方面：

第一，部分单位领导认识短浅，重视不够。清末戊戌变法的领导人、著名的思想家和史学家梁启超认为："有良方志，然后有良史，有良史，然后开物成务之业，有所凭藉；故夫方志者，非直一州一邑文献之寄而已，民之荣瘁，国之污隆，于兹系焉。"① 修志直接关系到吏治的优劣和国民的兴废。有修志法规摆在面前，谁也不敢说不修，但"我要修、修好志"的意识比较薄弱。被动应付，完成任务即可。不把一流的人才放到修志岗位上，更不愿把"大笔杆子"放到主编位置上。随便给几个人、给一点经费、给个办公室，说声"你们去办吧"了之，修成什么标准，质量上有什么要求，不去或不多过问。催进度，赶时间，而对质量觉得无关紧要。这就造成适合修志的人大多来不了，来了的，属于主动请缨、愿把志修好的，往往因条件差、得不到支持而步履维艰，甚者半年给不了聘任费，个别70多岁的主编最困难时伤心地失声痛哭。巧妇难为无米之炊。一些领导不重视，上行下效，致使一些供稿单位也不重视，需要的资料上不来，上来的资料居多不能使用。连基本的资料都满足不了需要，更谈不上用"新观点、新方法、新材料"编修具有创新性的志书了。已出的志书，堪称一流的为数较少，绝大多数仅是合格而已。分析志书与主编的关系，还是高手修良志，高手缺则良志少。解决这一问题，有效办法还是着眼制度建设，应把创作方志类优秀文化产品，纳入政府绩效考核之中，让弹性指标变成刚性指标，把重在进度转变为进度质量一起抓，真正使习近平总书记提出的修志是"功德无量的善政"② 指示得以贯彻落实。

第二，修志人员观念滞后，习于旧规。思想是行动的先导，思想保守，观念陈旧，势必导致实践中的陈陈相因，不敢越雷池半步。循旧容易创新难，在支持不够、困难较多的情况下，缺乏决心和勇气，于是避难趋易，走熟路走老路。别人怎么办，我也怎么办，亦步亦趋，抄袭模仿。这就是大家公认的"千篇一律"的根源所在。解决这个问题，一是教育引导，二是确定样板，三是刚性把关，平淡无奇的志稿，应下决心发回补充完善，不降低标准、不轻易放行。

第三，对主客体认识偏颇，二者脱节严重。志书是地情书，地情是客体，志书是载体，二者应吻合、应一致，而不能脱节、不能"两张皮"，但实际脱节严重，"两张皮"问题突出。地情假设是10分，传统的篇目仅统揽了部分事物，与篇目相对应的志文仅载录了部分地情。这个部分，初步分析大概是5分吧，那么还缺漏了5分。事实也正是这样。人们的生活生动、丰富、多彩，我们的志稿则枯燥干巴。人口流动是那样的频繁和初具规模，我们的志稿则寥寥数语。社会阶层变化是那样的明显，我们的志稿则熟视无睹。

① 梁启超：《〈龙游县志〉序》。开物成务：通晓万物之理，按照办事，达到成功。

② 《习近平同志谈修志工作》，福建《修志简讯》2008年第17期。

人们的工作和生活与互联网密不可分，但我们记信息产业则一笔带过。“三农”中农村农民，断限内新情况、新变化层出不穷，但我们的志稿，仍在老篇目框架内徘徊。断限内妇女地位状况，国家搞了 3 个 10 年的调查，而志稿妇女部类仍是机构、会议、工作“老三样”。风俗习惯有的消亡，有的延续，有的新生，今非昔比，但我们的志稿，不少是“新资料不够，老资料来凑”，等等，不一而足。面对这一现状，我们不得不反反复复强调要做好“加减法”这篇大文章。缺漏的要加上，重复的、臃肿的、次要的、记得不好的要删减。不加不减，志书质量是不可能提高的。

中国地方志指导小组领导多次强调要搞好修志总结，这是很有必要的。我们修志，现在回过头来看，是有深刻教训可以总结的。其实修志，一开始不应急着去拉篇目，不应就篇目说篇目，就修志说修志，而应该就地情说修志，就地情说篇目。就篇目、就修志说修志，是本末倒置。就地情说修志、就地情说篇目，是正本清源。有什么地情，就拉什么篇目，也就是常说的“量体裁衣”，就记什么内容，做到贴近实际，贴近生活，贴近群众，也就是常说的“三贴近”。本末倒置的结果，造成大家常说的“削足适履”，志书千篇一律，篇目雷同或大同小异，内容与实际脱节，出现“两张皮”的现象。解决本末倒置，就要讲本位回归。其实修志，选好人员后，一开始在学习修志基本知识的基础上，就是立足于地情，与部门（单位）结合，在自然、人口、基础设施、人民生活、文明新风、风俗习惯、经济、政治、文化、社会等方面，根据实际列出一系列题目，分工负责搞调查。开始的纲目叫调查提纲，之后再转化为篇目框架。只有这样，地情方面的潜在优势，才可能转化为志书的现实优势。令人欣喜的是，中国地方志指导小组办公室在山东临朐建立国情调研基地，并于 2015 年 4 月 27 日举行揭牌仪式。这意味着方志高层已意识到搞好国情地情调研，对于了解地方志工作的现状和问题，提高决策水平和指导工作的科学性、针对性，更好地服务于地方志事业的发展，具有重要的作用，于是果断行事，抓点带面，积累经验，用典型加以引领，实为远见高明之举。

第四，资料搜集渠道单一，甘于现状。部分修志单位，满足于“你（承编单位）供稿、我（编辑部）统稿”。大量的时间，是用在低层次的催稿或等稿上。像安国这样思路宽、办法多、效果好的，全省算来并不很多。究其原因，有负面因素的影响，有能力素质的局限，更有事业心、责任心的缺欠。渠道单一，结果就导致稿源受限，覆盖范围难以到底到边，新情况、新变化、新内容严重短缺，志书功用性大为受损。解决之道，应走“增材型”的修志路子，需要什么挖掘什么。参照 3D 打印的修志方法，① 应以“小兵团”性的专家修志为主，众手成志的方法为辅。“从分析研究资料到文字的纵写，都适宜于有一定层次和水平的专业人员来完成。这不仅对提高志书质量有保证，而且由于模式本身给纵写提出了较高的要求和资料的选择搭配更应准确、严密与科学。”② 这里说的“小兵团”性的修志人员，范围包括编制内的专业人员，熟知地情、退离一线的有关领导，专业相近的院校和研究机构的学者，社会上方方面面知情者、文笔好并有志于此的热心人。

第五，不善吸取多种“营养”，缺乏动力。文字载体，除了志书，还有其他一些载体，

① 王广才：《从相似中探求弃弊趋利之法》，《巴蜀史志》2014 年第 2 期。

② 夏临昌：《改革方志编纂体例与方法刍议》，《中国地方志》1998 年第 4 期。

彼此存在着相近性、互补性。本文前面提到的《定县社会概况调查》《经典阜平》，就与志书极为相近、互补。就本省来说还有不少，如《河北妇女社会地位调查（1990—2000）》《心殇》《河北省情研究》《燕赵都市报》等书、报、刊，都与志书有着优势互补的关系。就拿《燕赵都市报》而论，其于1996年创刊，以“民生立报”为主旨，坚持“三个贴近”（贴近实际、贴近基层、贴近百姓），内容涉民生、接地气，有着广大的读者群。虽自办发行，但生机勃勃。据2015年6月16日公布的消息，《燕赵都市报》连续12次被评为中国500最具价值品牌，品牌价值达40.62亿元。这是河北文化产业唯一上榜品牌。其比全省第二轮市县修志启动早5年，应该说基本是相伴而行；其主旨、实践、所反映百姓的喜怒哀乐等，对第二轮市县修志应有巨大的启迪、影响作用；“近朱者赤”，利用这种影响，志书也可受惠多多。可惜的是，大多对此利用不够，造成极大的遗憾。修志之人常讲要“创品牌、上档次、推力作”，但与《燕赵都市报》相比，同为文化产品，由于承担者观念、措施没有跟上，结果差距越拉越大，教训深刻！解决这个问题，关键在于理清一个认识，即“杂交”推动优化，“博采”促进跨越。方志本体属于文化范畴，但他还具有交叉学科的特征。博采其他载体和学科的优长，为我所用，借鉴提高，自身的优势才能得到前所未有的显现和发挥。

第六，在纂志运作方式上不科学，尚存环节漏洞。尚有部分志稿到了省级评审时，仍然不合格，与会专家建议“重拟篇目，重网资料，重新编写”。篇目设计不合理，要项阙如，冗赘严重；结构不严谨，畸轻畸重；没有章法，随意性强；缺乏训练，规范性欠缺；志稿平平，找不到亮点，等等。究其原因是编纂方案不科学，或没有执行好编纂方案。此现象告诫我们，加强事前指导和把关是多么的重要。应从人员培训、篇目设计、资料长编、初纂、一审、二审、三审等环节全程把关，跟踪指导。这是少走弯路、减少失误、节约成本、提高质量的有效途径。

“燕赵多悲歌慷慨之士。”① 毛泽东主席早在年轻时就在《新青年》上发表文章推崇河北。从冀南古都到塞北草原，从赵武灵王到祖冲之，等等，书写河北历史的职责任重道远。方志工作者必须要处理好继承与创新的关系，“知古而不知今，谓之陆沉；知今而不知古，谓之盲瞽。”② 既要学习领会、发扬光大传统的博大精深的地方志文化，更要与时俱进、开拓创新，使修志适应社会主义新常态，在弘扬经验、吸取教训的基础上，确保河北修志提质提速的任务圆满完成。

（作者单位：河北省地方志办公室）

① 《毛泽东早期文稿》，第68页。

② 王充：《论衡》，1535年。

# 对方志馆功能与定位的思考

王慧卿

**内容提要**：方志馆作为公共文化的基础设施，对发挥地方志资源的作用具有独特的意义。从功能形式上看，档案馆、图书馆、博物馆等文化场馆与方志馆有着不同程度的密切联系和区别。方志馆的藏书、查阅和地情展示功能是传统图书馆、档案馆等文化场馆无法替代和兼容的。方志馆应该定位地情馆，逐步将方志馆建成地方志和地情资料的收藏展示中心、地情研究咨询中心、地方文化对外交流中心，建成爱国主义宣传教育基地。把地方志书和地情资料陈列展示给公众，让人们了解国情、省情，收到爱国家爱家乡的效果，达到资政教化的目的。

**关键词**：方志馆 功能 定位

方志馆作为公共文化的基础设施，对发挥地方志资源的作用具有独特的意义。但究竟什么是方志馆，方志馆与大家熟知的博物馆、图书馆、档案馆等其他陈列馆功能有什么不同，大众对于这些问题的认识并不是很清楚，包括方志学界对于此类问题的认识也不是十分统一。因此，对方志馆功能定位再认识，对方志馆在文化强国战略中的独特性和重要性再认识，显得十分重要。

## 一 方志馆起源与发展

我国编修地方志已有两千多年的传统，全国保存的各种旧方志就有8500种，11万多卷，占我国古籍的10%。地方志的起源可以追溯到春秋战国时期的国别史，唐代开始盛行编纂图经，宋代建立了以政府专职机关为主体的编修制度。清朝地方志编修进入了全盛时期，志书编纂理论研究活跃，出现了章学诚等一批方志理论家，方志学开始成为一门学问。民国时期，中央政府要求各地设立通志馆或文献委员会，组织地方志书的编修。民国32年成立浙江省通志馆，成为我国历史上第一个方志馆。但规模较小，主要是作为志书编纂机构而存在，尚不具备大量收藏地方志文献的能力。

中华人民共和国成立后，党和国家高度重视地方志工作，20世纪50年代启动了社会主义新方志的编修工作。1996年5月，召开全国地方志第二次工作会议，会议提出，有条件的地方可以筹建方志馆。1997年8月20日召开全国地方志颁奖大会，中共中央政治局委员、国务委员、中国地方志指导小组组长李铁映在大会讲话中指出："方志是我国重要的传统文化，宁波的天一阁过去以收藏和保存旧地方志而闻名，我们要继承这一传统，并在此基础上，建立一个以收藏新编地方志为重要任务的地方志馆，既为国家珍藏文化财富，也可以提供方志工作者研究使用。这样，我们方志工作者辛辛苦苦编纂的志书就可以入阁了。”会后，河南、山东、上海等省市相继建立了方志馆。

2006 年 5 月 18 日国务院颁布了《地方志工作条例》，标志着我国地方志工作进入了依法修志的新阶段。《地方志工作条例》第十四条规定：“在地方志编纂过程中收集到的文字资料、图表、照片、音像资料、实物等以及形成的地方志文稿，由本级人民政府负责地方志工作的机构指定专职人员集中统一管理，妥善保管，不得损毁；修志工作完成后，应当依法移交本级国家档案馆或者方志馆保存、管理，个人不得据为己有或者出租、出让、转借。”“方志馆”有史以来第一次写入了国家法律条文中，有了正式的身份证。全国各地认真贯彻落实国务院《地方志工作条例》的精神，地方党委、政府加大了对方志馆建设的支持力度，又有一些省市建设了方志馆，国家方志馆也于 2008 年由国家发改委批准建设。方志馆建设已经成为社会主义先进文化建设中的一项重要的基础工程，发挥着资政、存史、教化的重要作用。

## 二　方志馆与其他文化场馆的区别和联系

从功能和形式上看，档案馆、图书馆、博物馆等文化场馆无疑与方志馆有着不同程度的密切联系。

档案是文明的积淀和文化的产物，又是文明发展之源、文化传承之母。档案是原始资料的累积，是把人们在社会活动过程中，因自身职能活动的需要而自然产生、形成的文件经过整理并归档而形成的，是人们历史活动的原始记录，原始性、记录性是档案的基本性质。档案也是志书编纂的第一史料。档案馆是集中管理档案的文化事业机构，负责接收、收集、整理、保管和提供利用各分管范围内的档案。资治、存史、教化历来被方志界视为地方志事业的三大主要功能。档案馆同样承担着资治、存史和文化传承等重要功能。在这个意义上，档案馆和方志馆确有共同之处。但档案卷帙浩繁，过多过细，不能自然而然地反映事物全貌，需概括，提炼、总结形成系统性的地情资料。

图书馆是收集、整理、保管、传递和交流人类知识和信息，以供读者参考、利用的文化机构或服务体系。图书馆与方志馆有着千丝万缕的密切联系。从形式上看，有各种藏书楼、书院等，收藏了大量的志书和其他相关历史文献。有些图书馆把地方志的收藏、开发和服务作为自身运行的重要内容。很多图书馆都建有地方志家谱阅览室、地情资料阅览室和古籍善本阅览室，并向广大读者提供查询、借阅甚至缩微阅览、复制等多种形式的服务。

著名经济学家于光远曾说：“图书和档案的区别在哪里？我觉得，写书、出版书就是供人阅读。而档案，不论文件、手稿、记录、技术图纸、财会簿册、印模，等等，在未形成档案之前都不是为了供社会公众甚至也不是为了供一般研究者阅读的，而是为了当时处理事务的需要。”① 写给公众看的，信息就是“外向传播”；为解决内部事务而写的，信息

① 于光远：《档案史料概论》，1981 年 11 月 23 日在中国档案学会成立大会上的讲话。

就是“内向传递”，这二者的区别十分明显。档案的性质、特点，决定了它的史料价值最高，是第一手材料里最为重要的一种，因此档案资料是史实考证的重要依据，档案馆馆藏是编修地方志的资料宝库。而图书馆的资料没有原始性特征，一般不能作为修志的资料。

博物馆一般是以收藏、展览历史文物藏品为主，是保存、陈列、研究物质文化和精神文化遗存的公共文化场所。收藏、研究和教育一般被认为是博物馆的三大基本功能。

具有原始性，但一般不具有记录性（碑刻及部分铭文器具除外）是文物的基本性质。文物只是历史的产物，而不是历史的记录。这是它与档案的基本分界线。档案有记录性，而文物最初的产生并不是为了日后查考，其入土保存下来也是无意识的。文物所包含的信息是内部潜藏的，只有靠研究者去分析。由此可见，博物馆不能全面反映一地情况，广度及综合性不足，展现方式只限于实物，展现的地情面很窄，与方志馆全面展示地情相比它展示的只是历史的一个个点或一个个面。

城市规划馆一般全景式展示特定行政区域（主要定位于城市）的规划设计、建设方案、发展前景、地情概况等内容，它是新的历史条件下地情介绍和展示的一个重要场所。当代方志馆在建设时，同样可充分借鉴其设计理念、地情展示手段等内容。

各级各类党史馆、革命纪念馆所展示和介绍的内容涉及的时限相对较短，一般都是以中国共产党成立 90 多年的历史为限，它所反映的内容面相对较窄，一般也不涉及中国古代、近现代等更多的历史内容。这同样为当代方志馆的建设留下了空间。

方志馆是以展示地情为主的读志用志文化基础设施。图书馆的性质决定了它将把大量的面积主要用于藏书、读者阅览等。方志馆的地情馆性质决定了它将更注重运用现代化手段，向社会介绍特定区域的历史演变过程，展示经济社会发展现状。方志馆的主要功能并不仅限于藏书和读者查阅，而是通过大量的文字数据、图像和实物，利用现代声光电技术，向公众展示志书记载的当地历史文化等地情。所展示的内容以动态变化为主，观众以走动参观形式为主，这也是传统图书馆、档案馆等文化场馆无法替代和兼容的。

## 三 建设方志馆的必要性

中共十八大报告提出，扎实推进社会主义文化强国建设。报告指出：文化是民族的血脉，是人民的精神家园。全面建成小康社会，实现中华民族伟大复兴，必须推动社会主义文化大发展大繁荣，兴起社会主义文化建设新高潮，提高国家文化软实力，发挥文化引领风尚、教育人民、服务社会、推动发展的作用。以习近平为总书记的党中央十分重视社会主义文化建设。2014 年 2 月 25 日习近平到首都博物馆参观北京历史文化展览，他强调：“搞历史博物展览，为的是见证历史、以史鉴今、启迪后人。要在展览的同时高度重视修史修志，让文物说话、把历史智慧告诉人们，激发我们的民族自豪感和自信心，坚定全体人民振兴中华、实现中国梦的信心和决心。”

自古以来修志都是官职官责，方志一直都发挥着记录历史，传承文明的作用。《地方志工作条例》把“搜集、保存地方志文献和资料”“组织开发利用地方志资源”作为地方志工作机构的法定职责。2014 年 4 月 19 日，第五次全国地方志工作会议在北京召开，中共中央政治局常委、国务院总理李克强作出重要批示："地方志是传承中华文明、发掘历史智慧的重要载体，存史、育人、资政，做好编修工作十分重要"，"修志问道，以启未来"。中共中央政治局委员、国务院副总理刘延东出席第五次全国地方志工作会议部分代表时并指出："地方志工作是建设文化强国的有机组成部分，连绵不断地编修地方志是中华民族特有的文化基因，为传承文明与进步发挥了重要作用。要把地方志工作纳入公共文化服务体系建设当中，加快方志馆、地情网站、数据库等基础设施建设，用人们喜闻乐见的方式利用地方志、传播地方志，鼓励和倡导全社会'读志''传志''用志'，用历史的智慧推进治理体系和治理能力的现代化，为实现中华民族伟大复兴的中国梦作出新的贡献。"

建设方志馆是地方志事业持续发展的要求，是全面贯彻落实依法修志，全面贯彻落实"一纳入、八到位"，围绕中心，服务大局的需要，是实现"志、鉴、库、网、馆"整体推进的地方志工作新格局的一项重要工作。《地方志工作条例》规定"地方志书每20年左右编修一次"。不断出版的各类方志、年鉴，编纂地方志过程中搜集的各类资料和形成的志稿等，使地方志办公室的资料室已无法承担新形势下赋予的日益繁重的收藏利用任务，需要建设方志馆进行有序的收藏整理，充分的开发利用。

另一方面，在一个行政区域内，具有文化存储功能的主要有档案馆、图书馆、博物馆、方志馆等。但有较强地方文化和地情存储功能的应首推方志馆。因为从前述方志馆与其他文化场馆的区别和联系中可以看出，图书馆虽然文化存储容量大、辐射性强，但它收藏的重点是全国乃至世界各国出版的图书、期刊，对地情资料的收集远不及方志馆全面。档案馆收藏的内容主要是辖区内各机关、团体、单位形成的文件材料。对地方志、年鉴、内部资料及河流、山川、地形地貌、民俗风俗、气候物候、口碑资料等需经实地勘察、调查获取的资料收集的较少。而方志馆以收集整理、开发利用和编纂本地的各类地情资料为主业，其收藏范围既涵盖了档案馆所藏档案的精华部分，也有档案馆未列入收藏范围的内容。从已建成的方志馆看，其收藏的地情资料范围十分广泛。方志馆收藏的这些资料，上至天文，下至地理，从自然到社会，从政治到经济，从历史到现在，从人物到风貌，一应俱全，其地方文化和地情资料储存功能是档案馆、图书馆和博物馆等文化场馆所无法比拟的。

地方文化和地情资料的存储成为地方志的一项基本职能。南宋时期，朱熹赴任江西，"下车问志"成为流传至今的美谈。无独有偶，中共河北省委书记赵克志2015年7月31日下午5点到任河北省，8月1日上午就指示中共河北省委办公厅通知河北省地方志办公室把河北省的主要地方志书和全套的《河北年鉴》等地情资料送来查阅，也充分说明了方志的地情信息存储和资政功能。说明地方志的作用是一般档案馆、图书馆、博物馆及其他文化机构所无法替代的。习近平也曾讲过："要马上了解一个地方的重要情况，就要了解它的历史。了解历史的可靠方法就是看志，这是我的一个习惯。过去，我无论走到哪里，第一件事就是要看地方志。"

由此可见，地方志工作是建设文化强国的有机组成部分，加快方志馆、地情网站、数据库等文化基础设施建设，是落实中共十八大精神，推动社会主义文化大发展大繁荣的战略需要。建设方志馆，弘扬优秀传统文化、服务经济社会发展非常必要。

## 四　方志馆的建设方向与功能定位

《地方志工作条例》第五条规定："县级以上地方人民政府负责地方志工作的机构主管本行政区域的地方志工作，履行下列职责：组织、指导、督促和检查地方志工作；组织编纂地方志书、地方综合年鉴；搜集、保存地方志文献和资料，组织整理旧志，推动方志理论研究；组织开发地方志资源。"《地方志工作条例》第十六条规定："地方志工作应当为地方经济社会的全面发展服务。县级以上地方人民政府负责地方志工作的机构应当积极开拓社会用志途径，可以通过建设资料库、网站等方式，加强地方志工作的信息化建设。公民、法人和其他组织可以利用上述资料库、网站查阅、摘抄地方志。"地方志要为地方经济社会的全面发展服务，落实《地方志工作条例》规定的"组织开发地方志资源""积极开拓社会用志途径"就需要一个载体、一个平台，这个平台只能是方志馆。

方志馆并非古已有之，到民国时期才出现的浙江通志馆，指的是修志的机构，专门负责博采志料，编修本省通志，相当于今天的地方志办公室，与现在我们所提的"方志馆"不是同一概念。当今的方志馆是什么样的呢？中国地方志指导小组原常务副组长朱佳木在谈到地方志馆的功能定位时曾说："把方志馆定位为地情馆。……从中央到地方，各级党委、政府都在强调地情教育、国情教育，但却缺少一个进行这方面教育的场所。历史博物馆、城市规划馆等虽然也可以进行地情、国情教育，但前者只是纵向展示历史的，并且往往以文物为中心，很少涉及现状；后者虽然介绍的是现状，但主要展示的是城区范围内的建筑和道路，并且往往侧重于远景规划。而作为地情馆的方志馆，应当是以一个行政区域为单位，用沙盘、模型、塑像、展板、影视等形式，全面介绍该区域内的自然与社会、历史与现状。就是说，把方志书中的文字变成实物，把平面的东西变成立体的东西，生动形象地展示地情和国情。"2011 年 10 月 23 日，朱佳木在杭州方志馆设计方案论证会上的讲话中指出：凡有条件建方志馆的地方，首先要把它建成地情馆、国情馆，利用方志馆对广大群众尤其是青少年学生进行地情教育、国情教育、爱国主义教育。2012 年 4 月 16 日，朱佳木到北京市方志馆进行工作调研时又指出，要把方志馆建设成为地情展示中心，地情资料收藏、研究和咨询中心，地方文化交流活动中心和爱国家、爱家乡、爱岗位的教育基地。朱佳木三次讲话中所阐述的观点，体现了发展的观念、超前的观念、全面的观念，是对新形势下方志馆建设的经验总结和全新认识，为各地方志馆建设的功能定位指明了方向。

2015 年 4 月 8 日，中国地方志指导小组常务副组长李培林在湖北省地方志工作调研座谈会上指出：现在有不少省市建立了方志馆，有的搞了地方志成果展，有的搞了地情展。通过方志馆来宣传利用地方志资料，是一种好的方式，方志馆应该成为地方志资料展示和开发利用的重要平台和阵地，成为爱国爱乡教育的重要基地。既然国家和地方投入了那么大的人力、物力建设方志馆，就要物有所值，发挥最大的社会效益。如果方志馆建完以后门可罗雀，没人看，发挥不了多大的作用，那是国家资源的浪费。北京市方志馆建得很漂亮，还搞了一些诸如北京市毕业证专题展、地情讲座等，吸引了不少人，社会效益就提高了。

方志馆应该依据志书记载的内容，把志书中记载的内容变成地情的展览，利用声光电技术，用沙盘、模型、塑像、展板、影视、电子书等形式来引导公众学习志书，向社会公众讲述地方志书，用展览的形式对一定行政区域内的自然与社会、历史与现状，包括政治、经济、文化、社会，以及山川河流、物产、气候等向公众进行全面、系统地介绍，建成类似台湾文献馆那样，成为当地文化旅游的一个景点，成为旅游者或者市民全面了解当地文化的必到之处，以此向广大公众普及地情知识，对青少年进行爱国爱乡教育，使外地游客、学子、商人、国家工作人员等不同人群快速和宏观地了解当地地情。所以，方志馆应该定位地情馆。正如中共中央委员、中国社会科学院院长、中国地方志指导小组组长王伟光 2015 年 4 月 17 日在全国地方志机构主任工作会议上讲话所指出的：逐步将方志馆建成地方志和地情资料的收藏展示中心、地情研究咨询中心、地方文化对外交流中心，建成爱国主义宣传教育基地。

## 五 方志馆设计思路探讨

方志馆总体定位地情馆，建设成集地情展示、方志收藏于一身的公共文化设施，具有地情展示、方志收藏、研究交流等功能，使之成为再现建制沿革的载体、浓缩地域文化的平台、展示古今名流的窗口、彰显时代风采的长廊、开展文化交流的场所、收藏地方文献的宝库，发挥存史资政教化作用，成为当地重要的爱国主义教育基地，各级领导和各界人士认识、了解当地地情的必到之地，广大青少年和干部群众、地情研究者常去之处，成为旅游者的主要目的地。为清晰地说明方志馆的建设方向与功能定位，以下以河北省方志馆设计思路为例分析探讨。

根据方志馆馆藏及展示内容的实际需求，河北省方志馆设计建设规模确定为 9900 平方米（其中不含办公 660 平方米），以适应河北省地方志事业当前急需和长远发展。其中，收藏中心 2600 平方米；省情展示中心 4640 平方米；地方志书编纂研究中心 1760 平方米；设施设备用房及公用车库 900 平方米。为了发挥方志馆弘扬优秀传统文化、服务经济社会发展的基本功能，拟将方志馆 70% 以上的面积用于对外服务，向公众免费开放。

收藏中心负责地方志书的收集整理保护，包括志书接受、除尘、有害生物防治、整理编目、音像资料技术处理与编辑、裱糊修复等。拟馆藏河北历代通志、州志、府志；省内各级各类志书、年鉴、期刊和方志工具书；志书、年鉴原始稿本；各种名胜概览、旅游风景、风土人情、土特产、地理地貌、地图、图片资料等地情资料；兄弟省市省、市、县（市、区）三级志书，名山大川志，台湾、香港、澳门志；省内外宗氏家谱等。

省情展示中心分为省情展示厅和志书查询阅览中心。其中，省情展示厅共设置 9 个分展示厅。采用电子示意模型及动画、雕塑、蜡像、图片、电子书、展板和实物，以声、光、电及人机互动等现代技术，再现志书记载的场景，概括展示河北的自然、政治、经济、文化、社会等方面的历史和现状，宣传当代河北重大建设成就。

省情概况展示厅展示河北地形地貌、自然环境、人文环境、矿产资源、丰富物产和发展成果等。利用数字、图表、照片，采用沙盘模拟辅以现代科技系统展示省情概况，宣传河北社会发展取得的重大成果。

重要战事展示厅选择河北历史上曾发生的多起重要战事事件，用现代技术手段还原重要场景，用视频、文字和图片真实描述历史原貌。例如：涿鹿之战、阪泉之战、巨鹿之战、长城抗战等。

历史文化展示厅选取河北文化艺术底蕴较深的，具有代表性的文化艺术形式，如河北梆子、乐亭大鼓等戏剧；长城、避暑山庄、赵州桥等自然文化遗产，以视频、音频和现场表演等方式向参观者作真实展现。

民俗方言展示厅展示河北不同区域的生产民俗、生活民俗和方言，采用实物资料、照片、文字等，利用动画演示、录音、录像等形式，让观者在这里找到乡音、乡俗，展示河北地方民俗方言文化。

非物质文化遗产展示厅选择河北省非物质文化遗产进行现场制作互动表演，如吴桥杂技、衡水内画、蔚县剪纸、武强木板年画等，为非物质文化遗产提供传播交流平台，展示弘扬河北文化。

重要历史人物事件展示厅，展示在河北省历史上涌现出的对社会发展作出突出贡献和国内外有重大影响的人物和事件。该厅采用图片、雕刻、雕塑、蜡像、展板和电子书等形式，以声、光、电等现代技术还原事件经典场景，充分展示河北历代重要历史人物生平事迹和其为社会作出的突出贡献。

河北中长期规划展示厅和11个设区市地情展示厅，以图表、模型和3D演示等形式展示河北省各地的发展历史、发展成果、发展方向和目标。

历代地方志成果展示厅采用实物、文字、图表、动画、蜡像等形式，真实展现河北省历代地方志发展历程。将河北历代方志人物和旧志编纂、收藏以及第一、二轮新方志编纂的组织程序、编纂过程和编纂成果展示给参观者，弘扬方志文化。

地方志书编纂研究中心包括：志书数字化中心（数字化方志馆）、静电保护复印、拷贝复印、数字资料编排、口述音像录制及冲洗处理、网络数据中心等；志书、地情书、《河北年鉴》和《河北地方志》编辑出版发行及河北旧志点校整理等；设置多功能学术报告厅，常年免费开办方志讲堂和地情讲座。

“治天下者以史为鉴，治郡国者以志为鉴”，地方志的重要性不言而喻。兴建方志馆，把国家投入大量人力财力搞出来的地方志书，充分开发利用，让地方志书和地情资料走出深闺，用陈列展示等形式面向公众，使人们通过方志馆了解国情、省情，收到爱国家爱家乡的效果，达到地方志资政教化的目的，是践行社会主义核心价值观的需要，也是时代赋予方志馆的使命。

（作者单位：河北省地方志办公室）

# 概观地情全貌　述记事物原委

## ——以河北《冀州市志》为例浅议如何写好志书概述

王　蕾

**内容提要：** 从概述的出现和作用两个方面，阐述概述这种当代新编志书的创新体裁形式，作为全志的首篇，是了解一个地方全貌的窗口，它既是志书中的宏观总体的看点，又是汇集全书脉络精华的所在，是一部志书的点睛之笔。结合分析《冀州市志》概述的优长，引出一篇好的概述应该具备的几个方面。

**关键词：** 概述　新体裁　作用　写法

概述是当代新编志书的创新体裁形式，作为全志的首篇，是了解一个地方全貌的窗口，它既是志书中的宏观总体的看点，又是汇集全书脉络精华的所在，是一部志书的点睛之笔。概述写得是否成功，对志书整体的质量有极其重要的影响。概述写法独特，不受志书述而不论的限制，可以夹叙夹议、评价得失、展望未来，是一部志书中最讲究概括能力、最讲究思想深度、最讲究文字技巧的部分。

## 一　概述的出现

传统方志体例的基本特征是事以类聚、按类横排，分门别类地记载各个事物，而且这种横排一直贯穿到章、节，然后在目这一层才开始竖写。它的优点是便于读者查阅各个事物发生和发展的情况。但是，它的缺点也是显而易见的，这种横排使门类之间彼此孤立，每个门类都各自封闭，在一类事物中的各个部分也各拦其界，割裂了事物之间的内在联系，使全志和各门类之间形成机械的组合，而不是有机整体，很难完整体现一个地方的总体面貌，这是传统方志在体例上的一个很大缺陷。胡乔木在全国地方志第一次工作会议闭幕会上的讲话中指出："过去的地方志，别的问题且不说，它们有一个共同的缺点，就是在各门类之间看不出相互间的影响和逻辑关系。"指的就是这个问题。

对于方志的这个缺点，志界前人也有所察觉并设法克服。明代《建康志》就设有小序，并力图通过小序增加一点宏观记述；到了清代，章学诚采用序例，除说明本篇重要记述内容外，着重阐明本篇的义例，这比以前的小序有了进步，但仍不能弥补上述缺陷；到民国25年（1936）黄炎培纂修的《川沙县志》，在每卷之首先作概述，但只是在各门类之首设置了概述，并没有在全志之首设置概述，对于全志各门类之间的联系沟通还是没有从根本上给予解决；1939年，黎锦熙在《方志今义》中提出一个重要思想，即志书应当设置一个具有总摄任何门类，能成为全志之纲的东西，但是这个全志之纲是什么，应该包含什么内容，黎锦熙并没有给出答案。

中华人民共和国成立后的首轮修志开始以来，对于志书设置概述的认识有了极大发展，有人提出在全志之首设置概述来总摄全书，同时设大事记来满足纵贯古今的要求，较好地克服了传统方志“偏于横剖，而缺于纵贯，则因果之效不彰”① 的弱点。这样，宏观论述地情有概述、编年系事有大事记、记述各项事物有编章、人物有传记，形成了一个纵横结合以横为主，分类记述而又有总论概述的格局，方志体例更趋完备。

## 二　概述的作用

概述的作用综合起来主要有以下4个方面：

1. 鸟瞰全志、沟通联系

传统方志的横排竖写，不能全面反映各类事物间的相互作用。设立概述，就是把全志的大势大略有机组合起来，形成一个新的宏观总体结构。以高屋建瓴之势，说明各项事业、各种事物发展的客观条件和相互制约的关系。如：气候、水文对农业的影响；山川丘陵对交通的影响；民情习俗对经济文化的影响，等等。把各个门类互不相通的状态打通，反映事物间的内在联系，使全志形成一个有机的整体。

2. 彰明因果、揭示规律

传统方志的篇目和内容偏重对事物静态的记述，没有对事物间相互作用和制约的记述。但是，一切事物的运动变化，除了这一事物的内在原因之外，还受与之相关的各种事物运动变化的影响，即所谓的内因和外因。一个个编、章，记述本事物盛衰荣枯的静态内因，是没有问题的，而要记清外因，就比较困难。概述就是要统领各编，衔接各章，融合各节，纵横结合，把事物写成活的发展运动的整体，把相互联系的发展运动趋势及其规律揭示出来，使各种关系因果自明，事物整体发展趋势清晰明了。

3. 提炼精华、开发优势

志书虽是记载历史，但它更重要的作用是在认识历史的基础上启迪、开创未来。因此，必须从自然、社会、历史和现实的总情况、总问题、总趋势的规律中，找出特殊规律，从而扬长避短、开发优势、挖掘潜力。志书内容上多是因事件而摆出问题，没有论证长短优劣的叙述。并且，受越境不书戒律的影响，在内容上不可能有超出本地范围的比较，即只能纵向和自己比，而不能横向和别人比。

概述不仅可以不受门类的限制，甚至在某种意义上还可以不受地域的限制。它可以在鸟瞰全志的基础上，在更大范围去做横向比较，从而更准确地把握本地优于、独于外地的各种特点，并浓墨重彩地记述其何以优、何以独，说明其在大范围内的价值和地位，突出

---

① 黄炎培：《川沙县志·导言》，1937年。

本地精华之所在，起到既可引起读者阅读和研究全志的浓厚兴趣，又可为决策者提供决策依据的作用。

4. 评量得失、总纂大势

志书资料所涉及的方面之广，历史跨度之长，信息含量之大，超出任何著述。概述就是在消化、提炼这些资料的基础上，概地方长短优劣之势，述地方兴衰利弊之因，总结出足以启迪今人和后人的经验和教训。概述不应局限在具体地情的浓缩，要俯视本地历史与现状，高屋建瓴，纵横贯通，衡量利弊，评量得失，策论大势大略，写成一篇从宏观角度资政、叙议结合的文章，从而引导地方振兴之路。

## 三　分析河北省《冀州市志》

《冀州市志》是2014年方志出版社评出的4部精品志书之一。该志的概述站位高、概括全，是一篇比较优秀的概述。下面就逐条分析其优长。

1. 统揽全局，点面结合、突出特色

概述首要是一个“概”字，必须“概”大势，“概”大要，“概”特色。要做到这一点，必须有面有点，既要有宏观的总揽概括，又要从微观着墨，彰显特色、亮点。

《冀州市志》是通志，在概述的开篇，首先描述了冀州的来历：“冀州市，源于素有华夏第一州之称的古冀州。汉高祖六年（前201），在此设郡建治。”随后交代了冀州的地理位置及河流、水文、气候、土壤等优越的自然条件。特别突出提到河北平原第二大淡水湖——衡水湖。这是点面结合的第一个亮点。

接下来记述了区域沿革，从新石器时代域内就有人类活动，到中华人民共和国成立后，再到1996年7月，冀州市属衡水市辖。点睛之笔在于，从史书《尔雅》《释名·释州国》出发，阐述冀州市域，是古冀州重要组成部分之一，历史悠久，影响深远，既具有厚重的文化内涵，又是河北行政区划沿革变化的基础。因此，河北省简称为“冀”，冀是河北之根。这是点面结合的第二个亮点。

接下来的文字记述中，从汉朝的兵争之地，到民国的军阀混战；从共产党领导的抗日战争，到解放战争，“冀县人民为解放全中国作出重要贡献”。中华人民共和国成立后，从第一个农业生产初级合作社，到改革开放后，农业实行联产承包责任制，极大调动了人民群众的生产积极性，国民经济迅猛发展，2006年，财政收入达到2.27亿元。“由一个贫穷落后的农业县，初步建成处处充满生机与活力的工业市。”这是点面结合的第三个亮点。

2. 横剖纵述，展示因果、揭示规律

志书所记各行各业，与自然条件、政治形势、社会环境及其他相关行业等外部条件息息相关。志书的横排竖写体例要求，使其不能像史书那样，把互为因果的关系彰明。但这种因果关系是客观存在的，如果不予以记述，这些内因外因、前因后果就不能被读者知晓，志书的记述就是缺乏深度的，进而影响志书质量。《冀州市志》的概述，就把相对独立又互相作用的各行各业，组成一个有机整体，在横陈各业、纵述史实的基础上，以独到的眼光和笔法，穷源究委，彰明因果，揭示趋势和规律。

《冀州市志》概述分自然地理、农业生产、工业经济、商贸服务、千年古城、新农村建设、社会事业、重教传统卓然光大、悠久文化再现辉煌、钟灵毓秀人才辈出等多个方面，通过横向剖析展现了：自然环境为农业的发展提供得天独厚的条件——农业的发展为工业发展奠定了坚实基础——经济的发展提高了人们的生活水平——生活水平的提高带动生活环境的改善、文明程度的提高、思想意识的更新。这样的良性发展，反过来吸引人才和投资的流入，从而提升经济更快的发展和社会管理水平的提高。在每一个栏目中，精要记述：农业，农业基础和“冀南棉海”“中国辣椒之乡”“中国食用菌之乡”的“一红两白”三大农业特色产业的确立；工业，中华人民共和国成立初期薄弱的工业基础，采暖设备制造业的发展，以及逐步形成采暖制造、化工、玻璃钢三大战略支撑产业和农产品加工、汽车配件、医疗器械三大区域优势产业的形成；商贸服务业，依托便利的水陆交通，当地自古就是北方重要的商品集散地，20 世纪 90 年代冀州“手表现象”被誉为河北省三大商业现象之一，农贸市场和各专业市场的发展、零售额的大幅上升，繁荣了当地经济；城乡基础建设日新月异；社会事业趋于完善；教育文化科技全面发展；优秀人才辈出。

以这种记述方式展示各行各业相互联系的发展趋势、发展规律，则各行各业的发展和社会变化的因果关系就呈现在读者面前。

3. 述而有作，展望未来、突出资政

概述是述体，但有别于志书的内文，可以不拘泥于述而不作的章法限制。《冀州市志》概述在概括了全市各方面发展和成就之后，以“以人为本，凝聚发展力量”“面向未来，打造特色经济”“开发旅游，重建古郡水城”为题，从“人民是创造历史的根本动力”，在继承和发扬冀州人民艰苦创业、白手起家、图强进取的精神的同时，以人为本，让社会发展成果更多地惠及人民大众，将加快发展与实现最广大人民群众的根本利益统一起来；冀州市城乡面貌的显著改善，得益于一批上规模、高效益、科技含量高的工贸企业；随着科学技术迅猛发展和世界经济不断变化，域内基础产业链亟须与国际市场接轨，使名优产品进入国际市场，并增强竞争能力；冀州市迁建新城，老城旧址依然保存，使再现“畿南古郡”、重塑冀州古城成为可行，具有现代气息的冀州新城屹立在衡水湖畔，新老城区交相辉映，这样得天独厚的区位优势，必将使冀州成为“一池风景半城湖”的现代化生态旅游名城等几个方面，论述了冀州今后的发展方向，为政府施政决策提供参考。

4. 行文流畅，词汇凝练、魅力绵长

强调概述的文采是老生常谈，但要常谈常新。概述不同于志体，它既有记述，又有归纳，并可进行适当议论，行文语言讲求文采，从而在总述一地全貌和大势大略时有震撼力和感染力，夺人眼目。因此，概述的文字既要典雅朴实、简洁流畅，又要豁达凝练、气势恢宏。

《冀州市志》作为通志，应交代的事物繁多，更需在概述中沟通古今、彰显因果。这篇概述 1 万多字，全面完整地介绍了冀州从古至今政治、经济、军事、文化、人文的发展轨迹。如在记述农业生产全面发展时写道：“域内自古春旱秋涝，十年九灾，农业经济徘徊不前。1949 年只有 110 口农用土砖井，水浇地 66.66 公顷，尚不足全县耕地面积的千分之一。当年农业总产值仅为 3108 万元。中华人民共和国成立后，兴修水利，筑堤治河，打井会战，挖渠引水，大规模平整土地，投巨资兴建冀码渠防洪排涝工程、千顷洼蓄水灌溉工程，到1998年机井保有量3557眼，水浇地面积达4.19万公顷。随后展开高标准农田基本建设，进行灌、排、林、田、路综合治理。积数年之功，基本达到渠系纵横交错、机井星罗棋布、农田林网初具规模，逐步形成科学高效的现代农业生产体系。2006年，全市粮食总产量达到20.85万吨，是1949年的3.9倍。”寥寥数笔，文字高度概括，语言凝练优美，言简意赅，描述了从古至今，冀州农业发展的脉络，具有很强的感染力，非常难能可贵。

5. 图文并茂，互为补充、相得益彰

随着读者阅读需求的提高和传播载体的多样性，图、表越来越多地运用于志书之中，其形式也日益丰富多彩，但在概述中的运用仍不够普及。《冀州市志》在这方面进行了创新，一改志书概述惯用的文字记述到底的手法，在文字记述中增加了一幅《1949年、1978年、2006年冀州市工农业总产值示意图》。这幅图不仅给读者视觉冲击，也把当地工农业总产值的今昔对比直观具体地呈现在读者面前。他们特意选取中华人民共和国成立的1949年，中共十一届三中全会召开的1978年和志书的下限年2006年3个特定年份，使读者对冀州经济发展的巨大变化一目了然。在节约笔墨的同时，提高了综述内容的科学性和信息含量。这种图文综合运用法，在一定程度上弥补了浓缩式概述的缺陷，可谓是一种创新性的有益尝试。

《冀州市志》的概述，从上述概述四大作用方面来考量，在总括地情、提炼精华、彰明因果、揭示规律、展望未来方面表现尚佳，在评量得失方面似还有不足。但这些优长已经为今后其他志书概述的编写提供了可资借鉴的范本，为今后志书质量更上一层楼提供了阶梯。

（作者单位：河北省地方志办公室）

# 谈志与史之同异

王庆普

**内容提要：** 编史人修志，方志人编史，这本是件大好事。但在首轮，甚至在第二轮编修过程中，仍然出现了史志不分的情况，有的史志人员认为史志同体，并试图一稿两用，照史写志或以志充史，对于这一史志理论问题必须搞清楚。史、志、年鉴是一家，他们之间，应互相学习，互相交流，取长补短，共同提高编写工作水平。本文为落实李克强总理"修志问道，以启未来"的指示精神，按照《地方志工作条例》，试图将史与志的关系作一些阐述。让史志人员继续秉持崇高信念，以更加饱满的热情、以求真存实的作风进一步做好地方志史编纂、管理和开发利用工作，为弘扬优秀传统文化、服务经济社会发展作出新的贡献。

**关键词：** 编史　修志　平台　交流

在第二轮修志与编史中，出现了一种有趣和值得关注的现象，那就是专事编写水运史的中国航海史研究会，却出现了一部"志"书，书名为《洛阳市交通志》；而专门修志的秦皇岛市政府方志办却在编撰《秦皇岛近代史》。究其缘由可能是如下状况：

广大方志工作者，多年来辛勤地耕耘在方志这块土地上。自 2008 年 11 月第四次全国地方志工作会议召开至今，首轮修志任务全面完成，全国累计出版规划内省、市、县三级地方志书 5900 多部。中国航海学会下属的中国航海史研究会，自 1980 年以来，在首轮编史中，亦完成海港史、省航运史、内河航运史、招商局史、民生公司史、长江航道史、长江油运史、长江轮船公司史等了 80 余部，形成一个交通史学的泱泱文库。

首轮修志与编史硕果累累，开创了我国史志编修的崭新局面，是中国史志发展史上的壮举，也是中国文化发展史上的盛事。应该说不可谓不丰厚，然而史志人意犹未尽，好像还有什么想要向人们诉说，还有什么想要向县、市乃至全省全国的人们诉说，那就是要表达他们多年史志编修工作的一个强烈的感受和意愿，还要去编撰一部真正的志书或史书。这才叫名副其实的史志工作者。

然而，就《洛阳市交通志》来看，很像"史"，而从《秦皇岛近代史》的篇目来说，却总有些"志"的痕迹。交通志，属于地方志中的部门志，各省交通史书和交通志书的编写，基本上是一套班子，两项任务。但在体裁上开始时有的编写人员搞得不太清楚，想一稿两用。这种情况在首轮《秦皇岛港口志》的编纂中，亦出现过照史写志的倾向，有人就想以《秦皇岛港史》底稿用作《秦皇岛港口志》，在这些手稿中存在明显的史观和大段的史论，甚至个别章节与港史对照，几乎等于把港史又搬上了港志。

《秦皇岛近代史》的设想是在《近代秦皇岛》的前提下，升华为史书的。其篇目仍是按志体的块块编排的，如在“讨论稿”的框架设计中将“北戴河成为‘远东罕有其匹的避暑地’”的全部内容基本在此就记述尽了，明显是“志”的体例，而且在篇目中像“秦皇岛经济”“秦皇岛文化”等均为“志”的标题。早在2013年4月就已着手编撰框架大纲，预计2014年年底出版发行，而时至今日，其篇目虽历经修改略有起色，可仍摆脱不了“志”的束缚和羁绊，几次研究后，已是不了了之，偃旗息鼓了。

在一些外国人编撰的史志书籍中，也有史与志不分的现象，如日本的《苫小牧港史》，在体裁编排及记述方法上，更像一本“志”书；明治四十二年（1909年）九月出版的，由日本中国驻屯军司令部编的《天津志》[①] 和《北京志》，因存有大量的侵略和殖民史观，虽然以“志”的篇目编撰，其书“史”味甚浓。

这是因为一些曾参与此项工作的编写人员对史与志的关系还不十分明白，曾经出现史志不分的情况，有的史志人员认为史志同体，并试图一稿两用，照史写志或以志充史，对于这一史志理论问题必须搞清楚。现在第二轮修志和水路交通史丛书的编写方兴未艾，很有必要对史与志的关系作一些阐述。

编史修志是一项实际工作，必须有理论指导。80年代初，在全国交通系统开展“水运史丛书”的编史修志活动中，许多史学专家都曾就史与志谈了自己的看法，如中国航海史研究会副主委丘克辉教授、人民交通出版社社长魏启宇编审等史学专家，都曾就史与志进行过论述。丘克辉教授认为关于史与志的问题：这两者是同源，即可以用同一资料，但是殊途的，是同归殊途。志是史的一种，有人说志是以事件为经，偏重一事一物一人的记载，不要求衔接，也不要求议论，类似百科全书。我们写的《内河航运史》，虽说要略古详今，但它是贯通上下几千年的，是一部专业通史，是以时间为经，事件为纬，史论结合的。[②] 魏启宇社长阐述史与志的关系是：“同源异体，各有特点，相互联系，殊途同归。”在写法上主要不同点：1. 史主纵，志主横。史一般以记述过去为主，以时间为线索，纵向叙述，即所谓“以时系事”。志以事为主体，横向铺开，横排竖写，纵横结合，以横为主，即所谓“以事系时”。2. 史分期，志为类。史书在篇目上，按时间顺序安排篇章，以事件为内容安排节目。志书在篇目上，按事类分章，然后按时间安排节目。如各省的水路交通志，一般是按运输、港口、航道、修造船厂、港航监督等项分章，章以下再按时间顺序列节目。3. 史书以叙述历史为主，所谓“后人修前朝史”。不过新史学已经脱离了这一规定。志书以记述现代为主，不排除追述过去，略古详今。从以往史志记述的时间跨度看，史的跨度大，志的跨度小。4. 史有史观，有史论。志书重在记述，不重论述，观点寓于叙事之中。[③]

自1982年以来，笔者曾应邀参加过若干次有关水运史的专史编写工作会议，有幸谒见多位造诣资深享誉中外的历史与经济专家，如来新夏、聂宝璋、宓汝成、郭士浩、陈振

① 侯振彤译《天津志》，又名《二十世纪初的天津概况》，日本中国驻屯军司令部编，明治四十二年（1909年）九月印行。

② 丘克辉：《内河航运史的研究对象及在编写中注意的问题》（1984年11月15日），引自《中国航海史研究会文件汇编》第五集，中国航海史研究地办公室，1985年3月。

③ 魏启宇在广州召开的中国航海学会航海史研究会第五届第二次工作会议暨《中国水路交通史丛书》编写工作会议上所作的学术讲座，2010年4月10日。

江等，并多次躬拜教，受益匪浅、感受颇多。无论是丘克辉教授，还是魏启宇社长，或是其他经济与历史专家，他们对史与志的关系只是简约地讲了自己的看法，而给笔者最深刻感受的是来新夏教授较为系统地专门谈了史与志的关系。

1983 年 9 月，在烟台召开的华北片海港史第二次编写工作会议上就曾聆听过南开大学来新夏教授的“关于编史修志的讲座”，耳目不禁一新，而感其为史与志理论填补空白用心之深，用力之勤。来教授将这一讲座精神融入了后来由其主编的《方志学概论》，作为修志教材及基础理论知识读本，曾对修志工作起过一定的作用。来新夏教授除谈了史志相同点外，曾将“志与史之区别”，归结为 3 条：1. 史纵志横；2. 史为史观，志为志实；3. 史有褒贬，志无褒贬。“但近 10 年的修志实践所取得的成绩又对原书有不少可资增补订正之处。”① 所以，笔者通过十几年的编史修志实践认为第三条与第二条似有相近，因为“史”既然要有评论，要阐述编者的观点，必然有扬有弃，有褒有贬，否则还算什么“史观”。进而“志”为写实，褒贬之论自然不复存在，因此，这两条可合二而一。此外，史与志的分期分类问题均未涉及，况且第一条是编史修志的基本要求，因此，笔者认为史与志除殊途同归，其区别应归结 3 条：1. 史主纵，志主横；2. 史分期，志分类；3. 史为观，志为实。史与志的同异分述如下：

史与志，是同源异体，各有特点，相互依存，殊途同归的。所谓同源，是指二者史料的来源基本相同；所谓异体，是指二者的体裁不同，史有史体，志有志体；所谓各有特点，是指二者表达方式不同，各有各的重点、特色和风格；所谓相互依存，是指二者互相促进，相辅相成；所谓殊途同归，是指二者从不同的角度、不同的途径、不同的方式，而归于为时代服务的信史。史与志，有形式和内容上的主要不同点：

史主纵，志主横。史一般是记述过去为主，以时间为线索，竖排横写，即所谓以时系事，或以时间为纬，以事件为经。而志以事为内容，横向铺开，要求横排竖写，即所谓以事系时，或以事件为纬，以时间为经。清代史学家章学诚对史志的区别曾概括为：“史体纵看，志体横看。”港口志，是一个港口或一个时代的横断面，所以说志体横看。水运史或港口史，是某一行业或某一港口从古至今这一历史长河的纵断面，所以说史体纵看。

史分期，志分类。史，在篇目上是按时间顺序安排篇、章，以事件安排节、目。志，在篇目上按事类分篇、章，然后按时间安排节、目。如港口志，可分为港口建设、运输、建置、管理、服务、职工、人物等若干类，每类按时间顺序叙述。史，以叙述以往历史为主，所谓“后代人修前朝史”。志以记述现代为主（不排除追溯过去），略古详今，所谓“当代人修志”，如在编写港口志时，对过去开滦时期的港口状况着墨不多，有的只是一笔带过，而着重于中华人民共和国成立后特别是改革开放以来港口的巨大发展。以所记述的时间看，史的跨度一般比较大，志的跨度一般比较小。如《秦皇岛港史》的跨度为两千多年，而《秦皇岛港口志》的跨度也就一百年。

史为观，志为实。史有史观，它不但记述史实，而且可夹叙夹议，即以记述史实为主，史论结合。以出版的港史为例，夹叙夹议的占 30%，史论结合的占 20%，尤其是现代港史的后部这种夹叙夹议的史论更为明显，几乎占 60% 以上。志书重在记述志实，不重

① 来新夏教授为魏启宇《交通史学概论》作“序”，兰州大学出版社出版，1990 年。

议论，观点寓于叙事之中，在形成的港口志初稿中，有关议论部分绝大部分已删除，坚持志实叙事。

古人云："治天下者以史为鉴，治郡国者以志为鉴。"从上述史与志的同异，可以明显地看出，《秦皇岛港史》虽已出版，但"港史"不能代替"港志"。因为"港史"是以经济技术为主的专业史，而"港志"则是"一港之总揽""港口之综录"的全史，且志书可"详史之略，纠史之错，补史之缺，续史之无"，可以让人们从更广阔的领域审时度势，对比借鉴，所以"港志"更具有史料性、科学性和实用性，更可以发挥其存史、育人、资政的社会功能。

截至 1993 年，全国"水运史丛书"以海港史为主的专业史书已出版了 46 本（部），但未见一本"水运志书"问世。1990 年，秦皇岛港曾出版《秦皇岛港教育志》，这为编写《秦皇岛港口志》提供了先例，但它仅仅是港口的一个部门的志书，并不能总揽和代替港口志。后来编纂的这部首志书也许是全国水运系统"盛世修志"的第一本港口专志。

在编史时，可引志入史。近期笔者重新研究一下《汉书》，认为很有道理，特别是汉书里的"十志"，可以参考。我们说，史就是史，志就是志，但史和志也不能截然分家。志本身就是史，史中亦可以有志，史是编年体，但有些问题的叙述可以类似志的写法。如写指南针，在战国时期就发现了磁性指南，我国曾经有司南（类似现在的汤匙），从秦汉到唐，史书对指南针都有一些记载。到宋代磁针就和罗盘结在一起，这种指南针在航海上就普遍使用了。如果写指南针，在战国时写一点，王充的《论衡》也提到一点，最后才把沈括对指南针的几种实验写上。一个朝代写一点，就不能把指南针的发展系统地叙述出来，如果集中写成一章，效果肯定更好。因此笔者认为史和志不能截然分开，史中不可以有志的写法，过去对这个问题有争论，现在不必争论了。用类似志的方法来写，那就眉目清楚了，这叫引志入史，这一点可以参考班固的《十志》写法。

在修志中，亦可引史入志。志书各篇章无题概述的设计，旨在弥补志书偏于横剖而缺乏综述的缺点，这无疑应予继承。但实践证明，本届志书的宏观记述由于受篇幅制约，导致了宏观记述不足；虽照顾了精华的记述，而对一事物主要发展脉络的综述有时并不能叙述清楚。《秦皇岛港口志》首志的无题概述，偏于横剖浓缩，只写面和线的内容，而缺乏点的内容。续志有关宏观记述的内容主要表现在综述、概述、引言三个层次上。统领全志内容的综述可采取撷萃兴要式，用港口显著特点和区域定位，来概括秦皇岛港的总体情况。所以，续志各篇章可以根据实际需要设无题概述，各章节可设引言，做到点、线、面的有机结合，增强整部续志的纵深感，整体反映事物发展的客观规律。重要篇章可以引史入志，设诸如发展史、开拓史、概况、沿革类章节，由此可使全志综述遥相呼应、相辅相成、交相辉映。引言补充概述，概述补充综述，三个层次环环相扣，紧密相连，构成宏观记述的网络，由表及里，由浅入深，以达到翔实记述发展状况，向读者奉献多层面记述，适应多类型读者的目的。

2006 年 5 月 18 日，国务院颁发了《地方志工作条例》，明确了地方志是资料性文献。部门志（如各省交通志）属于地方志的范畴。其著作权、出版权属于各地政府地方志工作机构所有。年鉴也是地方志工作机构的编修任务。规定地方志 20 年编修一次。过去有的地方志中的交通志（包括公路与水路）和年鉴，也有不少送到交通出版社来出版的，有一些是社长审核发稿的，2009 年年底出版社还审阅出版了一本《山西交通志》。各地水路交通志书和水路交通年鉴编写人员，受到地方志工作机构的指导，但地区与地区之间，横向联系不多。航海史研究会可考虑为他们搭建一个平台，定期或不定期地举行一些座谈会、经验交流会、情况沟通会，为他们之间联系交流提供条件。

正当第二轮修志工作如火如荼进行之时，李克强总理发出“修志问道，以启未来”的指示，遵照《地方志工作条例》，对于这一史志理论问题必须搞清楚。史、志、年鉴是一家，他们之间，应互相学习，互相交流、取长补短，共同提高编写水平。让史志人员继续秉持崇高信念，以更加饱满的热情、以求真存实的作风进一步做好地方志史编纂、管理和开发利用工作，为弘扬优秀传统文化、服务经济社会发展作出新的贡献。

（作者单位：河北港口集团史志办公室）

# 浅谈《广东省志（1979—2000）》编修的整体控制

王　涛

**内容提要**：本文以《广东省志（1979—2000）》的编修实践为例，从编修规划目标的制定、推进、调整优化及完成情况等方面对省志编修整体控制情况进行分析，提出要实现省志编修整体控制按时保质完成省志编修，必须科学制定编修规划；强化省志编修推进机制体制，进一步推进依法治志，形成刚性的约束机制；注重业务培训和人才培育，建立高素质的省志编修队伍；建立健全检查评估体系，实现对省志编修质量、进度的全方位全过程监控；营造有利于省志编修的软环境，提升省志编修的积极性、主动性。

**关键词**：省志编修　整体控制　依法治志

省志编修是最难实现整体控制的修志活动，因其是一个省内规模最大、难度最高、过程最为复杂的修志活动。《广东省志（1979—2000）》（简称“二轮省志”）的一大特色就是综合立卷，整体性增强，相应地对省志编修整体控制也提出更高要求。2002 年至 2014 年 13 年间，二轮省志编修的实践，对实现省志编修整体控制进行了多方面的探索，并取得了一定的成效。本文拟就以二轮省志编修实践为例，对如何实现省志编修整体控制进行探讨。

## 一　编修规划目标的制定

要实现对省志编修的整体控制，首先必须要有目标。在首轮《广东省志》（简称“首轮省志”）基本完成之际，广东省人民政府（简称“省政府”）于 2002 年 2 月决定开展二轮省志编修工作。省政府办公厅发出关于开展第二轮新方志编修工作的通知，并授权广东省人民政府地方志办公室（简称“省地方志办”）制定广东省第二轮新方志编修工作实施意见和二轮省志基本篇目及编写分工，这样就形成了完整的二轮省志编修规划，也就是省志编修整体控制的目标。

### （一）规划依据

国务院办公厅《关于进一步加强地方志编纂工作的通知》、中国地方志指导小组《关于地方志编纂工作的规定》都规定各级地方志书“20 年左右续修一次”。二轮省志距首轮省志启动 18 年，符合上述规定。

### （二）基本篇目设置

为了增加省志的整体性、提高志书质量，采取综合立卷的方式，按行业设 42 卷（规划字数约 2000 万字）。如《工业卷》内容涵盖一轻、二轻、纺织、机械、船舶、石油化工志、冶金、建材、电子、煤炭、电力 11 个工业部门。此类多个单位共同编修一卷的有 28 卷。

### （三）时空限制

记述上下限分别为 1979 年、2000 年，记述区域范围以 2000 年的广东省行政区划为限。

### （四）审查验收

省志稿总纂完成后，按省地方志办制定的审查验收管理办法，分级实施审查验收。志书经审查验收合格后，方可出版。省地方志办制定的实施意见对省志质量提出了总体要求。

### （五）完成时间与经费保障

要求 2008 年年底完成出版。省志编修经费补贴和出版经费由省财政解决。

### （六）组织实施

各单位把地方志工作列入议事日程，明确分管领导，成立修志机构，配备人员，提供必要的工作条件。具体就是以卷为单位成立编纂委员会，由牵头或独家编修单位领导担任主任，负责全卷的统筹、协调，确定各卷正副主编，各单位均要成立编辑室。省地方志办负责省志的出版协调。①

这个规划充分吸取了首轮省志编修整体控制差的教训。与最初规划相比，首轮省志最后出版分志数量增加了 50%、字数增加 5.3 倍、完成时间推迟了 20 年，各分志下限参差不齐，进展极不平衡（仅完成出版的时间就相差 14 年），装帧设计也不尽一致。为了避免重蹈覆辙，二轮省志从启动伊始就要求从全省的角度去谋划一部完整的省志，从全行业的角度去组织一卷的编修，要求不管多家合编还是独家编修的卷内、卷与卷之间必须按照规划目标实现质量、进度一致。

## 二　编修规划目标的推进

规划目标确定下来以后，关键在于实施、推进。2002 年 4 月，省政府召开专门会议，

① 以上参见：《广东省人民政府办公厅关于开展第二届新方志编修工作的通知》（粤府办〔2002〕9 号，2002 年 2 月 1 日印发）、《广东省第二届新方志编修工作实施意见》（粤志办发〔2002〕9 号，含《广东省志（1979—2000）》基本篇目设置及编写分工）。

部署开展二轮省志编修工作。此后，二轮省志在坚持和完善“省委领导、省政府主持、省地方志办组织实施、省直及中直驻粤有关单位和有关专家参与”的编修体制基础上，创新工作机制体制，围绕规划目标全力整体推进修志工作。

一是会议推进。会议主要分为3个层次：（1）以省政府名义召开的会议，与会人员主要是各编修单位分管领导及主要编修人员。此类会议主要内容是启动编修、部署阶段性或年度工作，体现政府主持的要求。如召开全省第四次地方志工作会议，就是启动二轮省志编修工作。此后至2013年召开的全省第五次、第六次地方志工作会议及年度工作会议均把省志编修作为会议重要议题，通报进度，部署阶段性或年度工作。（2）省地方志办召开的会议，与会人员一般为主要编修人员，个别时候为单位分管领导。此类会议一般针对性比较强，旨在解决阶段性问题，推进各项业务工作，体现“组织实施”的要求。如在省志启动之初，为了督促各单位明确修志职责，召开省志编修工作会议。在篇目设计阶段，召开省志篇目设计研讨会。在志稿撰写阶段，召开主编培训班、业务研讨会、志稿点评会。在总纂阶段，举办总纂业务学习班及各类志稿评议会。在审查验收阶段，召开省志审查验收办法说明会、省志初审经验交流会。（3）各编修单位召开的工作会议，一般主要内容有启动本卷编修或组织志稿评议或解决各卷阶段性业务问题，体现参与编修的要求。启动会议一般由各单位分管领导参加，其余会议由主要编修人员参加。这类会议由牵头单位召开比较多。牵头编修单位在省地方志办的指导下不仅要完成本单位负责的编修任务，还要拟定全卷篇目、统稿总纂、组织初审以及落实审查、出版后的修改等，保证全卷行业资料的完整性以及规范、进度的一致性。如《政法卷》牵头单位召开各类志稿评议会就达39次之多。省地方志办有时也召开或提议牵头、独家编修单位召开以卷为单位的协调会，听取各方意见，协调推进编修工作。

二是文件推动。文件也分为3个层次：（1）省委、省政府及其办公厅印发的文件。主要内容是启动编修、通报开展情况、提出进度和质量要求、成立编审机构、印发审查验收办法等。此类文件对二轮省志进度和质量控制约束力最强。2003年10月，省委、省政府将2008年底完成二轮省志编修工作列入《广东省文化大省建设规划纲要》。国务院《地方志工作条例》、省政府《广东省地方志工作规定》相继发布，标志着省志编修进入法治化轨道。省政府及其办公厅先后3次发文通报省志进展情况，明确省志编修进度、质量以及督查要求，并首次将省志编修纳入省政府督办范围，督促各单位限期完成省志编修工作。（2）省地方志办印发的文件。此类文件主要围绕确保质量，按时推进细化省委、省政府及其办公厅、中国地方志指导小组及其办公室对省志工作的要求，主要起着督促、指导的作用。如前所述，根据省政府办公厅的授权，省地方志办制定实施意见和省志基本篇目及其分工。根据中国地方志指导小组印发的《地方志书质量规定》以及省政府办公厅印发的志书审查验收办法，制定二轮省志审查验收办法说明。此外，省地方志办先后制定行文规范、人物入志标准、终审审查规则、审核责任制、省志版式、出版审批程序等，使省志编修各方面有章可循，规范更加统一。同时，为了确保省志编修工作按时完成，曾在两年多的时间里每月向各单位通报省志编修进度。（3）各编修单位的印发文件。此类文件根据省政府及其办公厅、省地方志办的文件制定，主要内容有启动本卷编修、落实修志人员和条件、确定本卷篇目、统一本卷内规范要求、通报督促进度以及业务会议纪要等。此类文件牵头编修单位印发的比较多。

三是信息沟通。省地方志办业务人员按照分工对各卷全程跟进业务指导、日常联络。省地方志办业务人员全程参与从启动编修到最后出版的各个环节，并督促指导各编修单位落实省地方志办制定的制度、规范要求。加强与省志各编修单位的沟通联系，及时解决修志中出现的问题。对于进展缓慢的单位，除采取会议、文件督促外，根据本办业务人员反映的情况，省地方志办领导经常带队走访，与省志编修单位分管领导座谈，了解对方单位存在的问题，并协调解决，以达到促进修志的目的。同时，省地方志办领导多次到出版、印刷单位，按合同商定质量要求、完成时间、验收办法等。涉及影响修志的重大问题，省地方志办则及时向省政府报告，争取省政府的重视、支持。

## 三　编修规划目标的调整优化与完成

规划目标的推进，并不是一帆风顺的。项目推进中，一些原先没有预料到的不确定性因素凸显出来了。根据信息反馈情况，通过对实际开展情况与规划目标的比较，省地方志办本着实事求是的精神，优化规划目标，剔除难以实现或不尽合理的内容，以实现整体控制的目的。

一是基本篇目微调。根据有关编修单位反映的情况，原规划 42 卷后根据实际调整为 43 卷，这种篇目调整使得整部二轮省志整体性更强，分类更加科学，特色更加突出。如为了避免交叉重复，撤销《经济综述卷》，将有关内容并入《总述卷》；为了充分突出广东侨务大省的特色，将《侨务卷》从《侨务 · 外事卷》分离出来单独成卷；为了增强整体性，将《财政 · 税收卷》更名为《财政税务卷》；为了使记述范围更加准确，概念更清晰，将《党派 · 社团卷》更名为《党派 · 群团卷》等。部分编修单位反映篇幅太小不能充分反映本单位行业 22 年的发展情况，省地方志办与各单位约定篇幅最多不得超过原定篇幅的 50% 。

二是调整完成时间。启动之初定下的二轮省志完成时间为 2008 年年底，但是随着规划目标的推进，二轮省志编修难度比预想要大。（1）规模增大。有 36 个牵头或独立编修单位、250 多个参编单位（包括一大批工商贸行业协会）、近 3500 人参与省志编修工作。仅参编单位数量就是首轮省志的两倍多，撰稿、统稿难度大。（2）修志机构、人员不稳定。除省财政厅、省卫生厅、省体育局等有固定机构、专职人员外，其他单位编辑室一般临时挂靠某处室或下属事业单位。多数单位以退休返聘人员为主，少数单位以在职人员业余参与为主。因病或家庭原因或工作调动退出修志工作的情况时有发生。以上严重影响了修志工作的稳定性、连续性。（3）机构改革改制等因素的影响。如省志编修启动前，工商贸管理部门或撤销或合并，有关志书虽在省政府办公厅通报下启动编修工作，但仍存在经费筹集难、编修人员物色难、资料搜集难等问题。也有省志编修启动后，应机构改革而严重影响省志编修进度的。以上种种原因，迫使二轮省志完成时间在 2009 年年初不得不从 2008 年年底调整为 2010 年年底，实践证明调整完成时间是必要的。

三是完善审查验收办法。根据《地方志工作条例》《地方志书质量规定》的规定，原定由省地方志办制定的审查验收办法改由省政府办公厅制定印发，省志书审查委员会也由省政府办公厅印发。这样提高了审查验收效力和权威性。省政府同意将省志审查验收由首轮的省地方志办三次审查改为二轮省志的三级审查。即以卷为单位开展审查验收，编修单位负责初审；省地方志办负责复审；省政府组织的省地方志书审查委员会负责终审。各级审查均在全面审查的基础上各有自己的侧重点。为提高志稿质量，省地方志办完善资料审核责任制，不仅初审而且复审、终审两级审查都要严把资料关，推动复审逐渐转变为体例规范审查与资料审核并重，终审由首轮的审查分志目录改为分工审查志书内容。同时，增加省地方志办的复核环节，查漏补缺，确保审查意见落到实处。

四是统一组织出版。二轮省志整体控制最为成功的环节莫过于出版印刷。为了提高省志出版的整体性，省地方志办由协调省志出版改为统一组织省志出版。在二轮省志出版中做到“五个统一”，即统一出版、印刷单位；统一各卷、册的装帧设计、规范要求；统一省志出版流程，明确省地方志办、出版社、编修单位、印刷单位各自任务与责任；组织利用电子手段等手段统一对各卷资料、体例、规范等进行全面核改，纠错补遗；统一对出版、印刷最终成品进行验收，发现问题及时协调解决。验收合格后，方可进入下一程序。

此外，在省志编修各个阶段或环节，只要发现编修单位工作不到位，且经过多次沟通不能改正的，为了赶进度，省地方志办及时补位，直接介入编修工作。如针对部分牵头单位牵头作用不落实，省地方志办直接牵头或协助牵头单位做好牵头工作。个别编修单位无法完成总纂或在出版阶段无法完成修改特别是资料核实的，省地方志办则直接参与或聘请有关专家完成相关编修工作。同时，省志编修经费在实际操作上，出版经费由省地方志办掌握，编修经费补贴则由省财政厅每年统一划拨给省地方志办，由省地方志办根据实际向各单位划拨，不足部分由各单位自行解决。

在项目推进中规划目标得到了优化，规划目标的优化反过来促进了项目的推进。2014年年底才全面完成出版。虽比原规划推迟了6年，但广东仍是全国最早和唯一完成第二轮省志编修的省份。二轮省志完成情况与最初规划相比，卷数比规划仅多1卷，字数3600万字，完成时间推迟了6年，各卷编修基本平衡开展，除《军事卷》外其他各卷上下限均没有调整，装帧设计、规范要求则完全一致。总体上，二轮省志最终完成情况与最初规划目标偏离不大，整体控制比较成功。二轮省志出版前后，获得了良好的社会评价。2012年11月，在全国首批地方志书精品工程评审中，《总述卷》成为唯一全票当选的一部志书。2014年7月，二轮省志成为全国唯一入选“十二五”国家重点图书出版规划项目的地方志书。[①]

## 四　对省志编修实现整体控制的启示

二轮省志编修实践，对加强省志整体性，改进省志编修方式，提高省志质量等方面进

① 《国家新闻出版广电总局办公厅关于调整〈“十二五”国家重点图书、音像、电子出版物出版规划〉的通知》（新广出办发〔2014〕75号，2014年7月29日印发）。

行了探索，整体控制比较成功，但仍存在不足之处，对今后更好地实现省志编修整体控制仍有很多启示：

一是科学制定编修规划目标。在编修规划的制定中，要认真总结经验教训，充分吸收主要部门及各方面专家意见，反复论证，集思广益，为以后实施尽量减少阻力，避免出现过大的偏离。编修规划要本着实事求是的原则，尊重省志编修规律，应与本省政治经济社会环境相适应，与各部门各行业实际操作状况相适应，与省地方志办的业务能力、业务水平相适应，具有可操作性、可行性。编修规划要避免过于乐观，科学确定完成时间、保障措施，对于修志中出现的不确定性因素应有足够的认识和应对措施。

二是完善推进机制体制，形成省志编修的刚性约束机制。坚持和完善“省委领导、省政府主持、省地方志办组织实施、社会各界广泛参与”的省志编修工作体制。克服使用文山会海战术推动省志编修的老套路，进一步推动依法治志，通过立法及执法检查，促使各级党委政府特别是所属部门更加重视修志工作。特别要加强省级地方志工作机构的权责，定期对省志编修单位开展执法监督，依法纠正、查处执行不力和违法行为。同时，地方志工作机构应当牢固树立以修志编鉴为主业，加强编修业务的思想，克服片面强调行政化的倾向。将“三位一体”（省志、年报、年鉴）的地方志工作作为省直单位的法定职责，纳入单位发展规划、年度计划，落实“认识、领导、机构、编制、经费、设施、规划、工作”到位。参照统计法的要求，明确地方志资料搜集的权利和义务，拓展资料收集范围和渠道，建立能够全方位适应省志编纂需要的省志资料保障机制。推动省志编修制度化、规范化，使体例规范、资料审核、初稿撰写、审查验收、出版印刷等有标准可循，加强省志质量管理、监督，完善省志质量控制体系。此外，在省志编修中还要畅通信息沟通与反馈机制，以便及时发现问题，及时解决问题。

三是建立高素质的编修队伍。省志编修要实现整体控制，必须有与之相适应的高素质业务人员深度参与。一方面要提高业务人员的行政协调能力、执行力，这是控制省志编修整体进度、提高修志效率所必需的；另一方面也是更为重要的是要提高省地方志办业务人员及省志编修人员的业务素质，树立责任意识、质量意识、效率意识，这是保证志书质量所必需的。为此，必须开展省志编纂业务的各类培训。特别市专职地方志工作人员，更要加强省情研究，成为省情通，这是提高编修人员业务水平的核心要求。同时，在公务员或参照公务员管理的体制下激发编纂人员的修志积极性、自觉性，建立干事创业的激励机制，培养和引进修志人才，保持修志队伍的稳定性。

四是建立检查评估体系。二轮省志在启动之初阶段性要求并不明确，直到 2005 年省政府办公厅首次发布通报时，才明确新方志编修分为 3 个阶段，并明确各阶段的目标要求。但是由于缺乏必要的阶段性检查评估，阶段性目标形同虚设，个别卷甚至出现几步并作一步走，质量失控的情况。省志编修实现整体控制必须建立健全省志编修目标检查评估体系，对照阶段性目标检查实际完成情况，及时调整工作思路、办法，采取应对措施，对省志编修质量、进度实行全方位全过程监控，确保完成规划目标。

五是营造有利于省志编修的软环境。拓宽宣传渠道，利用各类新闻媒体大力宣传地方志工作新成果、新贡献，弘扬方志文化、方志人精神。加强对省志资料深度加工，挖掘其现实价值、历史价值，为培育和践行社会主义核心价值观提供丰富、优秀的精神文化产品。通过以上措施，使全社会认识到地方志传承文明、发掘历史智慧的重要载体，营造全社会关心、重视、参与、利用地方志的良好氛围，促进省志由“要我修志”向“我要修志”转变。

如果说方志编修是地方志工作的基本任务，是检验评估地方志工作的首要标准[①]，那么省志编修就是省级地方志工作机构的基本任务，也是检验评估省级地方志工作的首要标准。要做好省志编修，就必须有科学可行的规划目标、高素质修志队伍、完善的目标检查评估体系，以强有力的控制机制全方位全过程地控制省志编修工作，才能真正按时保质完成省志编修任务。

（作者单位：广东省人民政府地方志办公室）

① 王伟光：《奋力书写地方志事业发展新篇章——在第五次全国地方志工作会议上的工作报告》（2014 年 4 月19 日）。

# 修志问道　道在地情

王卫明

**内容提要**：本文从中央领导对地方志的重视与使用，提出地方志的价值在于地情。介绍了地方志地情资料的特点，提出方志事业的建立在于志书的编纂，方志事业的发展在于地情的开发与利用。同时，提出方志学学科的研究对象要从志书转为地情，以地情为研究对象，研究地情记载、保存、开发利用的方式、方法及发展规律，拓展方志学学科的研究领域。

**关键词**：地方志　事业　发展　地情

2014 年 2 月，习近平总书记在北京考察工作时，强调要高度重视修史修志；12 月，在澳门大学考察时，向学校赠送《北京大学图书馆藏稀见方志丛刊》等书籍。2015 年 7 月 30 日，习近平总书记在中共中央政治局就中国人民抗日战争的回顾和思考进行第二十五次集体学习上作了“让历史说话，用史实发言”的重要讲话。在这次讲话中，习近平总书记提出“整合学术机构和研究队伍，加强资料收集和整理工作”，提到地方志。这一系列的讲话，充分体现习近平总书记对地方志的了解，对地方志工作的肯定和厚爱。李克强总理 4 月就第五次全国地方志工作会议的召开专门作出重要批示，提出“修志问道，以启未来”。为地方志事业的发展指明了方向。修志问道，道在地情。

## 一　地方志的价值在于地情

修志是其方式，地情是其内容。记载地情是地方志从其出现就具有的特征，起于地情、存于地情，地方志的价值在于地情。随着时间的推移，地方志对于地情的记载，沉淀为地情史料。地方志的资政、存史、教化功能，通过地情史料而实现。了解一地的历史，阅读此地的志书。毛泽东深知地方志资政之功能，每到一地，即寻找地方志书，通过志书了解地情。习近平总书记每次面对新的工作地区，要做的一件事就是阅读该地方的地方志。1985 年 6 月，即将任职厦门市副市长的习近平通过自己在清华大学的同班同学林江汀向时任厦门市志办副主任烘卜仁借阅书籍，想通过阅读地方志了解厦门的历史和民俗风情。地方志是地情史料的重要承载者，读地方历史，就要读地方志书。

地方志始终将记载地情作为己任，从记载山川河流到风土人情，从记载地方历史到人的生产活动，自然、社会、历史、现状、事物、人物，将一地方方面面的地情全部纳入。由一部志书反映当时地方的社会现状，并由此保存了地情史料。

地方志的地情史料具有自身特点。一是地域性明确。地方志书是记载某一地区历史和现状的地情资料，完全由当地人编修，记地方之事，是地方之产物，地情指向非常明确。二是地情资料丰富。地方志的数量和涉及的范围是其他书籍所无法比拟的，没有哪部书籍像志书这样，经过历代的积累，旧志、新志包含了丰富的地情资料。三是地情的连续性。历史上没有哪类记录地方情况的书籍，能够像地方志这样连绵不断地编纂，使不同时代的地情体现于志书之中，使地情资料具有连续性。四是地情记载全面系统。地方志书是指全面系统地记述本行政区域自然、政治、经济、文化和社会的历史与现状的资料性文献，它的这种实力来自其编纂工程。且不说旧志编纂耗费的人力和物力，单看当代志书，每一部地方志都是发动地方所有部门参与供稿，通过行政手段动员党政机构、事业单位、国有集体企业、社会团体、各民主党派等组织，参与修志，基本上是行政手段能够干预到的组织，都会被动员为地方志编纂提供资料，地方志的资料覆盖面广，涉及自然、政治、经济、文化、社会的方方面面，以及其历史和现状。五是地方志所记载的地情具有特殊性。方志机构作为政府部门，具有向社会提供地情资料的职能，作为官方提供的地情资料，虽带有行政痕迹，是行政视角的地情资料，但具有权威性和可靠性。地方志是官方提供给社会的一种地情资料，这不同于史书、不同于任何其他个人或团体著作，此种地情更具有客观性和真实性。六是地情资料的稳定性。现代社会是信息社会，是信息爆炸的社会，信息更迭的频繁，似乎反映出方志编纂的滞后。但地方志的资料是稳定的地情资料，随着时代的发展而具有史料性，这是瞬间的信息所无法替代的。

所以，地方志的价值在于它所记载的地情，它所拥有的优势是任何其他史料所没有的。

## 二　方志事业的发展在于地情

地方志事业的建立在于志书，地方志事业的发展在于地情。

志书编纂成就了方志事业，方志事业的拓展则在于地情史料的研究、开发与利用。研究地情、记载地情、保存地情资料、利用地情资料是方志发展的事业。

在目前方志事业中，编纂志书是地方志一项重要事业，30 多年方志系统编纂出版了 6000 多部省、市、县三级综合志书，与近万部旧志一起，组成丰富的地情史料。在方志事业中，记载地情的手段不仅仅是志书，年鉴也已发展成为一种记载地情的方式，17000 多部各级、各类年鉴，也汇入地情史料的队伍中。记载地情的方式未来还要发展，不仅仅有志书、年鉴，还会有其他形式的记载，如电子记载等。记载地情，不仅需要研究志书、年鉴的编纂，形成编纂理论，更要对记载对象地情进行深入研究。研究地情、认识地情，可以更好地编纂志书；研究地情、认识地情，可以更好地开发、利用地情。

当代修志不同于历史上任何一次，历代修志仅以编纂志书为己任，编纂任务完成后，即完成了修志任务，机构和人员随之撤销。当代修志因为拥有稳定的机构和队伍，在开展编修志书的同时，积极开展用志活动。挖掘志书中的地情史料，为社会提供地情资料，提高志书的利用率，提高志书的社会认知度。

对于地方志的开发与利用，方志系统做了大量工作，从编修志书伊始，就提出用志。为提高志书的社会效益，围绕地情资料的开发利用，开展了各种各样的活动。或编辑出版各类地情书籍，或为地方党委政府科学决策提供信息咨询服务，或积极参与地方规划编制、历史文化遗产发掘保护、旅游开发，或积极参与重大课题项目，服务于国家发展战略等。例如，山东省史志办为配合山东省纪念抗日战争胜利 70 周年，编纂了纪念抗战胜利 70 周年丛书。丛书真实记录了 102 位战争亲历者的记忆、163 位英勇牺牲的将士、1000 多幅反映山东根据地发展历史的珍贵图片，全方位、多角度地再现了山东军民奋勇抗战的生动历史。

为了更好地利用地情史料，方志系统开展了数据库、方志馆、地情网站的建立工作。开发数据软件，建立方志数据库，将文字志书转换为电子志书，增加了志书的存储方式。方志馆的建设，为保存志书提供了专门的场所，为地情资料的保存、展示提供了空间，并建立地情展览厅。方志馆的发展定位是建成地方的地情资料中心。方志系统建立自己的地情网站，利用现代互联网技术，将地情资料通过互联网平台，以方便、快捷的方式向社会提供地情信息服务，实现了地情资料全社会共享的梦想。地方志所拥有的地情资料资，正在被社会广泛地认可，地情资料的优势也在志、鉴、库、馆、站 5 个方面得到充分体现和发展。

目前的方志事业是志、鉴、库、馆、站五位一体，围绕地情，全面发展。或记载地情，或保存地情，或提供地情，五位集中于一体是地情。方志事业的发展在于地情。为社会编纂、保存、提供、利用地情资料，是地方志的未来。地方志志地方。志包含记载，也包含研究。志的记载是地情，志的研究也是地情。记载地情、研究地情、利用地情应是地方志的己任。所以，地方志是从地情的编纂、保存、提供以及利用来考虑未来。

一是为社会编纂地情资料。记载地情，目前的方式有志书编纂、年鉴编纂以及其他形式的地情编纂。志书编纂是主体工程，年鉴和其他形式的地情资料编纂是补充。在使用文字书籍编纂的同时，还可开发电子编纂。电子编纂不是简单地将文字志书转换为电子志书，而是利用计算机技术，根据社会需要，将地情资料再次开发编纂，这种编纂可以更贴近社会的需求，具有更大的容量、更加灵活的编纂方式，是地方志编纂未来的发展方向。编纂地情比单一编纂志书，能够为地方志发展提供更大的空间。

二是保存地情资料。方志馆为保存地情资料提供了场所，方志馆不仅仅是存志书，还要保存为编修志书所搜集的所有资料。包括文字资料、图片资料、音像资料，甚至实物资料等。很多方志馆重视收藏志书，但修志所搜集的资料存得很少，几乎没有，这是很大的缺憾。地情资料不仅仅是志书或为修志所搜集的资料，而是要包含所有有关地方的地情资料。站在保存地情资料的角度，才可提高方志馆的史料价值，使方志馆真正成为地情馆。方志馆只有具有地情资料的优势，才具有未来发展的资本。

三是提供地情资料。提供地情资料是地方志的一种责任。如何让地情资料用于社会，关键是让社会能够方便地接触地情资料，积极研究提供资料方式，利用现代科学技术，拓宽提供的渠道。除馆中提供地情资料外，还可网上提供。随着地方志数据库的建立，与互联网连接，未来提供地情资料应该是越来越方便、快捷，越来越接近于社会。“互联网 +”地方志，是地方志未来发展的空间。

四是利用地情资料。地方志的地情资料即提供于社会，由全社会来使用，同时方志系统本身，也要研究地情，利用所掌握的资料，根据社会的需要，开展专题地情资料的使用，为社会提供更深层次的服务。研究地情、利用地情资料，开展各种地情专题研究，是一个可持续的课题。

## 三　方志学学科研究对象是地情

方志学学科建设长期以来都是围绕着志书考虑，设想了很多专业和课程，归纳后主要是志书编纂学、旧志发展史、旧志版本学、方志发展史等。[①] 围绕志书设想分支专业或课程，但至今没有建立起方志学学科。

地方志包含两个概念，一是地方，二是志的形式。志是一种记载的方式，在中国延续了两千多年，所以研究者很重视志的研究。但是，现在修志不是单纯编纂一部志书，稳定的修志机构和修志人员，使方志系统在编修志书时，更关注志书中的内容使用，即地情资料的使用。“地方志”中的“地方”是地情，“地方志”是“地情”加“志”的形式。方志学学科的研究和建立，在此之前，一直是关注“志”。现在，方志事业的蓬勃发展一是建立在编修志书上，二是建立在地情资料上。方志馆建设、地情网站的建立，为地方志的发展奠定了。但是建立方志馆、地情网站的意义何在，定位并不明确。虽然口号是为社会服务，如何为社会服务，缺乏目标和方法，更缺乏研究。

以一本书建立一门学科，研究的空间有限，学科对社会的作用有限，自然制约着学科建立。方志学学科不应只研究地方志中的“志”，而是要建立在地方志的整体概念上，要建立在志书和地情资料上。实际在内容与形式的关系中，内容应该起决定作用。地情资料作为内容，应成为学科研究的对象。因为地情不是附属于地方志，它是客观存在的独立体。对于地情的记载可以是地方志，也可是其他形式；对于地情的提供，社会可承担，政府也可承担；对于地情的研究，更是涉及各个部门。正因为地情是独立体，具有广泛性，对它的研究具有无限性。地方志对于地情因为“志”的记载形式，可以定位于地情资料。地方志是记载地情，作为方志学学科应是研究地情的记载，研究地情资料保存、提供以及利用的方式、方法及发展规律的学科。

地情资料的记载是研究记载的方式以及各种方式的编纂理论。目前已经形成的编纂理论有志书编纂论、年鉴编纂论，对于其他形式的地情记载方式缺乏研究。志书编纂是其中的一支，方志学学科不仅研究志书编纂，还要研究其他地情记载的形式和方法。研究记载地情的分支学科才会不断地发展和丰富。

地情资料的保存、提供和利用是地方志的职能，如何履行这些职能，同样需要理论的支撑。然而这方面的理论完全没有，这是方志学学科要承担的理论研究。在目前地情资料保存中，旧志是一大部分，为一大类，对于旧志的版本、藏量、保存方式有一些研究，但不系统，没有形成理论。方志馆藏地情资料的意义、范围、方式、分类、管理、使用等，

① 王卫明：《从方志事业的发展，谈方志学学科的建立》，《中国地方志》2011 年第 11 期。

都需要研究。馆建立了，面临着如何发挥其作用的问题。没有理论研究，即使建立方志馆，也很难持续发展。

地情数据库的建立又为方志事业发展注入了新的活力。目前数据库的建立是将志书由文字版转换为电子版，数据库成为志书的另一种储存方式。如何利用数据库，将地情资料盘活，是方志事业面对的新课题，也是方志学学科新的研究分支。研究数据库的特点，研究地情资料在数据库中建立的方式、方法，充分发挥地情资料数据的作用，使社会能够方便快捷地使用地情资料。研究提供地情资料的方式、方法，提供地情资料的内容，地情资料的利用以及利用地情资料的方式和方法。

方志事业是志、鉴、库、馆、站五位一体全面发展，方志学学科研究也要站在五位一体的角度，全面考虑。从对志书的研究，转为对地情的研究。方志学学科以地方志为研究对象，研究地情记载的历史、方式和方法，地方志历代的保存，其他地情资料的保存，对社会提供地情资料的方式、方法，以及社会对地情资料的需求，探索适合方志事业发展的道路。为志、鉴、库、馆、站的发展提供理论支持。现在方志学学科的研究远远不够，很多分支学科没有形成，更没有理论支持。

研究地情记载的历史、方式和方法，包含方志发展史、志书的编纂理论、年鉴编纂理论，还包含今后可能出现的新的记载方式和方法，其研究是无止境的，记载地情的方式和方法的理论也会不断地丰富和充实。

研究地方志历代保存的方式和方法，包含旧志的保存研究，旧志本版学科，也包含新的保存形式——方志馆馆藏的研究。研究方志馆的定位、馆藏方式、馆藏管理、馆藏建筑，建立方志馆馆藏理论学科。

研究地情资料的开发与利用，包含研究方志地情资料的特点，地情资料提供的方式和方法，地情资料利用的方式和方法，揭示其规律性。目前只是在用资料，对于资料本身的特点和利用的方式、方法缺乏研究。

一个学科拥有稳定的研究对象，拥有广泛的研究内容，拥有更多的社会需要，才可形成。地情是地方志记载的对象，地情是社会的需要，没有哪一门学科是以地情为研究对象。

方志学学科以地情为研究对象，研究地情记载、保存、利用的方式、方法及发展规律。以地情为研究对象，拓宽了方志学学科研究领域；党委、政府和社会对地情史料的需求，是建立学科的动力；机构与队伍的稳定，是建立学科的人才保障。方志学学科的建立任重而道远，划分分支学科，进行理论研究，建立理论体系，形成理论著述。由分支学科到总学科，逐步形成和完善。

（作者单位：河南省地方史志办公室）

# 探索修志之道　成就启示之志

王振夫　赵健敏

**内容提要：** 国务院总理李克强在第五次全国地方志工作会议上提出“修志问道，以启未来”的重要批示。这对修志工作者提出了更高的要求，要加强修志工作者的史德修养政治素养，要积极探索地方志自身发展规律全面推进地方志事业，努力提高自身能力探索依法修志新途径，按照事物发展规律和社会发展实际努力创新地方志编纂方式方法，最终编纂出能问自然人文科学发展之道社会主义新方志。

**关键词：** 史德　规律　途径方法

2014 年 4 月 19 日第五次全国地方志工作会议在北京召开，中共中央政治局常委、国务院总理李克强作出“修志问道，以启未来”的重要批示，并指出：“地方志是传承中华文明、发掘历史智慧的重要载体，存史、育人、资政，做好编修工作十分重要。”

作为传承中华文明的重要载体，地方志具有“补史之缺、参史之错、详史之略、续史之无”的重要作用，修志是一项承载历史的崇高事业，但不能单纯为修志而修志。习近平总书记 2 月 25 日在首都博物馆参观北京历史文化展览时就指出：“要高度重视修史修志，让文物说话，把历史智慧告诉我们，激发我们民族自豪感和自信心，坚定全体人民振兴中华，实现中国梦的信心和决心。”因此，作为地方志工作者我们要在修志实践中坚持探索，通过孜孜以求修志之道，成就能够问自然人文科学发展正道之志。

道，小篆为。《说文》：道，所行道也。道字形采用“辵、”会义。道，从辵（chuò）。本义为所行道也，直达的大路叫作“道”。，上为头发，下为面部，就是人头，象形。道，本义就是人行的道路，《尔雅》“一达谓之道”，就是说，它是一条直达目的地的路，正道，没有岔路、旁门邪道。引申出来就有很多意思。比如途径、真理、道德准则、政治主张、思想体系、宇宙的本原和规律，等等。李克强总理提出的“修志问道”中的一个“道”字，道破地方志的实质和真谛，并将地方志的方方面面涵盖其中，内涵深远，给地方志工作者以新启发，对地方志工作提出了全新思考，“修志问道”提出了从思想品德，到方式方法、探索规律、方向途径，再到修志技能等全方位的更高要求。只有全面探求地方志之道，才能全面推进地方志事业的稳步发展，编纂出能够问得自然人文科学发展之道的传世之作，达到修志目的，传承中华文明，启示未来发展。

第一，修志问道对地方志工作提出了全面提升道德品行政治素养的要求，这是编纂出启示之志的基本前提。

“道”有志向、方向之含义，对修志工作者就是要提升史德修养和政治素养。

史德是历代史家的一个基本要求，从春秋时期的“南董之志”到汉代司马迁的“不虚美，不隐恶”，史德一直是历代史家编纂历史所遵循的最首要的内在素质和最基本准则。标志着古代史学理论形成的《史通》作者、唐代著名的史论家刘知几也提出编纂历史推崇直书，反对曲笔，并系统地提出了史家“才、学、识”三长。而其中以包括史德在内的“识”为最重。到清代章学诚则系统提出史德，史德“谓著书者之心术也”，即提出著书者的思想修养和道德品质。对于才、学、识、德这四者，章学诚虽认为缺一不可，但他强调，首要的是史德。因为著书者如果没有史德，心术不正，便不能平心静气，对历史事件和人物不可能作出公正的评判。“夫识，生于心也；才，出于气也；学也者，凝心以养气，炼识而成其才者也。”要求历史工作者应十分注重道德修养，撰述时出以公心，心平气正，力求使主观符合客观。这样才会成为良史，有望达到司马迁所说的：“究天人之际，通古今之变，成一家之言。”

随着时代的演进，社会的发展，社会主义新方志的编纂者更要重视史德的修养，而这种史德的修养要经受更多的考验。古人注重史德修养是成功人生的最高标准，即立德、立功、立言的“三不朽”，是古代文人普遍认同的唯一价值观和毕生追求。《左传·襄公二十四年》：“太上有立德，其次有立功，其次有立言，虽久不废，此之谓三不朽。”即修养完美的道德品行，建立伟大的功勋业绩，确立独到的论说言辞。而当今社会的价值取向多元，“三不朽”已不再是衡量人生成功的唯一标准，而功利标准被很多人接受。清苦的修志工作面临的诱惑更多，能否做到慎独并平心正气，确实对修志工作者是一个考验。而且当下，史德的内涵已更为丰富，不仅包括治学严谨、秉笔直书等古人编纂历史的史德修养，还包括树立正确的三观，而其中的世界观更是包括马克思主义哲学，用辩证唯物主义和历史唯物主义的立场观点方法去认识事物，也就是编纂地方志要树立正确的指导思想，站在历史角度纵观时代大潮，高瞻远瞩，按照历史发展规律判定资料，从科学发展的角度秉笔直书，这对地方志编纂者的史德修养又提升了一个高度。树立正确三观，培育史德修养，编纂的地方志书才能客观公正，是编纂启示之志的前提，也是修志问道的“道”之精神层面内涵。

第二，修志问道对地方志工作提出了探寻地方志本身发展规律的要求，这是编纂启示之志的稳固基石。“道”有事物的本体及规律的含义，因此修志问道也包括了探寻地方志自身发展规律，按地方志本身规律编纂启示之志的内涵。任何事物的发展演变都是有其自身发展规律的，只有按规律办事，事业才能蓬勃发展。地方志也是如此。从其产生，已有几千的历史，而且长盛不衰，成为传承中华文明的重要途径，自有其合理内涵和科学发展轨迹。

只有探寻地方志的本质及其产生的原因、发展规律，我们才能科学严肃认真地对待地方志工作，“心正而后身修，身修而后家齐，家齐而后国治，国治而后天下平”。只有探究了事物的原理而后才能够智识提高，通达明理；智识提高，通达明理而后意念才会诚挚；意念诚挚而后心性才能端正；心性端正而后自身才有修养；自身修养而后才能使家族整饬规范；家族整饬规范而后整个国家才能得到治理；国家得到治理而后天下才有太平。同样，也只有探寻到地方志自身发展规律之“道”，才能智识提高，通达明理，自身有所修养，即所谓的“知其然更要知其所以然”，并遵循此“道”，才能编纂出“以启未来”的启示之志。这样的地方志书才能经得起历史的检验，才能成为经世之作。同时，遵循地方志自身发展之“道”，我们编纂地方志书的时候就不会僵化地按照中国地方志指导小组颁布的《地方志书质量规定》的总则、观点、体例、内容、记述、资料、行文、出版、附则9个要求或各省、市出台的地方志编纂要求生搬硬套地编纂地方志，而是具有主观能动性地正确按照编纂内容的要求，科学认识大千世界所呈现的纷繁事物，主动探寻事物产生、发展规律，科学判定入志资料，正确选取记述角度，准确运用编纂体例，自觉创新发展，探寻符合记述内容的志书编纂原则、体例、规范要求，量体裁衣，不仅编纂出“以启未来”的传世之志，使地方志成为传承文明、启示未来不可替代的文化载体，而且从根本上推动着地方志事业本身的全面发展，地方志事业良性循环，保持旺盛的发展势头。探索地方志发展规律，按规律开展地方志工作，是修志问道本质属性层面的内涵。

第三，修志问道对地方志工作提出了探索开展地方志工作途径的要求，这是开展地方志工作，编纂出启示之志的根本保障。“道”有道路、途径的内涵，修志问道对修志工作者提出了如何开创地方志编纂的科学途径的要求。

自隋唐确立史志官修制以来，地方志工作的开展基本上是依靠行政手段来支撑。修志工作的兴衰完全取决于各级地方政府主要决策者的重视程度。自改革开放以来，全国新编地方志工作重新启动，地方志事业蓬勃发展，形成了有史以来最大规模的修志活动，但改革开放以来的地方建设主要以经济建设为主，忽视人文建设，而地方志更是具有长远效益的文化建设，单纯的行政命令已难以适应形势的需要，难以形成长效，导致修志工作主观性强、随意性大、各地发展不平衡，也很难保障地方志的编纂质量。

2003年7月24日，四川省第十届人大常委会通过了全国地方志系统第一个地方法规——《四川省地方志工作条例》，2006年5月18日，国务院总理温家宝签署了国务院第467号令，颁布施行第一个国家级层面的地方志法规——《地方志工作条例》，截至第五次全国地方志会议召开的2014年，全国已有25个省（自治区、直辖市），150多个市、县颁布地方志工作法规规章或政府规范性文件，这是地方志发展的一个里程碑。条例法规的陆续颁布实施，结束了中国地方志工作无法可依，长期靠行政命令修志的历史，标志着地方志工作从此进入了依法修志的新阶段，开创了修志行业之先河，具有划时代的意义，地方志工作从此走上了法治之路。2014年10月，中国共产党第十八届中央委员会第四次全体会议首次专题讨论依法治国问题。10月28日，《中共中央关于全面推进依法治国若干重大问题的决定》发布。面对新形势，新的课题又摆在地方志工作者面前，那就是如何依法修志，这是几千年来修志工作者第一次面临着法治化的机遇和考验。如何推动建立各级政府依法履行领导责任、各级地方志工作机构依法履行组织实施和管理职责、社会各界依法参与和提供支持的法治化工作格局，又成为修志工作者加强自身建设特别是依法修志能力建设的重要内容之一。自觉学习、广泛宣传、深入贯彻、狠抓落实、率先垂范，在各个环节上提高自身能力，真正实现依法修志，并形成全民共识，对修志工作者是一个重要内容。潜心修志只是一个方面，参与社会更成为当代修志工作不可或缺的极其重要的另一个方面，要学会两条腿走路，在潜心修志的同时，动员全社会力量投入地方志等文化建设中是地方志长效发展的根本保障。提高依法修志能力是修志问道法律层面的内涵。法治化是地方志工作建立党委领导、政府主持、人大监督、地方志工作机构组织实施、社会广泛参与的工作格局，保证地方志工作有效开展，建立地方志工作长效机制，保障地方志事业可持续健康发展，编纂启示之志的根本。

第四，“修志问道”对地方志工作提出了探索地方志编纂技术的要求，这是编纂出启示之志的重要内容。

“道”有方式、方法、技能之含义。“修志问道”包涵着对地方志工作者要积极探寻地方志编纂方法的要求，科学的编纂方法，是编纂启示之志的重要手段。

时代发展，社会进步，地方志也不能故步自封，因循守旧，停滞不前，也要随着的时代的发展而不断创新发展。这种创新发展包括两个方面。一方面，对以往方志进行突破和扬弃、自我完善和发展。地方志是传承文明的一种形式和载体，这种形式和载体必须符合编纂内容的要求。而当今社会，社会事物比以往任何一个时期都复杂多元，异彩纷呈。作为“一方之全史”之志，必须在以往志书的基础上突破创新扬弃，不断进行自我完善发展，使地方志编纂体例方法能够适应编纂内容的需要，揭示事物发展规律。另一方面，借助先进技术和方法，取彼之长补己之短，他山之石合理内容为我所用，完备自我。在不脱离地方志本质属性的前提下，善于引入现代科技手段和方法，借鉴其他文化传播介质所长，善于为我所用，使地方志书与时代同进步，成为一种先进的传承当代文明的首选和不可替代的唯一载体。

如在志种上，不能仅限于编纂传统的地方综合志书，还要加大各种专业志书的出版力度，给修志工作者更多的发挥空间。对那些百姓关注、社会热点、生活亮点的内容，及时捕捉，编纂出版专志，这类志书搜集资料相对容易，出版周期相对较短，社会关注度相对较高，还能从已经出版的志书挖掘出历史根源，更有权威性和可读性。这类志书不仅能够让历史说话，同时能及时保存大量丰富资料，扩大了志书的受众范围，对地方志起到很好的宣传作用，可谓是一举多得，地方志还发挥了及时性的难得作用。再有，突破旧志藩篱创新编纂体例。如中华人民共和国成立以来，社会主义新方志对概述的继承和发展，引入现代先进排版手段对图照的灵活运用，借鉴其他文献的检索方式将索引引入志书检索中，等等，都是地方志在不断的扬弃和借鉴中完善和发展编纂体例的成功之举。还可以根据不同需要对出版方式推陈出新，如电子版、网络版地方志书；对出版形式花样创新，如普及版、口袋书版、简易版地方志等，都是地方志编纂出版的新探索。随着时代的进步，地方志在发展道路上还要面临各种新问题，因此地方志工作者还要不断求索，根据时代的需要创新编纂方法体例，这是修志问道技术层面的重要内涵之一。地方志工作者不断地修志实践，不断地问修志编纂之道，力求编纂出资料翔实、体例完备的启世之志。

最后，也是最重要的就是，修志问道的最终目的是通过地方志的翔实记载问人类社会发展之道，问自然人文可持续发展之道，真正编写出一部启示未来发展的经世之作。

以上，无论是重视史德修养，探索地方志和社会事物发展规律，开拓地方志工作渠道，还是进行地方志编纂体例方法的完善发展创新，其最终目的只有一个，通过具有史德修养的修志工作者，按照地方志和社会事物发展规律，在依法修志的保证中，不断对地方志编纂方法体例的扬弃中，编纂出一部能够“以启未来”的经世之志，这是修志问道的实质和根本所在，是所有地方志工作持续探求的落脚点。最终通过“以启未来”的地方志得以问得人类社会发展之道，让事业的接班人少走弯路；得以问得自然人文科学发展之道，通过地方志趋利避害，为人类社会发展服务。这才是修志之正道，也是修志问道的真正内涵。

所谓人间正道是沧桑，修志之道更是如此。要耐得住寂寞，要甘于奉献，要站位高，要高瞻远瞩，要在编纂地方志的同时发展地方志，要在探索规律的同时科学判定事物，开拓创新编纂方法体例，才能编纂出真正能够“问道”的地方志书，让历史的智慧为现实服务。这条道布满荆棘，这条道艰苦异常，要克服常人的弱点，要付出比常人更多的努力，需要一种精神，需要一种境界，需要一种能力。修志问道，任重道远，修志问道，负重致远，需要我们全力以赴，需要我们用毕生精力孜孜以求，成就启示未来的地方志书，也同时成就我们的人生。

（作者单位：吉林省吉林市地方志办公室）

# 浅析现阶段县区地方志机构与同级党史、档案机构合并后工作效能

温长松

**内容提要：** 近些年来，国内部分县（区、市）地方志机构与同一级别的党史、档案机构合并。对于三个机构合并后的工作效能状况，目前还缺少专门的分析和研究。笔者从地方志学学科属性、县区地方志机构人员状况、机构合并后存在的问题、新一轮修志县区开展修志工作承担的任务等几个方面在此对其进行简要的分析和阐述。

**关键词：** 地方志机构　党史　档案

县区地方志机构本文主要指国内在行政区划上属于各省、自治区、直辖市管辖的县、区、县级市等地方志机构。

对于现阶段县区地方志机构与党史、档案机构合并的研究成果相对较少。笔者通过查询全国期刊目录索引和中国知网发现，陆大钺撰写的《优势互补、拓展提高——档案、史志机构合并之我见》一文是对该领域较早的、有一定深度的研究成果。该文从我国历史文化传统，拓展档案工作业务范围和提高档案工作社会地位、档案工作更直接服务于盛世修志，档案、史志在爱国主义教育中发挥优势互补三个方面论述了三个部门应合并，并能发挥积极作用。① 姜晓志的《档志资源共享 互补协调发展——对县（区、市）档案、史志机构合并的认识》一文主要是从资料互补的角度等专门论述县区地方志机构与同级党史、档案机构合并。② 上述研究成果都提出了地方志、档案、党史工作在资料收集、使用方面存在相互补充、互相支持的观点。但是，对于县区机构合并后的工作效能，特别是县区地方志机构与党史、档案机构合并后的专门研究，相关的研究成果极少。

目前，国内各个省、自治区和直辖市一级的地方志机构均独立存在。部分地级市和县、区、县级市的地方志机构与同一级的党史、档案机构合并。地方志机构与党史、档案机构合并对于资源整合、资料互补有着一定积极的作用。从合并的目的来看，主要是为了精简机构、人员，减少行政成本。三个机构合并在一起，机构数量减少、行政成本支出数额降低，是显而易见的。从三个机构工作职责和性质分析，都有一定的共同点，分别从地

① 陆大钺：《优势互补、拓展提高——档案、史志机构合并之我见》，《中国档案》2002年第3期。

② 姜晓志：《档志资源共享 互补协调发展——对县（区、市）档案、史志机构合并的认识》，《山东档案》2005年第4期。

情资料、地方党史、留存档案三个方面能够反映地方历史的发展历程。这也成为三个机构可以合并的基础。但是，三个机构合并后的工作效能存在一定问题，主要是工作效能降低。其笔者认为主要有：

第一，地方志与党史、档案学科属性不一样。中国共产党党史学科在国内专业属法学学科门类，政治学一级学科。档案学属于管理学科。对于地方志学学科的属性，不同专家学者在不同时期有各自的阐述。有的认为地方志属于历史学，有的主张划归地理学，有的则认为兼而有之，属于历史学与地理学交叉学科。清代章学诚以前，地方志中尽管多有社会、人文、历史方面的内容，但大多被看作为舆地图经门类，列入地理专书；自章学诚开宗明义地提出了"方志乃一方之全史"的观点后，大大地提高了地方志的重要性，扩大了其内容和范围。这就使地方志的编纂内容向历史与地理相结合的方向发展。傅振伦说："方志为记述一域地理及史事之综合图书。"另一位地方志学专家黎锦熙说："折衷之论，则谓方志为物，史地两性兼而有之。"① 笔者认为，地方志学学科应属于历史学这一学科。因此，地方志、党史和档案分属于不同学科。原来三个部门各自所需要的人员专业不同，合并后开展工作等于要跨专业、跨学科进行，必然增加了工作难度，势必降低工作效率。

第二，对于县区一级地方志、党史、档案机构，人员的专业能力、技术水平等相对有限，合并后需要开展更多的工作、从事以前没有接触的工作，在一定程度上必然造成机构效能较低。县区一级机构，拥有副高级以上专业技术职称的人员数量相对较少，具有研究生学历并获硕士、博士学位的专业人员占机构人员数量的比重较低，这种状况在一定程度上不利于开展新一轮修志等工作。并且，这一状况短期内难以得到改善。

第三，三个不同类型的机构合并，在体制上、管理上存在不足。对于机构合并，政府部门"按照职能分工的原则，政府由诸多不同的部门组成，每个部门各司其职，各管一事。各个部门都有其自身的利益追求，……它们往往从本部门的实际利益出发，精心构思自己的行为，……这就不可避免地会出现本位主义，此外，以专业分工、功能分割、层级节制为特征的碎片"和"政府管理模式，以职能为中心、功能分割、'鸽笼式'的部门设置或许能够实现局部效率的提高，但对于组织的整体效率却成了一种妨碍"。② 这种合并的目的在一定程度上是有利于政府机构整体发挥作用。可是，地方志机构属于政府部门，而党史、档案机构则不属于政府部门。"由几个部门整合而来的一个大部门，往往会面对任务叠加、资源缩减和升职受限的困惑。"③ 上述这些问题直接影响了新一轮修志工作的开展。

第四，由于"地方政府在改革中严格按照早在1998年改革时就提出的机构限额标准办。……县政府机构根据不同县情，按14～22个掌握。"④ 作为地方志、党史、档案部门在县区一级往往成为机构合并调整的对象，而对于地方志等机构合并后是否能更好地发挥作用，合并后开展修志等工作存在的困难等则缺少深入细致的调查研究，因此未能提出切

---

① 吕威、李彤：《加强地方志研究，发挥地方志作用》，《长春金融高等专科学校学报》2008年第2期。

② 周建安主编：《政府部门集成管理》，中国质检出版社，2013年，第18～19页。

③ 马庆钰：《大部门制建设与政府机构调整》，《中国行政体制改革报告（2012）》，社会科学文献出版社，2013年，第73页。

④ 马庆钰：《大部门制建设与政府机构调整》，第70页。

实可行的有效举措。

第五，从修志的角度分析，修志工作县区一级需要编修志书的数量较大，承担任务较多。新一轮修志不同于中华人民共和国成立初期开展的修志，也与改革开放后进行的上一轮修志有所区别。此轮修志工作全国所有县区都将开展。同时，此轮修志大多沿用上一轮修志先修行业志、部门志的方法。因此，县区一级志书数量最多，有的是重修志书，有的是续修志书。无疑县区一级地方志机构面临的修志任务是繁重的。无论是重修还是续修，依据详今略古的修志方法，必须对近些年国内城市化、工业化、社会主义新农村建设、土地使用、农村劳动力转移、医疗保障情况等进行阐述。例如，近些年县级市数量不断增多，笔者依照《论城市体制变更与城市志记述范围》① 一文，参照中国城市数据统计资料②和《全国第二轮市县志编纂经验交流会会议纪要》的相关数据制成"1949—2004年中国县级市数量变化图"和"1949—2006年中国地级市城市数量变化图"。由图可以发现，从1949年到2004年年底，县级市从69个增加到374个，增长速度较快。改革开放30年来县级市数量增长了3.2倍，是解放初期的5.5倍（参见图1）。同期，地级市行政区划的数量增长则落后于县级市。从1976年到2006年地市级城市增长大约2.47倍（参见图2）③。县级市数量增多，是城市化、工业化的直接体现。新一轮县区志书应当对其进行较为细致的阐述。对于修志，从收集资料、确定纲目、编写大纲、选取资料到审改志稿，需要具有较高史志专业水平的人员，并且要花费很多的时间、精力、人力才能完成。地方志机构依据《地方志工作条例》承担的工作任务主要是修志和编写年鉴，对于县区一级方志机构，在现有人员情况下，部分机构尚不能做到条例中规定的相关要求。机构合并后，原地方志机构人员可能要承担党史研究及档案征集、管理、保护、编研、信息化等工作，在工作任务增加后不利于深入开展修志工作。虽然原党史、档案部门的人员也可以参加修志工作，但是上述人员要成为胜任新一轮修志工作的专业人员则需要较长的时间。因此，地方志、党史、档案机构合并的效能不能用简单的1+1+1=3来理解。

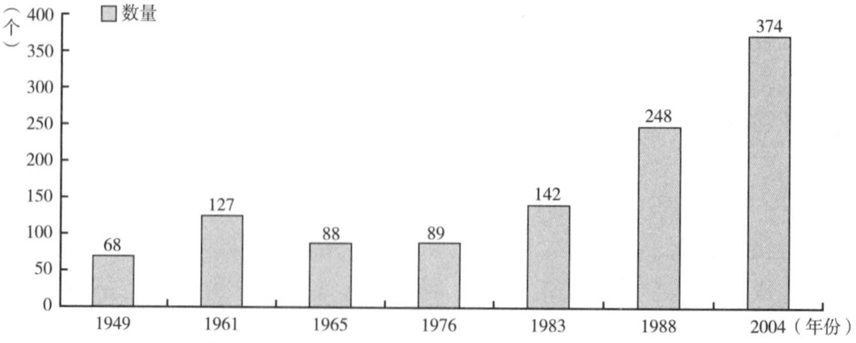


**图1　1949—2004年中国县级市数量变化图**

① 王汗吾：《论城市体制变更与城市志记述范围》，《史志文丛》1989年第2期。

② 中国城市数据统计：http：//data. acmr. com. cn/member/city/city_ xjmd. asp。

③ 温长松：《浅谈构建县级市地方志编纂理论》，《福建史志》2009年第4期。

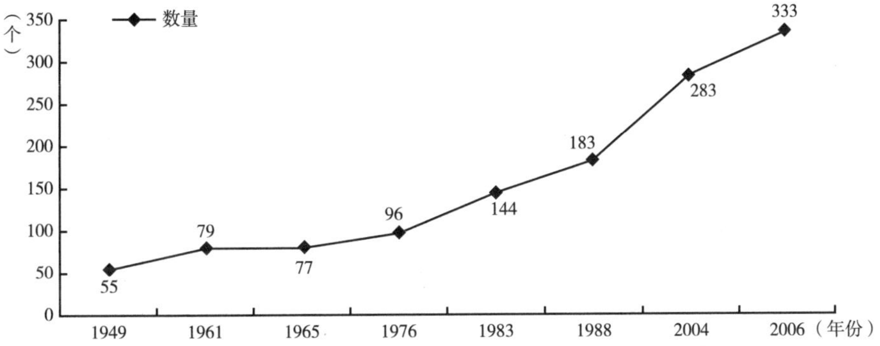


**图2 1949—2006年中国地市级城市数量变化图**

县区一级地方志机构与同一级党史、档案机构合并后，由于诸多原因修志工作的成果并没有得到提高。机构合并的初衷和目的是好的，但实际所起到的作用相对有限。要解决这个问题，应“地方政府机构改革……按照精简统一效能的原则和决策权……着力优化组织结构，规范机构设置，完善运行机制”①。

[作者单位：重庆市档案局（馆）]

① 魏礼群主编：《中国行政体制改革报告（2011）》，社会科学文献出版社，2011年，第63页。

# 依法建立科学的地方志工作机制

杨宗兴

**内容提要：**地方志工作的开展面临体制机制的严峻挑战，本文从基层工作的实际出发，提出了依法建立科学的地方志工作机制的构想，即宏观领导机制，执法督查机制，队伍建设机制，利益导向机制。科学的体制机制是落实《地方志工作条例》的重要前提和保障，是地方志事业持续健康繁荣发展的必由之路。

**关键词：**依法　科学　机制

中共十一届三中全会召开以来，特别是2006年5月18日国务院颁布实施《地方志工作条例》（简称《条例》）以来，我国地方志和地方志工作取得令人瞩目的成绩，地方志事业呈现出蓬勃发展的大好局面。据第五次全国地方志工作会议的工作报告显示，全国首轮修志任务全面完成，全国累计出版规划内省、市、县三级地方志书5800多部。全国第二轮修志工作深入展开，部分地区已经完成修志规划任务。出版规划内三级地方志书1400多部，部门志、行业志、专题志累计出版2万多部；乡镇志、村志累计出版4000多部。全国地方志系统组织编纂的地方志综合年鉴1700余种，专业年鉴1200多种。京津沪等8个省市基本实现县级以上地方综合年鉴编纂全覆盖。成绩令人鼓舞，形势催人奋进。

然而方志事业在前进的道路上仍然存在各种问题和困难。主要表现在，《条例》贯彻落实不够到位，有些领导对地方志工作的重要性认识不到位，地方志工作机构的编制偏紧，人才奇缺，经费严重不足，政治经济待遇差，等等。解决这些问题和困难是方志事业持续健康发展的重要前提，需要建立一套科学的机制。

## 一　宏观领导机制

修志编鉴是一项系统的综合的社会工程，仅凭地方志工作机构是难以完成任务的，离不开各级政府的有力领导，离不开社会各界的配合支持。因此，建立宏观领导机制十分必要。《地方志工作条例》第四条明文规定："县级以上地方人民政府应当加强对本级区域地方志工作的领导。"这就明确了各级地方人民政府对地方志工作负有领导责任。那么，各级地方人民政府如何实施其领导责任呢？

从过去修志的经验看，修志时都要成立编纂委员会，对编纂委员会主任的选择各地大同小异。大都以政府首长为主任，或常务副职为主任，也有以党委副职和人大常委会领导为主任的。这一领导机构为修志工作提供了组织保障。市县两级这个领导机构只是临时的，志书完成了，编委会自然终止了。

中共十六大召开后，文化建设深入推进，方志事业得到蓬勃发展，地方综合性年鉴编纂工作已成常态。新情况新形势迫切要求各级地方人民政府对方志工作的领导也应是一种常态。首先，市县两级方志编纂委员会应为常设机构，或成立方志工作或领导小组。编委会主任或领导小组组长应明确为政府首长。这是我国修史修志一以贯之的传统做法。领导小组应着重把好“三关”。一是人才关。修志是知识性、专业性强且非常艰巨的工作。配备地方志工作机构的负责人和工作人员关键要考量德和才。二是经费关。财政预算要安排足，不能小家子气。三是规划关。对修志编纂要提出指导性意见。其次，要以《条例》为母法，各级地方人民政府根据地情实际制定具体的法规规章。目前，全国已有25个省市，150多个市县颁布了地方志工作法规规章或政府规范性文件。虽有75%的省区直辖市制定了地方志工作的法规，但市县两级立法立规的仍在少数。表明基层的地方志工作立法立规任务还十分繁重。在这里要着重提出的是，基层方志工作立法立规应把政府的领导责任更加具体细化，使其具有可操作性。再次，各级地方志工作机构负责人（主要指市县两级）应纳入政府党组或者政府常务委员会之中，兼政府办公室副职，直接参与政府工作的研究决策，以防止地方志工作被“边缘化”，确保各级人民政府在研制经济社会发展五年规划和年度工作计划时，对地方志工作有部署安排，有目标任务，有措施要求，等等。同时，应将地方志工作纳入全局性工作检查考核范畴，年度内有检查有奖罚。

## 二　执法督察机制

修志编鉴最关键一环是按篇章的总框架征集所需材料。征集材料要涉及各部门各单位和个人等方方面面。一般情况下，机关单位、社会团体都能配合工作。问题的症结出在时间上，一些单位总是以这样那样的借口不及时报送材料，即使上报了材料也是应付式的，真正具有存史的、高质量的东西不多，这就难以保证志书特别是年鉴的如期出版。因为地方志工作机构没有执法权，自然就没有制约力。

为了改变地方志工作机构征集材料难的现状，就必须建立执法督查机制。由各级地方人大常委会牵头组织本级地方志工作组成执法检查小组在本行政区域内定期或不定期开展地方志工作执法检查，强化地方志工作制度的刚性。对拒报材料，或不及时上报材料的单位领导严以问责。除此而外，也可开展工作督查，由党委政府的督查部门牵头组织地方志工作机构开展例行工作督查，并发督查通报，褒优诫劣。

## 三　队伍建设机制

我国古代自周朝开始就设立修史修志机构，配置了一定数额的史官。一直以来，修国史者皆为大学士，各级修方志者亦为“科班出身”的社会名流。

当今中国之修史修志队伍中亦不乏专家学者，但在市县基层，修志队伍的整体素质和水平是不容乐观的。专业人才尤为匮乏，青黄不接现象严重，成为制约方志事业发展的“瓶颈”。“瓶颈”不打破，志书难提质。要打破“瓶颈”，方法有二。其一，党委政府及组织人事部门在配备干部时，应引入人才优配优待机制。地方志工作机构不同于一般的行政机关和单位，其所需要的工作者也不同于一般的干部职工。方志人不仅要具有“衣带渐宽终不悔，为伊消得人憔悴”秉笔书志的顽强毅力和甘于奉献不计得失的高尚品德，而且要具有一定的文化修养和写作能力。在县一级，方志机构编制少。以邵阳市为例，县市区史志办人数多的不过五六人，少的仅一人。加之在一般人眼里，地方志办是个“清水衙门”“清苦部门”“没有出息的地方”，凡有点能耐的人，都不会选择这里。鉴于上述各种情况，在干部配置上就应当特殊情况特殊对待。组织上如不采取优配优待原则，方志队伍是优化不起来的。所谓“优配”，就是要把德才具备的人才配到方志工作岗位上，而不是像过去那样，不管爱不爱写，能不能写，把编制弄满即可；就是不要让“熬灯爬格”、不为名利写春秋的方志人吃亏。这一原则应当成为组织人事部门，特别是党委的录用人才理念。其二，层层开展业务培训。近两年来，各级地方志工作机构，方志学会举办培训班日趋活跃，渐成惯性，让人振奋。培训应成为长效机制，要一抓到底。县一级应侧重于培训乡镇、行政机关企事业单位撰写年鉴资料及地情资料的人员，将其发展为方志学会会员，为培养方志专业人才打好储备基础。国家、省、市三级应侧重培养方志学理论研究、志书编纂等方面的专业性人才。省市机构每年举办一期以上培训班，培训的选题要按工作需要具有较强的针对性、指导性、适用性、操作性。信息化时代，可借助网媒平台进行网上培训。各级方志刊物应紧跟时代步伐推出电子版，以资方志爱好者学习。

## 四　利益导向机制

现实地看，基层方志人政治上没有地位，经济上没有“甜”味。这已然成为当代方志人挥之不去的一块心病，也是地方志工作机构招不进人，留不住人的因素。

当前，事业机构改革工作正在向纵深推进。地方志工作机构在这次改革中何去何从是方志人颇为关注的焦点。编制部门偏向于把地方志办公室划归公益一类，方志部门本身想划归行政类。机遇与挑战并存。笔者所言利益导向机制其中就包括方志部门的工作性质转换。也就是说，各级方志部门在此次事业机构改革中，要依法争取将其纳入行政单位序列，使方志工作者的身份转换为“公务员”。也许，这样对方志工作者较公平一些。要完善过去“双轨”制的一些制度，正常开展评职工作。要想让基层方志工作者有作为有贡献，评定专业职称是一个有效法子。应努力与人事部门沟通协商，在县一级评聘一批方志工作研究员。还要建立稿酬机制。应根据国家新闻出版广电总局关于稿酬的支付标准，建立完善志书年鉴的稿酬支付制度（含所提供资料的稿酬）。酬金制度可以缩小方志工作者与其他部门行业人员的收入差距，以解决经济待遇差的问题。

依法治志，关键是要依法创新方志工作机制，使《条例》落地，使工作规范。

（作者单位：湖南省邵阳市城步苗族自治县史志办公室）

# 提高地方志工作社会地位之我见

叶长青

**内容提要**：习近平总书记系列重要讲话、李克强总理重要批示和刘延东副总理重要讲话及批示，都明确提出地方志是传承中华文明、发掘历史智慧的重要载体，希望地方志事业为弘扬优秀传统文化、服务经济社会发展作出更大贡献，为激发民族自豪感和自信心和实现中华民族伟大复兴发挥更大作用。提高地方志工作的社会地位，对于保证地方志事业持续、稳定、健康发展，具有极其重要而深远的意义。

**关键词**：地方志工作　社会地位　提高

地方志或称方志，是中国特有的一种文化现象，其编修历史源远流长。地方志的“存史、资治、教育”功能泽被社会各个阶层，大到宏观决策科学研究，小至微观指导具体操作，无处不有，无处不惠。笔者自参与编写地情书到专业从事方志编纂工作30多年，见证了改革开放以来地方志事业繁荣发展的春夏秋冬，亲身体验到方志人为提高地方志工作社会地位所作出的不懈努力。

今天，地方志事业虽然面临着大好的时代氛围和难得的发展机遇，迎来了新常态。但如何提高地方志工作的社会地位，以有为谋有位，还需我们进一步地去探索和努力。基于此，笔者认为做好以下三点至关重要。

## 一　转变思想观念，主动适应新常态

中共十八届四中全会提出和确立依法治国战略，为地方志工作贯彻落实《地方志工作条例》和全面推进依法治志指明了方向，也为全面提升地方志工作的社会地位创造了法治环境。国务院副总理刘延东在第五次全国地方志工作会议上提出的“一纳入、八到位”，即把地方志工作纳入国民经济和社会发展规划、各级政府工作任务之中，做到认识到位、领导到位、机构到位、编制到位、经费到位、设施到位、规划到位、工作到位。这既是对新常态下的地方志工作提出了总体要求，也是对地方志工作社会地位的科学界定。就此，中国社会科学院院长、中国地方志指导小组组长王伟光在全国地方志机构主任会议上作了《认真落实“一纳入、八到位”，大力推进地方志事业发展再上新台阶》的主题报告，并对下一步主要工作做具体部署。真可谓：蓝图已绘就，只等抓落实。

地方志工作上升到国家层面，成为各级政府工作的组成部分，使方志人长期追求的梦想得以实现。我们必须抓住机遇，从理论和实践上加强依法修志、依法管志、依法用志，自我理疗以往工作中存在的痼疾。首先，要以《地方志工作条例》为准绳，把过去散漫无羁的思想和行动统一到法规的要求上来，将法治理念融入具体工作中，以法治思维和法治方法改进工作中存在的不足和缺陷，学会依靠法治手段破解工作中的难题，注重营造依法修志的良好社会环境。其次，要把修志的组织形式转向法治化管理。过去的修志工作关键在于领导的重视程度，重视则多修志、修好志，否则不修志、难修志，缺少法律法规的刚性约束。在具体操作中，以往的修志一般是“党委领导、政府主持、修志机构承办、专家学者修志”，其最大的弊端就是本末倒置，把修志重任和责任推给社会上的专家学者，内部修志人员反成了局外人，致使志书的质量和时效性大打折扣。在新常态下，应该尽快扭转这种被动局面，注重整合内部资源，以形成全员参与的修志格局。在外部资源利用上，可聘用某一领域的专家学者承担部分内容的编写，以弥补内部人员业务方面的不足。以此提高修志机构的整体形象和社会地位。再次，必须加强执法队伍建设和人才培养，为依法修志提供保障。有法是前提，执法是关键，各级修志机构要成立专门的执法组织，把法规规章的要求有机地结合到志书的评审过程中，依法保证志书的质量。还应进一步加大培训力度，不断提高修志人员的政治素质、业务素质和法律素质。“以文章看人品”这句话有一定的哲理，只要我们把地方志这篇大文章做好，就会自然体现出方志人的基本素质。正如王伟光院长在报告中提出：“只有把工作扎扎实实做好，努力提供更多更优秀的方志文化成果，地方志工作的社会影响才会增强，社会地位才能提高，才能得到党委政府和社会各界的更多关心和更大支持。”

## 二 方志人要自身坚定信念，努力争取

陈述这一观点之前，笔者想对“修志不得志，得志不修志”这句流传于方志界的悲观论调作以修正，应该是“有志才修志，修志得有志”。当你踏进地方志门槛的那一刻起，就意味着付出与奉献，就意味着清苦与清贫，尽管地方志工作面临着诸多困难，如基层修志机构的合并、挂靠、代办等游弋不定，修志人员的福利待遇低下，修志经费严重不足等等，但修志人要保持一个矢志不渝、健康豁达的心态，应笑面人生，不要妄自菲薄，自怨自艾。应多一份自尊，少一些自卑，要坚定信念、增强信心，胸怀社会主义核心价值观，放眼于日新月异的经济社会发展，始终恪守“钱少事业大，位低责任重”的职业操守，直起腰杆堂堂正正做人，认认真真干事，不为金钱而扭曲笔锋，不为荣誉而丧失史德。

自然界某一现象的发生都有其两面性，地方志工作的社会地位低，主要是由自身工作中的诸多不规范而引起的。比如：有些组织和个人急功近利，把编史修志当成生意去做，谁给钱就给谁“树碑立传”，亵渎了地方志的严肃性，损害了方志人的形象；有的方志机构违规操作，贬损内部人员，把政府规划内的志书、年鉴等让社会上的中介组织或个人去编纂，借“社会参与、专家修志”之名从中渔利；有的方志机构不按规定程序审查、验收、批准，常常以关系疏密程度“照人戴帽子”，关系密切者自然“你办事、我放心”，只走走程序就出版发行，关系疏远者不管志书的质量如何，非得“鸡蛋里挑骨头”，来回

折腾上几遍，致使有的志书未经评审就直接出版，质量很难保证；有的方志机构随意改变修志方向，与外界合伙出版一些与方志无关的东西，让社会对地方志的职能很难定位。因此，笔者认为提高地方志工作的社会地位，必须大力弘扬“修志问道，直笔著史”的方志人精神，以“耐得住寂寞、守得住清贫、稳得住心神、担得起使命”的实际行动，感染和影响人们对地方志工作的重新认识、重新定位、重新排次。作为方志人更应崇尚董狐、司马迁等史界先贤的执着和追求，用自己的心血和汗水，擦亮历史镜鉴，浇铸时代丰碑，为方志事业赢得一片蓝天。

## 三 地方志工作要注重宣传，营造氛围

现实生活中，每当新友故交相遇之时，总会问及彼此的工作单位，这是方志人常常犯愁的一件事，因为说简称辨不清，说全称又听不懂，往往费很大的劲，才能让对方一知半解。究其原因，就是地方志工作缺乏对外宣传，人们对地方志知识了解太少。

现在社会上有相当一部分人对地方志探索历史规律、总结历史智慧、服务现实与未来发展的重大作用认识模糊，对方志人不计名利、勤奋工作、默默奉献的精神不屑一顾，从而漠视方志机构，薄爱修志人员。认为地方志就是简单的资料收集，修志的人也只不过是一些仅会咬文嚼字的“拗相公”，导致地方志工作长期处于边缘化的境地。

地方志工作不同于其他行业，需要与社会各界的广泛接触，才能收集到内容宏丰的基础素材，才能编纂出高质量的志书，才能让后人知晓当代人艰苦创业的历程和取得的辉煌成就。笔者认为，方志机构应发挥占有史志资源的独特优势，开发出一些群众喜闻乐见的文化产品，以改变“官书官看”的用志格局。因为方志中大量的历史事件、历史人物、名胜古迹、故事传说等，既有历史价值又有地方特色，是创作文学作品、电视剧和电影的好素材。还应加强与新闻媒体的互动，广泛宣传方志人、方志工作、方志理念，大力弘扬方志文化，推崇敬业诚信。在让史志成果鲜活起来的同时，更要让方志人“活”起来。面对新常态，方志人必须改变以往坐在“冷板凳”上等资料，为主动深入一线寻资料，积极参与社会各项文化活动，尽最大努力让更多的人看到方志人的身影、听到方志人的声音、读到方志人的作品。只有这样，才能让社会各界和各级领导充分认识方志事业，尊重方志事业，从而使全社会形成一种读志、用志、修志的良好氛围。

提高地方志工作的社会地位是一个复杂的综合性系统工程，既有内因又有外因，既有历史原因又有现实因素。但笔者坚信，随着改革开放的不断深入和经济社会的长足发展，有党中央国务院的高度重视和亲切关怀，有地方各级党委政府的大力支持和强力推进，有社会各界的热情帮助和积极参与，再加之方志人的执着奉献精神，地方志事业一定会在前所未有的大好形势下，为实现中华民族伟大复兴的中国梦作出新的更大贡献，地方志工作的社会地位将会不断地提升。

（作者单位：宁夏回族自治区地方志办公室）

# 地方志发展与改革创新

## ——以桦甸地方志为例

于丽娟

**内容提要：**创新是人们街谈巷议的热门话题，也是方志界应该深入探究的核心内容。本文就什么是创新，创新与地方志发展的关系，地方志作为特殊的文化载体应该如何创新等问题，与读者展开讨论，从百家争鸣氛围的营造、学古鉴今、反复实践、理论带领等几个方面开创方志创新发展的格局，改革志风，以期实现经世致用的目的。

**关键词：**创新精神　地方志发展　开风气　百家争鸣

什么是创新？创新是利用现有的知识和物质，在特定的环境中，改进或创造新的事物、方法、元素、路径、环境，并能获得一定有益效果的行为。2006年召开的中共十六届六中全会把以改革创新为核心的时代精神与以爱国主义为核心的民族精神一起，确立为社会主义核心价值体系的基本内容。2015年3月5日，习近平在第十二届全国人大三次会议期间强调：创新是引领发展的第一动力，抓创新就是抓发展，谋创新就是谋未来。第一次澄清了创新与发展之间的必然联系。发展与创新是各项事业永恒不变的主题。在地方志发展过程中，创新同样以其特有的声音与形象如影随形，汇聚成方志的发展之流。方志事业的发展即是对创新的不断诠释。

## 一　地方志发展中的创新精神

纵观方志发展史，其实就是记录着人类社会与时俱进的历史画卷，志书在形态上，从最初的地记、图经发展到方志，随着经济社会的变迁而变化；在内容上，勇敢地吸收各种文化因素，追求实用、可读性、地方性、普及性，不断新旧更替。年鉴的发展与兴起，进一步丰富了方志家族的内涵。中华人民共和国成立后，地方志更是不断更新自我，超越自我，在内容、工作机制、服务、人才制度、馆舍建设等方面综合发展，顺应文明之潮流、体现时代之脉动、展示历史之未来，无一不彰显改革创新的成果。国务院总理李克强在第五次全国地方志工作会议上提出了新方志“存史、育人、资政”三大功能，建设性地更新了“存史、资政、教化”的提法，将教化放至第二位，这是在综合近年方志发展现状与未来的基础上，对方志功能的创新概括。

中国是一个提倡创新的民族，也是一个善于学习的民族。章学诚《文史通议》之《博约篇》，强调学要有“已立”，博识强记，推陈出新，如果不能以创造立新为目的，则是陋儒之举。有创新才会立“经世之学”，他指出“君子之学，贵开风气，而不贵趋风气”，“天下事凡风气所趋，虽善必有其弊。君子经世之学，但当相弊而救其偏，转不重起之是非”①，倡导改革学风，开辟风气，以求经世致用。

## 二　改革与创新的空间

与许多县级地方志工作一样，桦甸地方志向着“一纳入、八到位”的方向努力。有综合方志馆，开展修志、年鉴编纂、地情资料研发、网络、调研等工作。从地方志发展的总体情况看，还存在着以下几个方面问题：（1）创新氛围不浓，创新主动性不强，主要精力用于程式化工作，或是人云亦云。（2）创新主旨不明，方法不对。（3）机构不理顺，在全地区和全国的范围看，地方志编制有的归于政府，有的归于市委组织部，有的归于档案局，有的独立设置；在人员待遇上有的是事业编制，有的是公务员编制，这样与省、市不统一、不平衡的机构形式并不利于事业的长期健康发展。（4）理论水平不高，不能主动根据工作实际开展调查研究，其中的原因也许很复杂，有许多新方志人还处在学习和强化阶段，有的老方志人过于谦虚和谨慎，有的则拘泥于原有的模式安之若素，不敢或不愿创立自己的“学说”。

## 三　改革创新的方法步骤

### （一）营造锐意创新的工作氛围

先秦时期，百家争鸣，引来百花齐放。众多文人学者，各自以独特的视角，对宇宙、社会、人生、政治、经济、军事、伦理、道德等诸多领域，作了比较深入的探讨。相近思想、认识、见解的交流和切磋，推动各自思想学说的不断丰富和完善，终于形成对后世产生重大影响的儒家、道家、墨家、法家、名家、阴阳家、纵横家、杂家、农家以及《周易》等“百家”学派、学说，从而使先秦时期成为中国文化的黄金时代。营造良好的氛围有利于个体争鸣意识的唤醒，在彼此碰撞中不断升华与完善。近些年来，省市期刊创造了良好的理论平台，有许多具有指导意义的理论观点印成铅字，与读者见面，理论研讨呈现出前所未有的好势头。但偏重实用意义的较多，理论导向上的少；偏重实际操作的多，学术切磋上的少；不同观点针锋相对的情况少之又少，理论平台有之，而理论争鸣的氛围还需进一步养成。省方志委一年一度的年鉴交叉点评，也为地方志创新氛围的形成提供助力。创新意识的养成，不但要敢于善于坚持自己的观点，更要虚怀若谷，及时采纳、吸收

① 章学诚：《文史通义·古文十弊》，上海古籍出版社，2008年，第127页。

有益的思想，从善如流，以完善自己的理论“学说”。在中国的文化典籍中鲜有竞争一词出现，先人们认为，最高等的竞争是与自己竞争，《论语·学而》中曾子曰“吾日三省吾身”，提倡的是与自己竞争，与自己的昨天比较，与上一分钟的自己比较。

### （二）学古鉴今，在学习与继承中创新

《学而》子曰：“温故而知新，可以为师矣。”① 通过温习旧知识，能有新体会、新发现，就可以当老师了。不断温习所学过的知识，从而可以获得新知识。这一学习方法不仅在封建时代有其价值，在今天也有不可否认的适应性。《诸子百家》的作者同济大学教授朱义禄先生说：“人类的思想文化史是一个发展中的系统。前人提出的见解，在后人那里，作为一种思想材料，成为构建学说的出发点。”1956 年 8 月 24 日，毛泽东同音乐工作者谈话时说：“向古人学习，是为了现实的活人。”

向古人学习的过程中，要学会的是批判地继承，在借鉴中发展。章学诚在《文史通义》中提出的“志乃信史”等说法，在学术上颇有争议，但他所倡导的秉笔直书、经世致用等观点，历久弥新，成为志界反复践行的指南。“但须据事直书，不可无故妄加雕饰。妄加雕饰，谓之剜肉为疮，此文人之通弊也。”“学业将以经世也。”目前许多方志工作者都是半路出家，对方志理论并没有全面系统的学习，即“温故”成为束缚“知新”的重要因素。若要创新，首先要系统掌握基础知识，从“方志政治理论即方志政治学，方志基础理论即方志基础学，方志应用理论即方志应用学”② 三个方面系统学习；其实要学习中国文化典籍中治学根本，学而思，思而学，“才、学、识三者”③ 兼得；还要学习古人方志理论结晶，运用新知识、新观点、新理念、新思维、新方法剖析传统理论，为我所用。敢于质疑，敢于标新立异，敢于争鸣。

### （三）在实践中不断创新

“古人学问无遗力，少壮功夫老始成。纸上得来终觉浅，绝知此事要躬行。”从陆游这首诗中可以读出，实践是创新的动力和基础。很多人一听到创新就会摇头，说其大而无着，什么是创新，怎么才能是创新，无从下手。实际上，创新无时无刻不在，一种理念的更新，一种工作方式的改变，一个形式上的完善，一个内容上的调整，凡是推动事物向前发展的，不同于旁人之处都属创新。关键在于在实际工作中肯不肯换位思考、多角度思考、创造性地思考，勇于突破不合时宜的观念、做法、体制和机制。根据桦甸地方志工作现状，主要在组稿方式、提高社会调查资料比例、工作制度、更新内容几个方面，做出或准备做出以下完善与创新：

1. 转移工作重心

向社会调查、历史考证、勘误、补遗等方向倾斜。信息采集方式上要走多元化的路线，采取与社会力量结合、发包、交换、合作等形式完成；志鉴及地情资料编纂，同样可

① 孔子：《论语·为政篇》，云南教育出版社，2010 年，第 16 页。

② 陆齐：《〈中国现代方志学〉的学科理论与结构关系》，《北京社会科学》2005 年第 2 期。

③ 章学诚：《文史通义校注》卷三，中华书局，2014 年，第 205 页。

以借助社会力量，选聘各类专家学者，甚至可以尝试志鉴与地情资料研发同样采取与社会力量结合的方式；合理配备人力、物力，让一部分人“闲”下来，能够有时间、有精力深入当地风土民情，征集各类民间资料，让乡风、民约、家训走进地方志，丰富地情文化。

2. 工作方式创新

与社会力量结合，全面挖掘地情资源，形成系统成果，向社会发布。2014 年，桦甸地方志与市作家协会合作，将苏密古城遗迹考古工作立项，旨在追寻桦甸人文历史脉络，发掘桦甸地域文化。还要与旅游、招商部门结合，研发地方人文、地产、风物资料，使方志直接为经济建设服务。扩大方志馆藏、引进图书管理模式，让方志资料更便捷地服务于现实和百姓。参与文化建设，与文学艺术、广电传媒结合，打造文化名片。

3. 制度创新

影响整体进度问题。《吉林省地方志工作条例》第二十一条明确规定：“未按规定完成编纂任务或者拒绝提供资料的，由县级以上人民政府负责地方志工作的机构责令限期改正，并由有关部门依法给予行政处分。”地方志督导工作由政府督察部门直接参与，以此逐年强化方志编纂质量与效率。制定地方志质量与提供时限年终考核标准。

4. 创新载体

在载体创新上要遵循跟得上，放得下的原则。跟得上就是要让各类传播媒介为我所用，放得下就是根据事业自身特点与需求，有选择地利用与摒弃。2015 年年初微信上有一则《2014 年桦甸大事总结》脍炙人口，“一月招商项目开工，秸秆也能发电了；二月小城子村改造，新社区开始兴建了”，在圈中流传迅速，这是方志信息传播的一个历史性突破。地方志近些年来，采取在网站公开发布信息，以电子年鉴、电子志书的方式传播志鉴内容，提高志鉴的信息量与可读性。年鉴的电子版本，从原有的文字模式向全息电子书籍过渡。志鉴信息传播逐渐走向便捷与高效，发挥志鉴传递人文正能量、教化民众的功能。与此同时，方志工作在读图的处理上保持坚定的头脑与历史的警觉，可以增加图表数量，但不能把志鉴变成图册；既要有网络版、电子版的年鉴，又要始终把文字版的志鉴坚定地保留下去。

5. 资料内容创新

根据经济社会的发展实际，更新志鉴内容，做到与时俱进。框架设计上常变常新，内容上强调信息含量与有效性、可读性、历史性、内涵性的结合。削减政务、官方统计资料，适当增加民调、草根资料。如《桦甸年鉴》自 2007 年创刊以来，先后增设“林莽风情辑”“金城文苑”“金城名人录”等内容，并且把内容创新工作贯穿以后志鉴工作的始终。

### （四）科学设置机构

2006 年颁布的《地方志工作条例》中明确规定，地方志工作囊括修志、管志、用志、研发四大方面，由“一本书”方式转向全面系统的地方志工作，对机构的稳定性与人员分工的精细化程度要求越来越高。桦甸地方志是档案局的一个科室，直接对省、市地方志负责。县级市在人员技术职称评定上受到制约，或走档案类，或攀附于其他类，工作成果与职称评定对接颇费周折。机构的理顺还需遵循自上而下、一以贯之的原则，同时做到以人为本、以事为本，强化人文关怀。对此笔者有如下建议：一是将人员编制上划，直接归省、市统管，以保障人员配备；二是在县级市给予方志工作者一定政策，工作成果与职称评定不脱节。

### （五）加强理论创新，为地方志事业发展提供理论支撑

理论要永远保持先进性，先于实践，才能达到指导实践的目的。采取在志言志的方式搞理论创新往往会事倍功半，容易作茧自缚，要形成真正意义上的理论创新，要“继续加强方志学与历史学、社会学、经济学、文学、法学等学科的关联性研究，积极借鉴吸收其他学科的先进理论和研究方法。”① 地方志理论研究呈现出前所未有的崭新局面，调研、理论研讨活动日益丰富，但就桦甸自身而言理论水平并不高，还需在调研人才的培养，理论研讨条件与氛围的营造方面努力。伴随分工的科学化与精细化，能让更多的研究人才有更多的精力投入理论调研当中。学习、借鉴、理论、实践、创新，把方志理论研究推向新的高度。

（作者单位：吉林省桦甸市地方志档案局）

① 王伟光：在全国地方志机构主任工作会议上的报告《认真落实“一纳入、八到位”大力推动地方志事业发展再上新台阶》，《今古大观》2015 年第 3 期。

# 官民结合是一条修志的新路子

## ——探讨市场经济条件下县级地方志工作如何开展

于盼粘

**内容提要：** 官民结合修志是县级更具体地把修志工作纳入国民经济和社会发展规划、政府工作任务之中，使工作落到实处。按照文化体制改革和市场规律开展修志工作，是认识到位的突出表现；解决了很多难以解决的问题，正是领导到位的结果；以民间社团组织建立修志机构，没本事的不会参加，混大锅饭的没有报酬，是实实在在专家型的修志机构；不用增加编制，利用社会力量就可建起庞大的修志队伍；政府与地方文化研究会签约买服务，经费自然到位；地方文化研究会有办公地点和办公设施，政府减少一笔开支；政府与地方文化研究会约定协议中包含详细规划。以上工作做好了，工作到位就没有问题。

**关键词：** 市场经济　修志工作　官民结合　地方文化研究会

我国改革开放近 40 年，改革开放后首轮修志到现在也已经 30 多年之久。首轮修志处于改革开放初期，政府机构设置基本是计划经济模式，修志工作自然也是在这种模式下开展。从 1993 年中共十四届三中全会通过《关于建立社会主义市场经济体制若干问题的决定》后，社会主义市场经济体制逐步建立。第二轮修志正是在这两种体制交替中进行的，出现了与首轮修志很多不同之处。以计划经济时期的思维，来修市场经济时期的志书，工作难以开展，也修不出合格志书。本文探讨的就是两种体制交替后，修志工作当如何开展。

### 一　计划经济和市场经济时期不同的修志条件

1982 年我国启动改革开放后首轮修志工作时，就设定了志书要记述地理、经济、政治、文化、社会、军事、人物等七大块内容。当时，还处于计划经济时期，政府包揽一切，所设置的工作部门众多，每一个行业都归属一个部门管理。以县级为例，主管经济的部门有各个企业的详细资料，乡镇也有各个行政村的资料，统计局的数据资料很齐全，行政、事业单位和社会团体也都有党政部门直接管理和掌握的详尽资料。因此，修志工作的基本思路就是地方志办公室列出篇目，分解到党政军团等各个工作部门，由工作部门撰写分志，部门分志完成后交地方志办公室总纂。有些资料部门没有掌握和综合性板块则由地方志办公室搜集资料撰写，如概述、大事记、建置沿革、民俗、方言等。

资料的多寡和深刻肤浅，决定志书质量的高低。从改革开放后首轮修志到目前第二轮修志，都是把资料放在第一位，资料来源主要是依靠部门分志稿，部门提供什么资料，总纂时就用什么资料。县级地方志办公室的工作，主要分为三方面：第一方面是指导和催促部门撰写部门分志；第二方面是自己搜集资料，完成无法下达到部门撰写的部分；第三方面是总纂志稿。一般各部门都安排几个人撰写分志，各乡镇也安排专人提供资料。因此，催促部门分志是前期工作的重点。以安国县为例，第一轮修志安排部门和部分企业分志 74 个，完成字数 200 余万字，县志办完成字数 50 多万字，最后总纂 160 多万字。就初稿来看，部门撰写分志占任务量的 80%。也就是说，一部县志首先是部门分志提供的资料，没有部门分志提供资料是很难完成的。这就是计划经济时期县级地方志工作的基本路数。

市场经济改变了计划经济时期的修志格局。我国实行市场经济体制后，党政分开、政企分开、政府和市场分开、政府和一些事业分开，过去由党政部门直接管理的事物，交由市场调节。党政机构必然要随着经济体制改革和社会主义市场经济体制的确立而进行改革，政府职能转变使机构变化很大，许多过去政府直接管理的事物不再直接管理，特别是工商企业、农业等，划归了市场调节。还有一些事业单位有的改成企业，有的自收自支、自负盈亏，也纳入了市场调节。例如安国市的老调剧团，过去为财政拨款单位，现在改成全额自收自支，农业局下属的种子公司性质由事业单位改为企业经营，等等。原来国有、集体企业大多数破产，个体、私营企业如雨后春笋般涌现。原来管理企业的政府部门如经委、商业局、供销社联合社、二轻局、粮食局等，有的撤销了，有的转变职能了，像计划经济时期掌握企业全面详细情况的部门没有了，企业资料一部分在工商行政管理局，一部分在税务局，一部分在社会保障和人力资源局等，但都不是全面资料。生产、生活资料的供应过去都有部门掌握准确的数字，现在县级有些事项已经没有准确数字统计了，只是通过抽样调查或专项调查而来。

市场经济时期与计划经济时期对修志工作来讲，不同的方面主要有：（1）经济管理部门掌握企业的情况由微观改为宏观，现在有关部门掌握的企业资料多为宏观资料，缺乏企业的具体资料。（2）党政机构安排各项工作中的社会调查资料逐步减少，例如从某县党委、政府历年刊载在红字头文件和《工作简报》《调查研究》《工作通讯》等内刊上的社会调查来看，1980 年 119 篇，1990 年 76 篇，2000 年 57 篇，2010 年 32 篇，2014 年 27 篇。这些调查都是县委、县政府组织有关部门完成的，有的是部门主动调查完成后上报的。（3）部门分志质量明显下降。首轮修志时每个部门都成立专门班子，组织几个人搜集资料、撰写分志，基本按照方志办的要求完成任务。第二轮修志时，部门的重视程度大大降低，一些部门的分志多是从电脑中提出一些文件支应差事，安国市最典型的是一个部门提交几张广告交差，主管市长出面开会几次督促部门和乡镇提交分志稿和资料，效果甚微。搜集资料和撰写工作大多落在方志办仅有的三四位编辑身上，严重影响修志进度和资料质量。

## 二 修志工作要适应市场经济条件的必要性

我国的经济体制改革、政治体制改革、事业体制改革等一系列改革，打破了原有的体制，建立起了社会主义市场经济体制，其他体制也是围绕这个关系国计民生体制进行改革的。

改革后，发生诸多变化。一是政府职能变了。计划经济时期政府包揽社会管理和微观经济管理的一切；实行市场经济后政府权力下放，由微观管理转为宏观管理。计划经济时期，党政机构每天都在统计各种经济和社会事业的数据，改革后转向平衡社会发展、调节价格水平、调控社会资源等方面。二是管理渠道变了。过去农村是三级所有，队为基础，农业的管理主要依靠公社、生产大队、生产队来完成；实行土地承包责任制后，生产的主体为农户，其资料的统计也由逐级据实填报，改为村级估计填报和定点调查相结合。企业原来由政府部门管理，掌握着企业的详细资料；如今直接管理企业的部门撤销了，经营权还给了企业，政府只是服务和宏观调控。三是企业性质变了。县级企业原来的国有、集体企业大都破产、改制；新生的是股份制企业、私营企业、个体企业、个体工商户，这些企业的基本信息有些部门掌握，但企业运作中的决策、执行、应变等具体情况就不是哪个部门所能掌握的了的。四是经济调节手段变了，市场调节代替了计划调节。过去是由政府拨款，企业运作，产、供、销都由政府控制；改革后的资源配置由市场调节。五是农村发生重大变化。除农村土地承包的变化外，大量劳力输出，形成打工族、留守族，田中劳作的多是五六十岁乃至上年岁的中老年劳动力，年轻人大多走出土地而从他业谋生。在种种变化中，产生了许多新情况、新问题，如土地荒芜、离婚率上升、空巢老人、留守儿童，等等。这些情况党政部门掌握的只是大的现象，涉及有典型意义的细节问题，掌握的就比较少了。

修志工作要适应变化了的新情况，在市场经济的思维下进行工作。否则，一是观点将不正确，志书寓观点于记事之中，所记事物应该是反映市场经济体制下的新情况、新问题。《安国市志稿》在记政府职能转变时，采用了通过特约编辑采集的两条资料。1995年，一个国家级的林业研究协会在洛阳召开第三次发展杜仲树研讨会，清华大学、林业大学等大专院校的一些专家教授也到会讲发展杜仲树的前景如何好（计划经济时期，杜仲、厚朴、麝香、甘草4种药材是国家统购统销的一类物资），很多地方政府官员参加了这次会议，安国因为有药材市场，主管农业的副市长、林业局局长也应邀参加。会后，安国市政府大力推广发展杜仲树，各乡村轰轰烈烈地开展起了建设万亩杜仲林热潮。但是，全国很多地方也像安国一样大面积搞杜仲育苗和栽植。结果，种植过剩，杜仲药材价格暴跌。2002年以后安国栽植的杜仲树几乎砍光，百姓赔了钱，直到现在杜仲药材还没有恢复到1995年的价格。另一个资料是安国有两个村群众按照市场规律，发展绿化、美化、药用苗木，带起了周围十几个村庄（包括周边县），发展成10万亩苗木基地，人均年收入达到1万多元。市政府批准建立苗木市场，目前发展成集种植、技术、生产资料供应、产品销售、劳务、运输等为一体的专业市场。通过记这些事，可以看出政府应该干什么，不应该干什么，进而体现政治体制改革的过程和必要性。二是资料深度不够，一些部门掌握的仅是大数据，了解人民生活、习俗变化、人口流动等，需要新的搜集资料渠道。安国是全国中药材集散地，外来人口很多，但是没有一个部门能提供全市有多少外来人口，对反映安国经济繁荣程度、人口流动等方面是一大缺憾。在记述人口迁徙、人口流动时，安国市方志办催促市公安局提供资料，一直没有提供上来。后来聘用特约编辑收集资料，通过全市13个公安派出所，在国庆节、奥运会、党代会、人代会等重要节日和国家重大活动期间，对外来人口排查登记时的记录进行整理，得到几个年份外来人口的确切数字，并且外来人口的籍贯、职业、年龄等资料齐全。这样真实的资料对安国发展规划有着非常重要的作用，把这些资料记述下来，对资政、存史价值都非常大。三是调查研究的方向会脱离时代，方志在记事的同时，要有大量的调查研究，才能反映时代，突出时代特点和地方特点。这些年经济发展很快，但也付出了环境污染的代价。例如安国磁河污染问题，通过特约编辑深入被污染村庄调查了解，编写了磁河污染专题。安国9个村庄被磁河上游县的排污企业污染10年，市、镇政府向上级要求解决问题10年，老百姓告状10年，最后直到北京奥运会开幕前，国家力推环保奥运，问题才得以解决。通过此专题，深刻揭示了经济发展与环境保护的关系，污染和环保执法的关系，异地污染和地方保护的关系。在调查中发现，被污染村庄村民癌症发病率上升，可以直接证明环境污染对人民身体健康造成的巨大影响。四是漏记大事件。安国市一个村和博野县一个村为一片百亩坟地所有权，自农村实行土地承包到21世纪初，争斗了近30年，其中有几次械斗，惊动保定市政府协调解决。事件可谓不小，但是没有一个部门提供有关资料，为不丢重大事件，安国市方志办也是利用特约编辑采集资料，然后查阅大量文件，将此事件完整记述下来。

## 三 官民结合修志是今后之趋势

《地方志工作条例》第六条规定："编纂地方志应当做到存真求实，确保质量，全面、客观地记述本行政区域自然、政治、经济、文化和社会的历史与现状。"随着政府职能转变，权力下放，小政府、大社会政治体制的逐步建成，政府管理的事物越来越少，有些社会资料政府部门不再掌握已是事实，修志单纯靠部门提供资料也已不现实。再者，目前县级修志单位的编制属性不统一，有的参照公务员管理，有的是事业单位管理。如果按事业单位管理，走文化体制改革的路子，以后的修志机制有可能出现政府花钱买服务的现象，有的地方虽然没有明确说明政府花钱买服务，但实际上已经这样做了。修志任务来了，一般都是政府拨经费，雇用一些退下来的老同志参与修志。但是，雇用退下来的人修志，毕竟不是专业，要有很长时间的学习和熟悉阶段。与其这样做，就不如政府将修志纳入常规，将撰写任务以买服务的方式交给地方志办公室指导下的地方文化团体，在政府领导和协调下，完成修志任务。

按照现有体制，县级参加修志的人也就几个人，或十几个人，社会上有不少热爱修志工作的人，但因为体制问题被挡在了修志门外。如果实行政府买服务的方式，将任务交给地方文化组织，地方文化组织就可以效益工资的形式把他们利用起来，完成多少工作就给多少报酬，修志队伍就会有大量的人员加入进来。因为这些人没有固定工资，不会比临时雇人增加财政负担。所以，县级修志，以政府花钱买服务的形式，是市场经济体制下官民结合修志的有效方法之一。比如修志工作中最关键的搜集资料问题，国务院颁发的《地方志工作条例》第三条规定："地方志书，是指全面系统地记述本行政区域自然、政治、经济、文化和社会的历史与现状的资料性文献。"志书是资料性著述，资料是志书的灵魂，拓宽搜集资料的途径才能修出高质量的志书。地方文化团体会员多、在各行业广泛分布、有一定的文字水平，最主要的是自愿加入组织的会员热爱修志工作，利用这种优势，再加上调研根据地方实际自定题目，有的放矢，针对性强，资料利用率高，志书质量必然会提高。安国市方志办在记地方政治决策时，就特聘了一位退休的领导干部，对每一项决策，除了自己掌握的情况外，还查阅文件、会议记录，采访当事领导人，对决策背景、调查研究、论证过程、决策出台、贯彻执行、执行结果都搞得非常详细。1992 年，我国确定社会主义市场经济体制后，全国各地加快改革开放步伐，安徽亳州、四川成都、广西玉林等地纷纷扩建药材市场，安国药市再不加快发展，“天下第一药市”地位将被动摇。安国市委、市政府通过调研，采纳民意，做出开展“三亿（元）工程”的决定，建成了全国最大的中药材专业市场——东方药城。这位老干部通过查阅大量文书档案，采访当时市委书记、市长、主管副市长、工商局长、药市管委会主任等大批领导人，还有一大批药商，撰写了在安国发展史上有里程碑作用的《建设东方药城》，在市内征求意见时，得到广大干部群众的肯定。

## 四　试探适应新形势下县级修志模式

目前，县级修志机构为地方志办公室，有几个人员编制，有的靠挂在政府办公室，有的靠挂在档案局，有的地方志编制内的人员被主管部门安排做其他工作，此现象很普遍。还有的机构改革后档案局划归政府办公室管辖为档案股，而方志办则在档案股管理下，没有经费自主权、没有管理自主权，管事的不修志，修志的不管事，甚至经费被挪用，连聘用的修志人员都被安排做其他工作，使修志处于极其被动地位。有的地方，上级要求任务紧了，因方志办人手少，或有部分人素质低，难以胜任修志工作，只好采取临时聘用人员的办法，支应着完成任务。还有的修志中间因经费不到位或被挪用，发不下工资，聘用人员只好离开，造成时间上的严重浪费，甚至是难以弥补的损失。有些人熟悉了业务工作，掌握了大量资料而离开，又因这些人有了其他工作，等有了修志经费再聘也回不来了。再聘其他人重新学习、适应，损失的时间无法弥补，严重的是被带走的资料难以寻回，等于是对修志工作的拔骨抽筋。有些问题虽然不是很普遍，但有典型意义。同时“大锅饭”造成干不干一个样，干好干坏一个样，水平高低一个样，也是修志工作中严重的弊病。

第二轮修志之初，安国市方志办聘用了一部分从工作岗位上退下来的同志来修志，每月给一些经济补助。开始时大家工作热情都很高，但随着工作的深入，干多干少、水平高低都补助一样的钱，干和不干一个样，大家的积极性很自然就受到了影响，“大锅饭”的弊病显现出来，出现了上网玩游戏、聊天侃大山，甚至晚来早走，无故不到，除法定节假日休息以外，有的还经常请假，上班“三天打鱼两天晒网”。在这种情况下，搜集资料进度很慢，更不可能撰写出高质量的志稿。

为解决这个问题，调动大家的工作积极性，主编设计报请领导实行绩效计酬办法。具体办法是“统一分工，按卷推进，主编定稿，以字计酬”。因为人手少，为不耽误时间，随总纂随征求意见，一卷一分工，出一卷印一卷，印一卷送一卷征求意见。按照主编设计的篇目和调查专题，编辑人员完成初稿后送主编审改，以主编修改后的稿子字数，给予报酬。对特约编辑（业余编辑）也采取这种办法，以主编定稿字数予以奖励，这样可以弥补人员不足和资料死角的缺陷。搜集人物资料，也实行绩效计酬，按收到证明单位盖章的人物资料份数给予补助。同时，以半天为单位记考勤，出勤另有出勤补助。这个办法实行以后，人们的工作态度马上转变，上班没有晚点的，下班没有早走的，双休日、节假日也不休息了。有些人中午带饭，方志办也购置了冰箱、电压力锅、蒸锅等设施，方便大家中午做饭或热饭。出现了主动找资料，主动搞采访，主动学习理论，主动研究业务，拿不准的事及时与主编沟通。也有的人适应不了这个工作，写出的稿件被主编删改之后字数所剩无几，几次之后主动离岗。虽然人手不多，但大家都是满负荷工作，最关键的是整体水平提高，在搜集资料和使用资料上方向性明确，主编的设计意图易于实现。但由于后来经费管理渠道出现问题，管经费的不修志，修志经费没有完全用在修志上，导致绩效工资不能落实，严重影响了修志工作，大部分聘用人员离开修志岗位。

发现问题是水平，解决问题才是王道。针对存在问题，要有解决办法，首先要从体制上改革，打破思想禁锢，按照市场经济体制的思维设计机构模式，可以多种形式尝试，今提一种模式，供探讨：

县级方志办作为行政或事业单位，人员编制两三人即可，政府办公室设一名负责修志工作的副主任，将编纂任务交给民间地方文化研究会完成。修志经费按照测算全部拨付地方文化研究会专项用于修志，避免层层扒皮或被挪用。

地方文化研究会可由方志办或个人牵头建立，在民政局注册，其组织性质为非营利性群众团体。会长由本地德高望重、熟识地情、文字水平高、身体条件好、组织能力和社会活动能力强、亲和力强、勇挑重担、热爱修志工作、已不在党政机构任职的人员担任。副会长若干人，由会长提名担任。秘书长一人，由一名副会长兼任，要求有组织能力、社会活动能力、亲和力强、热爱地方文化事业的人员担任。会员要求要有一定的文字基础，热爱地方文化事业，能够完成研究会交给的社会调查和撰稿任务。

志书的主编一般由会长担任，便于统一协调工作，有能力的副会长、会员若干人可任副主编，编辑人员在会员中选任，一般会员作为搜集资料人员、摄影人员，将会员全部动员起来参与修志，可达几十人，甚至几百人、上千人。

地方文化研究会制定各项规章制度，其中志书质量控制、工作人员报酬、财务管理制度为重点。凡是参与修志人员包括主编、副主编、编辑、资料搜集和摄影者都以完成工作量来计算报酬，标准是按照主编定稿后的字数和采用的照片数量以及其他方面的工作量。这样，可以调动工作人员积极性，并且按照主编设计思路工作，进度会加快，最大限度地提高志稿质量。

实行这种办法，怎样稳定修志队伍，建设修志队伍，提高修志队伍素质？过去为稳定修志队伍，以行政命令为主，完不成任务人员不许调出。一般情况是志稿完成，大部分人员调走或解聘。如果实行地方文化研究会承揽修志的办法，反而修志人员的危机感、紧迫感会大大增强。一是这些人都是修志的爱好者，有内在动力，不存在支应工作；二是没有一定水平完不成撰稿任务，会下大力充电学习；三是资料不足写不出高质量的志稿，被定稿的文字少，挣钱就少，比别人挣得少很多也没面子，就会下大力搜集资料；四是主要人员会把这项工作作为自己的一项事业和谋生手段，不存在千方百计脱离修志队伍的问题。这是从地方文化研究会成员内因上稳定修志队伍的优势。再从政府角度来看，实行这种办法，更利于修志队伍的稳定、扩大和素质的提高。一是政府将修志经费拨付地方文化研究会，研究会有条件长期从事方志工作。二是每年要编纂年鉴，将年鉴编纂任务交给地方文化研究会承担，也是保持队伍稳定的一个方法。三是每轮修志完成后，从上轮志书下限开始，每年编纂一本下轮志书所用的年度资料长编，任务也交给地方文化研究会，研究会可以搞大量的社会调查，既可以为下轮志书准备资料，也是为党政领导决策提供依据一个很好的平台。将年鉴和资料长编的文字、照片量化一个标准，按此标准政府以买服务方式拨付经费，也像编纂志书一样签约，让研究会在修志领域永远有事干，队伍就会稳定，素质就会不断提高。四是对研究会实行创优奖励制度，无论是志书、年鉴、论文，凡出版、发表、评上奖，均给予精神鼓励和物质奖励。

## 五　政府对修志工作的领导与监督

按照以上思路，为保证志书质量和按时完成编纂出版任务，政府应加强对方志工作的领导与监督。首先与地方文化研究会签订目标责任书，对志书的质量、文字篇幅和图片、完成时间、印刷册数及质量、政府出资数目等做出约定，实行地方文化研究会会长（主编）负责制。对不能按时按质完成任务实行经费收回制度，严重违反约定者，通过法律手段追索赔偿。随之，政府要加强对修志工作的监督力度，不能划拨了经费、工作安排出去就万事大吉，市政府办公室或方志办、档案局作为政府监督修志的机构，对修志工作中的关键环节进行监督检查，因为修志需要很长的时间，如果放任自流，一旦出现问题，就会影响任务的完成。还有，建立有老干部和有关人员组成的审稿小组，对志书篇目、资料长编、每个单元的稿子及时审阅，还可以建立内部局域网，省和市方志办领导、有关专家、县各大班子领导、部门领导、知情人、编辑、搜集资料人员都可以在网上监督、提出意见，同时可以下载修改。当然，政府如果不能及时拨付经费，影响工作进度，责任在政府，所欠经费到位后，承编方可顺延时间继续进行。按照约定，政府每耽误一个月，增加经费的5%作为对承编方的误工补偿。这样，双方都有了约束，就真正落实了修志工作的“一纳入、八到位”（把地方志工作纳入国民经济和社会发展规划、各级政府工作任务之中，做到认识到位、领导到位、机构到位、编制到位、经费到位、设施到位、规划到位、工作到位），保障这项不容易引起领导重视的修志工作转变为很多人重视的一线工作。

官民结合修志是更具体地把修志工作纳入了国民经济和社会发展规划、政府工作任务之中，也就是说工作落到了实处。按照文化体制改革和市场规律开展修志工作，是认识到位的突出表现；解决了很多难以解决的问题，正是领导到位的结果；以民间社团组织建立修志机构，没本事的不会参加，混大锅饭的没有报酬，是实实在在专家型的修志机构；不用增加编制，利用社会力量就建起庞大的修志队伍；政府与地方文化研究会签约买服务，经费自然到位；地方文化研究会有办公地点和办公设施，政府不用另行安排，又减少一笔开支；政府与地方文化研究会约定协议就包含了详细规划。以上工作做好了，工作到位就没有问题了。

（作者单位：河北省安国市地方志办公室）

# 《安徽省志（1986—2005）》综合经济管理卷编纂的思考

张　军

**内容提要**：经济部类下的综合经济管理卷，在省志中占重要地位，随着第二轮省志编纂进入关键阶段，需要对出现的新情况、新变化以及实践中存在的主要问题进行研究。《安徽省志》综合经济管理卷在编纂实践中，贯彻国务院《地方志工作条例》、落实《地方志书质量规定》，分志质量普遍提高，但是在调整编纂方案、内容衔接、管理篇内容、以事系人、丰富图表、选择主编上仍然存在可探讨和可提升的空间。结合编审实践，提出自己的观点和具体方法。

**关键词**：省志　综合经济　编纂

省志是全面反映全省历史与现状的资料性文献，是国务院《地方志工作条例》中规定的规格层次最高的志书。如今，全国第二轮省志规模多接近于 100 册超 5000 万字。[①]《安徽省志（1986—2005）》（简称《安徽省志》）90 部分志，综合经济管理卷包括《审计志》《统计志》《国有资产管理志》《国土资源管理志》《工商行政管理志》《质量技术监督志》《价格管理志》《食品药品监督管理志》《检验检疫志》《海关志》10 部分志（此处为最初编纂方案中的篇目，为了便于出版，后来卷次又进行了调整，调整后的不属讨论范围）。现在，有几部分志已经出版发行，其余处于送审和印刷校对阶段。随着全国第二轮省志编纂进入关键阶段，省志综合经济管理卷的编纂从内容到形式、从体例到记述、从资料收集到完善出版、从操作实践到理论研究，都取得一定成效，但也不可否认还存在一些需要继续探讨的问题。笔者在《安徽省志》分志编审中，有一些粗浅的认识和想法。现据平日所思所想，就综合经济管理卷编纂的部分突出问题，不揣简陋，继续作一些理论探讨。

## 一　综合经济管理卷的内涵

《现代汉语词典》第 6 版对经济的解释是："指社会物质生产和再生产的活动。"百度

① 据统计：《宁夏回族自治区志》设 25 卷 170 余篇专志，《黑龙江省志》设 104 部分志，《福建省志》设 97 部分志，《湖北省志》设 92 部分志，《山西省志》设 91 部分志，《重庆市志》设 90 部分志，《广西通志》设 88 部分志，《云南省志》设 42 卷 85 部专志，《湖南省志》设 32 卷 82 部专志，《山东省志》设 78 部分志，《吉林省志》设 69 部分志，《江苏省志》设 60 卷。

百科对经济管理的定义是，经济管理是指经济管理者为实现预定目标，对社会经济活动或生产经营活动所进行的计划、组织、指挥、协调和监督等活动。简言之，经济管理就是经济管理者对经济活动的管理。从一个地方来看，是指以地方政府为主体，对所辖地域经济活动总体进行的全局性管理。政府经济职能是现代政府的重要职能，在所赋予的权限内，运用经济杠杆，对区域经济活动进行调控，同时对微观经济活动进行指导，它对于一个国家的经济发展具有非常关键的作用。“政府的经济管理职能主要是政府从宏观层面，对社会经济在全局上进行规划、协调、服务以及监督的职能与功能。具体来说，就是政府为了实现一定的目标对社会经济活动采取的组织以及干预的方式、手段等的总称。主要包括收入分配职能、稳定和发展经济的职能、社会资源配置的职能以及市场管制的职能。”①

经济部类对历史悠久的地方志来说，是一个全新的现代术语和概念。过去社会生产力不发达，人们对社会的认识没有现在全面、系统、深刻，旧志里有关经济内容的记述很少，所以旧志并没有经济部类之说。中华人民共和国成立后，编纂新方志时才使用了经济部类的概念，经济部类的划分仅适用省志、市志、县志、区志等综合类志书。通常，综合类志书都是先将内容分为自然、政治、经济、军事、文化、社会、人物等部类，无论是明标还是暗隐，实际上都作为内容分类的最高层次。2006 年国务院颁布《地方志工作条例》中规定“地方志书是全面系统地记述本行政区域自然、政治、经济、文化、社会的历史与现状的资料性文献”，更是以法律的形式规定了经济部类在志书中的层级，并且指明了是地方志书中不可或缺的重要组成部分。

经济是社会生活中最为活跃的一个领域，相应地经济部类志书也就具有门类众多、发展快、变化大的特点。在省志中，经济部类分志不仅是比较难设置、撰写的，而且在修志理论领域也极富开拓性，一些问题还暂未形成共识。《安徽省志》记述安徽省 1986—2005 年间，市场经济已逐渐取代计划经济成为主体经济形式。市场经济，其根本含义是强调市场在资源配置中的基础性作用。此时，政府的职能，主要是统筹规划、掌握政策、信息引导、组织协调、提供服务和检查监督。经济在社会生活中的重要性，也就决定了经济部类分志在《安徽省志》中的重要地位；综合经济管理在经济中的位置，也就决定了综合经济管理卷在《安徽省志》中的分量位置。“因此，志书所记载的经济管理，是指一定范围内的经济管理，其外延包括对整个区域经济活动的管理。而经济综合管理，是指对区域经济中带全局性的规划、决策性管理。”② 相应地，《安徽省志》综合经济管理卷的内容，在继承首轮志优点的同时，设置 10 部分志，既分类科学，又合乎实际；既规范严谨，又便于操作；既尊重行业规律，又体现安徽特点，还是比较中规中矩的。记述好综合经济管理卷，反映安徽 20 年经济变化和成就经验，意义重大。

## 二 实践中存在的主要问题

资料收集困难。资料是地方志编纂的重要基础，是地方志质量高低的决定性因素。资

---

① 王娟：《我国政府经济管理职能定位及其实现》，《商业时代》2014 年第 23 期。

② 赵露长：《试论第二轮志书经济管理篇名及篇目设计》，《中国地方志》2009 年第 3 期。

料全面、系统、翔实，既是省志的坚实基础，也是省志的价值所在。《安徽省志》编纂工作 2007 年启动，国家宏观经济已经由计划经济转变成为市场经济，各分志虽然能落实承编单位，但是，许多值得记述的事物都找不到具体的主管部门。因此，多数市场化资料的提供也就找不到相应承担的部门，《工商行政管理志》《价格管理志》在此大背景下尤显突出。安徽境内交通发达，有多条铁路贯穿，由于互不隶属，协调难度大，找不到牵头单位，甚至《铁路志》在《安徽省志》编纂中至今仍是空白。综合经济管理卷分志下限年份的不断延伸也造成了资料收集的困难。《安徽省志》编纂方案统一下限截至 2005 年，由于种种原因，综合经济管理卷 10 本分志竟有 2005 年、2007 年、2008 年、2010 年 4 个年份。下限年份的延伸，由于时间更近、信息化的普及，大部分资料搜集非常容易。但是，综合经济管理卷中越近的数据资料越可能处于敏感期、保密期，加上大型省属企业有些资料因负责人还在，既要为行业讳，又要为当政者讳，想记述，收集起资料来却是异常艰难。此外，部分领导重视程度不够，没有抽调专门人员组建编写班子，人财物保障上不能及时到位，挫伤了工作积极性，资料征集也大受影响。对历经千辛万苦征集来的资料，同时要注意，“志书不是资料汇编，而是资料性文献，是应当具有科学性、严谨性、权威性、让人信赖的著作，必须按照文献书的要求精选精编，做到取舍有据、详略有度、编排得当，决不能良莠不分、事无巨细、有闻必录，那样势必内容庞杂，浩如烟海，精华反而会被淹没，可信度反而会被降低”①。

缺社会调查。《安徽省志》记述的内容是江淮大地在改革开放的历史洪流中发生巨大变化的 20 年，无论哪部分志、哪个条目都不能是平面的一般性介绍，而是要反映全省经济转变、事业行业整体上纵向的发展变化。《安徽省志》编纂工作是在社会主义市场经济体制下开展的，政府部门经多次改革，行政管理职能不断分化、转化、弱化。部分记述内容既无主管部门管理，又无行业协会管理，几乎完全按照市场机制运行。在此情况下，再缺少社会调查资料，此项内容，记述上就会成为空白。个别分志重广度，不重深度，力求搜罗一切以求横不缺项，却往往浅尝辄止，成了编年的流水账，没能在反映行业特点上下功夫。如今，各分志既要坚持门类要素齐全，更要加强记述深度，部分社会上的内容采用调查的形式，做到全面深刻地反映记述对象，不能再满足于就汤下面、蜻蜓点水式的记述。这样编纂出来的志书才更有存史与使用价值。对于市场化的资料，全国已有广东、浙江等地方做出了很好的尝试，可以借智借力请大学和科研机构开展专题社会调查。“要提高地方志工作成果的品位和社会影响力，就得借助科研机构、高等院校、专家学者的力量，光靠地方志工作机构和地方志工作者自身的力量是不够的。”②

内容交叉。一部志书，尤其是像包含 90 部分志的《安徽省志》，其内容丰富而且复杂，要记述的事物之间，彼此不可能互不联系。当今社会各个学科相互渗透，互相联系，无论如何在《安徽省志》的记述中都不可能做到单独记述某一事业、某一事物，即便是小篇平列分卷体也不能完全独立记述事物，交叉重复在所难免。安徽省农垦集团、省民航机场集团都是省国资委所属的大型国有企业，《国有资产管理志》设省属企业篇，每个企业

① 朱佳木：《注意防止倾向性问题巩固和发展地方志事业大好形势》，《中国地方志》2013 年第 5 期。

② 李培林：《用法治思维推进地方志工作》，《中国地方志》2015 年第 1 期。

一节，同《农垦志》《民航志》具体记述重复；安徽省地矿局在2000年才并入省国土资源厅，《国土资源管理志》同《地质矿产志》对矿产资源的开发监督管理记述重复；安徽省统计局承编的《统计志》同国家统计局安徽调查总队承编的《人民生活志》的重复。在具体内容上，既有志内交叉也有志外交叉。《统计志》记述国民经济统计表格，同其他各志在统计数据上有交叉；《国土资源管理志》不仅同《地质矿产志》有交叉，甚至在矿产资源、地下水资源章中同《水利志》《环境志》《测绘志》等分志也有交叉重复；《食品药品监督管理志》在药品注册、医疗器械中同《卫生志》有交叉；阜阳市“大头娃娃”奶粉事件，《食品药品监督管理志》《质量技术监督志》都进行了记述。可见，综合经济管理卷中，各种重复交叉实在难以避免。交叉重复并不可怕，只要根据分志的行业特点和实际情况，科学地安排内容、设计篇目，遵从事以类从、行业归口、详略互见的原则，从不同侧面、不同角度去记述，详写主体部分，略写从属部分，完全可以处理得当。

特色内容少。由于省志要站在全省和历史的高度，综合经济管理卷往往记述偏于宏观，一些具体的亮点鲜有可陈，这样就造成了部分篇章雷同，部分管理职能、发展成就与其他志书相比，甚至只是数字不同。直面现实，要坚持实事求是，注重继承与创新、科学性与可行性的有机统一，充分记述安徽经济社会发展特点，记述安徽在改革开放30年发展过程中，经济上出现的地方特色、在全国比较有名的经济模式，突出地方特色。如，《国有资产管理志》分工业企业、建筑企业、贸易企业、投资及金融企业、农业及社会服务业企业对33个省属大型国有企业的记述；《食品药品监督管理志》中亳州是国家火炬计划亳州中药特色产业基地。

队伍不稳。省志与市县志的最大区别就是没有专业的编纂人员。综合经济管理卷分志通常在编委会下设有编辑室，多则近10人，少则二三人，甚至有的真正干活的就1个人。《工商行政管理志》就是一位办公室副主任分管，编辑室由一位兼职的工作人员在做，送审后，这位工作人员就退休了，只好再另选他人。有部分志，在不长的时间里，先后换了3位实际编纂者。编辑室里，有的是新进单位的年轻人员，有的是聘请退休老同志。年轻人员对情况不熟悉、文字功底也有待提高；退休老同志情况熟悉，但是在收集资料和行政推动上相对动力不足。在职人员都是兼职，特别是各厅局工作岗位变化大，人员流动性强，经常是刚熟悉了地方志编纂规范又被调到其他岗位。新接手的终究“纸上得来终觉浅，绝知此事要躬行”，又要重头再学起，如此反复折腾。

## 三 如何撰写

他山之石，可以攻玉。首轮《安徽省志》共67卷，经济部类志占35卷，其中工业志就占了12卷。“首轮《江苏省志》92卷，经济部类就占50卷。”① “第二轮《广东省志》44卷中，经济类的有19卷和3个专记，按规划字数有960万字，占《广东省志》规划总

① 黄静：《首轮〈江苏省志〉经济部类编纂得失谈》，《江苏地方志》2007年第6期。

字数的48%。”① “《河南省志》志共9卷，第二卷《经济体制与管理》包括综合经济、经济体制改革、经济管理（含计划、财政、税务、统计、物价、工商行政、质量技术监督、检验检疫、海关监管、口岸管理11章）等3篇。”② 设计好编纂方案是编好一部志书的第一个重要环节，第一步走对了才会有良好的开端，否则，步步受挫。省志编纂是一项学术性的工作，篇目设计中应该科学分类；同时又是省政府主持的行政性任务，需要组织各部门各单位参与。因此，在地方志篇目设计时，要根据地方志编纂体例与原则，科学分类与现行管理体制下的社会分工相结合，努力寻找两者最佳的结合点，力求体现科学性与实践性的统一。综合经济管理卷在篇目设计上，兼顾社会分工的实际情况，避免横向缺项、归类不当、领属不当、子目处理不统一、次序安排失当、目录层次过多、标题不能涵盖内容。篇目设计还应体现事物的逻辑关系，遵循事以类聚、类为一志的原则，做到纵不断主线、横不缺要项，整体安排科学合理，以期做到统领得当，排列有序，层次分明，形成一个系统完整的架构。

具体内容。一部质量合格的分志，最基本的是要做到横不缺要项，重要门类齐全，纵不断主线，全面反映安徽事业的发展演变历程。志书要反映和如实记述现状，就必须设立相应的门类，分门别类地记述每一个经济门类和每一项社会事业的始末。改革开放以后，随着市场经济的发展，综合经济管理也在不断变化，分志要抓住各个行业发展的脉络，科学划分门类，合理设立篇目。《审计志》主要记述财政审计、金融审计、经贸审计、农林水审计、社会保障审计、国家建设项目审计、行政事业审计、外资动用审计、经济责任审计等；《统计志》主要记述国民经济核算与统计、统计调查、统计服务与监督、统计管理、统计信息化等；《国有资产管理志》主要记述国有企业改革与发展、企业国有资产管理、企业领导人员管理、企业国有资产监督、省属企业，以及防止国有资产流失、确保国有资产保值增值等；《国土资源管理志》主要记述国土资源、矿产资源管理、规划管理与综合统计、地籍管理、耕地保护、建设用地建设、土地使用制度改革、测绘管理等；《工商行政管理志》主要记述市场管理、经济合同管理、商标管理、广告管理、公平交易执法、消费者权益保护等；《质量技术监督志》主要记述计量、标准化、质量监督与管理、特种设备安全检验与监察、行政执法等；《价格管理志》主要记述价格监督管理、重要商品价格、重要服务价格、行政事业性收费、价格基础工作和价格服务等；《食品药品监督管理志》主要记述药品注册监管、药品生产监管、药品流通监管、医疗器械监管、特殊药品监管、药品稽查、药品检验、药品监测、食品安全综合监督等；《检验检疫志》主要记述卫生检疫、动植物检验检疫、食品检验监管、商品检验与鉴定、检务与原产地证明等；《海关志》主要记述了监管、征税、缉私、海关统计、稽查企业管理、风险管理等。

彰显因果。《地方志工作条例》要求志书“存真求实”，志书以真实、准确、可信为本。对于客观存在着的一切事物，要从实际情况出发，详细地占有资料，全面、系统、客观地记述和反映事物的本来面貌和事物发展的固有规律。综合经济管理卷各分志，时间前后跨度短，最短的《国有资产管理志》起止断限就10年，记述就更应重在本质，贵在深

① 马建和：《第二轮〈广东省志〉篇目结构特点与若干编修问题的思考》，《中国地方志》2006年第8期。

② 陈守强：《第二轮河南省志经济部类编纂的若干热点难点问题》，《中国地方志》2010年第5期。

和精。各分志要有全省高度、全局观念、整体思维，站在全局、整体的立场上去看行业局部、个体，大处着眼，小处着手，不能把记述局限于本行业本部门。不仅要写“是什么”，更要记“为什么”，使读者能从事物的兴衰起伏、发展变化中看到某一经济门类对安徽经济社会发展的贡献影响，从曲折的发展过程中，揭示因果联系。不仅要记述好经济职能的本身，还要考察、了解它与安徽历史、社会互相依存、互相促进的辩证关系，这样立意将更高，记述深度也更远。“经济部类志书所涉及的内容相当大一部分是直接或间接反映物质资料的生产方式，这就要求记述时不仅仅要有宏观的数据、面上的情况，还应该有生产实体”①，如《国有资产管理志》省属企业篇的设置。各分志在记述中还可以通过数据说话，巧用数据的对比或递增递减率，彰明事物发展的内外部因果关系。“经济部类中看似数据很多，增减量和百分比也很多，但实际有用的资料并不多，比如流水账式地记载逐年的数据，有的志书进行逐年增减及百分比比较时根本不介绍前一年的数据，只说增长多少数字和百分比，使人无从明白经济领域内各种产值的真实情况和发展变化规律。”②

反映特色。特色主要指地方特色、时代特色、行业特色。《安徽省志》编纂中，将记述时限内的安徽情况写完整，地方特色和时代就基本体现出来了，而行业特色如何记述却是编纂实践中的重点和难点。综合经济管理卷一些分志没有很好地挖掘本地创新举措，写改革开放照抄全国背景资料多，本地改革开放的创新举措写得不具体，甚至不写。各分志对工作情况、会议的记述，甚至是法律法规的原文照录，在评议送审时已删改大部，但仍有漏网之鱼。各分志中计划经济的痕迹较为明显，过度强调宏观和高度，某种程度上削弱了志书的资料性和存史价值。突出行业特色的具体操作中，既要把握好具体资料的系统性与完整性，又要加强记述的深度与实体的记述。各分志要同中求异，从共性中寻找个性，加强本行业中有关国计民生最本质的记述，要关注亮点，加强对社会重要实体的记述，尤其是经济转型、管理手段和特点、监管对象的记述。

重视附录。附录是收录具有永久保存价值的地方文献，为了解和把握安徽重大事件的原貌，还原历史本色，同时也为保存一些重要历史文献留下了一个重要空间。实践中，应把附录看成是完全独立，具有独特功能的体裁，而不是可有可无，无关紧要的正文附庸。附录通常有地方性法规、重要调研报告、文献辑存、重要经济科学资料及数据、补遗纠错等组成。收录文献仅限于本省，全国性文献不收录，尤其是全国性的法规文件。附录对于志书的编写是不可缺少的，它能容纳正文无法消化的资料，会使许多有价值的资料不致遗失。由于附录内容是原文照录，因此，其原始性较强，使用价值较高。《统计志》保存2000—2005年间的安徽省国民经济和社会发展统计公报、《海关志》附明清芜湖抽分厂主事履历考，尤为详备，价值非同寻常。

## 四　值得借鉴的编纂经验

慎重调整编纂方案。编纂方案犹如建筑工程的设计图纸，是做好编纂工作的前提和指

① 方亚光、黄静、桑荟：《〈江苏省志〉经济社会部类编纂的实践与探索》，《中国地方志》2011年第2期。

② 周均美：《试从〈山东省志·工商行政管理志〉看省志的编纂》，《中国地方志》2009年第10期。

南。《安徽省志》最初规划方案是多卷综合体，后来改为小篇体。“小篇体的优点在于容易结合实际，突出地方特点，也易于调动部门修志的积极性。缺点是门类分得较细，事物间的联系不够紧密，整体性较难体现。”① 综合经济管理卷各分志编纂过程中，由于字数的增多，原来拟为合出的分志，是坚持原来方案合出还是根据实际情况单独出版?《食品药品监督管理志》按照《安徽省志》编纂方案要求的 10 万字，实际撰写增加到了 30 万字，是全省第一家召开评议会的分志。后来编纂完成的分志，虽然有的最初方案规划的也是 10 万字，但是却突破到了 100 万字，如《质量技术监督志》。《食品药品监督管理志》虽然增加到 30 万字，但是单独出书仍较困难，于是在是单独出还是合出以及同哪部分志合出的问题上久拖不决。单独出版便于收藏赠送和使用，合出既要考虑两家工作相近又要被字数所限。最初《食品药品监督管理志》同《统计志》《工商行政管理志》三志合一，经方志出版社审稿后，取得了书号。后来《统计志》又再次增加内容，坚持单独出版，现已公开面世。这种情况下，《食品药品监督管理志》同《工商行政管理志》两部分志只能一起出版，不得不再次送方志出版社重新审稿，虽然审稿再次结束，也重新取得了书号。但是在内容编排的秩序上承编单位、省志办、出版社有分歧，不能定论，所以此志还未能出版。

内容衔接。《安徽省志》上限从 1986 年写起，为使续修志书有相对独立性，各分志应对 1986 年以前的情况在概述、篇章序中有个铺垫交代，对本事业、本行业的历史作简要概括，以便衔接。综合经济管理卷各分志记述时限分别是:《审计志》1983 年至 2007 年、《统计志》1986 年至 2005 年、《国有资产管理志》1999 年至 2008 年、《国土资源管理志》1986 年至 2010 年、《工商行政管理志》1986 年至 2005 年、《质量技术监督志》1986 年至 2008 年、《价格管理志》1986 年至 2005 年、《食品药品监督管理志》1986 年至 2005 年、《检验检疫志》1960 年至 2010 年、《海关志》上限不限下限 2010 年。10 部分志，上限 5 个时间点，下限 4 个时间点。综观各分志，综合经济管理卷不是接续首轮志书的下限编纂的，真正处理好做好两轮志书的衔接，需要下狠功夫，对前志进行适当的回顾和承前简述。内容上接应清晰、紧密，使断代志记述的事物也能见到源头，更好地反映整体连续性和事物发展规律。还要对前志作全面的了解，认真总结其成功和不足之处。从历代志书的内容看，都有对前志进行修订的过程，长江后浪推前浪，质量上普遍是后志超前志。因此，应当正视首轮志存在的问题。限于当时对事物的认识程度和一些客观条件的制约，首轮志书出现错漏、不便记载、特色不够突出等问题，视材料和内容，寻找可行的解决办法，应立专门篇目或章，或节，或目反映。

管理篇的内容。综合经济管理卷 10 部分志名称中有“管理”的就占有 5 部。管理篇也是综合经济管理卷分志的主体内容，其对强化志书的资治作用，提高志书的质量具有十分重要的意义。现在政府机构以宏观调控和管理服务为主，成为有限政府、服务政府。分志由各厅局承担编写任务，具体记述上普遍存在重管理、轻事业的现象，因为管理资料是死的，易于收集便于编写，事业资料是活的，收集和编写较难。省物价局承担的《价格管理志》最初名称是《价格志》，虽然省物价局是管理价格的主管机关，但是市场价格涉及

① 黄苇:《方志学》，复旦大学出版社，1993 年，第 681 页。

少，商品价格、非商品收费众多内容却难以记述，只能站在管理者的角度对价格进行记述，所以不得不改名为《价格管理志》。由于经济体制改革，政府行政主管部门的管理权限、范围等发生了很大变化。工商行政管理、食品药品监督管理已今非昔比、大有不同。篇目设置及记述内容，应根据时代发展而与时俱进。管理篇在分志篇目中有的设在首篇，有的设在中篇，有的设在末篇。为了突出权威、凸显自己，以设在首篇的为多。按照排列逻辑顺序，先有经济基础，后有上层建筑，先有事业，后有管理，各管理篇放在末篇为宜。不但要记政府的管理，还要记企业如何自己管理自己。记述企业管理，要避免以点代面、以偏概全的毛病，不能只记述一家企业的管理，要综合地写，写出其大势。

人物记述。在以人为本的理念下，《安徽省志》中人物记述都较为丰富和出彩。志书要客观地反映经济社会20年的沧海桑田，就必须要以人为中心，见物、见事、见人、见思想、见精神。由于《安徽省志》有专门的《人物志》，各分志不再设专门的人物篇章。但是，由于《安徽省志》记述时限短，各分志还是乐于将各类人物留名存史的，对厅级以上领导人列“领导班子成员一览表”，对受先进受表彰的人物也列表，其他人物全部以事系人。这种情况下应适当地把记载重心下移，记对行业发生发展起重要作用的人，具体地讲，要系事业的开拓者、重大工程的指挥者、各行各业、各条战线涌现出来的劳动模范等，不管其有无职务及职务高低。如《国有资产管理志》记述了2006年11月，省委组织部、省国资委组织省属企业首次面向全国公开招聘高级经营管理者的开创性事件，详细记录了8名聘用的高级经营管理者名单。[①] 记人要同事物的发生、发展紧密联系在一起记述，不能疏远事物，更不能脱离事物进行记述；要注意层级，不能列处级人员名录，并且要适当记载已定性的负面人物，以鉴戒未来。

丰富图表。图表是地方志书的重要体裁，可使志书表现形式更加丰富，信息的载体更加多元，历来为编纂者所重视。图包括地图和照片两种。由于科技的进步，绘图和摄影水平的提高，以及统计数字的增多，《安徽省志》中图表醒目、突出。综合经济管理卷很重视运用图表，尤其广泛应用于卷首彩页，多数有16页32幅，并且有比较鲜明的前后对比照片。照片的文字说明要与照片中的文字相一致，尤其时间地点内容等要素要齐全，才具有更高的存史价值。图文并茂，以图证文，以文释图，文图互映，既延伸了文字也深化了内涵，想想都值得点赞。但是，综合经济卷普遍缺少随文插图，缺少拍摄者姓名，而且整个《安徽省志》都存在同样问题。卷首彩页中还缺少国家领导人视察照片，国家领导人照片入志，因担心政治问题，需要新闻出版总署报中央办公厅和中宣部审批，各分志基本上都没有选录。因而，缺少领导人对于安徽经济事业的关怀和见证。这里有个成功的例子：《滁州市志》从5000多幅图片中，遴选出各类建筑物、风景名胜、地方名优特产、生产工具、文物、人物图片1800余幅，随文插配于各卷，获得普遍赞誉。在安徽省第二轮市县志评奖中，《滁州市志》被评为第一名获特等奖，图片丰富起到了重要作用。综合经济管理卷反映经济发展水平或经济运行结构，表格是最直观最简单的表现方式，应用也较其他部类多。表格要素项多，逐年列出，综合性较强，能承载很多信息。把一些有价值的数字等制成表，既节省了篇幅，又反映出各种事物间的关系和同一事物历年的变化，这些表保

① 安徽省地方志编纂委员会办公室：《安徽省志·国有资产管理志（1999—2008）》，方志出版社，2014年，第161页。

存下许多重要数据，具有很强的资料性，又便于查阅。表格要特别注意整部分志及整套省志的统一。《统计志》表格众多，附录占全志的 2/5，表格又占附录大半，看了之后并没让人有冗繁之感，因为统计就靠数字和表格来说话。

选聘好主编。此处所指主编，非指挂名主编，乃是分志的实际组织者，协调者，真正总纂者。现有体制下，很多分志主编都是单位负责人或分管负责人，他们署分志编纂委员会主任名分更合适些。主编首先要有强烈的责任感；其次要具备综观全局的能力和经验，雷厉风行的魄力，严谨踏实的工作作风；再次，章学诚说“志乃史体，原属天下公物”①，主编更要秉持公正，不能为私徇私，应当对历史和公众负责；重要的是要有协调能力，地方志的活不好干，上下和谐、左右逢源、大收大放的能力很重要。2011 年省国资委作为 13 家后进单位参加省志推进会，会后即选聘退休的办公室主任为主编，该主编不仅政治水平高，协调能力强，而且文字造诣较深，在综合经济管理卷中《国有资产管理志》最后一个启动，却第一个出版，功不可没。《质量技术监督志》主编在书稿总纂完成后，由于熟悉业务，责任心强，又被《人民政府志》选聘为主编，总纂后又被《农业志》选聘为主编，是又一个选聘好主编事半功倍的范例。相反，因主编不合适、不胜任而影响编纂进度和整体质量的，也时有耳闻。

（作者单位：安徽省地方志办公室）

---

① 章学诚：《答甄秀才论修志第一书》，《文史通义》卷八外篇三。

# 改革开放以来村志编修的分析与思考

## ——以广州地区为中心

张丽蓉

**内容提要：**本文以改革开放以来广州地区的村志编修实践为中心，通过深入分析村志编修的背景、编修模式、编修人员以及内容体例，探讨当前地方志工作部门对村志编修工作的管理思路。从地方志部门角色定位、尊重村志编修独特性、承认村志形态多样性三个角度考量，地方志工作部门对村志编修工作的管理、指导、服务应有所为，有所不为。

**关键词：**村志　广州　村志编修

改革开放以来，全国各地村志编修获得空前推广与发展，在社会参与度、编修成果等方面远远超过历史上任何一个时期。① 特别在近10年来的珠三角地区，随着城市化推进，传统村落逐渐消亡，自发或有组织的村志编修成为潮流。值此村志编修方兴未艾之际，地方志工作机构需要适时担当起指导的职责。因此，中国地方志指导小组常务副组长李培林在广东省地方志工作座谈会上明确指出："要认真总结经验，科学规划，探索地方志工作向乡镇志、村志和家谱编纂延伸。"② 然纵观以往的村志研究，大都专注于编纂方法的探讨，或某部村志具体而微的解析，对村志编纂整体状况的总结及管理思路的研究，则相对较少。基于此，本文以改革开放以来广州地区编修的村志为例，通过样本分析总结村志编修的客观状况，在此基础上对地方志工作机构如何管理、指导与服务村志编修工作提出粗浅看法。

## 一　广州村志编修现状

1989年3月，广州市召开第二次修志工作会议，决定市属区县开展修志。1990年开始，各区先后召开区志编纂工作动员会。一些区县组织编修街志、镇志，作为编修区（县）志的基础资料，由此带动部分村庄编修村志。1991年，天河区猎德村编写完成1.8万字的村志初稿；1992—1995年，黄埔区辖大沙镇、南岗镇、长洲镇组织各村编写基础资

① 颜越虎：《从〈白沙村志〉到"珠三角现象"》，《中国地方志》2014年第10期。
② 李培林：《在广东省地方志工作座谈会上的讲话》，《中国地方志》2014年第10期。

料，报黄埔区地方志办采用，产生横沙、双沙、姬堂等 11 部村志初稿。2000 年年底至 2002 年，各区先后启动第二轮修志。续修工作依然将镇村纳入资料提供单位。仍有不少村以此为契机，组织编修本村村志。这段时间先后完成编修的村志有黄埔《夏园村志》（2002 年），增城《罗岗村志》（2003 年），花都《横谭村志》（2003 年），花都《公益村志》《五华村志》（均为 2004 年），番禺《赤岗村志》（2004 年）、《长莫村志》（2005 年），花都《环山村志》（2008 年）等。

与此同时，随着广州城市化不断推进，不少村落土地被征用，乡村面貌急剧变化。这种形势倒逼村庄或主动或被动地抢修村志。最早行动起来的是天河区。由于广州城市发展实施“东拓”战略，位于中心城区以东的天河区处于城市化剧变核心地带。2001 年 4 月，天河区政协委员向区政府提交提案，建议政府组织编写村志，挽救即将消失的村庄历史资料。5 月，天河区政府办理政协提案，要求区志办负责组织村志编修工作。2002 年，天河区《政府工作报告》明确提出：“保护村镇文化遗产，启动村志编写工作。”由此，启动天河区长达 10 余年的村志编修工作。2003—2008 年，共有 17 部天河系列村志陆续出版。2009 年，由于筹办亚运会，广州“城中村”改造提速。黄埔、白云等区一些面临拆迁的村庄自发组织编修村志，如黄埔区横沙村。该村 2002 年实行村改居，2009 年着手城中村改造，许多宗祠、家塾面临拆迁或异地搬迁，村领导以此为契机，外聘主纂人员，及时拍照、采访，在原有村志初稿基础上重新编修村志。在横沙村影响带动下，附近兄弟村如下沙、双沙、姬堂等，亦在近两年纷纷着手重修村志。白云区鸦岗村，也是在城中村改造步伐加快的大背景下发起修志。这种由城市化倒逼引发的广州村志编修，自 2002 年以来延续至今。

由上可见，广州地区的村志编修主要在两个大背景下进行：一是两轮修志的直接带动，44 部已有新修村志中，有 19 部村志源于此背景，所占比例为 43%；二是城市化发展倒逼所致，有 22 部新修村志源于此背景，所占比例为 50%。正在编修或即将付印的几部村志，也均为应对城市化迅猛发展挽救村落历史而纂。

2014 年，广州市属共 12 个区（县）[①]，各区（县）2014 年年底前村志编修总体情况如下：天河区天河系列村志 20 部，其中《石牌村志》等 8 部由中华书局正式出版，《猎德村志》等 12 部为非营利性正式出版物；黄埔区村志 13 部，其中《夏园村志》《茅岗村志》为非营利性正式出版物，《横沙村志》《下沙村志》等 11 部为内部参考印刷资料；白云区石井街《庆丰村志》《鸦岗村志》2 部，均为正式出版物；番禺区《长莫村志》《赤岗村志》2 部，均为内部参考印刷资料；花都区《公益村志》《五华村志》《横谭村志》《环山村志》4 部，其中《环山村志》为正式出版物[②]；增城市 3 部，《群星村志》为正式出版物，《罗岗村志》《竹坑村志》为非营利性正式出版物。此外，海珠区有《仑头村史》等 10 部正式出版的村史。改革开放以来，各区（县）村志编修总量共计 44 部（不含海珠区村史）[③]。

---

① 2014 年 2 月广州市公布新行政区划调整方案，从化、增城撤市设区，黄埔、萝岗两区合二为一。但由于在实际运行中相关区县 2015 年年底尚未正式挂牌，本文仍沿用原有区县设置，即市属越秀、荔湾、海珠、天河、黄埔、白云、番禺、花都、南沙、萝岗区及从化、增城县。

② 资料主要参照《广州市地方志事业志》，并结合笔者收集的部分花都、黄埔村志手抄本。

③ 由于海珠区“村史”系列著作在体例、内容上，与横分竖写的志体要求全然不同，故本文未将其列入村志范围一并统计。

2014年年底即将付印或正在编修的有增城《塘美村志》、白云区《三元里村志》、越秀区《寺右村村志》及黄埔区《横沙村志（重修）》《双沙村志（重修）》等。

## 二 广州地区村志编修模式

自隋代以来，地方志主要由政府主持编修，采用官修的编纂组织模式，由地方主政官员负总纂之责，发凡起例、选聘主纂、审阅校订、付梓刻印等。但村是最基层区域单位，在中国行政区划中处于最基层，具有自身的独特性。考察改革开放以来广州地区的村志，主要采取两种编修模式：政府组织和民间自发组织，而且政府介入的程度逐渐加深。

一是政府组织。天河村志系列是较为典型的政府组织编修模式。这种模式近似传统“官修”，由政府修志部门即地方志办公室负主纂之责，承担为辖区内行政村村志编修推荐、选聘主笔人员，拟制篇目大纲、志稿审定、付梓印刷等职能。2002年，天河区地方志办公室着手区内村志编修组织工作，不但印发《广州市天河区村志篇目》，统一设定篇目大纲，而且安排专人负责跟进全区村志编写甚至亲自参与编写，区志办其他人员负责指导，参与书稿修改、审阅，定稿后由区志办统一联系出版印刷事宜。对各村编纂出版的村志，区财政给予一定数额的经费补贴。在这种模式主导下，天河区内24个行政村，至2014年年底陆续完成村志编修的有20个村。这20部村志以统一的开本、封面设计公开出版，形成强有力的村志品牌效应。在现有广州全市44部新修村志中，天河区村志占总量的45%。

2012年来，黄埔区村志编修推行一种较为松散的组织模式，与天河模式有相似之处，如区地方志办公室在区内统一发动、统一组织培训、拟制篇目、志稿审定，也有返聘专职修志人员负责跟进此事；但在寻找主纂人员这一关键环节，区志办并未参与遴选或进行推荐，对定稿后的村志是否统一公开出版亦未作规定。这一模式使得辖区内各村能自主物色主纂人员，自主制定编修进度和出版形态，这一做法有可能带来各村村志编写体例、编写内容、编写进度的参差不齐。

二是民间自发组织。中国农民有浓厚的修志情怀。如山东临沂村民许亦江耗时4年自修《水南村志》村志，南宁76岁老人历时13年编修《孟莲村志》等。改革开放以来，广州地区一直有民间自发组织编修村志的现象，但均非村民个体行为，而是村委决定，村集体共同参与的组织模式。

自发组织编修村志的动因主要有3个：第一个是编修族谱。珠三角乡村社会，同姓村比例较高，且不同姓氏原来都有编修族谱的传统，以记录宗族发展历史。由于不少宗族族谱在“文化大革命”时期被烧毁，或是遗失，宗族有重新编修族谱的愿望。如增城竹坑村，2000年12月，村委会决定编纂村志，直接动因就是“由于各种原因，族谱已经断记、遗失或者残缺不全，且在抗日战争前至2000年没有任何记载，族中许多事情无从查考，海外和港澳台同胞寻根问祖很不方便，村中人外出越来越多，这些人年深日久必成分支，也需要追踪溯源，故编写村志成众望”①。族谱与村志等同，在广州地区其他村落亦

① 竹坑村委会编：《竹坑村志》，广东人民出版社，2011年。

有此类情况。如从化木棉村以谢氏为主要姓氏，其谢氏族谱就一并记载了村庄发展历史①。第二个是存史、育人。中国乡村修志一直以来就以“矜其乡贤，美其邦族”为目的，记录村落发展历史，“通古今，表功勋，而后旌贤能”。增城罗岗村委会编纂村志的直接动因始于村庄独特的乡土文化需要传承。罗岗村是客家人聚居的村落，客家文化非常浓郁，村志序言谈到，组织编修村志是由于该村“可以教育和鼓舞后人的事实，见诸于文字记载的除了在族谱中有点滴反映，基本上是空白的，特别是近百年村民抵抗外辱以及建国后建设历程，都没有系统记载”②。番禺《赤岗村志》提到“村史古已以往，近亦失记，年轻一代知之更少，留待日后才编写资料难以采集，现趁老一辈还健在，还可以难中取易，因此编志当务之急”③。第三个是“城中村”改造倒逼村庄自发组织编修村志。如正在重修的《横沙村志》《双沙村志》等。

## 三　广州地区村志编修人员构成

所谓编修人员主要指村志主纂者，即在村志编纂过程中负责起草凡例、编制纲目、收集资料、执笔撰写的人员。考察广州地区现有的改革开放以来编修的 44 部新村志，主要有以下三类主纂人员。

一是本村具有一定文化水平、一定社会地位的村中老人。如《五华村志》主纂者为村中 80 岁耆老；《横谭村志》先是聘请本村两位老前辈进行撰写，再聘请退休返村的某公司副总为主编并承担撰写工作；《公益村志》主纂系公益村人，出生于私塾教师家庭，从事教学工作 37 年。番禺《赤岗村志》《长莫村志》也请村中具有一定文化程度的长者执笔。这类主纂者在本村土生土长，非常熟悉村庄各方面情况，在采集口碑资料过程中具有先天的人脉及语言优势。不足之处在于这类主纂人员往往文化水平有限，通常不了解志书体例，所修成果常常仅为资料长编或者汇编，并非严格意义的志书。

二是本区内熟悉本村情况的退休老教师、老文史工作者。这一类以天河村志系列为代表。天河区已出版的 20 部村志，基本由天河区志办推荐的熟悉本区情况的退休老教师、老文化工作者主纂。如《棠下村志》，具体执笔由退休老教师、退休小学校长 4 人负责；《猎德村志》则由猎德村委会聘请区地方志办公室推荐的由退休老教师组成的编写团队，在原有村志基础上重修。黄埔区《夏园村志》由本村退休老教师主笔。目前，花都区地方志办公室亦采用此模式，由区志办在本区内物色熟悉本区情况的退休老教师、老文史工作者负责主纂。这类主纂人员文化程度较高，文字驾驭能力较强，对本区该村情况较为熟悉，同时也有机会参加由修志机构组织的培训，因此编修出来的成果相对成熟度较高。不足之处在于需要区地方志部门进行专业协助或者辅导。

三是外聘修志团队。在前两轮修志过程中，广州地区各村基本没有外聘专业修志机构

---

① 根据广州市地方志办公室 2013 年从化木棉村调研发现所得。

② 增城市荔城镇罗岗村委会编：《罗岗村志》，2003 年内部准印。

③ 番禺赤岗村委会编：《赤岗村志》。

或团队，但2012年以来，一些村原有村志（初稿）主纂者年龄已至七八十岁，甚至有部分主纂者业已作古。村委会不得不重新物色主纂人员。在寻找主纂者的过程中，往往一个村物色到合适的编修团队，随后会推荐给附近兄弟村，借此形成由某个编修团队承包某片行政村域的现象。黄埔区重修的《横沙村志》《双沙村志》即为此类情况。这类主纂人员有编修村志的实践经验，志书体例及规范相对较为熟悉，文字及图片处理能力较强，编修进度快，成果更为成熟。不足之处在于这些编修团队常常并非本地人，不擅长本地语言，不了解本地习俗，编写村志有隔靴搔痒之感。

由以上分析可知，组建科学的编修团队对顺利启动村志工作具有重要意义，熟悉本村情况的退休老教师、老文史工作者是编修村志的主要力量，在44部村志中，有70%的村志采用此类主纂人员。同时，要保障村志编纂质量，区（县）地方志部门的协助、指导也很关键。

## 四　广州地区村志的内容体例

不同的编修模式，决定了村志不同的内容、体例。天河区采用政府组织编纂模式，使得天河村志系列在篇目、内容、体例上基本保持了一致。以天河村志系列之一《棠下村志》为例，志首设航拍图，清末民国时期番禺县鹿步司位置图，棠下被征用土地图，村部分村路名、山名、街巷图，各自然村规划图等，内文另有插图若干幅。篇目完整，包括凡例、概述、大事记、主体内容、附录、后记。主体内容13章，分别为自然地理、建置、人口、姓氏宗族、公共设施、乡村建设、乡村管理、政治、经济、教育、医疗卫生、文化体育、社会。人物为单独专门篇幅列于章后。全志章节目规范，语言白描平实，但记述亮点、重点稍显不足。其他19部天河村志，基本沿用《棠下村志》的体例和篇目，难出其右。

民间自发组织的村志编修，在内容和体例上则不拘一格。增城《竹坑村志》编纂的直接动因在于族谱缺失，因此进一步理顺村中主要姓氏世系成为编纂重点。全志篇目包括概述、大事记、地理、经济、政治、文化、社会、人物、要事辑录、自然村姓氏祖系。其中，自然村姓氏祖系的内容篇幅过半。各个姓氏始祖、世系详列于上，在400页中有208页记述该部分内容。可见，竹坑村自发编修村志的动因，大部分在于将村志功能等同于族谱，利用编修村志之机重修族谱，村志异化为族谱化村志。《罗岗村志》充实了具有地方特色和时代特点的内容，篇目包括凡例、概述、大事记、主体正文。正文设10章，分别是自然村域人口、村内姓氏概况、党政机构概况、经济概况、基础设施建设、医疗卫生与教育概况、民俗方言、民间文化、革命斗争时期竹坑要事辑录、人物。为突出地域特色，专设方言一节，详细记载当地客家村民的发音方法、部位、语音系统特点、日常用语与派潭长宁话的对比等，这与村委会保存和彰显本村客家文化的初衷息息相关。番禺赤岗村在村志编纂过程中，由于没有全村族谱，可征用的文献少，仅有宗祠碑文记录可查，因此在《赤岗村志》篇目设计上，将宗族、祠堂文化文物前置，列于地理篇之后，并对宗祠内容记载非常翔实。花都《横谭村志》完全由村民赞助出版，故在主体正文末以列表形式详细记载每一位赞助者的姓名。可见，民间自发组织编修的村志，在内容和体例上不拘一格，百花齐放，虽不够规范，却各具特色，在内容体例上重点和亮点非常突出，最原始地记录了村庄特色。

## 五　对村志编修的几点思考

由于地域不同，全国各地村志在编修背景、组织模式、内容体例上显然会存在差异，但是，当前城市化日益提速的宏观背景，以及全国统一规划统一部署第三轮修志的大前提是一致的。因此对广州地区村志编修状况的分析总结，具有一定的普遍意义，至少可以从以下 3 个角度为服务、管理及指导村志编修工作提供思考样本。

一是承认村志形态的多样性，管理到位。推进地方志工作向基层延伸，是地方志工作机构不可推卸的职责。政府修志部门明确角色定位后，在宏观管理思路上，应有所为。首先，将村志编修纳入政府地方志事业发展总体规划。区（县级市）制定本行政区地方志发展规划，须将村志工作纳入其中。其次，将村志纳入地方志工作机构管理范围。区（县级市）地方志机构负责本行政区内村志编修工作，履行发动、组织、指导、督促的职责，推动本行政区内村志编修工作实现全覆盖，对村志编修工作进程安排、工作团队搭建以及内容体例等提出意见或建议。最后，推动村志编修经费纳入本级财政预算。对开展村志编修的主体进行资金扶持。属于当地财政预算单位的，可在地方志工作机构指导下进行经费预算申报；不属于当地财政预算单位的，由地方志工作机构统一编制预算，向财政部门提出申请、接受资金核拨，再向有关单位发放。

地方志工作机构在管理村志的同时，也要注意村志的多样性，有所不为。如上所析，广州地区既有的新编村志，体例内容各异，出版形态不一。除了海珠区《仑头村史》等 10 部村史由出版社正式出版之外，其他 44 部村志中，仅有 13 部由出版社正式出版，31 部村志或以非营利性出版物的形态出版，或由村委自行出资付梓印刷，或者干脆以手抄本的原始稿样封存于村档案室。① 这一客观事实恰好证明了村志编修本身所具有的多样性。不管是族谱化的村志，还是冠以村史之名的不规范“村志”，或者是汇编式的内部手抄资料本，都是乡土历史文化的真实记录。在当前这样亟须记录村落历史的大环境下，地方志工作机构在管理、指导村志工作时，就不宜用统一、规范的标尺去要求，更不可用硬性的编写、出版要求去审查验收。由民间自发组织编修的村志，不同的修志动因，常常决定不同的内容侧重点，增城《罗岗村志》《竹坑村志》即为实证。如用篇目平衡之类的编纂通则来要求它，恰恰抹杀了村志的乡土特色。民间自发组织编修的村志在突出乡村特征上自有其独到之处，这就要求修志部门不可自上而下地强行统一篇目大纲、统一编修重点，而应充分尊重村庄的多样性，突出村庄的自身特色。村在行政地位上不同于区（县），作为基层群众性自治单位，村志编修的内生动力在于村自身，没有村委会、村民自下而上的融入与配合，是不可能编好村志的。因此，地方志部门应尊重村志在内容、形态上的多样

---

① 此组数据在《广州市地方志事业志》“广州市各区县村志编纂情况表”的基础上，结合笔者掌握的数据计算而成。

性，在管理思路上，减少强制性干预，鼓励百花齐放。

二是明确修志机构的角色定位，服务到位。由上可知，政府组织的村志编修模式，具有动员范围广、成书效率高、内容较为全面、体例较为规范等优势。当前，各地城市化推进速度非常快，传统村落日渐式微，农村村庄数量和村均人口规模不断减少。数据显示，2011 年，全国自然村只剩下 270 万个，每天以 80～100 个的速度消亡。① 要及时挽救村庄历史记忆，离不开政府部门的大力推动和有效组织。但政府修志部门的介入，要明确自身角色定位，注意服务到位，避免缺位、越位。笔者认为，政府修志部门在村志编纂工作中可在以下 4 个方面做好服务。

第一，宣传发动。从广州现有村志编修的背景分析可知，两轮修志的启动直接带动部分村庄编修村志，可谓外在的推动器。第三轮修志将于 2020 年启动，定将为下一轮全国性村志编修高潮积蓄能量。此外，“城中村”改造倒逼村庄自发组织编修村志的现象自 2002 年以来一直延续至今，但真正行动起来的村落却不多，尚有很多村领导不重视抢救村史，编修村志。可利用筹备、启动第三轮修志之机，面向镇（街）村广泛宣传，组织发动，将修志存史的意识渗透至乡村，引导各方关注，从而推动村领导班子重视村志编修。

第二，人员推荐。村庄有修志意愿，但往往缺乏合适的编写团队。修志部门不但要落实专人跟进村志工作，同时要发挥地方志部门熟悉、了解修志人才的优势，协助村委物色、组建合适的编写团队，以此推动村志编修顺利启动，保证村志编纂进度。在年龄结构上，应老中青合理配置，一方面发挥老年人熟知地情、耐得住寂寞的优势，另一方面亦需要年轻人熟练掌握高科技工具的长处；在专业结构上，文字功底仅占其一，还需要修志能手或方志专家参与，以更好地把握村志体例内容，减少修改周折。如能利用村庄自身力量组建编写团队，还需协助以外聘方志专家参与总纂或审稿修改；如不能自行组建编写团队，亦需本村选派专人参与编纂工作，如提供基础资料，或组成审议小组进行资料复核。如番禺《赤岗村志》，为求真实，成立史实审议小组，将记载的事实慎重审议核实。小组成员基本为长者、老干部、退休校长及文化功底深厚的族兄。

第三，提供经费。即使在经济发达的广州地区，仍有部分村庄因为经费问题无法启动村志编修，地方志部门应寻求财政支持，并注意在经费资助上灵活处理。由于村志编纂是一项浩大繁复的文化工程，但在城市化浪潮下又必须加快存史进度，笔者认为只要村庄完成村志初稿，就可给予财政经费补贴，不必硬性规定需达到公开出版要求。如此可帮助部分困难村庄及时启动编写，从而及时抢救濒临散佚的资料。

第四，交流评议。现有村志编修普遍存在交流缺乏、评议缺位的状况，要服务村志编修工作，还需由地方志工作机构搭建平台，组织村志交流会、评议会，促进村志编修工作者开阔修志视野，提升村志编纂质量。

三是尊重村志编修的独特性，指导到位。由以上分析可知，广州地区村志编写队伍主要有三类群体，但每一类编写团队都存在自身的不足，需要地方志部门的专业指导，但在具体的业务指导上，应注意尊重村志编修的独特性，实行分类指导。

对政府统一组织的村志编修，为保证编纂质量，地方志工作机构必须加强业务指导，

① 《还有多少村庄等待消失》，《中国建设报》2014 年 2 月 19 日。

推动本行政区域内村志工作有序进行。在资料收集阶段，组建各村工作队伍，有计划地开展编修人员业务培训；在志稿编写阶段，统一编写体例和大纲，严格各项记述要素；在志稿评议阶段，组织志稿初评、复评及交叉评稿，多方征求意见；在出版阶段，统一出版要素。

对民间自发组织的村志编修，则应有针对性地进行业务引导。对由于城市化浪潮倒逼推动的村志编修，应建议时代特征与乡土特征并重。改革开放以来，随着城市化进程加快，农村面貌发生质的转变，迫切要求村志翔实记载乡村消亡之前的面貌，反映当代乡村向城市化演进的过程。因此，农村体制改革、农村建设应成为这一类村志编修的内容重点，是不容忽视的时代特征。需要浓墨重彩予以记述的内容包括：村落城市化改造过程、地理范围变迁、征地过程、征用土地详细情况、撤村改制或撤村改居过程、农村股份合作制构建过程，等等。城中村改造的提速，还要求村志对物质文化遗产特别是宗祠、家塾的记载格外翔实。有条件的村庄，应详细记载祠堂的名称、地址、长宽、面积、规模、现状，详细收录祠堂庙宇门口对联、碑刻等，这些记载可以很好地反映村庄原有的乡土特征。对保存传统乡土文化的村志编修，如前文所析增城《罗岗村志》，则要紧扣乡土特征，引导编修人员尽可能全面客观地记录村民在方言、民俗、民间信仰等方面的文化元素，对诸如村庄建设、民生事务、政务处理等领域的记载，则不必求全求广。

当然，有针对性地引导，并非意味着放弃志书底线。自发编修的村志在篇目内容、出版形态等方面存在差异，这无可避免。但既然是村志，就必然遵循志书的编修要求，基本体例上仍要横排竖写，这是指导村志编修理应坚持的原则。

（作者单位：广州市地方志办公室）

# 依法治志新常态下的地方志工作

## ——论加强学习、宣传和贯彻《地方志工作条例》

赵华锋

**内容提要**：在深入贯彻落实中共十八届四中全会精神、全面推进依法治国的大环境下，我们应抓住历史机遇，加强学习、宣传和贯彻《地方志工作条例》，走向依法治志新常态，注重运用法治思维、法治方式来思考谋划“一纳入、八到位”的贯彻落实。建立健全以《地方志工作条例》为主体、地方法规规章相配套的完备体系，争取地方志工作进一步立法，推进地方志工作体制化、机制化建设，开创地方志事业依法修志、依法管志、依法用志、依法研志齐头并进的新局面。

**关键词**：《地方志工作条例》　依法治志　“一纳入、八到位”

党的十八届四中全会通过了《中共中央关于全面推进依法治国若干重大问题的决定》，提出全面推进依法治国的总目标，强调以法治方式推进各项现代化建设，把法治作为治国理政的基本方略和基本方式。国务院于2006年颁布的《地方志工作条例》（简称《条例》），将地方志工作纳入了制度化、法治化的轨道，为我们走向依法治志[①]新常态，建立长效机制，促进地方志工作持续、稳定、健康发展提供了坚实的法律保障。在全面推进依法治国的大环境下，我们应抓住历史机遇，加强学习、宣传和贯彻《条例》，注重运用法治思维、法治方式思考谋划“一纳入、八到位”[②] 的贯彻落实，建立和完善各级政府依法履行领导职责、各级地方志工作机构依法组织实施和管理、社会各界依法参与和支持地方志工作的法治化工作格局，实现依法修志、管志、用志、研志。

### 一　加强学习，深刻领会《条例》精神实质，实现观念大转变

《条例》是中华人民共和国第一部有关地方志的全国性法规，充分体现了党中央关于

① 笔者认为，依法治志涵盖依法修志、管志、用志、研志等方面，相比依法修志，内容更丰富、要求更全面。

② 2014年4月19日刘延东副总理在与第五次全国地方志工作会议部分代表座谈时明确提出，并在第五次全国地方志工作会议中作为做好地方志工作的基本经验加以强调。“一纳入、八到位”，即把地方志工作纳入国民经济和社会发展规划、各级政府工作任务之中，做到认识到位、领导到位、机构到位、编制到位、经费到位、设施到位、规划到位、工作到位。

“加强文化法制建设”和“要重视哲学社会科学领域立法工作”的精神，[①] 标志着地方志编纂、研究、利用工作进入了法治化、规范化新阶段，是地方志发展史上具有里程碑意义的一件大事。《条例》全文22条，内容丰富，对地方志工作常见问题、过去长期含混不清或争论不休的问题，给予了明确回答，极具针对性、指导性和可操作性，使地方志事业有了法律依据，有了基本规范，有了制度保证，提高了地方志工作的地位。地方志工作机构应采取集中讲授、专题辅导、个人自学、组织讨论等多种形式，加强学习，领会好精神实质，转变原有观念，改换思维定式、完善工作方法，解决认识到位的问题，推进依法治志。

### （一）《条例》关于地方志工作范围的阐述

《条例》第二条和第三条对地方志的外延和地方志工作的内涵作了有别于我们原有观念的新的明确规定。地方志，既包括传统意义上的地方志书，又包括地方综合年鉴；地方志工作，既包括地方志的组织编纂，也包括对地方志的管理和出版后的开发利用。《条例》第五条规定县级以上地方人民政府负责地方志工作的机构主管本行政区域的地方志工作，地方志工作机构要履行好5项职责：“（一）组织、指导、督促和检查地方志工作；（二）拟定地方志工作规划和编纂方案；（三）组织编纂地方志书、地方综合年鉴；（四）搜集、保存地方志文献和资料，组织整理旧志，推动方志理论研究；（五）组织开发利用地方志资源。”

过去，大多数地方的地方志工作机构承担的主要任务就是组织编纂志书，后来接管了综合年鉴的编辑出版。在很长的一段时间里，我们对地方志工作的认识似乎就是“一（志书）两（志书和年鉴）本书”[②] 编纂的事。而现如今，在全国范围内，地方志工作已经形成了志书、年鉴、资料库、方志馆、地情网，以及开发利用、方志刊物、方志学（协）会、方志理论研究“九位一体”的工作格局。这就说明了地方志工作不再是单一或专项工作，而是一业为主、多业并举、全面发展的事业。这就要求我们地方志工作机构与时俱进，破除地方志全部工作就是编纂志书、年鉴的陈旧观念，摒弃干其他工作就是不务正业的错误认识，在做大做强志鉴主业的基础上，按照志、鉴、库、馆、网、用、刊、会、研“大方志”的全新理念来谋篇布局地方志工作。

### （二）《条例》关于地方志工作可持续性的阐述

《条例》第十条明确了地方志工作是一项长期性和持续性的工作。规定地方志书每20年左右编修一次。每一轮地方志书编修工作完成后，负责地方志工作的机构在编纂地方综合年鉴、搜集资料以及向社会提供咨询服务的同时，启动新一轮地方志书的续修工作。这就与以往地方志工作开展时临时设置机构和组织人员编纂的特征有了不一样的内容。同时，随着志、鉴、库、馆、网、用、刊、会、研“大方志”工作格局的形成和开展，地方志工作的内容愈来愈丰富，工作节奏也变得愈来愈紧凑。这也要求我们地方志工作机构破

---

① 国务院法制办负责人就《地方志工作条例》答记者问。

② 朱克雄：《推动地方志事业转型升级之管见》，《新疆地方志》2015年第1期。

除临时思想和短期行为，改变对地方志工作临时性、一次性、阶段性的认识，加强顶层设计，做好自身工作规划，推动将其纳入各级政府制定的“十三五”发展规划，纳入政府的总体工作部署，纳入每年的政府工作报告中去，确保地方志事业的可持续发展。

### （三）《条例》关于地方志工作官办官修的阐述

《条例》第四、第五、第七、第八、第十三、第十七条等规定，明确了地方志工作是官办官修的事业。规定县级以上地方人民政府应当加强对本行政区域地方志工作的领导。地方志工作所需经费列入本级财政预算。县级以上地方人民政府负责地方志工作的机构主管本行政区域的地方志工作。省、自治区、直辖市人民政府制定本行政区域地方志编纂的总体工作规划，并报国家地方志工作指导机构备案。以县级以上行政区域名称冠名的地方志书、地方综合年鉴，分别由本级人民政府负责地方志工作的机构按照规划组织编纂，其他组织和个人不得编纂。以县级以上行政区域名称冠名的地方综合年鉴，经本级人民政府或者其确定的部门批准，方可以公开出版。县级以上地方人民政府对在地方志工作中作出突出成绩和贡献的单位、个人，给予表彰和奖励。

以上规定说明，各级政府有法定责任设立地方志工作机构，并要给予该机构相应的级别、职责、编制、经费。地方志工作机构就是本行政区域地方志工作的主管部门。这些法律规定使各级政府更加明确了地方志工作的责任，各级地方志工作机构更加明晰了工作职能。这就要求我们地方志工作机构改变过去对于地方志工作是可做可不做或做多少算多少的自选动作、软任务的认识，正确认识到地方志工作是必须做而且要做好的规定动作、硬任务，更加理直气壮地去开展工作。

### （四）《条例》关于地方志工作队伍的阐述

《条例》第九条规定，编纂地方志应当吸收各有关方面的专家学者参加。地方志编纂人员实行专兼职相结合，专职编纂人员应当具备相应的专业知识。第十一条规定，县级以上人民政府负责地方志工作的机构可以向机关、社会团体、企业事业单位、其他组织以及个人征集有关地方志资料，有关单位和个人应当提供支持。地方志资料所有人或者持有人提供有关资料，可以获得适当报酬。第十二条规定，对地方志书进行审查验收，应当组织有关保密、档案、历史、法律、经济、军事等方面的专家参加。过去，为了某部志书的编纂，主事者就组织一个编纂班子，负责该部志书的编纂工作，等到志书编纂完成班子也就自然解散。这是我们历代志书编纂工作班子组建、力量组织沿用的模式，具有封闭性。此种模式与《条例》对地方志工作机构新的要求、与“大方志”工作格局的形成难以相适应。这就要求我们地方志工作机构在修志模式上应与时俱进，向更加开放的修志模式转变，学会从“大方志”理念来扩展深化“地方志人”的内涵和外延，在更广泛的意义上推进地方志工作队伍的建设。这样的“地方志人”，既包括从事地方志编纂的各专门机构的组织者、领导者、行政管理者、编纂人员和地方志学家，也包括各种科研院所、高等院校、文化机构、新闻单位及其专家学者和社会各界的热心者、爱好者、研究者。[①]

---

① 朱克雄：《推动地方志事业转型升级之管见》，《新疆地方志》2015 年第 1 期。

### （五）《条例》关于地方志工作宗旨的阐述

《条例》开宗明义，第一条就指出本《条例》制定的主要目的之一，就是为了科学、合理地开发利用地方志，发挥地方志在促进经济社会发展中的作用。第二条说明，中华人民共和国境内地方志的组织编纂、管理、开发利用工作，适用本条例。这里的组织编纂、管理、开发利用是并列关系，哪一项都不可或缺。第十六条规定，地方志工作应当为地方经济社会的全面发展服务。县级以上地方人民政府负责地方志工作的机构应当积极开拓社会用志途径，可以通过建设资料库、网站等方式，加强地方志工作的信息化建设。公民、法人和其他组织可以利用上述资料库、网站查阅、摘抄地方志。《条例》不惜篇幅，多处对地方志的开发利用工作做出了规定和阐述，足见用志工作的重要性。在以往的地方志工作思想认识和实践中，我们常常忽视了对地方志资源的开发利用，重修轻用，对地方志服务现实的功用显然认识不足。在新的历史条件下，我们应该转变认识，“在修志宗旨上，由重修轻用向修用并重转变”①，充分发挥地方志存史、资治、教化的功能。

综而论之，在法治化的条件下，面对《条例》关于做好修志、管志、用志工作的多元性新要求，我们应该及时更新观念，清醒地认识到单纯埋头修志的时代已一去不复返，在地方志机构工作职能、工作格局，修志宗旨、修志模式、修志力量建设上有更务实、更开放、更主动的认识，以推进地方志事业的创新发展。

## 二　多管齐下，广泛深入宣传《条例》内容，努力营造好氛围

习近平总书记在 2014 年 2 月 25 日考察首都博物馆时强调，搞历史博物展览，为的是见证历史、以史鉴今、启迪后人。要在展览的同时高度重视修史修志，让文物说话、把历史智慧告诉人们，激发我们的民族自豪感和自信心，坚定全体人民振兴中华、实现中国梦的信心和决心。李克强总理对第五次全国地方志工作会议专门作了批示。他指出：“地方志是传承中华文明、发掘历史智慧的重要载体，存史、育人、资政，做好编修工作十分重要。”可见，地方志工作是一项承上启下、继往开来、服务当代、有益后世的文化基础事业，是中国特色社会主义文化建设的重要组成部分。然而，地方志是一项不容易引起重视的工作，各级政府和承编单位的态度、重视程度以及社会的认可度、参与度，很大程度上影响修志工作的开展。我们应抓住党的十八届四中全会通过《中共中央关于全面推进依法治国若干重大问题的决定》，提出全面推进依法治国的契机，进行广泛宣传，努力营造贯彻实施《条例》的良好环境和舆论氛围，切实做到认识到位这个“第一到位”，不断推进地方志事业的繁荣发展。

### （一）采取多种形式进行宣传

首先，各级地方志工作机构要组织全体人员学习《条例》，认真研读，加深理解，掌

① 易介南：《论法制条件下地方志事业创新发展的六大转变——以湖南省为例》，《中国地方志》2014 年第 7 期。

握主要内容和基本要求，并在实际工作中融会贯通地加以落实。其次，加大社会宣传。要把《条例》的宣传教育纳入普法规划，充分利用修志工作简报、通报，广播、电视、报纸（可作专题采访），以及互联网等各种媒体，提高各级政府、承编单位、社会大众对《条例》和地方志工作的了解。还要通过编印宣传册、悬挂横幅、撰写学习体会文章、编发地方志知识问答、开展知识竞赛、编排表演文艺节目、宣扬地方志工作人员先进事例、邀请相关人员开座谈会等多种形式，使《条例》宣传做到多层次、全方位、多途径、广覆盖，生动活泼，深入人心，不断提高地方志工作的知名度和美誉度。

### （二）抓住重点对象进行宣传

依法修志，人人有责。但贯彻落实“一纳入、八到位”的关键，首先是各级地方政府要把地方志工作纳入地方经济社会发展规划、政府工作任务之中，然后是认识到位、领导到位、机构到位、编制到位、经费到位、设施到位、规划到位、工作到位。可见，对各级领导干部的宣传应该作为我们工作的重点。地方志书、地方综合年鉴是“官书”，我们应利用各种机会向各级领导干部宣传《条例》，多请示汇报工作情况，使领导干部从思想上认识到地方志工作的作用和依法修志的重要性，增强其重视和支持地方志工作的主动性。其次，要加强对各级行政机关、企事业单位的宣传力度，让他们了解自己参与修志编鉴的法定义务，自觉履行相应的职责，热情地向地方志工作机构提供地方志资料，积极完成有关的承编任务。

### （三）利用方志成果进行宣传

根据2014年度全国地方志系统工作进展情况统计①，自20世纪80年代国务院下文重启地方志编修工作以来至2014年年底，全国首轮省市县三级志书规划5787部、累计出版5726部。截至2014年年底，全国第二轮省市县三级志书规划5916部，累计出版1972部；累计出版省市县三级地方综合年鉴3492多种、23157部；累计出版行业志、部门志、专业志22802部，乡镇村志、街道社区志4308部，山水名胜、古迹志496部，地情书9868部，教材、理论著述、工具书1065部，历代方志整理2456部；累计建设地方志网站、网页1021多个，累计建成方志馆375个。仅从以上统计的数据（姑且不论可能漏计的情况，实际的数量应当比统计结果多）我们可以看出，地方志工作已经形成了巨大的社会科学成果群，积累了许多宝贵的系统的方志文化资源。我们要善于策划组织一些体现地方志特点、发挥地方志优势，便于各方参与、助力地方发展的群众性文化活动。如，围绕建党、建国、建省、建市、建县等重大节点开展的宣传纪念活动，志鉴书籍“六进”（进机关、进学校、进企业、进军营、进社区、进乡村）活动，以及配合地域精神提炼和弘扬、地方形象对外宣传推广、先进模范人物评选、招商引资、城市建设、会展旅游、抗灾救灾等开展的活动，充分发挥地方志的功能作用，为地方经济和社会发展服务，扩大地方志工作的影响力，提升地方志机构的地位，从而为《条例》宣传的深入人心提供实实在在的支撑。

① 中国地方志指导小组办公室编：《中国方志通讯》2015年第10期。

## 三　认真履责，推进落实“一纳入、八到位”，全力开创新局面

在大力推进依法治国的新常态下，纵观新编地方志事业发展历程，分析各地反映的突出困难和问题，我们可以发现，地方志事业发展中必须要牵住的“牛鼻子”，就是举起依法治志的大旗，运用好国务院《条例》，切实做到“一纳入、八到位”，推进地方志工作体制化、机制化建设，开创地方志事业依法修志、依法管志、依法用志、依法研志齐头并进的新局面。“事实上，我们只有举起依法治志的大旗，运用好地方志工作法规规章，我们的话语才会更有力度，腰板才会更硬气，宣传落实‘一纳入、八到位’才会更有底气。”①

### （一）加强依法修志

在当前和今后一段时期，加强依法修志需要着力的至少有两个方面。

一是建立完备的地方志法律法规规章等制度体系。该体系建设，包括地方志法律制度和地方志工作内部规章制度两个方面的内容，一方面是以《条例》为根本、以各地地方志行政法规为基础建构的地方志法律规范体系，另一方面是根据地方志工作实际和地方志发展需要制定的行业性、专业性、领域性的地方志系统内部的规章制度，比如“一纳入、八到位”制度、评稿会制度、志书审查验收制度、资料报送制度、第二轮修志的“24 条”（《关于第二轮地方志书编纂的若干意见》）和规定志书质量的“50 条”（《地方志书质量规定》）等。随着地方志实践的深入发展，为适应新的时代要求，我们应逐步建立和完善以国务院《条例》为主体，各地地方志工作法规规章，以及地方志系统内部规章制度相配套的体系。同时，争取立法机关和政府法制部门的更大支持，继续加强地方志系统立法、法规修订完善等工作，积极研究《中华人民共和国地方志法》立法的可行性，为地方志工作提供更多的制度权威、更坚实的合法性基础、更高的法律地位，深入推进地方志工作的法治化进程。

二是增强依法敦促地方政府履行修志职责的能力。《条例》明确规定县级以上政府对本行政区域内的地方志工作负有领导之责，要把地方志工作经费列入本级财政预算；规定省、自治区、直辖市政府负责制定本行政区域的修志规划，并要报国家地方志工作指导机构备案；规定国家地方志工作指导机构负有对全国地方志工作的“统筹规划、组织协调、督促指导”之责。总的精神就是，地方志工作是“官职官责”。但在实践上，有的地方县级以上政府中至今没有设立地方志工作机构；有的虽然设有与其他机构合署办公的机构，但只挂了一块牌子，实际上并没有人负责；有的机构在设置上不尽合理，关系没有完全理顺，给工作开展带来种种不便。这些与《条例》精神是背道而驰的。作为地方志工作机构，应充分发挥主动性，综合运用执法检查、行政督察等手段，促使履行《条例》职责不

① 王伟光：《认真落实“一纳入、八到位”大力推动地方志事业发展再上新台阶——在全国地方志机构主任工作会议上的报告》，《中国方志通讯》2015 年第 13 期。

到位的地方政府切实负起责任来，加强对地方志工作的领导，设立地方志工作机构，给予相应的级别、职责、编制、经费，切实做到认识到位、领导到位、机构到位、编制到位、经费到位、实施到位、规划到位、工作到位。

## （二）加强依法管志

现在的地方志工作机构，是行政管理（行政执法）和志鉴编修相结合的工作实体。应善于运用法治思维和法治方式，严格依照《条例》规定和地方法规规章要求，加强对地方志工作的督促检查，充分发挥法治对地方志工作的引领、规范和保障作用。

一是提高依法“管”“办”结合的能力。增强依据《条例》开展行政管理和行政执法的能力，在组织实施好本级工作的同时，重视抓好对有关部门和下级机构开展地方志工作的业务管理和指导。

二是提高依法运用规划推进工作的能力。认真做好地方志事业自身的五年发展规划，推动将其纳入当前各级政府正在制定的“十三五”规划，以规划的制定和落实执行好法律法规。同时，以规划明确地方志机构的工作任务、工作程序和配套经费，让管理者和执行者有章可循，不因人事变化和工作重心的转移而兴废。

三是提高依法督促工作落实的能力。依法敦促有关部门履行修志职责，依法向机关、社会团体、企事业单位、其他组织及个人征集地方志资料，依法严格审查验收志书、保证志书质量。

四是提高依法运用激励引导机制的能力。建立长效机制，定期开展地方志先进集体和个人的评选表彰，开展志鉴评奖和质量评比，开展地情开发利用成果展览和作品评优评奖，不断增强地方志工作队伍的自豪感、使命感和责任感，充分调动和激发方志工作者的积极性。

## （三）加强依法用志

“‘一邑之典章文物，皆系于志’。地方志是一座巨大的文化宝库，是各级党政领导、广大人民群众熟悉地情，了解地方发展历史的重要载体。”① 它可以为地方发展战略研究和各级领导决策提供依据，为爱国主义教育、地情教育提供教材，为自然科学和社会科学研究提供基础资料，为地方的经济建设和社会发展提供研究资料和经验教训，为地方走向全国、走向世界起到宣传作用，为旅游开发提供新的资源等方面发挥独特的功能和作用。“地方志工作机构要充分运用《条例》赋予的各项权利，发挥掌握信息资料资源的独特优势，不断探索更加便利的服务形式，大力开发利用地方志资源，充分展示地方志的巨大价值和编修地方志同步存史的重要意义。”②

一是强化用志意识。克服修完志书就万事大吉、束之高阁“一修了之”的错误做法，走出把开发利用修志成果当作可做可不做工作的认识误区，从组织和行政上将读志用志纳

① 刘延东：《与第五次全国地方志工作会议部分会议代表座谈时的讲话》，《中国地方志》2015 年第 5 期。

② 王伟光：《深入学习贯彻落实习近平总书记系列重要讲话精神　全力推动地方志事业繁荣发展——在中国地方志指导小组五届二次会议上的讲话》，《中国方志通讯》2015 年第 9 期。

入地方志工作主体，建立长效机制。

二是强化融入意识。努力探索围绕中心、服务大局的载体，善于在政府年度工作的大背景下找准选题，将政府工作重点作为读志用志工作的突破点，开展形式多样的活动，参与经济社会发展项目方案的研究、论证和设计，为经济社会发展提供强大的地情资料保障、精神支撑和智力支持。

三是强化创新意识。将开发利用地方志与实现“三个自信”结合起来，与爱国主义教育结合起来，与弘扬优秀传统文化、社会主义核心价值观结合起来。自觉把地方志工作纳入公共文化服务体系建设当中，加快方志馆、地情网站、数据库等基础设施建设。加强对地情文献资料的专门研究，重视地方志资源的普查摸底，开展数字化、网络化建设，做好地方志资源的整合、共享与开发利用。创新服务手段和方式，拓宽服务渠道，用人们喜闻乐见的方式利用地方志、传播地方志，如编写简志、专题书、地情丛书、地情刊物，参与中小学教材和课外读物编写，在媒体上开辟地方志专栏，制作志鉴光盘，利用方志资源创作文艺作品、组织文艺演出、制作动漫产品、拍摄电影与电视等。

### （四）加强依法研志

在《条例》第五条第二款规定的地方志工作机构的职责中，包括组织整理旧志和推动方志理论研究。这既对我们开展理论研究提出了要求，也为我们开展理论研究提供了保障。30 年的新编地方志实践，积累了丰富的经验，形成了方志编纂、方志管理、方志应用的基本理论；同时，通过对旧志的整理、研究和对传统地方志编纂历史的梳理，逐步建立起了方志基础理论和方志史学。新时期的方志工作者应当树立“不做修志工匠，要做修志专家”的新方志理念，善于实践，及时总结，将方志工作提升到一个更高的学科体系层面。

一是应完成从实践到理论层面的提升，加强方志基础理论的研究，在修志的过程中注重针对遇到的实际问题及时总结经验，撰写论文，不断提升方志人员的业务水平和理论素养。

二是要做到不仅善于总结经验，撰写论文，而且能在此基础上不断汲取方志学术界的相关理论研究成果，整合方志学术成果，不断推进方志学学科体系的构建和完善，谱写新时期地方志工作的新篇章。

三是需不断探索和构建科学的地方志质量标准体系，在组织、指导、督促和检查地方志工作的方式、方法上进行有益的尝试，从组织发动、资料征集、篇目设置、编纂规则、技术运用、质量标准、审查验收、出版发行等环节，形成具有可操作性的志书质量标准指导体系。

（作者单位：海南省海口市地方史志办公室）

# 县级第二轮修志工作中存在的几个具体问题

朱新峰

**内容提要：**县级第二轮修志工作已经进入关键阶段，县级第二轮修志工作存在哪些问题，需要出台什么样的措施，确保第二轮修志工作顺利完成，真正实现“修志问道，以启未来”就摆在了各级史志部门面前。

**关键词：**县级　第二轮修志　问题　对策

“修志问道，以启未来”既是对史志工作者的希望，也是对史志工作提出的要求。目前，各地县级第二轮修志工作正如火如荼展开。具体工作中也存在一些值得重视的问题。

## 一　现存问题

一是领导重视不够。史志是写前人的事情，这也是部分领导不关心修志的一个重要原因。领导重视，资料齐全，史志工作开展起来就不难，难在领导不重视，一个领导一个路子，一种要求，甚至没有领导愿意分管，成为真正的弱势群体，被边缘化，工作开展起来也就十分困难了。

二是专业学习培训不够。修志一门专业性较强的具体工作，来不得半点马虎。史志部门工作不仅仅是记录者，还是参与者、见证者。编修好史志不仅需要读万卷书，还要行万里路。要到实地踏勘增加现场感，要内查外调，寻找相关的历史资料，完善补充。不仅需要人品端正，还需要编修者必须具备真才实学，特别是对于县级史志部门的干部，更是需要经常进行业务培训，以会代训，提高其业务水平。近些年来，特别是中央“八项规定”出台后，史志部门的业务培训越来越少，一定程度上影响了基层史志人员业务水平的提高。这看似节省一些费用，但是，由于基层史志人员业务水平、视野等方面不能够有效提高，将会影响到修志工作进度与质量，算大账划不来。史志保修工作看似难以短时间内创造出什么巨大的经济效益，但是将会产生巨大的社会效益，并为今后创造巨大的经济效益奠定基础。

三是经费人员不到位。县级史志部门被边缘化的现象十分严重，在各地都属于弱势部门。更为严重的是，这一部门在人员配备上往往不到位，史志办大多是一些老同志，是公务员只出不进政策影响较大的一个部门。特别是一些整体超编的县，老同志陆续退下去，难以补充新鲜血液，一个史志办甚至只有主任、副主任，不仅工作难以开展，而且导致县级史志队伍断线缺档。最为严重的是单位工作不被领导重视。史志部门不能够产生出直接的经济效益，还需要大量的资金投入和持续的全方位支持，导致一些领导对此项工作不重视。而在机构改革中，这一部门又处于被弱化被忽视的地位，对史志工作健康发展，起到难以估量的损失。人心散了，队伍乱了，红旗能够打多久？与上级部门分党史研究与地方志编纂不同，县级是两块牌子一支人马。史志办到底是属于行政还是事业单位，来来回回几次。属于事业单位不评职称，属于行政单位按照事业对待，事业单位人员不允许调入，真正的公务员不愿意来，自身定位不明，自然就人心惶惶。自身队伍不稳定，如何能够出成果，能够有位有为？其“存史、资政、育人”的基本功能难以得到有效落实。

四是档案材料缺失。近些年虽然对县级档案加大了投入，但是，现实工作中一些形式主义也严重影响到县级档案工作。因为，大量的考核检查形成无形的指挥棒，每项检查考核都会导致基层竭尽全力去拼凑制作应付检查的档案，导致大量档案造假，不仅投入大量人力物力，而且导致严重的形式主义。与此同时，真正需要保存的档案却没有保存下来，造成修志工作资料缺失。一些单位领导频繁更换，一些极度不负责任者往往对前任领导工作资料保管不力，甚至有人直接将以前的资料当废品出售或当垃圾焚烧。加之时下一些部门形式主义严重，基层大量制造虚假档案，往往时过境迁，一焚了之，结果，致使单位基本资料不全，使史志部门搞无米之炊，给县级编史修志工作带来极大的困难。

五是难以集中精力静下心来搞编撰。作为县级一个工作部门，县级史志部门需要静下心来集中精力搞好志稿编纂工作。然而，县级史志部门也要完成上级的工作任务，文山会海、临时性工作等，导致本来就缺人的史志部门，更是雪上加霜，难以集中精力搞好史志编纂工作。一些大型的活动对史志工作的开展必然产生一定的影响，如各种大型的学教活动，大批量的干部下乡工作，等等。这些活动是史志部门需要记录的重要活动，但由于其需要投入大量的人力物力，必然对正常的史志工作在时间、精力等方面产生冲击。

六是史志工作需要各部门配合。修史编志是一项需要各部门配合的工作，这不是史志部门自身能够决定了的事情，各部门的配合十分重要，决定着志书质量与编纂速度。由于史志部门是弱势部门，史志资料的催交工作是影响史志工作的关键所在。许多部门往往采取应付的办法，这导致了史志资料不符合要求，影响志稿及时高质量的编纂。史志是全县的工作，全县各单位都需要协调一致，及时按要求提供资料稿件。编纂工作需要协同作战，然而，史志工作难点恰恰就会出现在这一阶段。因为，各部门分属不同的主管领导，哪一个领导不重视，都可能导致大片部门不配合，多次催讨无果，一次次影响第二轮修志工作资料搜集进度。同时，条块分割体系，也导致一些垂直部门不配合，而且，找其上级部门也往往得到相同的答复。

## 二　对策

一是有为才有位。要真正落实读史用志工作，让领导者真正对史志工作重视起来。常言道："治国读史，治郡读志，知事读鉴。"对于一个地方风俗民情的了解，离不开对地情书的解读。史志部门只有克服困难，努力工作，坚守阵地、持之以恒，才能够玉汝于成，做出成果。只有史志部门通过自身努力，发挥出自身的职能，争取领导的重视与支持。通过读史用志工作的开展，通过修志问道，达到"以启未来"，才能够体现出自身的价值来。

二是凝聚一大批纂志人才。在人员使用方面秉承不为所有但为所用的原则，将各种人才凝聚到史志部门来，编修出精品佳志。随着机构改革的不断深化，完全满足史志部门修史编志工作的人事安排也不十分现实，除了聘请必要的专家指导外，还可以进行深入的人才挖掘。每个县都有一批工作能力强，认真负责的业务骨干，如何能够用好这部分骨干，充分发挥这批业余修志人员工作积极性，弥补现有工作人员的不足，是完成修史编志工作的一个重要方法。这包括退休的老干部和各单位部门的业务骨干两部分。特别是吸纳一部分各单位的业务骨干，对于史志书稿的质量提高，将会产生巨大的推进作用。

三是加强县"两办"（县委办、政府办）的协调联系。单靠史志部门自身的力量是难以有效协调各部门工作及时有效开展的。作为县级史志部门，要及时与县委办和政府办两个部门协调联系，通过两办来及时督促工作不到位的部门进度赶上来，确保史志工作整体平衡，不能因为哪一个部门工作滞后拖全县史志工作的后腿。

（作者单位：新疆维吾尔自治区青河县史志办公室）

# 地方志部门开发利用地方特色文化资源，助推城乡文化建设的实践

## ——以四川为例

朱艳林

**内容提要：**传承文明、记录历史、弘扬文化、服务社会是地方志工作者的光荣使命。四川各级地方志部门通过抢救整理地方特色文化资源，多措并举编纂特色文化产品，有机结合传统与新兴宣传载体和服务平台，开展文化建设主题活动，参与地方文化建设等多种形式开发利用地方特色文化资源，助推城乡文化建设。这些措施的实施对传承历史文明，发掘历史智慧，弘扬优秀传统文化，在城乡营造浓厚的地方文化认知和传承氛围，提升城乡文化建设品位，增强国家文化发展软实力，培养和弘扬社会主义核心价值观，建设中国特色社会主义文化强国起到了不可替代的作用。

**关键词：**地方志部门 特色文化资源 城乡文化建设 四川

地方志工作是建设文化强国的有机组成部分。广大地方志工作者承担着传承文明、记录历史、弘扬文化、服务社会的光荣使命。① 近年来，全国绝大多数地方志部门将开发利用地方志与实现“三个自信”结合起来，与爱国主义教育结合起来，与弘扬优秀传统文化、社会主义核心价值观结合起来，自觉把地方志工作纳入公共文化服务体系建设中，助推城乡文化建设，为建设文化强国服务，取得了不俗的成绩。在实际工作中，地方志部门亦不仅仅局限于对方志资源的抢救整理和开发利用，而是将范围扩大至对整个地方文化资源特别是对地方特色文化资源的抢救利用。但目前方志界或学界主要局限于从整体上研究开发利用方志资源与服务中心、服务大局，助推经济社会发展，较少从地方特色文化资源的开发利用与助推城乡文化建设这个角度进行细化深入研究。且目前研究多侧重理论探讨，较少进行实证分析研究。有鉴于此，本文拟结合近年来四川各级地方志部门开发利用地方特色文化资源，助推城乡文化建设的积极举措，分析总结其成功经验和做法，以期丰富这方面的研究成果，进而更好地发挥地方志部门助推城乡文化建设的作用。

四川历史悠久，人文积淀丰厚。四川各地由于地域、历史、经济和人文因素，形成巴

① 刘延东：《与第五次全国地方志工作会议部分会议代表座谈时的讲话（2014年4月19日）》，《中国地方志》2014年第5期。

蜀文化、三国文化、红色文化、藏羌彝民族文化等地方特色文化。四川各地民俗文化、宗教文化、饮食文化地域特色亦十分浓厚。川人好诗词，四川在历史上涌现出如司马相如、三苏父子（苏洵、苏轼、苏辙）、郭沫若、张大千、巴金、李劼人等文化名人。为尽责履职，不辱使命，近年来四川不少地方志部门围绕党中央国务院提出的建设中国特色社会主义文化强国，四川省委省政府提出的建设西部文化强省战略、构建“一核四带”（加快建设成都文化产业核心发展区，着力打造以红军长征路线、川陕革命根据地、伟人故里、将帅纪念园为主要内容的红色文化产业带，以古巴蜀文化和三国文化为代表的历史文化产业带，以藏羌彝文化产业走廊为核心区域的民族文化产业带，以汶川地震恢复重建区为依托的重建文化产业带）文化产业区域布局，多措并举抢救整理、开发利用地方特色文化资源，助推城乡文化建设，为建设文化强国、文化强省服务。

## 一 抢救整理地方特色文化资源，夯实城乡文化建设基础

对地方特色文化资源的抢救整理是开发利用地方特色文化资源的源头活水。旧志是极具中国特色的地方文化资料，是中国宝贵的传统文化遗产，因此对旧志的抢救整理又是地方志部门抢救整理地方特色文化资源的重中之重。中国社会科学院院长、党组书记王伟光在全国第五次地方志工作会议上就曾强调要“对留存的旧志孤本、善本进行收集保护，有计划地集中整理本地历代方志”①。四川旧志资源丰富，各种方志类著作近900余种，但版本、收藏等情况较为复杂，加之历史久远，各收藏机构保管条件各异，如不加以及时抢救整理，必将给历史文化传承带来无法弥补的损失②。从2009年起，四川省志办开展了旧志普查、《西康通志稿》点校工作，下发了《四川省旧志整理工作方案》，并编印《四川历代旧志目录》、编写《四川历代旧志提要》，为整理工作奠定基础。目前，《四川历代旧志集成》（第一辑24册）已影印出版。不少市（州）、县（区）旧志抢救整理工作亦取得不小进展。如成都市、县（市、区）两级志办共整理出版《成都旧志序跋集》、题襟馆本《华阳国志》及旧县志60余部。成都市志办于2014年12月整理出版《华阳国志珍本汇刊》，第一次将《华阳国志》历代重要版本以及辑佚、校勘成果加以汇编并影印出版。广安市、县（区）两级志办共收集影印旧志近20套。旧志中含有大量天文、地理、物产、社会、经济、政治、军事、人文史料，对旧志进行抢救整理，不仅丰富了方志机构之收藏，增加地方文化资源的传承积累，而且能为地方文化研究、城乡文化建设提供浩瀚资源。

加强对旧志以外其他重要历史文献的抢救整理亦是地方志部门抢救整理地方特色文化资源的一个重要方面。四川省志办正在整理并拟影印出版由近代四川西昌人陈光前所撰的《迪山日记》。《迪山日记》大量记载了清末民初川西地区社会、经济、政治、文化、教育

① 王伟光：《发扬成绩，谋划长远，奋力书写地方志事业发展新篇章——在第五次全国地方志工作会议上的工作报告（2014年4月19日）》，《中国地方志》2014年第5期。

② 马小彬、朱丹：《四川省旧志整理出版与利用情况述略》，《巴蜀史志》2015年第1期。

和民俗等方面内容，并有大量对联和诗词，具有较高的文化价值、民俗价值、文学价值和历史研究价值。成都市志办与四川大学共同合作编纂大型地理历史文献《蜀藏》，首批整理完成巴蜀山水、巴蜀文学文献等300册。这些重要历史文献的抢救整理，对传承历史文明，挖掘历史智慧，深化四川地方史、民俗史研究，助推城乡文化建设具有基础性作用。

四川亦相当重视开展家谱族谱、历史文化名镇名村、重大历史事件、重要历史文化人物、非物质文化遗产文献的文字、图片、照片、录音、录像等地方文化资源纸质和电子载体的收集征集及整理工作。① 宜宾市志办2013年对全市家族谱情况进行了普查。蓬溪县成立家谱收藏研究中心，收集家谱100余部，整理出版《笑问君从何处来：蓬溪姓氏备征》《蓬溪家谱序跋集》等姓氏家谱书籍。威远县先后征集到威远名人、大姓等族谱19部，威远在外名人书稿、资料51份，历史图片100余幅及口述史料10万余字。自贡市收集辖区内古建筑图片近1500张，遂宁市搜集整理了遂宁十二景及九宫十八庙相关资料。这些特色文化资源的收集整理，对深入开发利用地方特色文化资源，助推城乡文化建设提供了资料基础。

可以说，不同类型、不同载体地方特色文化资源的抢救整理，对开发利用地方特色文化资源，助推城乡文化建设，培育、弘扬社会主义核心价值观，服务文化强国、文化强省建设奠定了资源基础。

## 二 编纂特色文化产品，丰富城乡人民精神食粮

加强对地方特色文化资源的深加工，编纂特色文化产品，是地方志部门助推城乡文化建设的重要举措。四川特别重视强调在新形势下要多形式编纂富有地方、行业、时代特色的专业志、历史文化名镇（村）志，加强对各类志书、年鉴的综合加工、深度开发，推出人民群众喜闻乐见，深层次、高质量的地方志产品，以丰富人民群众精神文化生活②，从而实现地方志工作从编纂单一志书向出版多种类志书的转变，实现志书编纂体例、体裁从长期不变、固定格式到篇目设置突出时代特色、地方特色的转变③，以达到助推城乡文化建设，服务文化强国、文化强省建设的目的。

第一，编纂出版抗震救灾志、民族志、山水志、寺庙志、图志等特色专志。四川是"5·12"汶川特大地震、"4·20"芦山地震的重灾区，是抗震救灾的主战场。四川高度重视以志体形式记载地震灾害、抢险救灾和灾后重建工作，以弘扬伟大抗震救灾精神。经过多年努力，目前，《汶川特大地震四川抗震救灾志》8卷本系列丛书已进入最后修改阶段，成都、德阳、阿坝等绝大多数重灾地区已基本完成编纂任务。此外，四川省志办正组织编纂《西康通志》《四川羌族通志》。《雅安大熊猫志》《雅茶志》《阿坝州羌族志》《丈

① 川委办〔2015〕9号：《中共四川省委办公厅四川省人民政府办公厅关于进一步加强和改进新形势下地方志工作的意见》，《巴蜀史志》2015年第2期。

② 钟勉：《努力打造信今传后服务当代惠及子孙的精品良志》，《巴蜀史志》2015年第2期。

③ 马小彬：《服务大局，负重前行，全面做好新时期地方志工作——在全省地方志工作会议上的讲话》，《巴蜀史志》2013年第1期。

卡寺志》等特色志也在加紧启动或编纂。《丹巴羌族志》《渠县苏维埃志》《金山寺志》《五粮液志》《剑南春图志》等一批特色志已编纂出版。虽然，一些地区编纂出版的特色志质量还不甚高，仅以图志来说，目前已出版的图志多类似于画册和图册，图志体式有滥用之嫌，但以志体形式编纂出版特色志，是地方志部门服务城乡文化建设的一个重要方面，大量特色志的编纂出版对传承弘扬地震灾区感恩文化、红色文化、藏羌彝民族文化、寺庙文化、企业文化等地域特色文化，增强城乡人民的民族自豪感和自信心具有不可替代的作用。

第二，拓展区域志编纂领域，编纂出版名镇（村）志。四川省共有 57 个国家级或省级历史文化名镇，15 个国家级或省级历史文化名村。在 2014 年 8 月中国地方志指导小组办公室（简称“中指办”）决定启动“中国名镇志丛书”编纂工程前，四川不少国家级历史文化名镇已编或正在编纂名镇志，只是已完成编纂的镇志多为内部出版，有的甚至仅有一个稿本，在篇目设置、资料选取、记述手法上亦与市（县、区）志大同小异，存在突出特色不够，普遍部头偏大，利用起来不便等问题。如 2006 年由方志出版社出版的《李庄镇志》(78 万字)，2006 年 11 月完成编纂出版的《清溪镇志》（118 万字），专志部分大体设置建置沿革、自然地理、人口、农业、工业、商贸、交通邮电、城镇建设、财政税务金融、党派群团、政权政法军事、教育科技卫生体育、文化、社会风俗、人物等门类。“中国名镇志丛书”编纂工程启动后，四川省结合四川名镇（村）众多的实际，拟与省住建厅、省文化厅、省旅游局等单位协作推进名镇（村）志规划与编纂工作，突出名镇（村）“名”与“特”的内涵。并于 2015 年 8 月底举办了全省历史文化名镇志编纂业务培训班。随着大量名镇（村）志的编纂出版，为保存弘扬乡土历史文化和乡音、乡思、乡愁、乡风提供了依托，必将增强城乡人民对本土文化的认同感和自豪感。

第三，编纂出版民族语言志书。四川作为多民族省份，是全国第一大彝区、第二大藏区和唯一的羌族聚居区。自 2003 年以来，四川民族地区及 4 个自治县共计编纂州志 6 部，县志 100 余部，但只有首轮《阿坝州志》和《阿坝县志（1990—2005）》采用藏文、汉语双语出版。为推动民族地区民族语言志书的编纂出版，2014 年四川省志办组织阿坝、甘孜、凉山州志办调查摸底，提出了编纂方案及经费预算。2015 年，四川省志办选取阿坝州红原县、甘孜州德格县、凉山州喜德县作为民族语言志书出版试点单位，并向每个县下拨 5 万元补助经费。此次民族语言志书的编纂出版主要采取将首轮、第二轮志书合编压缩并用民族语言翻译出版的方式，重在突出民族地区特色和亮点。目前，三县已启动编纂工作。可以肯定，民族语言志书的编纂出版对传承弘扬民族文化，满足民族地区城乡人民的文化诉求具有弥足珍贵的作用。

第四，采用简本或提要等形式对方志资源进行深加工。如阿坝州志办按“放大”与“缩小”的工作思路，2012 年编纂出版《阿坝州志·简志》。2014 年 12 月，广安市志办以《广安市志（1993—2005）》为基础，编纂出版的《广安概览（1993—2005）》，将原 320 余万字的市志浓缩成为 20 万字的简明读本。2014 年 10 月广安市志办编辑出版的《广安历史志书提要》，以条目形式，概括介绍了广安市境内历代志书、地方综合年鉴、大事记及其他地情文献。虽然该书书名以志书囊括地方综合年鉴、大事记及其他地情文献，值得商榷，但记载的内容对城乡人民特别是广安人民了解、利用广安方志成果提供了方便。此外，四川于 2015 年 3 月出版了《四川年鉴》(2013 年英文版)。地方志部门化繁为简开发利用方志资源，是地方志部门发挥职能作用开发利用方志等地方文化资源的可喜尝试，对宣传包括方志资源在内的地方特色文化资源，提升城乡发展软实力有不可或缺的独特功用。

第五，以年刊或丛书等编纂形式，采用文化随笔或散文等体裁，编纂图文并茂、通俗易懂、具有浓郁地方特色的地情读物。如成都市志办从 2009 年开始编纂《成都概览》年刊，先后编纂出版《成都概览（2011）》、《书香成都》（成都概览 2012 年版）、《成都精览》（上、中、下册）等作品。其中，2014 年出版的《成都精览》（上、中、下册）为口袋式小开本，采用横排门类的方式，以条目体、片段式的形式，荟萃成都建城以来的重要事件、人物，以及最能代表成都文化的文物古迹、历史遗存等。其他如成都市锦江区及内江、广安、西昌等志办则以丛书形式编纂出版《锦江记忆》《锦江名片》《锦江街巷》《百年锦江光影》《史索内江》《内江概览》《内江十贤》《内江胜览》《广安之最》《广安历代治地沿革考》《广安龙门阵》《广安史话》《新西昌　新解读》《飞越西昌》《田园西昌》《话说西昌》等城乡人民喜闻乐见的地情读物，真正把地方志文化产品变成“百姓的家藏书”。如果说前所列举的丛书内容没有较明显的城乡之别，那么彭州市正在组织全市 20 个镇分别编纂反映各镇自然、历史、经济、文化及发展现状的“彭州市地情文化资料丛书”，则有浓厚的乡土味。大量寓教于乐的文化特色产品的编纂出版，对满足城乡人民日益增长的文化需求，增强城乡发展软实力必有不可估量的作用。

此外，为抢救保护重要历史文化资源，深化四川地方史、四川抗战史研究，助推文化强省建设，四川省志办正牵头组织编纂 8 卷本《四川当代史》以填补当代四川史的空白，牵头组织编纂《四川抗战历史文献》丛书弘扬四川抗战文化。南充市志办、达州市志办分别组织编纂《川北区志》《川南区志》以真实再现中华人民共和国成立初期川北行署区、川南行署区政治、经济、文化和社会等方面的发展情况。从很大程度上可以说，这些特色文化产品的编纂出版，对传承历史文明，弘扬优秀历史文化，丰富城乡人民的精神读物，助推城乡文化建设具有必不可少的作用。

## 三　有机结合传统与新兴宣传载体和服务平台，服务城乡文化建设

报纸、电视这类媒介受众多，地方志部门同报社、电视台等单位合作，通过开辟报刊专栏、制作电视专题片、纪录片等形式宣传地方特色文化，是地方志部门开发利用地方特色文化资源，助推城乡文化建设的重要手段。如成都市志办与《天府早报》《成都日报》及成都电视台合作，开辟“方志旧闻轶事”“文化之都建设 · 地方志在行动”“成都方志 · 方知成都”等栏目；拍摄《书香成都 · 方志始祖》《书香成都 · 北望》等电视专题片，全方位推介成都独特的地方文化资源，服务成都文化建设。眉山地方文化厚重，有享誉全国的三苏文化、长寿文化、忠孝文化、竹编文化等，眉山市志办先后与眉山日报、眉山电视台综合频道合作，开设《志说眉山》专栏，展示眉山历史沿革、特色文化、民风民俗、风景名胜等独特文化魅力。地方志部门与报社、电视台合作宣传地方文化资源，对扩大地方特色文化资源在城乡的认知和传承范围具有不容小觑的作用。

创办地方志刊物、更新刊物栏目，是地方志部门开发利用、扩大地方特色文化资源认

知群体，助推城乡文化建设的又一重要举措。据不完全统计，四川除四川省志办主办的省级公开出版刊物《巴蜀史志》外，还有11个市（州）、14个县（市、区）主办方志刊物。各地在刊物栏目版式、栏目设置、出版周期上都煞费苦心。2013年，成都市志办明确了“传承文化基因，接续成都文脉”的办刊理念，改版、规范栏目，设置“方志成都”“口述成都”“文脉成都”“典籍成都”“风情成都”“探幽成都”“揽胜成都”“成都人物”等栏目，深入发掘成都文化精髓，提炼成都特色文化元素，展示成都文明的独特魅力，直接服务于成都文化建设①。《眉山地方志》由半年刊改为季刊，并扩充杂志篇幅，突出反映眉山地方特色文化。2014年5月创刊的《威远史志》和2014年12月由内江市中区志办、党史办创刊的《甜城史志》，皆设置4～5个反映地方悠久历史文化内容的栏目。地方志刊物的陆续创办及栏目、版式的不断更新，对宣传包括方志文化在内的地方特色文化，满足城乡人民群众对特色文化资源的需求具有其他刊物难以替代的作用。

方志馆是地方志工作向社会提供公共文化服务的基础设施和重要平台。各地一般都将方志馆当作地方志和地情资料收藏展示、地情研究咨询、地方文化对外交流中心和爱国主义宣传教育基地进行建设②。四川不仅已建成方志馆的巴中市、资阳市正在提档升级竭力发挥方志馆服务社会各界的窗口与平台作用，正在推进方志馆建设的四川省及南充、成都、内江、广安、宜宾等市在方案设计上也注重探索方志馆服务社会各界的方式和途径。如成都市方志馆拟设置成都概览、公众阅览和数字方志馆3个功能区，细分“地情展示”“方志文化展示”“精品志书虚拟翻书”“动感卷轴影院”“多体单屏互动”“精品志书移动视窗”“名人面对面”“志书音频化”等板块，全面展示成都市历史人物及修志用志成果，服务成都文化建设。目前，成都市“数字方志馆”一期工程已正式上线运行，约4000多万字资料、20000幅图片已经数字化。

利用地情网站、方志微博、微信等信息化载体刊载宣传地方特色文化资源，对有效扩大地方特色文化的知晓面也具有重要作用。目前四川省10余个市（州）、20余个县（市、区）建立了门户网站。已建立网站的地区通过设置历史沿革、历史文化、民俗文化、地方人物等栏目，或将志书、年鉴及其他地情书中最能反映地方特色文化资源的部类登载网站以更好地满足城乡人民文化需求。如改版升级后的广安方志网通过图说广安、广安人物、特色文化、民俗风情、名胜古迹等栏目传播广安特色文化。邛崃市志办通过手机彩信、“邛崃史志”官方微信平台，以片段式、条目式等形式，向社会公众介绍邛崃历史上的重要人物、事件、文物和遗存等。

## 四　开展文化建设主题活动，在城乡营造浓厚的文化氛围

助推城乡文化建设的一个重要方面是要在城乡营造浓厚的文化氛围。四川地方志部门积极探索以举办沙龙活动、创办讲堂等形式深入研讨、深度宣传地方特色文化，在城乡特

① 成都市地方志办公室：《服务社会“静”变“活”，贴近百姓“冷”转“热”》，《巴蜀史志》2014年第4期。

② 王伟光：《发扬成绩，谋划长远，奋力书写地方志事业发展新篇章——在第五次全国地方志工作会议上的工作报告（2014年4月19日）》，《中国地方志》2014年第5期。

别是在城市营造浓厚的文化氛围。如内江市志办举办的史志沙龙活动，邀请市内史志爱好者分专题研讨内江特色文化；内江市志办与市内文化馆、纪念馆、高校、报社等单位合作，开展“史志天地·和谐讲堂”主题活动，邀请市内外熟悉了解内江的文化名人、资深学者和专家向机关、企事业单位工作人员、高校师生、史志爱好者等分专题深度讲解内江的历史事件和历史人物。眉山市志办创办“志说眉山”讲堂，开展眉山三苏文化、忠孝文化、蚕丛文化、竹编文化、红色文化等专题讲座。虽然在目前看来这些主题活动的受众面相对有限，但这些活动的开展对扩大地方志工作社会影响，在城乡特别是城市营造出一种积极向上、奋发有为的文化学习氛围具有积极作用。

地方志工作是政府的一项基础性工作，推进地方志成果进校园、进机关、进企业、进军营亦有利于在城乡营造浓厚的文化氛围，发挥地方志资源在地方公共文化体系建设中的重要作用。成都市、县（市、区）两级志办以“世代书香”“书香门第”“书香校园”“书香家园”等为主题，推进“书香成都”进机关、进学校、进社区、进农村，全面服务成都文化建设，如邛崃市“每周一读邛崃史志”、郫县杨雄故里“耕读传家、书香田园”、金堂县“诗书传家”等活动。甘孜州、县两级志办除开展方志成果“进校园”“进社区”“进乡村”“进军营”等活动外，还开展了方志成果“进寺庙”活动，向结对认亲村、共建共创村、结对寺庙赠送方志成果。各类方志成果分送到城乡居民手中，广为知晓利用，是地方志工作助推城乡文化建设最实实在在的体现。

## 五　参与地方文化建设，提升城乡文化建设品位

地方志部门发挥资源优势，主动参与地方文化建设，对助推城乡文化建设，提升城乡文化建设品位起到了举足轻重的作用。如内江、自贡、蓬溪、威远、隆昌、冕宁、西昌、邻水、武胜等市、县志办积极参与范长江纪念馆新馆、旷世勋纪念馆、自贡盐税陈列馆、自贡抗战纪念碑、隆昌县四方村文化陈列馆、冕宁红色纪念馆、西昌湿地科普馆、邻水县博物馆、武胜县历史文化墙等馆、碑、墙的论证布展工作，实实在在地推进了城乡文化建设。再如成都市志办先后组织开展了“北城改造”、“世界生态田园城市”建设调研、打造历史文化古镇咨询等活动，形成了《成都“北改”工程注入文化之魂的思考》《“水旱从人”话天府》《“北改”范围内的成都历史文化元素》《拟建“蜀城”特色文化的思考》等一系列成果，西昌市志办在琼海湿地公园打造中提出了“依托邛都文化、打造湿地新八景”“邛海湿地桥梁命名建议”等建议，为城市改造和城市建设注入历史智慧和人文精神底蕴，在提升城乡建设文化品位的同时，亦促进了城乡文化建设发展。

地方志部门加强对地方文化的理论研究，或者为地方文化研究、宣传活动提供资料帮助，亦对助推城乡文化建设，提升城乡文化建设品位有重要作用。如眉山市志办开展的《两宋时期眉山进士文化研究》；成都市志办组织专家学者围绕《〈华阳国志〉与天府新区文化建设》《〈华阳国志〉写作宗旨研究》等问题深入研究；甘孜州志办为“圣洁甘孜·走进北京”甘孜文化旅游宣传周活动、康巴藏族传统体育开展情况调查、藏羌彝文化走廊研究等提供了翔实珍贵的资料，这些都有助于提升城乡文化建设品位。

## 结　语

四川各级地方志部门多措并举开发利用地方特色文化资源，在满足城乡人民文化需求，助推城乡文化建设，建设文化强国、文化强省中发挥了不可替代的作用。但这种作用在目前还不宜过分拔高，究其原因主要在于目前我们绝大多数地方志部门对地方特色文化资源的深加工还不够，精品力作还不多；已建的门户网站多为工作网站，反映地方特色文化资源的资料还不够丰富；已有刊物对地方特色文化内容的反映还很单薄；已建成的方志馆（室）向社会提供的公共文化服务还远不够多；参与城市文化建设的程度还不够深。更何况绝大多数地区还未办有刊物、建立方志馆（室），地情网站、数据库等信息化建设亦相对滞后。一言以蔽之，开发利用地方文化特色资源，任重而道远，需要我们方志人不断地探索和总结。

需要指出的是，本文中的较多事例来源于四川各市（州）近年来的地方志工作总结、各市（州）志办为四川省志办举办各类会议提交的会议材料、各市（州）志办上报给四川省志办的工作信息，及其他笔者在工作中所掌握的信息，因此文章仅对在公开发表的期刊或已出版的著作中引用的文献作注。

（作者单位：四川省地方志工作办公室）

# 城市区志文化部类与前志关系处理浅探

朱英华

**内容提要：**文化部类，是城市区志的灵魂，其与区志的经济部类、政治部类、社会部类、自然部类等相互交融、密切相关，在整部志书中占有重要地位。文化部类编修的质量，直接影响到城市区志的整体质量，直接关系到城市各区文化的传承、文明的进步、品位的提升。因此，第二轮城市区志文化部类如何继承与拓展首轮志书相关内容，是摆在当前亟须解决的课题。本文以天津市河北区第二轮区志编修为例，进行初步思考。

**关键词：**重修　续修　城市区志　文化部类

城市区志在第二轮修志中的地位日益显现，成为地方志编修的重要组成部分，取得了较快地发展。然而在第二轮修志实践中同时遇到了前所未有的新问题。天津（上海、广东、山东）等部分地区，将第二轮修志的断限定为上限1979年（或1978年），下限2010年左右。这种断限的特殊性，致使与首部区志文化部类（一般上限为有史以来或创区开始，下限为1995年左右）出现了将近半数的重合。本轮区志文化部类与前志是什么样的关系，对重合部分如何处理，直接关系到城市区志编修的质量。

## 一　与前志关系分析

连续性编修方志，是从宋代开始的，已有2000多年的传统。这里的前志，是指首轮修志时期编纂的城市区志。前志与本轮城市区志，乃至于第三轮区志编修，就是一种连续性编修关系。故总体而言，前志是第二轮城市区志编修的前提和基础，本轮区志编修是前志的继续、发展和创新。基于编修方志的连续性，从古至今主要延伸出以创修、重修、续修为主的三种编纂方式。以天津市河北区志为例，前志就属于创修的产物。首部河北区志上限为明成祖永乐二年（1404），下限为1995年，约600年历史。其中文化部类，多数从清朝起笔，搁笔于1995年，门类丰富、记载详备、用笔简洁。而本轮河北区志依据相关要求，上限为1979年，下限为2010年，约32年历史。其中与前志有交叉时限，即1979—1995年，约为17年，故此本轮区志文化部类与前志相关部类关系显然特殊。这种特殊关系具体表现为：

一是基于特殊的区志断限，本轮区志文化部类与前志不是简单的续修关系，有约17年左右的重修，是续修与重修相结合。这种特殊关系在方志编修史上较为罕见，是新时代的新课题。二是与前志文化部类相比，时间跨度小，资料相对比较容易征集。三是本轮河北区志划限的主要依据是以突出改革开放为主题，较为完整地记述改革开放以来的历史。因此，本轮区志文化部类的记述，与前志的处理，重点要放在 1979 年以来文化体制改革上。四是篇目设计的处理。篇目设计是城市区志编纂的首要，是区志体例的具体化。处理好本轮城市区志文化部类与前志的篇目关系，攸关本轮区志的编修质量。两者编修方式兼而有之，就要求本轮河北区志文化部类的篇目设计，与前志不是体例篇目基本不变的延续，而是重新发凡起例，重新设置篇目，有所保留、有所创新的关系。

## 二　重修部分处理

现存方志具有数修历史的占据多数。如天津市自清康熙年间编修《天津卫志》，到民国时期《天津市概要》已有 8 次编修。重修、续修是方志发展史上的常态。也正是如此，才能让各地区方志历久弥新、绵延至今，促进了方志事业的可持续发展。重修，即重新发凡起例，重新设置篇目，重新构思撰写，重修志书一般间隔周期较长。之所以需要重修，是因为前志出现严重缺陷、遗漏或者错误。尽管如此，前志仍是重修本轮区志的基础。本轮河北区志文化部类与首部区志有 17 年的重修，是因为着眼于长远，以期较为完整地表现十一届三中全会以来河北区文化体制改革所取得新成就、新发展，以揭示其改革发展规律。对本轮城市区志中文化部类的重修处理，可以采用的方式有：

### （一）提炼式

提炼式，即以前志为基础，对相关内容进行高度的提炼和概括。这就要求在编写本轮城市区志文化部类时，要首先对首部志书文化部类内容进行研读，有侧重地保留前志资料，在消化基础上进行再记述、再编写，主要是对基本主线的梳理。如河北区志卫生篇中的妇幼保健、医政管理等内容，要认真研读，抓住卫生医药体制改革这条主线，重点保留 1979 年、1995 年及其他重大转折、变革时期的内容，对其他内容进行精确地概括、高度地提炼，清晰地勾勒出改革发展的轨迹。它不是将前志机械式的照搬照抄，更不是将前志否定式地推倒重来。

### （二）整合式

整合式，即以前志为基础，对相关内容进行重新归类和调整，并从新的角度进行记述，属于改写的一种。本轮河北区志文化篇，将文物篇降格为章，划归文化篇；将首部志书中的图书、影剧院等章降为节，统一划归至第二章文化场所中。这也符合重修内容不能占过大篇幅的要求。相比于前志，本轮区志该篇门类划分更为科学、内容编排更为集中。篇目的整合，必然涉及重修内容整合式的重新记述，并追求与时俱进的新角度、新观点。整合式处理，还表现为表格处理法。即本轮区志文化部类的重修，可以多制作表格，用数据表等形式整合式反映，既保持连贯，又简洁明了。

### （三）补充式

补充式，即以前志为基础，对相关内容进行重新修订、补充和完善，是一种补写。对前志文化部类中存在明显缺载的遗漏内容，如文化体制改革的重要内容，本轮河北区志设在文化篇第一章进行重点补记；对遗漏的民俗文化内容，征集资料补充完善；对意式风情区即前志的“意大利领事馆”等内容，专门召开专题研讨会，重新设立篇章节目，征集大量珍贵资料，重点补充完善。而前志对该部分内容仅仅用了不到 200 字。

### （四）纠误式

纠误式，即以前志为基础，对重修部分内容中的错误之处进行纠正。这是一种辅助式处理方法。它一般由专人负责，并将纠误结果置于本轮城市区志之末。当然承担文化部类编写的分篇编辑也可以在搜集补充资料的过程中，及时发现前志中的错误，可以在重修 17 年内容时在文中直接将纠正后的事实写上，可用页末注，注明出处、原因、考证过程等。对于纠误式处理，必须谨慎使用，这需要有充分的依据、可靠的佐证。

### （五）参见式

参见式，即以前志为基础，对重合部分内容采用参见法，制作参见系统，加以简单注明，不再重新对相关重复内容进行记述。参见式处理方法就是参见前志或者对本部区志中各篇有交叉的内容，采用互见的方式，具有简单灵活的优点。但是参见式方法也应谨慎使用，一般都是前志关于文化部类的内容记述相当详细、准确，归类科学、得当，且本轮区志资料搜集过程中没有发现更多新的资料，对本轮区志文化部类的记述也不是重点，可以采用参见法。如河北区志文化篇中的石刻碑记、遗址遗迹等内容，如果 1996—2010 年未有重大考古发现，可以对重合部分适当采用参见法，在改革发展过程中功能、定位有重大变化和影响的除外。

## 三　续修部分处理

续修即接续前志下限而修，完整意义上的续修且保持体例篇目基本不动。续修志书一般间隔时间不宜过长，一般为 20 年左右续修一次。相比重修，续修的频率更高。续修志书是基于前志尚无重大遗漏、错误，前志编修的质量较高，一般没有重修的必要。但本轮城市区志部分地区划限的特殊性，决定了既有重修，也有续修。对文化部类的续修部分，主要采用两种处理方式：

### （一）衔接式

衔接式，即以前志为基础，从时间、内容、体例等方面做好衔接，保持相对连续性。衔接式的目的是确保记述事物的连贯，事物发展脉络的清晰，做到一脉相承。做好衔接式处理，一是做好资料收集衔接。资料是城市区志编修的基础。续修后 15 年时，首先应注意与前志记述内容衔接资料的搜集。尤其是重点搜集1996年、2010年两头的资料，确保同一事物发展过程能完整地记述下来。二是做好续编体式相对衔接。体式的衔接主要指对前志文化部类记述详细准确的部分内容，篇章节目的设置，凡可前后照应的，尽可能做到连贯照应，相互衔接。如本轮河北区志文化旅游篇中的第五章文艺创作，与前志基本一致，就可以保留文学创作、艺术创作两节。三是做好内容衔接。对1996—2010年期间的记述内容，首部区志中已有详细记载的，如文化篇中的机构沿革、文化艺术活动、文化场所（图书馆、文化馆、纪念馆等）、文艺创作、文化市场、文物，这些章节首部区志已耗费大量精力，收集大量资料，记述翔实准确，本轮区志需要与其做好内容上的衔接。

### （二）创新式

创新式，即以前志为基础，从记述内容、体例等方面进行突破、发展、完善。续修部分的创新性，是与时俱进、彰显时代性的必然要求，是催动城市区志文化部类编修质量不断提升的根本动力。做好创新式处理，一是体例体裁创新。体例体裁表现为城市区志的组织形式，即整体框架结构和记述体裁。编排形式的创新更为直观和感性，令人耳目一新。故文化部类的续修部分整体篇章结构要有创新、调整。首部河北区志文化部类篇目设有科学技术、教育、文化、宗教、文物、卫生、体育7篇，而本轮区志设有意式风情区、科学技术、教育、文化旅游、卫生、体育6篇。其中，意式风情区设为本轮区志的特色篇，这是由其是天津市的城市名片地位决定的。新增加旅游一章，撤销宗教一篇，将宗教部分内容划归社会部类，撤销文物一篇，将文物部分融入文化旅游篇中。且对章节的设置进行了创新，以文化旅游篇为例，本轮区志该篇共设11章，新设文化体制改革、文化场所、文化艺术活动、档案、文史方志、旅游、有线电视7章，并对部分章节进行了调整和重新划分。与前志相比，将档案、方志等从政治部类中分离，打破纯粹部门分工的樊篱，服从科学分类设立2章。至于章下节的设置不再赘述。此外，本轮区志文化部类，应更多使用图照、表格，多用图体、表体，改变前志篇章节中基本无图的缺陷。要运用现代统计科学的方法，多用数据表、统计图等新体裁，客观、直观、准确地记述，提升区志的体例质量。

二是记述内容创新。改革开放以来，尤其是中共十五大以来，科教文卫体等社会事业发展，改革稳步推进，新事物、新发展、新成就层出不穷，新观点、新理念、新模式、新体制方兴未艾。因此，城市区志文化部类从记述内容上创新式地记载这些新情况责无旁贷。与首部河北区志相比，文化体制改革、文化产业、非物质文化遗产、旅游等内容，均是第一次设置和增载，是与新时期文化体制的演变、文化事业的发展、文化产业的兴起直接相关。对这些内容准确地加以增载，凸显了整部第二轮区志的改革和创新主题，以揭示推进本区社会主义文化大发展大繁荣的发展规律。

文化部类内容是五位一体中的重要一环，在整体城市区志中位置特殊而重要，体现着该行政区域软实力的发展和进步，彰显着该城区历史传统、文化内涵、文明积淀和精神品位。做好城市区志文化部类编修，处理好与前志的关系，还应把握“四性”。一是资料性。即重视文化资料的搜集、整理和研究，将修志资料搜集、补充、完善、考证工作贯穿于区志编修过程的始终，不断提升资料质量，直接决定着城市区志的质量。二是改革性。本轮区志主要是记述改革开放历史，为科教文卫体等进一步深化改革提供借鉴。因此，在编修本轮区志文化篇时，一定要紧扣文化体制改革主题，在具体处理与前志文化篇关系时，可以按照我国文化体制改革发展的三个阶段，即第一阶段（1979—1992），以调整文化布局、推行文化单位承包制改革、双轨制改革为主线；第二阶段（1993—2002），以深化文化单位改革，培育文化市场，进一步完善文化经济政策等为主线；第三阶段为 2003 年至今，以发展文化事业和文化产业为目标，加强文化法治建设，深化文化企事业单位改革，创新文化管理体制和运行机制等为主线，因地制宜，结合本区文化改革发展的实际，对重修部分内容进行整合、提炼和补充，对续修部分进行创新和发展。三是地域性。城市区志要一切从本地区情出发，记述本地的特色文化和民俗，反映本区文化的发展和变迁，将改革性与地域性两者有机融合。四是时代性。时代性强调的是区志文化部类记述应与时俱进，写出文化繁荣发展的时代特色、前瞻思考，预测未来的发展趋势。

本轮城市区志文化部类的记述要抓住起止年，及改革发展的重大转折年，尤其是 2010 年的情况要花重墨详写。重修部分与续修部分内容所占文化部类的比重匹配，可以定位重修部分占 1/3，续修部分占 2/3。这也符合详近略远的编修原则。此外，再次强调一下注释法，对文化部类中一些重要内容注明资料的出处，尤其是纠误、补遗等重要内容一定要注明出处，增加整部区志的学术性，不断提高城市区志的著述质量。

创修—续修—重修—再续修—再重修，循环往复，是方志事业可持续发展的基本途径。续修一次，不是紧跟着一定就重修一次，是基于续修的质量而定。一般情况，更多的时候还是续修为主。天津、上海等地本轮区志与前志文化部类的编修关系，是重修与续修相辅相成、互为补充的关系。本轮城市区志文化部类与前志关系是补前志之无，详前志之略，纠前志之误，应妥善处理。

（作者单位：天津市河北区地方志办公室）

# “修志问道，以启未来”的思考

董新春

**内容提要**：志书是社会文明进步的载体，“道”是社会文明进步的内在规律。第三轮修志，迎来的又是一轮全新的盛世。怎样修好第三轮志书，准确揭示“盛世”之道，是方志人面临的重大课题。怎样让志书释放经久不衰的活力，让一代后人从中获得启迪和智慧，应成为每一个修志者矢志不渝的努力方向。以“道”引“启”，则是新时期地方志工作方向的科学定位，也是方志工作者探索修志规律的新课题。只有坚持在修志中“问道”，在用志中“弘道”，才能不断增强做好地方志工作的能力和水平。

**关键词**：修志问道　用志弘道　科学定位

李克强总理关于“修志问道，以启未来”的论述，为地方志工作指明了方向，也是地方志工作者坚持正确方向的重要保证。笔者认为，应从以下 3 个方面来认识和理解这一论断的内涵，才能构建起“大方志”的工作格局，形成修志工作合力，不断提高地方志工作的能力和水平。

## 一 “修志问道”贵在揭示“道”的规律，重在解决怎样修志的问题

志书是社会文明进步的载体，“道”是社会文明进步的内在规律。首轮志、第二轮志所揭示的“道”，便是中国特色社会主义道路，在中国的成功探索和丰富实践。第三轮修志，迎来的又是一轮全新的盛世。怎样修好第三轮志书，准确揭示盛世之道，是方志人面临的重大课题。这段历史的本质特征是由体制转换以及工业化、城市化、现代化、国际化冲击所带来的社会大转型。大规模的城市建设与经济开发，改变了我们原先的社会结构和生存空间。全新的盛世，新在哪里？新在人们在对客观事物的认识在不断飞跃，所秉持的理念也在不断更新。如何透过纷繁复杂的社会现象，把握好主流社会发展的本质规律和特征？是方志人应具备的政治素质。要做到这一点，方志人要通过收集积累资料，来感受时代发展的脉搏，始终做到心中有志、心中有责、心中有戒，与时代同呼吸、共命运，走在时代的前列；自觉学习老一辈方志人的崇高品德，检身正己、见贤思齐，保持高尚情怀，忠诚史实，甘于清苦，奉献修志；弘扬“宁坐板凳十年冷，不写文章半句空”的精神，理解资料要实，谋划框架要实，落实编纂要实，既当权威声音的代言人，又当学志用志的实

干家；跳出传统志书条条框框的限制，走出传统修志思维的定势，树立好作风，在适应和引领修志的新常态中展现出新的作为，编纂出既能存史、资政、育人，又能传播信息、引领时尚、服务大众的旷世佳志和精品力作。

方志工作者要把修志的“长焦”对准新时代开启的伟大征程。对即时跟进的时代沿革要有古人记“起居注”的韧劲，对即时跟进的社会现象要有先贤写“日知录”的钻劲。对昨日发生的事情，今天就要记下来，即便粗一点也要先记录下来，然后再结合原始记录进行系统的研究深化，更准确地表述，这就是“存史”。现时研究历史，是深度揭示和把握历史规律、历史逻辑的可靠保证。方志工作者只有置身当代伟大实践所编修的志书才能少一些主观推断，多一些历史现场感。地方志不能慢拍错位，不能与现实滞后几十年，否则，时过境迁，资料丢失，记忆错漏，即使搞出来的是精品佳志，也会不可避免地留下历史缺憾。只有积累鲜活生动的史料，准确把握时代脉搏，把即时记载、现实研究与精编细研结合起来，才能书写志书的崭新篇章。

要树立精品意识和质量第一的观念，要以科学的态度，精益求精、一丝不苟的严谨学风，对志书的政治质量、体例质量、资料质量、文字质量等严格把关，力争编出精品佳志。

## 二 “以启未来”贵在总结“启”的经验，重在解决为谁修志的问题

前事不忘后事之师。一部志书是一个历史时期的里程碑，志书的一项重要功能，是为前人树碑立传，为后人开迪启智。怎样让志书释放经久不衰的活力，让一代后人从中获得启迪和智慧，应成为每一个修志者矢志不渝的努力方向。

修志的根基在于及时记载正在进行的新的实践和积累的新鲜经验，更好地为经济和发展提供历史借鉴和现实依据，真正做到“发展有所需，方志有所为”。及时准确记载和全面反映历史，是方志工作的主要任务。不能总是和现实有二三十年的时间距离，不能等到20 年后再来收集整理现在的史料，也不能等到那时才着手研究这段历史。

志乃“一方之百科全书”，是天文、地理、自然、社会、历史、现实、人物、风貌一应俱全的社会大观式的著述。修志的目的在于用志。怎样才能用好志，关键在于让更多的人了解志书的作用。志书汇集大量史料，较为翔实，又因“地近则易核，时近则迹真”。志书历来就有“补史之缺，参史之错，详史之略，续史之无”的作用。志书是历史最好的佐证，史实是挫败慌语谣言最有利的武器。方志工作者手中掌握着大量的鲜活史料，要积极主动回应历史问题上的错误观点和错误倾向，同各种歪曲史实，诋毁党的领导的言论、观点做斗争。除了及时推出高质量的志书，作为学志用志的权威读本外，还要从民间流传的热门话题中选题立项，挖掘史料，开发利用好地情资源，对歪曲史实的错误观点、错误倾向和负面舆论，予以积极主动回应和有理有据批驳，以强烈的使命担当，抢占社会舆情的制高点，占领历史舆论的主阵地。

地方志工作和地方志工作者，要把工作重点聚焦在最大限度满足地方志“客户”的需要上。地方志工作要肩负起“文化立市”的战略服务的工作职责，扩大方志文化的影响、

传播和普及，强化方志文化的利用价值，增强方志文化的教化功能，为提升文化软实力作出应有的贡献。方志工作者不但要有高度的工作责任感、历史责任感，还要树立崇高的社会责任感；不但要为官资治，为业存史，还要为人扬善；在志书编纂中，不但要记载业绩，反映事业发展的历程，还要自觉有意识地写好有关教化的内容，努力增强志书的教化功能，使志书的教化、资治、存史功能应用得到最大化发挥。

总之，“以启未来”，要为后人留下宝贵的精神财富，也是方志工作者修志“弘道”的职责和使命。

## 三 以“道”引“启”，是对新时期地方志工作方向的科学定位

如果说“修志问道，以启未来”是地方志工作聚焦的新目标，那么以“道”引“启”，则是新时期地方志工作方向的科学定位，也是方志工作者探索修志规律的新课题。如何以“道”引“启”？

一要深入学习贯彻习近平总书记关于历史观和方法论的重要论述。切实解决好以什么样的态度学习和对待历史、以什么样的方法观察和研究历史、以什么样的目的把握和运用历史三个基本问题。这是地方志工作以“道”引“启”的重要保证，也是修志工作占据制高点的基本前提。

二要实事求是地认识和记述地方志。尊重党领导人民进行革命、建设、改革的伟大实践，按照客观事实及内在联系，客观公正地评价历史事件和历史人物。坚持百花齐放、百家争鸣方针，尊重学术规律，发扬学术民主，营造健康向上、科学求实的方志研究环境。

三要发挥地方志作为历史教科书的作用。要“追溯历史，以史为鉴”，强调地方志是前人的“百科全书”，要对历史进行科学总结，对规律进行深刻揭示，从中汲取智慧和力量，认识和把握前人创造的丰富经验，获得思想启迪。还要“把握规律，洞察未来”，强调历史是过去的现实，现实是未来的历史，通过对重大理论和现实问题的探索回答，深化对共产党执政规律、社会主义建设规律、人类社会发展规律的认识，发挥地方志对理论创新的推动作用，党政部门决策的资政作用，对经济社会发展的促进作用。

四要学习掌握唯物辩证法的根本方法。主动把地方志工作放到党政工作的大局中去思考、去研究、去推进，着力在“一纳入、八到位”重点工作上取得新突破，推动地方志工作取得新进展。

五要秉持人民群众创造历史的理念。始终站在党和人民的立场上修志，立足当代，垂鉴后世，全方位挖掘史料，新视觉审视历史，多角度汇述史实，暨实事求是地讲清历史的本然，又毋庸置疑讲透历史的所以然，使志书成果经得起实践、历史和人民的检验。

“欲知大道，必先为志。”地方志工作使命崇高、责任重大，只有坚持在修志中“问道”，在用志中“弘道”，才能不断增强做好地方志工作的能力和水平。

（作者单位：吉林省白山市地方志编委会办公室）

# 修志问道　贵在弘道

## ——谈地方志如何进一步发挥服务社会作用

张圣祺

**内容提要：** 中共中央政治局常委、国务院总理李克强在第五次全国地方志工作会议召开之际作出重要批示，批示提出"修志问道，以启未来"。"问道"的关键在"弘道"，即把地方志书所载之"道"弘扬出去，这样才能使地方志充分发挥服务社会的作用。要让地方志进一步发挥服务社会作用，一是要丰富地方志的形式内容，二是要拓宽地方志的服务渠道，三是要创新地方志的传播载体。

**关键词：** 地方志　服务社会　形式内容　服务渠道　传播载体

2014 年 4 月，第五次全国地方志工作会议召开之际，中共中央政治局常委、国务院总理李克强作出重要批示，批示"修志问道，以启未来"，是总理在深刻理解和洞悉地方志工作性质的基础上，对地方志工作提出的殷切期望，也将是今后地方志工作者所应笃行的价值追求。那么，何谓"修志问道"呢？吉林省地方志编纂委员会党组书记、副主任李云鹤曾在不同场合阐述了对"修志问道"内涵的理解。他说，通过对历史资料进行系统梳理和总结，找出道之所存、道之所言，是为"寻道"；按照志书的体例规范，将"存道""言道"的历史资料加以编纂，用方志语言阐释"道"的内涵，是为"述道"；通过志书的记载，将道之发生、道之起用、道之伟力加以忠实呈现，"把历史智慧告诉人们"，是为"载道"；通过读志用志传志和地方志资源开发，使志书所载之"道"为更多的人知悉并奉行，充分发挥资治、教化作用，是为"弘道"。而这寻道、述道、载道、弘道的整个过程，就是修志问道。

笔者认为，在寻道、述道、载道、弘道的整个过程中，弘道尤为重要。只有将地方志所寻、所述、所载之"道"弘扬出去，让"道"为人所知、为人所用，"道"之伟力才能显现。因此，弘道是让地方志工作价值显性化、扩大化的关键所在，地方志工作者必须在弘道上下功夫、做文章，才能让地方志充分发挥资治、教化作用，进一步服务于地方的经济社会发展。如何在弘道上下功夫、做文章？笔者试从丰富地方志的形式内容、拓宽地方志的服务渠道、创新地方志的传播载体三个方面，谈一谈个人浅见。

### 一　丰富地方志的形式内容

2006 年 5 月 18 日，国务院颁布的《地方志工作条例》，给地方志的概念作出了明确的界定。该条例第三条所述为："本条例所称地方志，包括地方志书、地方综合年鉴。地方志书，是指全面系统地记述本行政区域自然、政治、经济、文化和社会的历史与现状的资料性文献。地方综合年鉴，是指系统记述本行政区域自然、政治、经济、文化、社会等方面情况的年度资料性文献。地方志分为：省（自治区、直辖市）编纂的地方志，设区的市（自治州）编纂的地方志，县（自治县、不设区的市、市辖区）编纂的地方志。"可见，这里对地方志的定义包括了地方综合年鉴，相对于传统意义上的地方志书，已经是一个广义的概念了。但是，从实际来看，按照这一定义，地方志的内涵难以满足地方志工作的现实需求，也使地方志工作难以充分发挥服务社会的作用。根本原因就在于地方志书和地方综合年鉴在满足社会需求方面存在一定的局限性。地方志书（包括省、市、县三级志书）的局限性在于编纂周期长、记述内容相对久远。以第二轮修志为例，记述的下限多为2000年前后，编修的过程则需几年甚至十几年，导致时效性不强。地方综合年鉴虽然时效性较好，但受制于体例的限制，必须面面俱到，体现"综合"，不可能对某一方面或某些方面做全面具体的记载。这些局限性的存在，弱化了地方志服务社会的功能。因此，地方志工作机构要想充分发挥服务社会的作用，必须突破这些局限，丰富地方志的形式与内容。事实上，有的地方已经在这方面开展了一些工作。比如，吉林省地方志编纂委员会于2008年在全国率先开展地方志资源立项开发工作，通过这一工作，几年来出版了《打牲乌拉志典全书注释及其研究》《中国长白山文化》《长白山植物资源志》等成果42部。这些成果多为反映吉林省历史、地理、人文、风俗等情况的地情书，对于帮助人们了解历史知识，认识社会，把握社会发展规律，推进全省经济社会发展，发挥了积极作用，成为地方志的有益补充，实现了地方志由志鉴书籍向志鉴书籍+地情书籍的转变。因此，开展地方志资源开发利用工作，不仅不会弱化志鉴编纂主业，相反会使志鉴书籍与地情书籍相得益彰，使地方志的形式和内容得到丰富，服务社会的能力得到提升。

## 二　拓宽地方志的服务渠道

过去，地方志服务社会的渠道比较单一。不论是地方志书，还是综合年鉴，亦或地情书籍，编纂完成之后，往往是藏在馆里，摆在架上。地方志服务社会基本上是一种被动的模式，读志用志往往是等读者来读、等用者来用。近年来，随着社会对方志资源和地情文化的需求不断增加，地方志工作者服务社会的意识也在不断提高。越来越多的地方志工作者认识到，地方志要发挥好服务社会的功能，必须变被动为主动，变等待读志用志为送志上门。长春市地方志编纂委员会为了更好地宣传、普及城市历史和地情知识，满足社会各界日益增长的历史文化需求，会同县（市、区）方志机构共同开展方志成果进机关、进院校、进企业、进军营、进社区、进乡村的"六进"活动，先后到市委党校、宽城区图书馆、榆树市新立屯和长春建筑大学举办城市历史讲座，受到社会各界的广泛欢迎和好评。长春市地方志编纂委员会打破地方志工作"一本书主义"的旧有思维定式，主动让方志成果"走出去"，主动送方志成果"进社会"，这是其服务社会意识提高的一种体现，是值得方志界学习和借鉴的。让方志成果走下书架、走进社会，是地方志服务社会的必由之路。但是，从目前来看，地方志服务社会的渠道仍然比较有限，地方志的读者群体亦不够多。这在很大程度上限制了地方志资政、教化功能的实现。因此，地方志工作要进一步拓宽服务社会的渠道，比如，在长春市地方志编纂委员会提出的“六进”之外，还可以考虑让方志成果进行业协会、进民间组织，等等，真正让方志成果走进各行各业。此外，拓宽地方志服务社会的渠道，还要与丰富和完善地方志的形式内容结合起来，针对不同的读者群体，形成与其特点相适的方志成果。针对有专业需求的读者群体，要体现专业性；针对中小学生等未成年读者群体，要体现普及性。方志成果的形式内容与读者的特点和需求相适应了，读者读志用志的主观愿望就会提高，地方志服务社会的渠道自然就会逐步拓宽了。

## 三　创新地方志的传播载体

当今社会，科技的发展日新月异，互联网的应用越来越广泛。2015年3月5日十二届全国人大三次会议上，李克强总理在政府工作报告中首次提出“互联网+”行动计划。对于传统行业而言，利用信息通信技术以及互联网平台，实现与互联网的深度融合，创造新的发展生态，已是大势所趋。在这样的时代背景下，加强地方志信息化建设，创造“互联网+地方志”的新工作模式，也将是地方志事业未来发展的必然趋势。传统的地方志以纸媒介为单一传播载体，已经明显不能适应新时代发展的需要。近年来，全国各地地方志工作机构面对信息时代的新形势，顺势而为，开始“数字方志”“数字地情”建设，使地方志信息化得以较快发展。吉林省地方志编纂委员会早在几年前就开始志鉴成果数字化工作，至2014年年底，已完成315部志鉴成果的数字化。2015年，吉林省地方志编纂委员会又依托手机微信平台，开通“方志吉林”微信公众号，实现了“数字地情”向手机终端的延伸。从全国来看，地方志信息化建设已取得较大进步。但是，与日益增长的社会大众快节奏吸取文化资源的需求相比，进步仍显不足，差距仍然较大。2015年8月发布的国内首份《中国城市阅读指数研究报告》显示：“随着手机等阅读介质的兴起，阅读外延明显扩大，网民阅读的第一途径是手机……从2012年下半年开始，通过电脑阅读的人数就开始下降，人们获取阅读最常用的途径就是手机，占比38.7%，远远高于第二位纸质媒介的27.3%，以及第三位电脑的17.2%。”[①] 可见，以电脑为介质的阅读方式已经不能适应时代的需要了。地方志信息化建设也要跟上社会大众阅读习惯、阅读方式的改变，不能止步于仅通过电脑登录地情网站查阅方志成果和地情资料，还要更多地利用手机终端作为地方志的传播载体。利用手机作为阅读介质，除了利用微信平台之外，还可考虑开发相关的手机应用，利用地情网站的数据库平台为手机应用提供后台支撑，把数据库中丰富的地情资源通过手机应用呈现给社会大众。只有建立起纸介质、电脑、手机相结合的立体化地方志传播载体，才能让丰富的方志成果和地情文化走进人们的日常生活，才能使地方志服务社会的作用得到进一步发挥。

（作者单位：吉林省地方志编纂委员会）

① 崔巍：《中国城市阅读指数报告：纸书败给手机成人不敌儿童》，人民网2015年8月16日，http：//finance.people.com.cn/n/2015/0816/c66323-27469049.html

# 新时期要重视加强村志、族谱的编修指导工作

蔡伟涛

**内容提要**：新时期重视村志、族谱的编修指导工作并非“本末倒置”，而是“本末兼顾”，既要固本强基，又合理充实、扩大地方志事业的工作范畴，这对地方志事业的健康、持续发展是百利而无一害。

**关键词**：村志　族谱　编修指导

村志，是指全面系统地记述一村范围内自然风景、建置沿革、民风民俗、风土人物等情况的资料性文献。村志相对省志、市志、县志、乡镇志来说，是记述范围缩小了的地方志书。所谓国有史，州郡有志，乡镇、村庄也各有志。族谱则是记载某一姓氏发展繁衍演变的氏族史书。“夫家有谱，州县有志，国有史，其义一也。”自古以来，我们的祖辈都积极提倡编修家乘族谱，倡导父母慈、子女孝、兄友弟恭、夫和妻顺、上尊下贤、敬上爱下、敦亲睦邻，这些中华民族的传统美德，对维护家庭和睦、社会安定、促进国家繁荣富强，起了积极的作用。通过族谱，也可以从某些侧面了解时代和地方的发展变迁，对编修好志书有很大的帮助。新时期，重视加强村志、族谱的编修指导工作，确保其正确的编修方向，编修出符合社会主义新风尚的新村志、新族谱，不仅有利于全面收集、保存地情资料，建设地方志馆（室），推动地情研究，扩大地方志机构的影响，又为编修市（县）综合志书厉兵秣马，培养更多优秀的地方志人才，一举多得。

## 一　加强村志、族谱编修指导工作是地方志机构的职责所在

《地方志工作条例》第五条规定：县级以上地方人民政府负责地方志工作的机构主管本行政区域的地方志工作。村志直接以“志”命名，毫无疑问是地方志书，加强编修指导工作自是地方志机构的职权范围之内，也有利于全面收集、保存村志。全面地收集、保存村志，有利于更准确、全面地摸清当地广大农村的地情信息。全面建设小康社会重点、难点都在农村，在于“三农”问题的解决。只有真正全面、准确地摸清农村的地情，才能真

正彻底解决“三农”问题。“农业”是第一产业，在志书中是很重要的篇章，占有很大的比重。要真实、客观地描述本地农业的特色、结构、发展历程等，离不开对广大农村的调查研究。指导村志编修给我们提供一个深入基层，全面、真实了解广大农村和人民群众生活面貌的机会，有助于我们更好地了解中国的农村、农业、农民，编修好志书中农业部分的内容。

1984年国家档案局、教育部、文化部联合发出关于协助编好《中国家谱综合目录》的通知，指出：“家谱是国家宝贵文化遗产中亟待发掘的一部分，其中蕴藏着大量有关人口学、社会学、民族学、民俗学、宗族制度、地方史资料等。它不仅对开展学术研究有重要价值，而且对当前某些工作起着很大的作用。”有些地方的某一世家望族对地方的社会、经济发展曾起到很大的作用，甚至改变当地的历史进程。全面了解、掌握这些资料，对收集和保存地情信息、编修志书及区域史的研究都有很大的帮助。族谱也为我们更准确、更全面地摸清当地地情提供一个重要的窗口平台。1957年毛泽东主席在成都政治局扩大会议上谈到历史时曾这样说过：“搜集家谱、族谱，加以研究，可以知道人类社会发展的规律，也可以为人文地理、聚落地理，提供宝贵的资料。”族谱相对地方综合志书来说，一定程度上可以说是记述一姓氏在当地发展演变的专业志书。重视加强族谱的编修指导工作，是地方志机构工作范围的合理外扩，不仅能扩大、充实地方志工作范畴，也能促进地方志的持续、健康发展。

村志、族谱一般由村中或族人中较有名望、阅历较深、文笔佼佼者担任主笔。不可否认，这些前辈的文笔功底是不错的，有些还出过个人著作，在当地小有名气，但大部分人对志书的了解还是有限的，对具体的操作、编校过程比较陌生，领会编修指导思想并具体贯彻于编修村志、族谱中的能力有限。要确保邓小平理论和“三个代表”重要思想在村志、族谱中的贯彻、实施，确保村志、族谱编修的正确方向，用符合志书的体例要求、行文规范，真实、客观地撰写好村志、族谱，编修出符合社会主义新风尚的村志、族谱，扬其精华，弃其糟粕，离不开地方志机构的专业指导。

## 二　加强村志、族谱编修指导工作，有利于更全面保存地方文献资料

《地方志工作条例》明确提出：搜集、保存地方志文献和资料是县级以上地方志工作机构的职责之一。加强村志、族谱的编修指导，能够更全面收集、保存地方文献资料。我们编修志书的大部分资料都来自档案文书。档案文书有其优点，如可信度较高，较易查阅、搜集，但也有不足之处。如档案文书不能事无巨细，把所有有关当地的地情资料收录进去，也不能随事物的发展变化而改变，这就需要我们进行实地考察调查，所谓“读万卷书，行千里路”。如不能把大量丰富蕴藏于民间的文化遗产较全面、系统地收录进志书，特别是其中一些濒临灭亡的文化遗产，如不抢救及时，收录进志书，后世也许从此不知其所。因此，重视村志、族谱的编修指导工作，有助于抢救文化遗产工作。通过和农村农民、民间艺人、小商贩等的交流接触，可以收集散佚在民间丰富的关于民间建

筑、艺术、饮食、风俗习惯等宝贵资料，也有利于促进口述史的研究。广东省提出省、地级以上市要建立地方志馆，县（市、区）级要建立地方志文献资料室。大量的村志、族谱和从民间收集起来的丰富的地情资料将成为地方志馆（室）的重要组成部分。村志一般来说都是能较准确反映本地农村历史现状的资料文献，是了解这一区域的最主要参考资料之一。族谱可以弥补档案、文书等资料的不足，是人口志的重要资料来源。通过族谱，不仅可以了解人物本身，还可以了解他们的祖先、子女及世系等情况，有助于人物志的撰写，也有利于摸清本地的人品结构、人口分布等。族谱作为地方文献资料，是地方志机构搜集、保存的主要对象之一。地方志馆如能收藏大量的村志、族谱及地情资料，必然会扩大地方志馆的服务范围，增加资料的查阅利用率，真正把为基层服务落到实处。

很多方家早就指出，地方志的工作成果应该是多元化的，不能再是单一的“一本书主义”。方志人不能再自缚手脚，局限于编修志书和地方综合年鉴，而应加强对地情资料的收集、编辑、利用，加强对地域社会的研究。在出版志书的同时，配套出版一些介绍地方特色的地情书、地情研究、调查报告等，为地方经济发展推波助澜，为“四个文明”建设添砖加瓦。通过基层的社会调查，我们掌握了珍贵的第一手资料，如果把这些资料收集起来，整理、编辑出版，必将受到群众的欢迎，也有助于区域史的研究。方家不仅是精通编修志书的专业人才，也是精通区域历史和现状研究的专业人才。

## 三　加强村志、族谱编修指导工作，有利于推动地情研究

修志工作实是一项地情调研，通过对各行各业的调研，最终用符合志书的体例要求和行文规范，客观、真实地把各行各业在当地的状况和发展历程记录下来，这便是志书。地方志书每20年左右编修一次，就是每20年进行一次地情的再调研、再认识、再研究。每一个地区都有其历史沿革、发展变迁、文物古迹、风景名胜、名人遗踪、诗文著作、掌故传说、风俗物产等许多方面大量的文化蕴藏；每一个农村也有其创村、自然地理、发展沿革、人口结构、民风民俗等方面的文化蕴藏，所谓“十里不同风，百里不同俗”。按照每20年一次对地情进行一次调研，实是很长的一段时间。这对地情资料的收集和研究是不利的。改革开放以来，特别是加入WTO，中国城市、农村都发生了很大的变化，这些变化如果单单用20年进行一次全面的调查研究，跟不上发展变化的步伐，何况所谓的“全面”尚有很多的遗漏之处。指导村志、族谱的编修工作，能够不间断地深入基层，加强对这些地区农村的调查研究，弥补编修志书的调研不足之处，也能不间断地收集到丰富的地情资料和志书，甚至一些藏于民间的珍贵的古代志书善本，从而推动地区历史和现状的再认识和再研究。地情研究要以大量、丰富、客观、真实的地情资料作为载体，没有这些地情资料作为依据，地情研究是“空中楼阁”，美丽而不真实。

## 四　重视加强村志、族谱编修指导工作，有利于扩大地方志机构的影响

编修村志、族谱是村民、族人的大事，关系到祖辈的声誉，广大群众十分重视。旧时有些地方还要举行隆重的仪式，设编修馆所，聘请行家里手主笔。如果方志人能够介入村志、族谱的具体编修指导工作之中，并出佳品，那么通过村志、族谱这些社会地位较高、阅历资深、文笔较好的主编、撰写人员的宣传，会大大扩大地方志机构的影响，产生良好的社会连锁效应，其他乡村、姓氏在编修村志、族谱时也会纷纷效仿聘请地方志人员参加。这样不出 5 年，地方志机构自然“深得民心”，广大人民群众耳熟能详，不会出现一说“地方志办”就说不知道的尴尬情景。

“方志作为一种文化现象和独特的文化事业，它对社会所起的作用应该是巨大的。但目前我们所占文化总量的份额却令人沮丧，我们甚至被排斥在地方文化会议之外。”① 出现这种现象，无疑令方志人痛心，但却并非偶然，很多地方都曾出现类似情况。究其实质，是对地方志机构的淡忘，是地方志机构影响力不大所造成的。笔者认为，只有扩大地方志机构的影响力，才能从根本上扭转这类现象的出现。要扩大地方志机构的影响力，就要靠我们方志人的身体力行，当然，这也对方志人提出更高、更严格的要求。要让那些编修村志、族谱的行家里手信服可不是易事！因此，方志人要努力学习充电，提高各项技能，扩大知识面，走出传统修志人的狭小天地。方志事业要有更大的进步发展，关键在于方志人，特别是年轻一代方志人的才能和拼搏，方志事业才有可能有更大的天地。地方志机构要培养人才，要出人才，要使方志人成为当地的“部门通”“行业通”，甚至是“百科全书式”的人才，对地情了如指掌。地方志机构掌握大量丰富的地方文献资料，如果大家加强理论学习和研究，那么成为某一方面的专家学者并不是什么难事。地方志机构如果拥有众多的人才，甚至是蜚声国内外的专家学者，别说地方文化会议，就是某些国际学术研究会议也会被邀请出席。当然，这决不是某个人的努力奋斗，而要建立更加完善的工作机制，营造一种重视人才的好氛围，激励大家一起奋斗，打造一支非凡的地方志工作队伍。

大家逐渐意识到，编修志书不能靠方志人孤军作战，需要动员全社会的关心和支持，因此，不扩大地方志机构的影响力是不行的。方志人要向各个线条的人员学习，特别要向统战线条的人员学习，借鉴统一战线的经验，广泛动员社会各行各业的群众积极关心、支持修志工作，努力扩大地方志机构的影响力。

## 五　重视加强村志、族谱的编修指导工作，有利于方志人才的培养

“培养人才是修志的一个必然结果，修志成果和修志人才是方志事业的两大根基。”②

---

① 徐学南：《努力提高地方志的社会影响力》，《中国地方志》2004 年第 6 期。

② 李铁映：《在中国地方志指导小组三届二次会议上的讲话》，《中国地方志》2003 年第 3 期。

培养方志人才十分重要，但由于编修志书是20年修一次，编修周期较长，按20岁左右参加工作，那么最多只能参加两轮修志就要面临退休。第一次参加修志时是边修边学，对修志很陌生，第二次修志可以较熟悉了，但也只能编修完这一次就要退休了，这十分不利于方志人才的培养和方志事业的持续、健康发展。各地方志人才的断层并不少见，往往要聘请一些老同志重返岗位（当然也有其好处），但至今没看到有人提出这一问题。究其原因，就是地方志书的编修周期太长所致。加强村志、族谱的编修指导工作，实际上是为编修市（县）志书练兵，为年轻的方志人提供一个动手编修志书的实践机会，这样就不会面临刚熟悉修志的具体操作，就马上要退休的尴尬局面。有些刚毕业的年轻方志人，理论上基础不错，甚至可以发表方志专业论文，但一旦真正动手编修志却不着边际，不知如何入手。这是因为没有参加实际、具体的编修工作。多让年轻的方志人参加到实际的编修工作，是十分英明的决定，有利于为修志工作培训后备力量。地方志机构也要不断从大专院校招聘一些人才，充实力量。有条件的地方可以多编修一些地情书，只要是与本地有关的人、事、物，等等，方志人就要去学习、去研究，并有责任和义务把之介绍给广大群众，这样既为我们提供更多动手、实践的机会，也为编修志书作准备。“乡镇志、部门志、民营经济志、村志、厂志、历史典故、民间故事、民俗方言、民间艺术、旧志整理、投资指南等等，都可以编写。”① 广州市地方志办公室把大量未能收入志书的地情资料和地情研究编辑成册，汇成“广州史志丛书”，既保存资料，为了解广州提供一个窗口，又为地方志队伍建设提供一次培训、学习的实践机会，值得借鉴。

当然，在指导村志、族谱的编修过程中，一定要继承和发扬方志人应有的优良传统，秉笔直书，客观描述、叙事，不能掺入强烈的个人感情色彩，使编修出来的村志、族谱能经得起时间的考验，符合社会主义新风尚，那么必然会发挥积极功用，为社会主义建设服务，也有利于方志事业的发展和方志人才的培养。

（作者单位：广东省揭阳市人民政府地方志办公室）

① 李殿元：《坚持两条腿走路——关于方志问题的思考》，《中国地方志》2005年第11期。

# 修志问道　以启未来

## ——学习李克强总理关于地方志工作重要批示的体会

韩　锴

**内容提要：**李克强总理为第五次全国地方志工作会议所作的重要批示中明确对地方志工作提出“修志问道，以启未来”的高标准和严要求。秉持人民至上、修志为民的理念是修志问道、以启未来的必要前提；守望直书实录、实事求是的原则是修志问道、以启未来的坚实基础；发掘经世致用、资政育人的智慧是修志问道、以启未来的主要内容；固守苦练内功、辛勤耕耘的精神是修志问道、以启未来的根本保障。

**关键词：**修志问道　修志为民　秉笔直书　经世致用

李克强总理为第五次全国地方志工作会议所作的重要批示指出：“地方志是传承中华文明、发掘历史智慧的重要载体，存史、育人、资政，做好编修工作十分重要。五年来，全国广大地方志工作者执着守望、辛勤耕耘，地方志工作成绩斐然，这项事业呈现良好发展势头。谨向同志们致以诚挚问候！修志问道，以启未来。希望你们继续秉持崇高信念，以更加饱满的热情、以求真务实的作风进一步做好地方志编纂、管理和开发利用工作，为弘扬优秀传统文化、服务经济社会发展作出新的贡献。”① 这个批示既是对地方志工作的肯定，也是对地方志工作的期望，尤其是“修志问道，以启未来”更是对地方志工作记述现象有余、探索规律不足、问道精神乏力之现状的鞭策。本文将依照批示的总体精神，结合地方志工作的现状谈谈笔者的学习体会。

### 一　秉持人民至上、修志为民的理念是修志问道、以启未来的必要前提

“道”在中国文化的语境中，其表层意义是通往目标的道路、途径，深层意义是治理国家和修身养性的普世公理、有效法则、普遍规律。“问”是探寻、归纳、概括、总结及采用一定的表述方式并形成一定的表现形式。“启”即启发或启迪、引导或指导、规范和匡正。总之，修志问道、以启未来，即修志必须探索人类社会发展的规律、法则，

① 《中国地方志》2014 年第 5 期，第 6 页。

以便人们遵循这些法则和规律去从事政治、经济、社会和文化活动，以保证人们沿着人类社会发展的正确道路高效前行。修志工作必须有助于人们利用在修志过程中问得的“道”来引导、规范人们改造自然和社会的行为，力求使自己的活动更加切合人类社会发展规律、社会主义建设规律和共产党执政规律，使自己的行为更加合乎自然、经济、政治、社会和文化的构建及改造规律，最终使人类社会发展得更具有人文精神，更切合人类文明的大道，更有利于文化意蕴的弘扬，做到彰显真理、功在当代，泽被后世、利在千秋。

共产党人的道或由共产党领导的国家的道，归纳起来最核心的一条就是：人民群众是历史的创造者，人民群众是真正的英雄。这是共产党革命夺取政权和治理执政最具根本意义的大道，是共产党在任何条件下都必须探索和遵循的必由之道。因此，以马克思主义唯物史观为指导的共产党必须执着坚守人民至上的理念。中国共产党领导下的修志问道、以启未来，首先要问的是人民群众是历史的创造者这一根本之道，坚持人民至上、修志为民的理念，真实而深刻地反映人民群众如何创造历史以及人民群众创造历史过程中的经验教训。

当前志界同人要秉持人民至上、修志为民的理念，以求达到修志问道、以启未来的目的，必须做好以下 3 个方面的工作：一是在志书篇目设计上，不仅要设置记载政绩和成就的篇章，还要设置反映党和政府或需要了解或必须面对，或已经解决或有待解决的与人民群众利益息息相关的社会现实问题的篇章。二是志书不仅要记党和政府的官方作为，更应详载人民群众在创造历史过程中的行为。尤其是要注意以人民群众的眼光来考量历史，审视志书。政绩的正负效应及其大小既要以政府部门的资料、数据来体现，也要以人民群众的感受来彰显，重视从民情的视野考察社会百业的变迁，从人民反响中把握社会发展的脉搏。为此我们要拓宽入志资料的收集视野，除官方资料外，还要收集民间社会的鲜活资料，如学术性的考察报告、务实性的调研报告、老百姓口述的典型资料等。三是在志书记述思路上，要注意眼光朝下、视野向民，记述主体要实现多元化，既要记官方主体，也要记民间主体，既要记强势主体，也要记弱势主体，选择好不同层次的记叙主体，全面正确地反映人民群众的整体。以上 3 个方面既是社会现实中需要努力克服的短板，也是反映社会现实的志书仍需进一步着力填补的缺陷所在。我们要落实指导思想上以邓小平理论、“三个代表”重要思想和科学发展观为指导，在实际记叙中重视人民群众，不唯上，只唯实，要把马克思主义的唯物史观落实到框架设计、内容选择和具体写法中。

总之，修志工作必须秉持人民至上、修志为民的理念，才能在根本上做到修志问道、以启未来。人民群众的现状如何、感受如何是道的根本体现。人民群众建设社会主义积极性的调动和释放得充分与否是我们问道的根本内容所在，人民群众分享改革开放成果的公平公正程度如何是我们问道的根本目的所在。人民群众永远是社会发展和进步的决定力量。志书如果没有把人民群众这一历史主体的相关事情记述好，我们的修志就没有问到真道；如果这一真正的规律没有把握住，要想以启未来，那就难以实现。修志所问之道存在于人民群众的现状、问题和幸福之中。

## 二　守望直书实录、实事求是的原则是修志问道、以启未来的坚实基础

修志问道、以启未来，关键是要守望直书实录、实事求是的原则，在直书史实中追求道，在实事求是中探寻道。应该说，哲学和文学的道，作者可以直接表达，而史志的道必须借直书历史史实明之。史志工作者必须通过史实的真实撰述，反映历史的客观变化规律，使人们看到历史的走向，从而认识历史、把握历史，从中汲取营养，以指导当下的作为和引领未来的方向。在文史哲不分家的古代，文人、理论家写文章、说道理的最大特点就是史论结合，在述史中求公理、求至道。李斯的《谏逐客书》就整体采用了“述历史，说道理”的手法。贾谊的《过秦论》是史论结合的典范之作，其“叙史问道，以启汉朝”的主旨表现得淋漓尽致。所以修志问道的关键是要守望直书实录、实事求是的原则。

历史须真，这是千古不变的真理。方志属于历史学的分支学科，也必须遵循以真求道的原则。历史如何求真？需当时人记实于前，后来人求真于后。按照史学的相关理论，最直接的史料是在事件发生时，当事人或时人将其原委及时地如实记载下来。一般而言，当事人的及时记载并不多见，因此，时人的记载极其珍贵。但当事人所记可能会隐含着因利益考量导致的主观偏见，有的为形势所迫，有的为利益所驱。因此，无论是当事人或当时人的直书实录于前，还是后来人的实事求是、求真于后都极其艰难。中国的传统是当代修志，隔代修史。当代修志意味着我们具有当事人或当时人的角色特征，必须坚持秉笔直书、实录史事，以免被形势所迫或为利益所驱或主观故意或内心无意识地陷入主观臆测，以致所叙非真，所求非道。当然，当代修志从某种意义上也不是当即修志，修志一定意义上也是后来人的追述，所以也有实事求是的要求。但相对于更多后来人而言，我们仍然属于当时者。作为当时者的修志人如果虚构情节，必然会造成后来的求真者陷入迷茫而无从求道之境地。

19 世纪大史学家兰克曾强调写实的重要性说：“世人咸认为历史的职务，为鉴既往，明当代，以测未来。本书则无此奢望，所欲暴陈者，仅为往事的真相而已。”[①] 兰克为了强调历史实录的重要性而谦虚地否定史学鉴既往、明当代，以测未来的功能。如果我们不拘泥于他的表层含义，可以理解为历史的鉴既往、明当代，以测未来的前提条件是直书实录历史之真相。真相不明，所谓鉴往明今、以测未来均无从谈起。史志之求道，必以求真始，求真是求道的基础，没有求真的求道必然会导致所求非道。中国的直书实录精神更为突出，“良史以实录直书为贵”“史之叙事也，当辩而不华，质而不俚，其文直，其事核，若斯而已可也”[②]。钱大昕说：“史者，纪实之书也。”[③] “史家纪事，唯在不虚美，不隐恶，

---

① 转引自杜维运：《中国史学史》第一册，商务印书馆，2010 年，第 50 页。

② 《史通 · 鉴识》。

③ 钱大昕：《潜研堂文集》卷二。

据事直书，是非自见。”[①] 按照台湾史学家杜维运的分析，“实录”一词在中国极为流行，南朝以后，修实录更成了一种史学制度。

守望直书实录、实事求是的精神和原则，不仅需要认识上的到位，而且需要守望这一精神和原则的勇气。齐太史为记载历史真相，兄弟三人为坚守这一原则相继身亡，仍嗣书不绝。中国这种“宁为兰折玉碎，不作瓦砾长存”的直书精神和高贵的史家风骨可敬可叹，且维持不堕。实事求是即在实录基础上的求真。求真重在对所记之事进行“博学之，审问之，慎思之，明辨之，笃行之”。在求真中，中国古人强调欲知其言，必究其人；欲究其人，必论其世。通过了解所记之人的生活背景而研究他所记载之史事的真实性、可靠性，通过研究当事人和当时人所处的时代背景了解记载者的记事忌讳及态度。只有如此才能除去溢美溢恶的成分，从而了解事实的真相。中国古代修志人极重直书实录、实事求是。如明代人邢址在嘉靖《邵武府志·后叙》中说，志之失有三，莫大之罪在于失实，并认为自己修志不文不明之罪，在所难免；但主观上的不公不慎，绝对没有。

总之，直书实录是求道的基础，实事求是是求道的关键。修志问道、以启未来是史志经世致用的目标，但修志问道必以直书实录、实事求是为基础。没有以直书实录为基础的问道，其所求的道很难成为真道。只有在直书实录基础上的问道，才能求得真正有利于社会发展和进步的道，这样的道才能对未来社会的进步起到正能量的作用，才能真正以启未来。为此，我们的志书必须记足成绩又不忽视问题的存在，记清领导人的功劳，也注意写本地发展不够科学、社会不够和谐、政治不够昌明、文化不够繁荣的内容。当然也要写明这些问题是前进道路上难以避免的，有些甚至是难以跨越的障碍。但记叙必须全面客观系统，做到秉笔直书，实事求是。一味地记正面必无助于以启未来，只有真实地述全史实，才能有利于确定以启未来的正确航向。

## 三　发掘经世致用、资政育人的智慧是修志问道、以启未来的主要内容

修志人要明白，往事无穷无尽，这些无穷无尽的往事相对于有限的文字记录而言是记不胜记的。所以修志人必须具备一定的判定事实意义的史识，按照经世致用的要求，围绕修志目的和宗旨，选择既有当下现实意义又有未来深远历史意义的史实加以记载。了解这些史实发生的前因后果，吸取其成败得失的经验教训，从而提升治国理政、教化育人的智慧。因此，历史既要求我们客观、公正、理智、翔实地叙述事情发生的经过，又要求我们出于经世致用的需要选择有利于当下和今后资政育人的历史事件记述。这是不以个人意志为转移的。修史写志重在让历史成为人类锐利的眼睛和善于思考的大脑，最起码也得让历史成为可以增进我们眼睛锐利性和大脑灵敏度的有益读物，帮助我们看清历史的真相，了解不同的说法，知道过去的经验，通晓过去的教训。因此，修志人必须在修纂过程中用叙述的手法讲清历史真相、事实的发展轨迹以及事物的当下意义和可

① 钱大昕：《十驾斋养新录》卷十三。

能的深远历史意义，从而让读志人增长智慧。志书应该成为所述时段的智慧宝库，让人们在读志过程提升智慧境界。

中国史学的经世思想源远流长。史学的经世思想包括资政和育人两个方面。就资政方面而言，孟子曾说："世衰道微，邪说暴行有作，臣弑其君者有之，子弑其父者有之。孔子惧，作《春秋》。《春秋》，天子之事也。是故孔子曰：'知我者其惟《春秋》乎？罪我者其惟《春秋》乎？'"① 董仲舒说："夫《春秋》，上明三王之道，下辨人事之纪，别嫌疑，明是非，定犹豫，善善恶恶，贤贤贱不肖，存亡国，继绝世，补敝起废，王道之大者也。"② 可见经世致用、资政育人的写史作风在我国古代国家产生之际便出现了。《汉书·百官公卿表》记载：秦御史大夫下有中丞，"在殿中兰台，掌图籍秘书"。司马迁记述汉丞相张苍，"秦时为御史，主柱下方书。……为柱下史，明习天下图书计籍"。方书即四方之书，方志也。秦燔灭文章，使天下图书遭劫难，但政府掌管的图籍却在保护之列。所以后来刘邦入咸阳，其他人抢夺金银财宝，独萧何"收秦丞相御史律令图书藏之"。这些律令图书在楚汉相争中发挥了巨大作用，汉正是通过这些律令图书"具知天下隘塞，户口多少，强弱之处，民所疾苦"，掌握了制胜的主动权。因此可知方志贵在先求真相，且在记载真相过程中注意经世致用。之后唐代的《群书治要》《贞观政要》都是极为优秀的资政史书，《资治通鉴》是资政史书的巅峰之作。曾巩说"史者，所以明夫治天下之道也"③。戴名世说："夫史者，所以纪政治典章因革损益之故，与夫事之成败得失，人之邪正，用以彰善瘅恶，而为法戒于万世。是故圣人之经纶天下，而不患其或敝者，惟有史以维之也。"④

就育人方面说，史志育人教化作用的实现主要是通过记载品德高尚者，褒奖道德先进者来完成。如《华阳国志》，共 12 卷，11 万字，其中一至四卷以地域为纲，叙述巴、蜀、汉中、南中地区的历史变化和郡县建置沿革。五至九卷以编年体形式记载西汉末年至东晋初年先后割据于此的公孙述、刘焉父子、刘备父子，以及西晋短暂统一、李氏成汉政权再度割据的史事。十至十二卷记载梁、益、宁三州的人物，可见具有育人教化功能的人物传占有 1/4 的篇幅。可以说《华阳国志》是地理、历史、人物的结合，也是地理志、编年史和人物传的结合。其表功勋、旌贤能的教化育人功能表现得特别明显，有意增加了"防狂狡、杜奸萌，以崇《春秋》贬绝之道也；而显贤能，著治乱，亦以为奖劝也"的意识。可以说中国早期的志书，无论是《南阳风俗书》《三秦记》还是《越绝书》《陈留风俗传》都具有极其明确的记载品德高尚者，褒奖道德先进者的教化功能。当前我们的志书在记人物方面存在的问题主要是只关注领导人和有重大贡献的人。笔者不是说这些人不能记，而是这些人普通民众根本无法企及。古代志书中的人物往往是发掘于民间的先进典范，他们是身边的先进，可以对其他人起到教化作用。

志书的经世致用，在资政方面关键是要在通志中探究自然发展之道，社会演进之道，经济发展之道，政治文明之道，文化进步之道。在志书编纂方面要突出社会主义建设规律、共产党执政规律等，尤其要重视改革开放规律，关注民生规律、政治民主规律，新时

① 《孟子·滕文公下》。

② 《史记·太史公自序》。

③ 曾巩：《南齐书目录·序》

④ 戴名世：《南山集》卷十四《史论》。

期核心价值观形成和守望规律的研究。在育人方面还要重视为官从政之道、为人处世之道和人生修养之道的研究和把握。要防止志书写人述事中重利益轻品德、重结果轻过程、重眼前轻长远的倾向，如此我们才能在志书中传承人性向善、社会向好的一面，起到储积物质文明、制度文明和精神文明正能量的作用，让本地社会沿着人类文明的大道前进。

## 四　固守苦练内功、辛勤耕耘的精神是修志问道、以启未来的根本保障

“修志问道，以启未来”是对修志工作的最高要求。没有一定的史学积累、史学素养和史才工夫是难以担当修志问道、以启未来的重任的。

关于态度。章学诚“史德心术说”值得我们借鉴。章学诚认为心术可以一分为二：一是表面上显著的心术之邪正，章学诚认为关于这一点多数史志界人士均能知而勉之；二是深层隐微的心术修养程度。关于后者他认为人们往往有君子之心，但容易所养未达于纯粹。这种未达于纯粹的君子之心，发为文辞，容易害义而违道。因此他认为写史修志应当慎辨于天人之际，做到“尽其天而不益以人”。但章学诚认为这是非常困难的。因为史志所载者为事，而事之是非得失会让人血气凝结，事之盛衰消息会让人感情增损。所以气与情会随事而存在，而事又必借文而传播。他说，天下之至文，必借气积而文昌，情深而文挚。这样，我们加以研究并准备载入志书的史事就会影响人的气与情，而人的气与情又会进一步影响史志的成文①。这里他讲的实际上是一个史志写作难以避免的矛盾。即写好史志之文既需要血气和感情的加入，又要避免血气和感情对史志之文的不正常影响，否则容易导致史事之不实和史文的歪曲，以致影响史志的公正性，如此才能问到属于真理的名副其实的关于治国理政、为人处世、自身修养的道，而且只有这种切合社会发展，符合人性规律的道才能以启未来。

关于能力。要实现修志问道、以启未来的目的，能力至为关键。李克强总理“修志问道，以启未来”的表述对于志界同人能力的要求是非常高的。首先在史识上，要有把握历史发展大势的能力，要有不被单一或偶然性事件所迷惑、在总体上把握历史真实性的能力，要有从现象深入本质的判断史事的能力。其次在史学上，既要有了解本地实际史实的能力，又要有了解关于本地实际的记事能力；既要求对本地史实的见多，又要求对本地资料的识广。最后在史才上，既要有概括本地自然、政治、经济、社会和文化发展脉络的才能，又要有善于抓住本质，以小见大、见微知著的才能，更要有简明生动地表述本地史事的才能。应该说简明与生动往往是难以兼顾的两项要求，尤其是方志机构参照公务员法管理以后，修志能力应该说大有退化的趋势，如果志界同人不在能力上下功夫，要想修志问道、以启未来，进而推动本地经济社会实践在道的启迪下沿着正确的航向向前发展是极其艰难的。

关于辛勤耕耘的精神，有了正确的态度和较强的能力，如果缺乏辛勤耕耘的奋斗精神也

---

① 参见《文史通义》史德篇。

难以实现修志问道、以启未来的目标。班固在修《汉书》时就在把握运动变化的历史，为人们提供全息历史图像，总结成败得失经验教训的基础上，给自己提出“备其变理、为世典式”的理论任务，希冀在叙述史实的过程中求道。其工作主要有两方面：一是从个别事件中总结出相关的道理，如汉高祖“五载而成帝业”的原因就是因为秦朝片面地“防周政之败”，且所有举措都成了“自毙”的原因，这为刘邦带来了“摧枯朽者易为力”的局面。二是用变化发展的眼光，在对历史的考察中，探索出相对稳定的一般性理论，为人们认识历史提供根本性指导。如班固通过考察周、秦的历史发展后得出“周失之于弱，秦失之于强”的结论，进而认为这是不知权变的“不变之患也”。认为政治治理的关键是要“顺时宜”即政策必须顺应历史的变化，与客观历史环境的发展取得一致①。史志工作必须以史料为基础，没有史料的基础难以获得正确无误的史实。没有正确无误的史实，也就无从获取正确的道，即本地各项建设的规律认识。所以志界同人要在修志中问道和求道，并以此道指导未来的发展，而且必须在史料中爬梳，在史实中琢磨，在文字上锤炼，方能在修志中寻到启迪未来发展的道。

李克强总理提出的“修志问道，以启未来”的要求是对志界同人的激励和鞭策，也是对志界同人在修志中不注意问道的批评和修正期望。志界当前存在的问题是在对述而不作理解不十分准确的前提下，视志书为资料性堆积不注重在“述”中归因、问道和求义，视述而不作为不分析原因，不寻求规律，不明白述而不作的根本要求是以述代作，述中寓作，述而善作，述中求作，作由述成。原因探索要用述史的方法来完成，规律寻求也要在述史的过程中用事实来表达，意义追寻也要用述史的方法让事实说出其意义所在。总之，哲学问道往往以作者直接的语言加以表达，而历史学的问道，则要借历史史实的叙述简明表达。

（作者单位：浙江省地方志办公室）

① 参见许殿才：《秦汉史学研究》，《〈汉书〉写历史变化》，北京师范大学出版社，2012 年，第 263 ~ 272 页。

# 国外年鉴与国内年鉴的比较

杨　旭

**内容提要**：自16世纪现代意义的年鉴出现开始，年鉴至今已走过500多年的历史。不论是国内还是国外，每年一度撰写年鉴的形式，已经成为文化事业传承的一项重要方式。目前，虽然国内外均名为“年鉴”，但国外与国内年鉴却有着巨大差异，主要体现在组织机构的不同、读者群的定位不同、收录内容不同、出版周期不同、销售方式不同、定价理念不同、记述体例不同及开本大小不同等诸多方面。本文拟通过对国内外年鉴差异性的对比，以期启迪年鉴工作者思路，为探索我国年鉴事业的快速健康发展做出有益尝试。

**关键词**：海外年鉴　国内年鉴　不同

现代意义上的年鉴起源于欧洲的16世纪，至今已有500年的历史。年鉴从欧洲传至美洲，再到亚洲等国家和地区，直至19世纪中叶传至中国。年鉴的重要源头是古代历书。据1907年德国出版的《梅耶大辞典》记载：“16世纪开始，欧洲的年鉴才逐年出版。17世纪起，才在天文气象资料之外加上各种情况报道。”至19世纪，美、英、法、德等国年鉴出版量已经相当可观。仅17—18世纪，美国就有近2000种年鉴出版。19世纪后期，美国和英国分别出现了一些至今仍具有重要影响的综合性年鉴。如：美国在1868年创刊的《世界年鉴》，英国在1869年创刊的《惠特克年鉴》，至今仍是世界范围内综合性年鉴的领航者。

年鉴作为一种外国文化，于19世纪中叶传入中国后，发展相对缓慢，从1864年中国开始编写年鉴，至1908年，中国年鉴的编纂人基本上都是洋人或以洋人为主的情况，如《澳门年鉴》《香港年鉴》都是由外国传教士编纂而成。此时期，中国年鉴无论是种类还是数量都是少之又少。1909年，进入中国人开始编纂年鉴和初始发展阶段。现知中国人最早出版的年鉴是1909年由丰田图书馆出版，奉天图书科科员谢荫昌翻译的《新译世界统计年鉴》，内容是世界各国1907年的统计资料。现知真正由中国人编纂的首部年鉴是1913年由上海神州编译社出版的《世界年鉴》，这是一部综合性年鉴，包括世界各国历法、交通运输、风俗习惯等。年鉴这一文化传承形式，在中国本土化的过程中，真正产生较大影响的是在传入中国100多年后的改革开放时期，即20世纪80年代以后。时至今日，国内年鉴品种已达2500种之多。纵观年鉴发展的历史，我们不难看出，不论国外年鉴，还是国内年鉴，都已成为一国之政治、经济、科学、技术、文化发展等诸多方面珍贵的资政、存史、教化的重要史实资料库。

通过查看大量国外年鉴相关资料、阅读国内大量不同版本年鉴，现就国外年鉴与国内年鉴的主要差异做出比较，以此抛砖引玉，深化大家对国外年鉴的了解，对国内年鉴创新、规范的再度思考，使年鉴在快速发展的中国特色社会主义建设中发挥更加重要的作用。

### （一）组织机构不同

国外年鉴与国内年鉴就组织机构而言，形式完全不同。国内年鉴组织机构为“党委领导，政府主持”的年鉴编纂体制。因此，年鉴的政治性是第一要务。优点是收集政府机构及有主管的企、事业单位的资料相对容易；缺点是由于缺乏专家、学者、读者需求深度调研等环节，所以专业性、趣味性不足，“铁杆粉丝”读者较少。国外年鉴没有政府机构参与，而是由完全实行市场化运作的团队或某某委员会等来承担年鉴编修任务，因此，在编辑队伍的组织上、内容的取舍上，有着绝对的自主权，不必瞻前顾后，讲政治、找平衡。编纂原则就是如何增加读者群，如何广受市场欢迎等。

### （二）定位读者群不同

一本年鉴的出版宗旨，首先考虑的问题之一应该是读者群的定位问题，定位的准确与否是出版后是否能达到既有标准的重要前提。许家康在《提高专业年鉴质量的几点设想——在第一届全国地方志（行业、企业）年鉴研讨会上的主题报告》中指出“一般年鉴的读者都是定位为具有中等以上文化程度的各界人士，具体包括：专业工作者、研究人员、机关和机构工作人员、学生及其求职者，有业余爱好的其他读者。”实际上，所有年鉴人都知道，中国的实际情况是大部分年鉴均以本行业从业人员，尤其是以各级领导及专业人士为主要读者，只是并不排斥对该行业有兴趣的普通大众读者罢了。编纂前、编纂中，较少考虑读者的需求，因此真正愿意自掏腰包购买阅读、使用年鉴的老百姓极少。国外年鉴定位为普通大众，因此在确定编纂宗旨时把关注民生作为重中之重，同时具有新闻和文学性。为吸引读者眼球，设计色彩也是丰富多彩，图文并茂，最大限度地激发受众群体的购买欲望。同时，因要考虑经济效益的问题，国外年鉴的编纂不会仅限于出版一本综合年鉴，绝大部分年鉴都会出版各种各样的副刊和衍生产品，如便民手册及儿童版年鉴等形式。例如，每年《世界年鉴》在出版的同时，都会附带一本儿童版，从内容体量到装帧设计都极尽可能地迎合少年儿童心理。封面会印有当年具有巨大影响力的年轻人的照片，比如美国著名选秀节目“美国偶像”的冠军。正文内容形式也不仅仅是表格和文字，多以答题形式出现，寓教于乐。据称美国小学生在开学时，每人都会得到一本儿童版的年鉴，对于他们这既是一本工具书式的百科全书，也是了解国情、地情的最好教材。

### （三）收录内容不同

我国年鉴收录内容主要侧重于本系统、本地区上一年度的发展与成就。通过阅读全书，可以对本地区、本系统有一个全面、深入的了解，起到工具书的作用，其内容重点体现在对过去成就的展示，但是教训与失误记录明显不足。欧美年鉴的定位是为大众提供实用、可读的工具书，所以在每本年鉴中，必是正反现象如实记录。为了方便读者使用，也会设立固定内容，比如《美国年鉴》中设立美国历史、历书、历史上的今天等。数据是保证年鉴信息详尽真实可靠的最主要手段，对过去数据的回溯可以更好地让读者了解这一指标的变化发展和趋势，在宏观与微观的体量上得到自己需要的信息。在这一点上，国外年鉴胜于国内年鉴的记述，他们非常重视数据的详尽，并尽可能长地回溯。如：《世界年鉴(2008)》中关于大气中二氧化碳浓度的表格，1744—2008 年的相关数据都被一一列举。200 多年的数据回溯与文字的有效结合，使年鉴使用者更加便于寻找规律，是年鉴充分发挥“鉴”的点睛作用。

### （四）出版周期不同

科学的出版周期是年鉴读者群多寡的重要因素之一。出版越早，时效性越强，受众群体就会愈多。我国的年鉴基本上都是在下一年出版，个别快的在 3 月份出版，大多数在下半年出版，较慢的要在下下年出版。而《美国年鉴》在当年的 11 月份出版，《英国体育年鉴》在下年的 1 月份出版，其出版速度是目前我国年鉴所望尘莫及的。当然，这与他们的信息网比较成熟和争取时间、抓经济效益的意识有关。

### （五）销售方式不同

我国年鉴大部分以赠阅为主，个别有公开销售。但国内百姓，基本没有形成通过阅读年鉴来了解地区、行业情况的习惯，因此，即便销售，也是惨淡经营。国外年鉴则完全面向市场销售，500 多年的年鉴编纂史，深入人心的年鉴内容使之基本上成为百姓每年必读的重要书籍之一。如在《美国百科全书》中记述的美国 18 世纪这段历史时曾提到，早期美国很少有几户人家拥有丰富的藏书，但在普通人家庭中，人们至少有两本书，一是《圣经》，二是年鉴。年鉴在美国的销售量仅次于《圣经》，可见年鉴在美国国民中的认可度。

### （六）定价理念不同

我国年鉴价格定位相对于国外价格较高，单册基本上在 100 元至 300 元之间。印刷册数基本在 1000 册至 4000 册之间。而国外年鉴价格定位相对较低，比如美国一般一本年鉴在 10 美元至 20 美元之间。这是编写年鉴的理念和出发点决定的。利润，是国外年鉴必须要虑的问题之一。因此，定价低廉，为的是薄利多销，扩大购买群体，从而降低成本，创造利润，进而维持年鉴编纂的高效、高质运转。印刷册数基本是 10 万册起步，甚至美国《世界年鉴》印数一度达到 9200 万册，相当于美国每 4 个家庭就拥有 1 本。

### （七）记述体例不同

我国年鉴一般采用纪实性较强的说明文体和记叙文体写作，直陈其事。国外部分年鉴在说明文体和记述文体基础上，部分内容采取诗歌形式、新闻形式甚至有文学色彩浓郁的内容穿插其中。有些年鉴还运用大量的照片、各类图表等方式记述，例如：《巴黎年鉴》在仅有的 30 页中，图片就有 80 多张，数据图表 30 多张，图表更是丰富多彩，有饼图、锥形图、曲线图、柱状图，等等，使之排版看上去既美观大方又轻松活泼，同时也有利于吸引读者眼球。

### （八）开本大小不同

一本工具书在具有翔实资料的基础上，开本大小在很大程度上是决定使用率的重要条件。开本小巧、易于携带，无疑有益于增加使用率。目前，国内年鉴基本上为 16 开（大、小 16 开），优点是厚重，高端大气，但携带不方便。国外年鉴大多为 32 开，优点是携带方便，使用便利。国内年鉴在装帧设计上也是比较考究，精装版较多，且已经成为一种流行趋势。国外年鉴基本上没有精装版，大多为简装版，少数为半精装版，装帧、设计一般也是较为普通。

以上是笔者所知范围内，国外年鉴与国内年鉴的差异。尽管我国与国外多数国家社会制度、历史文化等诸多方面不同，但是在年鉴的编修中相互借鉴、取长补短还是有着一定实际意义的。只要以“他山之石，可以攻玉”的理念为基础，同时结合实际，因地制宜，定会在不断拓宽年鉴视野中完善国内年鉴的编纂水平，提升年鉴服务政治、经济、社会、文化等诸多方面的能力。

（作者单位：北京市石景山区地方志办公室）

# 修志问道与司马迁治学精神的探析

王丹林

**内容提要**：第五次全国地方志工作会议前夕，李克强总理作出“修志问道，以启未来”的重要批示。中国地方志指导小组办公室将“修志问道，直笔著史”作为方志人精神，写入《全国地方志事业发展规划纲要（2015—2020年）》。方志人精神，是方志人价值观念的凝练表达，是修志工作必须遵守的基本行为准则与道德规范，更是继承和发扬几千年以来的编史修志的优良传统。司马迁是中国直笔著史的典范，他的“究天人之际，通古今之变，成一家之言”的治学精神，为方志人修志问道、明道、得道，提供了内涵深刻、富于实践的理论根基。

**关键词**：修志问道　明道　得道　司马迁　治学精神

每个时代都有每个时代的精神和价值观念，每个行业也有每个行业的价值观念表达。中共十八大提出社会主义核心价值观，是全党全国各族人民团结奋斗的共同思想基础，为提升民族和人民的精神境界提供了精神支柱和行动向导。核心价值观是一个社会必须长期普遍遵循的价值准则，公民则是践行核心价值观的主体。不同的践行主体则有不同的价值观具体表达。作为公民层面的方志人，也是核心价值观的践行者。在“爱国、敬业、诚信、友善”总的要求下，方志界从各个角度探索和总结方志人精神，以求凝练表达出方志人特有的价值观念，并借助方志成果宣传核心价值观。

第五次全国地方志工作会议于2014年4月19日在京召开。中共中央政治局常委、国务院总理李克强会前作出重要批示：“地方志是传承中华文明、发掘历史智慧的重要载体，存史、育人、资政，做好编修工作十分重要。……修志问道，以启未来。希望你们继续秉持崇高信念，以更加饱满的热情、以求真存实的作风进一步做好地方志编纂、管理和开发利用工作，为弘扬优秀传统文化、服务经济社会发展作出新的贡献。”从李克强总理的批示中，我们体悟到方志人精神，必须把坚守核心价值观与做好本职工作结合起来，充分发挥地方志“存史、育人、资政”的功能。2015年8月25日，国务院办公厅发布《全国地方志事业发展规划纲要（2015—2020年）》（简称《规划纲要》），明确提出要“弘扬修志问道、直笔著史的方志人精神”。这一方志人精神的提出，无疑是继承和发扬了我国几千年以来编史修志的优良传统。

司马迁是千百载以来我国直笔著史的光辉典范，他在致《报任少卿书》中自叙撰写《史记》的心志，“欲以究天人之际，通古今之变，成一家之言”。这是司马迁治学精神的高度概括，他在史学实践中，切实坚持了这一学术理念，探究天道与人事的关系，贯通从古到今的历史发展变化，完成有独特见解、自成体系的著作——《史记》。司马迁的治学精神，为当代人履行“修志问道，直笔著史”的方志人精神，提供了理论与实践的根基。

## 一　问道——“究天人之际”，研究探索自然规律和社会规律

何谓问道之“道”？关于道有多种解释。老子之“道”，在保留道的含义多种多样的同时，把道作为产生并决定世界万物的最高实在，“道生一，一生二，二生三，三生万物”。除了自然之道外，老子之道有时又在社会人生之道、致知之道的意义上使用，即分析人生、获取知识的基本原则和方法。道家之“道”，偏重于谈宇宙本体及万物起源的问题，他们多半谈的是“自然之道”，兼容“人道”。

儒家之“道”，虽然偶尔也涉及天道，但中心内容则是谈人道，也即是人之道。据《左传》昭公十七、十八年记载，郑国星占家裨灶预言郑将发生大火，人们劝子产按照裨灶的话，用玉器禳祭，以避免火灾。子产回答说：“天道远，人道迩，非所及也。何以知之?”意即说：天道和人道是不相干的，天人是分离的。“天道”即天之道，特指与天象有关的自然规律。人道就存在于社会人事之中，是人们必须遵守的共同的思想行为准则。这里的“人道”指人际间的道德规范。

所以，虽同属华夏大“道”，但是侧重点不同，则具有不同的重要含义。以上这些有关“道”的说法，分别代表道的不同的含义。但是，广而言之，天下的“道”只有一个，所以老子说“独立而不改”。

要理解司马迁“究天人之际”的文意，当然不能脱离当时的文化背景，必须关注人们对于“天”具有浓厚神秘色彩的崇敬。国学家王子今认为：曾经就《公羊春秋》的研读对司马迁有所指导的董仲舒对“天人之应”有诸多讨论，他的思想可能对司马迁有一定的影响。《史记·五帝本纪》说尧“敬顺昊天”。张守节《正义》解释为“敬天”。后世注家对《史记》文字的解说，也可见“敬天常”“严敬天威”等说法。如果认识到秦汉社会的“敬天”理念包含对自然的尊重，对生态的爱护，就应当珍视其中值得继承的文化因素。《韩诗外传》卷七写道：“善为政者，循情性之宜，顺阴阳之序，通本末之理，合天人之际，如是则天气奉养而生物丰美矣。”从这一角度看“天人之际”的“合”，可以发现接近当今的生态环境保护意识的内涵。司马迁“究天人之际”的“究”，强调对未知规律的探索追求，与董仲舒“道之大原出于天，天不变，道亦不变”的僵化偏执倾向有所不同。①

中国地方志是中国文献的一大积存，它具有历史长、传承久、层次全、数量多等特点，是最足以反映全国各地地情的参考和依据。其社会功能是存史、资治、教化，其资治的功用历来为地方官所重视。唐代韩愈路经韶州时所作“曲江山水闻来久，恐不知名访倍难。愿借图经将入界，每逢佳处便开看”的诗句，是古代官员问道志书的写照。到了清

① 王子今：《究天人之际，通古今之变》，《光明日报》2015年9月9日第二版“评论观点”栏目。

代，地方官到任读志问道，已成为官员莅任必须履行的规定。《新编吏治悬镜》① 是清朝地方官案头必备之书，其卷一所收为《莅任初规》，为初入仕途的地方官读本。其序言中已有所申明："是编为甫膺民社者昭揭成规，随事著则，统以整躬率物，澄清吏治之源。立全编枢要，故断自入境为始。其诸坊本所载，由谒选赴都至捧檄就道，不惮烦陈琐述者，皆不复赘及焉。编《莅任初规》。"《莅任初规》的内容是：入属境、看须知、览志书、亲查阅、清交盘、发堂规、详签押、给告示、备号簿、设买办、紧关防、订告期、考代书、试经承、限差票、点解犯、驭书役、酌条陈、革陋规、谨操守、戒躁怒、尚节俭、慎刑法、恤狱囚、勤审勘、禁荒嬉、事上司、和寅僚、防佐杂、待游客、接绅士、防蠹棍等32条。每条都有长短不一的说明，大体按新官到任施政程序排列先后。这32条实际上就是为官之道的规范，《览志书》是《莅任初规》的第三条，足以证明这是地方官到任之初重要行事。该条目下说明全文如下："一邑之山川、人物、贡赋、土产、庄村、镇集、祠庙、桥梁等类，皆志书所毕载。而新莅是邦，一为披览，则形胜之舆衍扼塞，租庸之多寡轻重，烟户之盛衰稀密，咸有所稽，而政理用是足以取衷焉。至于名贤祠墓，为祀典之所（阙），新其栋宇，飨以牺牲。先代古迹，为岁月之久淹，加意搜求，重标胜概。不惟风教藉以感兴，而疆域益为增色。诸如冠盖经临之途，岂可扛梁弗治？弦诵传扬之地，宁无黼黻为文，抑亦邦大夫所宜用心者矣。毋曰簿书期会是急，又安恤此以自委于俗拙可也。"② 这篇百余字的说明对地方志的内容和地方官莅任之初应如何借方志掌握一地地情，把握规律，借以施政，都有简要阐述，确为重要官箴。

方志核心价值就是资治。修志问道，首要的任务就是要"究天人之际"，"道法自然"，研究和探索一地自然规律和社会规律，为后人人留下可资借鉴的辅治之书。

## 二　明道——"通古今之变"，贯通古今社会历史变迁

如果说问道是为了探究自然规律及社会规律，继而明道，道究竟何指？《论语·述而》篇中说"志于道，据于德"，这个道是指道德原则；《管子·任法》篇中说"故法者，天下之至道也"，这个"道"是政治原则；《周易大传·系辞上》说"一阴一阳之谓道"，这个道又是指基本规律。道是路、方向、途径。那么何谓"修志问道"之道呢？志书属于历史文化范畴，是形而上的，形而上者谓之道，也就是说，志书内容本身就是道，由文字承载的道。"道"体现在志书的精神内核里，准确地讲，也叫基因，中华民族的文化基因。这个文化基因存在于志书文字，在志书功能发挥中得到传承，具体体现在存史、育人、资治的功能里。通过修志，明了历史和社会的发展进程，总结掌握历史和社会的发展兴衰起伏的客观规律，以开启未来不断发展继续前进的正确道路。

司马迁"通古今之变"以明道，指出了历史学者的学术责任是考察古今历史演变的进程，并进而认识历史，理解历史，总结关于历史规律的体会。对于进行这样的学术工作路

① 〔清〕徐文弼编刻，傅梦熊、涂丛桂参订。

② 来新夏：《地方官读志书》，《人民日报》2013年12月2日第24版。

径，司马迁的做法是“网罗天下放矢旧闻，考之行事，稽其成败兴坏之理”。考察、认识中国的历史文化，应当进行这样的努力。对于经历艰苦探索，终于获得历史新知的内心欣慰，他的表述是：“则仆偿前辱之责，虽万被戮，岂有悔哉！”如此坚定的学术信念，可为直笔著史的方志人借以自勉。

从《山海经》《禹贡》《越绝书》到新编志书，上万种，几十万卷，无不承载同一个功能：“通古今之变”。“清代《四库全书》著录和存目经史子集 17.8 万卷，其中方志是史部的 4.41 倍。1985 年北京天文台主编的《中国地方志联合目录》，收入我国现有旧方志 8264 种、12.32 万卷。历代保存下来的旧志书仅宋元以来就有 9000 余种、10 多万卷，约占我国现存古籍的 1/10。”① 中华人民共和国成立以来，已出版的首轮三级志书就有 5726 部，第二轮三级志书 1972 部。② 这些志书记载的史实贯穿古今，横陈百科，包罗万象，笼天地以形内，揽百业于笔端，连绵不断，组成中华民族的文化链。通过海量文献记载的史实，让后人从中看到先人的足迹，继承文明，崇尚道德精神。古今方志像一支流动着的血脉，生生不息，具有无法估量的凝聚力和包容性，渗透到民族的骨髓里，成为中华民族永葆青春绵延至今的生命之源。

## 三　得道——“成一家之言”，成就一门独立的学科体系

道，为中华哲学独有的哲学思想，其哲学含义丰富而复杂。那么道究竟可不可得？如何得？老子在《道德经》开篇就说：“道可道，非常道；名可名，非常名。无名天地之始，有名万物之母。”大意是说：道，可以说，可以名，但决不是我们所说的一般有名有象事物，因为那不是永恒的道。大道产生于天地之先，是开辟天地之始；大道产生于万物之前，是生育万物之母。所以这个“道”，难以彻底讲述出来，只可以直观体验。同时也说明，“道”不是口头上的空谈，而是实际的存在。《庄子 · 缮性》：“道，理也。……道无不理。”《管子 · 君臣上》说：“别交正分之谓理，顺理而不失之谓道”；“夫道者虚设，其人在则通，其人亡则塞者也，非兹是无以理人。”《韩非子 · 解老》以“道理”并提，认为“道，理之者也”，“万物各异理，而道尽稽万物之理。”从稽理角度而言，道是道理、方法、原理、真理，著书立说，贵在得道。

司马迁《史记》相对于其他史家著述而言，“成一家之言”可谓其得道之处。《史记》体现出的“述而不作”“综贯群典”“征引浩博”的理念，使其获得“史家之绝唱，无韵之《离骚》”③ 的美誉，这的确是不刊之论，影响深远。“成一家之言”是司马迁对孔子“述而不作”编辑思想的彻底否定。孔子在编辑整理六经时提出了“述而不作”的编辑思想，朱熹对“述而不作”注释为：“述，传旧而已；作，则创始也。”他还认为诸如孔子删定诗书，修订礼乐，注释《周易》，编辑《春秋》等，皆传先王之旧，而并非是孔子创

---

① 梅森：《地方志是华夏文化的根脉》，《中国地方志》2012 年第 10 期。

② 《2014 年全国地方志工作进展情况统计汇编》，2015 年全国地方志机构主任工作会议材料之四。

③ 鲁迅：《汉文学史纲要》。

始之作。朱熹的解释是比较精当的。孔子提出“述而不作”思想是由于政治、教育等方面的需要，也是周礼的限制。司马迁则通过编撰《史记》阐发自己思想上的独树一帜，超越了传统的编撰思想，也表明了他对编撰形式和编撰风格的独创性追求。《四库全书总目提要》给予了很高的评价，“《史记》其总括千古，归一家言，非学足以该通，文章足以镕铸，则难以成书”。

修志实践如何得道，既要在编纂志书中修志问道，要“成一家之言”，突出地方特色，防止“千志一面”；又要在理论建设上明道得道，不断总结已经获得的修志实践经验，将修志之道升华为方志理论，为建设独立的方志学学科体系作贡献。随着新编地方志实践经验的积累、修志成果的不断丰富、理论探索的不断深化，方志学学科建设的任务已经到了刻不容缓的地步。历史上，著名学者章学诚、梁启超、傅振伦等，都对地方志的学科发展和理论建设作出了积极贡献，使之在哲学社会科学体系里获得一席之地。但是方志学学科建设还需要进一步完善，使之系统化科学化，才能促进地方志事业的健康发展，才能以其鲜明的“中国风貌”在建设具有中国特色、中国风格、中国气派的哲学社会科学中具有重要地位。我们作为地方志工作者，必须明确认识到方志学学科建设的重要性，认真梳理现有研究成果，不断深化方志理论研究，协调不同学科协同研究，开展学术交流和联合攻关，探索建立严谨的学术规范和研究范式，取得具有丰富内涵、时代特色和学术深度的创新性、前沿性研究成果，逐步构建独立、完整、严谨、科学的方志学学科体系，使地方志事业发展能够建立在坚实可靠的科学基础之上。

中国是一个“道”的国度。“大道”之大，视之不见，听之不闻，但是无所不在。自古以来，得道者昌，失道者亡。凡是历史上一切有作为的人物，其所作所为一定符合于大道。李克强同志就任总理第一次答记者问时就说了要“行大道”，现又对方志人提出“修志问道，以启未来”的期望，我们将“修志问道，直笔著史”视为方志人精神，“大学之道，在明明德，在亲民，在止于至善。知止而后有定，定而后能静，静而后能安，安而后能虑，虑而后能得。物有本末，事有终始，知所先后，则近道矣。”① 如何“得道”这样理想的“至善”境界，如同千秋大业修志工作一样，尚须代代相济，永无止境，不懈努力。

（作者单位：中国地方志指导小组办公室方志处）

① 《大学》，远方出版社，2004年，第20页。

# MPR 技术在地方志工作的应用

段　愿

**内容提要**：改革创新是地方志事业发展的不竭动力。在党和国家领导人的高度重视下，在中国地方志指导小组的认真指导下，全国地方志事业正沿着改革创新思路探索和实践。本文以传统媒体和新兴媒体融合发展为背景，阐释了 MPR 志书的概念，分析了将 MPR 志书作为传统志书和新媒体结合最佳形式的依据，并着重论述了 MPR 技术在志书出版中的实现方式及需要处理好的三方面关系。以期能够尽快将该技术应用于第二轮修志工作中。

**关键词**：地方志　媒体融合　MPR 技术

## 一　MPR 志书是传统志书和新媒体结合的最佳形式

### （一）传统志书的性质和特点

对于地方志的性质，方志界的看法并不完全统一。国务院于 2006 年颁布的《地方志工作条例》对“地方志书”和“地方综合年鉴”所下定义是目前被广泛认可的权威解释。本文援引其中概念，即“地方志书，是指全面系统地记述本行政区域自然、政治、经济、文化和社会的历史与现状的资料性文献。地方综合年鉴，是指系统记述本行政区域自然、政治、经济、文化、社会等方面情况的年度资料性文献。”① 这就是说资料性文献是地方志书的本质属性，它决定了传统志书具有如下特点：一是属于出版学上所称的“工具书”，其资料密集、容量巨大，主要用于查阅；二是资料的收集需要尽可能地完整和多元化；三是载体形式历史悠久，已形成千百年传承下来的阅读模式和习惯。前两个特征决定了志书必须使用多种表现形式综合性地记载一个地方自然、社会的历史和现状，这些资料不仅要求丰富广泛，还要尽可能地真实、生动，同时要有实用性，通过丰富、可信的资料为社会各部门所用，起到资治、教化、存史的作用。这是本文提出志书要多媒体数字化发展的重要依据。第三个特点则决定了志书在未来较长时期内需要以传统纸质书本的形式存在或与新兴载体形式并存，逐步向全数字化过渡。

① 《地方志工作条例》中华人民共和国国务院令（第 467 号）。

### （二）MPR 出版物的概念和特点

在出版物种的族群中，MPR 出版物是继纸质出版物（书、报、刊）、音像出版物（磁带、光盘）、电子出版物（内容初始置入并固定或在网络上流量下载的电子阅读工具）之后的第四个出版物种。[①] MPR 是多媒体印刷读物（Multimedia Print Reader）的英文简称。MPR 出版物在纸质出版物中隐形地印有与图文内容相对应，代表其声音、视频、图像的 MPR 码，通过 MPR 阅读器点触并识别书中的 MPR 码，就可以将与图书内容相对应的多媒体音视频内容表现出来，从而成为具有闻、视、阅多种功能的出版物。[②] MPR 出版物在外部形态上，与传统纸质出版物没有什么区别，读者可以像阅读传统出版物那样阅读其中的文字、图表等内容资料，还可以通过具有下载存储的 MPR 识读器（譬如智能手机）扫描书上的特定位置，实现扩展阅读，看到或听到与文章内容相关的视频、图像和音频资料。

### （三）MPR 出版物成为传统志书和新媒体最佳结合形式的理论基础

概括习近平同志在中央全面深化改革领导小组第四次会议上的讲话内容，有 3 层意思对新老媒体融合发展起到破题作用：一是要遵循传统媒体和新兴媒体各自的发展规律；二是要实现传统媒体和新兴媒体优势互补、一体发展；三是要以先进技术为支撑、内容建设为根本，推动传统媒体和新兴媒体的深度融合。沿袭这一融合发展的思路，MPR 技术很理想地满足了地方志向现代化出版方向发展的需要，可以有效推动传统方志和新方志“在内容、渠道、平台、管理等方面的深度融合”，也有利于“打造一批形态多样、手段先进、具有竞争力的新型”志书。

MPR 出版技术目前尚未应用于地方志书出版工作，因此，本文着重讨论的 MPR 志书仍然是一种概念化的产品。根据 MPR 出版物的定义描述，MPR 志书应该是一本配有音频、视频等多媒体信息暗码的纸质志书。而音频、视频等多媒体资料对于地方志的重要性，笔者已经在此前的系列论文中作了充分的论述，如：地方志中有许多内容，特别是像某些少数民族的语言、某些地区保留下来的非物质文化遗产、一些重大事件的现场等很难通过文字来准确表述的内容，利用多媒体形式来表现是最合适的。而 MPR 就能够很好地把鲜活的多媒体信息与纸质文献有机结合起来，在不改变传统阅读习惯的同时，增添了获取数字化内容资料的途径，这也正是为什么说 MPR 志书是传统志书和新媒体最佳结合形式的主要理由。既然地方志书短时期内不可能完全脱离纸媒出版的方式，而志书的数字化发展又是大势所趋，那么 MPR 志书理应成为传统媒体和新媒体两者结合的首选呈现形式，它既可以兼顾到地方志这种古老传统文化形式编修方式的历史沿革和阅读习惯的传承，又可以分阶段逐步实现地方志的载体形式创新，使传统志书与数字化新媒体志书实现良好衔接。

MPR 志书成为传统志书和新媒体最佳结合形式的另一个理由，是它可以在目前情况下降低地方志书向数字化转型时的风险，对方志工作完成升级改造、平稳转型具有特殊的作用。地方志由传统模式向现代高技术传播模式转型升级的过程中，会面临资料收集整

---

① 王勉：《纸质有声数字出版技术分析及 MPR 技术发展趋势》，《中国出版》2014 年 5 月。
② 任晓宁：《解密 MPR》，《中国新闻出版报》2013 年 1 月 10 日。

理、编修工作方式、技术设备配置等一系列业务流程上的变化，为适应这种变化，需要方志部门进行“流程再造”。而管理学理论告诉我们，流程再造是一种系统工程，需要从根本上重新设计方志业务的整个流程，重新架构各种内外部关系，并投入大量的人力、设备和资金，如果地方志转型升级采用硬着陆的方式，其代价有可能会非常大，而效果却欲速则不达。MPR在不抛弃传统的志书编修模式和载体形式的基础上，嵌入了多媒体数字资料，并和网络数据库相关联，既可以成为传统志书向数字化网络化发展的过渡形式，也可以成为传统和现代志书两种媒体形式相互融合的固定形式，可以有效降低转型成本。

第三个理由是，MPR志书可以促使传统媒体和新兴媒体互动、互促。MPR出版物需要将多媒体资料数字化，并将这些多媒体资料的数字媒体文件包上传到MPR出版的网络平台的数字媒体文件数据库，也就是我们通常所属的“云端”，供MPR识读器下载使用。与MPR出版物配套的这些数字媒体文件属于MPR出版物不可分割的组成部分，也就是说采用MPR技术的志书在每完成一部书本形式的传统志书出版时，必须同时完成该部志书的数字出版和网络出版，否则就不成其为MPR志书。目前国家新闻出版广电总局已指定MPR中心作为专门的MPR出版服务机构，免费为MPR编辑制作单位提供服务，包括MPR编码的生成、上传资料的加密、数据库的建立，以及为读者提供数字媒体文件下载的网络链接（当然若有条件的地方志编纂出版机构也可在自己的网站上为读者提供数字媒体文件下载）。[①] 这样，地方志编纂出版机构可以方便地在“云端”建立自己的数字媒体文件数据库。MPR志书要求地方志编纂部门每编纂出版一部资质志书，就要上传相应的多媒体数字资料。日积月累，一个庞大的地方志数字出版网络数据库作为附加产品非刻意地就被建立起来了，几乎不增加地方志编纂出版机构额外的成本和费用。在实现MPR志书出版的同时，也解决了数字方志馆的资料积累问题，一举多得。一定程度上解决了专门建设数字方志馆所面临的人力、财力、技术不足的瓶颈问题。促使传统媒体志书向新媒体发展，同时新媒体也凭借传统媒体志书的介入而注入了活力，从而在志书编纂、出版上，传统媒体和新兴媒体实现了一种完美的融合。

## 二 MPR技术在志书出版中的实现方式

从内部构成来看，MPR是一个集群项目，它由MPR数字编码项目、MPR出版物项目、MPR电子阅读器项目和MPR互联网络项目等，构成一套完整的集群项目体系、业务运行体系和技术支撑体系。因此MPR产品实际上就是一套以MPR码为技术核心，以MPR出版物为主要科研成果，以MPR阅读器为阅读工具，以MPR互联网为运行平台的项目集群。具体来说，MPR项目群总体由4个子项目组成，结合地方志工作作如下论述：

### （一）MPR码

MPR码既是有广泛应用领域的独立产品，又是有MPR项目针对性的专用产品，它是

① 闫松：《两项新闻出版国家标准进入应用示范阶段》，《中国新闻出版报》2014年12月10日。

连接出版物和多媒体阅读工具的关键。MPR 码的核心优势是可以实现出版物达到海量内容的需求。[①] 不同的二维码链接的对象是不同的，可以是声音、图像、视频、动画等，因此，扫描不同二维码就能够下载并播放不同的多媒体信息。在 MPR 志书中，应该根据需要来合理铺设二维码的节点。也就是说在志书中涉及文字、图表无法表达，需要用多媒体资料配合阅读的内容，就需要在相关内容的位置铺设二维码，读者用阅读器（现在一般是使用智能手机作为阅读器）扫描书中二维码，就可以获得这些多媒体辅助资料。比如，在志书中介绍非物质文化遗产“南戏”时，扫描铺设在这个位置的二维码，读者即可听一段南戏唱腔或看一段南戏表演，从而获得对南戏这种非物质文化遗产的直观认识。这是传统志书无法实现的重要功能。

### （二）MPR 阅读器

MPR 阅读器是帮助读者在阅读 MPR 出版物时实现“闻听阅读”效果的必备工具。MPR 阅读器只有在置入固件或通过网络下载音像文件后，才能在扫描 MPR 码时显示出与该处图文内容相对应的声音、图像或视频。[②]在实际应用中，智能手机就足以作为 MPR 阅读器使用。

### （三）MPR 数据库

MPR 数据库是 MPR 出版物的重要依托，是 MPR 码所链接的各种声音、图像或视频的储存空间。[③]随着方志数据库容量的不断增加，MPR 志书可呈现的多媒体资料则越来越丰富。读者下载播放相关音频、视频的过程，也将成为方志资源为社会提供信息服务的新方式。当前全国方志系统已全面开始着手建设数字方志馆等专业网络平台和数据库，有条件的地方志编修部门完全可以利用这些网络平台建立自己的 MPR 数据库，从而起到 MRP 多媒体资料下载服务和数字方志馆建设一举两得的作用。

## 三 编纂 MPR 志书时需要处理好的关系

### （一）处理好内容和形式的关系

“内容为王”是出版界的一句至理名言，对资料性非常强的地方志书而言，内容因素尤为重要。MPR 技术为志书的内容提供了更好的表现形式，但切忌喧宾夺主，千万不能为形式而形式，更不能为形式而轻内容。毕竟志书和年鉴都是资料性文献，这一属性决定了其内容必须客观翔实，而且必须以文字和图表为主体。一部华而不实的 MPR 志书只会削弱地方志资政、存史、教化的作用，只有在恰当的地方，合理使用 MPR 码符号链接多媒体资料，才能画龙点睛地增强志书的功能。习近平总书记讲话中所指出的传统媒体和新兴媒体的深度融合要以“先进技术为支撑、内容建设为根本”，已经将内容和形式的关系

①②③ 王勉：《MPR 纸质数码有声出版技术创新及发展优势》，《科技与出版》2014 年第 4 期。

表述得非常清楚了。

### （二）处理好体例传承和载体创新的关系

志书的体例是表现志书内容的特有的形式，它包括两个方面：一是结构和篇目；二是体裁、文字表现形式和行文规范。其结构特点表现在“横排门类，纵述史时”；其行文特点表现在“述而不论，寓论于述”。离开了这种固有体例，志书就不能称为志书。因此，在寻求创新的同时，必须谨慎对待志书的传统体例。特别是在编排音频、视频等多媒体资料时，不可随心所欲，应充分尊重志书的体例，要在志书固有体例框架下恰到好处地融入 MPR 技术。

### （三）处理好文字编纂和数字编辑的关系

MPR 码具有编码容量大、识别纠错功能、符合一般出版物常规要求等特点，其对印刷设备的要求不高，可以开放给出版者自行制作。对于编纂志书而言，重点仍要放在把好质量关（包括一手资料的收集质量，文字、图表的编译质量）。同时，也要重视提高编纂者自身的综合业务能力，在具备扎实文字功底的同时，还要掌握利用高科技手段处理多媒体资料的能力、操作各类相关计算机应用软件的能力。传统媒体的编纂、编辑、出版者，往往对文字、图表的把关能力强，对文字内容的讹误比较敏感，处理起来驾轻就熟，但对数字化多媒体资料的编辑特性则可能不熟悉。尤其是 MPR 编码，非专业人员对其差错很难发现。而上传到云端的多媒体数字资料，也不像纸质文字资料那样直观、明了，容易造成编校盲区。所以现代志书编纂者，不仅要能娴熟地进行文字编纂处理，还必须掌握多媒体数字资料的编纂能力，二者不可偏废。

（作者单位：浙江省地方志办公室）

# 对第二轮省志编修中质量管理的思考

冯占文

**内容提要**：质量是志书的生命，第二轮省志对志书编纂过程的质量管理，各个环节所采取的措施和取得的效果不尽相同，总体上，第一个环节承编单位缺乏统一的质量管理制度和措施，重在人的因素发挥，实际效果各单位各不相同；第二个环节是省方志委责任总纂和具体指导环节；第三个环节三审环节总体制度比较健全，措施得力。如何解决第一个环节质量管理薄弱问题，首先要从制度建设入手，其次要从体制机制上不断创新，此外要从工作方法上创新。

**关键词**：质量管理　制度　创新

质量是志书的生命，一部志书价值如何，能否传之后世，关键在于其质量如何。回顾三十余年社会主义新方志编纂实践我们不难发现，一部地方志书的编纂就是一项系统工程，在这项系统工程实施过程中，哪一个环节出现问题都会对志书的质量产生影响。那么，社会主义新方志编纂，我们所采取的质量管理措施有哪些？最终效果到底如何？得失在什么地方？下面我们仅以第二轮《吉林省志》编纂实践为例，来做简单分析。

## 一

第二轮《吉林省志》编纂工作始于2004年。2004年6月，吉林省委办公厅、省人民政府办公厅转发了《吉林省志（1986—2000）》编纂方案和续修《吉林省志》编纂方案。2004年8月，第六次全省地方志工作会议召开，标志第二轮《吉林省志》编纂工作开始启动。第二轮《吉林省志》总体设计60部分志，时间断限从1986年1月1日起至2000年12月31日止。在续修省志工作中，吉林省地方志编纂委员会（简称省方志委）出台了有关规定和方案，加强对修志队伍的培训，全力推进省志编纂工作。截至2015年6月，第二轮《吉林省志》已出版《人民政协志》等13部分志，终审《科学技术志》等8部分志，复审《财政志》等5部分志，完成初稿的有12部，其余各分志尚在编修中。

那么，在第二轮《吉林省志》十余年的编修工作实践中，对志书质量管理的措施有哪些，其效果如何？盘点这十余年省志编纂实践，志书编修过程中质量管理措施主要体现在以下几个环节：第一个环节，志稿编写前、编写中的质量管理（由承编单位负责）；第二个环节，成稿后总纂环节的质量管理（由省方志委责任总纂负责）；第三个环节，审稿环节的质量管理（由承编单位、省方志委共同负责）；第四个环节，审稿中到出版前修改环节的质量管理（主要由承编单位负责、省方志委参与）。

为了确保志书编纂质量，省方志委在第二轮省志编修中对于志书的质量管理，从制度（包括志书的质量标准、质量规范、制度体系，管理工作方法）和人两个方面着手，主要采取以下措施（主要是以上所述质量管理环节的第二个环节、第三个环节）：

1. 建立完善总纂责任制，由责任总纂进行全程业务指导

多年的修志实践证明，如果没有总纂过程，承编单位拿出初稿就直接进入审稿环节，要提高志稿质量是很难的。这是关乎省志质量的一个极其重要的问题。鉴于此，省方志委从 2009 年开始在第二轮省志的部分分志中试行总纂责任制，到 2011 年为全部分志选聘了责任总纂。对《吉林省志》每一部分志都实现专人、专志、专责。这些责任总纂在全委选聘，既有在职人员，也有退休老同志。

每部分志的责任总纂对该分志从编写到成书负全责，对编写实施全程业务指导，要指导省志承编单位拟订篇目，在确定篇目的基础上指导其进行资料搜集和编写资料长编，并要对所负责的单位进行一对一的业务培训，对报送的试写稿进行把关，责任总纂认为其质量达到标准方可同意承编单位进入全面撰写阶段。在撰写过程中，责任总纂根据进度对志稿进行审读修改和全面总纂，完成全部初稿的总纂后指导承编单位进行初审，在落实初审意见的基础上方可报送省方志委进行复审。通过复审后，责任总纂负责向承编单位反馈复审意见，承编单位根据复审意见对志稿进行全面修改后，送责任总纂进行把关验收，责任总纂对复审意见落实不到位的地方，要指导承编单位再进行修改，直至达到报送终审的要求后方可报送终审。同复审一样，通过终审后也要由责任总纂负责指导承编单位落实终审意见，经过责任总纂对终审后修改稿进行把关验收，确认志稿已将终审意见落实到位才能定稿。定稿后，责任总纂还要根据省志出版印刷规范，对志稿进行通读校改，直到交付印刷。责任总纂制度的实施，切实提高了省志编纂质量，《吉林省志》初稿质量得以逐步提高。

2. 确定集体指导原则，以集体智慧提高业务指导水平

在实施总纂责任制的基础上，省志编纂工作逐步探索并建立责任总纂个人指导和集体指导相结合的工作思路，对关键环节、疑难之处省方志委省直指导处进行集体指导，通过集体指导弥补总纂责任制在编纂指导中的不足，用集体指导的办法规范省志业务指导工作，为志稿通过三审奠定基础。具体来讲，责任总纂对所负责的分志进行全过程跟踪指导，但一些重要环节必须经过省直指导处的集体审议。一是篇目设计，经责任总纂指导完成的分志篇目要经过省直指导处的集体审阅，并由责任总纂负责向承编单位反馈修改意见，指导其完成修改。二是试写稿阶段，责任总纂要对试写稿进行把关，对试写稿存在的问题，要经过省直指导处集体讨论确定修改意见，再由责任总纂反馈意见，直至认定试写稿合格后，才能进入全部编写阶段。三是责任总纂对志稿总纂、三审过程中遇到的难点问题，要及时报省直指导处进行集体研究决定。对以上集体指导的内容，以及集体指导的原则、方法等都有明确规定。省直指导处还专门建立例会制度，每周都召开一次全处人员参加的工作例会，共同研究编纂指导过程中遇到的难点问题。

3. 对志稿实行三审验收制度，把住关口，提高质量

省志每一部分志从初稿完成到印刷出版前都严格实行初审、复审、终审三审制度。这

样就避免了前期指导过程中因指导不到位致使政治观点存在问题、篇目结构不科学、资料缺失、不符合志书体例等影响志书质量的关键问题出现。初审由各分志承编单位负责组织，各承编单位进行初审时，都要成立初审领导小组或委员会，指定单位内熟悉情况的在职或离退休人员来审稿，审稿的内容以政治观点、史实为主，可以说初审将把好史实关放在首位。复审由省方志委负责组织，审核除把好政治关、史实关外，还重点把好体例关、资料关、行文规范关等各个方面。终审由省方志委负责组织成立志书终审委员会来进行审查验收，参加的人员除省方志委领导、有经验的专家外，还吸收相关部门的领导和专家参与，并且要有保密、档案等相关部门来审核把关。实践证明，三审中每一审都对发现问题、把住关口、提高志书质量，起到了重要作用。

4. 不断加强培训和日常工作中指导，提高修志队伍业务水平

第二轮《吉林省志》具体编修工作由中、省直近百个部门、单位承担，每个部门、单位的撰稿队伍，除极少数单位为一人外，绝大多数单位少则两三人，多的十几人。修志队伍的业务水平直接影响志稿质量，由于各单位修志队伍业务水平高低不同，为提高修志队伍业务水平，省方志委建立业务培训制度，从2004年启动第二轮省志编修工作开始，每年搞一两次大中型培训班，同时不定期召开中小型专题研讨会、相近单位片会和“一对一”业务培训。针对修志的不同进度召开篇目研讨会、试写稿研讨会；针对修志的不同人员，召开主编培训会和主笔培训会。据统计，从2004年到2014年，举办百人以上的大型培训班8次，召开50人左右的中型培训会6次，召开十几人参加的小型研讨会近20次，单独为一个承编单位进行的“一对一”的业务培训近百次。从第二轮省志编修工作启动到现在，累计培训修志人员超过2500人次。

5. 大力加强业务制度建设，不断完善质量管理各项制度

第二轮省志编修工作启动以来，省方志委先后围绕续志工作的各个环节和方面，制定一系列规范性文件，强化质量管理和业务指导，相继出台《吉林省志》的行文规范、质量标准、审稿验收制度、凡例、审查验收工作细则、校对办法（试行）、署名规定、出版印刷规范、聘任本卷责任总纂实施办法、编纂跟踪指导工作规则、编纂工作联系走访办法、入志图照规范等。可以说，这些制度几乎覆盖了省志编修过程中省方志委所负责的志书编纂几个环节的所有方面。

以上各项措施，既包含人的因素，也包含制度的方面，可以说，省方志委对于省志编纂质量的管理控制的各个方面都比较完善，对提高省志质量起到了非常重要的作用，使已出版和完成终审的各分志质量都得到一定程度的提高。

## 二

那么，作为省志编纂的主体即各分志的承编单位，他们的质量管理又做得如何呢？

其一，省志各承编单位对志书质量管理，没有统一的质量管理制度。对于从篇目拟订到资料搜集，到初稿编写，除了省方志委在一些制度中有原则性规定外，再没有统一的规定。比如，搜集资料，对于一部分志在编写前应搜集多大量的资料才能满足编写需要；所

需的资料，如果文字资料缺乏，是否必须通过其他方式（如口碑、音像等资料）来弥补；必不可少的上下限资料缺失如何解决；正反两方面资料是否都应具备，比例是否应该有规定；背景资料应搜集和使用哪些范围和方面，等等，类似这样非常细致，可操作性强的规定并没有。修志人员在具体工作时，只能是根据自己掌握的情况（包括从省方志委培训中学习的相关规定和知识）来进行，这无疑在起步阶段就影响了志书的质量。

其二，由于没有非常具体、可操作性强的规定，各承编单位对志书编修质量的管理，只能是完全依靠人。人就成为最重要的因素。由于各单位实际情况不同，领导对修志工作重视的程度不同，具体参与修志的人员数量不同，人员业务素质高低不同，等等，因此，各单位质量管理的效果也不尽相同，最后体现在成果上，志书的质量也不尽相同。从具体参与编写的人员来看，各单位都不完全一样。从编写人员数量来说，有 1 人独自编写的，这种情况比较少，如《出入境检验检疫志》《水利志》等，此类单位不到总数的 1/10；2 人或 2 人以上编写的，这样的单位占绝大多数。当然，参与编写的人数多少并不是志书质量高低的决定因素。

其三，从工作方法来看，多人编写的单位，有各自为战的，大家分别完成初稿后，无人来统稿，最后交由省方志委责任总纂来合成。而更多数是大家进行分工，从资料搜集到志稿编写，各自完成一部分，成稿后再由一位主笔统稿，之后再交由省方志委责任总纂。很明显，多人编写时，由一位主笔统稿，在质量管理和控制上多一个环节，有利于提高志稿质量，无论是从文字风格的统一还是对交叉重复内容的处理、同一内容在不同章节出现时详略的处理等多个方面，往往都更为得当，也能够更好地保证志稿的质量。而无人统稿时往往出现各部分文字风格不统一，个别内容有交叉重复的现象，资料处理详略也不够统一等很多方面的质量问题。

此外，单位领导重视，工作条件较好，待遇较高，人员业务水分比较高，工作比较得力，那么编写出的志稿质量往往较高。如果单位领导不重视，情况则恰恰相反，有的甚至编纂工作都未全面启动，就更谈不上其他了。这则成为影响志稿质量的一个非常重要的因素。

由于以上所述各承编单位存在的人的因素、工作方法各不相同的情况，使得对志稿编写质量管理取得的效果也各不相同。由此，在志书编修的第一个环节就产生很多问题。仅从已成书的《政协志》等 13 部分志及完成终审的 8 部分志来看，我们会发现主要在存在以下几方面问题。

首先，在资料的搜集、使用上一些分志存在这样那样的问题。地方志书，是全面系统地记述本行政区域自然、政治、经济、文化和社会的历史与现状的资料性文献。资料是否真实准确；资料全面、系统与否；事物发生、发展过程的资料是否连贯、系统；人、事、物，时间、地点、事件经过等要素是否齐备，等等。这些都决定了志书的质量，而志书的质量是志书的生命。就已出版和已完成终审的《吉林省志》各分志来看，资料都或多或少存在问题。表现在：一些分志，记述中不是直书史实，而是大量堆砌法规、文件，以文件代替具体事实记述，且记述会议只记述开会布置工作，却无实际落实情况以及结果，导致资料价值不高。所使用的资料不够系统，一些地方不能够连贯记述，便以笼统的概括记述来代替。此外，每部分志如果以节、目作为基本单元来看，缺少上下限，中间断线的情况都存在。以《工会志》为例，在资料的全面系统上是比较好的，但仍有个别节、目缺少下限资料。此外，对于一些复杂事物的记述，记述事实只有大概，起因、后果语焉不详，其中的不同意见争议与交锋更是付之阙如。特别是对于背景资料的记述，很多分志都做得不好，为解决这方面问题，《人民政府志》的主笔苑广才勇于尝试，对于一些复杂的工作，如农村改革及“七五”“八五”“九五”时期经济建设和社会发展的一些内容等，用了很大篇幅记述背景资料。记述事物产生的原因、经过、结果都力求全面。这样的做法是值得肯定的。

其次，从各分志所记述的内容上看，绝大多数未能做到正反两个方面都记述，做到了“扬善”，但未做到“不隐恶”。对于所记述的工作基本上只记述成绩，记述好的方面，对于工作中的失误，对于工作中出现的问题所记甚少，或者基本不记。之所以出现这种局面，其原因很简单：一是没有哪一项制度规定志书必须正反两方面都要记述，有的只是提倡；二是一个部门或单位的编修人员不管其在职还是已退休，都要考虑“不隐恶”是否会对单位造成负面影响，对那些还健在的当事人会有什么影响，会不会给自身带来很多想象不到的麻烦，等等。这样做造成的后果就是让后人在读志时只看到事物好的方面，看到成绩，而看不到所犯的错误，看不到工作失误。由于反映的只是事物的一个方面，而非事物的全貌，这样就无法达到给后人以启迪的作用。以省志中刚刚完成终审的《公安志》记述“严打”（严厉打击刑事犯罪）斗争为例。20 世纪八九十年代公安部门开展了“严打”斗争，《公安志》在对“严打”斗争进行记述时，只是记述其所取得的成绩即好的方面，如破了多少案子，抓捕多少犯罪嫌疑人等，但并未记述“严打”斗争中有些案件认定犯罪事实不清楚，对一些案件和犯罪嫌疑人的处理未依法办案，以致影响审判环节，最终造成一些冤假错案，甚至有些人因此枉死。这样记述根本不能还历史本来面目，后人读志书记述的这部分内容时，便无法从中了解到当时“严打”的全貌，特别是其中存在的问题，也就无从吸取其中的教训，那么，志书又怎么能发挥“以启未来”的作用呢？

第三，由于各个分志的承编单位各自有自己的实际情况，因此修志的人员也不尽相同，人员素质千差万别，专家修志更是无从谈起，直接导致志书初稿质量不高。从我们对省志近百家承编单位了解的情况看，各单位修志人员大多或者是返聘的退休同志，或是承编单位边缘人员，文字水平参差不齐，对志书体例、规范陌生，秉笔直书、述而不论往往变成议论丛生、妙笔生花的总结报告体、新闻报道体；行文中口语体与书面语并存，逻辑错误、语法错误、病句屡屡出现，重复记述、啰唆大有所在。以上现象普遍、大量存在，后期责任总纂即使下很大功夫反复修改，反复打磨，但其中存在的一些问题难免遗漏。

由此可以看出，志稿编写的第一个环节质量管理问题较多。这也是在今后的质量管理工作中需要下大力解决的。

## 三

以上在志书编纂的起步阶段，即资料搜集、志稿编写阶段质量管理存在的问题如何来解决呢？笔者认为，从志书编纂的起步阶段就做好质量管理工作，不是单单在工作中对承编单位提要求，开会搞培训等所能解决的，必须从工作体制机制上、质量管理制度上进行不断探索和创新。

第一，要制定和完善对于资料搜集整理使用的制度规范，制定志书试写稿、初稿编写的相关规定等制度和规范，使承编单位人员在开始工作时就有所遵循，这样在修志的初始环节就对质量进行严格管理，从而能够保证初稿的质量。好的开始就意味着成功了一半。

第二，从资料搜集上改变做法，做好资料搜集工作，夯实志书编修的基础。从首轮、第二轮省志编修的实践看，都是编修工作启动后才开始资料搜集，但由于一些部门和单位机构变化、人员变动、办公地址变迁等多方面原因，造成资料散失严重，资料搜集非常困难，最终导致个别内容资料比较单薄，甚至有很大欠缺。解决这一问题的最好办法就是实施资料年报制度，让省直各个单位每年都上报地方志资料，如果能够总体上坚持做好这项工作，新一轮志书编修启动时，就有了资料基础。这方面兄弟省市有的已经开始实施，如广东省目前已开始实施资料年报制度，这样第三轮志书编纂工作启动时，编纂工作就会事半功倍。此外，要扩大资料搜集的领域和范围，特别是向社会的新领域、新业态搜集资料。

第三，从编写人员上，要实现由众手成志向专家修志的转变，这样才能解决前述质量管理存在的一些问题。由专家来修志，他们对资料的使用、对志书体例的熟悉、对行文规范的把握等方面，都能够有效避免前述问题的出现，会使志书编写起步阶段志稿质量与现在比有一个大的飞跃，最终可以让各部分志在质量上总体能够达到平衡。

第四，对于志书质量管理工作，方志工作机构应将其作为一个课题加强研究。从制度建设和人的积极性发挥两方面不断进行积极探索和创新，比如探索实施购买服务制度等。此外，要努力使各项制度不断健全和完善，一些制度更具体、更具可操作性，并且能够更充分发挥人的积极性，这样使志书质量管理工作能上一个新台阶，从而让这项复杂的精神产品的质量更加可控。

2014 年 4 月，第五次全国地方志工作会议召开，中共中央政治局常委、国务院总理李克强对修志工作作出重要批示，提出了“修志问道，以启未来”的精辟论述。我们认为，“修志问道，以启未来”短短一句话，是李克强总理对地方志工作价值使命的高度概括、凝练和升华，寄托着总理对地方志工作者的殷切期许，蕴含着总理对地方志工作未来的深刻洞悉，为地方志工作指明了方向，对地方志工作提出了新的更高的目标要求，也使广大方志工作者对于编修社会主义新方志的目的、意义有了更为深刻的认识。今后，广大方志工作者，一定要肩负起这一历史使命，下大力气，多措并举，各环节齐努力，加强志书质量管理，力争修出党和政府满意，读者满意，经得起历史检验，真正能够“以启未来”的精品佳志。

（作者单位：吉林省方志委省直指导处）

# 首轮新方志编修实践创新回顾*

沈松平

**内容提要**：首轮新方志编修期，习惯上指始于20世纪80年代初的全国普修方志，至2001年12月全国地方志第三次工作会议之前，这一时期地方志的发展速度是之前任何一个朝代都望尘莫及的。但同时这一时期的修志又是在缺乏理论指导和新志编修实践经验的背景下进行的，"摸着石头过河"，走了不少弯路，也积累了很多经验，并在实践中有不少创新。本文旨在回顾和总结首轮新方志编修经验，以期对第二轮修志有所帮助。

**关键词**：新方志编修　创新　回顾

新中国首轮修志普遍是在既缺乏理论指导，又没有新方志编修实践经验的背景下进行的，只能借鉴旧志的编修特点，边学边编，"摸着石头过河"，走了不少弯路，付出了代价，但同时也积累了经验，在实践中产生不少创新。无论是失败的教训还是成功的经验，都是一笔宝贵的精神财富。目前在全国开展的第二轮修志，除了要继续借鉴旧志的编写经验外，最主要的是学习和借鉴首轮修志的编修经验。首轮新方志编修经验包括两方面：一是修志工作经验，如完善领导体制，优化工作机制，健全修志机构，加强队伍建设，搞好事业管理，处理好各个工作环节的衔接转换等；二是编写业务经验，如修志指导思想、编纂原则、体裁、篇目结构、内容写法、文体文风、行文规则、图表照片等方面的经验。本文就后者作一点回顾，以期对第二、三轮修志有所帮助。

## 一　体裁上的创新

中国地方志指导小组2008年9月颁布的《地方志书质量规定》① 规定了新方志的8种体裁，即述、记、志、传、图、照、表、录、索引，其中记包括大事记、专记、编后记，专记设置因事制宜，选题严格，数量适度。这是对首轮新志体裁上的一个集中归纳，实际上它有一个发展演变的过程。早在1981年中国地方史志协会成立前后，无论是同年7月25日至8月1日在太原召开的中国地方史志协会成立大会暨首届地方史志学术讨论会上出

* 本文系浙江省社会科学界联合会2016年研究课题"新中国方志编纂实践创新研究（1949—2015）"（项目编号：2016N21Y）成果。

① 《地方志工作文献选编》，方志出版社，2009年，第107～108页。

台的《关于新省志编修方案的建议》《关于新市志编修方案的建议》《关于新县志编修方案的建议》3 个文件草案，会议筹备期间出台的《关于编纂新县志的初步方案（讨论稿）》，还是 1982 年 7 月 25—31 日在太原召开的中国地方史志协会第一届常务理事会第二次（扩大）会议讨论通过的《关于新编地方志工作条例的建议（征求意见稿）》［简称《条例（征求意见稿）》］，都只规定了志书的体裁有记、志、传、图、表、录，概述、索引和专记没有被列入文件草案规定的基本体裁。但在《关于编纂新县志的初步方案（讨论稿）》中有这样一段话："一般在卷首立《总论》一编，其他为便于编写可按问题分为几个方面，如自然、经济、政治、文化、军事等""新县志卷首是否应有序、凡例和总论等，由编者具体研究决定"①。总论虽无概述之名，却有概述之实，这为后来新编方志设置概述开启了一扇窗户。会后，以中国地方史志协会名义公布了一个新县志的基本篇目，由概述编、自然编、经济编、政治编、军事编、文化编、社会编、人物编、图表编、附录编组成，其中，概述编包括历史大事记、建置沿革、区域区划、县城乡镇、人口民族。②《条件（征求意见稿）》又附了一个《新编县志基本篇目》，与前一个县志基本篇目相比，只是将"历史大事记述"从概述编中析出前移，作为第一编，且将图表穿插于各编之中，改变了图表单立成编与志文相脱节的弊病，概述编的内容大体上没有变化。从以上两个县志基本篇目来看，当时修志界似乎对概述的理解有误，概述是提纲挈领综述一地的地情，以此总摄全志，使读者"不及读全文，也能大致了了"；而上述所拟县志篇目中所谓概述，实际上只是人文地理的内容，包括地理位置、行政区划、建置沿革、人口、县城、乡镇等，应与自然编合并为地理编，以此命名概述编，显然名不副实。新中国首轮修志中最先出版的《呼玛县志》《台安县志》《万年县志》《如东县志》《本溪县志》，虽都有概述、概况或概貌等专篇，但究其内容不过是建置沿革、疆域区划、自然地理、社会风俗、人口姓氏等，而经济、文化等内容则从略，显然是受了新县志基本篇目的影响，充其量只是地理志的内容，有的甚至连地理志的内容都不全，这自然也就不能称其为概述编了。最早提倡在新志中设置概述编的是董一博。1983 年以后，他连续发表了《关于县志设置"概述编"之商榷》《再论县志"概述编"的设置问题》《三论"概述编"的设置问题》3 篇文章，全面、系统地论述了为什么要设概述编及其功能、写法以及在这个问题讨论中赞同与否定的主要观点，他指出："'概述编'应作为特殊的一编概述全书，这样专志横剖，大事记纵贯，概述则摄取全书各分志平列内容之精华综要而述之，便构成全志的立体画面。如果不设置全志的'概述编'，有关情况势必分散在各编章节之中，因而也就无法在短时间内摄取其全貌，因果之效不彰。"③ 在董一博的影响下，1984 年 6 月在北京召开的新编五县县志学术讨论会、7 月的全国北片十三省市县志稿评议会和 10 月的全国南片十省区县志稿评议会上，不少与会同志都赞成在志书中增设概述编，"概述编的内容，应记述本县的发展简史及现状，站在全局的角度鸟瞰本县，反映总貌、大势、规律及特点"④。自此从 20 世纪 80 年代中期到 90 年代初，方志界对概述的讨论，已从原先的"设不设概述，

① 《关于编纂新县志的初步方案（讨论稿）》，《中国地方史志通讯》1981 年第 1 期。
② 《关于新县志编修方案的建议（草案）》，《中国地方史志通讯》1981 年第 5 ~6 合期。
③ 邵文杰等编：《董一博方志论文集》，河南大学出版社，1989 年，第 223 ~224 页。
④ 《全国北片县志稿评议会纪略》，《中国地方志通讯》1985 年第 1 期。

要不要概述”转向进一步研究概述的不同类型和如何写好概述。不过鉴于当时对志书设置概述编尚有争议，故1985年7月由中国地方志指导小组颁布的《新编地方志工作暂行规定》并没有把述列为新编志书的基本体裁，“新方志的体裁，一般应有记、志、传、图、表、录等。以专志为志书的主体，图表可分别附在各类之中”①。直到1998年2月，中国地方志指导小组颁布的《关于地方志编纂工作的规定》第十三条规定：“地方志的体裁，一般应包含述、记、志、传、图、表、录等，以志为主体”②，才明确把述列为新编志书的一种基本体裁，有关是否设置概述的争议才基本平息下来。从此，概述作为首轮修志的一大创新被普遍采用，一般都在志前单独设立概述编或总述编，使方志又增加了一个新的体裁，成为述、记、志、传、图、表、录，稍有别于旧志的体裁。不仅如此，首轮修志实践中还创造性地在各大部类设置综合记述篇，以克服各专业分志横分门类以致门类之间互不联系的缺陷，增强志书的整体性。《地方志书质量规定》中对“述”的解释是：“述，根据志种和内容层次的不同，合理设置，概述事物发展全貌和特点等”③，因此新志中门类（部类）综述篇的设置当视为志书述体发展之一种。黄勋拔、饶展雄等是设置门类（部类）综述篇的积极支持者，他们指出：“新志书增设概述综述之类的纵向宏观记述是加强志书整体性的一项重要措施，……由总述、综述、概述、小序四个层次的纵向宏观记述，形成了一个纵向系统，进一步加强了志书的系统性与整体性。”④ 经济部类分量重但比较分散，为记述宏观、共性问题，如经济结构、计划管理等内容而在志书中增设经济综述篇，在首轮修志中已为大部分新编县志所接受，其他如政治综述篇、人文综述篇在首轮新志中也出现过，特别是新编《番禺县志》增设经济综述、政治综述、人文综述3个综述篇，分别置于各所属内容之前，为首轮新志鲜见。

索引引进方志领域可上溯到20世纪30年代，但基本上都是后人为前志补编的索引，与修志同步编制索引，除了陈训正主编的民国《鄞县通志》，似无闻见。新中国首轮修志之初，对索引这种体裁也没有要求。到90年代初，著名历史地理学家陈桥驿先生有感于志书使用的不便，首先提出新编地方志要编制索引的主张。陈桥驿当时应邀担任浙江省地方志学会和省内不少市、县志及《黄河志》学术顾问，他利用志书评审会、首发式和写志评等机会，反复强调志书索引的重要性，希望方志工作者把编制志书索引看成是自己的“应尽义务”和“社会责任”，“因为利用方志做学问，索引实在太重要了”“在没有索引的方志书海中搜寻资料，如同在没有灯塔的海洋中航行，往往劳碌终日，久无所获。时间和精力的浪费，实在无法计算”。1992年，他在《中国地方志》发表了《地方志与索引》⑤ 一文，呼吁今后的方志都能附编索引，已经出版而未编索引的方志，则应设法补编，“把一个市、县的新志，和这个市、县比较流行的旧志合起来，编纂一种该市、县几种志书的《索引》。另外也可以考虑以省辖市或地区为中心，把市、区新志和市、区所属各市县新志联合编纂索引，并且也可以把市、区内比较流行的旧志编纂在内”，为我国方

① 《新编地方志工作暂行规定》，《地方志工作文献选编》，第70页。

② 《关于地方志编纂工作的规定》，《地方志工作文献选编》，第80页。

③ 《地方志书质量规定》，《地方志工作文献选编》，第107页。

④ 饶展雄：《试论新方志的整体性问题》，《中国地方志》1994年第3期。

⑤ 陈桥驿：《地方志与索引》，《中国地方志》1992年第5期。

志界吹来了一股新鲜空气，引起了方志界的重视。90 年代中期以后的志书对编制索引作了有益的探索，如新编《龙游县志》《绍兴市志》《宁波市志》《慈溪县志》《临安县志》《桐乡县志》《富阳县志》《新昌县志》《淮阴县志》《呼兰县志》等，其中尤以《绍兴市志》的索引最为详细和规范。《绍兴市志》共分 6 册，其中索引 1 册，独立成册，包括 6 种索引：主题索引 1 种，即目与子目索引；分类索引 3 种，即人名索引、地名索引、艺文志著录书目索引；形式索引 2 种，即图照索引、表格索引，是以前志书中未曾见到的。至 1998 年 2 月，中国地方志指导小组颁布的《关于地方志编纂工作的规定》第十六条规定："全书要附有索引。"才明确新编志书须设置索引，但没有把索引与述、记、志、传、图、表、录并列为新编志书的一种基本体裁，因此在新中国首轮编修的地方志中，编制索引的寥寥无几。

专记，或称专题记述，是对大事记、各专业分志因受体裁、篇幅或篇目限制而无法展开充分记述的重要事件和事物作完整、全面记述的一种辅助性志书体裁，用于弥补志体之缺，在内容上是对志书大事记、专业分志的一种补充，处于大事记、专业分志的从属地位。它并非产生于新中国首轮修志期间，旧志中就有这种体裁的使用，只是那时没有专记或专题记述的名称，而用了别的称呼，譬如故实志，或者在旧志的杂记、杂志、杂录、杂识、杂缀、志余、卷末等名目下存有一些重要事物、事件的记载，但在旧志中很少使用。新中国首轮修志的官方文件中都没有提到专记，但专记这一体裁在首轮修志后期却得到一定程度的运用。90 年代以后出版的新编志书，有以专记来记述分志不宜记述的重要事物。黄勋拔是设置专记的倡导派，他先后在《中国地方志》发表了《广东新编志书的整体评估和改进意见》《大视野、新观点、多专题、深层次——对今后修志的几点设想》《关于志书体例创新的初步研究》《续志七题》等文章，提倡在专业分志中增加专题调查、专题文章、重大事件纪实等专记，"有了这些材料比较系统、详细、较有深度的'专记'，应是可行的。这样可以避免割裂联系，解决广度和深度的矛盾、全和特的矛盾，便于突出重点，提高志书的记述深度和学术品位，提高志书的可读性和吸引力"[①]。而官方直至第二轮修志开始之际，才肯定了专记这种志书体裁。2000 年 3 月，由中国地方志指导小组下发的《关于续修地方志的几项规定（讨论稿）》指出续修志书的内容大致为 5 个方面，其中第三个方面是"专题记述"，其解释是"对正文未能充分记述的一些重要问题所作的专题调查和专题报告"[②]。

大事记和附录虽是旧志固有的体裁，但在新中国首轮修志中有一些新的变化。新中国首轮修志一开始，大事记、附录即被规定为志书的基本体裁之一。大事记，顾名思义，即按时间顺序记载一地的大事，是一种被志体吸收的史体，在新中国首轮修志中得到广泛的运用。但在具体实践中，由于方志界对大事记在志书中的地位和作用认识并不统一，产生了 3 种观点。多数同志认为大事记是"一志之经"，它在志书中起着提纲挈领的作用，理应置于一志之首。一部分同志认为大事记支离破碎、烦琐错杂，看不出一地历史发展的概貌，在志书中仅能起检索和查考的作用，不应放在全志之首，只可置于全志之末。《龙游

---

① 黄勋拔：《关于志书体例创新的初步研究》，《中国地方志》1999 年第 5 期。
② 《关于续修地方志的几项规定（讨论稿）》，《中国地方志》2000 年第 2 期。

县志》《台州地区志》以“大事索引”代替“大事记”，即为一例，如《龙游县志·编纂本末》中说：“新编地方志不设大事记，可以避免不必要的重复，以减少志书的篇幅。此外，以大事记为纲，或以之‘为全志之经，用以揭示本地区历史发展规律’，从新编地方志的实践看，都是难以实现的。鉴于以上的思考，决定不设大事记，而以‘大事索引’附于志末。”① 还有一些人认为大事记与各专业分志处于同等地位，主张把它置于卷中，与各专业分志并列。此外，还有同志认为大事记未能很好地呈现一个地方的“历史总体进程”，提出以史纲、县史述略、县史述要、县史纲要来代替大事记。如齐景山提出史纲代替大事记的设想②。严寒、殷忠军提出：“用‘史纲’代替大事记，写一简练的一地历史纲要，分阶段分时期，抓住主线，写出各时期的特征，统帅全志。”③ 徐文彬、李致平提议采用县貌加县史述略的形式来代替通行的图片、大事记加概述的志首体例④。梁滨久也说：“县志应以史为纲，改变志首设概述和大事记的格局，置一《县史述要》《县史纲要》或《县史述略》，把一县社会整体发展的时期、阶段与兴衰起伏的脉络理清，并把各项事业和各个方面发展的概述，置于这个总背景和大趋势下，指明发展规律、特征与经验教训。至于编年体的大事记，可改为简洁明了的大事年表，附于志末，以起备查和检索作用。这样，既可以奏史纲贯串之效，又不废编年大事记之用，还可免去两纲并立之嫌。”⑤

附录，顾名思义就是附在正文之后的，非其他篇目可包含而又值得留传后世的资料的集辑。新中国首轮修志以来，各地志书虽说是普设附录，但附录包括哪些内容，却有一个演进的过程。《关于新县志编修方案的建议（草案）》规定：附录编由县志编修始末、重要文献辑存、优秀诗文选录、地方文献要目组成。但 1982 年颁布的《新编县志基本篇目》，附录编则由县志编修始末、重要文献辑存、地方文献要目构成，同时颁布的《新编省志基本篇目》和《新编市志基本篇目》虽未设附录，也都设了杂记和修志始末⑥。从上述志书基本篇目来看，首轮修志初期对附录应包括哪些内容认识并不清楚，随意性较大，县志篇目中附录该有的民间传说、奇闻逸事等杂记的内容未记载入内，而本该记入正文篇章或作为编后记的地方文献要目、优秀诗文选录、县志编修始末却赫然在列，尤其是地方文献要目、优秀诗文选录，理应是艺文志的内容，“旧志书中的‘艺文志’，所记述的内容，主要包括两个方面的内容，一是各类书目；一是记载本地人或有关本地方的各种文章、诗词等”⑦，却偏偏放入附录中。这一情况在首轮修志后期才逐步得到了改善，新编志书的附录基本包含了它该有的内容，即对正文起补充、佐证作用的非文艺性文存和杂记，但受《新县志基本篇目》的影响，首轮新志中，将本属艺文志的内容纳入附录的现象并没有得到根本扭转，诚如仓修良批评说：“遗憾的是，我们社会主义时代所修新方志，竟将这样重要内容大多砍了。笔者查阅了 230 部新编县志，保留这个内容仅 74 部，占

① 浙江省龙游县志编纂委员会：《龙游县志》，中华书局，1991 年，第 738 页。
② 齐景山：《纪传体与新志体》，《史志文萃》1988 年第 1 期。
③ 严寒、殷忠军：《试论新志之新》，《陕西地方志》1988 年第 3 期。
④ 徐文彬、李致平：《尝试·探索·思考——〈安吉县志〉编纂中的几个问题》，《中国地方志》1995 年第 1 期。
⑤ 梁滨久：《新县志现行总体结构的弊端与革新》，《中国地方志》1990 年第 5 期。
⑥ 《关于〈新编地方志工作条例（征求意见稿）〉的建议》，《中国地方史志》1982 年第 5 期。
⑦ 刘光禄：《关于批判继承方志学历史遗产的几个问题》，《中国地方志通讯》1983 年第 6 期。

32%，而独立成篇真正称艺文的几乎没有，大多为一节或一目，能在文化篇中设置一章已经很不错了，有的还是放在最后的附录之中。”①

## 二　框架结构上的优化

地方志惯用的体例是横排竖写，以类系事，其门类划分的标准是按行业或事业分类，虽然在首轮修志之初也有人提出过按机构设置或学科分类设立专业分志，但诚如梁寒冰所说：“修志开始的时候，不少地区适应各部门的要求，采用按部门分类或设置篇目的方法，以后逐渐感到此种分类法的不合理。我们也提出过按行业、按学科分类的方法，但是把行业和学科两个不同性质的概念相提并论，是容易造成工作上的混乱的。如果按学科的科学体系分类，不仅不容易实现，也与地方志的体例不尽相合。”② 所以后来流行的分类法，都是按行业和事业分类。1985年7月由中国地方志指导小组颁布的《新编地方志工作暂行规定》明确规定“志书篇目的确定和取舍，应从现代化社会分工和科学分类的实际出发”。按行业或事业分类，依篇目结构可分为纲目体（又称大编体）和平列体（又称中编体和小编体），这是旧志固有的体例，也是首轮新志编修中比较常用的两种体例，区别仅在于志书的第一层次门类是在较宽的范围内划分还是细分，但不论是哪一种体例，都可以从中国地方史志协会最初的筹备文件中找到端倪，“也可不用分志的大部类，而直接用编或章的二级类，如直接分立地理、建制沿革、农林水利、政治、财政金融、文教卫生、名胜古迹、科技发明、风俗、人物，等等”③，自然也为后来形成的《新编地方志工作暂行规定》所推崇。就县（市）志而言，初期采用纲目体的志书较多，1983年9月，《如东县志》由江苏人民出版社出版，该志即是以《新编县志基本篇目》为框架设计，以纲目体的形式出现的，除志首的概述、大事记外，全志分地理、经济、政治、军事、文化、社会、人物7编，下设39章、111节，在1984年6月北京香山召开的新编五县县志学术讨论会上得到了与会专家的好评。1986年5月出版的《建德县志》也是大编体形式，全志除大事记、概述、附录外，分为建置、地理、经济、政治、文化、社会、人物7编58章208节，与《如东县志》不同的是，建置单独成编，军事则并入政治编。纲目体志书纲举目张，层次清楚，结构严谨，脉络清晰，深得社科界推崇，但不足之处也显而易见，志书的各编内容含量不一，有的编如经济编，分量重，内容多，有的编如军事编，材料少，篇幅小，畸轻畸重现象相当严重，造成“头小脚轻肚子大”，于是，平列体（中编体和小编体）应运而生。1983年10月在山东泰安召开的中国地方史志协会第二次年会上，在对原有《新编县志基本篇目》修改的基础上形成了讨论稿，分为概述、大事记、建置志、自然志、农业志、工业志、交通邮电志、商业志、财政金融志、城乡建设志、党派群团志、政权志、政法志、民政劳动志、军事志、教育科技志、文化志、体育卫生志、社会志、人物

---

① 仓修良：《对当前方志学界若干问题的看法》，《中国地方志》1994年第1期。

② 梁寒冰：《关于地方志书的整体性问题——在省志篇目讨论会上的讲话》，《中国地方志》1988年第1期。

③ 《关于编纂新县志的初步方案（讨论稿）》，《中国地方史志通讯》1981年第1期。

志、附录21编①，一改原有的大编体模式为各分志平列的模式，克服了纲目体志书各编之间篇幅上不平衡的弊病。受此鼓励，全国很多地方在编修新志时采用了平列体模式，遂使平列体后来居上，很快超过纲目体成为首轮新方志编修中使用最多的体例，如《萧山县志》《玉山县志》《奉贤县志》《无锡市志》均为平列体志书。有的县（市）志稿原来为纲目体，后来经过一次评稿会，则大为改观，变成了平列体。而省（市）志则从一开始平列体就占了上风，采用纲目体的只是个别地方。这不能不说是首轮新方志编修的一个发展趋势。

虽然纲目体（大编体）和平列体（中编体和小编体）是首轮修志中比较流行的体例，但作为全国修志指导机构，也不排斥其他体例的出现。1985 年 7 月由中国地方志指导小组颁布的《新编地方志工作暂行规定》规定："篇目的排列，应体现结构合理，层次分明。层次名称可采用编（篇）、章、节、目，也可采用其他形式，不必强求一律。"因此，在新中国首轮修志后期，还是出现了一些体例上的创新，只是使用较少。一个是新三宝体的出现。三宝体志书始于明代，三宝，语出《孟子》"诸侯之宝三：土地、人民、政事"一语，这类志书第一层次设土地、人民、政事 3 门，或加上文献成为 4 门，每门下各系以细目。新三宝体，即仿三宝体而作，但与三宝体把志书分成土地、人民、政事 3 个部分不同，新三宝体把志书内容分为自然、人（或居民）、社会 3 个部分。鉴于在首轮修志中，基本上分为自然与社会两个部分，人和人的活动被包括在社会之中，人的主体地位不明确，故有学者提出，记人部类应与自然、社会部类并列，使之成为新三宝体。在新中国首轮修志中，席星加首先撰文提出，志书的主体即专业分志应分为自然、人、社会三大类，②刘柏修则将"人"确定为"居民"的概念，认为志书应由居民、自然、社会三大部类构成，还提出了方志记人"三部曲"，即居民部类应包括人口志、方言志、风俗志、生活志、人才志、人物志等，其中人口、人才、人物并列为居民部类的核心。③ 而正式提出"新三宝体"这个概念的是韩章训。④ 王庸华主编的《东阳市志》和朱礼主编的《文成县志》是这一体例的实践者。

条目体也是新中国首轮修志中产生的志书体例之一。较早提出条目体的是汪耕汉⑤。苏长春、黄勋拔、陈泽泓等学者均主张今后编修新志应以条目体取代原有的纲目体和平列体，由于上述倡议大多是在首轮修志尾声提出，所以在新中国首轮志书中采用条目体的极少。《郑州市志》是河南省首轮新志中唯一采用条目体的志书，《潞西县志》和《玉溪地区志》是云南省首轮新志中仅有的两部条目体志书，其他如《齐齐哈尔市志》《辰溪县志》《安庆市志》《上海县志》《青浦县志》《文成县志》也属于条目体志书。值得注意的是，从上述赞成在新志中采用条目体的专家对条目体的表述来看，他们口中的条目体似乎已不是原本意义上的条目体，"志书条目体通过借鉴辞书、年鉴条目体特点，同时吸取篇

① 周文俊：《县志拟目拾穗》，《中国地方志通讯》1984 年第 2 期。
② 席星加：《关于编纂省志的几个问题》，《中国地方志通讯》1985 年第 2 期。
③ 刘柏修：《方志记述主体论》，《中国地方志》1994 年第 1 期。
④ 韩章训：《新"三宝体"方志的构想》，《方志研究》1989 年第 5 期。
⑤ 汪耕汉：《条目式是新方志编纂的理想形式》，《安徽史志通讯》1985 年第 2 期。

章节目体的优长，完全可以形成自己独有的特性”①，“在志书结构方面仍然可以保持‘事以类聚’，每类一卷，但卷下不再分章节，直接用条目布局，各条目之前仅有一层领属关系，减少了结构层次”②，“在可能的情况下，不妨尝试在一些分志保留章、节、目标题之下，直接由条目记述内容，辅以图、表、录。如果组合得当，是可以使志书呈现出一种更便于检索、形式更为活泼、内容更为丰富的面貌的”③，也许说它是“章节与条目结合体”更为合适。正如黄俊军所说：“条目体出现较早，18世纪产生于德国的百科全书即以条目为框架，其他辞书亦然。它的所有条目之间多数不存在逻辑隶属关系，而是以拼音字母或以偏旁部首、笔画编排为序，然而首届新编县志中的条目体，多以科学分类和行业分类分工为原则，按照事物层次结构，依次排列，呈现出有机的层次隶属关系。显然，这种条目体，已不是原来意义上的条目体，而是一种地方志所特别具有的‘志书条目体’。”④

## 三 体例其他方面的变化

志书体例除了体裁、篇目结构以外，广义上还包括诸如断限、横排竖写、生不列传、述而不作等问题，有的在首轮修志中也有新的变化。比如断限，每一部志书都有一个上限、下限，一旦确定，整部志书从总体上来说就要严格遵守，除非有特殊需要，否则断限以外的事物一律不作记载。在志书断限问题上，首轮修志是走了弯路的。从历史上看，采取通纪和断代这两种体裁形式的志书都有，也都是被允许的。问题是《关于新省志编修方案的建议》《关于新市志编修方案的建议》《关于新县志编修方案的建议》对志书断限的提法不一。《关于新省志编修方案的建议（草案）》⑤中说：“上限，原则上一般可断于1840年，因为鸦片战争标志着我国进入半殖民地半封建社会，是古代与近代的分期点。……下限，不搞一刀切，一般可限于1981年。考虑到近几年情况不断变化，尤其是经济方面的调整，可按叙事不受限的原则，一般限至初稿搁笔时止。”《关于新县志编修方案的建议（草案）》中又说：“新县志的一般篇目的上限，原则上定在公元1911年的辛亥革命，各地可视具体情况上下浮动。……新县志的下限一般定在1979年。”而《关于新市志编修方案的建议（草案）》中则说：“考虑到修志工作将来的发展，一般下限可断至一九八〇年。至于上限，可以根据各个城市本身的历史情况和要求，自行确定。”这样3个不同的关于志书断限的提法自然引起了方志界的广泛质疑，进而提出能不能规定一个统一的上限与下限。1982年5月，由中国地方史志协会组织的中国地方志整理、编纂工作座谈会在武汉举行，应同期在武汉举办的中南、西南九省（区）地方志研究班学员的要求，会议对3个草案的一些问题进行了讨论。会议最后对志书断限问

① 张平：《志书条目体刍议》，《中国地方志》2002年第3期。
② 宁瑞雪：《对新志书若干问题的反思》，《中国地方志》1999年第4期。
③ 陈泽泓：《控制篇幅与续志创新的思考》，《中国地方志》2001年第5期。
④ 黄俊军：《续修县志篇目初探》，《福建史志》2000年第6期。
⑤ 《关于新省志编修方案的建议（草案）》，《中国地方史志通讯》1981年第5~6合期。

题形成的倾向性意见是：上限一般定在1911年；上限已经定为1840年的，可以不改动；有条件的地方能够编修统合古今的新方志，是件好事，应予支持①。同年7月颁布的《关于新编地方志工作条例的建议（征求意见稿）》正式提出："第一批新编方志的上限，不宜硬性规定，各地可从实际出发，自由浮动。下限一般断至1981年《关于建国以来党的若干历史问题的决议》通过时止，以便下一届续修新志时能求得统一的上限。"1983年梁寒冰在城市志编纂座谈会上发言说："新编地方志的上限，不应从1840年或1911年断限。全国省、市、县的建置时间长短不一，如古老城市和新建城市的建置相距很远，不可能也不应该用同一时间划定统一的上限。……志书的下限年代，原拟暂定为1981年《关于建国以来党的若干历史问题的决议》公布时为止。鉴于十一届三中全会以后，实现了历史性的转变，而且部分志书的完成期限有所推迟，因此下限年代可以推至1985年第六个五年计划完成为止。"② 会议对志书断限问题形成了新的意见，"上限，不勉强划界。下限，一般可以断至1985年。如果差不了几年就不一定修改了。还未开展工作的地方，下限可以推迟"③。因此，1985年7月由中国地方志指导小组颁布的《新编地方志工作暂行规定》又规定："新方志的年代断限，上限不作硬性的统一规定，下限一般情况下可暂定断至1985年即第六个五年计划结束之时，也可断至该志书脱稿之日。"志书断限几经变化，使得90年代前所修的首轮志书时间断限随意性很大，有的上溯至新石器时代，有的从1840年开始，有的从1911年开始；下限早的断于1985年，最迟的断于1991年，甚至在同一部志书中，上下限也不统一。这种情况直到新中国首轮修志后期才得到根本的改变。总的来说，首轮修志还是以修通志为主，但志书的下限始终没有统一，以至于1998年2月由中国地方志指导小组颁布的《关于地方志编纂工作的规定》不得不规定"首届志书的断限，各地可根据实际情况自行确定；续修志书时，每届志书的下限，力求统一"。

再比如横排竖写，在首轮修志中也走过弯路。1981年7月中国地方史志协会成立大会上出台的《关于新县志编修方案的建议（草案）》中说："我们这一次所要编写的新县志，从1911年写到1979年，其间跨越了民主革命和社会主义革命两个历史阶段，每个县在新旧社会制度下有着截然不同的面貌。因此在编写上可以采取横写和竖写两种不同的编纂方法。横写就是把一部县志分为上下两篇，以1949年为界线，上篇写解放前，下篇写解放后，每篇中的基本类目大体相同。竖写就是先不横切为上下两篇，按照基本类目竖向来写，在每一卷的专志中分上下两篇。新修县志，以采取竖写的办法为宜。"而同时出台的《关于新省志编修方案的建议（草案）》又说："以时代或以事类系篇，因志而异。……一些前后时期具有本质区别，辑录内容差异又大的专志，也可以时代或朝代分篇，如分晚清、民国、建国以来三篇，或分建国以前和建国以来两篇，然后再以事类分章节。"正因为如此，当时修成的一部分志书不符合志体的要求，大致有三种情况：一种是"三大块"，即先分期，再分类，把一部志书分为古代、民国时期、建国之后三大部分，每部分或纵或

① 朱文尧：《新志编纂工作十二议》，《中国地方史志》1982年第5期。

② 梁寒冰：《关于编修城市志的几个问题》，《中国地方志通讯》1983年第5期。

③ 《城市志座谈会纪要》，《中国地方志通讯》1983年第6期。

横；一种是“三小块”，即在每项专志中分古代、民国时期、建国之后三个历史时期进行撰写，事实是横剖未尽，形志实史；一种是“腰斩一刀”，全书以中华人民共和国成立为分界线，分为截然有别的上下两大篇。还有的搞什么“几说并存”，各项专志，综述横排，听任方便。由于先分期后分类，篇目中重复出现“古代”“民国”“建国”等字眼。在最先出版的5部新志中，《呼玛县志》明显地采取了先分期后分类的方法，除第一编呼玛县概貌、第七编附录外，中间依次分为清朝、民国、伪满洲国、“九·三”光复后至建国前、建国后5编，按照5个历史时期进行记述，是典型的以时系事的史体写法。《台安县志》《本溪县志》虽说总的设计是横排门类，但相当一部分专业分志却采用了以时系事的编纂方法，实际上是横剖未尽，形志实史。只有《万年县志》和《如东县志》基本上坚持了志体，做到了以类系事，横排竖写。1984年，梁寒冰发表了《关于编修新方志的几点意见》[①]一文，指出：“志体不同于史体，不宜采用历史分期方法，无论是按社会性质分期，还是按古代、近代、现代分期，均不宜采用。地方志应按专业或学科性质分类。一般说，历史是‘以时系事’的，地方志则是‘以类系事’的。任何一种事物，均有其历史的源渊。地方志书的各种专志，可以适当追溯其历史源渊，但不能写成各种专史，成为专史的汇编。”同年11月21—30日在湖南岳阳召开的全国省志稿评议会上，对横排竖写问题达成了共识。多数同志认为：“横分竖写乃志书特点。横分门类，可使入志诸事归属得当，纲举目张；纵向记述，可使所载诸事连贯古今，具见始末。故志书篇目应先横后纵，纵横交错。按设志原则设立的各个专志的第一个层次都是可以横分门类的，至于横分到哪一个层次则应因志因事而异，宜横则横，宜纵则纵。但不宜把一部专志划分三大段、两大段，纵分时期，也不宜套用各种历史分期方法，应按事物特有的发展阶段作分期连贯记述。”[②]少数同志原则上也赞成横分竖写，但又提出“多数专志可以横分竖写，但像党群、政法、教育、金融等，因前后时期的业务范围不同、工作内容不同、事物性质不同，宜按政权性质、社会制度作分期类述”[③]，对此，赵庚奇撰文指出：“不同社会制度下的政权具有不同的阶级本质，但是它们在实现政治统治的原则、方式，政权的组织形式和管理形式等方面也具有共同性和继承性”“志书的篇目，不论是经济部类、文化部类，还是政治部类，同样需要也能够坚持以类系事、类为一志、横排竖写、贯通古今的体例”[④]。至此，关于横排竖写的争论告一段落。新中国首轮新志绝大部分做到了以类系事，先横后纵，横排竖写。在修志具体实践中，即使碰到有些专业分志，中华人民共和国成立前的材料极少，而中华人民共和国成立后的材料很多，往往是建国前的十几倍甚至几十倍。为尊重志体，这些分志也往往把建国前的材料集中在一章，而建国后则分门别类设若干章，与建国前的一章并列，并采取隐时显事、寓时于事的手法，把建国前的一章命名为历代概况，后面各章则按当代诸事分门别类展开记述。

至于生不立传、述而不作等问题，虽然新中国首轮修志之初，方志界也有人提出过不同意见，但方志界对此都有较为明确一致的意见，即生不列传，对于有贡献的在世人，可

① 梁寒冰：《关于编修新方志的几点意见》，《中国地方志通讯》1984年第6期。

②③ 《全国省志稿评议会议纪要》，《中国地方志通讯》1985年第2期。

④ 赵庚奇：《志书政治部类也应横分门类》，《中国地方志》2002年第4期。

根据传事不传人的原则，记入有关篇章；新编方志的文体一律用语体文，记述体，不发空论。故在编修中没有像志书断限、横排竖写问题那样走了弯路，在此不再赘述。

综上所述，新中国首轮修志在缺乏理论指导和新志编修实践经验的条件下开始起步，确实走了不少弯路，但也积累了不少经验，并在修志实践中有不少创新，如概述和门类综述篇的创设，专记的大量运用，索引的编制，条目体、新三宝体志书的问世，等等，都是新中国首轮修志的创举，是对我国传统地方志体例的一个重大突破。所谓“磨刀不误砍柴工”，回顾和总结首轮新方志的业务编修经验，可以使第二、三轮修志中少走弯路，站在巨人的肩上推进新方志的不断创新和进步，从而编修出无愧于时代的精品佳志。

（作者单位：宁波大学人文与传媒学院）

# 让历史说话　用史实发言
# 提升拓展修志之道

史天社

**内容提要：** 修志之道，就是修志的规律、理念、规范、方法、途径。让历史说话，用史实发言，是提升地方志工作能力，开拓地方志工作领域，发挥地方志作用的高标准和新要求。新编地方志取得巨大成就，奠定良好的创新发展基础，具备向历史、社科、人文等研究领域及文化传媒领域开拓进取的能力和品质。抓住历史机遇，总结借鉴修志经验，提升开拓修志之道，地方志必将增强活力，发挥更大的作用。

**关键词：** 修志之道　修志编鉴　经世致用　修志问道　以启未来

习近平总书记在中共中央政治局第二十五次集体学习时强调，“深入开展中国人民抗日战争研究，必须坚持正确历史观、加强规划和力量整合、加强史料收集和整理、加强舆论宣传工作，让历史说话，用史实发言。”习近平总书记部署抗战研究工作，将其上升到了战略层面，要求协调各地党史、军史、档案、政协文史资料、地方志、社科院、高校等部门和机构的力量，扶持民间研究，从军事、政治、经济、文化、社会、外交、国际等领域对抗战进行系统研究，推出高水准的权威专著和通俗读物。这也充分体现了地方志的价值和地位。“让历史说话，用史实发言”，指明了地方志研究历史、服务现实的方向和途径，启迪我们把握修志规律，完善修志理论，提升修志境界，指导修志实践，开拓修志领域，以治史治学的精神修志问道，用经世致用的智慧以启未来。

## 一　以客观存真，实现方志的基本价值

### （一）把握方志性质，完善方志理论

方志是对客观存在的意识反映，源于社会生活、社会实践，是对当地地情百科知识的汇聚凝练。地方志的基本价值，在于其客观真实性。志书是全面、系统的客观性著述，如实记载文明成果，具有求真“存实”的重要功能。

理论具有指导性、前瞻性、规范性等作用。新编地方志的理论研究成果极其丰富。应以求真、存实、有用为目标和措施，进一步加强方志学学科建设，保证新编地方志的属性和功能。

### （二）注重修志实践，把握修志规律

一个社会有一个社会的性质，各个时代对方志的定性及要求各不相同。新编社会主义地方志注重实践，继承创新，修志工作主要从保证志书的资料性着眼，讲究体例的完备和行文的规范，同时也要强调志书的有用性和可读性。

新编地方志30多年的实践，坚持党委领导、政府主持、各级地方志机构组织实施、社会各界广泛参与的修志机制，初步形成了依法修志、依法治志的大格局；积累工作经验，发展方志理论，建立了比较系统的法规制度体系；培养方志学人，建设修志问道、直笔著史的修志队伍，增强了地方志工作的活力；讲求质量，加快进度，编纂出版了一大批精品佳志。特别是实施《地方志工作条例》以来，把握修志规律，地方志作为社会主义文化建设的重要部分，为提升国家文化软实力发挥了独特作用。

### （三）坚持正确指导思想，提高综合质量

新编志书以马克思主义理论为指导，坚持走中国特色社会主义文化发展道路，客观记述历史及现实，为人民服务，为社会主义服务，体现了思想性、时代性、科学性、资料性、综合性、地方性等基本特征，综合质量水平得到保障和提升。

实践证明，修志问道，客观反映地方历史及现状，是地方志的根本使命；追求完美，探索完善志书体裁体例，是地方志的专业要求；社会化修志，编研编纂编审结合，是志书编修的基本方法；重视理论，培训规范提高，是地方志的质量保障；依法修志，依法治志，是地方志事业的发展基础。

## 二　让历史说话，增强志书的内在价值

### （一）保持存史品质，增强志书文化价值

人类的历史，说到底就是一部文明进化的历史。文化的伟力是无穷无尽的。历史上一个个的经典故事之所以能永传后世、历久弥新，原因不在于其情节的真实，而在于其精神价值的真实。志书的根本价值就在于它的文化属性上。修志是一个社会文化现象，形成浩瀚的系列方志产品，汇成涵盖自然、经济、政治、文化、社会、军事等各个领域的知识总库。一部志书就是一个文化知识体系，一地志书亦是一个文化知识体系，地方志应该有这样的价值品位和目标追求。

“千年的文字会说话。”方志让历史活起来，不仅要将历史的真相告诉后人，更要将蕴含在其中的精神文化传承下去。志书不仅要保持“述而不作”“述而不论”如实记载的质朴品质，也要回答历史和现实中的“有什么？是什么？为什么？”问题，透过历史的表象，揭示出客观事实的本真及事物的发展规律。

### （二）深化提炼研究，增强志书著述性

志书作为中华文化的厚重根脉，需要不断地汲取营养，也需要不断地输出营养。这样

才能保持其旺盛的生命活力。信息化时代的文化消费具有多样性的特点。志书需要创新变形，给人们提供丰富多样的精神文化产品。

习近平强调："抗战研究要深入，就要更多通过档案、资料、事实、当事人证词等各种人证、物证来说话。"志书让历史说话，首先要让事实及其蕴含之中的智慧说话。这对新编地方志的思想性、资料性、客观性、生动性等，提出了极高的要求。如此一来，修志就有了研究著述性的本能追求，志书的生产方式、产品性质也要随之发生相应变化。

### （三）全面提高素质，增强志书说话能力

修志人从事的是一项重要的社会主义精神文明建设事业。志书用事实资料说话，要求编者具有正确的世界观、方法论；懂业务、有知识、有品德、有能力；会收集整理、研究认识、把握运用好入志资料；文字功力过硬，语言文雅生动。修志人既是编纂者，也是组织者、管理者、审定者、用志者、服务者，应该具备全面综合的能力，修养素质是一项基本的功课。

一部《史记》"究天人之际，通古今之变，成一家之言"何等的壮观，影响何等的深远。修志的根本目标是增强志书的这种"说话能力"。为此，修志人要殚精竭虑、毕生努力。同时，提高社会化修志程度，聚集社会人才和智慧力量，也是一个重要的方法途径。

## 三　用史实发言，发掘方志的使用价值

### （一）牢记职责使命，站到历史前台

地方志是一项自觉的历史认知活动，是一项基本的社会智力建设，是一项重要的文化基础工程。为国修志，传承文明，是地方志工作的宗旨和使命。

"一切对历史的解释，必然与时代息息相关。"地方志用史实发言，修志就必须站到历史的前排。要运用辩证唯物主义和历史唯物主义的观点和方法，看待研究历史和现实关系，将过去、现在和未来紧密地联系起来，赋予志书以鲜活的现实生命力。如果将历史与现实割裂开来，只埋头在故纸堆里当学究，就不会生产出有生命力的文化产品。站在历史的前台，地方志要做先进文化建设的生力军，不断将手中的志书资源、地情资源、文化资源转化成社会发展的营养大餐和正量能源。

### （二）应对机遇挑战，发展方志生产力

编修地方志是社会自身发展的需要和主流观念的表达。过去，地方志站在历史的背后记录"过去"。现在，地方志要站在历史的中间和前沿，反映客观存在的状况和趋势，通过研究掌握翔实的史实、史料来发声、发言。这对地方志是个变革性的挑战和考验。

有用性是地方志的生命线，也是地方志的战斗力和生产力。不断增强地方志的价值作用，是发展方志生产力的动力源泉和至因真谛。新编志书对记述对象的认识和描述不断向着宏观和微观新层次拓展延伸，加深反映本地情况的深度广度，通过系统、分门别类地整

理资料，依据一定的体例编纂记述出来，给人们一个明晰的文化认识，为政治、社会发展提供历史经验，为经济、文化建设提供信息和咨询，为科学研究和生产生活提供线索借鉴，为社会主义核心价值观提供沃土家园，在各个方面发挥着日益重要的作用。发展方志生产力既是现实需要，更有深厚基础，空间十分广阔。

### （三）整合各方力量，开辟用志新领域

修志、用志都是地方志的主业。地方志是当地风物人情的写照，是精神财富的宝藏，更是方志人的情怀依托。志书一旦修成，就要面向社会，接受社会的检验并为社会服务。修志涉及社会的各行各业、各条战线，几乎所有部门、单位都成为志书资料的来源，修志的过程全社会都在参与。新编志书得到社会各界的协作襄助，修志成为开放性的社会文化工程。修志的群体和用志的群体大体相同，地方志系统熟悉地情，掌握志书宝库钥匙，要利用这些天然优势，积极倡导“众手修志”“众人用志”，像组织动员修志一样，带动服务社会用志。

地方志向历史、社科、人文等研究领域、文化信息传媒领域开拓进取。地方志修志编鉴，也在整理旧志，开发地情，多业并举；在规划的省、市、县三级志书以外，支持部门、乡镇、村志编纂，支持家谱、企业志编纂，组织地方史编写，形成百花齐放的方志苑地。各地地方志工作机构在研究历史、研究地情、研究文化中，制定实施各种丛书编纂规划，带动组织起当地的专家学者“学术军团”。兴建地方志馆、开办地情网站、出版发行杂志，建起促进修志用志的载体平台。积极应用“互联网+”等新技术和新媒体，大力开展地方志知识普及宣传活动，扩大服务领域、服务层次，提高社会效益，让志书走进社会各界，走进千家万户，走向全国，走向世界。

（作者单位：陕西省地方志办公室）